Historias de un Maestro Tántrico

DEL MISMO AUTOR

Felicitavia
When the Time Comes
The Ashram
Devi
Song of the Taino
The Jazz Master

Historias de un Maestro Tántrico

Devashish

Publicaciones InnerWorld
San Germán, Puerto Rico
www.innerworldpublications.com

Título original en inglés:
Anandamurti: The Jamalpur Years
© 2010 de Devashish
Edición en español © 2014

Traducción al español: Krsnapriya Goldberg

Todos los derechos reservados bajo las convenciones de los derechos de autor Internacionales y Panamericanos. Publicado en los Estados Unidos por Publicaciones InnerWorld, P.O. Box 1613, San Germán, Puerto Rico, 00683

Número de control de la Librería del Congreso: 2014942223

Diseño de la portada © Lourdes Sánchez (Mukti)

Ninguna parte de este libro puede ser reproducida o transmitida en ninguna forma o por cualquier medio, electrónico o mecánico, incluyendo fotocopias, grabación o cualquier sistema de almacenamiento o de recuperación sin el permiso escrito de la editorial, excepto por la inclusión de breves citas en reseñas.

ISBN 9781881717355

Barackpur, diciembre de 1960

Índice

Prefacio		ix

Primera Parte

I	Un alma vieja	1
II	Los días de colegio	7
III	Kalikananda	17
IV	Departamento de Contabilidad: 1941-1947	23

Segunda Parte

V	Los primeros discípulos	41
VI	La muerte de Stalin	57
VII	El primer encuentro	61
VIII	Demostración de la muerte	65
IX	Ahora vendrá mucha gente	72
X	Una nueva oportunidad en la vida de Bindeshvari	78
XI	Una filosofía toma forma	84
XII	Samkalpa	90
XIII	Prachar	98
XIV	El círculo se expande	107
XV	El año de las demostraciones	123
XVI	Locura divina	133
XVII	Problema del día	140
XVIII	El gurú tántrico	149
XIX	Un lugar para despertar	166
XX	Una ceremonia civil	173
XXI	Por el bienestar y la felicidad de todos	180
XXII	A los patriotas	187
XXIII	Una relación de familia	193
XXIV	La tumba del tigre	214
XXV	Contacto personal	229

Tercera Parte

XXVI	Matrimonio revolucionario	241
XXVII	Comienza una orden monástica	256
XXVIII	La búsqueda de la ciudad de la bienaventuranza	275
XXIX	Educación, auxilio y bienestar	285
XXX	Vidas pasadas	300
XXXI	En la oficina	319
XXXII	Los últimos años en Jamalpur	336
XXXIII	La partida	358

Epílogo	362
Bibliografía seleccionada	370
Glosario	371
Notas de referencia	374

Prefacio

Un día en 1969, un pequeño grupo de discípulos se reunió con la idea de escribir la biografía de su gurú, Shrii Shrii Anandamurti, a quien cariñosamente llamaban Baba[1]. Sin embargo, cuando se sentaron y empezaron a escribir, se dieron cuenta de lo poco que realmente sabían acerca de su vida. Así que decidieron acercarse a él y pedirle que escribiera su autobiografía. Al principio Baba no aceptó, alegando que no tenía tiempo para un asunto semejante; pero después de repetidas súplicas, finalmente accedió. Al día siguiente, en el encuentro que tenían los domingos regularmente, los mismos discípulos se sorprendieron cuando Baba anunció que había finalizado su biografía.

—¿Quieren verla? —preguntó.

Los devotos se miraron unos a otros curiosos, preguntándose cómo era posible que hubiera terminado tan rápido, aun conociendo la tremenda velocidad con la que el maestro solía trabajar. Baba los invitó a sentarse en su catre y les entregó una hoja de papel. En ella encontraron una sola frase escrita a mano: "yo fui un misterio, soy un misterio, y continuaré siendo un misterio".

Típica respuesta de Anandamurti, quien a lo largo de su vida insistió en mantenerse alejado de la opinión pública para poder concentrarse en su trabajo: el establecimiento de una misión global para la elevación espiritual y el cambio social. En los primeros años, solía decir que no quería un culto a la personalidad, sino más bien un culto a la ideología. Fiel a su palabra, se esmeró por desviar la atención de sus seguidores de la adoración al gurú, que por más de setenta siglos ha estado profundamente arraigada en la historia cultural de India. Ciertamente, él fue un maestro espiritual muy diferente a cualquier otro que le haya precedido en el subcontinente indio, no sólo como revolucionario social sino también como gurú espiritual. Él no permitió que sus discípulos simplemente disfrutaran de su compañía mientras practicaban la meditación, en la búsqueda de la iluminación, sino que les encargó una misión social; no iba a permitir que nada los distrajera de esta misión, ni siquiera la comprensible fascinación que sentían por él.

¿Cómo es que uno empieza entonces a revelar el misterio de quién era, cuando él mismo se encargó de mantenerlo oculto? La respuesta es obvia: no se puede. Anandamurti no dejó un testamento de su experiencia interior, ni pistas de lo que había detrás de esa mirada que tanto encantaba a sus discípulos, o una forma de saber verdaderamente quién era, que no fuera a través del descubrimiento de quiénes somos realmente. Lo que sí dejó, fue una huella en las vidas de miles de personas, un impacto que aún hoy continúa reverberando alrededor del planeta. Esta biografía es la historia de Anandamurti vista a través de los ojos de aquellos que lo conocieron —sus discípulos, familia, amigos y colegas—; con la esperanza de que el lector pueda vislumbrar al hombre detrás de esta ventana que se abre ante él.

En un mensaje a sus discípulos, Anandamurti dijo: "me he fundido en mi misión; si quieres conocerme, entonces sirve a mi misión". En realidad, en cierta forma es imposible separar a Anandamurti de sus esfuerzos misioneros o de la ideología que dejó. Su vida fue un reflejo de su ideología, y no existe una mejor forma de enseñar los principios de una ideología, cuyo fin es guiar las vidas de los seres humanos, que a través de la vida del maestro espiritual que encarnó esos mismos principios. Yo me atrevería incluso a afirmar que el mensaje tantas veces repetido funciona también inversamente: si quieres conocer la misión, entonces trata de conocer la vida del maestro que encarnó su espíritu en cada respiro que tomó.

Una nota de agradecimiento:

La información contenida en este libro fue tomada principalmente de historias transmitidas oralmente por los colegas, amigos, miembros de familia y discípulos de Anandamurti, así como de varias fuentes escritas publicadas durante su vida y después de su partida. La mayoría han sido presentadas en forma narrativa, intercaladas con algunas citas tomadas directamente de las entrevistas. Quisiera agradecer a todos los miles de personas, muy numerosas para agradecer individualmente, que asistieron a las entrevistas pacientemente y compartieron sus reminiscencias. Algunos de los recuerdos que compartieron son personales y por esta razón no han sido incluidos en este libro. Otro material no fue incluido por falta de espacio, pero todas las ideas han sido preservadas fielmente para las generaciones futuras. Espero que sean conscientes del valor incalculable de su contribución y de lo mucho que se aprecia.

PRIMERA PARTE

I
Un alma vieja

El futuro de la humanidad no es oscuro. Yo tengo fe en que los seres humanos van a buscar, y un día van a encontrar, esa llama inextinguible que permanece siempre ardiente tras el velo de las tinieblas[1].

Estoy en el vientre de mi madre. La puedo ver desde aquí; la reconozco muy bien. Veo a mi padre, a mi hermana y a mis otros familiares. Qué bien los conozco; hasta sé sus nombres.

He nacido. Normalmente los bebés lloran al nacer, yo no. Yo soy todo sonrisas. En realidad estoy feliz de haber nacido. Tengo el deseo de dirigirme a las personas a mi alrededor por sus nombres, porque los conozco tan bien. ¡Pero qué incapacitado estoy! Mis cuerdas vocales no me permiten hablar todavía. Quieren alimentarme, así que sumergen un copo de algodón en una taza llena de leche. Gota a gota, la leche cae desde el algodón hasta mi boca. ¡Qué tontería la de esta gente! ¿Es que soy un bebé para que me alimenten de esta manera? Debería tomar de la taza, no del algodón. Protesto y extiendo mi mano para tomar la taza. Ellos están desconcertados por lo que acabo de hacer. Entonces entiendo que lo que he hecho los ha dejado perplejos y vuelvo a ser un bebé recién nacido.

— Primeros recuerdos de Anandamurti tal y como se los contó a Amitananda en el invierno de 1969 en Ranchi.

En las afueras de la casa de Lakshmi Narayana Sarkar y su esposa Abharani Devi, el pequeño pueblo de Jamalpur estaba volviendo a la vida al comienzo de un caluroso día de verano: 11 de mayo de 1922[2]. Se esperaba que la temperatura llegara a cuarenta grados centígrados a la sombra; por esta razón, la mayoría de los habitantes del pueblo ya estaban ocupados, aprovechando el aire fresco de la mañana para poder hacer lo que más pudieran, antes de que caminar a través de las calles secas y abrasadoras se volviera una tarea que era mejor evitar. En diferentes partes del pueblo, los pocos budistas de la ciudad habían empezado los rituales de la luna llena del mes de *vaishak*[3], el día más importante del año, cuando se celebra el nacimiento de Buda. A unos cientos de kilómetros, en el pueblo de Bodh Gaya, el lugar en el que Buda alcanzó la iluminación, peregrinos de todo el mundo quemaban incienso y cantaban mantras para celebrar el nacimiento del iluminado con la salida del sol.

Dentro de la modesta casa de tres habitaciones, escondida en una pequeña parcela en una calle cercana a la calle principal del barrio de Keshavpur, la familia de inmigrantes bengalíes, y algunos familiares que estaban de visita, habían estado ocupados durante horas, preparándose para el nacimiento del cuarto hijo de la pareja. Todos tenían la esperanza de que fuera un niño, más que nadie Lakshmi Narayana. Unos días antes, él tuvo la visión de que su esposa finalmente iba a dar a luz al heredero que había esperado tanto y que es tan importante en la tradición hindú. Estaba seguro de que esta visión era un presagio. Su familia ya había pagado una triste cuota en otros nacimientos. Su segunda hija había muerto a los dos años y medio. Su tercer hijo había muerto durante el parto. Solamente su hija mayor, Hiraprabha, había sobrevivido. Era una niña dulce de siete años, con una mente despierta que ya mostraba un talento para la música que habría de traer muchas horas de felicidad a sus padres en los años por venir. La visión le había mostrado que este sería un parto diferente. Iba a tener un hijo que le sobreviviría y lo haría sentir orgulloso, y estaba ansioso de ver su deseo hecho realidad.

Las contracciones suaves pero constantes de Abharani Devi habían empezado tarde en la noche. A medida que los primeros rayos del amanecer empezaron a aparecer a través de las ventanas abiertas, las mujeres de la familia se reunieron a esperar alrededor de la cama. Al mismo tiempo, miles de peregrinos en la distante Bodh Gaya empezaron a hacer sonar las conchas y a hacer sus ofrendas ante las imágenes del Buda. Siete minutos después de las seis, con la asistencia de dos ancianas matriarcas de la familia, las abuelas Indumati Mitra y Vinapani Sarkar, nació un niño de mejillas rosadas. Los rayos escarlata del sol saliente atravesaron las ventanas abiertas y se reflejaron en su cuerpo. Siguiendo la tradición de la familia, Indumati tomó una taza de plata con leche fresca, remojó un copo de algodón en ella y empezó a alimentar al bebé gota a gota. Para sorpresa de todos, el recién nacido estiró la mano y agarró la taza, como si quisiera beber de ella directamente. Vinapani pasmada exclamó:

—No es un bebé, es un *burha*, un alma vieja.

Desde entonces, cada vez que ella se encontraba con su nieto favorito, lo llamaba "Burha", recordando con cariño ese momento inusual.

Más tarde, esa misma mañana, Lakshmi Narayana, un devoto hindú que frecuentemente servía de anfitrión en las discusiones religiosas de los eruditos y santos que iban de visita a su casa, invitó a un grupo de astrólogos para preparar el horóscopo del niño. De común acuerdo, llamaron al niño Prabhat Rainjan[4], en honor al sol saliente con el que nació y de acuerdo con el horóscopo, que predijo un futuro ilustre para el recién nacido. Sin embargo, la lectura que dieron a los miembros de la familia fue contradictoria y enigmática. La carta predijo que el nombre del niño iba a ser conocido en todo el mundo, lo que traería una gran fama a su padre y a su familia, pero también mostró que él tendría poco que ver con ellos. Tendría las cualidades de un rey pero pasaría su vida como un *sadhu*, renunciante espiritual, e iba a pasar todo su tiempo con monjes y yoguis.

La lectura de los astrólogos perturbó muchísimo a Lakshmi Narayana. Ya que había una historia inquietante de hombres de la familia paterna que habían renunciado al mundo y se habían vuelto ascetas itinerantes, y él no quería ver a su hijo mayor y heredero convertirse en monje. Después de pensarlo mucho decidió quemar el horóscopo. Prohibió cualquier discusión sobre el tema entre su familia y amigos; a pesar de que él podía leer los signos en la carta astral del niño casi tan hábilmente como los mismos astrólogos y siempre había creído en la veracidad de este antiguo arte hindú. Aun así no inflamaría las llamas de un futuro indeseable si podía evitarlo. La familia complacería su deseo hasta mucho después de su muerte, cuando quedó claro que los astrólogos habían predicho el futuro correctamente. Sin embargo, el incidente de la taza se convirtió en una leyenda de familia. Los ancianos de la familia nunca se cansaban de recordar cómo el infante Prabhat había tratado de tomar de la taza directamente sólo unos minutos después de haber nacido.

Otras experiencias inusuales pronto se agregarían a la lista de las historias favoritas de la familia. Durante el primer año, Prabhat ya era dolorosamente consciente de que no podía caminar. Su cuerpo no le respondía, obligándolo a gatear para poderse mover por todos lados, con los codos y las rodillas adoloridos. Aun así, cuando se sentía desconsolado, preguntándose cuánto tiempo más estaría obligado a sufrir semejantes humillaciones, una voz lo consolaba hablándole claramente en sus oídos: "sólo unos días más, yo sé que estás molesto, pero sólo unos días más". Él miraba a su alrededor preguntándose quién le estaba hablando pero nunca veía a nadie. A medida que aprendía a caminar, y se sentía más cómodo con su cuerpo, la voz se volvió menos frecuente y finalmente desapareció, pero él nunca olvidó el consuelo que le dio.

Cuando tenía dos años, una noche, mientras dormía al lado de su madre, Prabhat se despertó y sintió que el espacio a su alrededor estaba lleno de un dulce y suave fulgor. Un sentimiento de éxtasis lo transportó hasta el punto de perder consciencia de dónde estaba. Un par de noches después, se despertó una vez más y vio una multitud de criaturas diferentes que salían de su oreja izquierda. El niño, fascinado, se sentó en la cama a verlas danzar por toda la habitación. Pero cuando se amontonaron y empezaron a entrar por su otra oreja, le dio tanto susto que dio un grito y se aferró a su madre. Mientras ella se frotaba sus adormilados y confundidos ojos, él empezó a describir la multitud de criaturas que vio salir de su oreja: reptiles, mamíferos, aves, insectos, seres humanos. Abharani lo consoló diciéndole que había sido sólo un sueño y le pidió que se volviera a dormir; pero el mismo sueño se repitió una y otra vez en los días y las semanas siguientes. Algunas veces, el niño despertaba a la madre para prevenirla de las criaturas, como si todavía las estuviera viendo bailar a su alrededor en la habitación.

Abharani se maravillaba ante la magnitud de la activa imaginación de su hijo. Se preguntaba si habría visto ilustraciones de esas criaturas, aunque no había ningún libro de ese tipo en su casa. En otras ocasiones veía estrellas, planetas y galaxias saliendo de sus orejas, en vez de criaturas vivas. Como los sueños continuaron, ella empezó a preocuparse. Algunas veces se quejaba a su marido y a otros parientes y amigos de que el niño era un enclenque al que le asustaban las pesadillas; otras veces bromeaba diciendo que parecía como si todo el universo saliera de una de las orejas y entrara por la otra. Pero a medida que el tiempo fue pasando, empezó a buscar otras explicaciones. Incluso lo llevó a varios tántricos a ver si podían usar sus artes ocultas para decirle lo que le pasaba a su hijo, pero ninguna de las explicaciones era suficiente para satisfacerla.

Otros sueños extraños siguieron. Una mañana, Prabhat le dijo a su madre que durante la noche había visto una de las aldeas lejanas en llamas y a un grupo de sannyasis corriendo para escaparse del fuego. Un par de días después, cuando llegaron las noticias del fuego y de los sannyasis, entendió que lo que su hijo había visto no había sido sólo un sueño, sino una visión. Esto alimentó su creciente convicción de que el niño al que había dado a luz no era un niño ordinario.

Un día tuvo una discusión con su suegra, Vinapani Sarkar, respecto a algo que había pasado hacía algunos años. La discusión se estancó brevemente mientras se esforzaban por recordar con exactitud lo que había pasado ese día. Prabhat les ayudó a refrescar la memoria.

—Yo recuerdo ese incidente —les dijo. Luego les recordó los detalles que habían olvidado.

—¿Cómo sabes? —le preguntó la abuela sorprendida—, si en ese entonces ni siquiera habías nacido.

—Simplemente lo sé —fue su lacónica respuesta. Abharani simplemente sonrió. Después de esto, cuando cualquiera de sus otros hijos le preguntaba algo que ella no podía contestar, les decía:

—Pregúntenle a Bubu[5]. Él sabe todo. Lo que yo no sé, lo sabe él.

Para entonces, a pesar de su temprana edad, Prabhat ya se estaba volviendo bastante independiente. Cuando era pequeño había sido más bien travieso. Algunas veces exasperaba a su madre hasta tal punto que la hacía perseguirlo con la intención de darle unas palmadas en el trasero para enseñarle una lección. Prabhat era de pies ligeros y se mantenía fuera del alcance de su corpulenta madre hasta que se calmaba. Sólo entonces se le acercaba y ella lo ponía en su regazo, perdonándole todo. Pero a medida que crecía, su naturaleza traviesa se aplacó gradualmente. Empezó a pasar más tiempo afuera, explorando el vecindario o jugando con amigos. Para entonces, se había desarrollado su atracción por historias sobre Shiva, el padre de los yoguis, que escuchaba de sus padres y familiares. Le gustaban especialmente las vívidas descripciones de la gran magnanimidad del dios y su desapego. Aunque sabía poco de religión y rituales, obtuvo un lingam de Shiva[6] y cada mañana antes del desayuno lo lavaba mientras recitaba algunos de los mantras que había escuchado usar a los mayores, luego lo colocaba en un plato de latón. Una vez lograba que el lingam estuviera derecho, lo tomaba como una señal de que Shiva había aceptado su ritual.

De vez en cuando, Prabhat se sentaba a observar a un grupo de mendicantes que se reunía regularmente en un montículo cercano a cantar himnos devocionales haciendo un círculo alrededor de una fogata sagrada. Mucha gente del pueblo, con la reverencia natural que tenían por los monjes itinerantes, común en ese tiempo, se unía a ellos en los cantos. Aunque Prabhat disfrutaba escuchar los himnos de alabanza que le cantaban a Shiva, los mendicantes le resultaban poco atractivos. No le gustaba su hábito de fumar cáñamo en pipas. Con los ojos rápidos de niño, notaba cómo sus mentes estaban más en la deliciosa comida que la gente piadosa del pueblo les traía, que en la meditación. Un día, para ponerlos a prueba, se acercó silenciosamente hasta el círculo mientras meditaban y con mucho cuidado, tomó algunos de los dulces que una anciana les había dejado. Varios de ellos saltaron de su meditación y empezaron a perseguirlo, pero Prabhat ya tenía su ruta de escape: primero un callejón cercano y luego detrás de las letrinas públicas a donde sabía que los monjes, seguidores del sistema de castas, nunca lo seguirían. Después de este incidente, perdió cualquier ilusión que pudiera haber tenido acerca de los monjes y los molestaba cada vez que tenía una oportunidad.

En esta misma época, empezó otro sueño recurrente. Una noche soñó que estaba en medio de una poderosa tormenta. La tormenta lo elevó por los aires hasta dejarlo caer rudamente sobre un extenso banco de arena al borde del río Ganges. Los ojos y la boca se le llenaron de arena. Luego se limpió la arena de los ojos y cuando los abrió, vio a un mendicante parado frente a él con un tridente en la mano. El mendicante empezó a recitar un largo mantra; luego le pidió a Prabhat que repitiera el mantra después de él.

—¡No! —le gritó Prabhat.

—Repítelo, hijo —le insistió el mendicante—. Será beneficioso para ti.

—No, bajo ninguna circunstancia lo voy a repetir.

El mendicante levantó su tridente.

—Tendrás que repetirlo.

—¡No, nunca! ¡Nunca lo recitaré!

En ese momento la tormenta empezó una vez más y lo elevó por el aire. Se lo llevó y lo volvió a tirar en su cama, e inmediatamente se despertó. Entonces entendió que había sido sólo un sueño, pero el incidente se mantuvo fresco en su mente por el resto de la mañana.

Durante veinte días seguidos, Prabhat tuvo el mismo sueño. Pronto había memorizado el mantra, no porque hubiera hecho algún esfuerzo, sino simplemente porque lo había escuchado muchas veces. Al mismo tiempo, el niño empezó a sentirse desesperado. Era vergonzoso que cada noche el mendicante lo asustara con su amenazante tridente, y que él todavía no hubiera hecho nada al respecto. Finalmente resolvió que si tenía el mismo sueño otra vez esa noche, le pondría fin a esta farsa. El sueño empezó una vez más, exactamente como había empezado por las últimas veinte noches, pero esta vez, cuando el mendicante agitó su tridente y le advirtió al pequeño que tenía que repetir el mantra, Prabhat le arrebató el tridente y lo lanzó contra él. Oyó un fuerte golpe. Cuando miró otra vez, el mendicante no estaba allí. En su lugar había una estatua de

Shiva. El golpe que oyó era el sonido del tridente rebotando en ella. La estatua esbozaba una sonrisa y Prabhat sintió que Shiva le estaba sonriendo de contento. En ese momento se terminó el sueño y Prabhat se encontró en su cama, sudando. El sueño no retornó.

Prabhat le contó la historia a su hermana, quien, como siempre, estaba fascinada con los vívidos sueños de su hermano. Faltaban sólo algunos días para el Shiva Chaturdasi, el festival de Shiva más importante en el calendario hindú. Tradicionalmente, las jóvenes solteras ayunan ese día con la esperanza de que el ayuno persuada a Shiva de encontrarles un novio noble. Hiraprabha, de más o menos doce años en ese entonces, también decidió ayunar para seguir la tradición. Recordando el sueño de su hermano, le sugirió que ayunara también, y él aceptó gustoso. Esa noche, la familia visitó un templo de Shiva para realizar el culto tradicional. Cuando le tocó el turno, Prabhat se paró frente al ídolo y vertió agua sobre el Shiva lingam tal y como indicaba el ritual y empezó a recitar en voz alta el mantra que había escuchado en el sueño.

Dhyáyennityam mahesham rajatagirinibham cárucandrávatamsam
Ratnákalpojjvalámgam parashu-mrga-varábhiitihastam prasannam
Padmásiinam semantám stutamamaraganaervyághrakttim asana
Vishvádyam vishvabiijam nikhilabhayaharam paincavaktram trinetram[7]

Uno debe meditar constantemente en Maheshvara, radiante como una montaña plateada, adornada por la adorable luna / cuyos miembros son brillantes como el resplandor de las joyas, con el hacha en la mano, protector de los animales, dador de dones, el siempre alegre / sentado en la postura de loto, vestido con la piel de tigre, adorado por los dioses / la semilla y causa del universo, quien remueve los miedos ilimitados, el de las cinco caras y los tres ojos.

Impresionado, el sacerdote local se dirigió hacia donde Lakshmi Narayana y lo felicitó entusiasmado:

—Debo elogiarlo por enseñarle a su hijo semejante mantra tan difícil y tan importante. Apenas podía creer lo que mis oídos escucharon cuando este niño tan pequeño recitó el mantra del *dhyana* de Shiva[8].

Igualmente sorprendido, Lakshmi Narayana tuvo que confesar su ignorancia. Sólo cuando le preguntó a Prabhat, descubrió cómo había aprendido el mantra. Fue este incidente el que convenció a los padres de Prabhat de que existía un lazo especial entre su pequeño y el dios Shiva. En los años siguientes se aseguraron de que Prabhat siguiera el ritual Shivaratri tradicional, incluyendo la recitación del mantra sagrado que aprendió en el sueño. La historia de Prabhat recitando este difícil y poco conocido mantra cuando era niño es otra de esas historias que pasaría a ser parte de la tradición familiar, repetida varias veces por los vecinos durante los años siguientes cuando alguien les preguntaba acerca del extraño hijo de los Sarkar.

II
Los días de colegio

Debes tener un ardiente propósito moral para que la avaricia, la opresión y la explotación se consuman ante tu fuego interior[1].

Cuando Prabhat cumplió los cinco años, ya había empezado una práctica que continuaría por el resto de su vida: sentarse a meditar temprano en la mañana y luego otra vez en la noche. Nadie en la familia sabe cuándo empezó esta práctica ni cómo la aprendió y él tampoco les dijo, pero para entonces la familia ya había aprendido a no molestar a este pequeño de mente independiente con estas cosas.

Casi tan inusual, fue su rechazo a comer cualquier comida que no fuera vegetariana, a pesar de que su familia no era estrictamente vegetariana. Como la mayoría de las familias bengalíes, los Sarkar comían pescado y, en ocasiones no muy frecuentes, otros alimentos que no eran vegetarianos. Cuando Prabhat era todavía pequeño, solía sollozar en silencio cuando su abuela empezaba a preparar los peces vivos que traía del mercado. La primera vez que lo notaron pensaron que algo andaba mal con el niño, pero cuando vieron que sólo reaccionaba así cuando llevaban los peces vivos a la cocina dejaron de hacerlo.

La familia Sarkar seguía la tradición india de alimentar a sus hijos con una dieta vegetariana hasta que cumplían cuatro o cinco años, de acuerdo a la creencia popular de que el delicado sistema digestivo de un niño pequeño no está preparado para la carne, el pescado o los huevos. Cuando Prabhat alcanzó la edad socialmente aprobada para comer alimentos que no eran vegetarianos, trataron de darle pescado pero él se rehusó a comerlo. Esto no molestó mucho a sus padres. Una gran parte de la sociedad era vegetariana, tanto por razones religiosas como de salud y, como buenos hindúes, valoraban la dieta vegetariana. Es más, su madre rara vez comía alimentos que no fueran vegetarianos.

Sin embargo, la abuela de Prabhat tuvo una reacción muy diferente. Por siglos, la gente en Bengala creía que el pescado promovía el crecimiento del cerebro y estimulaba la inteligencia, una tradición que las abuelas bengalíes habían mantenido orgullosamente durante muchos años. Vinapani se exasperaba cada vez más con su nieto favorito cuando se negaba a comer lo que le servían. Ella trató de engatusar al pequeño diciéndole que comer pescado era importante para el cerebro.

—No quieres crecer para ser estúpido, ¿no, sólo por no comer pescado?

Sin embargo, ninguna de sus súplicas sirvió para convencer a su nieto intransigente. Finalmente, un día durante la cena, cansada con la obstinación de su Prabhat, Vinapani le puso a la fuerza un pedazo de pescado en la boca. Prabhat lo escupió sobre la mesa.

—¡Niño tonto! —dijo la abuela—. ¿Quieres ser un idiota toda tu vida?

Prabhat se levantó de su silla y le dijo a su abuela que si ella, o cualquier otra persona, alguna vez trataba de forzarlo a comer alimentos no vegetarianos, esa sería la última vez que se sentaría a comer en la mesa familiar; luego se dio la vuelta, se fue a su habitación y cerró la puerta detrás de él. Ni su abuela ni su madre volvieron a hablar del tema. Prabhat viviría el resto de su vida sin probar ni un bocado de alimentos no vegetarianos.

Fue en esta época cuando Prabhat empezó a asistir a la escuela primaria para bengalíes, en donde se ganaría el apodo de "enciclopedia" por su prodigiosa memoria y su habilidad para responder cualquiera de las preguntas que los otros muchachos le hicieran. Durante los cuatro años que pasó allá, su personalidad sufrió una lenta, casi imperceptible metamorfosis de un niño superdotado y gracioso a un joven callado que podía predecir el porvenir y cuya oculta profundidad lo separó del resto de los jóvenes de tal forma que a veces había que echar más de un segundo vistazo para notarlo. En aquellos días, Bihar era el estado de India con más arraigo hacia las castas. Era un lugar en el que ir en contra de las buenas costumbres y los ritos tradicionales profundamente arraigados era prácticamente impensable, especialmente en un pueblo pequeño como Jamalpur, en el que no respetar las prohibiciones de casta era reprochado inmediatamente. La familia de Prabhat seguía las prácticas ortodoxas, de la misma forma que todas las familias hindúes lo hacían, pero Prabhat en su forma silenciosa gradualmente dejó en claro que él no compartía ninguna de sus creencias de casta.

Un día invitó a un muchacho de la casta de intocables a su habitación y se sentaron en la cama. Abharani no dijo nada mientras el muchacho estuvo ahí, pero tan pronto como salió, reprendió al hijo y se quejó porque ahora tendría que lavar la sábana y la funda de almohada, tal y como ordenaban las escrituras, porque estaban contaminadas. Prabhat la escuchó sin decir una sola palabra. Después de que ella removió la sábana y la funda de almohada, él tomó el colchón y la almohada, los llevó al lavadero y empezó a sumergirlos en el agua.

—¿Qué diablos estás haciendo? —le gritó Abharani.

—Como dijiste que todo estaba contaminado —le contestó Prabhat—, entonces esto también está contaminado, así que también lo estoy lavando.

Su madre, exasperada, trató de hacerle entender su imprudencia.

—No es necesario —le dijo—. Tenemos que lavar la funda y la sábana porque el muchacho las tocó, pero sólo debemos rociar el colchón y la almohada con un poco de agua del Ganges.

—No —le contestó Prabhat, y continuó lavando la almohada y el colchón—. Si tú dices que la sábana y la funda están contaminadas, entonces todo está contaminado.

La madre trató de discutir con él pero no tuvo éxito. Finalmente extendió sus brazos y exclamó:

—¡Es muy difícil convencerte de cualquier cosa!

En otra ocasión, Prabhat estaba sentado en la terraza del frente de su casa. Pasando la calle había una plataforma vacía en la que la gente del barrio se reunía a jugar cartas o a conversar. Un miembro del la supuesta casta de intocables que iba caminando por la calle se detuvo para preguntarle a Prabhat si había visto a cierta persona o si sabía dónde podía encontrarla. Él se refirió a Prabhat como "Khokha Babu" (pequeño caballero). Prabhat se sorprendió cuando vio que el hombre estaba parado en una sola pierna mientras le hacía la pregunta y se mantuvo en esa posición mientras esperaba su respuesta.

—Sé quien es —le dijo Prabhat—, pero no sé dónde puede estar en este momento. Por favor venga a sentarse en la banca. Puede esperar aquí si usted desea.

—Khokha Babu —respondió el hombre—, no puedo hacerlo. Hay una regla que dice que una persona de baja casta tiene que mantenerse en esta posición cuando va a la casa de un gran hombre.

Prabhat le pidió varias veces que se sentara, pero el hombre no se sentó ni bajó la pierna. La injusticia de esta costumbre enfureció a Prabhat, pero él sabía que era inútil decir algo más en ese momento, así que contuvo su lengua. Sin embargo, cuando el hombre se fue, se prometió a sí mismo que lucharía contra esta tradición repugnante y que ayudaría a terminar con ella algún día.

Durante la niñez de Prabhat, la familia visitaba con frecuencia la villa de Bamunpara, donde nació Lakshmi Narayana, especialmente en las calurosas vacaciones de verano, cuando la abundante vegetación y los espacios abiertos brindaban un refrescante respiro ante el incesante calor de Jamalpur. El verano era la estación del mango y Bamunpara estaba llena de árboles de mango, así como de papaya, banano, jaca, guayaba y muchas otras delicias que hacían que los niños Sarkar soñaran con las vacaciones en Bamunpara. Como la mayoría de los niños de la India, adoraban sentarse bajo el dosel de sombras que creaban los grandes arcos de los árboles a tomar el delicioso jugo de la pulpa madura de las frutas. Luego corrían a jugar con los niños de la aldea y a recorrer los campos que la rodeaban. A Prabhat también le encantaban los mangos, pero mientras sus hermanos jugaban, él se sentaba a la sombra de los árboles a meditar en silencio por largo rato o se iba a caminar solo por los terrenos o aldeas vecinas.

Otras veces se pasaba horas acostado en un catre con los ojos abiertos mirando al espacio. En una de esas visitas, su hermana Hiraprabha, una joven muy sensible de catorce años, le preguntó a su hermano de siete años qué hacía acostado ahí todo el día.

—Estoy revisando la historia del universo —le dijo Prabhat, pero la respuesta no complació mucho a su hermana. Al día siguiente le volvió a preguntar, pero esta vez él le contestó—: Estoy viendo lo que va a pasar en este planeta en mil años.

Finalmente, Hiraprabha se cansó de su perezoso hermano menor y empezó a censurar su holgazanería.

—Estás ahí, perdiendo el tiempo sin hacer nada; todavía no has aprendido como escribir tu nombre en tu propia lengua.

Prabhat la miró por unos momentos, con su sonrisa típica, luego fue hacia el cajón, sacó papel y lápiz y escribió su nombre en diez escrituras, incluyendo inglés, árabe y un número de diferentes escrituras de la India. Su hermana se sorprendió tanto cuando vio esto que salió corriendo como un pájaro asustado y evitó encontrarse con su hermano por el resto de las vacaciones.

Años después, mientras le dictaba a uno de sus discípulos, Vijayananda, Prabhat recordó estas vacaciones en Bamunpara. Le dijo que cuando estaba acostado en el catre, supuestamente no haciendo nada por horas, estaba ocupado planeando el trabajo de su vida, que incluía su lucha contra el sistema de castas y otros males sociales. Prabhat dijo que durante estas vacaciones había diseñado la estructura de Ananda Marga, la organización socioespiritual que fundaría en 1955, más de veinticinco años después. Luego fue a su escritorio, sacó un pedazo de papel amarillento de uno de los cajones y lo desarrugó en el escritorio frente a su discípulo. La escritura borrosa, pero todavía visible, contenía un plan general de la organización que crearía más adelante.

En 1930, Prabhat fue aceptado en la Escuela Ferroviaria de India Oriental, en donde continuaría sus estudios hasta matricularse en la universidad. El muchacho que entró a la escuela ferroviaria era muy diferente del muchacho que había entrado a la escuela primaria unos años antes. Mientras que los otros muchachos eran, en general, bulliciosos e inquietos, Prabhat se distinguía por su actitud tranquila y su manera de hablar reflexiva. Cuando una sola palabra bastaba, nunca usaba dos. Era amigable con todos pero no tomaba parte en la alegría típica de las horas de tiempo libre y de recreo. Él se mantenía solo, ya fuera con un libro, sentado bajo un gran árbol de brevo en el patio o en la terraza. Sin embargo, cuando había peleas o los muchachos utilizaban un lenguaje grosero, él se levantaba rápidamente e intervenía. De vez en cuando, otros jóvenes se acercaban a él para discutir uno que otro tema relacionado con los problemas que tenían con las tareas, pero casi siempre respetaban su amor por la soledad.

La reputación de Prabhat de ser capaz de responder lo que le preguntaran continuó desde la escuela primaria. Aquí también se convirtió en una práctica común que otros estudiantes le enviaran a alguien que tuviera preguntas que nadie más podía responder. Una tarde, durante el descanso, él y sus compañeros de clase estaban sentados a la mesa hojeando un nuevo libro de geografía que acababa de llegar. Prabhat pasaba las páginas con todos los demás. De repente, cerró el libro y los retó a que le hicieran cualquier pregunta de cualquier página. Los otros muchachos aceptaron el reto, abrieron el libro de forma que él no lo pudiera ver y empezaron a hacerle preguntas. Él respondió una a una correctamente. Ellos estaban impresionados, pero ya lo habían visto pasar antes. Sin embargo, Vimalendu Chatterjee, quien recientemente se había mudado para Jamalpur desde una pequeña aldea en el distrito de Silhet de Bengala Oriental, no lo había visto nunca. Cuando expresó su sorpresa, Prabhat le preguntó el nombre de su aldea y luego empezó a describirla detalladamente, incluyendo la división de los sembrados de arroz y la ubicación de los pozos. Cuanto más decía

Prabhat, más sorprendido se quedaba Vimalendu. Todo era exactamente como Prabhat lo estaba describiendo.

—Pero, ¿cómo puedes saber todo esto? —explotó finalmente. Prabhat refunfuñó disgustado:

—Esta gente no estudia —dijo—. Por eso no saben estas cosas.

Sólo después de algunos años, Vimalendu se dio cuenta de que la información que Prabhat había descrito tan acertadamente no se encontraba en ningún libro.

Después del colegio, Prabhat acompañaba a los otros muchachos hasta las afueras del pueblo, pero en vez de participar en sus juegos, desaparecía en las colinas cercanas y generalmente reaparecía antes del atardecer para volver a acompañar a sus compañeros de clase hasta el pueblo. En aquellos días, las Colinas de Kharagpur eran la salida a una zona desierta a la que sólo unos pocos habitantes del pueblo se atrevían a entrar. Empezaba a tres kilómetros de los límites del pueblo e iba hasta donde nacían las colinas de granito cincelado que durante siglos habían servido como defensa natural del sur de Monghyr, la capital del antiguo reino de Anga que quedaba a siete kilómetros al norte. Entre el pueblo y las colinas se extienden muchos acres de prado y árboles de sombra, así como una reserva natural que corre a lo largo de la base de las colinas por varios kilómetros. Los adultos iban allá a caminar y los niños a jugar, excepto por las extensas áreas al oriente que pertenecían al Instituto Ferroviario, fuera del alcance para los indios en esa época.

Más allá de la reserva se extiende un largo y angosto valle hasta la sierra, un área de bosque que los habitantes llaman El Valle de los Muertos para rememorar una feroz batalla sucedida muchos siglos antes, en la que más de mil guerreros murieron y fueron dejados como carroña para los animales que habitaban el lugar. En aquellos días, El Valle de la Muerte y las Colinas de Kharagpur eran el tema de muchas conversaciones. Allí vivían animales salvajes, se habían visto algunos tigres y, de acuerdo con algunos de los pobladores, los fantasmas de los guerreros muertos todavía deambulaban por el bosque sin poder alcanzar la paz y asustando a cualquiera que se atreviera a entrar a su reino olvidado. En el lado opuesto de la reserva del Valle de la Muerte, cientos de escaleras de piedra habían sido esculpidas en la montaña. Al final de los veinte minutos que toma llegar a la cima hay dos templos a la sombra del bosque: un templo de Kali por el cual las colinas habían sido llamadas Kalipahar; y un templo de Shiva unos doscientos metros más allá, por el que nadie se atrevía a atravesar. La subida al templo de Kali era espectacular. A medio camino se podía ver todo Jamalpur. Desde la cima, en un día sin nubes, se podía ver más allá de Monghyr, situada a orillas del Ganges, hasta más allá de sus planicies. Los fines de semana y los días de fiesta religiosos, los peregrinos piadosos de Jamalpur y de Monghyr iban hasta el templo de Kali en la cima de la montaña para adorar la imagen de la madre divina y para atar cintas en las ramas nudosas del antiguo árbol de bilva que estaba detrás del templo. Se decía que la Madre Kali haría realidad los deseos de aquellos que le dejaban cintas en su árbol favorito, y cada corazón piadoso de las madres de Jamalpur tenía un hijo o una hija que necesitaba un favor de la Madre Divina; pero por la tarde, una vez el sol empezaba a ocultarse tras la línea de árboles,

Kalipahar quedaba desierta. Era bien sabido que Kali no prometía un pasaje seguro para salir de ese desierto a nadie que fuera tan tonto como para permanecer allí hasta que el sol se ocultara.

Kalipahar, El Valle de la Muerte, y Las Colinas de Kharagpur se convirtieron en el retiro privado del joven Prabhat, un vasto desierto que prácticamente era para él sólo. Algunas veces, lo veían subir a las colinas cuando los últimos peregrinos bajaban de los templos. En más de una ocasión, vecinos de buena voluntad que reconocieron al muchacho, informaron al padre que habían visto a su hijo deambulando por esas peligrosas colinas a horas a las que una persona honesta no se atrevería a ir. Sin embargo, cuando su padre lo cuestionó, Prabhat le aseguró que los vecinos estaban exagerando, a él simplemente le gustaba caminar por lugares tranquilos para poder pensar. Era más o menos la misma respuesta que daba a los otros muchachos cuando le preguntaban lo que hacía cuando iba allá, aunque para entonces muchos de ellos conocían su hábito de buscar lugares solitarios para meditar. Algunas veces, llevaba consigo una flauta de bambú y se pasaba horas sentado en las colinas explorando las diferentes escalas y variaciones de la música india. Otras veces llevaba el esraj[2] de un amigo. En las raras ocasiones en que uno o dos amigos lo acompañaban en sus caminatas, él les hablaba de Dios y les pedía que se sentaran y cantaran las alabanzas del Divino. Uno de sus amigos le dijo una vez:

—Prabhat, si sigues así, te vas a volver un sannyasi.

Muchos de los que lo conocían ya asumían que lo sería.

Una tarde, cuando Prabhat tenía once años, Sachindranath Marik, quien vivía a pocas casas de distancia y era dos años menor que él, no pudo contener su curiosidad. Junto a un par de amigos, Sachin decidió seguir a Prabhat a las colinas. Emocionados con la idea de espiar al misterioso compañero mayor de la escuela, los tres muchachos tuvieron mucho cuidado de no dejarse ver mientras seguían a Prabhat por un camino serpenteante que rara vez era utilizado y que conducía hasta el bosque. Como eran jóvenes se asustaron muy pronto. Habían oído las historias de los tigres y otros animales salvajes que supuestamente vagaban por esas montañas boscosas. Al final del ascenso, el camino bajaba nuevamente y desaparecía entre los árboles. Como ya no podían ver más a Prabhat, ninguno se atrevió a continuar y decidieron esperar a que regresara. Pasaron más o menos cuarenta minutos, cuando Sachin vio algo que lo hizo sacudir la cabeza y mirar. Le gritó a sus dos compañeros y les señaló: abajo de donde estaban parados, en un claro en el bosque, vieron a Prabhat montado en un tigre cabalgando a un paso suave. Ellos miraron estupefactos cómo se apeaba del lomo del tigre, lo acariciaba un par de veces y lo veía caminar hasta desaparecer en el bosque.

Cuando Prabhat volvió a donde se encontraban esperando, los tres inmediatamente lo acosaron con preguntas acerca de la increíble visión que habían presenciado. Prabhat lo negó inmediatamente.

—¿Están locos? —dijo—. ¿Yo, montando un tigre? ¡Tonterías! Es mejor que no repitan semejante cosa.

Sachin se negó a prestar atención a las persuasivas negativas de Prabhat. Como Prabhat se negó a admitirlo, él lo amenazó con decirle a su madre, una amenaza que sólo hizo reír a Prabhat.

—¿Honestamente piensas que alguien te va a creer? —le dijo.

Sachin no lo escuchó. Cuando volvió al pueblo, contó lo que había visto, tanto a su madre como a la madre de Prabhat. Naturalmente, ninguna le creyó. Abharani se tomó el trabajo de preguntarle a su hijo, pero la indignada respuesta de Prabhat la satisfizo.

—Por favor madre, ¿honestamente piensas que yo puedo montar un tigre? Ellos están inventado historias.

Sachindranath y sus amigos fueron reprendidos por decir mentiras. Cuando Prabhat los vio al día siguiente en la escuela, les reprochó por contar semejantes historias:

—Cualquiera que haya sido la reprimenda que les dieron, se la merecen.

Después de esto él los evitó. Cuando tuvieron la oportunidad de preguntarle por qué los estaba evadiendo, Prabhat los regañó por contar chismes:

—Si hablan así, ¿qué va a pensar la gente de mí?, ¿que soy un animal que cabalga en el lomo de un tigre? Mientras vayan por ahí diciendo cosas así, no quiero tener nada que ver con ustedes.

Desde entonces, ellos no mencionaron nada de esto o de otras cosas inusuales que notaron en Prabhat y él gradualmente reanudó su amistad con ellos.

Unos años más tarde, Sachindranath escuchó la historia de una anciana tántrica que decían vivía en el bosque de Las Colinas de Kharagpur. La gente decía que ella había cazado y amansado a un tigre con sus poderes ocultos. Él recordó el incidente de Prabhat y se dio cuenta de que probablemente iba al bosque a visitarla.

A pesar de que Prabhat lo negó, de su naturaleza reservada y de su marcada aversión por llamar la atención, su reputación en Jamalpur creció en forma sostenida, especialmente entre sus compañeros de estudio. En el invierno, cuando las temperaturas bajaban a tres o cuatro grados centígrados una vez se ponía el sol, Prabhat seguía poniéndose pantalones cortos y camisas ligeras, mientras que el resto de los muchachos se vestía con prendas de lana. Cuando le preguntaron si sentía frío, él dijo:

—No. Ustedes envuelven sus cuerpos en ropa caliente, pero, ¿y su mente? ¿También se cubren la mente?

—Pero no sentimos frío en nuestra mente.

—Pues la mente está hecha del mismo material del cuerpo. Esa es la razón por la que yo no siento frío.

Algunos de los chicos más jóvenes empezaron a seguir a Prabhat después de salir del colegio. Lo acompañaban al campo y lo esperaban a que regresara de las colinas para poder caminar con él hasta el pueblo. Los padres de uno de los niños, disgustados porque su hijo estaba llegando tarde a la casa todas las tardes, lo regañaron por seguir a Prabhat y le pidieron que no lo volviera a hacer. Cuando él protestó, ellos exigieron saber cuál era la atracción.

—Me siento bien cuando estoy cerca de él —dijo—. Una vez vi a Prabhat parado en la calle. Vi que estaba rodeado de un aura resplandeciente. Cualquiera que esté rodeado de un aura como esta no puede ser un ser humano común y corriente, ¿cierto?

Sus padres no tenían la respuesta, pero después de esto no tuvieron ninguna objeción.

Manoranjan Bannerjee, varios años menor que Prabhat, lo vio sentado con los ojos cerrados durante horas en el templo a Shiva en Keshavpur, una visión que nunca había dejado de impresionarle. Un día vio algo que lo sorprendió aún más:

> Un día, cuando estaba estudiando en la clase seis, un grupo de cuatro o cinco toros empezaron a perseguirme por un camino estrecho. Yo tiré mis libros y corrí por mi vida. Cuando estaba corriendo, vi a Bubu-da parado al final del camino. Cuando llegué hasta donde él estaba, él me protegió de los toros. Justo antes de que los toros lo alcanzaran, se detuvieron repentinamente y se paralizaron como estatuas. Yo estaba pasmado. Él me pidió que fuera a recoger mis libros. Yo tenía miedo de hacerlo, porque para llegar hasta los libros, tenía que pasar por donde los toros estaban parados; pero Bubu-da me aseguró varias veces que no debía preocuparme por nada, que ellos no me lastimarían. Yo dudé, pero finalmente caminé hasta ellos y recogí mis libros. Después volví a donde estaba Bubu-da. Los toros no se movieron ni un centímetro durante todo el tiempo. Cuando volví con los libros, Bubu-da movió su mano hacia los toros. Sólo entonces se movieron, dieron la vuelta y se fueron. Después de este incidente comprendí que Bubu-da tenía poderes especiales.

Incidentes como este y la obvia inclinación espiritual de Prabhat, llevaron a que su reputación de ser un joven elevado espiritualmente dotado con poderes inusuales, creciera entre sus compañeros y vecinos. En Occidente, la gente no habría sabido que hacer con él. La mayoría no habría creído las historias que se contaban. Pero en India, con su larga historia de santos y yoguis, Prabhat era visto como otro joven con inclinaciones espirituales siguiendo los pasos de sus ilustres ancestros. Su familia y muchas otras familias en el vecindario sabían que él no era un muchacho ordinario. Su madre diría más adelante que, secretamente, ella consideraba a su hijo un genio espiritual, pero nunca habló del tema, ni nadie en el barrio lo comentó. Por miles de años, su cultura les enseñó a respetar la privacidad de aquellos cuyas mentes se habían tornado hacia Dios, y en este pequeño pueblo en Bihar esta tradición todavía seguía vigente durante los años treinta.

Fue en la época en que asistía al colegio ferroviario que Prabhat tuvo la experiencia espiritual definitiva de su juventud. Él se la narró a Amitananda años más tarde en una insólita tarde de invierno en Ranchi:

> Había ido a las Colinas de Jamalpur a meditar. Me senté en un lugar en particular en el que podía escuchar una voz susurrar en mi oído:
> —Ven conmigo. Te voy a mostrar un lugar mejor para meditar. Sígueme.

Yo no vi a nadie, pero seguí la voz, cuya presencia podía sentir claramente. La voz me llevó a un lugar específico y me pidió que meditara. Empecé a meditar. Después de un rato la escuché decir:

—¿Estás loco? ¿Por cuánto tiempo quieres estar bajo el embrujo de maya? ¿Quién te crees que eres? ¿P. R. Sarkar? ¡Mira, mira quien eres!

En ese momento, la película de mis vidas pasadas se proyectó ante mis ojos y entonces comprendí quién era.

En la tarde del 15 de enero un terrible terremoto sacudió el norte de India. El epicentro fue en la frontera entre Nepal y Bihar, a más o menos trescientos kilómetros de Jamalpur. La intensidad fue de 8,1 en la escala de Richter y dejó treinta mil personas muertas. Monghyr fue prácticamente reducida a escombros; Jamalpur, aunque no tan afectada, sufrió daños extensos. La casa de los Sarkar colapsó parcialmente. En la mañana del terremoto, Lakshmi Narayana había salido para Calcuta a acordar la fecha del matrimonio de Hiraprabha. Cuando regresó la mañana siguiente a las cinco en punto, toda la familia estaba esperándolo en la estación del tren, envueltos en cobijas después de una noche en que la temperatura había alcanzado el récord más bajo. Ese día llevó a sus hijos mayores con él para evaluar la devastación de los alrededores. Lo que vio lo dejó estupefacto. A pesar del daño en su propia casa, inmediatamente se sumergió en labores de rescate, tomando tiempo libre de su trabajo como contador en la oficina del ferrocarril para tratar pacientes y distribuir materiales de socorro.

El padre de Prabhat era un exitoso doctor en homeopatía que durante años había pasado fines de semana y días de fiesta en su dispensario atendiendo largas filas de pacientes, tanto británicos como indios. Muchos de ellos dependían de él para mantener a sus familias sanas cuando no podían pagar las costosas medicinas occidentales que iban reemplazando lentamente las prácticas sanadoras tradicionales de la India. Ahora, su habilidad como médico estaba a prueba, con un número de enfermos y heridos difícil de manejar para la comunidad médica local. No sólo trató pacientes sino que también recolectó comida, cobijas, ropa y medicinas para distribuir. Prabhat organizó un grupo de amigos y se unió a su padre. Lo que había quedado de la casa de los Sarkar se convirtió en un centro de almacenamiento para los materiales de auxilio. En las semanas siguientes, toda la familia ayudó a Lakshmi Narayana en sus esfuerzos por aliviar el tremendo sufrimiento que los rodeaba. En reconocimiento a sus esfuerzos, el gobierno de Bihar nombró al padre de Prabhat encargado de la distribución de materiales de auxilio para el distrito de Monghyr.

Después de este periodo de arduo trabajo y poco sueño, la salud de Lakshmi Narayana empezó a deteriorarse gradualmente. Nadie pudo diagnosticar exactamente qué enfermedad tenía y empezó una sucesión de doctores y medicinas que tuvieron muy poco éxito. Murió el 12 de febrero de 1936. Prabhat estaba en noveno curso cuando su padre murió. Era el hijo mayor pero todavía era muy joven para sostener a la familia. Su madre recibió del ferrocarril los fondos de previsión[3] de su marido junto con sus ahorros, pero en esa época no había pensión para los empleados indios y el cambio de la situación financiera fue drástico. Hasta entonces habían vivido relativamente bien para el estándar de la India. Ninguno de ellos había pasado dificultades financieras, y mucho menos la madre de Prabhat, Abharani, quien era la hija de un acaudalado doctor del distrito de Hooghly en Bengala y se había casado con una familia de clase media. Sin embargo, una vez que el periodo de duelo terminó, ella se hizo cargo de la situación y estableció los cambios necesarios en su hogar para que la familia pudiera sobrevivir con un ingreso que había sido reducido drásticamente. La forma generosa de gastar a la que estaban acostumbrados ya no era posible, pero ella se aseguró de que a los niños no les faltara nada de lo indispensable en la vida. Los vecinos que habían recibido la generosidad y el afecto de Lakshmi Narayana ofrecieron su ayuda. Su hermano, Nirmal Chandra, los visitaba todos los domingos para asegurarse que Abharani tuviera lo necesario para mantener a la familia. Cuando Prabhat se graduó de la escuela secundaria, trató de convencer a su madre de que lo dejara conseguir un trabajo, pero Abharani no quería ni oír hablar del tema; su sueño era ver a Prabhat en la universidad, y nada de lo que él dijera o hiciera la iba a convencer de lo contrario. Fue por esto que en el otoño de 1939 la familia puso a Prabhat en un tren hacia Calcuta, en donde fue admitido en la Universidad de Vidyasagar.

III
Kalikananda

Con razón Krishna dijo: "Si un criminal empedernido se refugia en mí, yo lo salvaré de todos sus pecados; yo me haré cargo de que esa persona obtenga la liberación o la salvación. Por eso, nadie, ningún aspirante espiritual, sin importar que tan oscura o despreciable haya sido su vida pasada, debe preocuparse por nada"[1].

Cuando Prabhat llegó a Calcuta a la casa de su tío materno, Sarat Chandra Bose, para empezar sus estudios en el verano de 1939, la que una vez fue la capital de India vibraba con el fervor de la independencia y la incertidumbre de la guerra. El activismo estudiantil estaba en su apogeo, con la mayoría de los estudiantes a favor de la posición radical de libertad a toda costa de Subhash Chandra Bose, el presidente del Partido del Congreso, mientras que otros apoyaban la política de Gandhi y Nehru de cooperar con los británicos en tiempo de guerra. Sin importar lo que uno apoyara, era imposible escaparse de la conversación sobre la independencia y la guerra, ya fuera en el aula de clase, en el comedor o en la calle.

Cuando Prabhat llegó a la turbulenta metrópolis, estableció correspondencia con varios líderes revolucionarios de Bengala, como el humanista radical M. N. Roy; Shyama Prasad Mukherjee, el fundador del primer partido nacionalista Hindú; Arun Chandra Guha, el Secretario General del Congreso de Bengala; y con Subhash Chandra Bose, quien era un pariente lejano por parte de su madre. Las cartas de Prabhat atrajeron su atención debido al astuto análisis de la situación política y a las provocativas sugerencias que hacía con respecto a las acciones que mejor servirían los intereses de la nación en ese momento. Cuando descubrieron que P. R. Sarkar era un estudiante de dieciséis años, algunos se desconcertaron, pero muy pronto invitaron a Prabhat a sesiones privadas en la casa de M. N. Roy[2], con otros revolucionarios del momento que ayudarían a decidir la fortuna de la nación que estaba por nacer.

A pesar de la relación de Prabhat con algunos de los líderes revolucionarios de India, no se unió a ningún partido político u organización estudiantil. Al igual que en la escuela secundaria, él se mantenía solo. Cuando no estaba en clase se pasaba el tiempo ya fuera solo o en compañía de unos pocos compañeros, a quienes nunca les mencionó su relación con Subhash, M. N. Roy y otros. Entre ellos estaba su primo Ajit Biswas, el futuro actor

Rabin Mazumdar y el futuro futbolista sobresaliente Anil Kumar Dey. Además de sus cartas a líderes políticos, Prabhat escribió artículos, poemas y relatos cortos de ficción que fueron publicados bajo diferentes seudónimos[3] en varios periódicos y revistas, como El *Statesman*, y El *Searchlight*. Sus artículos trataban principalmente temas sociales como el sistema de castas, el capitalismo y el sistema de la dote y contenían muchas de las ideas radicales que aparecerían más tarde en su filosofía del Prout. Él disfrutó mucho del afecto de su tío soltero, un tántrico disciplinado, y visitaba regularmente a su tía al norte de Calcuta quien más adelante se convertiría en Lady Goranga, una santa vaeshnava. Él también trabajaba medio tiempo como sub-editor en un periódico de Calcuta y servía de tutor a otros estudiantes para ayudarse a pagar sus gastos; pero sobretodo continuaba buscando lugares solitarios para hacer su meditación.

En Calcuta, Prabhat continuó con su hábito de hacer largas caminatas en la noche. Caminaba frecuentemente por las orillas del río Ganges, una ruta que lo llevaba por un área salpicada de ghats encendidos, algunos todavía ardiendo con los restos de los cuerpos quemados. Era un área solitaria a la que la gente del pueblo evitaba ir, pues se rumoraba que era peligrosa durante la noche. En la noche de luna llena de agosto, poco después de su llegada a Calcuta, la caminata nocturna de Prabhat lo llevó a través de las piras funerarias de Kashimitra. La brillante luna de shravan[4] iluminaba su camino a través de los campos crematorios. En un momento se detuvo y encontró un lugar para sentarse a la orilla del río. Un poco después escuchó pasos detrás de él. Sin molestarse en darse la vuelta, le pidió al visitante desconocido que se sentara. En vez de sentarse, el hombre musculoso e imponente que apareció a su lado sacó una larga daga y le ordenó a Prabhat que le diera dinero y cualquier cosa de valor que tuviera, de otro modo, no dudaría en quitarle la vida.

—¿Estás corto de dinero? —le preguntó Prabhat, como si no hubiera visto el resplandor de la luna en la daga a unos centímetros de su cara. Cuando el sorprendido asaltante repitió su amenaza, Prabhat le respondió sin miedo, en el mismo tono de voz—. Entonces, te has habituado a robar a la gente, ¿incluso a pobres e indefensos estudiantes como yo? —Una vez más, el ladrón trató de asustar al joven, pero Prabhat le respondió de la misma imperturbable manera— Te daré mi dinero, no te preocupes, pero tengo algo mucho más valioso que el dinero. ¿Te gustaría saber lo que es?

El ladrón empezó a perder su valentía ante la extraña calma y la rara sonrisa del esbelto adolescente sentado frente a él. Después de un momento de duda, le preguntó a Prabhat qué quería decir.

—Primero dime una cosa —le dijo Prabhat—. Si tus necesidades materiales fueran satisfechas, ¿continuarías robando?

El ladrón, cuyo nombre era Kalicharan Bannerjee, vaciló nuevamente y luego le dijo que si le fuera posible parar lo haría.

—Bien —le dijo Prabhat—. Ahora, si quieres que te dé lo que tengo, tira tu cuchillo, ve al río y báñate. Cuando termines ven a sentarte aquí, yo te espero.

De repente, Kalicharan se sintió humillado frente al muchacho al que había amenazado con su daga hacía sólo uno o dos minutos. Lágrimas aparecieron en sus ojos. Caminó hasta el borde del río, tiró la daga en el agua y se sumergió. Cuando volvió, el agua todavía goteando de sus hombros desnudos, Prabhat lo inició en la meditación tántrica y en el proceso aceptó a Kalicharan como su primer discípulo. Kalicharan casi no podía contener las lágrimas. Aceptó dejar su vida criminal y escuchó cuidadosamente las instrucciones que Prabhat le dio de cómo vivir su vida. Cuando expresó su remordimiento y trató de explicarle lo que lo llevó por ese camino, Prabhat le pidió que olvidara su pasado.

—Hoy se te ha dado una nueva vida. El viejo Kalicharan ya no existe.

Después, Kalicharan insistió en llevar a Prabhat hasta la casa.

—La ciudad está llena de asesinos —le dijo—, que no dudarían en matar a alguien por un par de monedas.

Cuando llegaron a la casa de su tío, Prabhat le dio unas instrucciones finales y le dijo cuándo debía volver a verlo.

Cuando Kalicharan volvió a la casa unos días después, Prabhat estaba meditando. Kalicharan esperó afuera hasta que Prabhat terminó. Cuando Prabhat abrió la puerta, le dio la mano a su nuevo discípulo y le entregó un reloj y una moneda de un anna.

—Si me hubieras robado, esto es todo lo que habrías obtenido —dijo.

Cuando Kalicharan empezó a llorar, Prabhat le hizo prometer que iba a utilizar la misma energía que había dedicado al robo para el servicio a la creación. Más adelante, Prabhat lo inició en *kapálika* y le dio el nombre monástico de Kalikananda.

A finales de abril de 1940, Prabhat tomó el tren hacia una de las aldeas del distrito de Bankura, a más o menos doscientos kilómetros de Calcuta, para asistir a la boda de un amigo. Cuando se empezó a ocultar el sol, salió con el novio y algunos amigos hacia la casa de la novia, pero como el tiempo astrológico determinado para la celebración del matrimonio era tarde en la noche, decidió ir a dar una larga caminata por los alrededores. Después de muchos kilómetros, llegó a un vasto tramo de terreno irregular lleno de arbustos, lejos del lugar habitado más cercano. Era exactamente el tipo de lugar que le gustaba a Prabhat para sus caminatas nocturnas. Notó que había algunos chacales deambulando; escuchó cómo el ulular de un búho entre los árboles hacía el silencio más intenso. La única luz que se veía en el extenso panorama venía de las estrellas o una que otra vez salía de su linterna. Después de un rato llegó a un área que parecía un campo de cremación o un lugar donde se tiraban restos de animales. Vio varias calaveras desparramadas y otros huesos que habían sido roídos por animales carroñeros. Atraído por la lúgubre belleza, localizó con su linterna un lugar limpio y claro y se sentó a relajarse y a practicar su meditación.

Después de un corto tiempo, notó una sombra dirigiéndose lentamente hacia él. Él lo saludo desde lejos, pero en vez de responderle, el hombre cantó el siguiente refrán en voz melodiosa:

—*El juego de la vida ha terminado hermano, el festival del mundo se ha desbandado. Vuelve, hombre de este mundo, vuelve.*

Cuando el hombre se acercó, Prabhat le preguntó quién era y de dónde venía.

—Babu —le dijo el hombre—, la calle es mi hogar.

Luego añadió el refrán de otra canción:

—*Soy un viajero, que habita en el camino; ir es para mí como venir, venir es como ir.*

—Pues bien, Babu —continuó—, no quiero darme aires, pero cuando tengo que presentarme, le digo a la gente que soy del área de Candil.

—Amigo, ¿cuál es tu nombre?

—¿También quieres saber mi nombre? La gente dice que mi nombre es Kamalakanta Mahapatra.

—Bueno, Kamalakanta, por favor siéntate. Cántame otra canción.

Kamalakanta le cantó varias canciones místicas, cada una más hermosa que la anterior. Luego le preguntó a Prabhat de dónde venía y Prabhat le contestó.

—Es mucha distancia —dijo el hombre—. Debes estar muerto de cansancio. Por qué no te recuestas por un momento y me dejas masajearte los pies un poco. Después de todo todavía tienes que volver caminando.

—Tú debes estar tan cansado como yo —protestó Prabhat.

—No, Babu, no siento ninguna incomodidad. Te dije antes que el camino es mi hogar. Recuéstate, eres muy joven.

—Por muy cansado que esté, no creo que sea apropiado que una persona mayor masajee mis pies.

—Entonces pon tu cabeza en mi regazo, recuéstate y estira las piernas.

Rápidamente, Prabhat se quedó dormido en el corazón de un campo de cremación con la cabeza recostada en el regazo de un extraño. Cuando se despertó eran las primeras horas de la mañana. Sintió un dolor agudo en los pies y cuando abrió los ojos vio a Kamalakanta agarrándole los pies con las dos manos. Ya no tenía la cabeza en el regazo de Kamalakanta. Le había puesto tres calaveras humanas debajo de la cabeza para que le sirvieran de almohada.

Prabhat llamó a Kamalakanta, pero el hombre no le respondió. Entonces se sentó y lo empujó. Sólo bastó un pequeño empujón para que el cuerpo de Kamalakanta cayera. Prabhat buscó el pulso en las muñecas del hombre y no encontró signos vitales. Su cuerpo ya se estaba enfriando. El hombre, cuyo hogar era el camino, había partido hacia un destino desconocido.

Prabhat se levantó y empezó a caminar. Ya estaba amaneciendo cuando llegó al lugar de la boda, en donde sus amigos estaban esperando a que hubiera más luz para ir a buscarlo. Él les contó lo que había pasado y les pidió que lo acompañaran al campo de cremación para completar los últimos ritos de Kamalakanta; pero cuando llegaron al lugar, no encontraron el cuerpo, sólo las calaveras que le habían servido de almohada a Prabhat estaban donde las había dejado.

—¿Estás seguro que no estabas tomando bhang?[5] —sus amigos lo reprendieron cariñosamente, pero Prabhat meneó la cabeza.

—Este hombre era un gran yogui —les dijo—. Él escogió el momento de abandonar su cuerpo. Aquí hay un misterio, pero mi imaginación no tiene nada que ver con esto.

Prabhat continuó iniciando secretamente a algunos discípulos selectos. Sin embargo, sólo por un par de excepciones, los demás discípulos nunca supieron de estas primeras iniciaciones.

En el verano de 1940, Prabhat retornó a Jamalpur en las vacaciones del verano. M. N. Roy y Subhash Bose fueron a verlo y él los llevó a una caminata nocturna por los campos cerca a Kalipahar. Se detuvieron en la tumba del tigre, un monumento local que se convertiría en la parada favorita de Prabhat durante sus caminatas nocturnas. Tuvieron una acalorada discusión. Subhash argüía la causa de la libertad política a cualquier costo. Roy insistía en que India debía alcanzar primero la libertad económica y luego discutir su libertad política. Aunque los detalles de la conversación son desconocidos, sabemos que en principio, Prabhat estaba de acuerdo con M. N. Roy. Sin embargo, la historia nos dice que es un argumento que ganó Subhash, con las desafortunadas consecuencias que tuvo para la nación. Esa noche, Prabhat les enseñó la meditación tántrica a los dos. El 3 de julio, Subhash fue arrestado por los británicos en un esfuerzo por frenar la creciente influencia de su recientemente formado Bloque de Avance, la oposición radical al movimiento de Gandhi, temido por los británicos por el abierto ultimátum que les había dado de abandonar la India. El líder revolucionario utilizó el tiempo en la cárcel para practicar la meditación, la cual tendría un profundo impacto en el hombre cuya carismática personalidad jugaría un papel decisivo en los eventos que llevaron a la independencia de India.

Prabhat volvió nuevamente a Jamalpur en las vacaciones del invierno. Un día, estaba sentado en la veranda calentándose bajo el sol del medio día, cuando un par de mujeres del vecindario se acercaron y le dejaron un plato de dulces, luego volvieron a la calle y se quedaron allí paradas mirándolo. Prabhat les pidió que se acercaran pero ellas dudaron. Él continuó insistiendo y finalmente se acercaron.

—Joven maestro —le dijeron—, pertenecemos a una casta baja. ¿Cómo podríamos acercarnos a ti?

Prabhat las tomó de las manos y las hizo sentar junto a él en la veranda. Tomó el plato y se comió los dulces, lo que las hizo visiblemente felices. Después de preguntarles por su salud y sus familias, dijo:

—Señoras, el sistema de castas es malvado. No deben pensar en ustedes como seres inferiores a nadie. Si alguna vez necesitan ayuda financiera para la educación de sus hijos, no duden en venir a mí. Yo les ayudaré.

En ese momento, su madre salió a la veranda y lo vio hablando con las dos mujeres, a quienes ella conocía muy bien. Volvió a la casa sin decir nada, pero cuando se fueron, tomó a Prabhat de la oreja y lo llevó hasta el baño. Una vez allí llenó un balde con agua y añadió agua del Ganges. Ella le insistió a Prabhat que se bañara con la tal agua bendita y después fue a la veranda a purificar con boñiga de vaca el lugar en que se habían sentado. Prabhat obedeció a su madre en silencio, pero cuando ella lo llamó a almorzar, él se rehusó a comer. Cuando su madre le preguntó por qué, él expresó su disgusto por su prejuicio de casta. Después de una corta discusión, él expresó su intención de hacer todo lo que pudiera para remover el sistema de castas de la sociedad.

—Eso es imposible —protestó Abharani—. El sistema de castas es un mandato de Dios. Mucha gente eminente ha venido a esta tierra y ninguno de ellos ha sido capaz de remover el sistema de castas.

—El sistema de castas fue creado por los hombres. Es inmoral, y tarde o temprano va a desaparecer, ya verás.

Años más tarde, el hijo del sacerdote de la familia, quien por tradición debía ser el sacerdote de Prabhat, fue iniciado por él; en vez de ser su sacerdote, se convirtió en su discípulo. Un día, el joven le pidió a Prabhat que le dejara comer las sobras que había dejado en el plato, lo que él consideraba prasad, comida santificada cuando el gurú la toca. Más tarde, cuando Prabhat, sonriendo, le contó a su madre que un brahmín de una casta alta había comido de su plato, una blasfemia en el hinduismo tradicional, le preguntó que si todavía se acordaba de la discusión que habían tenido unos años atrás. Su madre sonrió.

—Sí, Bubu, me acuerdo. Tenías razón, el sistema de castas está para acabarse.

Después de completar el semestre de la primavera de 1941 y de pasar el examen del ISc[6] con honores, Prabhat volvió nuevamente a casa durante las vacaciones del verano. Las dificultades financieras de la familia eran bastante serias para ese entonces. A pesar de la insistencia de su madre de continuar sus estudios, Prabhat decidió que como hijo mayor, había llegado el momento de asumir la carga financiera de la familia. Envió una solicitud de empleo al departamento de contabilidad de la oficina ferroviaria. Su solicitud fue aceptada. En agosto de ese año, empezó a trabajar como contador en la misma oficina en que había trabajado su padre.

IV

Departamento de Contabilidad: 1941-1947

Toda la humanidad de este universo constituye un solo pueblo. Toda la humanidad está unida en fraternidad: aquellos que permanecen indiferentes a esta simple verdad, aquellos que la distorsionan, son sus enemigos más mortales. La humanidad de hoy debe identificar a estos enemigos y construir una sociedad sana, superando todos los obstáculos y dificultades. Se debe tener en mente que hasta que no se establezca una sociedad magnificente, sana y universalista, toda la cultura y la civilización de la humanidad, su sacrificio, servicio y esfuerzo espiritual, no tendrá ningún valor[1].

En 1862, los británicos establecieron el primer taller ferroviario de la India en Jamalpur. Hacia el cambio de siglo se convertiría en el más grande de toda Asia. Era la sede del primer centro para el entrenamiento de ingenieros ferroviarios del subcontinente, más tarde conocido como El Instituto de Ingeniería Mecánica y Eléctrica del Ferrocarril de la India. Con el crecimiento del instituto, Jamalpur se volvió famosa por su cómoda vida social angloindia y por su relajado ambiente de pueblo pequeño. Cuando nació Prabhat, el instituto empleaba a más de doce mil personas. Más o menos mil eran británicos y angloindios que disfrutaban de una vida social que rivalizaba con la de Calcuta y la de otros centros del Imperio, pero en un ambiente más atractivo debido a los varios miles de hectáreas de extensas avenidas bordeadas de árboles y amplios prados que llegaban hasta el borde de las Colinas Kharkhanias. Los empleados del ferrocarril podían tomar largas y pintorescas caminatas y disfrutar del encanto de la naturaleza o entretenerse con un horario dedicado por completo a pasatiempos sociales. El Instituto tenía su propio cinema, una piscina de seis carriles, cuatro canchas de tenis, dos salas de billar y un salón de bolos. Los bailes eran de tanto renombre que el personal del ferrocarril y sus familias venían de todo el este de la India para asistir a ellos. Era más de lo que un empleado del ferrocarril de la India podía pedir, es decir, a menos que fuera británico. Como la mayoría de la India británica, los lujosos suburbios residenciales y las instalaciones recreativas estaban fuera del alcance de los indios; ellos estaban, literalmente, al otro lado de las vías, que separaban claramente al pueblo del instituto. Los indios constituían más del noventa por ciento de la fuerza de trabajo, pero disfrutaban de muy pocos de los privilegios que hicieron de Jamalpur un lugar de trabajo tan deseado por el personal ferroviario. Aun así, Prabhat diría muchos años después, que durante su juventud era el mejor pueblo de toda la India.

Lakshmi Narayana ingresó como empleado en el departamento de contabilidad del ferrocarril en 1911. Había inmigrado de su Bengala nativa después de la muerte de su padre a los cuarenta y cuatro años (un destino que compartiría con él). Su hijo tenía diecinueve años cuando empezó a trabajar en la misma oficina, que consistía en amplios salones llenos de escritorios sin nada encima al estilo burocrático británico. Allí los empleados pasaban sus días absortos en papeleo y escribiendo en los cientos de libros de contabilidad que se amontonaban en las estanterías y en los gabinetes y en algunas ocasiones directamente en el piso al lado de sus escritorios. Prabhat empezó como empleado de baja división con un salario de treinta y tres rupias al mes. Era un adolescente delgado con gruesas gafas negras, cuya baja estatura y personalidad silenciosa y seria normalmente no atraía las miradas. La mayoría de los hombres con los que trabajaba habían trabajado con su padre; muchos de ellos se habían beneficiado de los remedios homeopáticos de Lakshmi Narayana, y estaban felices de recibir al hijo, quien demostró tener muchas de las cualidades por las que estimaban al padre. Así como su padre, Prabhat era metódico en sus hábitos de trabajo, visiblemente sincero e increíblemente puntual. Entraba a la oficina a la hora exacta cada mañana, generalmente terminaba el trabajo que se le asignaba antes de tiempo, y salía exactamente a las cinco cada tarde.

Cuando Prabhat empezó a trabajar en la oficina, la Segunda Guerra Mundial estaba en pleno apogeo. A pesar de la distancia de los principales campos de batalla, India sentía los efectos. Todos los precios subieron, desde el arroz hasta la ropa. Muchas cosas eran casi imposibles de conseguir. Se instituyeron apagones y toques de queda debido a los crecientes temores de una invasión japonesa, temores que se confirmaron cuando Japón invadió Burma en enero de 1942. En febrero, cayó Singapur. Para mediados del verano, las tropas japonesas se estaban acercando a la frontera oriental de la India. Poco después, empezaron los primeros ataques aéreos de bombarderos japoneses en Calcuta y la ciudad sufrió una evacuación masiva. En Jamalpur, a sólo 280 kilómetros de Calcuta y sede de la oficina ferroviaria más grande del Imperio, la tensión era alta. Se declaró el toque de queda. En la noche, la gente tenía miedo de encender un fuego por temor a revelar el camino a la ciudad a los bombarderos japoneses. A pesar de que la rápida entrada de los americanos al Pacífico después de Pearl Harbor ayudó a desviar la atención japonesa sobre la India, la preocupación de una posible invasión continuó casi hasta el final de la guerra.

Como era de esperar, la guerra era lo más importante en la mente de todos. Durante la hora del almuerzo y el tiempo de descanso, los empleados se reunían a discutir el progreso del conflicto, a ponerse al día de las noticias del frente y a preguntarse en voz alta cómo la guerra impactaría el futuro de India. Cuando Prabhat se unía a la conversación, sus colegas notaban que muchas veces él narraba eventos recientes de las batallas o del frente político con detalles muy vívidos, casi como si él hubiera presenciado esas escenas con sus propios ojos. Las noticias de estos eventos no aparecían en los periódicos locales o en la radio sino hasta después de varios días debido a los tres días de censura impuestos a incidentes relacionados con la guerra. Cuando le preguntaban cómo había tenido acceso a las noticias de último minuto, él simplemente sonreía o cambiaba el tema.

El agudo análisis de Prabhat sobre las ramificaciones políticas de la guerra y su extenso conocimiento sobre los procedimientos militares, estrategias e historia parecían incongruentes con su tierna edad y aparente falta de experiencia mundana. Nunca le faltaban respuestas a las preguntas que le hacían y muchas veces dirigía las conversaciones hacia territorios que sus colegas rara vez visitaban: clásicos de la literatura, lingüística, ciencias aplicadas, misticismo, filosofía, algunas veces haciendo preguntas que él mismo contestaba después. Su escritorio se convirtió en el lugar de reunión durante el almuerzo o a la hora de descanso. Prabhat nunca salía de la oficina para comer en la cafetería. Traía su comida en una lonchera de aluminio y comía mientras hablaba con sus colegas hasta la hora de volver al trabajo.

Durante el curso de estas discusiones, sus colegas descubrieron que Prabhat era un quiromántico[2] experto. De hecho, se dieron cuenta de que era versado en todos los aspectos de la astrología hindú, de la cual la quiromancia es una rama. Con la reverencia natural que sentían por quienes practicaban este antiguo arte hindú, empezaron a pedir su consejo de vez en cuando. Impresionados por las acertadas lecturas, también empezaron a traer a sus amigos.

Jiten Mandal tenía un amigo, Vishvakarma, quien estaba desesperado porque no había podido encontrar trabajo. Un día, Jiten le pidió que viniera a la oficina a ver a Prabhat a la hora del almuerzo. Cuando Vishvakarma le preguntó a Prabhat si le podía leer la palma de la mano para ver cuándo iba a encontrar trabajo, Prabhat le dijo que no necesitaba ver su mano. Todo lo que necesitaba era ver las líneas de su frente. Prabhat lo miró fijamente por un rato, luego le dijo a Vishvakarma que iba a encontrar trabajo en cierta fecha. Vishvakarma olvidó el presagio; pero cuando le dieron el puesto el mismo día que Prabhat había predicho, él recordó la predicción y corrió a donde Jiten para informarle que había resultado ser cierta.

En otra ocasión, uno de los colegas de Prabhat le contó a uno de sus amigos, Mritunjay Sanyal, de las habilidades de Prabhat en el arte de la astrología. Le aseguró que si alguien le podía ayudar era Prabhat. Mritunjay, un jefe de otro departamento, estaba cerca de la edad de retiro. A pesar de haber hecho los mejores esfuerzos, no había podido conseguir un esposo para una de sus hijas, y estaba bastante preocupado. Él era un brahmín Barenda orgulloso de su casta, pero en su desesperación había aceptado ser modesto y pedirle ayuda a Prabhat. La respuesta de Prabhat fue corta y directa.

—Esta situación es simple —dijo—. El novio está sentado exactamente frente a usted en esta oficina. —Prabhat señaló a un joven empleado, Maitra Babu, quien estaba trabajando en un escritorio en una parte diferente de la habitación—. Contacte a su guardián y su deseo será cumplido.

Mritunjay hizo lo que Prabhat sugirió y sucedió que la familia era de la misma casta y apenas había empezado a buscar una novia. Las negociaciones se hicieron sin dificultad y el matrimonio se realizó poco después.

A medida que pasó el tiempo, las actividades de asesoramiento de Prabhat se incrementaron. Un día, de camino a la oficina, notó que había un culi sentado sin hacer nada con una expresión de dolor en su rostro. Prabhat le preguntó si no se sentía bien.

—Quiero trabajar, señor —le dijo el culi—, pero no puedo. Creo que necesito ir a la casa y buscar un tratamiento o si usted tiene algo que me pueda dar para el dolor, le estaré muy agradecido.

—No soy doctor —le dijo Prabhat, pero cuando el culi le repitió su súplica, él fue y arrancó una planta de los jardines de la oficina y le indicó cómo hacer una preparación medicinal simple con las hojas. Al día siguiente, el culi se había recuperado completamente y estaba trabajando. Él le contó a sus compañeros de trabajo que Prabhat conocía muchas medicinas. Después de este incidente, muchos culis empezaron a ir a pedirle ayuda a Prabhat cuando se sentían enfermos. Aunque Prabhat no era un homeópata como su padre, sus colegas de la oficina también empezaron a pedirle consejo respecto a sus problemas médicos y él muchas veces les recetaba tratamientos herbales o naturistas como parte de sus sugerencias.

Gunadhar Patra era un colega de Prabhat, que también practicaba la homeopatía y era estudiante de remedios naturales. Él aprovechó su cercanía a Prabhat en la oficina para preguntarle por remedios para tratar varias enfermedades, muchos de los cuales empezó a usar en su práctica[3]. Un día le pidió a Prabhat que lo llevara a las colinas cercanas al templo de Kali para mostrarle algunas de las plantas medicinales que él recomendaba. En la caminata de regreso a la casa, pasaron junto a un grupo de mujeres reunidas afuera de una casa.

> Él me preguntó por qué esas personas estaban reunidas allí, así que fui a preguntar. Me dijeron que uno de los niños de la casa estaba enfermo, se había desmayado, estaba vomitando y convulsionando y estaban preocupadas de que fuera epilepsia. Cuando volví a decirle, me dijo que quería ver al muchacho. Entró en la casa y le pidió a la familia que le describiera los síntomas detalladamente. Él escuchó lo que tenían que decir y luego agitó la mano sobre el cuerpo del niño. Después le dijo a todos que se podían ir. Les aseguró que iba a estar bien. Yo era doctor y estaba pensando, ¿cómo es posible que el niño se haya curado sin ningún tratamiento ni ninguna medicina? A la mañana siguiente volví a esa misma área. Yo solía ir al manantial que estaba cerca de allí para recoger agua potable. Fui a la casa y pregunté cómo estaba el niño. La familia me dijo que estaba bien. Me dijeron que un hombre de gafas había ido el día anterior y había agitado su mano sobre el muchacho y lo había curado. Yo sospeché que él debía haber usado algún tipo de mantra para curar al muchacho y yo quería aprenderlo, así que fui a preguntarle cómo lo había

hecho. Él pareció sorprendido por mi pregunta y no parecía recordar el incidente, así que le recordé lo que pasó cuando volvíamos de las colinas de Kali. Él se acordó y me dijo que no había mantra, ni nada por el estilo. Estas cosas también se pueden hacer con el tacto, dijo. Me fue difícil creerlo, pero él me aseguró que era verdad. Me dijo que yo era un doctor, y que también podía curar a los pacientes por el tacto. Luego le pedí que me dejara tocarle los pies.

En otra ocasión, uno de los colegas de Prabhat estaba profundamente preocupado por su esposa que estaba gravemente enferma y no había respondido a ninguna de las medicinas que el doctor le había recetado, así que le pidió ayuda a Prabhat. Prabhat cerró los ojos por un momento. Luego le dijo que le trajera cierto tipo de flor roja. El hombre trajo la flor, pero en vez de recetarle una medicina hecha de los pétalos de la flor, como pensaba que él haría, Prabhat entonó algunos mantras y le dijo que pusiera la flor al lado de la cama de la esposa. Le prometió que su esposa se recuperaría en cuarenta y ocho horas. Cuando la esposa se recuperó tal y como lo había predicho Prabhat, el colega contó la historia a todos los de la oficina, lo que aumentó la reputación de Prabhat.

Estos incidentes aumentaron la confianza de sus colegas. Inclusive empezaron a pedirle consejo a Prabhat sobre cosas que requerían poco o nada de conocimiento de astrología o de quiromancia. El Sr. Jha, por ejemplo, no podía pagar el alto costo de los ritos funerarios de su padre, que había muerto recientemente. En la tradición hindú, se necesita un sacerdote brahmín para oficiar los ritos necesarios para enviar el alma del padre al cielo. Desafortunadamente, el sacerdote le estaba cobrando cincuenta soberanos de oro por sus servicios, mucho más de lo que el Sr. Jha podía pagar, y su madre y otros miembros de la familia estaban presionándolo para que pagara.

—Aun si gastas cien veces esa suma —le dijo Prabhat—, no le haría ningún bien. Aun así no podrías enviar el alma de tu padre al cielo, porque ni el cielo ni el infierno existen, sólo el cielo o el infierno que nosotros mismos creamos en este mundo por las consecuencias de nuestras buenas o malas acciones. El cielo y el infierno son sólo dogmas creados por algunas personas religiosas para explotar a los crédulos y jugar con sus miedos.

—Pero Prabhat-da —dijo Jha—, aun si es sólo un dogma, no podré convencer de eso a mi madre ni a mis otros parientes. Ellos nunca me dejarán en paz si no hacemos los rituales de acuerdo con las escrituras.

Prabhat asintió con la cabeza.

—Claro, entiendo, pero haz una cosa; pregúntale al sacerdote qué tan lejos puede mandar al alma de tu padre si reduce el precio.

Al día siguiente, Jha le dijo a Prabhat que el sacerdote había aceptado reducir el precio a treinta soberanos. Por esa suma, podía llevar a su padre a las puertas del cielo, pero él iba a tener que abrir las pesadas puertas para poder entrar.

—Ya veo —dijo Prabhat sonriendo—. Vuelve a donde el sacerdote y pregúntale qué tan lejos puede llevar a tu padre si le pagas en plata.

Al día siguiente, Jha le dijo a Prabhat que el sacerdote había hecho cálculos por largo tiempo. Por cien monedas de plata podía llevar a su padre hasta las escalas del cielo. Desde allí él tendría que subir la larga y sinuosa escalera que lleva hasta la puerta del cielo.

—¿Puedes pagar cien monedas de plata? —le preguntó Prabhat.

—No, Prabhat-da. Tengo una familia muy grande y no quiero que sufran sin necesidad.

—¿Cuánto puedes pagar?

—Supongo que podría pagar treinta monedas de plata —dijo Jha

—Muy bien. Vuelve y habla con el sacerdote. Pregúntale qué tan lejos puede llevar a tu padre por treinta monedas de plata.

Al día siguiente, Jha llegó a la oficina muy contento. Cuando tuvo la oportunidad de hablar con Prabhat, le dijo que al principio el sacerdote se había enojado, pero finalmente, después de hacer un largo cálculo, le dijo que por esa suma él podía enviar a su padre hasta cinco kilómetros antes de llegar al cielo. Prabhat rió.

—Muy bien. Dile al sacerdote que tu padre era un hombre sano que solía caminar seis o siete kilómetros cada mañana. Si el sacerdote lo puede llevar hasta cinco kilómetros antes de las puertas del cielo, él puede cubrir el resto de la distancia durante su caminata de la mañana.

La oficina no era el único lugar al que la gente iba para pedirle consejo a Prabhat o para que les leyera la palma de la mano. Los vecinos paraban ocasionalmente en la casa de los Sarkar en busca de ayuda por una u otra dificultad. Algunas veces el consejo que les daba era puramente práctico. Una vez, una joven del barrio, que estaba desesperada, se acercó a la madre de Prabhat y le preguntó a Abharani si estaría dispuesta a pedirle a su hijo consejo sobre un problema que estaba teniendo con su suegra. Esa noche, cuando Prabhat llegó del trabajo, su madre le explicó las dificultades por las que esta joven estaba pasando: ella se había mudado hacía poco al barrio después de casarse con uno de los muchachos locales y su suegra le estaba haciendo la vida miserable, una queja común en la sociedad india tradicional. Como en la mayoría de los hogares indios en los que la hija va a vivir con la familia del hijo, esperaban que ella se hiciera cargo de la cocina y de la limpieza. La suegra esperaba que la nuera terminara de cocinar el almuerzo para cerrar la cocina con un candado e ir a visitar a las amigas a donde generalmente tomaba té y refrigerio. La muchacha, muerta de hambre, tenía que esperar por horas hasta que la suegra regresara para poder comer. Prabhat le aconsejó que pusiera su propio candado en la puerta después de que la suegra se fuera y que se asegurara de no estar allí cuando la suegra regresara. Ella sólo podría quitar el candado de la cocina cuando la suegra le prometiera que nunca iba a volver a cerrar la cocina, sin importar cuantas amenazas le hiciera la suegra. Un par de días más tarde, la joven regresó para ofrecer sus sinceros agradecimientos. Su suegra había aceptado no volver a cerrar la cocina.

En algunas ocasiones, la ayuda de Prabhat tomaba un tono más sobrenatural. Una vez, corrió el rumor en el barrio de que Prabhat tenía un espejo mágico en el que podía ver las almas de los difuntos y lo que personas en lugares distantes estaban haciendo.

La verdad es que no era un espejo sino un pedazo de vidrio. Prabhat había pedido a su hermano Manas que pintara de negro un lado del vidrio para que reflejara. Manas tenía la tarea de traer el espejo y ponerlo en donde Prabhat lo necesitara.

Un día, la esposa de Pandit Ramachandra Jha, el profesor de sánscrito de Prabhat, vino a visitar a Abharani. La señora Jha no había estado presente en la muerte de su madre y había venido a compartir su tristeza. Prabhat escuchó la conversación y más tarde le dijo a su madre que si la anciana quería, él le podía mostrar a su difunta madre, si le prometía que no se iba a asustar y que no le iba a contar a nadie acerca de este incidente. La señora Jha accedió y volvió un par de días después. Manas arregló el espejo y puso una vela encendida en frente. Prabhat le pidió que se concentrara en la vela. La anciana entró rápidamente en un estado de semitrance. Mientras estaba en ese estado, vio a su madre sentada en un bote. Después le agradeció a Prabhat y le dijo que ahora podía descansar, sabiendo que su madre estaba bien y continuaba su viaje.

En otra ocasión, otra anciana del vecindario estaba preocupada por su hijo y vino a pedirle ayuda a Prabhat. Su hijo había viajado fuera del país y ella no había recibido ninguna carta de él desde hacía varias semanas. Prabhat aceptó ayudarla y le pidió a Manas que trajera el espejo y encendiera la vela. La señora entró en trance y vio a su hijo entrando a una tienda a comprar comida en el país que estaba visitando. La visión fue suficiente para calmar sus miedos.

Después de algunos meses, Abharani se empezó a preocupar de que estas sesiones espiritistas pudieran afectar la salud de su hijo, quien de hecho, se enfermó después de una de estas sesiones. Prabhat, quien siempre demostró el mayor respeto y consideración por su madre, guardó el vidrio y nunca lo volvió a usar.

Este es un ejemplo típico de la relación que él tenía con Abharani. Cada noche antes de acostarse, masajeaba los pies de su madre. Cada vez que quería ir a alguna parte siempre le pedía permiso, aun después, cuando se convirtió en el preceptor de una multitud de discípulos. Cada mes le entregaba su salario y ella le daba una pequeña mesada para sus gastos personales. Abharani era una mujer devota que mantenía un pequeño altar en su casa donde realizaba sus ritos hindúes frente a una pequeña imagen de Krishna. Prabhat tenía el hábito de llevarle flores para el ritual. Una vez, por varios días, cuando ponía una guirnalda alrededor de la imagen de Krishna, ella veía a su hijo sentado en lugar del ídolo. Ella se restregaba los ojos y volvía a empezar el ritual, pero volvía a pasar. Finalmente, fue a donde su hijo y se quejó porque le estaba perturbando su ritual.

—Es porque me quieres demasiado —le dijo Prabhat—, que continuas viéndome.

El resto de la familia estaba muy consciente de las habilidades inusuales de Prabhat, pero para sus hermanos menores, era simplemente una parte normal de sus vidas. Un día, los niños Sarkar estaban en la mesa del comedor. Prabhat estaba desayunando antes de ir a la oficina. De pronto, el gato saltó en la mesa.

—¿Quieren ver algo de magia? —preguntó Prabhat a sus hermanos y hermanas menores. Hizo un leve movimiento con su manos y el gato quedó paralizado, como si se hubiera convertido en una estatua viviente. Los niños se amontonaron para verlo mejor. Lo tocaron dando exclamaciones de asombro. En ese momento su madre entró en la habitación; cuando vio lo que estaba pasando, regañó a su hijo.

—Prabhat, deja tranquilo al gato, se puede morir.

Prabhat hizo otro leve movimiento con su mano y el gato empezó a respirar nuevamente. Saltó de la mesa y salió corriendo. Su madre regresó molesta a sus quehaceres, pero continuó el día como si no hubiera pasado nada fuera de lo ordinario.

Los otros niños estaban convencidos de que su hermano sabía todo, tal y como su madre les había dicho. Un día a principios de 1948, Himanshu habló del tema.

—Dada[4], tú sabes todo. ¿Me puedes enseñar cómo hacerlo? También me gustaría saber todo.

Prabhat frunció el ceño.

—No es bueno saberlo todo —dijo—, no es bueno para nada. No te gustaría. Hay una razón por la que la Providencia no lo permite.

Un par de días después, Prabhat estaba sentado en la mesa del comedor con su primo Ajit Biswas, quien estaba de vacaciones en la casa de los Sarkar. Bijli Prabha, la hermana menor de Prabhat, les estaba sirviendo la merienda cuando su madre empezó a regañarla por su falta de habilidad en las tareas de la casa.

—¡Te vas a casar pronto y todavía no has aprendido cómo poner la mesa apropiadamente, ni qué decir de cocinar! ¿Qué va a pensar tu marido?

Prabhat empezó a defender a Bijli Prabha, hasta que Abharani se calmó y dejó a la hija en paz.

—No es necesario que sea una experta en las tareas domésticas —le dijo Prabhat a Ajit cuando se quedaron solos en el comedor—. El matrimonio que mi madre está tan ocupada arreglando para mi hermana nunca tendrá lugar.

—Prabhat, debe ser maravilloso poder saber qué es lo que va a pasar en el futuro —exclamó Ajit, moviendo su cabeza, maravillado por las habilidades extraordinarias de su primo.

—Para nada— le dijo Prabhat—. No es una bendición, por el contrario, es más bien una maldición. Mira, mi hermana está destinada a tener una corta vida. Ella no va a vivir para ver el día de su matrimonio. Es por eso que quiero que la dejen en paz, para que no enfrente problemas innecesarios en sus últimos días. Piénsalo, cada vez que la veo, me acuerdo de que su muerte se aproxima rápidamente. Tú ves a una joven sana, yo veo su muerte. Imagínate lo difícil que es para alguien actuar naturalmente o estar tranquilo con los amigos o la familia cuando sabe que alguien cercano a ellos va a morir. Hay una buena razón por la que la Providencia se encargó de que los seres humanos no sepan lo que va a pasar en el futuro.

Al día siguiente, Prabhat le pidió a Himanshu que lo acompañara a Calcuta por algunos días. Cuando los hermanos regresaron a Jamalpur cuatro o cinco días después, encontraron a la familia de duelo. Su agradable hermana Bijli Prabha había muerto el día anterior de fiebre negra, una enfermedad que no dio ninguna señal de su arribo inminente cuando ellos salieron para Calcuta unos días antes.

La familia de Prabhat continuó visitando Bamunpara, en donde todavía lo llamaban por su apodo, Bubu. Anil Ghosh recordaba cómo eran esas visitas:

> Aunque Bubu era un pariente más joven, yo le demostraba mucho respeto. Nosotros íbamos a visitarlo tan pronto nos enterábamos de que había llegado. Un día vimos a Bubu haciendo algo en su habitación. Su abuela era mi cuñada. Cuando le preguntamos, ella contestó:
> —Bubu está meditando. Él practica la meditación y la contemplación por largos periodos. La última vez, cuando estaba aquí y estaba meditando por largo tiempo, me asomé con curiosidad por la ventana de la habitación y lo vi levitando. Su cuerpo estaba flotando un poco levantado del suelo. Yo me asusté y cerré la ventana. Es mejor no molestarlo mientras está practicando la meditación. Pero ya ha pasado mucho tiempo y ya casi termina.
> Efectivamente, después de un rato Bubu salió. Cuando me vio me abrazó con alegría. Bubu siempre fue una persona efusiva y era puro por naturaleza. Él se mezclaba libremente con todos nosotros.
> Es difícil describir la alegría que nos daba cuando traía a colación diferentes temas de discusión. En esa época, había dos caballeros muy educados en nuestro pueblo: Sachidulal Mitra y Gopikrishna Mitra, quien era un auditor contable. Los dos eran mayores que Bubu. Era fascinante verlos en cualquier tipo de discusión, ya fuera en profunda filosofía, literatura, ética, sociología o cualquier otro tema. El conocimiento de Bubu en tantos temas diversos le agitaba la mente a todos. Él explicaba lucidamente cualquier tema citando varios versos en sánscrito para apoyar sus argumentos. Parecía como si hubiera acumulado todos los Vedas, el Vedanta, los códigos sociales, los puranas y los tantras en su cerebro. Bubu daba respuestas claras y precisas con adecuadas ilustraciones tomadas de varias fuentes, sobre cualquier tema que los demás le preguntaran. Todos quedaban satisfechos con sus respuestas.

Desde niño, Naresh Ghosh, cinco años más joven que Prabhat, tenía el hábito de seguirlo por todos lados cuando tenía la oportunidad. Él también se acordaba de estas visitas:

> Cuando venía a Bamunpara, Bubu-da hablaba elaboradamente de varios temas, incluyendo lingüística, historia, literatura bengalí, filosofía y espiritualidad. Yo noté que Bubu-da hablaba sin ningún esfuerzo acerca del desarrollo gradual de la literatura de Bengala. Yo disfrutaba mucho de estas descripciones,

paso a paso, de la evolución de los diferentes lenguajes Prakrita derivados del sánscrito. Yo particularmente disfrutaba escuchar cómo las palabras originales en sánscrito se transformaron a través de los años y cómo se convirtieron en el bengalí moderno. Él podía hablar varias lenguas con fluidez. Nos explicaba varios temas filosóficos citando los Vedas y los Upanishads profusamente. Nos deleitábamos con su extraordinaria memoria en acción y su profundo conocimiento acerca de diferentes temas. En ciertas ocasiones él hablaba sobre diferentes escuelas de filosofía como la Shaiva, la Shakta, la Vaeshnava, la Saora y la Ganapatya. Hablaba de tantas cosas al mismo tiempo que simplemente perdíamos el rastro.

La gente decía que Bubu-da podía leer las manos muy bien. Yo digo que él nunca leyó una palma. Yo lo vi; él le pedía a la persona que se parara derecha y simplemente la miraba intensamente de pies a cabeza, como si estuviera tomando una radiografía. Luego hablaba rápidamente sin vacilar acerca de esa persona. Es difícil para mi entender cómo podía entrar en la mente y el cuerpo de una persona.

Una vez, mi hermano mayor, Narayana, sufrió un trastorno cerebral. La familia decidió internarlo en un hospital mental. Mi padre le escribió a Bubu-da pidiéndole consejo antes de hacerlo. Bubu-da respetaba mucho a mi padre. Bubu-da le respondió pidiéndole que no llevara a mi hermano al hospital. Le recetó algunas medicinas, le pidió que practicara algunas ásanas de yoga y le dio instrucciones sobre su dieta. Después de esa carta no hubo necesidad de llevar a mi hermano al hospital.

Suresh, el hermano de Naresh también recuerda sus impresiones de Prabhat en ese tiempo:

Cuando estaba estudiando en la universidad, hablábamos frecuentemente sobre Bubu-da entre nosotros. Un día me armé de valor y le dije a Bubu-da:
—¿Por qué no lees mi palma?
Aunque nos amaba mucho a todos, de alguna forma le teníamos miedo. Me dijo:
—Dime, ¿qué quieres saber?
—¿Hasta qué grado voy a estudiar?
—¿Hasta qué grado quieres estudiar? —me preguntó.
—Hasta maestría.
—Claro —dijo—, vas a pasar tu maestría, pero no va a ser fácil y vas a tener que esforzarte mucho. No vas a pasar de una sola vez.
Después quería saber sobre mi situación financiera en el futuro. Luego de pensar por un rato, dijo:
—El dinero te llegará, pero desde el principio vas a estar lleno de deudas.
También quería saber sobre mi reputación en el futuro. Bubu-da dijo:

—Bueno, vas a tener una buena reputación, pero no serás muy popular, y lo más interesante es que amigos no relacionados contigo te alabarán, mientras que tu propia gente te va a criticar.
—¿Y mi longevidad?
—Vas a vivir una larga vida, pero vas a sufrir muchos accidentes. —Luego Bubu me consoló—: Cualquiera que sea tu destino, un poder invisible te va a seguir como una sombra y te va a ayudar cuando lo necesites.

Luego Suresh explicó en detalle cómo las profecías de Prabhat se habían vuelto realidad: los dieciocho años que le tomó pasar su maestría y los dieciocho accidentes, uno de los cuales lo dejó en coma por siete días.

—Si continúo contando —dijo— cuántas veces y en cuántas formas Bubu-da me salvó a mí y a mi familia de dificultades y catástrofes, se convertiría en una epopeya. La gracia y las bendiciones de Bubu-da siempre me han protegido.

En una de las visitas a Bamunpara, Prabhat estaba sentado con Gopi Babu cuando Gopi le empezó a hablar de un yogui llamado Bamakhyapa del distrito de Birbhum en Bengala occidental; Gopi estaba convencido de que tenía un gran poder espiritual.

—Una vez, el recolector de los pasajes lo sacó del tren porque no tenía boleto. Tan pronto como se bajó del tren, el maquinista tocó el silbato y aceleró, pero el tren no se movió. Uno de los pasajeros le dijo al guardia que la persona a la que habían sacado del tren era un gran yogui y el tren no se iba a mover hasta que no lo dejaran subirse de nuevo. Lo dejaron subir al tren otra vez para hacer la prueba y apenas se subió, el tren empezó a moverse.

—Sin duda uno necesita tener algún tipo de poder espiritual para poder hacer esto —dijo Prabhat—, pero no es un poder espiritual de alta categoría. Esto no significa que él sea un gran yogui.

Gopi Babu levantó las cejas incrédulo.

—¿Tú puedes hacerlo? —le preguntó. En vez de contestar, Prabhat sonrió y cambió de tema.

—¿Cuándo regresas a Kolkata?
—Vuelvo mañana —dijo Gopi.
—Bien. Yo también vuelvo mañana. Nos podemos ir juntos.

Al día siguiente, Gopi Babu se detuvo en la casa de los Sarkar de camino para la estación.

—Todavía no estoy listo —dijo Prabhat cuando lo vio—. Pero de todos modos tenemos tiempo. No hay prisa.

—Prabhat-da, tengo un trabajo urgente en Kolkata. No puedo perder este tren.
—Entonces ve, yo te alcanzo.

Gopi Babu salió de prisa hacia la estación y fue hasta la plataforma después de comprar el boleto. El tren estaba parado en la plataforma y los pasajeros ya habían abordado. Gopi vio a Prabhat a lo lejos, acercándose a la estación a paso lento, así que le gritó que se apurara. El tren estaba a punto de salir, pero Prabhat no aceleró el paso. Sonó el silbato del tren, pero Prabhat continuó caminando calmadamente hacia la estación, como si tuviera todo el tiempo del mundo. Finalmente, entró a la estación y fue al mostrador a comprar el pasaje. El silbato sonó otra vez, pero esta vez el tren tampoco se movió. Sólo se empezó a mover después de que Prabhat se subió en el tren y se sentó al lado de Gopi Babu. Gopi lo miró incrédulo, pero no dijo nada. Cuando el tren arribó a Bandel, donde hacía una larga escala, Gopi se bajó con los otros pasajeros para tomar una taza de té.

—Es mejor que no te bajes del tren —dijo Prabhat—. Hoy va a parar aquí sólo por un par de minutos.

—Disparates —dijo Gopi—. Siempre se detiene en Bandel por lo menos veinte minutos.

Gopi acababa de ordenar el té cuando sonó la señal y el tren empezó a moverse. Él corrió hasta su compartimiento y le preguntó a Prabhat con voz de enfado cómo era que sabía que el tren se iba a detener sólo por un par de minutos. Prabhat le sonrió.

—El tren está retrasado; se demoró en Shaktigarh, así que está disminuyendo el retraso.

Poco después de que Prabhat empezara a trabajar en la oficina, el gobierno británico anunció la creación de la Fuerza de Ingenieros de la India, una adición voluntaria a la Armada Territorial India[5], diseñada para entrenar a jóvenes ingenieros indios para asistir en la defensa de su país. Quienes se enlistaban debían dedicar un cierto número de horas los fines de semana y después del trabajo. También los mandaban a cortas tandas periódicas de entrenamiento a diferentes partes de India, incluyendo Bengala occidental, Assam y la Provincia Fronteriza del Noroccidente. A cambio, les pagaban un estipendio de ocho annas[6] al día. Como la familia necesitaba el dinero, Prabhat escribió su nombre en la lista. Prabhat fue promovido rápidamente a corporal y encargado de un pequeño pelotón de cadetes indios que desarrollaron un fuerte sentido de lealtad hacia el joven bengalí líder del pelotón. En una de las excursiones de entrenamiento, un oficial británico fue a inspeccionar mientras Prabhat estaba ausente y continuó con la inspección sin esperar a que Prabhat regresara. Cuando Prabhat regresó, reprendió al oficial por haber conducido la inspección en su ausencia. Uno de los hombres de Prabhat escuchó el altercado desde las barracas y fue corriendo con su arma cargada, saludó a Prabhat y le preguntó en qué dirección quería que disparara. El oficial emprendió la huida de inmediato.

En otra ocasión, varios de los hombres de Prabhat se quejaron de que uno de sus compañeros mantenía un baúl debajo del catre con galletas y otras delicias que no compartía con sus compañeros cadetes. Prabhat escuchó sus quejas y les prometió hacer algo al respecto.

—Hagamos una cosa. Yo lo voy a sacar de la tienda de campaña esta noche con alguna excusa. Cuando les dé la señal, entren a escondidas por la parte de atrás de la carpa y hagan ruidos como si fueran un animal. Salgan cuando les vuelva a dar la señal.

Esa noche, Prabhat invitó al cadete egoísta a caminar. Mientras caminaban les dio la señal, una fuerte tos. En pocos segundos empezaron a oír extraños ruidos que venían de la tienda vacía. Su compañero paró de repente.

—Prabhat-da, ¿escuchaste ese ruido?

—Sí, parece como si un animal salvaje se hubiera metido en la carpa. Debe estar oliendo todo. ¿Mantienes alimentos en tu carpa, como galletas o algo así?

—Pues, sí....

—Entonces ese es el problema. Debe de estar tratando de encontrar la comida. —Baba volvió a toser y los ruidos cesaron—. Ya no escucho nada —dijo—, vamos a ver.

Los dos hombres entraron a la carpa cautelosamente. Había señas de desorden alrededor del catre.

—Tal y como me lo temía —dijo Prabhat—. Estaba tratando de meterse en el baúl.

—Oh, no ¿qué voy a hacer? ¿Qué va a pasar si vuelve cuando esté dormido?

—Te recomiendo que en la noche dejes algo de la comida afuera para el animal. Así se la come y se va. De otro modo, quién sabe qué puede pasar.

El cadete siguió el consejo de Prabhat y esa noche sus compañeros pudieron disfrutar de su no planeada generosidad.

No se sabe hasta qué punto Prabhat continuó iniciando discípulos durante los años que precedieron la independencia, pero ocasionalmente se le veía en compañía de mendigos errantes, como los que se veían de vez en cuando en los pueblos de India. La gente del pueblo lo veía en su compañía durante sus caminatas nocturnas en las áreas solitarias cerca de Kalipahar y del Valle de los Muertos.

Una tarde, en 1944, Rameshvar Baita, un vecino y compañero de clase de Manas Sarkar, pasaba por la casa de los Sarkar en Keshavpur con su amigo Ganesh. Él vio a Prabhat sentado en la veranda leyendo el periódico como hacía siempre cuando volvía del trabajo. En la pequeña plataforma que había cruzando la calle, un grupo de hombres del barrio jugaba a las cartas, algo muy común en las tardes. Un hombre harapiento estaba sentado a un lado de la plataforma, riéndose de sí mismo y hablando sin dirigirse a nadie en particular. Obviamente, algún tipo de loco, pensó Rameshvar. No era nada nuevo. Varias veces había visto mendigos y gente con aspecto de locos sentados allí por la tarde y por la noche; él siempre asumió que era un buen lugar para mendigar y ya había visto a este hombre en particular en los últimos días. Esta vez, Ganesh quería detenerse a observar el juego de cartas. Rameshvar le dijo que tenía prisa por llegar a la casa pero decidió complacer a su insistente amigo y esperar por unos minutos. Cuando estaban allí parados, escucharon al hombre loco reírse y exclamar:

—Ellos me llaman loco. El Señor del Universo ha venido a Jamalpur y está trabajando en la oficina ferroviaria, y ellos se siguen sentando a perder el tiempo jugando cartas. ¡Tontos! ¿Y ellos me llaman loco a *mí*?

Los hombres que estaban jugando cartas les guiñaron el ojo y menearon la cabeza riéndose a carcajadas.

—Claro que sí, loco, el Señor del Universo está en Jamalpur —y agregaron algunos otros comentarios burlones antes de continuar con el juego.

Rameshvar y Ganesh se rieron con ellos y continuaron su camino. Rameshvar no volvió a pensar en esto hasta muchos años después cuando tomó la iniciación y empezó a escuchar historias acerca de los primeros discípulos de Prabhat. Fue entonces cuando recordó cómo Prabhat se sentaba en la veranda por corto tiempo después del trabajo a leer el periódico y a disfrutar el aire fresco del atardecer. Muchas veces, Rameshvar solía saludarlo cuando acompañaba a Manas, el hermano de Prabhat, dentro o fuera de la casa. De vez en cuando notaba a personas extrañas, a las que él confundió con mendigos o personas locas, sentadas en la plataforma pero más adelante entendió que en realidad eran mendicantes y yoguis que se sentaban allí para atisbar al maestro.

Prabhat continuó escribiendo cartas a los políticos indios. A medida que la fecha de la independencia se aproximaba, sostenía correspondencia con Shyamaprasad Mukherjee, presidente de la Mahasabha hindú, sobre la demarcación de las fronteras de los futuros estados de Paquistán y de la India independiente[7]. El representante británico responsable por la demarcación de las fronteras era Sir Ratcliff, quien trabajaba con dos indios oficiales del Servicio Civil Indio (SCI): Chaudhuri Mahomed Ali, representante del futuro Paquistán, y H. M. Patel, representante de India. Patel no estaba familiarizado con Punyab o con Bengala, los dos estados más grandes de la India que estaban siendo separados para la formación de Paquistán Oriental y Occidental. Como resultado se adjudicaron áreas a Paquistán que comprometían el acceso de India a Cachemira y a las áreas del nororiente de Assam y Tripura, lo que también contribuiría a otros problemas. Shyamaprasad planteó estos puntos en la asamblea del parlamento provisional indio. Cuando Nehru y Vallabhai Patel le preguntaron de dónde había sacado esta información, él les dijo que la había obtenido de un tal P. R. Sarkar, un empleado de la oficina ferroviaria de Jamalpur. Esta fue la primera vez que el nombre de P. R. Sarkar llamó la atención de Nehru[8].

Después de la independencia, Nehru, ahora Primer Ministro de la democracia más reciente y más grande del mundo, vigiló secretamente al hombre que había sido el origen de los comentarios provocadores de Shyamaprasad en la asamblea del parlamento. Años después, luego de la muerte de Nehru, cuando su hija Indira Gandhi pasó de ser Primera Ministra a ser dictadora, el jefe de inteligencia de Nehru, B. N. Mullick, confesó que después de la independencia Nehru le había pedido que vigilara a dos organizaciones: La radical RSS y la Liga Musulmana, y a un hombre: P. R. Sarkar. Para ese entonces, la vigilancia secreta de Nehru se había transformado en desconfianza pública y en antagonismo de su hija[9] contra el ex-empleado ferroviario, quien en ese momento era el gurú del movimiento espiritual más grande y más controvertido de India.

Algunas de las sugerencias de Prabhat fueron tenidas en cuenta y otras no; pero para el momento de la partición ya se había causado un daño irremediable. Más adelante, los líderes políticos involucrados en la partición recibieron una crítica mordaz de Prabhat en su análisis de los eventos que llevaron al desmembramiento del país y al genocidio que este ocasionó; una crítica que no lo congraciaría con Indira, cuyo padre fue uno de los arquitectos principales de la independencia.

Según Prabhat, en los años treinta el gobierno británico había empezado a implementar un programa sistemático para fomentar divisiones comunitarias como diferencias religiosas y de casta, con la intención de sabotear la causa de la independencia india. Señaló que la falla principal de los líderes de la India en ese momento fue no haber combatido estas divisiones adecuadamente. Algunos partidos políticos estaban abiertamente basados en sentimientos comunales, apoyaban las políticas británicas a cambio de favores provenientes de los gobernantes del momento. Otros líderes inescrupulosos aprovecharon la oportunidad que les dio el Acta de Gobierno de India, para obtener ministerios y autonomía provincial para sus regiones, en detrimento de la nación. Cometieron graves errores, apaciguaron las demandas comunales, e hicieron caso omiso a los errores políticos que más adelante harían sufrir a la nación. En la opinión de Prabhat, las reformas introducidas por los británicos en los años treinta y cuarenta, como el Reporte de Montague y Chelmsford, la Compensación Comunal de Ramsay Macdonald y el Acta de Gobierno de India de 1935, hicieron un daño incalculable a la unidad de la nación y condujeron directamente a la partición del país.

Así lo explicó Prabhat a sus discípulos más adelante:

> El hecho es que según el Plan de Gobierno de la India en ese momento, India estaba dividida en tres, mientras que Bengala, Punyab y Assam estaban divididos en dos. Sindhu y las provincias del noroccidente salieron de India. Este fue el resultado de la Compensación Comunal, y desafortunadamente, los grandes patriotas de India apoyaron la Compensación Comunal. No aprendieron las lecciones de la historia... En ese tiempo no había una fe mutua; faltaba un entendimiento mutuo. Por eso se dividió el país. De otro modo, los británicos no hubieran podido dividir el país. Había una desintegración tanto física como psíquica, o más bien, una desintegración psicosocial por la falta de una adecuada educación política[10].

En la mañana del 15 de agosto de 1947, justo después de la medianoche, India obtuvo su independencia. En las semanas precedentes y en las que siguieron, aproximadamente medio millón de personas fueron asesinadas por escuadrones comunales de la muerte cuando trataban de cruzar la frontera hacia India o hacia Paquistán. Este fue uno de los genocidios más grandes de la historia moderna y el resultado directo de la facilidad con la que los líderes de la India permitieron la división del país. Para bien o para mal, el derramamiento de sangre que acompañó el proceso de independencia de India y la creación de Paquistán Oriental (ahora Bangladesh) y Occidental, marcó el comienzo de una nueva era para el subcontinente, cuna de la civilización más antigua del planeta y de la democracia más joven. También marcó el final de una era en la vida de Prabhat y el comienzo de una nueva. El joven callado y misterioso que con firmeza había mantenido oculta la profundidad de su espiritualidad a los ojos de todos, exceptuando a unos pocos, estaba a punto de empezar la concreta materialización del trabajo de su vida: una misión que dejaría una marca, no sólo en la India sino en el mundo entero, de una forma que los políticos que leyeron sus cartas y que aceptaron o desdeñaron su consejo en los años que precedieron la independencia, nunca pudieron haber previsto.

SEGUNDA PARTE

V
Los primeros discípulos

Revuelve tu mente por medio de la práctica espiritual y Dios aparecerá como crema en la mantequilla. Él es como un río subterráneo dentro de ti. Remueve las arenas de la mente y encontrarás el agua fresca y clara en tu interior[1].

Pranay Kumar Chatterjee era un joven de baja estatura, delgado, muy inteligente que tenía veintidós años cuando empezó a trabajar en el departamento de contabilidad de la oficina del ferrocarril el 2 de junio de 1947, dos meses y trece días antes de que India obtuviera la independencia de Gran Bretaña. Él era un escéptico confirmado que había puesto su fe en la ciencia en vez de en lo que él veía como las "supersticiones" religiosas de su cultura. Esa mañana su supervisor le presentó a la gente con la que iba a trabajar, incluyendo a Prabhat, cuyo escritorio estaba directamente frente al de él. A las once y treinta Pranay tomó su hora del almuerzo, al igual que el resto de sus colegas. Cuando abrió su lonchera, notó que la gente se reunía alrededor del escritorio de Prabhat. Con curiosidad le preguntó a la persona que estaba a su lado qué estaba pasando.

—¿No sabes? —le contestó su compañero de trabajo en voz baja—. Prabhat-da es un gran erudito. Él puede leer tu mano y decirte tu futuro.

Fiel a su naturaleza, la reacción inicial de Pranay fue de absoluto escepticismo. ¿Qué hace un erudito trabajando como empleado contable en Jamalpur por cuarenta y pico de rupias al mes? Mientras comía el arroz y los vegetales al curry que su madre le había preparado, miraba con interés la escena frente a él. Él notó el respeto con que los otros trabajadores de la oficina trataban a Prabhat. Finalmente, la curiosidad se apoderó de él. Cuando terminó de comer, se acercó lentamente hasta donde estaba la gente reunida. Desde atrás vio a Prabhat examinando la palma de uno de sus colegas y escuchó el consejo que le dio. Le pareció fascinante, pero al mismo tiempo se sintió incómodo con la idea de la adivinación, especialmente en el lugar de trabajo. Ésta era una clara indicación de lo que según él mantenía a su país atrasado. Por otro lado, pensó, no hacía daño probar.

Unos minutos después, tuvo la oportunidad. Pranay se acercó a Prabhat y le preguntó si también le podía leer la palma de la mano. Prabhat lo miró momentáneamente con una leve sonrisa en los labios, y con un gesto le indicó a Pranay que extendiera su mano. Cuando Prabhat le tocó la mano, Pranay sintió, para su sorpresa, una sensación placentera recorriendo su cuerpo, casi como un suave choque eléctrico. Pero así también, de repente, Prabhat cerró la mano de Pranay y se volteó a hablar con otra persona. ¡Qué descortés!, pensó Pranay, ¡voltearse sin siquiera tener la cortesía de decirme una sola palabra! Un poco irritado, decidió volver a su escritorio, resuelto a no tener nada que ver con Prabhat, de quien sospechaba era un charlatán.

Después de un par de días, Pranay empezó a sentirse más y más preocupado. Tanto sus padres como sus abuelos eran hindúes devotos. De hecho, su padre era un sacerdote brahmín de Bengala, y a pesar de su reacción juvenil a lo que consideraba su fe ciega y creencias dogmáticas, no podía escapar por completo de los efectos de su educación. ¿Qué había visto Prabhat en su mano que se rehusó a divulgar? ¿Qué tal si se avecinaba algún desastre? Aunque Pranay se enorgullecía de su visión racional de la vida, no podía ignorar esta persistente preocupación en su mente.

Un par de días después, Pranay vio a Prabhat parado solo en un rincón apartado en la veranda de la oficina. Aprovechó la oportunidad para recordarle a su colega que le había mostrado la palma unos días antes.

—¿Viste algo en mi mano que no quisiste decirme? —preguntó. Prabhat se puso serio.

—¿De verdad quieres saber?

—Sí, por favor.

—Como quieras. Encontrémonos en la sala de lectura a las siete y treinta para que podamos hablar.

Cuando Pranay entró en la sala de lectura de la biblioteca del ferrocarril esa noche, vio a Prabhat sentado en una mesa, pasando con rapidez las hojas de un periódico inglés. Los periódicos bengalí e hindi estaban abiertos frente a él. Se saludaron y Prabhat le preguntó si le gustaría caminar. Cuando salían, Pranay le preguntó a Prabhat si había leído los titulares. Prabhat sonrió.

—No, leí los artículos. Si quieres me puedes preguntar.

Pranay creyó haber detectado un reto sutil. Recordó un par de artículos que había leído temprano durante el día y formuló varias preguntas. Para su sorpresa, Prabhat las contestó con tanta precisión que parecía que estuviera citando los artículos textualmente.

Los dos hombres se dirigieron hacia el camino que recorría la pared trasera del edificio del ferrocarril. De allí voltearon por otro camino que llevaba a los terrenos fuera del pueblo. Era una noche clara del final del verano con suficiente brisa para disipar el calor de la tarde. Mientras caminaban, Prabhat empezó a narrar la historia de Bhagalpur, el lugar donde nació Pranay. Los temas de conversación —geografía, lenguaje, cultura, botánica, astronomía— fluían sin ningún esfuerzo como el agua en un río. Entre más escuchaba, más se maravillaba Pranay de la profundidad del conocimiento de Prabhat. Pensaba que no había duda del por qué su colega consideraba a Prabhat un erudito. Él parecía haber leído mucho más que cualquier persona que había conocido. Sin embargo, el único tema que Prabhat no había tocado era su palma de la mano. Pranay era demasiado cortés como para interrumpirlo, pero a medida que la noche iba cayendo, los dos hombres se internaban más y más en el campo y él empezaba a perder la paciencia.

Habían caminado por más de una hora cuando finalmente se le escapó, esto estaba bien y todo lo demás, pero él había venido a verlo para saber qué era lo que Prabhat había visto en su palma.

Prabhat paró y fijó su mirada en Pranay, quien de inmediato se sintió desconcertado. Después de una larga pausa, Prabhat le preguntó:

—¿De verdad quieres saber?

—Claro, por eso estoy aquí.

—Esta bien —Prabhat continuó caminando—. Dime, ¿cuál es tu meta en la vida?

—Ser feliz —le dijo Pranay—. Reír y ser feliz.

Prabhat se rió con ganas.

—Piensas incorrectamente Pranay. Puedo ver que te diriges hacia un gran abismo. Si continúas por este camino te vas a caer.

Pranay se estremeció. Se acordó que no creía en adivinaciones pero no pudo evitar sentir aprensión.

—¿Hay algo que pueda hacer para evitarlo? —preguntó.

—Siento pena por ti, Pranay. Déjame pensarlo. ¿Por qué no nos encontramos mañana a la misma hora?

Las veinticuatro horas que pasaron antes de la caminada no ayudaron a disminuir la ansiedad de Pranay. Se encontraron nuevamente en la sala de lectura y caminaron hasta los terrenos. Una vez más, Prabhat habló sin mencionar una palabra del futuro de Pranay; pero esta vez, cuando llegaron a la tumba del tigre, Prabhat se detuvo y se sentó. Sacó un pedazo de papel de su bolsillo y se lo entregó a Pranay.

—Este es el *dhyana* mantra de Shiva. Practícalo fielmente cada mañana siguiendo mis instrucciones y escaparás a la calamidad que te espera.

Pranay miró el mantra a la luz de su linterna y trató de ocultar su decepción mientras escuchaba las instrucciones de Prabhat. No le gustaba nada que tuviera que ver con los dioses o las diosas hindúes. Lo último que quería era practicar un ritual hindú con un mantra al dios Shiva. Pero sin ser descortés, le agradeció a Prabhat por su ayuda y le prometió que lo iba a practicar.

Por un par de días hizo algunos intentos poco entusiastas de usar el mantra como Prabhat le había enseñado, pero no fue capaz de ponerle fe a su práctica. Al tercer día, cuando fue a trabajar, encontró a Prabhat esperándolo a la entrada de la oficina.

—¡Sinvergüenza! ¡Muchacho inútil! ¡Irrespetando un mantra sagrado después de que prometiste practicarlo con sinceridad! Si no vas a practicarlo apropiadamente devuélveme el mantra.

Pranay se sorprendió por el tono áspero de Prabhat y por las aún más duras palabras. Se disculpó y le preguntó a Prabhat cómo lo sabía.

—Me dijo un sadhu[2] con mechones enmarañados y barba larga.

El comentario de Prabhat lo desconcertó, pero al mismo tiempo se sintió aliviado. Por lo menos no tendría que practicar el mantra otra vez. Le preguntó a Prabhat qué quería decir con devolverle el mantra.

—Toma el pedazo de papel que te di y sumérgelo en el agua de un lago o de un río. Pranay hizo lo que le dijo. Esa noche lanzó el pedazo de papel con el mantra en un pequeño lago cerca a su casa. Se sintió contento de verlo alejarse, pero la sensación de alivio no duró mucho. Pronto se encontró escuchando las conversaciones de Prabhat a la hora del almuerzo con ávido interés y se olvidó de su resolución de evitarlo. Recordó con cariño cuánto había disfrutado de la conversación con este enigmático colega durante las dos caminatas nocturnas. Un día, Pranay se acercó a Prabhat durante el trabajo y le preguntó si podía acompañarlo en su caminata una de esas noches. Prabhat aceptó inmediatamente y la invitación pronto se tornó en una costumbre. Prabhat salía de su casa más o menos a las siete y treinta todas las noches, después de terminar sus prácticas espirituales y regresaba entre las diez o diez y media. Pranay lo acompañaba cuando podía. A medida que el tiempo pasaba, se apegaba más y más a la compañía de Prabhat. Sin importar cuál era el tema, la profundidad del conocimiento de Prabhat parecía inconmensurable. Pranay empezó a pedirle consejo a Prabhat sobre su vida personal, de la misma forma que sus colegas lo hacían, pero nunca le volvió a mostrar su palma. Estaba tan encantado con su elocuente compañía, que esas caminatas nocturnas se convirtieron en la atracción principal de su vida en Jamalpur.

No había ninguna rama del conocimiento humano que no fuera interesante para Prabhat; pero el tema que más retomaba era la espiritualidad, y este era el tema que menos le gustaba a Pranay. Él escuchaba pacientemente, algunas veces hasta se interesaba, pero se sentía incómodo hablando de cosas que no podía sentir o ver. De vez en cuando, Pranay le reiteraba que el objetivo de su vida era disfrutar de la vida como hacían en América o en Inglaterra.

—Esta es sólo la umbra y la penumbra del placer —le decía Prabhat—, como un perro al que le sangra el hocico cuando muerde un hueso seco y piensa que está disfrutando de un delicioso manjar, cuando en realidad es su propia sangre la que está saboreando.

Pranay discutía con él, pero a medida que pasaba el tiempo, las preguntas que planteaba Prabhat, los enigmas del misterio de la vida humana, se adentraron en su psique y empezaron a exigir más y más atención.

Mil novecientos cuarenta y ocho dio lugar a 1949. India obtuvo su libertad. El trabajo de construir una nueva república india se puso en marcha. Todo parecía posible bajo el resplandor de la independencia, pero a pesar del optimismo general en el aire, Pranay se volvió más y más consciente del creciente vacío dentro de él. Una mañana de principios de agosto, mientras estaba sentado en su escritorio, sintió que su desesperación lo superaba. Se sentó allí, abatido, sin hacer su trabajo, absorto en sus pensamientos. Después de un rato, Prabhat se levantó de su escritorio y caminó hacia él.

—¿Qué te pasa? —le preguntó.

—Oh, nada —le contestó Pranay, sacado abruptamente de sus pensamientos. Prabhat dijo unas palabras en sánscrito.

Por favor Prabhat-da —le dijo Pranay—, no entiendo lo que estás diciendo.

Prabhat extendió su mano y le dio un golpecito entre las cejas, en el *trikuti*[3]. Pranay miró a Prabhat sorprendido y vio una luz salir de sus ojos, como un rayo repentino. Una corriente eléctrica recorrió todo su cuerpo, como el choque de un cable de alta tensión, seguido de una oleada de felicidad. Prabhat se volteó, volvió a su escritorio y continuó trabajando como si nada hubiera pasado.

El corazón de Pranay empezó a palpitar. Por algunos momentos, pensó que se estaba enloqueciendo. Cuando miró a Prabhat al otro lado de la habitación, sintió desvanecer su vieja resistencia. Debe haber alguna verdad espiritual que no puedo percibir, pensó, con lágrimas en los ojos. Estoy buscando a tientas en la oscuridad. A menos que pueda alcanzar esa luz, mi vida no tiene sentido. Debo buscar refugio en un gran hombre que pueda guiarme. Una vez tomó la decisión, se levantó y fue hasta el escritorio de Prabhat, se agachó y tocó los pies de su amigo.

—Me rindo, Prabhat-da, por favor guíame, acéptame como tu discípulo.

Prabhat sonrió y dijo suavemente:

—Está bien. Ven al campo en las afueras esta noche. Podemos hablar allí.

Esa noche, Prabhat llevó a Pranay directamente a la tumba del tigre y lo inició en la práctica de la meditación tántrica; también le enseñó algunas posturas de yoga y unas restricciones dietéticas. Durante su iniciación, Pranay sintió una poderosa e indescriptible vibración que no pudo comprender, aún más fuerte que la que había sentido en la oficina. Cuando volvió a la casa esa noche no pudo dormir. Continuó reviviendo los eventos del día una y otra vez: el rayo misterioso de luz, su entrega a Prabhat, su iniciación en el campo y la vibración que sintió allí. Continuó preguntándose qué tipo de hombre era este que era capaz de hacer semejantes cosas, pero no podía encontrar una respuesta.

Cuando volvió a la oficina la mañana siguiente, Prabhat le pidió que volviera al campo esa noche, debía enseñarle algo más.

Esa noche, cuando los dos hombres llegaron a la farola de la alcantarilla al borde del campo, Prabhat se detuvo, sacó un pedazo de papel de su bolsillo y se lo entregó a Pranay.

—Estos son *yama* y *niyama*[4], los diez principios éticos del yoga. Como un practicante espiritual, debes seguir yama y niyama de manera muy estricta.

Pranay leyó lo que Prabhat había escrito.

—Prabhat, estas reglas son para los sadhus en el bosque —objetó—. No es posible seguirlas en la sociedad moderna.

—¡Qué estás diciendo! —Prabhat levantó su dedo y le dijo en una voz de mando—: ¡Tú tendrás que seguirlas, tú tendrás que seguirlas!

De repente, Pranay se encontró rodeado de numerosas imágenes de Prabhat, cada una de ellas regañándolo con el mismo dedo levantado. El sonido de "¡tú tendrás que seguirlas, tú tendrás que seguirlas!" reverberaba en sus oídos como una serie de ecos. Él levantó las manos.

—¡Está bien, Prabhat-da, está bien! Te lo prometo. Haré lo que me dices.

Cuando dijo esto las múltiples imágenes de Prabhat desaparecieron. La voz de Prabhat se suavizó.

—Ven, caminemos.

Caminaron hasta la tumba del tigre, donde Prabhat le dio la segunda lección a Pranay, el gurú mantra[5]. Era un poco después de las ocho cuando terminaron.

—Pranay, parece como si no hubieras dormido anoche. Te ves cansado.

—Tienes razón, Prabhat-da. No pude dormir para nada.

—Ven, pon tu cabeza en mi regazo y descansa un poco.

Pranay se recostó en la tumba con su cabeza en el regazo de Prabhat y rápidamente se durmió. El sonido de la voz de Prabhat lo despertó después de la media noche.

—¡Eh, despierta! ¡No es hora de estar durmiendo! ¡Mañana tenemos que trabajar!

Caminaron en silencio de vuelta al pueblo. Pranay caminaba de prisa, tratando de mantener el ritmo de Prabhat, sintiendo como si estuviera siguiendo, en sus propias palabras, al "monarca del universo". Muchos años después, ya anciano, expresó que nunca en su larga vida había disfrutado de semejante sueño reparador como el de aquella noche en la tumba del tigre con su cabeza recostada en el regazo de su maestro.

Como Prabhat nunca permitió ningún contacto entre los nuevos discípulos y los que había iniciado durante la década anterior, Pranay se convirtió en el primer discípulo públicamente reconocido, entre aquellos que tomarían parte activa en la organización espiritual que fundaría más adelante. Sin embargo, por el momento, permanecía un velo de misterio. Prabhat le dio a Pranay instrucciones estrictas de no revelar su identidad a nadie. Como resultado, Pranay no podía saber con seguridad quiénes eran sus compañeros discípulos, o si tenía alguno. La idea de que probablemente él era el único discípulo lo inquietaba, así que empezó a buscar señas de alguien más que pudiera estar siguiendo a su reservado maestro. Con el tiempo, empezó a notar distintos cambios en el comportamiento de algunos colegas: alguno de maneras irreverentes o rudas que se volvía atento y cortés; carnívoros de toda la vida que dejaban de comer carne; rumores de colegas que se encerraban en sus habitaciones en sus casas para realizar alguna práctica secreta. Se decía, ah, otro que cayó en la trampa, pero no les podía preguntar para confirmar sus sospechas sin violar la orden del gurú.

Aparentemente, la segunda persona que Prabhat inició fue Haraprasad Haldar, otro joven bengalí algunos años mayor que Pranay, que trabajaba como dibujante en la sección de mecánica. Un día, Haraprasad pasó por el departamento de contabilidad para hablar con un amigo que trabajaba allí. Prabhat le pidió que se acercara a su escritorio para preguntarle por un empleado de contabilidad que vivía en el mismo hospedaje y que no había ido a trabajar ese día. Haraprasad sabía quién era Prabhat aunque nunca había hablado con él. Mientras Prabhat le preguntaba por su compañero de cuarto, Haraprasad notó que lo estaba mirando intensamente a la frente. Conociendo la reputación de Prabhat, le preguntó qué estaba mirando.

—Nada —dijo Prabhat—. Como sea, el pasado es pasado. Es mejor no pensar en eso.

De repente, Haraprasad se sintió nauseabundo.

—No, por favor, dime.

—Te preocupan tres cosas en tu vida. Te voy a decir las dos primeras, pero sólo te diré la tercera más adelante.

Prabhat describió con exactitud asombrosa dos de las tres principales preocupaciones de Haraprasad. Luego lo desconcertó cuando le dijo que Haraprasad estaba destinado a vivir una corta vida, y que la fecha de su muerte se aproximaba con rapidez. Haraprasad estaba muy nervioso como para contestar.

—No te preocupes —continuó Prabhat—. Ahora que has entrado en contacto conmigo esto puede cambiar; yo me encargaré de ello. Debes encontrarme en la tumba del tigre exactamente en un mes, a eso de las ocho de la noche. Ya hablaremos entonces.

Este encuentro sacudió a Haraprasad fuertemente, pero él hizo lo mejor que pudo para que no lo afectara. Era consciente de la fama que tenía la habilidad de Prabhat para predecir el futuro. Aunque no creía lo que le decía, se dijo a sí mismo que si ese era su destino, él estaba listo a enfrentarlo. Tampoco creía que Prabhat tuviera el poder de alterar su destino, cualquiera que este fuera; pero a pesar de los esfuerzos que hizo para descartar lo que le había dicho Prabhat, el espectro de la posibilidad de su muerte continuó afectándole la mente. Le escribió una carta a un amigo cercano, Sukhen Naik, en su pueblo Krishnagar, contándole la profecía de Prabhat. Cuando Sukhen le mostró la carta al padre de Haraprasad, su padre envió a Sukhen y a un primo de Haraprasad a Jamalpur para consolarlo y para mantenerlo alejado de Prabhat.

—Indudablemente, este hombre es un tántrico —le dijo su primo cuando llegó—. Mantente alejado de él y todo va a salir bien.

Haraprasad tomó su consejo de corazón, pero el destino tenía otros planes para él. El 18 de mayo de 1950, exactamente un mes después de que Prabhat le dijo que lo encontrara en la tumba del tigre, fue a la biblioteca del ferrocarril en la noche. Cuando entró en la sala de lectura, vio a Prabhat sentado a la mesa leyendo el periódico; esta visión revivió el temor a la muerte que tanto había luchado por mantener fuera de su mente. Ansioso por evitar otro encuentro con el hombre que era la fuente de su ansiedad, salió rápidamente con la esperanza de que Prabhat no lo hubiera notado. Preocupado, caminó por un rato sin prestar atención hacia dónde se dirigía. Después de un rato, lo sorprendió una voz que lo llamaba por su nombre desde la tumba del tigre, hasta donde había caminado sin quererlo. Era la voz de Prabhat, quien no perdió tiempo recordándole lo que había olvidado: él le había dicho el mes anterior que se debían encontrar nuevamente esta noche, a esta hora en este lugar.

Preocupado, pero resignado con el encuentro, Haraprasad se dejó llevar hasta un área de césped cerca de la tumba del tigre en la que tres palmeras formaban un triángulo equilátero. Prabhat se quitó los zapatos antes de entrar. Haraprasad hizo lo mismo y los dos hombres se sentaron frente a frente en el pasto. En otra ocasión, más adelante, Prabhat le explicó el significado de ese lugar, un sitio con una carga espiritual muy alta conocido como *tantra pitha*[6] en donde el yogui Nath[7], Prabhirnath, alcanzó la liberación, y en donde muchos otros santos habían hecho sus prácticas espirituales.

—¿Dime Haraprasad, por qué tienes ese deseo tan grande de seguir el camino espiritual?

Esa era la tercera cosa que había estado dominando sus pensamientos por un par de años, algo que no había compartido con nadie. De hecho, él había empezado a practicar secretamente ciertas técnicas de yoga que había aprendido de un libro. Para su sorpresa, Prabhat mencionó las técnicas que estaba practicando y le advirtió que no debía practicarlas sin una guía apropiada. Prabhat le explicó el significado interno del Bhagavad Gita, que es reverenciado como el texto yóguico más influyente de la escritura clásica hindú. La explicación de Prabhat aclaró muchas de las dudas que Haraprasad tenía del Gita. Cuando Prabhat terminó, Haraprasad finalmente tuvo el coraje de preguntarle acerca de su muerte.

—Ese es tu destino, pero tu destino puede cambiarse.

—¿Cómo? —le imploró—. ¿Qué puedo hacer? Por favor ayúdame.

Se agachó y tomó los pies of Prabhat en el gesto tradicional indio de respeto a los ancianos y maestros.

—Tienes que practicar la meditación que te voy a enseñar, haz las ásanas de acuerdo con mis instrucciones y no las del libro, y vas a tener que dejar de comer alimentos no vegetarianos.

Haraprasad aceptó inmediatamente.

—Primero —continuó Prabhat—, tienes que abandonar cualquier sentimiento de casta que tengas. Dios no tiene casta. Todos somos hijos del Padre Supremo. Si aceptas al Señor como tu Padre Supremo y la meta de tu meditación, entonces debes aceptar que todas las criaturas son sus hijos y tienen los mismos derechos a sus bendiciones. No puede haber distinción de casta entre ellos. Ahora siéntate en la postura de loto y remueve tu cordón sagrado[8].

Los recelos de Haraprasad aumentaron. Estoy aquí, pensó, en este lugar solitario con un tántrico. Mientras tenga mi cordón sagrado, él no me puede hacer daño, pero si me lo quito, voy a estar a su merced.

—Te doy mi palabra —dijo—. Me lo voy a quitar, pero no aquí en este momento.

Prabhat trató de hacerlo entrar en razón, pero Haraprasad continuó resistiéndose. La voz de Prabhat se volvió áspera.

—¡Qué tontería estás pensando!

Prabhat se le acercó y lo tocó en la frente. Haraprasad sintió una corriente eléctrica pasar por su cuerpo y a su paso dejaba una felicidad intensa. Todas sus dudas y sospechas se desvanecieron. Sin dudarlo se quitó el cordón sagrado y lo puso en las manos de Prabhat. Prabhat cantó algunos mantras y lo tiró. Luego, lo inició en la meditación y le pidió a Haraprasad que practicara esta técnica frente a él. En pocos minutos, Haraprasad entró en tal estado de felicidad, que perdió todo sentido de ubicación y tiempo. Cuando terminó la meditación, continuó en estado de embriaguez. Cuando empezaron a caminar de regreso al pueblo, todo a su alrededor, los árboles, los pastizales, las colinas cercanas, las luces distantes del pueblo, le parecían una expresión de Dios y él mismo era Dios.

Prabhat lo acompañó a la posada, en donde sus compañeros de cuarto estaban durmiendo. Le habían dejado algo de comida pero Haraprasad no tenía apetito. Después de despedirse de Prabhat, fue al techo y permaneció allí por el resto de la noche, algunas veces meditando, otras veces caminando de un lado al otro en un estado de intoxicación de Dios.

En la mañana, Haraprasad parecía estar perdido en un sueño sin poder hablar, incapaz o sin el deseo de tocar cualquier alimento. Sus compañeros de cuarto no sabían qué pensar de su extraña condición, tenían miedo de que hubiera contraído alguna enfermedad desconocida. Le aconsejaron que descansara con la esperanza de que después de un día o dos volvería en sí. Pero a medida que pasaban los días, su condición no daba señas de mejorar. Ese fin de semana, un vecino invitó a los residentes de la casa de huéspedes a un culto a Satyanarayana. Trataron de convencer a Haraprasad de acompañarlos, pero les dijo que él era el Señor Narayana y que aceptaría el culto de la casa de huéspedes.

Prabhat fue ver a su discípulo mientras los demás estaban afuera. Fueron al techo a hablar y Prabhat le preguntó si había tenido alguna dificultad.

—No, ninguna dificultad, sólo felicidad. El único problema que tengo es que la gente viene a molestarme.

—No te preocupes. Mientras esté aquí nadie te va a molestar.

Prabhat lo tocó en la frente y Haraprasad sintió la misma corriente y la intensa felicidad que había experimentado durante su iniciación. Cuando volvió en sí, Prabhat le enseñó la segunda lección y luego se fue.

Cuando sus compañeros de habitación volvieron, encontraron a Haraprasad en un estado peor. Le preguntaron al cocinero si había pasado algo mientras estaban fuera. El cocinero les dijo que un hombre había ido y había hablado con Haraprasad en el techo por un largo rato. Esto despertó sus sospechas, pero nadie sabía la identidad del hombre. Sin saber qué más hacer, contactaron a la familia de Haraprasad, y ellos vinieron por él y se lo llevaron para Krishnagar. Estuvo allí en licencia por un mes. Durante ese tiempo volvió gradualmente a la normalidad, pero la sensación de felicidad por la presencia de Dios continuó.

Después de que Haraprasad regresó a Jamalpur, sus compañeros de habitación descubrieron que estaba pasando tiempo con Prabhat, algunas veces caminando solo con él en la noche en los campos. Estaban convencidos de que Prabhat lo tenía bajo un encantamiento tántrico y sospechaban que le estaba enseñando extrañas prácticas de ocultismo. Después de discutir, decidieron enseñarle una lección a Prabhat. Uno de ellos, Sadhan Dey, tenía la reputación de tener un carácter tan fuerte que nadie quería enredarse con él. Sadhan juró atrapar a Prabhat a solas y asustarlo a tal punto que nunca volvería a molestar a Haraprasad.

Sadhan hizo algunas preguntas discretas acerca de las caminatas nocturnas de Prabhat. Una noche, puso una daga en su bolsillo y esperó a Prabhat en la fuente del jubileo. Sabía que pasaría por allí de camino al campo. El plan de Sadhan era seguirlo a una distancia prudente y luego sorprenderlo cuando llegara al área solitaria fuera del pueblo.

Pero, para su sorpresa, Prabhat lo llamó por su nombre cuando pasaba por la fuente y se dirigió hacia él como si estuviera saludando a un viejo amigo, aunque nunca antes se habían conocido formalmente. Prabhat invitó a Sadhan a que lo acompañara en su caminata. Sin saber qué hacer, Sadhan accedió. A medida que se dirigían hacia el campo, Prabhat le preguntó de nombre, por cada uno de los miembros de su familia, hasta de sus bisabuelos. Prabhat le preguntó acerca de su aldea nativa en Bengala oriental y le habló del dialecto prevalente allí y de otros asuntos familiares con un encanto tan conciliador que Sadhan se encontró a sí mismo cayendo bajo el embrujo de la personalidad de Prabhat. Mientras caminaban, se empezó a sentir muy incómodo con la daga en su bolsillo. Cada vez que Prabhat se le acercaba, él se agitaba nervioso, asustado de que Prabhat pudiera tropezarse accidentalmente contra él y se diera cuenta del cuchillo que tenía escondido. Muchas veces, Prabhat sonrió y le preguntó por qué estaba agitado, lo que sólo ayudó a ponerlo más nervioso.

Cuando llegaron a la tumba del tigre, Prabhat le sugirió que se sentara.

—Sadhan —le dijo—, ¿por qué no te sacas esa daga del bolsillo?

Sadhan se enrojeció.

—¿De qué estás hablando?

—¡Saca la daga del bolsillo ya mismo!

La valentía le falló a Sadhan. Vaciló por un momento y luego sacó la daga.

—Ponla en la tumba.

Sadhan obedeció y la puso en la tumba junto a él. El tono de Prabhat se suavizó.

—Sadhan, tú y tus amigos están actuando bajo un concepto errado. No hay ningún problema con Haraprasad. Le enseñé meditación yóguica, eso es todo. Te haría bien a ti practicarla también.

Prabhat le explicó los beneficios de la práctica yóguica y aclaró sus malentendidos.

Finalmente, Sadhan accedió a aprender meditación. Después de recibir iniciación, meditó por unos minutos frente a Prabhat. Él también sintió algo de la embriaguez que Haraprasad experimentó. Cuando llegó a la casa, sus compañeros, que habían estado esperando ansiosamente su regreso, lo encontraron cambiado radicalmente. Haraprasad y Sadhan empezaron a practicar juntos la meditación; acompañaban a Prabhat en las caminatas nocturnas cuando se lo permitía. Posteriormente, sus compañeros abandonaron sus esfuerzos y dejaron a Haraprasad y a Sadhan continuar con su extraña nueva vida.

Calladamente, uno a uno, Prabhat inició nuevos discípulos entre sus amigos empleados del ferrocarril, manteniendo siempre el estricto código de confidencialidad que no les permitía saber quiénes eran los nuevos discípulos. Pero pronto empezó una cadena de iniciaciones que extendería el círculo de iniciados fuera de Jamalpur. Empezó con un amigo de infancia, Shiva Shankar Bannerjee, quien había crecido en el mismo vecindario en Keshavpur. En algún momento en 1951, Shiva Shankar volvió a Jamalpur a visitar a su familia. Había tomado una licencia de un par de semanas de su puesto como subinspector de la policía. En ese tiempo, estaba sufriendo problemas respiratorios severos. Había visto cantidad de doctores y probado diferentes medicinas, pero no había encontrado ningún alivio a su enfermedad. Como resultado, se había deprimido severamente. Poco después de llegar a Jamalpur, vio a su amigo de infancia caminando en la calle frente a su casa. Los dos hombres se saludaron y empezaron a hablar de los viejos tiempos. Cuando Prabhat le preguntó por su salud, Shiva Shankar le contó sus problemas y le expresó su desesperación por encontrar una cura.

—Yo sé cómo curar tu enfermedad —le dijo Prabhat—. Hay una práctica que te puedo enseñar; pero sólo te la puedo enseñar si estás de acuerdo con ciertas condiciones. No estoy seguro de que te vayan a gustar.

—Tienes que decirme —respondió Shiva Shankar, esperanzado—. Esto está arruinando mi vida. Estoy listo a probar lo que sea, cualquier cosa, siempre y cuando funcione.

—Te la enseñaré —dijo Prabhat—, pero tienes que aceptarme como tu gurú. ¿Estás dispuesto a hacerlo?

Shiva Shankar se sorprendió cuando escuchó que su amigo se había convertido en un gurú. Pero estaba desesperado por encontrar alivio para su condición.

—Si funciona, estoy listo —dijo.

—Va a funcionar.

Prabhat lo llevó a su habitación en donde le enseñó a meditar y una técnica específica de *pranayama*[9], así como algunas posturas de yoga. Le recetó un cambio de dieta y una medicina hecha disolviendo las hojas de cierta planta en leche sin hervir. Shiva Shankar practicó las técnicas fielmente y tomó la medicina. Al final de su licencia estaba muy contento porque su supuesta enfermedad crónica e incurable parecía haber desaparecido. Antes de volver a su trabajo, le agradeció a Prabhat por lo que él consideraba era una cura milagrosa y le dijo que estaba listo a aceptarlo como su gurú. Prabhat le dio la segunda lección e instrucciones detalladas sobre su conducta y sus prácticas.

Cuando Shiva Shankar salió de Jamalpur y volvió a su puesto en Sahebganj, llevó las enseñanzas de Prabhat con él, incluyendo la estricta observancia al código ético del yoga, yama y niyama. Pero a medida que volvía a la rutina de su vida de policía, le resultó cada vez más difícil seguir las instrucciones de su gurú. La corrupción era endémica en su trabajo, como pasaba en casi todas las áreas de servicio público en esa época. Cuando sus colegas se dieron cuenta de que no quería aceptar más sobornos o mirar para el otro lado ante las irregularidades de sus compañeros oficiales, empezó a enfrentar fuerte oposición y amenazas anónimas. Decidido a seguir las instrucciones de Prabhat, aplicó para que lo transfirieran a un puesto más pequeño en la Policía Militar de Bihar (PMB)[10] con la esperanza de que un pequeño y poco envidiable puesto le iba a dar la libertad de llevar una vida basada en sus principios. Su petición de transferencia fue aprobada a finales de 1952, y pronto se encontró en Dumka bajo el comando del sargento mayor Chandranath Kumar de treinta y cinco años de edad.

Cuando Chandranath recibió la noticia de que un subinspector de una estación prominente en el área de las minas de carbón de Sahebganj había solicitado y recibido un traslado a Dumka, el sargento mayor desconfió. Generosos sobornos mensuales se consideraban adiciones al salario en el área de las minas de carbón; por lo tanto, dicha transferencia era inaudita. Chandranath era uno de esos raros oficiales en la PMB que seguía un estricto código ético y ponía esmerada atención a sus funciones. Alto, delgado y atlético, con un fuerte sentido del honor, había sido educado en el campo por un padre disciplinario que le enseñó a apreciar el valor de una vida simple y honrada. Cuando el nuevo oficial llegó, se mantuvo alerta para detectar cualquier rastro de negligencia, mal carácter o cualquier otro defecto que hubiera sido la causa de su petición de traslado. Pero lo que encontró fue un hombre de conducta ejemplar que lo impresionó en cada aspecto de su vida personal y profesional. Intrigado, finalmente le preguntó por qué había solicitado el traslado.

Cuando escuchó la historia de Shiva Shankar, Chandranath sintió una oleada de inspiración. Había estado buscando a un maestro espiritual por varios años. Durante ese tiempo, había conocido a varios gurús pero no había sentido ninguna atracción por ellos, hasta que por fin encontró a un santo de su pueblo natal, Gaddopur, que lo había impresionado mucho. Pero, cuando le pidió la iniciación, el santo se negó. En lugar de ello, le aseguró:

—La recibirás cuando llegue el momento.

Ahora, un año más tarde, Chandranath tuvo la repentina premonición de que el momento había llegado. Le dijo a Shiva Shankar que quería conocer al hombre responsable de semejante transformación, pero se desilusionó cuando Shiva Shankar le dijo que su gurú no permitía que su identidad o ubicación fueran reveladas. Lo mejor que Shiva Shankar podía hacer era presentar su solicitud la próxima oportunidad y esperar la respuesta de su maestro. Chandranath no perdió tiempo. Le dio a su subordinado una licencia inmediata para ir a visitar a su maestro y esperó impacientemente hasta su regreso dos días más tarde. Su petición había sido aprobada y la fecha y la hora arregladas para que él fuera a Jamalpur.

Cuando Chandranath llegó a la casa de Prabhat, Manas estaba sentado en la veranda. Manas lo llevó a la habitación del frente y luego entró por una puerta cubierta con una cortina a informarle a su hermano que alguien había venido a verlo. Desde el otro lado de la cortina, Chandranath escuchó una voz decir: "¿Ha llegado el momento?", haciendo eco de las mismas palabras del santo de su pueblo. Un par de segundos después, Prabhat pasó por la puerta y acercó una silla para Chandranath, junto al catre de madera, en el que normalmente se sentaba cuando recibía a sus visitantes. Después de que Chandranath se presentó, Prabhat le dijo cortésmente que podía preguntarle lo que quisiera. Él haría lo posible para contestar todas sus preguntas.

—No tengo ninguna pregunta —dijo Chandranath—. He venido por mi iniciación espiritual.

—¿Estás seguro? —le preguntó Prabhat.

—Sí, he estado buscando a una maestro espiritual. Siento que he venido al lugar correcto.

El estado de ánimo de Prabhat cambió de repente. En un tono de voz de mando, le ordenó a Chandranath que se sentara frente a él con las piernas cruzadas en posición de meditación, y procedió a iniciarlo. Cuando completó la iniciación, Prabhat tomó un pedazo de papel y escribió los diez principios de yama y niyama con explicaciones breves. Se aseguró que su nuevo discípulo los entendiera, y luego le dijo:

—Sigue yama y niyama estrictamente. No permitas que haya nada en tu conducta que me avergüence. Es por medio de la conducta del discípulo que uno conoce al gurú. Deja que tu cara sea iluminada por la luz de la espiritualidad.

Después de una corta conversación en la que Prabhat le explicó varios aspectos de la práctica y de la vida espiritual, le hizo las siguientes preguntas a Chandranath:

—¿De dónde viene el alma? ¿En qué se funde? ¿A dónde permanece cuando está inmersa en el olvido?

Como Chandranath no supo contestar, Prabhat le dio las respuestas:

—El alma viene de un Brahma[11] no cualificado, se envuelve en el Brahma cualificado y se ata al cuerpo cuando se pierde en maya[12].

Cuando Chandranath se preparaba para irse, Prabhat agregó las últimas palabras:

—Realiza tus prácticas espirituales lo que más puedas y sirve a todas las criaturas de este mundo. Busca oportunidades para servir a la gente, y recuerda las palabras de Tulsi Das: "Cuando llegaste al mundo, tú llorabas y el mundo reía; vive tu vida de tal manera que cuando dejes este mundo, el mundo llore y tú rías".

Chandranath se tomó a pecho las palabras de Prabhat. Empezó a practicar la meditación con la mayor sinceridad. Más tarde, durante esa primavera, Nagina Prasad Sinha, un primo distante de la misma edad, que trabajaba para el Departamento Central de Impuestos en Bhagalpur, vino a visitarlo. Cuando sirvió la comida, Nagina se sorprendió al ver que su amigo le había servido su comida normal no vegetariana, mientras que él comía una comida vegetariana. Cuando Nagina le preguntó por qué, Chandranath le explicó que estaba practicando meditación y yoga. Los yoguis recomiendan una dieta vegetariana a quienes desean avanzar en el camino espiritual, ya que la carne y otros alimentos no vegetarianos embotan la mente e incitan las propensiones más bajas. Chandranath también había dejado de fumar por la misma razón. Nagina lo tomó como un reproche encubierto. Él era un hombre robusto, un antiguo luchador en la escuela secundaria que disfrutaba beber, fumar y la mejor cocina europea con el gusto de un gourmet. Durante los meses siguientes, hizo un intento amigable de convencer a Chandranath de renunciar a su reciente obsesión, pero no fue capaz de ejercer ninguna influencia en su resuelto compañero.

En octubre, Chandranath fue a Bhagalpur y pasó la noche en la casa de Nagina. En la noche, Nagina aprovechó la visita de su amigo para desahogarse. En los últimos meses, su jefe había hecho lo posible para hacer su vida miserable. Ese mismo día, la situación había llegado a un punto en que Nagina no estaba seguro si lo podía tolerar por más tiempo. Chandranath escuchó pacientemente y consoló a su amigo. Finalmente le dijo:

—Nagina, desafío a cualquiera que intente hacerme daño. Aun si Dios quisiera hacerlo, tendría que pensarlo cuidadosamente.

Luego, Chandranath se disculpó, era la hora de su meditación nocturna. Dejó a su amigo reflexionar en sus palabras mientras que él se encerraba a meditar en la sala.

Mientras que Chandranath meditaba, Nagina se recostó en su catre en la otra habitación a preguntarse qué clase de fuerza había adquirido Chandranath que hasta podía desafiar a Dios. Él sabía muy bien que su amigo de toda la vida era demasiado humilde para exagerar su propia fortaleza o incluso pronunciar una sola palabra para elogiarse a sí mismo. Mientras consideraba las palabras de Chandranath, empezó a ver la imagen de un hombre que lo miraba desde adentro de su mente. Era un hombre de baja estatura, piel clara con el cabello peinado hacia atrás. Tenía gafas oscuras y el tradicional *dhoti* y la *kurta*[13] de algodón blanco, y su cara resplandecía con un brillo divino. Muy pronto, Nagina se encontró absorto en esa visión extática. Sólo cuando oyó la voz de su sirviente, se rompió el encanto y la imagen se disolvió. Le sorprendió escuchar a su sirviente decir que la cena estaba servida. Chandranath había estado esperando por un tiempo. Miró el reloj y se alarmó cuando vio que habían pasado dos horas.

Cuando se sentaron a comer, Nagina empezó a bombardear a su amigo con preguntas acerca de su práctica yóguica, pero las respuestas de Chandranath no eran muy comunicativas. Cuando Nagina le preguntó si tenía un gurú, Chandranath le dijo que tenía un maestro pero que no se le permitía decir nada sobre él. Cuando se dio cuenta que no obtendría nada de su amigo, Nagina probó una estrategia diferente. Le dijo a Chandranath que le iba a describir a alguien y quería ver si Chandranath le podía decir quién era. Entonces Nagina le dio una descripción detallada del hombre de su visión.

Chandranath se quedó mirándolo. Un indicio de molestia se reflejó en su voz.

—¿Por qué me molestas con tantas preguntas acerca de alguien que obviamente conoces muy bien?

La confirmación de sus sospechas sorprendió a Nagina, quien continuó contándole lo que le pasó mientras Chandranath meditaba. Luego le imploró a su amigo que hiciera los arreglos necesarios para conocer a su maestro.

—Haré lo mejor que pueda —le dijo Chandranath—. Si tan solo pensar en un gran hombre puede provocar semejante cambio en ti, entonces, una vez recibas sus bendiciones y estés bajo su protección, vas a ser capaz de desafiar hasta a Dios.

Cuando Nagina descubrió que el maestro vivía en Jamalpur, a escasas dos horas en tren, le insistió que salieran inmediatamente para la estación para tomar el tren de la noche. Podrían retornar a la mañana siguiente después de que Nagina hubiera recibido la iniciación y las bendiciones del maestro.

—Nagina, eso no va a ser posible —le dijo Chandranath—. No se le permite a nadie saber quién es el maestro o dónde vive sin su previa autorización.

—Entonces, por favor ve y pide la autorización por mí.

—Eres mi amigo y familiar. Yo sé que estás pasando por momentos difíciles, así que iré a Jamalpur a presentar tu petición, pero no te puedo asegurar que vas a recibir una respuesta favorable. Algunas personas esperan por meses, hasta años para obtener su permiso, y ¡tú lo quieres inmediatamente y también sus bendiciones!

Nagina pasó el día ansioso en la oficina antes de que Chandranath regresara de Bhagalpur la noche siguiente y lo llamara desde la estación con la noticia de que el maestro lo había autorizado a ir para la iniciación. También le mandó un mensaje de enfrentar con valentía cualquier situación que se pudiera presentar, todo iba a salir bien. Esa noche, Chandranath dejó a Nagina sin aliento cuando le dijo que aun antes de tener la oportunidad de presentar su petición, el maestro le había dicho:

—Entonces, ¿has venido a hablar de tu amigo Nagina?

Era el tres de noviembre cuando Nagina fue a la casa de Prabhat. Cuando entró en la sala se sintió abrumado al ver la misma cara resplandeciente que había visto en su visión. Prabhat le pidió que se sentara frente a él en posición de loto y luego lo inició. Cuando la iniciación terminó, Nagina empezó a sentir dolor en la espalda y empezó a doblarse.

—¿No te puedes sentar derecho? —le preguntó Prabhat.

—Hace tiempo que tengo problemas en la espalda. Me es difícil sentarme en esta postura.

Prabhat cerró los ojos por un momento. Cuando los abrió, le dijo:

—Toma agua caliente y tu dolor desaparecerá.

Después de la iniciación, Nagina quería saber si era necesario ser vegetariano para practicar yoga y meditación.

—No sé si pueda vivir sin comer carne —dijo. Prabhat sonrió.

—Es mejor ser vegetariano. De hecho, es también mejor dejar el ajo y la cebolla. Tienen propiedades aún más estáticas que la carne.

—Pero, ¿cómo puedo dejar de comer carne? Simplemente no puedo.

Prabhat rió.

—Hasta ahora, has pensado solamente en cuál es la mejor forma de preparar carne. Quizás nunca pensaste que era posible dejarla. Simplemente piénsalo y mira a ver si puedes o no.

—El camino y el proceso que te mostré son racionales y lógicos —continuó Prabhat—. Entiéndelos adecuadamente y practícalos consecuentemente. La *sádhana*[14], la práctica espiritual, es necesaria para la existencia humana. Pero ponla a prueba, cuestiónate por qué la haces. Si entiendes la lógica detrás de ella, vas a estar más motivado y la vas a disfrutar mucho más.

Después de que Nagina volvió de Bhagalpur, ignoró las instrucciones que Prabhat le dio de tomar agua caliente y siguió tomando las medicinas recetadas por los doctores, pero su condición continuó deteriorándose. En poco tiempo empezó a tener dificultades para respirar y tuvo que acostarse. No podía sentarse ni caminar sin ayuda. Sus médicos, desconcertados, le recomendaron que fuera a Patna, la capital del estado, a tomarse unos rayos x. Dos semanas después de su iniciación, un sábado, Chandranath pasó por su casa para ver si quería acompañarlo a Jamalpur para el programa dominical. Nagina no estaba en condiciones de ir. Le pidió a Chandranath que le diera saludos al maestro y le diera el mensaje de que desde su iniciación no había podido sentarse y a meditar apropiadamente debido al dolor. Chandranath volvió la noche siguiente y sin perder tiempo confrontó a Nagina.

—¡Gurudeva te dijo que tomaras agua caliente, pero en vez de seguir sus instrucciones, estás tomando todas estas medicinas! Esto tiene que parar ahora mismo.

Chandranath recogió las medicinas que estaban en la mesa de noche. Tiró a la basura las que estaban abiertas y le pidió al sirviente de Nagina que devolviera el resto a la farmacia al día siguiente. Luego le dio instrucciones al sirviente y a la esposa de Nagina de que sólo le sirvieran agua caliente. Desde ese momento, solamente le dieron agua caliente para tomar. Cuando Nagina se levantó a la mañana siguiente, la mayor parte del dolor había pasado. En pocos días, había desaparecido totalmente.

Con la iniciación de Nagina, se propagó el círculo de discípulos en el Departamento Central de Impuestos. Aunque Prabhat no permitía a sus discípulos revelar su identidad sin su autorización, les dijo que si alguien se les acercaba con el deseo sincero de aprender la práctica espiritual, le podían dar el nombre a él. Si Prabhat lo aprobaba, entonces le podían dar a esa persona su nombre y su dirección, así como una hora para ir a la iniciación. Tal y como Shiva Shankar había traído a Chandranath, ahora Nagina había empezado a traer a sus colegas y amigos.

Poco después de la iniciación de Nagina, Chandranath fue transferido al centro de entrenamiento de la PMB en Nathnagar, un suburbio de Bhagalpur. Su presencia allí tuvo tal impacto, que muy pronto el número de discípulos en la PMB sería superado sólo por los del taller del ferrocarril. Un par de años más tarde, Prabhat dijo medio en broma que su forma favorita de divulgar sus enseñanzas era haciendo que sus discípulos fueran transferidos.

VI

La muerte de Stalin

En los países comunistas no se le da supremacía a la vida moral. La sociedad carece de principios morales. En el nombre de esta teoría defectuosa uno de los líderes de la Unión Soviética asesinó a más de 500.000 personas y envió muchos más a los campos de trabajo en Siberia. Entre todas las teorías homicidas y en contra de la humanidad que se han creado en este mundo, el comunismo es la más barbárica... Toda la sociedad humana tendrá que someterse a la expiación por los pecados cometidos por el comunismo, ni siquiera los inocentes se salvarán. Esta peligrosa teoría ha cometido muchas atrocidades en contra de la sociedad, y va a continuar haciéndolo hasta que se termine tanto en nombre como en teoría[1].

Aunque Pranay había empezado a reverenciar a Prabhat como gurú, se seguía dirigiendo a él como a un amigo o colega por más o menos tres años después de haber sido iniciado. Un día, mientras caminaban en el campo, Prabhat le dijo que esta forma de dirigirse a él no era apropiada entre el gurú y el discípulo. No debía llamarlo "Dada", excepto en la oficina o en público, sino "Baba". Desde ese momento, Pranay utilizó esta forma tradicional de dirigirse a él cuando estaban solos. Prabhat pidió a sus otros discípulos que hicieran lo mismo. Pronto, todos llaman al maestro "Baba" aunque algunos de ellos, como Chandranath y Nagina, fueran mayores que él.

El número de discípulos continuó creciendo, pero con pocas excepciones, los discípulos no sabían quiénes eran los demás, excepto por la persona que los había llevado o las personas a quienes ellos habían llevado. Baba estableció la regla de que si lo veían con alguien, ya fuera en su casa o en el campo, debían darse la vuelta y venir a verlo en otra ocasión. Estas medidas le permitieron a Baba mantenerse en el anonimato. Sin embargo, no todos los discípulos eran tan estrictos. Un día, en 1952, Subodh Chatterjee, un conocido de la infancia que había recibido la iniciación el año anterior, estaba charlando con el Dr. Sachinandan Mandal, quien también había crecido con Baba. Mientras hablaban, Subodh vio a Baba cruzando la calle. Después de señalarlo, le dijo confidencialmente a Sachinandan que Baba se había vuelto un gran yogui con poderes sobrenaturales y con su propia filosofía. Todas las noches, personas diferentes lo acompañaban al campo para escuchar su sabiduría espiritual, recibir sus bendiciones y para presenciar sus poderes milagrosos. Cuando escuchó esto, Sachinandan recordó un par de incidentes que le habían puesto a pensar. Recientemente, otro amigo mutuo, Gopi Kishore, le había contado que había ido a pedirle consejo a Baba y había descubierto que su sabiduría era tan extensa que ni siquiera los profesionales en el área podían igualarlo. En otra ocasión, Sachinandan había bajado las escalas del segundo piso de su oficina después de examinar a un paciente; Baba estaba subiendo las escaleras al mismo tiempo. Cuando se encontraron, Baba le preguntó si el paciente tenía dolor en ambos lados. Sorprendido por la pregunta, Sachinandan pensó por un momento que Baba lo había visto por la ventana examinando al paciente con su estetoscopio en ambos lados, hasta que se dio cuenta que era físicamente imposible teniendo en cuenta la altura de la ventana.

Después de escuchar a Subodh, Sachinandan decidió buscar a su antiguo compañero de clase y aprender de él; pero cuando encontró a Baba y le dijo lo que había escuchado acerca de su grandeza y que él también quería aprender, Baba lo rechazó.

—Tonterías —dijo Baba—. Esta gente se está inventando historias. Yo no sé nada.

Sachinandan no era fácil de disuadir. Continuó molestando a Baba cada vez que lo veía. Eventualmente, Baba le dijo que si estaba interesado le podía dar la dirección de un tántrico en Nathnagar que le podía enseñar. Pero Sachinandan era inflexible. Le insistió que sólo iba a aprender de él. Baba le dijo que primero leyera los libros de Ramakrishna, y después verían. Un par de meses más tarde, le dio a Sachinandan un pedazo de papel escrito a mano con los diez principios de yama y niyama y le dijo que empezara a practicarlos. Un par de días más tarde, lo invitó a su casa para iniciarlo.

En la primera semana de febrero de 1953, Sachinandan tuvo la oportunidad de acompañar a Baba en una de sus caminatas nocturnas. Los acompañó Sadhan Dey quien, él no sabía, también era un iniciado. Cuando llegaron a la tumba del tigre se sentaron y empezaron a conversar, un ritual que Baba seguía cada noche sin importar quien lo acompañara. En un momento, Baba miró al cielo y empezó a hablar de astronomía. Después de unos minutos se calló. Rompió el silencio cuando le pidió a Sadhan que cerrara los ojos y concentrara su mente el sexto chakra[2]. Sachinandan, recientemente iniciado, observó con creciente fascinación como Sadhan entraba en una especie de trance. Baba le ordenó que llevara su mente al Kremlin y viera lo que Stalin estaba haciendo. Absorto en el trance, Sadhan le respondió que estaba sentado solo, pensando.

—Entra en su mente y mira lo que está pensando —le ordenó Baba.

Sadhan le respondió que Stalin estaba rumiando cómo propagar el comunismo en el mundo; estaba formulando un plan para atacar a países vecinos, especialmente a India.

Dile a Stalin que tiene que desistir de semejantes planes —le dijo Baba en un tono de voz firme—. Si no, significará una desgracia para él.

Luego Baba lo sacó del trance y empezó a hablar de la historia del distrito de Birbhum, el lugar de origen de Sachinandan.

Tres semanas más tarde, el primero o dos de marzo, Baba estaba sentado en la tumba del tigre con Haraprasad y Shiva Shankar Bannerjee. En medio de la discusión, Baba de repente le preguntó a Haraprasad si le gustaría experimentar la muerte[3]. Haraprasad, comprensiblemente inquieto ante la perspectiva, declinó la oferta respetuosamente.

Baba repitió su petición. Le dijo que no debía temer nada, él lo traería de nuevo a la vida, pero Haraprasad no se convenció. En ese momento, un hombre vestido con el uniforme de la Armada Territorial estaba pasando por la tumba del tigre. Baba lo llamó en bhojpuri y le pidió que viniera y se sentara por un momento. Intercambiaron algunas palabras y luego Baba hizo un gesto[4] especial con sus manos. El soldado se desplomó. Baba le pidió a Haraprasad que le tomara el pulso, pero no pudo encontrarlo. El soldado ciertamente parecía muerto, un descubrimiento que inmediatamente le provocó ansiedad a ambos discípulos.

—No se preocupen —les dijo Baba—. Yo lo devolveré, pero primero voy a traer una mente sin cuerpo[5] a este cuerpo.

Ellos miraban estupefactos mientras Baba extendía la pierna y tocaba al soldado entre las cejas con el dedo grande del pie. El cuerpo del soldado se estremeció pero sus ojos no se abrieron.

—Ve al Kremlin —dijo Baba—, y dime qué ves.

El soldado postrado respondió a la pregunta sin abrir los ojos:

—Stalin está en un salón de conferencias con los oficiales de su comando militar. Él les está explicando algo en ruso y les está señalando un mapa.

—Entra en la mente de Stalin y descubre cuáles son sus planes.

—Está haciendo planes para invadir la India.

—Dile que pare inmediatamente, de otra manera, significará una desgracia para él.

—Le dije.

—¿Y cuál fue su reacción?

—Un poco de temor ha surgido en su mente. Salió de la sala de conferencias y fue a sus habitaciones privadas.

—Muy bien.

Baba dirigió su atención hacia sus discípulos y empezó a conversar sobre otros temas, mientras el cuerpo del soldado yacía inerte a su lado en la tumba. Pasó media hora. Baba se dirigió al soldado nuevamente y le ordenó a la mente sin cuerpo que volviera al Kremlin y viera lo que Stalin estaba haciendo.

—Se sobrepuso al miedo y se está preparando para dar las órdenes finales a sus oficiales.

El estado de ánimo de Baba se ensombreció.

—Stalin no ha aprendido su lección; ahora ha llegado su momento.

Baba levantó su dedo índice derecho en el aire y lo movió como si cortara algo con su mano; al mismo tiempo dijo en voz de mando:

—Stalin, *nipat jao* (Que Stalin sea destruido).

Más adelante, Baba ordenó a la mente sin cuerpo que se fuera y el cuerpo del soldado quedó sin vida. Luego ordenó a la mente del soldado que volviera. Unos minutos después abrió los ojos y se sentó, demasiado cansado como para hablar. Baba le pidió a los discípulos que lo masajearan; un poco más tarde, el soldado se pudo levantar y se fue.

El 5 de marzo, Haraprasad tuvo otra oportunidad de ir a la caminata nocturna con Baba. De camino a casa, después de acompañar a Baba hasta su casa, vio a un grupo reunido alrededor de una radio en una confitería. Se detuvo para averiguar lo que pasaba y se sorprendió cuando escuchó que se acababa de anunciar la noticia de la muerte de Stalin.

Unos años más tarde, en 1970, Baba estaba caminando con un discípulo del sur de India, Bhaktavatsalam. Durante su conversación, Baba le dijo que aunque la muerte de Stalin había sido anunciada el 5 de marzo, en realidad había muerto unos días antes. El Kremlin había mantenido la noticia en secreto debido a una lucha de poder entre Beria y Kruschef para decidir quién iba a suceder al líder ruso.

—Yo estaba sentado en la tumba del tigre una noche —le dijo Baba—, cuando un pequeño del Himalaya me envió un mensaje telepático: "Baba, Stalin está planeando atacar India. Por favor haz algo". Se le dio una advertencia a Stalin. Tres semanas más tarde, estaba sentado en la tumba del tigre y ese mismo niño me envió otro mensaje telepático: "Baba, Stalin está listo para declarar la guerra. Está planeando destruir India. Por favor haz algo". Como sabes, Bhaktavatsalam, Stalin murió un poco después.

Más adelante, el mismo año, Baba estaba dando una charla en Ranchi. Durante la charla le dijo a los discípulos que todo ocurre debido al deseo de la Consciencia Suprema; nada puede funcionar sin su deseo. Luego le pidió a Vinayananda que se levantara y hablara acerca de Ananda Marga. En medio del discurso de Vinayananda, Baba hizo un movimiento con su mano. De repente, Vinayananda no fue capaz de pronunciar una sola palabra. Parado ahí, mudo, Baba sonrió y explicó que le había quitado el poder de hablar. Sin su permiso, no podría decir nada. Luego, Baba le devolvió la capacidad de hablar y con un toque en la frente, lo dejó en un trance espiritual. Baba se levantó como si fuera a salir de la habitación, pero se sentó nuevamente y dijo:

—El poder por el cual se le cortó la capacidad de hablar a Vinayananda es llamado "la tijera cósmica". Con el uso de la tijera cósmica, Paramapurusha, la Consciencia Cósmica, puede parar el funcionamiento de cualquier cosa en el universo. En el *Markendeya Purana*, este poder se llama *chandika shakti*. —Hizo una pausa y luego agregó—: Al momento de la muerte de Stalin, la arteria que suple sangre al cerebro fue cortada con la tijera cósmica y murió inmediatamente.

Después de decir esto, Baba se levantó y salió de la habitación.

VII
El primer encuentro

Cuando un conocedor de la verdad se funde en el Ser Supremo, su sentido banal de la existencia se pierde, y al alcanzar la unidad con la Entidad Suprema, él mismo se convierte en la Entidad Suprema. La práctica espiritual es el medio para la expansión del alma, no para su aniquilación; por eso el samadhi (el trance espiritual), no significa suicidio, sino trascendencia personal. Quien ha conocido a la Consciencia Suprema se vuelve Supremo, porque la entidad individual toma la forma de su objeto de ideación[1].

A MEDIDA QUE la década de los cincuenta progresaba, India tenía dificultades por las innumerables exigencias como nueva nación, pero en el pequeño pueblo de Jamalpur, lejos de las grandes metrópolis de Delhi y Calcuta, la vida continuó sin prisa. Baba se convirtió en supervisor de la sección de inspección del departamento de contabilidad, y su reputación como quiromántico, sanador y consejero continuó expandiéndose, aun en las afueras de Jamalpur hasta lugares como Sahebganj, a unas cuatro horas en tren. En 1951, Himanshu, el hermano de Baba, fue transferido por el Ferrocarril de la India Oriental a Sahebganj. Poco después de su traslado, la madre viuda de uno de sus colegas, Ram Rainjit Bhattacharya, fue a hacerle una petición. Estaba preocupada por el futuro de su segundo hijo, Bubai, porque le estaba yendo mal en los estudios. Ella esperaba que Himanshu hablara de él con su hermano.

Durante su visita a Jamalpur el fin de semana siguiente, Himanshu le comunicó su petición. La familia acababa de terminar el almuerzo y Baba estaba recostado. Él cerró los ojos cuando Himanshu terminó de hablar y empezó a describirle al muchacho con mucho detalle: el color de su piel, la forma de sus ojos, su estructura ósea, y todo lo demás. Cuando Himanshu confirmó que la descripción concordaba, Baba le dijo que tomara una hoja de papel y un bolígrafo y empezó a dictar el futuro del joven. Le dijo que pusiera una marca en las áreas en las que el muchacho iba a enfrentar dificultades.

—No reveles estos puntos a la madre del muchacho —le dijo Baba—. De otra manera sus preocupaciones van a aumentar. —Cuando terminó, le dijo a Himanshu que anotara la hora—. Cuando llegues a Sahebganj pregúntale al muchacho qué estaba haciendo a esta hora.

Un par de días más tarde, Himanshu visitó la familia. Como respuesta a su pregunta, el muchacho le dijo que algo muy extraño había pasado a esa hora. Estaba leyendo en su estudio cuando faltaba un cuarto para las tres y por alguna razón, había perdido la consciencia por exactamente veinte minutos. En un momento eran las 2:45 y luego, eran las 3:05. Pero estaba seguro que no se había quedado dormido. Simplemente no tenía una explicación de lo que había pasado. Más tarde esa noche, Himanshu le mostró las predicciones de Baba a la madre del muchacho. Ella se sintió aliviada. Cuando Baba fue a visitar a su hermano en Sahebganj, ella le llevó dulces y otras delicias como muestra de su aprecio.

Baba continuó seleccionando personas para la iniciación a medida que los discípulos le llevaban los nombres de candidatos que habían expresado un fuerte interés en aprender. Entre ellos estaba Bindeshvari Singh, un contratista de Jamalpur que era primo de Nagina. Bindeshvari estaba gratamente impresionado por los cambios que había visto en Nagina y lo había acosado por varios meses para que arreglara un encuentro con su gurú; pero cuando Nagina le presentó su petición a Baba, el maestro la había rechazado. Para consternación de Nagina, él le informó que Bindeshvari no viviría mucho tiempo.
—¿Qué va a hacer él en tan poco tiempo? —le dijo Baba.
Sabiendo que Bindeshvari sufría de dolores periódicos en el pecho, Nagina, entristecido, se resignó al destino de su primo. Pero Bindeshvari continuó insistiendo con más y más urgencia. Finalmente, Nagina volvió a donde Baba y le rogó que le diera un oportunidad a Bindeshvari de aprender la sádhana espiritual.
—No importa cuanto tiempo tenga —dijo Nagina—. Todavía le puedes dar la oportunidad de salvación si tu quisieras. Si lo deseas, hasta le puedes extender su vida.
Eventualmente, Baba cedió. En junio de 1954, Nagina llevó a Bindeshvari a la casa de Baba para la iniciación. Cuando Bindeshvari salió de la habitación de Baba, fue tambaleándose hasta donde Nagina estaba, puso sus manos en los hombros de su primo y le dijo:
—¿Sabes quien está sentado en esa habitación?
—Claro que sí —le respondió Nagina—. Es Prabhat Rainjan Sarkar.
—No —le contestó Bindeshvari, sin poder contener sus emociones—. El que vino como Shiva, el que vino como Krishna, está sentado en esa habitación.
Por un mes, Bindeshvari permaneció en tal estado de intoxicación de Dios, que no pudo trabajar. De hecho, escasamente podía cuidarse a sí mismo. Se quedaba acostado en la cama murmurando "Baba, Baba, Baba" una y otra vez, o caminando de un lado a otro en su habitación llamando a su gurú. Nagina tuvo que sacar tiempo libre de su trabajo para asistirlo. Eventualmente, Bindeshvari pudo volver a trabajar, pero nunca recuperó su estado mental anterior. Por el resto de su vida, se mantuvo absorto en el pensamiento de su amado maestro. Algunas veces estaba tan absorto que empezaba a hablar y a gesticular exactamente como Baba, algunas veces hasta le pedía a los otros discípulos que se postraran ante él. Cuando se quejaron de esto a Baba, él lo excusó,

explicándoles que estaba en estado de *bhava*[2], tan absorto en su ideación devocional en esos momentos, que se identificaba completamente con su gurú.

Este tipo de incidentes ayudó a ampliar el círculo de admiradores que veían a Baba como guía y fuente de inspiración. Sin embargo, la mayoría de ellos no tenía idea de que Baba estaba reuniendo calladamente a un grupo de discípulos al que le estaba enseñando técnicas tántricas y yóguicas así como los inicios de una filosofía que un día ellos diseminarían alrededor del mundo. A finales de octubre de 1954, Baba envió una invitación a cada uno de sus discípulos a un encuentro espiritual el domingo 7 de noviembre en el alojamiento que el ferrocarril había asignado a su hermano Sudanshu en 339 E-F de la colonia de Rampur[3]. Sudanshu le había dado las habitaciones a Baba para que las utilizara como quisiera; a su vez, Baba se las había dado a Pranay para que hiciera sus prácticas espirituales después de que el abuelo de Pranay, un hindú estricto, se opusiera a que Pranay realizara sus prácticas en la casa. Baba utilizó las habitaciones ocasionalmente para encontrarse con sus discípulos o para iniciar a los nuevos discípulos; ahora le servirían como el lugar en que tendrían su primer encuentro.

Esa tarde, varios discípulos fueron a la casa de Baba a esperarlo. Cuando salió, lo acompañaron durante los diez o quince minutos que tomaba caminar desde su casa en Keshavpur hasta el alojamiento en la colonia de Rampur, donde el resto de los discípulos lo esperaban. Cuando llegaron, Baba los presentó a todos. Muchos de ellos, especialmente los de Jamalpur, se sorprendieron de ver a amigos, colegas y conocidos reunidos allí, muchos de ellos gente que conocían desde hacía varios años sin tener idea que eran discípulos del mismo gurú. Después de hacer las presentaciones, Baba tomó asiento en la sala en un pequeño catre de madera cubierto con una simple sábana de algodón. Los discípulos hicieron uno a uno *sastaunga pranam*, la tradicional postración completa frente al gurú. Luego empezó a hablar acerca del objetivo de la práctica espiritual, alcanzar a Dios, y las diferentes etapas del samadhi, o trance espiritual, en el que el aspirante espiritual logra una unificación temporal con el Divino, la etapa final del sendero del yoga de los ocho pasos[4]. Luego llamó a Pranay y le pidió que se sentara frente al catre en posición de loto.

Hablando en bengalí, Baba le dijo:

—Cierra los ojos y concentra la mente en el *ista* chakra[5]. Kundalini[6], yo, Yogeshvar Anandamurti[7], te ordeno que dejes el *muladhara* chakra y asciendas hasta el *svadhisthana*.

El cuerpo de Pranay empezó a temblar.

—Kundalini, yo, Yogeshvar Anandamurti, te ordeno que dejes el *svadhisthana* chakra y asciendas hasta el *manipura*.

Un violento temblor sacudió a Pranay y disminuyó gradualmente. Su espina se puso rígida y derecha y su cabeza se arqueó hacia atrás.

—Kundalini, yo, Yogeshvar Anandamurti te ordeno que dejes el *manipura* chakra y asciendas hasta el *anahata*.

Pranay cayó de espaldas, sus piernas todavía enredadas en la posición de loto y empezó a emitir un fuerte sonido gutural "hum, hum", uno de los síntomas comunes que ocurren cuando un yogui entra en trance.

Luego Baba le ordenó a la kundalini que ascendiera hasta el *vishuddha* chakra; Pranay se quedó quieto completamente. Su rostro brillaba con una luz de inmensa paz. Una vez más Baba ordenó a la kundalini que ascendiera, esta vez al *ajina* chakra[8]; el rostro de Pranay se volvió aún más resplandeciente.

Mientras Pranay continuaba absorto en este estado de éxtasis, Baba sonrió y miró a sus atemorizados discípulos.

—Este es el codiciado estado de samadhi *savikalpa*[9] en el que la mente individual se funde con la Mente Cósmica. El establecimiento permanente del aspirante espiritual en este estado se conoce como *mukti*, o liberación. Por medio de la práctica regular de la sádhana, con diligencia, determinación e intensa concentración, ustedes también podrán alcanzar este estado.

Baba continuó describiendo los diferentes estados de samadhi y el proceso por el cual el yogui alcanza tales niveles de exaltación. Luego se volvió hacia su discípulo inconsciente y le ordenó a la kundalini que retornara al *vishuddha* chakra. Pranay empezó a llorar copiosamente, como si estuviera sufriendo una intensa pena.

—Está bien, déjenlo disfrutar este estado un poco más —dijo Baba. Conversó con los discípulos acerca de la espiritualidad por algunos minutos, luego se dirigió nuevamente hacia Pranay y le ordenó a la kundalini que descendiera chakra por chakra hasta el *muladhara*. Pranay lloró copiosamente. Cuando abrió los ojos y se sentó, todavía llorando, Baba le pidió que se acercara y que pusiera la cabeza en su regazo. Él le acarició la parte de atrás de la cabeza tiernamente como un padre amoroso y le prometió a su lloroso discípulo que pronto le daría otra oportunidad de disfrutar lo que Baba le había dado y luego le había quitado.

Cuando terminó el programa, Pranay y otros pocos acompañaron a Baba a su casa. Los otros discípulos se dispersaron uno a uno o en grupos de dos o tres personas. Mientras se alejaban hablaban entre ellos de lo que habían visto esa noche, muchos de ellos todavía sorprendidos por la demostración. Algunos de ellos se preguntaban abiertamente qué clase de gurú podía ordenar a la kundalini de su discípulo ascender a su antojo y quién usaba el epíteto de Yogeshvar, Señor de los Yoguis, un título atribuido tanto a Shiva como a Krishna en un pasado tan distante que pertenecía al oscuro territorio del mito y la leyenda.

VIII
Demostración de la muerte

¿Qué pasa cuando los aspirantes espirituales tienen éxito en su búsqueda por conocer a Purushottama (la Consciencia Suprema) y obtienen la unión con él? Todas las ataduras se rompen. Cuando uno pierde el apego por trivialidades, las ataduras que crean esas trivialidades también perecen. Con la disolución de la mente unitaria, es decir, cuando se logra la expansión mental, el sufrimiento también se desvanece gradualmente. Aun la atadura de la vida y la muerte se rompe, porque la vida y la muerte, tanto como el miedo a ellas, pertenecen a lo finito. El Gran Brahma está más allá del alcance de la vida y la muerte; por eso, aquel que se identifica completamente con él también permanece invulnerable a su juego incesante[1].

EL DOMINGO SIGUIENTE, los discípulos se reunieron una vez más en las habitaciones de la colonia de Rampur para el darshan[2] de Baba. Baba dio una charla espiritual y demostró otro tipo de samadhi por medio de Pranay. Un fuerte sentimiento de camaradería empezó a surgir entre los discípulos a medida que se conocían unos a otros y compartían su devoción por el gurú. Los profundos sentimientos que habían alterado sus vidas sólo podían ser entendidos por los condiscípulos. Una comunidad estaba en proceso de nacer, y los que estaban presentes durante esos primeros encuentros pudieron sentirlo desde el principio, los lazos de una hermandad espiritual que los uniría más estrechamente entre sí que con sus propias familias.

Rápidamente se corrió la voz acerca de las demostraciones entre los iniciados. El siguiente domingo, el 21 de noviembre, hubo un mayor influjo de discípulos deseosos de presenciar lo que Baba haría a continuación. Esa mañana, Virendra Kumar Asthana, quien no había podido asistir los domingos anteriores, llegó a Jamalpur desde su casa en Bhagalpur y fue directamente a la casa de Baba. Cerca de un año antes había sido trasladado a la oficina de Nagina como Administrador Asistente del Departamento Central de Impuestos y Aduanas, para reemplazar al hombre que le había causado tantos problemas a Nagina. Impresionado por lo que vio en Nagina, le expresó su deseo de conocer a su gurú y recibir la iniciación. Sin importar que Baba lo había rechazado varias veces, él continuó insistiendo hasta que finalmente obtuvo permiso un par de meses antes.

Asthana llegó a la casa de Baba poco después del desayuno y tuvo la fortuna de encontrar al maestro a solas. Se sentaron y hablaron acerca de la espiritualidad. Baba respondió pacientemente a las preguntas del discípulo y lo instruyó en los puntos más delicados de la meditación. Mientras hablaban, un joven apareció en la puerta. En el momento en que Baba lo vio, empezó a regañarlo:

—¡Sinvergüenza! ¡Tipo bueno para nada! ¡Cómo te atreves a mostrar la cara aquí! ¡Vete, no quiero volver a verte nunca más!

Asthana estaba muy sorprendido. Nunca había visto a Baba en semejante estado de ánimo. El maestro siempre le había parecido la imagen de serenidad, amor y sabiduría.

Sin embargo, el joven no prestó atención a las palabras de Baba, lo tomó de los pies y le empezó a pedir:

—Baba, perdóname, no lo pude evitar. Por favor perdóname.

El tono de Baba se suavizó.

—Has cometido un grave error. ¿Estás listo para aceptar el castigo por lo que hiciste?

—Sí, Baba, lo que decidas —contestó el hombre, mostrando alivio por medio de sus lágrimas.

—Virendra, ve a traerme uno de tus zapatos.

Perplejo, Asthana saltó a traer el zapato y se lo entregó a Baba. Luego, Baba le ordenó al hombre que lamiera la suela del zapato, un acto de extrema humillación en la cultura india. Asthana se sentó a mirar, muy conmocionado como para hablar. Cuando el hombre empezó a lamer el zapato, Baba lo detuvo y le dio su bendición. Le dijo que podía irse pero que debía ir a la colonia de Rampur al programa de esa noche. Cuando se fue, Baba le dijo a Asthana que el hombre había cometido un gran pecado, pero que él lo había perdonado. Luego continuó la conversación en donde se había detenido. Nada en su voz o en su expresión facial daba ninguna indicación de que algo fuera de lo ordinario hubiera pasado. ¿Qué tipo de gurú tengo?, pensó Asthana mientras continuaban la conversación, incapaz de reconciliar al feroz disciplinario con la mágica figura que había empezado a inundar su vida de felicidad.

Para el final de la tarde, las habitaciones de la colonia de Rampur estaban llenas de discípulos. Cuando Baba llegó, la pequeña sala estaba tan llena que los espectadores casi ni se podían mover. Baba se abrió paso hasta el catre vacío y se sentó. Sonrió, saludó a todos y habló con los que estaban sentados cerca a él. Uno de los discípulos cantó una canción devocional. Luego empezó la charla.

Él empezó a explicar la vida desde el punto de vista yóguico, enfatizando que la vida requiere un paralelismo entre el cuerpo, la mente y la energía vital. Cuando este paralelismo se pierde debido a cambios en la onda física, como los causados por enfermedad o heridas, o debidos a cambios en la onda psíquica, entonces la mente se separa del cuerpo.

—La mayoría de la gente le tiene miedo a la muerte —dijo Baba—, pero no es necesario temer. La muerte es un proceso natural, tan natural como la vida misma. La gente comúnmente piensa que morir es doloroso. Ellos ven las etapas por las que una persona moribunda pasa y piensa que la persona debe estar sufriendo mucho, pero generalmente ese no es el caso. En la mayoría de los casos, la experiencia de la muerte no es muy diferente a la de dormirse. Desde afuera la persona puede parecer inquieta, puede parecer que está sufriendo, pero su experiencia interior es muy diferente.

Luego, empezó a explicar en detalle la concepción yóguica de la energía vital del cuerpo.

—El cuerpo humano —dijo—, tiene diez *vayus* o aires vitales, cinco internos y cinco externos. De los cinco vayus internos, *prana* gobierna el área desde el punto del ombligo hasta la garganta; *apana*, el área debajo del ombligo; *saman*, localizado en el ombligo, mantiene el equilibrio entre apana y prana; *udana* gobierna el área de la garganta; y *vyana* está distribuido en el cuerpo. Cada uno es responsable de las funciones corporales en sus áreas respectivas. Por ejemplo, prana controla la respiración. —Después de elucidar en detalle cada uno de los vayus internos, explicó los vayus externos de la misma manera, y luego empezó a explicar lo que pasa con los vayus durante la muerte—: En el cuerpo humano el ombligo es el punto de equilibrio entre la porción superior y la inferior. Cuando el saman no puede mantener el equilibrio entre prana y apana, entonces prana se disloca, lo que incrementa la respiración umbilical. Cuando estos tres vayus no pueden mantener su integridad individual, se funden y chocan en el udana. Cuando udana también pierde su integridad individual, los cuatro vayus se fusionan en vyana y buscan una forma de escapar del cuerpo.

En este momento, Baba le preguntó a los discípulos si les gustaría ver una demostración de este tema.

—¿Van a tener miedo? —les preguntó. Cuando le aseguraron que no, él pidió a Krishna Chandra Pal, o Kestopal, como lo llamaban, que fuera al frente de la habitación. Le pidió que se sentara en posición de loto y que cerrara los ojos. Asthana lo reconoció: era el joven al que Baba había disciplinado severamente esa mañana.

—Lleva tu mente al ista chakra y concéntrate ahí —le dijo Baba en un tono de voz firme y solemne. Kestopal se empezó a concentrar tal y como se le había indicado—. Prana vayu, deja tu posición y ataca el saman vayu —continuó Baba.

Kestopal empezó a respirar profundamente. Cuando Baba le preguntó qué estaba sintiendo, él contestó que se sentía muy relajado y que estaba perdiendo la sensación de sus manos y sus pies.

—Prana y saman, fusiónense y ataquen el vayu apana.

La respiración de Kestopal se volvió muy pesada y le empezó a faltar el aire. Se oyeron murmullos de preocupación en la asamblea, pero cuando Baba le preguntó si se estaba sintiendo incómodo, él negó con la cabeza.

—Prana y saman, fúndanse en apana y ataquen el vayu udana.

Kestopal cayó de espaldas. Varios de los espectadores se quedaron sin aliento. Se oyó un traqueteo saliendo de su garganta y sus labios se llenaron de espuma.

—Ahora, prana, saman, apana y udana, fúndanse con el vyana vayu.

Todo movimiento en el cuerpo de Kestopal cesó. Su cabeza se inclinó ligeramente hacia un lado. Baba le pidió al Dr. Sachinandan Mandal que lo examinara.

—¿Está vivo o muerto? —le preguntó Baba en un tono de voz calmado, aparentemente despreocupado. El doctor lo examinó por un minuto o dos a medida que la tensión en la sala aumentaba.

—Baba, no puedo encontrar ningún signo vital; su corazón no está latiendo y no hay pulso.

Baba miró alrededor de la habitación por algunos momentos. Signos de aprehensión eran visibles en los rostros de casi todos los presentes.

—Él está clínicamente muerto —dijo Baba. Hizo una dramática pausa por un momento o dos—. Pero en realidad él no está muerto. El vayu prana todavía está presente en la espina dorsal en un estado suspendido. Ahora, en ciertos raros casos, antes de que todos los vayus se escapen completamente y se fundan en el prana[3] universal, permanecen suspendidos en la espina dorsal. Esto puede suceder en el caso de ciertos accidentes, mordeduras de serpientes y ocasionalmente en víctimas del cólera. En estos casos, la persona no tiene signos vitales. Parece como si estuviera muerta pero no lo está. En los países en los que la costumbre es enterrar, es posible que esa persona reviva después de haber sido enterrada. En esos países ha habido varios casos documentados en que el ataúd se ha desenterrado y se han encontrado marcas de arañazos en el interior de la tapa, o el esqueleto ha cambiado de posición. Algunas veces, la gente atribuye esto a los fantasmas. Por esta razón, en la antigua India, los cuerpos de las personas que morían de cólera o picaduras de serpientes eran tradicionalmente echados río abajo en una balsa con la esperanza de que revivieran. Esta es una de las razones por las que yo apoyo la cremación; si la fuerza vital de una persona se suspende y no es descubierta por los doctores, entonces no hay ninguna posibilidad de que se despierte dentro del ataúd para morir una horrible segunda muerte.

Baba levantó su dedo y le ordenó al vayu prana salir del cuerpo. La cabeza de Kestopal se inclinó aún más y su boca se abrió un poco.

—Ahora él está muerto —dijo Baba con un aire de finalización—. Como les estaba diciendo, yo apoyo la cremación por razones que ya he explicado. Entonces, ya pueden hacer arreglos para disponer del cuerpo.

Murmullos de alarma pasaron como un contagio entre los discípulos. Varios de ellos le insistieron a Baba que volviera a Kestopal a la vida.

—¿Qué puedo hacer? —contestó—. No tengo esa capacidad.

Algunos se preocuparon por lo que pasaría si la policía se enteraba. Otros se preguntaban qué clase de forjador de milagros era Baba para poder hacer semejante cosa. Algunos estaban disfrutando calladamente del drama. Su fe en el maestro se mantuvo firme. Rasamay estaba aterrorizado. Kestopal se había casado hacía sólo unos días y él y su nueva esposa se estaban quedando con él mientras estaban en Jamalpur. ¿Cómo le iba a decir que era viuda, que el gurú de Kestopal había tomado su vida?

Baba sonrió.

—No se preocupen —les dijo—. Recuerden que me prometieron que no iban a tener miedo. Voy a la otra habitación por un momento; mientras tanto, cuiden del cuerpo de Kestopal y asegúrense que no entre ningún insecto por algún orificio.

Baba le pidió a Nagina y a Pranay que lo acompañaran a la otra habitación, en donde les dio instrucciones de que le masajearan los pies y las manos mientras se sentaba a meditar. Ellos extendieron una manta en el piso para que Baba se sentara y lo masajearon por quince o veinte minutos mientras Baba permanecía en estado de trance.

Finalmente, Baba abrió los ojos y volvió a la habitación en donde Kestopal yacía inerte entre un grupo de ansiosos discípulos.

Baba se sentó cerca de la cabeza de Kestopal, extendió el pie derecho y tocó la coronilla de la cabeza del discípulo con su dedo gordo del pie. Casi inmediatamente, Kestopal se agitó. Un suspiro colectivo de alivio atravesó la multitud.

—Abre los ojos —le dijo Baba a Kestopal. Kestopal abrió los ojos.

—¿Quién eres? —le preguntó Baba. Para sorpresa de todos, le dio un nombre completamente diferente[4].

—¿Por qué estás aquí? —le preguntó Baba.

—Porque tú me pediste que viniera y protegiera este cuerpo.

—Muy bien. Entonces, mientras estés aquí debes trabajar un poco. Lleva tu mente hasta la luna.

—Estoy ahí

—¿Qué ves?

—Planicies áridas y montañas.

—¿Hay alguna señal de vida?

—No. No hay oxígeno.

—Ve bajo la superficie del planeta. ¿Qué ves?

—Baba, veo vastos depósitos de oro y plata.

—Ahora ve a Marte. ¿Hay alguna señal de vida?

—Sí.

—¿Qué tipo de vida?

—Vida microbiana.

—Ahora lleva tu mente al planeta de la estrella Ashvin. ¿Existe vida allí?

—Sí.

—¿Qué tipo de vida?

—Vida humana

—¿Este tipo de vida humana tiene algún parecido con la vida humana de la tierra?

—No, Baba. Ellos tienen una estructura diferente.

—¿Cuál es el estándar espiritual de esa civilización?

—Están mucho más avanzados que los seres humanos de la tierra. Sus niños son iniciados en procesos avanzados de meditación.

—Ya veo. Ahora lleva tu mente hasta el Tíbet. —Baba le dio instrucciones de ir hasta cierta cueva en los Himalayas, cerca a Limpopo—. ¿Qué ves allí?

—Baba, hay un yogui con el cabello largo meditando en la cueva.

—¿Lo reconoces?

—Sí, Baba, es Subhash Chandra Bose.

—Pregúntale si quiere volver a la India.

—Él está meneando la cabeza, no.

—Muy bien. Ahora lleva tu mente hasta el Kremlin. ¿Qué ves?

—Veo a Malenkov reunido con miembros de su gabinete.

Repentinamente, la voz de Baba se volvió fuerte.

—Dile a Malenkov que si hace algo para perturbar la causa de la paz mundial, él sufrirá la misma suerte que sufrió Stalin.

Baba le dio permiso a la mente de irse, y el cuerpo permaneció sin vida. Él miró alrededor de la habitación y le dijo a todos que iba a devolver la mente al cuerpo de Kestopal, pero antes de hacerlo todos debían prometer que no le iban a decir a Kestopal lo que había pasado.

—Como expliqué anteriormente, la experiencia de la muerte no es muy diferente a la de dormirse. Cuando Kestopal recupere su consciencia, él va a pensar que estaba dormido. Sin embargo, va a estar muy cansado y desorientado, mucho más de lo normal, debido a que su cuerpo ha estado inhabitado por algún tiempo, durante el cual la circulación de la sangre se ha detenido. Le voy a pedir a alguien que le dé masaje. Esto le ayudará a recuperarse más rápido.

Baba levantó una mano y empezó a trazar pequeños círculos con un dedo estirado.

—Donde sea que estés en el gran vacío, ven a la tierra ahora. Ven a India, al estado de Bihar; ven a la ciudad de Jamalpur. Entra en la habitación número 339 E-F, de la colonia de Rampur. Entra en este cuerpo.

Uno a uno, Baba ordenó a los vayus a que volvieran al cuerpo. Mientras todos miraban en suspenso, vieron un suave movimiento en las manos de Kestopal. Luego sus pies se agitaron levemente. Finalmente, después de un par de minutos, abrió los ojos nuevamente. Baba cantó algunos mantras en sánscrito; después de un rato Kestopal se pudo sentar.

—Kestopal —le dijo—, no te ves bien. ¿Qué pasó?

—Lo siento, Baba. Debo haberme quedado dormido. Me siento muy cansado.

Baba le dio instrucciones a dos discípulos de que le dieran un masaje y le dijo a otro que le preparara una taza de leche caliente.

Asthana estaba tan sorprendido como todos los demás por los eventos de ese día. Pero una intensa curiosidad se mantuvo en su mente. ¿Por qué Baba había reprendido a Kestopal sin piedad esa mañana? Cuando tuvo la oportunidad de estar a solas con su maestro otra vez, aprovechó la ocasión para hacer la pregunta.

—Ese bribón. Cuando lo inicié le dije que le prohibía que se casara, sabiendo que tenía el samskara de una corta vida. Tú sabes muy bien cuál es la posición de las viudas[5] en este país. Es lamentable. No se pueden volver a casar y se tienen que retirar de la sociedad y entrar en reclusión, aun si son jóvenes. La familia del difunto esposo usualmente la maltratan. Si Kesto se casaba, entonces una chica inocente pronto sería viuda y sería forzada a enfrentar un sufrimiento innecesario. Yo no quería ver que esto pasara. Pero ese pícaro desobedeció mis órdenes. ¿Qué podía hacer? Él es mi discípulo. Tenía el samskara de morir a una corta edad y ese samskara tenía que ser terminado. Por eso hice esa demostración. Ahora ese samskara ha sido satisfecho y él puede vivir una larga vida.

Los discípulos no pudieron contener la lengua por mucho tiempo. Eventualmente, uno de ellos y luego otro se acercaron a Kestopal y le preguntaron si sabía lo que había pasado esa noche.

—Seguro. Me quedé dormido mientras se suponía que debía estar meditando.

—¡No, Baba demostró la muerte contigo! ¡Tú moriste! Todos lo vimos.

Una vez se rompió el voto del secreto, Asthana le preguntó a Kestopal sobre ese día, después de contarle lo que Baba le había dicho.

—Sí, es verdad —le dijo Kestopal—. La semana antes fui a mi pueblo natal de vacaciones para visitar a mis padres. Sin saberlo, ellos habían hecho arreglos para mi matrimonio. Habían escogido una novia de uno de los pueblos vecinos, habían fijado la fecha e invitado a los comensales. Yo traté de protestar y les dije que mi gurú me había prohibido casarme, pero no sirvió de nada. La presión de la familia fue tan intensa que al final me rendí. Cuando volví a Jamalpur, dejé a mi esposa en la estación y fui directamente a donde Baba para disculparme y explicarle lo que había pasado; pero como viste no hubo necesidad. Él ya sabía. Él sabe todo.

Nagina también cuestionó a Baba sobre el incidente y le preguntó por qué les había pedido que lo masajearan cuando había ido a la otra habitación.

—Mi mente se estaba retirando al estado de samadhi nirvikalpa —le explicó Baba—. Si hubiera dejado que esto pasara, me habría tomado mucho tiempo regresar a un estado de consciencia normal y su cuerpo habría empezado a descomponerse, lo que habría hecho difícil o imposible recuperar su mente. Por esa razón, no quería entrar en samadhi. Te pedí que me masajearas para que mi mente se mantuviera consciente del cuerpo. Aun con estas precauciones entré en samadhi, pero por poco tiempo.

De hecho, Kestopal vivió una larga vida. Murió en agosto de 2008 durante la preparación de este manuscrito.

IX

Ahora vendrá mucha gente

A pesar de su aparición en la tierra hace muchos miles de años, la humanidad todavía no ha sido capaz de construir una sociedad bien integrada y universal. Esto, de ninguna manera es indicativo de la gloria del intelecto y la erudición humana. Ustedes, los que han escuchado el predicamento, entendido la urgencia, han visto la danza desnuda del mal y han escuchado la carcajada hipócrita de las fuerzas divisivas, deben lanzarse a la noble tarea sin más demora. Cuando el propósito es justo y noble, el éxito es inevitable[1].

AUNQUE TODAVÍA NADIE tenía la menor idea de la vasta extensión de la filosofía que Baba estaba por revelar, dejó en claro los principios básicos de sus enseñanzas desde el principio. Baba exigió a todos los discípulos que llevaban el cordón sagrado que lo removieran antes de iniciarlos. Habló abiertamente en contra de todo tipo de dogma religioso, incluyendo la adoración de ídolos y el sistema de castas tan fundamental en el hinduismo ortodoxo. Él los urgió a oponerse abiertamente a toda clase de injusticia social. El único "ismo" que apoyaba era el universalismo, enfatizando una y otra vez que todos los seres humanos pertenecían a una hermandad cósmica con igualdad de derechos a los dones de la Providencia. Era parte fundamental de su práctica, explicó, tratar todo, animado o inanimado, como expresiones diferentes de una sola Consciencia Divina. Esto implicaba un espíritu de servicio a la creación, estar dispuestos a trabajar no sólo por el bienestar de los seres humanos, sino por el de todos los seres vivos y aun por los objetos inanimados.

Estos y los otros ideales que él profesaba se convirtieron en la base del mensaje que les pidió que propagaran: una espiritualidad racional y científica que inmediatamente empezó a atraer las mentes progresistas de Jamalpur y de los pueblos vecinos y que muy pronto empezaría a provocar la ira de la comunidad ortodoxa hindú. Aun los milagros que ellos habían evidenciado tenían una explicación científica, y Baba se esforzó por dilucidar los mecanismos sutiles detrás de ellos, aunque sus explicaciones eran algunas veces demasiado complejas o demasiado sutiles para que ellos las entendieran.

—No hay nada sobrenatural en este universo —les dijo—. Todo es natural. Es sólo que algunas cosas son relativamente raras, entonces las tomamos como si tuvieran algún tipo de origen sobrenatural.

A pesar de las demostraciones y de otras manifestaciones de su poder espiritual, él les recordaba constantemente que quería que ellos propagaran sus ideales, no su personalidad.

—Miren las enseñanzas —les decía—, no a este cuerpo; después de algún tiempo este cuerpo no estará, pero las enseñanzas permanecerán.

En los años siguientes, Baba les recordaría constantemente que él quería un culto a la ideología, no a la personalidad.

A mediados de diciembre, Baba estaba caminando con Chandranath, Pranay y algunos otros en el campo. De repente, se volteó hacia ellos y les dijo:

—Ahora mucha gente va a empezar a venir. Van a necesitar una organización para recibirlos.

En años anteriores, él había mencionado ocasionalmente a sus hermanos Himanshu y Manas que su intención era un día empezar una organización que incluyera proyectos de servicio social como escuelas, orfanatos, clínicas, centros para el bienestar tribal, y muchos otros proyectos. Sin embargo, esta era la primera vez que sus discípulos se enteraban de este plan. Unos días más tarde, se lo mencionó a otros discípulos. La idea se solidificó y se decidió, por sugerencia de Baba, que se fundara oficialmente la organización en "el primer día del calendario internacional". Al mismo tiempo, Baba sugirió que tuvieran una reunión para poder esbozar una constitución y una serie de estatutos, requeridos legalmente para registrar la organización. Se decidió utilizar el día de la Navidad para este propósito.

La mañana de la Navidad, un grupo de discípulos liderado por Pranay se reunió en las habitaciones de la colonia de Rampur para esbozar la constitución. Sin saber de la reunión, Nagina también llegó a Jamalpur esa mañana en compañía del Dr. Vishvanath, un veterinario amigo de infancia a quien había traído para que Baba lo iniciara a principios de año, y a Dipnarayan, un joven empleado que trabajaba con él en la oficina central del Departamento de Impuestos.

Dipnarayan había sido iniciado dos semanas atrás bajo circunstancias bastante inusuales. Pocos minutos después de haber entrado en la habitación de Baba, perdió la consciencia y lo tuvieron que sacar cargado.

> Recuerdo que entré en la habitación y me senté frente al catre en que Baba estaba sentado. Luego su gracia entró en mí y yo entré en samadhi. Cuando empecé a recuperar la consciencia, estaba acostado en una esquina de la otra habitación. Escuché que Baba le decía a Sukumar que me diera un vaso de leche caliente. Traté de levantarme pero no pude. Era campeón de levantamiento de pesas en la universidad pero ni siquiera pude ponerme de pie correctamente. Mi cuerpo estaba helado. Las otras personas que estaban allí me ayudaron a levantarme. Luego, gradualmente, recordé que Baba me había dado un mantra que debía repetir. Eso es todo lo que recuerdo de mi iniciación. Al día siguiente, Baba revisó mi meditación.

Tres días más tarde, mientras Dipnarayan estaba en el baño, se le ocurrió que no era apropiado repetir un mantra sagrado en semejante lugar tan sucio. Así que dejó de hacer la repetición interior y esperó hasta que saliera del baño para empezar nuevamente. Esa noche, Baba fue al ashram y dio una corta charla en la que explicó que el mantra debía ser repetido mentalmente, en todas partes y en cualquier lugar, inclusive en el baño.

—¿Entiendes Dipnarayan? —Baba dijo. Después, Dipnarayan tuvo que explicar a los curiosos discípulos por qué Baba se había dirigido a él.

Ahora, diez días más tarde, Dipnarayan, Nagina y Vishvanath iban hacia la casa de Baba de muy buen humor a pasar la Navidad con el maestro. Antes de llegar a la casa, vieron a Baba caminando hacia ellos. Ellos se abalanzaron hacia él y se postraron a tocar sus pies en la forma tradicional de demostrar respeto por los mayores y por el gurú conocida como *pranam*[2]. Baba les informó de la reunión y les sugirió que fueran al ashram a ayudar a los otros con lo que iba a ser un largo día de trabajo. De camino al ashram, se detuvieron en la casa de Bindeshvari para almorzar. Nagina, un fumador empedernido, iba a dejar sus cigarrillos en la casa, como hacía normalmente, pero Vishvanath lo convenció de que los llevara. Iba a ser una larga tarde, le dijo. Iba a ser difícil para Nagina pasar tanto tiempo sin fumar.

Cuando llegaron al ashram, Nagina dejó los cigarrillos afuera en el marco de la ventana antes de reunirse con los demás, que estaban sentados en un círculo frente a un catre de madera. Un batik de algodón cubría el catre y sobre él había una foto de Baba en *varabhaya mudra*[3]. Pranay le pidió a Nagina que tomara notas y él se sentó a trabajar inmediatamente. Más tarde, con la mayor parte de la constitución completa, Nagina se excusó para salir a fumar. Sin embargo, los otros discípulos querían continuar. Alguien sugirió que Nagina trajera los cigarrillos y fumara mientras continuaban el trabajo. Todos los ojos se dirigieron a Pranay quien había sido designado como administrador del ashram. Pranay pensó por un momento y luego se le ocurrió una idea.

—Shishir, lleva la foto de Baba a la otra habitación y déjala allí hasta que Nagina termine su cigarrillo; de esa manera no irrespetamos al gurú.

Cuando quitaron la foto, Pranay improvisó un cenicero para Nagina. Aunque Nagina se sintió incómodo, prendió el cigarrillo y continuó trabajando. Después de un par de inhalaciones, el cigarrillo se apagó y no pudo volver a prenderlo antes de que se le acabaran los fósforos. Encogió los hombros, dejó el cigarrillo en el cenicero y continuó escribiendo.

Un par de horas más tarde, el grupo terminó su trabajo. Algunos de ellos, incluyendo a Nagina, fueron a encontrarse con Baba en su casa. El resto decidió permanecer en el ashram para relajarse mientras Baba llegaba. Cuando Nagina y los demás estaban caminando hacia la casa de Baba, lo vieron dirigiéndose hacia el ashram a un ritmo frenético. Cuando Baba se les acercó, se dieron cuenta que su estado de ánimo era más frenético que su paso. Se voltearon para acompañarlo, con dificultad para sostener el paso, estaban desconcertados con el aspecto tormentoso en la cara del maestro. Finalmente alguien tímidamente le preguntó qué pasaba.

—Me arde todo el cuerpo —gritó Baba.
Nadie se atrevió a decir nada. Cuando llegaron al ashram, se dirigió directamente hasta su silla y pidió un pedazo de papel, una pluma y alguien que tomara nota.
—Castigo número uno —dijo Baba, una vez Nagina recibió la pluma—. Nagina no tocará mis pies[4] hasta nueva orden, y no participará en *gurupuja*[5]. —Perturbado, Nagina trató de no permitir que su mano temblara mientras anotaba su castigo—. Castigo número dos: Dipnarayan no tocará mis pies por un periodo de cuatro días. Orden de castigo número tres: Pranay Kumar y Shishir no tocarán mis pies por un periodo de tres días.
Sin poder controlarse, Nagina empezó a sollozar mientras todos los demás temblaban ante la ira en el rostro de Baba.
—¿Ustedes creen que si mueven mi foto para la otra habitación no voy a poder ver lo que está pasando aquí? Todo mi cuerpo estaba ardiendo por el humo.
Esa noche, durante la caminata nocturna, Baba volvió a regañar a Pranay por no preservar la santidad del ashram. Reprendió a Nagina por desobedecer las instrucciones de evitar el cigarrillo que le había dado cuando le enseñó pranayama. Nagina no había entendido que cuando le dijo que evitara el tabaco quería decir que dejara de fumar. Juró que iba a dejar de fumar, y en realidad ese fue el último cigarrillo que fumó.
Cuando Nagina volvió a su casa, se encontró con la noticia de que había sido depuesto de su posición como superintendente de la Oficina Central de Impuesto, efectivo el 25 de diciembre, el mismo día que Baba lo había castigado. Estaba tan entristecido con lo que había pasado, que tenía temor aun de tocar los pies de Baba mentalmente sin su permiso, así que le escribió una carta a Baba preguntándole si era o no permitido. Baba le contestó diciéndole que estaba permitido y también le explicó en una segunda carta, que no debía permitir que la santidad del ashram fuera violada bajo ninguna circunstancia. Una semana más adelante, Dipnarayan le llevó una tercera carta de Baba levantando el castigo y también un consejo de cómo hacer que su destitución fuera cancelada. Nagina siguió las instrucciones de Baba y eventualmente fue restablecido en su puesto anterior.

La siguiente reunión se llevó a cabo el sábado primero de enero, con Baba presente. Baba empezó diciéndole a los discípulos que estaba pensando llamar la nueva organización "Ananda Marga".
—*Ananda*—dijo—, es la palabra sánscrita para describir felicidad o bienaventuranza infinita, la meta de todo ser vivo. *Marga* es el sendero que conduce a esa meta. Por lo tanto, Ananda Marga es "el sendero de la bienaventuranza".
Le pidió a todos que pensaran en el nombre; cuando expresaron su aprobación, él sugirió el nombre "Ananda Marga Pracaraka Samgha", la sociedad para la propagación de Ananda Marga, como el nombre oficial de la nueva organización. Su escuela filosófica, explicó, también se llamaría "Ananda Marga". El proceso de la sádhana se llamaría *sahaj* yoga, yoga "fácil", aunque, como Nagina le dijo a Baba un par de días más tarde, no tenía nada de fácil. Todos insistieron en elegir a Baba como presidente sin importar sus

objeciones. Luego él seleccionó a varios funcionarios: Pranay sería el secretario general y Shishir el tesorero.

Baba le dio a los discípulos unas pautas simples para la organización. Les dijo que debían reunirse en sus respectivas comunidades cada semana y realizar una meditación colectiva, preferiblemente los domingos. Esta meditación colectiva sería llamada "Dharmachakra", el círculo de la espiritualidad. Les enseñó algunos cantos en sánscrito para el inicio y el final de la meditación. Les sugirió que formaran comités distritales en las diferentes ciudades para organizar las actividades. También hizo oficial que el nombre y la dirección del gurú no podían ser reveladas. Pranay lo estableció en un documento que Baba firmó como presidente. En un momento, Baba se señaló y dijo:

—Ahora mucha gente va a empezar a venir y no voy a poder iniciarlos a todos con un solo cuerpo. Algunos de ustedes tendrán que ser mis representantes y recibir entrenamiento como acharyas[6].

Unos días más tarde, Baba empezó a entrenar a Pranay como el primer acharya, seguido en febrero por otro grupo de cinco. Finalmente, Baba declaró que el siguiente domingo tendrían una gran conferencia espiritual seguida de una cena colectiva y posteriormente a intervalos periódicos. En el futuro, estos encuentros espirituales colectivos se llamarán "Dharmamahachakra", el gran círculo de la espiritualidad.

Más tarde, esa noche, Baba dio un discurso formal. Varios discípulos tomaron notas tratando de preservar los contenidos de su charla lo mejor posible. El tema del discurso fue "La evolución gradual de la sociedad". Por primera vez, Baba utilizó el nombre de "Ananda Marga" para referirse al nuevo movimiento espiritual y filosófico.

...Durante la fase de introversión de la Mente Cósmica —empezó— cuando la creación quinquelemental[7] entró en contacto con los poderes divinos de Purushottama, la Suprema Entidad Omnisciente desarrolló las vibraciones de la vida, y entre más brillantez de Brahma esta energía vital recibía, más se iluminaba, y su brillo la guió hacia el sendero de la realización personal.

Luego trazó la evolución de la consciencia tal y como se manifiesta en la evolución de la sociedad, desde el principio hasta la era presente, para terminar con una concisa descripción del desastroso estado de los asuntos humanos contemporáneos. A continuación, sin dar cabida a ninguna ambigüedad, destacó la necesidad de un cambio:

No se puede permitir que el estado de estos asuntos continúe. Esta estructura de desigualdad e injusticia debe ser destruida y pulverizada por el interés colectivo de los seres humanos; sólo entonces, podrá el hombre guiar a la sociedad por el sendero de la virtud.

Finalmente, Baba exhortó a sus discípulos, y de hecho a toda la raza humana, a aceptar la responsabilidad de crear una sociedad humana feliz:

Hombre, crea una estructura social que tenga en cuenta las necesidades del hombre. No alcances logros actuando por motivos limitados destituidos de sentimientos cósmicos, porque no son duraderos. El toque cruel del tiempo los relegará a un olvido que nadie podrá comprender. No es necesario estudiar los libros con el propósito de aprender a trabajar, a actuar, a retener o a renunciar. Lo que se necesita es mirar a cada ser vivo del universo con sentimientos sinceros de amor y de simpatía, y sólo en ese momento vas a entender que es La Bienaventuranza Cósmica Universal la que genera y controla lo que construyes, retienes o destruyes. Con esta devoción y con acciones guiadas por el conocimiento, podrás explorar el alma de las almas, el Objeto Supremo dentro de ti, a quien has ocultado sin saberlo dentro de los preciosos tesoros de tu corazón[8].

En un solo discurso, Baba resumió el espíritu de Ananda Marga, estableció la fundación de la ideología que ahora empezaría a diseminar abiertamente e informó a sus discípulos que sus enseñanzas y su vida no serían confinadas a la elevación espiritual de un grupo selecto de individuos. A diferencia de otros movimientos espirituales, sus discípulos tendrían que aceptar su responsabilidad directa en el trabajo demandante que implica el cambio social, muy distinto a lo que estaban acostumbrados a ver en los gurús de la India. Dejó en claro que no se contentaría con menos de la transformación del planeta entero por el bienestar de cada ser vivo que lo habita. Esta era su misión. Si lo aceptaban a él como gurú, también se convertía en la de ellos.

X
Una nueva oportunidad en la vida de Bindeshvari

Para quienes se han establecido en el trance introspectivo, los objetos que son visualizados internamente parecen ser indistinguibles de su propio ego. Los espectadores no pueden comprender este estado. Algunos ridiculizan a estos sádhakas [aspirantes espirituales]; algunos los llaman locos o insensatos. No saben que para llegar a ser como ellos, se requiere el mérito de varios nacimientos y exige un anhelo concentrado para alcanzar al Único, y excluir a todos los demás. Sólo estos "lunáticos" pueden guiar la mente colectiva hacia adelante...[1]

CUANDO NAGINA LLEGÓ al ashram el domingo 9 de enero, la primera cosa que notó fue un aviso que decía "No fumar" en la puerta; al lado, había un segundo aviso con una copla del Gurú Gita: *shive ruste gurustrata/gurau ruste na kaschana*: si Dios está enojado contigo, el gurú te protegerá, pero si el gurú está enojado contigo nadie te puede proteger. Nagina no pudo contener una sonrisa irónica cuando entró en el edificio.

Adentro, se estaban preparando para el Dharmamahachakra de la noche, o DMC como Baba lo llamaba. Unos pocos discípulos estaban ocupados preparando un pequeña plataforma elevada en la veranda para que Baba se sentara mientras daba su discurso. Otros estaban en la cocina preparando comida para la cena colectiva. Cuando Baba llegó, unos sesenta o setenta discípulos se habían reunido para asistir. Aunque Ananda Marga tenía sólo siete días, ya se referían a sí mismos como "ananda marguis" o simplemente "marguis".

La charla de Baba esa noche era la primera de una serie de discursos que dio en el transcurso de varios años y que reunidos contienen una exposición sistemática de la filosofía espiritual de Ananda Marga. Empezó con una explicación de la cosmología yóguica y de la interacción de las fuerzas que gobiernan el universo expresado[2], dando una atención especial a la influencia de estas fuerzas en la mente humana. Su enfoque científico de la espiritualidad hizo claro que estaba reinterpretando las enseñanzas místicas antiguas en un lenguaje adaptado a las necesidades del ser humano moderno y las generaciones por venir. También se aprovechó de la plataforma filosófica para mostrar cómo la consciencia de casta degrada la mente humana.

—Los seguidores de Ananda Marga no tienen casta —le dijo a sus discípulos—. No reconocen las funestas e ilusorias clasificaciones hechas por el hombre[3].

Finalmente, Baba explicó el significado del sonido del om, símbolo de la vibración sónica cósmica que acompaña la creación del universo. Explicó cómo los yoguis avanzados pueden percibir ese sonido en la meditación y seguirlo hasta su origen, la Consciencia Suprema infinita. Entonces le instruyó a los discípulos que se sentaran en postura de meditación y concentraran su mente.

—Todos van a escuchar este sonido —les dijo Baba—, de acuerdo con el nivel de sádhana que han alcanzado.

Después de unos pocos minutos todos empezaron a escuchar el sonido del om, para algunos muy débil, como el zumbido lejano de los grillos, para otros tan claro que rápidamente quedaron absortos en el sonido y entraron en trance gritando "hum" y "Baba". Después de unos diez minutos, Baba finalizó la meditación entonando un canto en sánscrito. Cuando los ojos de todos se abrieron nuevamente, explicó la teoría de la kundalini y los diferentes síntomas que un yogui experimenta a medida que la kundalini se eleva por los chakras. Luego llamó a Shiva Shankar Bannerjee al frente y le pidió que cerrara los ojos y empezara a meditar. Como en previas ocasiones, Baba le ordenó a la kundalini de su discípulo que se elevara a través de los chakras, uno a uno. El cuerpo de Shiva Shankar empezó a retorcerse como una serpiente. A medida que la kundalini subía, mostraba los diferentes síntomas que Baba acababa de describir. Cuando la kundalini llegó al séptimo chakra, cayó de espaldas y entró en trance, permaneciendo inmóvil mientras Baba explicaba los matices sutiles del samadhi que estaba experimentando. Finalmente, Baba le ordenó:

—Vuelve a la normalidad —y gradualmente recuperó la consciencia.

Cuando terminó la demostración, los discípulos hicieron gurupuja colectivamente por primera vez. Un par de nuevos iniciados había traído flores y frutas para ofrecerle al gurú, como era tradicional en la comunidad hindú, pero los otros discípulos les explicaron que Baba no aprobaba ofrendas materiales sino que debían ofrecer flores mentalmente, símbolos de sus apegos y deseos. Cuando ofrecían mentalmente un loto del color que más atraía a su mente, debían pedir a Dios o al gurú que los liberara de esos apegos y deseos que obstruían su progreso espiritual.

Unos meses antes, Nagina había cuestionado a Baba acerca de este precepto.

—Baba, es parte de nuestra tradición no presentarse sin nada ante el gurú o el rey. Si no hay nada más, uno debe traer hojas verdes, frutas, flores o aun agua fresca como ofrenda.

—Nagina, es verdad que en los viejos tiempos, el gurú quería que el discípulo le ofreciera frutas. ¿Pero qué fruta? El fruto de sus acciones. Con el tiempo, el espíritu de esta tradición se perdió y los gurús empezaron a aceptar frutas dulces a cambio del karma de sus discípulos. Ahora se ha convertido en una costumbre. Tú eres libre de ofrecer el fruto de tus acciones cuando quieras, pero no frutas. Además, si aceptara tus frutas, entonces tus hermanos más pobres harían lo mismo, y tendrían dificultades financieras. Si aceptara estas frutas sabiendo perfectamente las dificultades económicas que implica, no sería ético de mi parte. ¿Tú quieres que Baba discrimine entre sus discípulos? Más bien el discípulo debería sólo pedir que los deseos del gurú sean satisfechos.

—Baba, algunas veces cuando veo algo especial, siento el deseo de dártelo. ¿Qué debo hacer en esa situación?

—En ese caso, debes ofrecérmelo mentalmente en ese preciso instante. Yo lo recibiré y después tú puedes tomarlo como *prasad*[4].

Cuando terminó el programa, los marguis se dispersaron, excepto por Pranay y Haragovind Mandal quienes permanecieron con Baba en su habitación. Baba les estaba hablando del futuro de Ananda Marga y del profundo impacto que tendría en la sociedad humana cuando dijo de repente:

—Ahora que he empezado Ananda Marga, mi misión en la tierra ha terminado. Ustedes harán el trabajo. Ahora, permítanme que deje mi cuerpo físico.

Al principio no podían creer lo que estaban oyendo; pero cuando Baba se recostó y les pidió que cantaran *hari bol*[5], su voz se volvió más y más débil. Se dieron cuenta de que podía estar hablando en serio. Profundamente conmovidos, tomaron los pies de Baba y le imploraron que se quedara, sus voces quebradas y con lágrimas en sus mejillas, pero Baba continuó en silencio, aparentemente demasiado débil como para responder. Sin embargo, después de varios ruegos, finalmente accedió.

—Ayúdenme a sentarme —susurró—. Me duele todo el cuerpo.

Los dos discípulos empezaron a masajearle los brazos y las piernas. Gradualmente, Baba recuperó su fuerza física. Finalmente, les prometió que se iba a quedar y les iba a ayudar a completar la misión de Ananda Marga. Después de acompañar al maestro a su casa, Pranay y Haragovind caminaron juntos por un rato hablando del extraño acontecimiento que habían presenciado. Ninguno de los dos sabía qué pensar.

La semana siguiente, Baba sugirió que el DMC se llevara a cabo cada mes el domingo más cercano a la luna llena. Los marguis se reunieron y decidieron que el siguiente DMC debía realizarse en Bhagalpur, ya que Bhagalpur tenía el número más grande de discípulos después de Jamalpur. Al mismo tiempo, Baba había terminado el entrenamiento de acharya de Pranay y lo había autorizado a dar iniciaciones. También empezó a entrenar otros cinco acharyas: Chandranath Kumar, Shiva Shankar Bannerjee, Sukumar Bose, Shishir Dutta, y a la esposa de Chandranath, Ram Pari Devi. Cuando su entrenamiento terminó en marzo, Baba dejó de iniciar discípulos personalmente.

En la mañana del 6 de febrero, Baba llegó con Pranay a la casa del sargento mayor Chandranath en Bhagalpur para el segundo DMC oficial. Lo primero que hizo después de llegar fue pedirle a Chandranath que llevara a todos los que no habían sido iniciados en su familia. Uno a uno, Chandranath llevó a sus tres hijos (el cuarto era todavía un bebé en ese momento), su cocinero Makhan, y a su tía de ochenta años a la habitación de Baba. Cuando su tía, una devota hindú, entró en la habitación, dijo:

—Guruji[6], ¿qué puedo hacer yo a esta edad? Mi cuerpo es débil y enfermo.

Baba sonrió y le dijo:

—Madre haz lo que puedas, yo me encargo del resto.

Para el medio día, por lo menos treinta y cinco discípulos estaban reunidos en la sala. Baba dio un discurso titulado "Karma y Karmaphala", acciones y sus reacciones, en el que continuó delineando la interacción de las fuerzas que dan lugar al universo, detallando la teoría de causa y efecto, acción y reacción, tanto del nivel macrocósmico como del microcósmico. Terminó el discurso con una explicación de la práctica yoga del *madhuvidya*, la técnica en la que el yogui aprende a actuar sin crear nuevas reacciones, o samskaras[7], abriendo el camino a la liberación.

Durante su discurso, Bindeshvari estaba sentado a la izquierda del catre de Baba. A mitad de la charla, la respiración de Bindeshvari empezó a entrecortarse. Un poco después gritó "no, no". Baba hizo una pausa y lo miró. Algunos de los otros discípulos que sabían de su condición cardíaca se asustaron de pensar que podía estar sufriendo un ataque cardíaco. De repente, sin levantarse o descruzar sus piernas, Bindeshvari empezó a arrastrarse hacia Baba hasta colapsar con su cabeza en el regazo de Baba. Baba le puso su mano en la cabeza y le dijo:

—Cálmate, no hay necesidad de preocuparse. Yo siempre estoy contigo.

Con la otra mano le hizo señas a Nagina para que se llevara a Bindeshvari de la habitación. Con la ayuda de otro discípulo, Nagina lo llevó a la sala de estar mientras Baba continuaba su discurso. Lo recostaron en el sofá en donde continuó murmurando "no, no" y otras palabras que no pudieron entender.

Al final del discurso, Baba llamó a Dipnarayan al frente e hizo una demostración de un samadhi específico con él. Dipnarayan relató más tarde que durante la demostración sintió una oleada de corriente eléctrica subiendo y bajando por su cuerpo y chispas de algo parecido a la electricidad saltando de un chakra al otro hasta que finalmente perdió el sentido, abrumado por una ola de felicidad. Cuando recuperó el sentido, el DMC había terminado y él estaba solo en la habitación.

Después del programa, Baba fue a su cuarto y llamó a Nagina.

—Nagina —le dijo—, se suponía que Bindeshvari moriría hoy. Era tiempo. Pero como estaba en el DMC, le di otra oportunidad en la vida. Le di un poco de mi prana y de mi mente, lo suficiente para mantenerlo vivo. Sin embargo, ahora va a empezar a actuar de manera extraña. Aunque es un adulto, va a empezar a actuar como un niño. Tienes que cuidarlo. Otra cosa: Hagas lo que hagas, no le digas que debía haber muerto hoy o que aplacé su muerte.

Nagina fue a la habitación contigua para ver a su primo. Lo encontró rodeado por un grupo pequeño de discípulos. Estaba entre la risa y el llanto, repitiendo una y otra vez que Baba lo había salvado de las fauces de la muerte.

—¿De qué hablas? —le preguntó Nagina.

Bindeshvari extendió sus manos y con lágrimas en los ojos tomó las manos de su primo.

—Mi corazón empezó a palpitar y el miedo me dominó, así que me arrastré hasta el regazo de Baba, seguro de que iba a morir. Tan pronto como alcancé el regazo de Baba, mi fuerza vital dejó mi cuerpo y morí; pero después sentí que se me inyectaba una fuerza. Recuperé el sentido y sentí como si me empujara de nuevo dentro de mi cuerpo.

Bindeshvari empezó a llorar otra vez, diciéndole a todos que Baba lo había salvado de las fauces de la muerte. Cuando se calmó un poco, se volteó nuevamente hacia Nagina y le dijo:

—Es también gracias a ti que estoy vivo. Si no me hubieras forzado a venir al DMC, ciertamente habría muerto en ese momento.

Cuando Nagina le informó a Baba que Bindeshvari le estaba diciendo a todos que él le había dado una nueva vida, Baba cerró sus ojos por un momento. Cuando los abrió otra vez, le dijo:

—Como le di un pedacito de mi prana y de mi mente cuando estaba muriendo, él sabe lo que hay en mi mente. De todas maneras, déjalo que diga lo que quiera; sólo dile con seriedad que está hablando tonterías. Tienes que tener mucho cuidado con esto.

Bindeshvari se mantuvo en este estado anormal por varias semanas. En un momento reía, en el otro lloraba. Algunas veces empezaba a temblar. Su cara se ponía roja y se quedaba callado, completamente absorto en su ideación, excepto por una que otra exclamación de "Baba, Baba". En otras ocasiones declaraba que él era Baba y le pedía a la gente que se postrara frente a él. Nagina pidió una licencia de trabajo para quedarse en Jamalpur a cuidarlo. Durante el día, Bindeshvari solía sentarse en su regazo como si fuera un niño. En la noche insistía en dormir en la misma cama con Nagina. La familia de Bindeshvari estaba alarmada y empezó a culpar a Nagina por su locura. Finalmente, Nagina fue a pedirle ayuda a Baba. Baba le dijo que trajera a Bindeshvari a verlo.

Tan pronto como estuvo en presencia de Baba, Bindeshvari se volvió completamente anormal. Baba lo reprendió y lo amenazó con quitarle el éxtasis que le había dado si continuaba actuando de esa forma. Esto le ayudó a calmarse. Baba le dio instrucciones a Nagina de mantener a Bindeshvari alejado de él por un tiempo ya que su presencia lo único que hacía era exacerbar su condición. Cada vez que actuara en forma anormal en la casa él debía recordarle que Baba se enojaría con él si se enteraba que estaba actuando de esa forma. La receta funcionó y Bindeshvari recuperó gradualmente su consciencia normal, o por lo menos normal para Bindeshvari. Por el resto de su vida, Bindeshvari disfrutaría una merecida reputación de embriaguez espiritual. A medida que pasaban los años, era renombrado por su capacidad para leer los pensamientos de los demás, realizar curas milagrosas y por hacer a la gente entrar en trance cuando los tocaba entre las cejas. Baba aclaró que no lo aprobaba, pero cuando los otros discípulos se quejaban de ello, Baba sonreía y les decía que dejaran a Bindeshvari en paz.

Después del DMC, la anciana tía de Chandranath practicó la meditación con la mayor sinceridad posible. Rápidamente empezó a compartir la fe en Baba que había visto florecer en el sobrino y la esposa. En octubre de ese año, Ram Pari Devi fue a Jamalpur al darshan de Baba.

—El tiempo de tu tía en esta tierra está acercándose al cierre —le dijo Baba—. Prepárate.

Cuando volvió a Bhagalpur le informó a su esposo. Toda la familia estaba alerta. Un par de días después, la anciana, que se estaba debilitando hora tras hora, finalmente colapsó. Makhan la llevó a su cama mientras Ram Pari Devi enviaba un mensajero a llamar a Chandranath a la oficina. Cuando Chandranath llegó, su respiración se había vuelto muy débil pero todavía estaba consciente. Chandranath llevó una foto de Baba en *varabhaya mudra* y la sostuvo frente a los ojos de la tía.

—Visualiza esta foto de Baba en tu mente —le dijo. Los ojos de la anciana se cerraron—. ¿Recuerdas tu ista mantra? —le preguntó.

Ella asintió con la cabeza. Momentos más tarde su cabeza se inclinó hacia un lado y exhaló un último suspiro.

Días más tarde, Chandranath fue a Jamalpur a informarle a Baba de su muerte. Cuando estaban caminando, el maestro escuchó en silencio mientras Chandranath describía los momentos finales.

—No te preocupes —le dijo Baba—. Ella está conmigo ahora, ella alcanzó su meta en su último aliento[8].

XI
Una filosofía toma forma

El proceso de la evolución va de lo inanimado a lo animado. Por ejemplo, consideren un pedazo de piedra. No tiene el poder de acción ni de sensación de la mente. ¿Cuál es la razón? Es porque hasta ahora no ha habido ninguna manifestación de la mente en la piedra. Piensen en los árboles y las plantas que son más animados que la piedra. Son activos, crecen, toman jugos vitales de la tierra, mantienen su especie creando semillas en su propio cuerpo y disfrutan y sufren placer o dolor cuando se les cuida o se les hiere. Vemos en ellos la manifestación de la consciencia, porque les ha despertado la mente. Por eso, vemos en la humanidad la más grande manifestación de progreso en el camino del desarrollo mental. Así como la evolución toma lugar de lo sutil a lo crudo, similarmente la entidad unitaria regresa paso a paso de lo crudo a lo sutil, hacia la misma Consciencia Absoluta de donde vino. Es como las olas del mar, ondeando hacia el lugar del que vinieron[1].

CON LA FUNDACIÓN de la organización, Baba empezó la materialización del trabajo de su vida, poniendo en práctica los ambiciosos planes que había delineado durante los años de infancia. Ya había creado una base pequeña de discípulos dedicados, pero hasta este momento, sólo les había dado vagas insinuaciones de lo que pasaba por su mente. Un día al inicio de la primavera, mientras caminaba con Chandranath, Baba le dijo:

—Cuando tu ideología salga de la India se extenderá rápidamente.

Chandranath se sorprendió. Aquí estamos, pensó, un puñado de discípulos en un pequeño pueblo de India y Baba ya está hablando de propagarse a países extranjeros. Cuando Baba dijo que un día iban a tener Dharmachakra en Nueva York, Roma y Moscú, Chandranath objetó:

—¿Cómo puede ser Baba? Los occidentales son *tamaguni*[2]. Ellos no tienen una disposición espiritual como los indios.

—No, estás equivocado —respondió Baba—. La mayoría de los occidentales son *rajaguni*. ¿Cuáles son los síntomas de *rajaguna*? Coraje, confianza, agilidad, una naturaleza activa y energética, y poder de persuasión. Mira la sociedad occidental, y verás que todas esas cualidades sobresalen. Y *rajaguna* está muy cerca de *sattvaguna*. Cuando acepten la espiritualidad, van a progresar rápidamente.

En diciembre, cuando Baba dijo que mucha gente iba a venir, y que iban a necesitar una organización para recibirlos, Chandranath pensó que él se refería unos cientos, tal vez algún día unos cuantos miles de discípulos. La idea de que Ananda Marga se iba a extender fuera de la India era difícil de imaginar. Pero la velocidad con que la misión iba a crecer muy pronto los tomaría por sorpresa.

Después del primer DMC, Baba empezó a dar una serie de charlas informales sobre filosofía en la tumba del tigre durante las caminatas nocturnas. Él le pidió a Shiva Shankar que tomara notas. Cada noche, después de llegar a la casa, Shiva Shankar organizaba las notas y agregaba lo que no había podido anotar. Luego se las llevaba a Baba para que las revisara. Para finales de febrero, ya estaba listo un manuscrito en bengalí. Baba le dio el nombre de *Filosofía elemental de Ananda Marga*. Pranay recolectó contribuciones de diferentes discípulos y a principios de marzo salió de la imprenta la primera edición. Para entonces, Chandranath tenía casi lista la traducción al hindi.

Los términos que Baba utilizó en sus discusiones fueron tomados principalmente del Sankhya[3], el primero de los seis sistemas de la filosofía india y el más antiguo del mundo. Sin embargo, estos términos tomaron una nueva vida en la *Filosofía elemental*, la cual, a pesar de su título, no tenía nada de elemental.

Baba empezó su exposición con una apertura aparentemente simple en un capítulo titulado "¿Qué es Dharma?"[4]

> El hombre es el ser más elevado. Posee una consciencia claramente reflexiva que lo hace superior a los animales. No hay otro ser que tenga una consciencia reflexiva tan clara[5].

Luego mostró cómo la consciencia claramente reflexiva del hombre lo lleva a la búsqueda de la felicidad, primero a través del goce material —posesiones, poder, posición—, luego hacia búsquedas más y más sutiles a medida que su consciencia descubre la naturaleza temporal e insatisfactoria de estos goces, hasta que gradualmente la mente intuye que sólo un ser infinito puede saciar esta sed infinita.

> La naturaleza de la consciencia es la búsqueda de lo Infinito o Brahma, y por eso el hombre recibe una felicidad real sólo cuando puede obtener a Brahma o cuando entra en el proceso de obtenerlo. La conclusión a la que llegamos es que la religión universal o dharma del hombre es entender al Infinito o Brahma. Es sólo por medio de este dharma que él puede disfrutar la felicidad y la bienaventuranza eternas[6].

Luego, Baba planteó la primera de una serie de preguntas epistemológicas: "por eso es necesario ver si Brahma existe o no", embarcándose en el primer gran interrogante filosófico: ¿se puede demostrar la existencia de Dios? Para Baba no era sólo cuestión de fe, sino más bien tanto de percepción como de lógica filosófica. Para poder responder a este interrogante, él lleva al lector a través de un complicado análisis del proceso de percepción, empezando por el funcionamiento de los órganos sensoriales y continuando hacia el interior a través de los diferentes niveles funcionales de la mente, hasta demostrar que nuestro sentido de existencia sólo puede justificarse por la presencia de una consciencia que observa.

La existencia de "yo" en mi mente sólo prueba que existe otro maestro real que está más allá de la mente y que es consciente de la existencia de la mente. Este "yo", esta entidad que observa la existencia de la mente y por consiguiente la existencia del *Buddhitattva* o el sentido de "yo", se llama *Atman* o consciencia unitaria. Así pues, por medio de la introspección y el pensamiento concentrado se observa que el Atman y la mente, es decir, la consciencia unitaria y la mente, son dos entidades separadas[7].

Después de elucidar este punto sutil fundamental en gran detalle, exploró la relación entre la consciencia unitaria y los diferentes niveles de la mente, mostrando no sólo cómo interactúan, sino también cómo la presencia de una sostiene la existencia de la otra, un entendimiento puramente filosófico que se puede confirmar a través de la profunda introspección. Luego demostró cómo cada nivel sucesivo surge del anterior en orden de sutileza como resultado del poder calificativo inherente a la consciencia, hasta llegar al carácter universal de esa consciencia atestiguadora, el Alma Universal o Dios, estableciendo de esta manera una prueba filosófica y perceptiva de la existencia del Ser Supremo.

No fue un asunto fácil de seguir, pero Baba se tomó el tiempo para asegurarse que sus discípulos entendieran cada uno de los matices sutiles de su argumentación. Cuando lo consideró necesario, los hizo sentarse a meditar en su presencia hasta que lograran percibir por sí mismos lo que él formulaba en el lenguaje de la lógica filosófica.

Utilizando su prueba de la existencia de una Consciencia Universal como punto de partida, Baba examinó en detalle, capítulo por capítulo, las mayores cuestiones filosóficas que el hombre enfrenta: ¿Cuál es la naturaleza de Dios? ¿Cuál es la naturaleza del universo? ¿Cuál es la naturaleza del ser humano? ¿Cuál es la naturaleza de la relación del ser humano con Dios y con el universo? ¿Cómo deben vivir su vida los seres humanos? ¿Cuál es el propósito de la vida? Hasta llegar a la necesidad de las prácticas intuitivas, su modus operandi y las razones por las cuales los seres humanos no realizan estas prácticas. Era una perfecta progresión lógica que empezó con una exploración detallada de la cosmología yóguica, la involución de la consciencia en materia y la evolución de la consciencia desde la materia, y terminó con la explicación de cómo el ser humano completa el ciclo de la creación cuando alcanza el estado de la perfección espiritual a través de las prácticas espirituales. Así pues, su tratado sirvió no sólo como la base para un entendimiento filosófico de la existencia, sino también como una exhortación a los seres humanos a participar en su propia evolución en una forma inteligente e ilustrada.

Baba también aprovechó la oportunidad para señalar los inconvenientes de ciertas creencias y prácticas religiosas que no son consecuentes con un entendimiento racional y científico del objetivo espiritual, como los sacrificios rituales, la neutralización de la influencia de las estrellas, las distintas formas de la oración ritual, el culto y todo lo demás. Con respecto a la forma de oración más común en la religión tradicional, declaró:

> Pedirle favores a Dios no es sino señalarle al Único Dador los errores en la distribución de sus favores. Quien realiza las acciones también debe asumir las consecuencias, y culpar a Dios de ellas como si fuera parcialidad no va a salvar a nadie de sufrir las consecuencias. La mano que se mete en el fuego con seguridad se quemará. Ninguna cantidad de oración la va a salvar... En la creación de Dios no hay defectos, porque todas las cosas, grandes o pequeñas siguen su propia naturaleza (dharma). De otra manera, habría desorden a cada paso[8].

Aunque Ananda Marga tenía pocos días de haber sido creada, la franqueza de Baba acerca de los defectos de la religión tradicional y su análisis racional de ciertas supersticiones y dogmas prevalentes en la sociedad pronto generarían oposición a Ananda Marga en los círculos religiosos ortodoxos, una oposición que más tarde se extendería al gobierno cuando Baba empezó a proponer su filosofía social. Ram Avatar Sharma, el propietario de la prensa Navajivan, y editor de una revista local expresó su opinión sobre Ananda Marga en una editorial: "Ananda Marga es hija de una serpiente venenosa. Si no se mata ahora, en el futuro Ananda Marga se va a tragar al mundo entero".

Baba dedicó el último capítulo de la *Filosofía elemental* a los miedos y conceptos erróneos que le impiden a la gente iniciarse en la meditación espiritual. En respuesta a aquellos que creen que es necesario renunciar a la vida mundana para poder alcanzar la iluminación, Baba indicó que eludir la vida mundana priva a las personas de la oportunidad de hacer servicio social, que para él era una parte esencial del sendero espiritual. Creó una frase en sánscrito que serviría como lema de la nueva organización: *atma mokshartham, jagat hitayaca*, realización personal y servicio a la creación. Él le dijo a los discípulos inequívocamente, que el aspirante espiritual no podía practicar la una sin el otro. Era la primera vez que un prominente maestro espiritual en India declaraba que el servicio desinteresado era un prerrequisito fundamental para alcanzar la iluminación espiritual.

En otro DMC, Baba dio un largo discurso acerca de los diferentes tipos de servicio en el que expuso sus enseñanzas con mayor detalle:

> El ego es la causa principal de la esclavitud creada por los frutos de las acciones... pero cuando tú realizas una acción mientras impones la idea de Narayana en la persona que sirves, no existe la posibilidad de que cualquier ego o deseo de fama crezca en tu mente. Entonces entenderás que es por la gracia de Narayana que tienes la oportunidad de servir a Narayana. Nuestras manos y nuestros pies

no son nuestros. Son de él y cuando lo servimos con esas manos y esos pies, él se divierte consigo mismo. Esta acción por sí misma es una acción sin apego. Sólo así puede una persona alcanzar la salvación de las ataduras del karma. Tú debes sentir que la persona que se sirve es Brahma. Las personas servidas son su manifestación infinita. Nunca, ni siquiera por error, piensen que el objeto del servicio es un hombre o un ser viviente... si trabajas con la idea de Brahma, gradualmente podrás percibir a Brahma en todo[9].

A principios de 1955, los discípulos empezaron el primer proyecto de servicio, una cooperativa de alimentos en Jamalpur que sólo duró un par de años hasta que su inexperiencia la volvió inviable. Poco después de abrir la cooperativa, los marguis de Bhagalpur abrieron una clínica gratuita, a la que llamaron Abha Seva Sadan en honor a la madre de Baba. Poco después abrieron una segunda clínica en Jamalpur. También empezaron un programa para alimentar a los pobres en Jamalpur y en Bhagalpur llamado Narayana Seva que pronto se duplicó también en otras ciudades. A medida que el número de discípulos crecía, también lo hacía el número de proyectos de servicio, sin importar la falta de fondos. Con el pasar de los años, Baba gradualmente presionaba más a sus discípulos para que extendieran el alcance de sus actividades de servicio.

Poco después de que la *Filosofía elemental* volviera de la imprenta, Baba le pidió a Pranay que empezara a tomar dictado de un segundo libro, *Ananda Marga caryacarya*, los qué hacer y qué no hacer de Ananda Marga. Mientras que la *Filosofía elemental* estaba diseñada como un texto introductorio a la filosofía espiritual de Ananda Marga, *Caryacarya* serviría como su código social. Dos mil años antes, el sabio Manu había escrito el *Manu samhita*, una lista de reglas y prácticas que más tarde se convertiría en el código social hindú. El *Manu samhita* incluye todo, desde los rituales diarios de los hindúes hasta la ceremonia de la boda. Fue por medio del *Manu samhita* que se consolidó el sistema de castas, cimentándose en la vida hindú como una ley social. *Ananda Marga caryacarya* también contiene los rituales diarios de los ananda marguis, como la meditación dos veces al día y muchas otras prácticas yóguicas, así como una lista de prescripciones y proscripciones para los aspirantes espirituales en diferentes aspectos de la vida. El nuevo libro incluye un compendio de ceremonias sociales, como la ceremonia de la boda de Ananda Marga, los rituales funerarios, la ceremonia del nombre para los bebés, la inauguración de la casa, la ceremonia para sembrar árboles, una lista de los festivales de Ananda Marga y muchas otras cosas. También contiene una descripción detallada de la estructura organizacional, como los consejos locales y distritales y las secretarías globales de sus homólogos, así como una política económica y un sistema de castigo para las transgresiones sociales.

Aunque la mayoría de los discípulos eran muy conscientes que al aceptar las enseñanzas de Baba se separaban de su crianza hindú, pocos de ellos sospechaban cuan grande se volvería esta brecha. Con la publicación de *Caryacarya*, Baba anunció que Ananda

Marga no era sólo una filosofía espiritual y un sistema de prácticas espirituales, también era un movimiento socioespiritual que podía gobernarse a sí mismo, y regular todos los aspectos de su vida social[10]. *Caryacarya* enmarcó estructuralmente esa sensación entre los discípulos de que ahora estaban comprometidos en el trabajo de construir una comunidad espiritual. Siguiendo la filosofía de Baba, ese trabajo debía incluir todos los aspectos de la vida humana, desde las responsabilidades profesionales y familiares, hasta el esfuerzo de alcanzar al Supremo. Ananda Marga tenía apenas unos meses de haber nacido, pero Baba ya había aclarado sus intenciones a largo plazo: la creación de un movimiento que algún día abarcaría al globo y que sería capaz de responder a todas las necesidades humanas, desde las mundanas hasta las espirituales.

XII
Samkalpa

Dios es un mago experto que con su encantamiento mágico ha creado todo y se ha escondido dentro de su creación. Si quieres conocer la creación, el truco del mago, sólo podrás hacerlo cuando te unas a él y a sus aliados[1].

EL 22 DE marzo, Nagina, quien había tomado cuatro meses de licencia laboral, fue a la casa de Baba a eso de las siete de la noche, para acompañarlo en su caminata. Mientras esperaba afuera en la veranda a que Baba terminara su sádhana, podía oír que alguien adentro cantaba "Hari, Hari" en una voz melodiosa. Él asumió que era Manas, el hermano menor de Baba, pero cuando la puerta se abrió unos momentos después, se dio cuenta que era Baba al que había escuchado. Nagina hizo sastaunga pranam. En vez de salir a caminar inmediatamente como era su costumbre, Baba lo llamó y le pidió que se sentara en la silla frente a él. Cuando ya estaban sentados, Baba cerró los ojos. Un par de minutos después, la cabeza se dobló hacia su pecho. Preocupado de que se le cayeran las gafas a Baba, Nagina saltó de su silla y llevó sus manos hasta abajo de la barbilla de Baba. Baba abrió los ojos y preguntó quien estaba allí.
—Es Nagina, Baba.
—Ah, ¿y cuándo viniste?
—Hace algunos minutos, Baba —le contestó Nagina, sorprendido por la pregunta—. Yo hice pranam y tú me pediste que me sentara.
—Está bien, entonces está bien.
Baba se quedó callado. Nagina asumió que estaba experimentando los efectos posteriores al samadhi. Una vez más, Baba cerró los ojos y una vez más su cabeza se inclinó hacia el pecho. Nagina llevó sus manos hasta la barbilla de Baba una segunda vez. Baba abrió sus ojos y lo miró como si lo hubiera sorprendido mientras dormía.
—Baba, se te van a caer las gafas.
Suavemente, Nagina le quitó las gafas a Baba y las puso en la pequeña mesa que había entre los dos. Baba le indicó con la manos que se sentara en el suelo frente a él. Nagina se sentó en el suelo y empezó a masajear los pies de Baba. Unos minutos después, escuchó a alguien golpear la puerta y Baba le hizo el gesto de que abriera. Pranay entró e hizo pranam, acercó una silla y empezó a abanicarse con el pañuelo. El sudor le bajaba por

la frente por el calor sofocante de finales de marzo. Después de unos momentos, Baba también le hizo un gesto para que se sentara en el suelo, en donde se unió a Nagina para masajearle los pies a Baba.

Mientras los dos discípulos continuaban su masaje en silencio, empezaron a notar que los pies de Baba se volvían más y más fríos. Empezaron a intercambiar miradas de preocupación. Luego, Baba rompió el silencio con una voz que era apenas un susurro.

—Hoy mi querido acharya y mi querido discípulo están aquí conmigo en el preciso instante en que mis samskaras se están agotando. ¿Qué mejor oportunidad que esta?

Pranay empezó a sollozar.

—¿Baba qué estás diciendo? Acabas de crear Ananda Marga. No puede sobrevivir sin ti y ahora ¿estás pensando en dejar tu cuerpo? ¿Qué va a pasar con nosotros? ¿Qué va a ser de la misión?

Nagina también empezó a sollozar a medida que caía en cuenta del significado de las palabras de Pranay. Los dos hombres agarraron a Baba de los pies y empezaron a implorarle que no se fuera.

—Déjenme ir —les dijo Baba—, déjenme ir.

Los dos discípulos se aferraron aún más fuerte.

—No, Baba, no te vamos a dejar ir.

—Tomen lo que quieran, savikalpa samadhi, nirvikalpa samadhi, lo que sea, pero déjenme ir.

—No Baba —gritaron los dos al unísono—, no te vamos a dejar ir.

La voz de Baba se tornó más y más débil hasta el punto que no pudieron escuchar lo que decía. Él se agachó y trató de separar a la fuerza las manos de sus pies pero ellos se rehusaban a soltarlo. Finalmente, Baba los empujó con tanta fuerza que los dos se cayeron de espaldas, pero inmediatamente saltaron y lo tomaron otra vez de los pies.

—Baba, no importa lo que hagas, no te vamos a dejar ir.

—Está bien, está bien. Shanti, shanti[2]. Voy a tomar un *samkalpa*[3], una resolución.

—¿Lo prometes? —le preguntó Pranay, soltando los pies de Baba.

—Sí, estoy tomando un samkalpa. Ayúdenme a sentar en postura de loto.

Mientras Pranay ayudaba a Baba a doblar las piernas en posición de loto, Nagina le pidió que tomara samkalpa por una larga vida. Baba accedió y cerró los ojos por varios minutos. Cuando los volvió a abrir, se levantó y los tres salieron a la caminata nocturna.

Cuando pasaron por la colonia de Rampur, Pranay se fue para el ashram. Poco después, Baba empezó a tararear "Hari, Hari" en una voz suave. Todavía intranquilo, Nagina le preguntó por qué estaba cantando este mantra.

—Hari es mi ista mantra[4]. Yo salí de mis tres cuerpos anteriores cantando este mantra. No le he dado este mantra a ninguno de mis discípulos porque si alguien lo practica en una concentración profunda siento como si debiera abandonar mi cuerpo.

Nagina se puso rígido.

—Baba, entonces deja de cantar ese mantra. Tomaste el samkalpa de una larga vida.

—No te preocupes Nagina, todo está bien.

Cuando llegaron al otro lado del puente, Baba se volvió hacia Nagina y le dijo:
—Ya te puedes ir. Tengo una cita con algunas personas en el campo.
—Baba, no quiero dejarte solo hoy, especialmente si estás cantando Hari, Hari.
—No hay nada que temer. Tu mente puede descansar. He tomado samkalpa. Ahora vete.

Nagina regresó a regañadientes, pero se encontró un joven discípulo en el camino, Harisadhan.
—Baba va para el campo —le dijo—. Ve a ver si te permite caminar con él hasta la tumba del tigre. Si te lo permite, no dejes que cante Hari, Hari.
—¿Por qué?
—Más tarde te cuento. Te espero en el ashram.

Harisadhan llegó al ashram más o menos a la diez y media. Ansioso, Nagina le pidió un reporte.
—Sí, estaba cantando Hari, Hari. Yo le pedí que parara, tal y como me dijiste, pero yo empecé a disfrutarlo, así que simplemente lo escuché.
—¡Qué! ¿Por qué no seguiste mis instrucciones? Te dije que no lo dejaras repetir ese mantra. ¿Cómo puedes esperar que alguien cuente contigo?

Cuando Nagina se calmó, le explicó lo que había pasado más temprano esa misma noche. Harisadhan le aseguró que había visto a Baba a salvo en su casa, pero eso no disminuyó las preocupaciones de Nagina. Regresó al ashram en la mañana para hablar con Pranay. Pranay también le aseguró que no había nada de qué preocuparse. Él había visto a Baba esa mañana y todo estaba normal, pero Nagina todavía no se convencía.

El veinticinco, Baba salió a su caminata nocturna con Nagina y Bindeshvari, pero volvió al medio día y se dirigió al ashram. Allí encontró a un número de antiguos discípulos, tanto acharyas como acharyas en entrenamiento: Pranay, Shiva Shankar Bannerjee, Chandranath, Shishir Dutta y seis o siete más. Baba pidió a sus discípulos más antiguos que fueran a su habitación y les pidió que cerraran la puerta. Nagina y Bindeshvari permanecieron afuera en la veranda. Después de un rato, se levantaron para irse, asumiendo que Baba estaría ocupado por el resto de la noche dando clases a los acharyas, como había hecho todo el mes. Cuando empezaron a caminar hacia el patio, oyeron a alguien que los llamaba. Baba les había mandado a decir que esperaran. Mientras esperaban, Nagina escuchó el sonido de Hari, Hari que salía por la abertura de la puerta que alguien había dejado entreabierta. Se asomó y vio a Baba recostado en el catre rodeado por sus discípulos. Estaba cantando Hari, Hari, Hari en una voz suave. Él se apresuró y tomó los pies de Baba.

—Baba, hace sólo tres días que tomaste el samkalpa de vivir una larga vida y ahora estás haciendo la misma cosa. ¡Te lo ruego, por favor, para de repetir este mantra!

Miró alrededor de la habitación y dijo:
—Baba está tratando de abandonar su cuerpo. Hizo lo mismo hace algunos días, pero Pranay y yo pudimos detenerlo. Si todos lo masajeamos él no va a poder irse.

Todos lo miraron con escepticismo, pero al ver su insistencia empezaron a masajear los brazos y las piernas de Baba, excepto por Bindeshvari, quien se acurrucó en una esquina, abrumado por la emoción.

—Baba, nos engañaste —continuó Nagina—. Nos dijiste que ibas a tomar el samkalpa de una larga vida, pero sólo tomaste samkalpa por tres días. ¿Cómo nos puedes dejar así de solos?

Baba miró hacia el vacío y dijo:

—Kishun, has hecho tu trabajo.

Cuando Nagina gritó que Kishun no estaba allí, la única respuesta de Baba fue "Hari, Hari". Después de unos momentos Baba se volteó hacia Vishvanath.

—¿Qué deseas? —le preguntó.

—Baba, yo deseo tenerte siempre frente a mí —le respondió Vishvanath.

—*Shubhamastu* —dijo Baba. "Que así sea"[5].

Una y otra vez los discípulos le imploraron que no se fuera. Finalmente accedió.

—Está bien, ayúdenme a sentarme. Voy a tomar otro samkalpa.

Después de que Baba se sentó, le pidió a todos que salieran de la habitación.

—No, Baba, por favor —dijo Nagina—. ¿Por qué no nos podemos quedar?

—Es necesario. No te preocupes. Dije que iba a tomar un samkalpa y así lo haré.

Los discípulos pasaron unos minutos de ansiedad afuera de la puerta de Baba hasta que alguien gritó:

—¿Ya podemos entrar?

—No me distraigan —dijo Baba del otro lado de la puerta—. Estoy tomando un largo samkalpa.

Más minutos de ansiedad pasaron hasta que Baba les dijo que entraran nuevamente.

—Hecho —les dijo, y empezó a hablar de temas espirituales como si nada hubiera pasado. Cuando se fue para la casa, en compañía de Pranay, varios los siguieron guardando la distancia, por si acaso. Notaron que Baba estaba caminando mucho más despacio de lo normal. Más tarde, discutieron entre ellos lo que había pasado. La opinión de Pranay era que Baba no había decidido todavía si quería retener este cuerpo o no. Aunque les había asegurado que había tomado un samkalpa de larga vida, les había dicho lo mismo hacía tres días. ¿Alguien sabe qué tan largo iba a ser este samkalpa? Decidieron que iban a tomar turnos para vigilar a Baba lo más cerca posible y esperar lo mejor.

En los días siguientes, todo parecía normal, pero varios incidentes demostraron que Baba todavía estaba indeciso. Una noche, mientras cruzaban el puente, se dirigió a Nagina y le dijo:

—Nagina, si no retengo este cuerpo, por favor asegúrate que la *Filosofía elemental de Ananda Marga* se traduzca al maithili[6] por un hablante nativo de esta lengua.

Una o dos noches más adelante, en la tumba del tigre, Baba dijo abruptamente:

—Mi mente ya no se siente a gusto en este planeta. Ya no existe nadie aquí que sea *nirman chitta*.

Uno de los discípulos le preguntó qué quería decir con *nirman chitta*.

—Después de la meditación intensa, cuando un aspirante espiritual agota todos sus samskaras y llega a la meta de la perfección espiritual, puede continuar viviendo en este mundo con el mismo cuerpo o puede elegir otro cuerpo para poder servir a la creación. El samkalpa que toma de servir a la creación por un periodo determinado de tiempo se convierte en su nuevo samskara. Continúa en el planeta por ese periodo de tiempo, y luego se marcha. Estos seres perfeccionados se llaman *nirman chitta*. No tienen que hacer sádhana, pero la hacen por dos razones: para disfrutar de la bienaventuranza que les brinda y para dar el ejemplo a los discípulos de que uno debe hacer sádhana sin importar las circunstancias.

La noche del primero de abril, Nagina y Shishir estaban esperando a Baba en la veranda para la caminata nocturna, junto con un joven discípulo de Monghyr, Harivansha Jha, quien había traído las pruebas de la traducción al hindi de la *Filosofía elemental de Ananda Marga*. La puerta se abrió, y Baba llamó a Nagina. Nagina mencionó que las pruebas habían llegado, pero Baba lo rechazó haciendo un gesto con la mano.

Una vez estaban adentro, Baba dijo:

—Nagina, esos pícaros de tu oficina te han acosado injustamente. Hoy es tu oportunidad de rectificar la situación. Dame los nombres y yo me haré cargo de que la naturaleza los castigue.

Nagina, sospechando que esta era una prueba, guardó silencio.

—Nagina, estoy corto de tiempo. Esta es tu última oportunidad. Dime los nombres de los que quieres que castigue.

—Baba, no quiero que se castigue a nadie. Si se debe castigar a alguien, entonces por favor castígame a mi.

—No hables de ideales en este momento, sé práctico.

—Baba no quiero que se castigue a nadie.

Haciendo un esfuerzo por cambiar el tema, Nagina le preguntó a Baba si podía hacer sastaunga pranam. Cuando Baba asintió, él se postró y empezó a masajear los pies de Baba. Los pies de Baba estaban inusualmente fríos y a medida que los masajeaba se ponían más fríos. Alarmado, se lo mencionó a Baba.

—Sí —dijo Baba—. Ya no voy a retener este cuerpo.

Nagina empezó a llorar. Se agarró a los pies de Baba tal y como lo había hecho hacía diez días en esa misma habitación.

—Nagina, tú tienes un deseo muy fuerte de ser promovido a Recaudador Asistente. Yo te voy a hacer Recaudador Asistente aquí en este momento. Tan solo suéltame.

—No, Baba, no lo haré —le dijo Nagina entre lágrimas.

—Lo que quieras, ya sea espiritual o material, pide y será tuyo. Pero suéltame.

—No, Baba, nunca.

Un par de minutos más tarde Baba cedió.

—Está bien, está bien, no insistas más. Vamos al campo.

Nagina soltó los pies de Baba y luego escuchó a Baba ordenándose a sí mismo en un tono de voz de mando:

—Prabhat Rainjan Sarkar, mantente bien por un tiempo. Tienes que ir al campo. Baba se levantó y fue hacia la puerta. Mientras Nagina lo seguía, alcanzó a ver a la madre de Baba asomándose por la cortina de la puerta de la habitación contigua. Se le ocurrió que Baba pudo haber cedido debido a su presencia.

Los tres discípulos lo acompañaron al campo. En la primera oportunidad, Nagina alertó a sus dos acompañantes de la seriedad de la situación. Mientras caminaban, notaron que los brazos de Baba colgaban inertes, en vez de balancearse como normalmente lo hacían. Harisadhan se les unió en el camino. Cuando llegaron a la tumba del tigre, encontraron a Kishun esperándolos. Una vez todos se sentaron, los discípulos repitieron al unísono el deseo de que Baba no abandonara su cuerpo.

—Eso sería ir en contra de las leyes de la naturaleza —dijo Baba—. Está mal ir en contra de las leyes de la naturaleza.

—Las leyes de la naturaleza son para quienes están atados al mundo —respondió Nagina—, pero tú eres el amo de la naturaleza. Por favor no trates de engañarnos así. Ten compasión de nosotros.

—Esta es mi decisión. Ahora permítanme abandonar mi cuerpo. Siéntense a meditar ahora mismo.

Los discípulos se rehusaron. Siguiendo el ejemplo de Nagina, se agarraron de los pies y de los brazos de Baba.

—Déjenme tranquilo. Mi tiempo aquí se acabó.

Los discípulos se aferraron aún más fuerte, cada uno de ellos implorando que se quedara. Baba les dio un empujón con las piernas y los brazos. Aunque eran mucho más grandes que Baba, tiró a los cinco de espaldas en el suelo frente a la tumba. Todos saltaron y volvieron a agarrarle los brazos y piernas. Nagina enterró su cabeza en el pecho de Baba y lo abrazó.

—Mi presencia física ya no es necesaria aquí —dijo Baba—. Una vez tomé la decisión de dejar mi cuerpo, yo liberé mi vibración espiritual por medio de mi *janusparsha*[7] y *varabhaya mudras*. Con la ayuda de estas vibraciones, ustedes progresarán y ayudarán a guiar al mundo hacia la Beatitud Suprema. En el futuro, los *sádhakas*[8] podrán percibir mi vibración concentrándose en esos mudras. Recibirán mi guía de la misma forma que lo han hecho por medio de mi cuerpo físico. Ahora escúchenme. Antes de que el gurú deje el cuerpo, se convierte en Kalpataru, el árbol que concede los deseos. Si él lo desea, puede conceder a los discípulos cualquier cosa que deseen, ya sea espiritual o material. En este momento estoy asumiendo la forma de Kalpataru. Pidan lo que deseen y se les concederá.

Uno a uno, Baba le preguntó a sus cinco discípulos qué querían, pero sólo Nagina contestó.

—Baba, no quiero nada del Kalpataru.

—Nagina, esta no es la forma de hablar al Kalpataru. Debes pedir algo, si no será un insulto.

—Si es un insulto, entonces tengo algo que pedir. Mi deseo es celebrar el día de Kalpataru cada año frente a tu cuerpo vivo por los próximos cincuenta años.

—No puedes hacer esa petición —le dijo Baba en un tono de voz de rabia—. Estás tratando de engañarme. Pide algo más.

—No —contestó Nagina—. No me retractaré de este deseo.

Más tarde él dijo que Baba sonó tan furioso en ese momento, que si no hubiera tenido su cabeza enterrada en el pecho de Baba, dudaba que hubiera tenido el coraje de mantenerse firme.

—Te voy a dar una última oportunidad —le dijo Baba—. No puedes pedir un deseo que va en contra de las leyes de la creación. Cambia tu deseo, de otro modo vas a dañar la intachable reputación del Kalpataru.

—Mi deseo es inmutable —respondió Nagina—. Dejemos que esta sea la prueba del Kalpataru a ver si la cumple o no.

Baba continuó discutiendo con su discípulo pero Nagina se mantuvo firme.

—Que así sea entonces —dijo finalmente. Puso su mano en la cabeza de Nagina. —Está bien, ayúdame a sentarme en posición de loto. Voy a tomar un último samkalpa[9].

Cuando terminó, los discípulos empezaron a masajearle las piernas y los brazos. Después de unos minutos Baba dijo:

—He removido siete octavos de prana de mi cuerpo, por eso se ha vuelto tan débil.

Ellos continuaron masajeándolo por otros veinte minutos. Luego Baba pidió agua.

—Si no me traen agua rápidamente, me va a ser muy difícil mantenerme en este cuerpo aun con el samkalpa.

Rápidamente, Nagina envió a Harivansha a que corriera en dirección de la casa más cercana. Durante su ausencia, Baba repitió su petición; su voz se tornó ronca cuando habló. Después, Nagina le pidió a Harisadhan que corriera por agua a la tienda de dulces que estaba en el cruce. A medida que pasaban los minutos, Baba se puso cada vez más inquieto; continuó pidiendo agua. Luego Nagina recordó que Baba había dicho alguna vez que la sed podía ser controlada con un mantra especial.

—Ya lo usé —le dijo Baba cuando él le preguntó—. No puedo volver a utilizarlo, pero si alguien más lo aplica puede que sirva.

—Entonces enséñamelo.

Baba le enseñó el mantra a Nagina y la repetición parecía ayudar, pero Baba le advirtió que el mantra sólo podía ayudarle a retener su cuerpo por otra media hora. Si para entonces no había tomado agua, sería muy tarde. Los discípulos pasaron algunos minutos de angustia antes de que Harivansha volviera con un vaso de agua en la mano. En medio de las carreras, había derramado la mitad, pero lo que había quedado parecía haber ayudado considerablemente. Unos minutos después, Harisadhan volvió con una jarra llena. Baba tomó un poco y parecía haberse recuperado completamente, pero no podía caminar.

—Yo retiré la mayoría de mi prana por un significativo periodo de tiempo —dijo—. Las articulaciones necesitan un poco de tiempo para poder funcionar normalmente.

—Baba, mi carro está en la casa de Bindeshvari —dijo Nagina—. Puedo ir a traerlo.
—No, el mejor remedio para esto es caminar y nirvikalpa samadhi. Pero si entro en nirvikalpa samadhi no voy a querer regresar, así que tendré que caminar.

Ellos continuaron el masaje. Finalmente Baba extendió sus pies a un lado de la tumba y los puso en el suelo. Recitó una larga bendición en sánscrito mientras sus discípulos le tocaban los pies y aplicó otro mantra en las diferentes articulaciones de su cuerpo. Luego se levantó y empezó a caminar hacia la casa, mientras sus discípulos desconcertados hacían un esfuerzo por entender lo que acababa de pasar.

Cuando Nagina le contó la historia a Pranay al día siguiente, Pranay estaba contento pero escéptico.

—Le has pedido a Baba que se quede por un largo tiempo. Me pregunto si él puede o quiere quedarse todo ese tiempo.

Las noticias del incidente se esparcieron rápidamente entre los discípulos, y en los años siguientes, de vez en cuando, Baba hacía bromas de que la victoria de Nagina y su derrota había dado Ananda Marga a los devotos.

XIII
Prachar

Un día, la humanidad tendrá que admitir el hecho de que la fortuna de cada individuo, no sólo en esta tierra sino en todo el cosmos, está interconectada. Muy pronto, los aspirantes espirituales tendrán que buscar ese momento propicio por medio de su esfuerzo sin pausa, de su servicio y de la propagación de la gran ideología. Esta es la única tarea suprema de la humanidad actual[1].

CON EL ESTABLECIMIENTO de la nueva organización, Baba empezó a alentar a sus discípulos para que propagaran sus enseñanzas activamente. Había llamado a la organización Ananda Marga Pracaraka Samgha, o AMPS, la sociedad para la propagación de Ananda Marga, utilizando la palabra sánscrita *prachar*[2]. Como el nombre de la organización implicaba, rápidamente el prachar se volvió su actividad principal. La única restricción era que el nombre del maestro o su localización no podían revelarse a los nuevos iniciados, hasta que se les diera permiso de conocerlo por primera vez. Los discípulos imprimieron un par de volantes pequeños para ayudarse en sus esfuerzos de hacer prachar. Uno contenía los diez principios de yama y niyama; el otro era una introducción acerca de la organización y algunos de sus principios básicos. Un extracto del texto del segundo folleto muestra su entusiasta aceptación de las enseñanzas de Baba:

> Estamos en contra de las tendencias divisivas de todo tipo creadas por el hombre. Creemos firmemente que todos los seres vivos son los hijos del Señor Supremo. Nadie es superior o inferior a nadie. Pertenecemos a una sola familia humana, independientemente de cuál sea nuestro país, religión, color o comunidad. Todos somos hermanos y hermanas y existe un solo dharma para todos los seres humanos. Estamos en contra de la hipocresía y la explotación religiosa de cualquier tipo. No tenemos fe en el llamado "culto al gurú", "culto a Cristo", o la filosofía de la encarnación divina. Estamos en contra de los dogmas religiosos como el sacrificio de animales en nombre de la religión, tiranía sobre inocentes, la adoración de ídolos y autoridad hereditaria en la religión. Estamos completamente en contra de las supersticiones sociales, psíquicas y religiosas y de dogmas de todo tipo. Para fortalecer el fundamento de unidad tenemos

que acercar a los humanos. Apoyamos el matrimonio de las viudas, entre las castas y los matrimonios internacionales. Consideramos los daños causados a las viudas, el matrimonio entre niños y el sistema de dote como injusticias sociales atroces. Creemos que los fantasmas, el espiritismo y la posesión por dioses son supersticiones psíquicas.

En abril, Baba le pidió a Chandranath que fuera a Gaddopur, su pueblo natal, a unos sesenta kilómetros al norte de Patna, para organizar un *tattvasabha*[3].
Chandranath respondió sin vacilar.
—Claro, Baba. Sólo tengo una pregunta, ¿qué es un *tattvasabha*?
Baba rió.
—Un *tattvasabha* es una reunión pública o un debate acerca de filosofía espiritual. Organiza una discusión abierta con los eruditos locales y debate los méritos de la filosofía de Ananda Marga con respecto a las ideas hindúes tradicionales. Pídele a Shiva Shankar, Harisadhan y Ram Tanuk que vayan contigo y también a tu esposa y a la esposa de Ram Tanuk. Una vez se haya organizado todo, ven a verme y los prepararé para el debate.

El día antes de irse, los cinco acharyas se encontraron con Baba en su casa en Keshavpur. Harisadhan y Shiva Shankar fueron designados para dar las conferencias de apertura. Baba les dictó el tema que ellos garabatearon apresuradamente lo mejor que pudieron. Le pidió a Chandranath que respondiera las preguntas de los eruditos y luego les dictó una lista de preguntas que les harían con sus respectivas respuestas. La lista incluía: ¿Por qué se oponen a la adoración de ídolos? ¿Por qué no aceptan la diferencia de castas? ¿Por qué insisten en renunciar al cordón sagrado y el shikha[4], o el copete? También los suplió con referencias de las escrituras para que apoyaran sus respuestas. A las dos acharyas mujeres se les dio la tarea de ir de puerta en puerta para hablar con las mujeres del pueblo, de vital importancia en una era de estricta separación de hombres y mujeres en la vida tradicional del pueblo.

El día del *tattvasabha*, todo el pueblo, jóvenes y ancianos, se reunieron en una arboleda de mangos frente a un templo del siglo doce. Los eruditos se sentaron separadamente, vestidos formalmente con sus turbantes, dhotis y kurtas. Entre ellos había algunos estudiosos del sánscrito con caras sombrías que podían hablar y dar conferencias en sánscrito. Harisadhan y Shiva Shankar dieron sus discursos de apertura. Luego Chandranath dio lugar a las preguntas. El erudito más imponente, que tenía el título de "Suvakta" (bien hablado) por su conocimiento de las escrituras, se puso de pie para representarlos. Una a una, hizo las preguntas que Baba les había dictado el día anterior. A medida que Chandranath daba sus bien ensayadas respuestas, el erudito empezó a perder su paciencia gradualmente, especialmente cuando su adversario hábilmente empezó a citar pasajes de los Vedas para apoyar sus respuestas. Su última pregunta fue: ¿Por qué le enseñan yoga sádhana a la gente de familia cuando sólo es para renunciantes? La respuesta de Chandranath causó una ronda de aplausos entre el público que indignó de tal manera al erudito, que empezó a insultar a los marguis verbalmente. Los acusó de ser ateístas y de ir en contra de los Vedas. Uno de los ancianos más respetados del pueblo, Janaka Kumar, un profesor de escuela retirado, se levantó y confrontó al erudito.

—Punditji, es suficiente. Hemos escuchado a tu gente desde nuestra niñez y tú sólo te la has pasado repitiendo como loro las mismas cosas una y otra vez, como un buey que hace la ronda en un molino de aceite[5]. Estamos cansados. Queremos escuchar lo que estos jóvenes tienen que decir. Es lógico y racional. Deja de molestarlos.

Esa noche, los cinco acharyas se quedaron dando iniciaciones hasta tarde. Cuando terminaron, varios de los miembros ancianos del pueblo fueron a donde Chandranath y le pidieron cortésmente que les explicara *satripu* y *ashtapasha*[6], los seis enemigos y las ocho ataduras. Esta era una pregunta para la que no estaba preparado. Ya era pasada la media noche, así que Chandranath les preguntó si podían volver en la mañana. Cuando se fueron, se recostó y trató de recordar lo que Baba había dicho acerca del tema, pero no fue capaz de recordar mucho antes de dormirse. Mientras dormía, tuvo un sueño en el que Baba apareció y le dio una explicación detallada de cada uno de los catorce *ashtapasha* y *satripu*, junto con las acciones que un aspirante espiritual debía adoptar para poder superarlas. En la mañana, Chandranath recibió a sus invitados y repitió lo que Baba le había dicho en el sueño. Sus visitantes se fueron satisfechos. Cuando los cinco acharyas volvieron a Jamalpur, la primera pregunta de Baba a Chandranath fue:

—Entonces, qué hay de *ashtapasha* y *satripu*.

Después de esto, los acharyas empezaron a organizar *tattvasabhas* regularmente en pueblos y aldeas cercanas a Jamalpur, así como simples conferencias y charlas. En una de estas ocasiones, en un fin de semana, se organizó una charla en la escuela secundaria de Monghyr, pero cuando llegó el día acordado, se dieron cuenta de que todos los acharyas disponibles estaban ocupados con programas en otros lugares. Baba estaba en el ashram cuando le informaron de la situación. Al lado de él estaba sentado Baban Tiwari, un joven agente de policía. Baba se dirigió hacia Baban y le dijo que él tendría que dar esa charla.

—Baba, no, yo no por favor —le dijo Baban, nervioso—. Nunca antes he dado una charla, mucho menos frente a un público. Me aterrorizaría. Sólo tengo una educación de octavo grado, ni siquiera sé nada de la filosofía. Sólo soy un devoto.

—Baban, no hay nadie más aquí. Tienes que ir tú

—Pero, Baba....

—Es una orden Baban. Repite tu gurú mantra y yo me encargaré del resto.

Cuando Baban llegó al auditorio de la escuela y vio el tamaño del público, lo primero que pensó fue salir corriendo por la puerta trasera e ir derecho a Jamalpur, pero encontró la idea de ofender a Baba aún más aterrorizante que la idea de enfrentarse a la audiencia que le esperaba. Mejor que me avergüence yo, pensó, a tener que enfrentar la ira de Baba. No tenía ni idea de lo que diría cuando caminó hacia el podio, pero luego de unos minutos de ansiedad, las palabras empezaron a salir a borbotones. Estaba sorprendido de escuchar que lo que decía hacía algún sentido. Su charla recibió una entusiasta ronda de aplausos y mucha gente se quedó a hacer preguntas acerca de la filosofía espiritual y las prácticas del yoga.

Al mismo tiempo que Baban daba su charla, Baba estaba sentado en el ashram con un grupo de discípulos.

—¿Saben lo que está haciendo Baban en este momento? —les preguntó.

Cuando Baba les dijo que estaba dando una charla pública en Monghyr, no lo podían imaginar. No nuestro Baban, pensaron mientras se miraban unos a otros, teniendo cuidado de no expresar su incredulidad. Pero cuando Baba empezó a narrarles la charla de Baban, una explicación erudita y lúcida de los principios fundamentales de la filosofía de Baba, inmediatamente sospecharon que Baba estaba jugando con ellos. Al día siguiente, cuando Baban llegó al ashram, se le acercaron casualmente.

—Entre otras cosas, Baban, oímos que diste una charla anoche en la escuela secundaria de Monghyr.

—Sí, de hecho así fue.

—¿Es posible que haya sido así?...

Ellos le repitieron lo que recordaban de la narración de Baba. Baban los miró sorprendido.

—Yo no los vi allá. ¿Cómo saben qué fue lo que dije? ¿Quién les dijo?

Cuando le dijeron que Baba había narrado su charla al mismo tiempo que él la había dado, Baban asintió con la cabeza, como si hubiera escuchado una revelación.

—Ya veo. Me había estado preguntando de dónde habían salido todas esas palabras.

Después de esto, Baban empezó a dar charlas regularmente. Una vez se convirtió en acharya, empezó a tener un gran éxito iniciando gente después de sus charlas. Un día se encontró con Baba en la calle. Después de aceptar el saludo de Baban, Baba le pidió que diera otra conferencia pública. Baban organizó el encuentro y un público de buen tamaño vino a escucharlo hablar, pero por primera vez, nadie se inició. Después de la charla fue a ver a Baba.

—¿Ya se te acabó la vanidad? —le preguntó Baba cuando terminó su pranam.

—Sí, Baba —contestó, examinando el suelo cuidadosamente—. Pero tu trabajo no se completó.

—Fue necesario. Cuando fuiste allí, tenías la ideación de que eras una persona muy sabia y un gran aspirante espiritual. Si te hubiera permitido seguir pensando de esa manera, habría sido tu perdición. Estos pensamientos no son una señal de inteligencia, sino más bien de tontería. Son dañinos. Es por eso que tuve que romper tu vanidad.

Aunque los acharyas empezaron a organizar charlas y conferencias regularmente, la mayor parte del prachar iba de boca en boca entre los familiares y amigos de los marguis. Ese fue el caso de Nityananda Mandal, un joven alto y atlético, capataz del taller de acabados en bronce. Nityananda había vivido en el hostal de Haraprasad Haldar en los últimos años, junto con su primo Jiten Mandal. Inspirado por las alegres historias de Haraprasad, Jiten había tomado la iniciación a finales del año anterior, seguido poco después por otros dos compañeros de habitación, Haragovind y Birunda Bohari. Los cuatro solían importunar a Nityananda con la importancia de la sádhana yóguica.

—Nityananda —le decían—, ¿qué estás esperando? La meta de la vida humana es alcanzar la naturaleza espiritual y la meditación es la llave. Sólo por la meditación puedes conocer tu verdadero ser. Ten cuidado, la vida es corta. ¿Vas a dejar que se te pase la vida?

Luego le contaban una de las fantásticas historias de su gurú omnisciente y sus poderes milagrosos, mostrando su entusiasmo por alguna experiencia mística o de felicidad que habían experimentado.

—Esta bien, si él es realmente tan grandioso como ustedes dicen que es, llévenme a conocerlo.

—No, no, sabes que, no podemos hacer eso. Primero tienes que iniciarte y practicar la meditación por algún tiempo. Luego te llevaremos a que lo conozcas. De todos modos, él es del sur de la India[7]. Sólo viene a Jamalpur de vez en cuando a dar darshan a los discípulos que están iniciados.

Y ahí invariablemente paraba la conversación. En realidad, Nityananda tenía un ávido interés en el yoga y la meditación, pero lo que no les había dicho era que cuando tenía cinco años, Krishna se le apareció en un sueño y le dijo:

—Nada en este mundo relativo e ilusorio te puede dar un refugio duradero. Ríndete a mí, la absoluta, inmutable Consciencia Divina, y yo te guiaré a través del océano del samsara[8] hasta tu meta espiritual.

Desde ese momento, había aceptado a Krishna como su *ista devata*[9] y había jurado que no se inclinaría ante ningún gurú terrenal, sólo frente al mismo Krishna. Cada vez que meditaba en Krishna, empezaba a llorar con nostalgia, demolido por su deseo de ver a Krishna físicamente y por saber que era imposible.

Una mañana a finales de abril, Nityananda se acercaba a la puerta número seis de la oficina del ferrocarril cuando notó a un apuesto caballero con una apariencia real, cruzando la puerta con una lonchera en una mano y una sombrilla en la otra. Se detuvo a observar al hombre que caminaba hacia la oficina de contabilidad, maravillado por la gracia de su caminar y la solemne gravedad de esta figura desconocida. Sólo cuando el hombre desapareció a través de la puerta de la oficina se rompió el encanto. En ese momento notó que su primo Jiten pasaba junto a él camino al trabajo.

—Jiten —dijo, corriendo hacia su primo—, ¿viste al hombre que acabó de entrar a la oficina de contabilidad, el que llevaba la lonchera y la sombrilla?

Jiten sonrió y asintió con la cabeza.

—Claro. Ese es Prabhat Rainjan Sarkar, el presidente de Ananda Marga. Entra por esta puerta todos los días exactamente a esta misma hora.

La mañana siguiente, Nityananda llegó temprano a la puerta y esperó hasta que vio pasar a Baba. Una vez más, experimentó la sensación de fascinación. Una vez más se sintió desconcertado ante la extraordinaria serenidad que parecía envolver a Baba cuando caminaba. Cuando Baba pasó a Nityananda, volteó la cabeza y lo miró directamente a los ojos. El joven capataz de repente se sintió completamente desenmascarado, como si su vanidad personal y los complejos mentales hubieran sido desnudados por esa sola mirada. Nityananda agachó los ojos, incapaz de sostener la mirada de Baba.

Volvió al día siguiente a la puerta y miró a Baba pasar. Esa noche fue a donde Haraprasad y le pidió que se encargara de su iniciación. Si el presidente de Ananda Marga es así de atractivo, pensó, obviamente un alma elevada, entonces este Anandamurti realmente debe ser una personalidad extraordinaria. Pase lo que pase, tengo que conocerlo.

Al día siguiente, Haraprasad arregló la iniciación con Arun Mazumdar, quien trabajaba con Baba en la misma oficina. Unos días más tarde, le informaron que el mismo Anandamurti iba a visitar Jamalpur el 6 de Mayo para dirigir un programa espiritual especial llamado Dharmamahachakra, o DMC.

Para entonces, más de mil personas habían sido iniciadas, un salto exponencial de los más o menos setenta discípulos que Baba había iniciado personalmente en los seis años antes de fundar Ananda Marga, y se esperaba que cientos de discípulos asistieran a ese programa. El lugar escogido para el DMC era el palacio de un rajá local situado a la orilla del Ganges en Monghyr. Se distribuyeron folletos anunciando el programa como el DMC de Ananda Purnima, la celebración del cumpleaños del gurú.

Baba llegó al palacio poco antes del mediodía; lo llevaron directamente a su habitación por una entrada privada para que no tuviera que pasar frente a los discípulos en tropel. Al mismo tiempo, a los más o menos cien nuevos iniciados que participaron, aquellos que todavía no habían tenido su primer darshan, se les indicó que hicieran una fila frente a la puerta de Baba para que tuvieran un contacto personal con el maestro. Allí esperaron ansiosos por la anticipación, soportando el sofocante calor de mayo, su imaginación alimentada por las fascinantes historias que habían oído de los discípulos más antiguos. Quizás no había nadie más ansioso que Nityananda, quien no podía esperar a tener su primer darshan del maestro de Prabhat Rainjan Sarkar. Su corazón danzaba al pensar que estaba a punto de conocer al Señor de sus vidas pasadas.

Una vez Baba se acomodó en su habitación, la noticia de que Anandamurti había llegado corrió como un incendio por la fila. Varios de los discípulos antiguos caminaban para un lado y para el otro de la fila, indicándole a los recién llegados cuál era el protocolo adecuado. Cada discípulo debía postrarse frente al maestro al momento de entrar, responder cualquier pregunta que él les hiciera, pero contenerse de hacer ninguna pregunta, y luego, salir por la puerta de al lado para que el siguiente discípulo pudiera entrar. Chandranath tomó su posición al lado de la puerta y la abrió para que los nuevos discípulos pudieran entrar uno a uno. Shiva Shankar Bannerjee estaba parado al lado del catre de Baba, abanicando vigorosamente al maestro con un abanico de bambú. A medida que los nuevos iniciados entraban, Baba les preguntaba el nombre, les daba la bendición y agregaba una o dos palabras de aliento. Todo el proceso no tomaba más de un minuto por cada discípulo.

Cuando le tocó el turno de entrar a Nityananda, se sorprendió al ver que el hombre que estaba sentado en el catre y que el discípulo abanicaba era el mismo Prabhat Sarkar. Mientras estaba allí, paralizado momentáneamente porque entendió que lo habían engañado, Baba le ordenó a Shiva Shankar y a Chandranath que cerraran las puertas y las ventanas y permanecieran afuera. Antes de que Nityananda pudiera recuperarse completamente de la conmoción, se encontró solo en la habitación con Baba.

—Ven aquí, ven aquí, acércate —le dijo Baba, llamándolo con la mano.

De repente, Nityananda sintió miedo. Se quedó parado, tan rígido como un ídolo de piedra, los ojos fijos en el suelo, pensamientos salvajes corriéndole por la cabeza. ¿Por qué les había ordenado que salieran y cerraran las puertas y las ventanas? ¿Qué quiere de mi?

Una vez más Baba le pidió que se acercara. Sin saber qué más hacer, Nityananda se acercó al catre, diciéndose a sí mismo que no se iba a postrar ante este hombre. No lo iba a aceptar como gurú.

Cuando se acercó, Baba extendió los brazos y le dio un abrazo afectuoso. Nityananda empezó a llorar profusamente. Sus lágrimas corrían por sus mejillas, pero no podía entender por qué.

—Cuando eras un niño, solías llorar por mí muchas veces —le dijo Baba—. ¿Te acuerdas? Te he estado esperando. Tú vas a hacer un gran y auspicioso trabajo en este mundo. Prepárate. —Baba le puso la mano en la cabeza—. *Shubhamastu* —dijo. "Que las bendiciones del Señor te acompañen". —Ahora vete. Hablaremos pronto.

Baba llamó a Chandranath y a Shiva Shankar. Antes de que Nityananda entendiera lo que estaba pasando, estaba afuera en el patio con los otros discípulos. Pronto se serviría el almuerzo pero él no estaba de humor para comer. El encuentro lo había dejado tembloroso, pero la rabia por el engaño volvió rápidamente. ¿Quién es esta gente?, se preguntó. ¿Cómo pudieron hacer semejante cosa? Su primer impulso fue irse, pero su primo y Haraprasad lo detuvieron antes de irse. Mientras él, enfurecido expresaba su frustración, ellos hacían lo posible por justificar por qué lo habían engañado deliberadamente. Pacientemente, trataron de convencerlo de que se quedara para el resto del programa. Finalmente accedió a quedarse.

En la tarde, tuvieron cantos devocionales y una meditación colectiva. A las siete en punto, Baba entró en la sala principal para dar su discurso del DMC, una larga disertación filosófica acerca de los diferentes niveles de existencia, tanto del microcosmos como del macrocosmos, de la materia a la pura Consciencia Universal indiferenciada. La parte final del discurso se dedicó a la diferencia entre la verdad relativa y la verdad suprema.

Supongan que las ondas de luz de la era del Mahabharata[10] toman otros ochocientos años para llegar a cierta estrella. En ese momento, si alguien, con la ayuda de un telescopio, observa la tierra, ¿qué ve? Ve que el Mahabharata todavía no se ha peleado aquí. Para él, pasará en ochocientos años; después de este periodo de tiempo, él verá cuando se libre la guerra del Mahabharata. Lo que es pasado para algunos es presente para otros y futuro para un tercero. Todas estas son verdades relativas[11].

Después de exhortar a sus discípulos a entender la verdad absoluta más allá de toda relatividad, llamó a Kestopal al frente y le indicó que se sentara en posición de loto completo y que cerrara los ojos. Luego, Baba le ordenó a la kundalini de Kestopal que se elevara uno a uno a través de los diferentes chakras. Cuando llegó al séptimo chakra, Kestopal cayó de espaldas, absorto en el trance de nirvikalpa samadhi. Baba presionó el ombligo de Kestopal con el dedo gordo del pie, y le empezó a hacer preguntas.

—Hay mucha propaganda estos días acerca de el ascenso de Tenzing y Hillary al Monte Everest. ¿Qué nos puedes decir acerca de esto? ¿Se ha conquistado al Monte Everest?

Postrado en su trance, su cuerpo rígido, sus ojos cerrados, Kestopal respondió.

—El pico más alto de la tierra está en una región inalcanzable. No ha sido conquistado.

—Regresa en el tiempo, mira la condición de la tierra hace treinta y cinco mil millones de años.

—Era extremadamente caliente e inhabitable.

—Ahora adelántate a hace 3500 años. ¿En qué era estás?

—Es la Dvapar Yuga[12], la era de Shrii Krishna.

—¿Qué está haciendo Krishna?

—Está caminando a la orilla del río Yamuna con una flauta en la mano.

—Hay alguna similitud entre su cuerpo físico y su apariencia tal y como es representada en pinturas modernas?

—No.

—Describe su apariencia.

Kestopal describió su apariencia y luego recitó un verso sánscrito en una voz tan suave, que sólo las personas sentadas cerca a él lo pudieron escuchar.

Naviinameghsannibham sunnilakomalacchavim
Suhásarainjitádharam namámi krishnasundaram
Yashodánandanandanam surendrapádavandanam
Suvarnaratnamanianam namámi krishnasundaram
Bhavábdhikarnadhárakam bhayárttinásharakam
Mumukshumuktidáyakam Manama krishnasundaram

Saludos a Krishna el hermoso, quien fue objeto de felicidad de Madre Yashoda, cuyos pies de loto son adorados por los dioses y cuyo cuerpo está adornado con piedras preciosas. Saludos a Krishna el hermoso, el timonel más confiable en el océano de este universo, quien remueve el temor de la aniquilación y que concede la salvación a las almas de los aspirantes.

Al oír esto, Baba entró en samadhi y cayó de espaldas en su catre. Nityananda, quien estaba sentado cerca de él, se subió a la tarima y ayudó a Pranay, que estaba sentado a la derecha de Baba, a ajustar el cuerpo de Baba en una posición más cómoda. En el momento en que Nityananda tocó a Baba, sintió una corriente eléctrica acompañada de una oleada de felicidad. Vio una brillante refulgencia emanando del cuerpo de Baba, una experiencia compartida por muchos otros en la audiencia, y olió la fragancia de flores. Se sintió extraño por varios minutos. Cuando volvió en sí, todas sus dudas se disiparon. Ahora sentía que no había ninguna diferencia entre el Krishna que había adorado desde su niñez y el gurú que había encontrado recientemente.

Después de unos treinta minutos, Baba abrió los ojos brevemente y los volvió a cerrar. Esto pasó un par de veces más antes de que Baba les hiciera un gesto para que le ayudaran a sentarse.

—¿Alguien me puede traer una taza de leche caliente? —preguntó.

Uno de los discípulos corrió a la cocina y retornó un par de minutos más adelante con una taza de leche. Baba la bebió y luego tocó el ombligo de Kestopal con el dedo del pie una vez más.

—*Manusya bhava* —entonó, "sé un ser humano".

Kestopal abrió los ojos; después de unos minutos se sentó. Baba le pidió a alguien que lo masajeara; también envió a alguien a que le trajera una taza de leche a Kestopal. Finalmente, Baba salió del escenario y caminó lentamente a un carro que estaba esperándolo para llevarlo a Jamalpur. Nityananda corrió a su lado gritando *Parama Pita Baba ki jai*, "victoria a Baba, el Padre Supremo", arrastrado por la misma ola espiritual que había arrastrado a su primo y a Haraprasad unos años atrás.

XIV
El círculo se expande

A los devotos de Hari no les gusta chismosear cuando se reúnen. Ellos prefieren hacer Hari kirtan[1], y nada más. Quien entra en la circunferencia de ese encuentro espiritual ciertamente sentirá un deseo irresistible de participar en esa danza espiritual. El dulce ambiente espiritual creado por el kirtan se llama Hariparimandala en las escrituras... Cuando se crea Hariparimandala, ya sea por cinco minutos, tres horas o veinticuatro horas, debido a la intensa devoción colectiva, el ambiente se vuelve tan dulce y tan agradable, que se vuelve muy adecuado para la ideación espiritual (dhyana). En ese momento, Hari mueve su núcleo hacia allá y se vuelve el punto focal de dhyana, el objeto de ideación[2].

UN DÍA, A FINALES de julio, Ram Khilavan, un adinerado hombre de negocios, estaba recostado en un catre en el frente de su casa en el vecindario de Olipur, leyendo el Bhagavad Gita. Qué bueno sería, pensó, si pudiera pasar toda mi vida así, repitiendo el nombre del Señor y leyendo libros acerca de Dios. Sin embargo, el capítulo que estaba leyendo le molestaba. No le gustó que Krishna se equiparara con lo más grandioso de todo, como el Ganges entre los ríos. Si Dios está en todo, entonces ¿por qué se tiene que alabar comparándose con lo más grandioso y lo más importante en esta tierra, y de este modo tratar de destacarse?

En ese momento, un transeúnte vestido con un dhoti y una kurta blancas se detuvo y le preguntó qué estaba leyendo. Cuando Ram Khilavan le dijo, el extraño se sentó sin presentarse y le preguntó si podía echarle un vistazo.

—Ah, sí, capítulo diez —le dijo el hombre, pasando las hojas con los dedos—. ¿Te gusta este capítulo?

—Me encanta el libro, pero tengo un problema con este capítulo. No sé por qué Krishna tiene que alabarse a sí mismo así: "Yo soy el Ganges de los ríos; soy el Meru de las montañas; soy el baniano sagrado de todos los árboles". Parece estar jactándose de sí mismo.

—No, no, no debes pensar así —le respondió el hombre calmadamente—. Aunque Dios está presente en todas las cosas, el Gita lo expresa de esta forma para despertar la devoción, para mostrar que el Señor es la expresión más grande, eso es todo. Bueno, debo continuar mi camino. Disfruta la lectura.

El hombre se despidió de Ram Khilavan y continuó por la calle hacia la colonia de Rampur. Cuando Ram Khilavan volvió a su lectura, descubrió que la forma en que sentía con respecto a ese pasaje había cambiado. Bueno, probablemente Krishna tiene razón después de todo, pensó.

Unos días después, su buen amigo Dasarath Singh, con gafas bifocales, de voz suave, de cuarenta y cuatro años y director de una escuela cercana, vino a su casa rebosante de entusiasmo.

—Ram Khilavan —le dijo, tomando las manos de su amigo—, ¿recuerdas que hace algunos semanas, cuando estábamos hablando de encontrar a un maestro espiritual, tú me dijiste que no me debía conformar con un gurú ordinario, que debía aceptar sólo al mejor, un maestro perfecto? Pues bien, lo encontré, y ni siquiera tuve que salir de Jamalpur. ¿Te imaginas?

El corazón de Ram Khilavan empezó a latir más rápido.

—¿De verdad? ¿Encontraste al maestro perfecto? ¿Aquí en Jamalpur?

—Sí. Soy tan afortunado; no te puedes imaginar cómo estoy de agradecido. Los dioses me sonríen, mi amigo.

—Si es así, entonces me debes llevar a donde él ahora mismo para conocerlo. Tú sabes cuánto he esperado encontrar a un maestro espiritual.

Dasarath vaciló.

—No es tan fácil. Él no nos permite revelar su nombre o su dirección sin su permiso. Primero tenemos que darle el nombre de quienes están interesados. Luego, él cierra los ojos y revisa sus samskaras, tanto en esta vida como en las vidas pasadas. Luego decide si la persona está lista para la iniciación o no. Sus discípulos dicen que sólo acepta personas que ya estaban practicando sádhana en sus vidas pasadas.

—Bueno, si ese es el caso, entonces por favor lleva mi petición ante tu maestro en la primera oportunidad que tengas. Yo esperaré.

Ram Khilavan estaba tan impresionado con el sentido de gratitud y buena fortuna que su amigo había expresado, el hombre más sobrio y sin pretensiones que conocía, que esa noche recostado en su cama, se dirigió mentalmente al nuevo maestro de Dasarath: "No sé si me vas a considerar adecuado o no, o si me vas a dar permiso o no, pero quiero que sepas que desde este momento, te acepto como mi maestro. Aunque no me des permiso de ser iniciado, continuaré considerándote como mi maestro y a nadie más".

Un par de días más tarde, Dasarath estaba sentado en el ashram con Baba y otros discípulos. Baba se dirigió hacia él y le dijo:

—Una persona cercana a ti se ha dirigido a mí directamente. Dile que él debe seguir los conductos regulares, de acuerdo al sistema.

Dasarath estaba sorprendido.

—¿Quién fue? —le preguntó.

—Dime el nombre de personas cercanas a ti y te diré quién fue.

Uno a uno, Dasarath nombró a sus familiares y amigos cercanos. Después de cada uno, Baba negó con la cabeza. Ya se le estaban acabando los nombres cuando finalmente mencionó a Ram Khilavan, aunque estaba seguro que no podía haber sido él. Para su sorpresa, Baba dijo:

—Sí, ese es su nombre. Él debe seguir los conductos regulares. De todos modos, debes decirle que tiene permiso para contactar un acharya y tomar la iniciación.

La noche siguiente, molesto, Dasarath fue a la casa de Ram Khilavan.

—Ram Khilavan, te dije que yo llevaría tu petición ante el maestro. ¿Por qué te dirigiste directamente a Baba sin esperar?

—¿De qué estás hablando? Yo no he tenido ningún contacto con tu Baba. ¿Cómo podría? Ni siquiera me dijiste su nombre o dónde vive. ¿Qué te dijo exactamente?

Cuando Dasarath le contó su conversación con Baba, Ram Khilavan recordó su ferviente oración dos días antes y le dijo a su amigo lo que había pasado.

—Ahora explícame lo del sistema apropiado.

Cuando Ram Khilavan se encontró con Baba por primera vez unos días después, reconoció al hombre que se había detenido y cambiado su idea del Gita. Su esposa y cuatro hijas tomarían iniciación poco después y todos ellos pronto estarían entre los más ardientes seguidores de Baba.

El círculo se fue ampliando gradualmente. Cada vez más discípulos nuevos fueron atraídos por el fervor devocional que estaba floreciendo rápidamente entre los discípulos. En marzo de 1956, Chandranath trajo a Harinder, su primo de diecinueve años, a quien había iniciado unas semanas antes, a su primer darshan. Harinder describió su reacción cuando vio a Baba por primera vez, la reacción típica de muchos de los nuevos discípulos durante esos primeros días de Ananda Marga:

> Shiva Shankar-da me envió a la habitación de Baba e inmediatamente hice sastaunga pranam. Lo primero que pensé fue que me habían mandado a la habitación equivocada, porque la persona que vi frente a mi vestía de forma ordinaria, dhoti, kurta y gafas, un caballero ordinario, pero yo esperaba ver a un hombre santo de túnica anaranjada y cabello suelto.
>
> Cuando salí, Pranay-da me dijo que me sentara en el salón con los demás. Bindeshvari entonaba una canción acerca de Baba. Reía por un momento y lloraba el siguiente. Pensé que debía de ser un paciente con serios problemas mentales que había venido a que Baba lo curara. Pranay-da le pidió a alguien que lo sacara del salón; cuando lo estaban sacando gritó:
>
> —Ustedes me pueden echar de la sala, pero no del corazón de Baba.
>
> Luego, otra persona empezó a entonar una canción en bengalí: "Baba, yo no sé nada, pero tú sabes todo. No hay nada que decir acerca de mí; tu gloria está en los labios de todos". Luego esta persona también empezó a actuar de una manera anormal y también lo sacaron.
>
> Baba salió y se sentó en el catre. No había ninguna decoración, sólo una vara de incienso encendida; una lámpara fluorescente era la única iluminación.

Tan pronto como Baba salió, mucha gente empezó a comportarse en forma anormal: sollozando, riendo, tirándose al piso, bailando. Estaba convencido de que mi primo me había traído a un lugar lleno de gente loca, una especie de asilo para lunáticos. Luego Baba dio un largo discurso. Yo no le presté mucha atención, estaba mirando a la gente, pero recuerdo que estaba hablando acerca de la entrega.

Después de que la charla terminó y Baba se había ido, salimos hacia el recinto de la escuela. Pranay le dijo a los nuevos que el DMC había terminado, que todos debíamos ir a la habitación de Baba y hacer pranam y después nos podíamos ir. Yo fui a hacer la fila. Cuando me tocó el turno, me postré frente a Baba e inmediatamente perdí la consciencia, no sé por cuanto tiempo. Lo único que recuerdo es la voz de Baba diciéndome "Harinder, levántate". Cuando me levanté, estaba envuelto en una cobija negra; estaba llorando. Cuando traté de entender por qué estaba llorando mis lágrimas empezaron a correr aun más profusamente. Pensé que me había convertido en uno de los locos. Pranay-da dijo:

—Escucha, debes permitir que los demás tengan tiempo, no le quites tiempo a los demás.

Salí y me senté en el recinto, pero sentí una atracción irresistible hacia Baba, una urgencia tremenda de ir a sentarme cerca de él. Todo mi cuerpo estaba muy, muy liviano. Me sentí muy saludable y con mucha energía. Nunca, desde mi infancia, me había sentido así. Después de esto un par de devotos me acompañaron hasta la estación del tren. Cuando llegué allá, podía sentir mi mente llevándome nuevamente hacia Baba. Era casi imposible de resistir. En ese momento entendí que el amor que había extrañado tanto desde la muerte de mis padres retornaba a mí en forma abundante. Finalmente había encontrado a quien había estado buscando por tantos años.

La persona que cantó la melodía en bengalí era Gopen, un oficial de la Oficina Central de Impuestos, empleado de Nagina. Usualmente entraba en samadhi cuando cantaba melodías devocionales para Baba al iniciar el DMC o el programa de darshan. Algunas veces, otros devotos también eran afectados cuando trataban de hacerlo volver en sí. El mero toque de su cuerpo de alguna manera transmitía su estado de intoxicación. De hecho, usualmente, Gopen se volvía anormal cada vez que veía a Baba, algunas veces danzando en una sola pierna, otras veces llorando y llamando a Baba a medida que entraba en uno de sus varios estados de éxtasis. Varios devotos recuerdan haber entrado en la habitación de Baba y encontrar a Gopen en el suelo en samadhi. Una vez, en Ranchi, Gopen entró en samadhi cuando iba a iniciar a alguien. Como era de esperarse, el futuro iniciado salió corriendo inmediatamente. En otra ocasión, después de que Baba se bajó de la tarima del DMC, Gopen estaba tan absorto en su ideación que se sentó en la tarima vacía, abrió sus manos en *varabhaya mudra*, y empezó a repetir "soy Anandamurti, soy Anandamurti" una y otra vez.

Pronto se empezó a rumorear que Baba le había dado a Gopen el poder de ver el pasado, el presente y el futuro. Un domingo, mientras esperaba que Baba llegara al ashram, Nityananda decidió probarlo.

—Tengo que hacer un trabajo urgente con Baba —le dijo—. ¿Sabes si ya viene para el ashram o todavía está en su casa?

Gopen levantó las cejas, claramente molesto por la pregunta, y miró para otro lado, pero Nityananda insistió. Finalmente, Gopen sonrió y cerró los ojos.

—Baba está de camino al ashram —dijo con los ojos todavía cerrados—. En este momento está caminando por la calle del mercado en dirección a la colonia de Rampur.

Nityananda se levantó de un salto y salió corriendo hasta su bicicleta. Pedaleó tan rápido como pudo hacia la calle del mercado; sabía dónde podía interceptar a Baba si lo que Gopen había dicho era verdad. Efectivamente, Baba estaba exactamente donde Gopen le había indicado que estaría.

El enigmático Gopen junto con Bindeshvari y otros como él, eran una parte integral del intenso ambiente devocional que rodeaba a Baba, una atmósfera tan inusual, que hizo que Harinder se preguntara si su primo lo había llevado a un asilo para lunáticos.

La caminata nocturna de Baba era otra oportunidad para que los discípulos disfrutaran de la compañía del maestro y gozaran el resplandor de su personalidad polifacética. No había ningún tema que estuviera fuera del rango de interés de Baba. Cada noche, la discusión podía ramificarse de política a astronomía, a historia natural, a antropología o arte, todos los temas enriquecidos con series interminables de historias ilustrativas, citas de poetas, escritores y filósofos, algunas veces en lenguas que nunca antes habían escuchado y que él luego traduciría.

Una vez, Ram Tanuk y varios discípulos estaban acompañando a Baba en una caminata cerca de Ranchi. Después de una larga explicación de cómo se había desarrollado el sistema de castas durante la era budista, Baba inició una discusión acerca de las diferencias psicológicas entre la gente de Magadha en Bihar del sur y la gente de Mithila en Bihar del norte, señalando cómo las vacas domésticas de esas áreas también compartían algunas de esas mismas diferencias psicológicas. Luego se detuvo y les preguntó por qué había tanto polvo allí. Todos permanecieron en silencio.

—Ustedes encontrarán que Bihar del sur es muy polvoriento mientras que Patna no lo es —dijo Baba—. El clima de Patna es cálido y húmedo, y la tierra se vuelve muy pegajosa durante la temporada de lluvia, mientras que Bihar del sur se pone muy seco cuando paran las lluvias. ¿Alguno de ustedes me puede decir por qué? —Baba hizo una pausa, pero nadie se atrevió a dar una respuesta—. Es porque en comparación, la tierra de aquí se formó más recientemente, mientras que la tierra de Patna es bastante antigua y por eso tiene más elasticidad. Las tierras recién formadas se convierten en polvo más fácilmente. Si caminan en Patna después de una lluvia, se vuelve difícil dar un segundo paso porque la tierra se vuelve grumos en los pies.

Algunas veces Baba cambiaba el centro de atención hacia la historia personal de un discípulo, recontando incidentes del pasado que ellos mismos habían olvidado, como si él hubiera estado ahí observándolos. Harinder recuerda algunos de estos incidentes de sus primeras caminatas que eran típicas de la naturaleza íntima e informal de la relación de Baba con sus discípulos en ese tiempo:

Una vez, estaba sentado con Baba en la tumba del tigre cuando él me preguntó cuáles habían sido las últimas palabras de mi padre cuando estaba en su lecho de muerte. Fue en 1947. Le dije a Baba que no podía recordar, pero él me pidió repetidamente que siguiera tratando. Traté lo que más pude, pero lo único que podía recordar de esa escena era que había lágrimas en sus ojos. Tres de mis tíos estaban presentes y también un anciano del pueblo, un sirviente, dos cuñadas y yo. Eso era todo lo que recordaba, pero no lo que había dicho. Luego, Baba tocó la parte de atrás de mi columna. Inmediatamente, la escena se desplegó en mi mente y me acordé. Empecé a repetir las palabras y Baba las repitió conmigo.
—Harinder, siento no haber podido hacer nada por ti. Debes tener buenas relaciones con todos. Debes trabajar duro y mantenerte en compañía de buenas personas.
Baba y yo repetimos las mismas palabras al mismo tiempo.
Otra vez, mientras estábamos sentados en la tumba, él empezó a decirme que hacía tiempo había habido dos mujeres en mi pueblo que se llamaban Radhiya. Eran madre e hija, y las dos eran viudas. También eran muy devotas de Dios y aspirantes espirituales sinceras. Él dijo que solían tomar baños regularmente en el riachuelo frente a mi casa. Le dije a Baba que el agua no era apropiada para bañarse porque el agua del desagüe se canalizaba ahí, pero Baba me dijo que había sido un río en esa época y que inclusive botes lo habían navegado. Él dijo que había habido un ghat frente a mi casa en el que ellas se solían bañar. Luego recordé que una vez estaban cavando un pozo en esa área y la gente encontró los restos de un bote. Cuando volví al pueblo, pregunté por esas dos mujeres pero nadie parecía saber nada de ellas. Había un hombre que tenía más de cien años, había sido un gran cazador en sus días de juventud y era muy robusto. Yo fui a visitarlo y empecé a hablar de esto y aquello. Al final, le pregunté si en algún momento había habido dos mujeres en la aldea llamadas Radhiya y Radhiya, madre e hija. Él recordó inmediatamente que cuando era muy joven, las había visto regularmente tomando el baño frente a mi casa. Después del baño se pasaban horas alabando a Dios. Las dos eran viudas y no tenían ningún descendiente. Él me preguntó cómo sabía de ellas. Le dije que había oído de ellas por un santo.
Otro día, en la tumba del tigre, Baba estaba hablando de la necesidad de mantener buenas compañías. Él me recordó un incidente cuando era estudiante

de la clase ocho. Un día, el departamento de relaciones públicas de Muzaffarpur mostró un documental en la escuela de la aldea. Yo fui a ver el documental pero llegué muy tarde y ya había terminado. Cuando volvía a casa, se desató una tormenta, lo que es común durante el verano. En el camino, un muchacho me habló de un sembrado de mango en el que con seguridad muchos mangos habían caído debido a la tormenta. Él dijo que eran muy dulces y trató de convencerme de que fuera con él. En realidad, él tenía algo en contra del dueño de ese sembrado. Cuando llegamos, encontramos algunos mangos caídos, pero el muchacho se subió en uno de los árboles y empezó a sacudir las ramas vigorosamente. Muchos mangos cayeron en el suelo. Yo sabía que si el dueño se enteraba se quejaría a mi familia de que yo estaba robando mangos de su sembrado en la oscuridad. Yo podía imaginar muy bien las consecuencias. Estaba muy asustado, así que corrí hasta mi casa; me pasé el resto de la noche temblando de miedo. También tenía rabia de que ese muchacho me hubiera llevado hasta allí con falsos pretextos. Este incidente me perturbó por varios días. Baba me lo recordó y me dijo el nombre del dueño del sembrado, Rudar Singh, y del muchacho que me llevó, Raghunandan Paswan. Me sentí extraño cuando escuché a Baba recontar el incidente con tanto detalle, incluyendo los nombres, especialmente porque yo lo había olvidado por completo. Le dije a Baba que el muchacho me había engañado y que yo escapé cuando me di cuenta que él estaba tratando de utilizarme.

—Sí —dijo Baba—, es por eso que yo digo que es esencial estar siempre en buena compañía.

Había dos cosas en las que todos los discípulos que lo acompañaban en esas caminatas estaban de acuerdo: Baba era un magnífico contador de historias y tenía un humor excelente. Un día, Baba estaba sentado en la tumba, hablando de la relación que existe entre los hijos adultos y los padres ancianos. Él contó una historia para ilustrar este punto. Como siempre, adornó la historia con gestos y cambios en el tono de voz como un actor consumado, provocando las carcajadas de los discípulos en el proceso.

—Había una vez un anciano que vivía con su hijo y su nuera. Un día, un amigo lo fue a visitar y le preguntó cómo estaba. "¡No preguntes!" dijo el viejo. "Últimamente, ni siquiera recibo comida apropiada". Su amigo pensó por un momento, y luego le entregó una moneda de plata. "Toma esta moneda. Cada noche, cuando tu hijo y su esposa se acuesten, toma la moneda y déjala caer al borde de la cama doscientas veces".

—"¿Por qué? ¿De qué serviría?"

—"Créeme", le dijo el amigo. "Voy a volver en una semana a ver cómo va todo".

—El anciano hizo exactamente lo que su amigo le dijo. Cada noche, el hijo y la nuera escuchaban el tintineo de la moneda cayendo en el borde de la cama. Ellos estaban convencidos de que el anciano tenía dinero en un escondijo secreto y lo contaba cada noche. Un día, cuando el anciano no estaba, registraron la habitación. No pudieron encontrar nada, pero eso sólo los convenció más de que lo tenía bien escondido. No querían arriesgarse a perder el dinero cuando él muriera, así que empezaron a tratarlo mejor. Cuando su amigo volvió, el anciano le dijo: "mi amigo, esta moneda ha cambiado mi vida".

—Cuando finalmente el anciano murió, el hijo y la nuera registraron la habitación, pero lo único que encontraron fue una sola moneda de plata al lado de la almohada. Sólo entonces entendieron que el viejo había sido más listo de lo que creían.

Aunque Baba rara vez estaba callado durante las caminatas, hizo una excepción una semana de 1956. El domingo anunció:

—Durante la próxima semana voy a mantener una estricta vigilancia en todos mis discípulos para ver si están siguiendo los principios de yama y niyama con sinceridad. Al final de la semana voy a reprender cualquier desvío, pero no voy a revelar las fallas en público. Toda conversación en la tumba del tigre queda prohibida por este tiempo. Nadie debe hacer preguntas. Voy a estar observando a mis discípulos donde sea que estén y no quiero que me molesten.

Naturalmente, los discípulos estaban determinados a mostrar el mejor comportamiento. Una tarde, unos días después, Nityananda estaba parado en el patio del ashram con Goba y con Dwarikanath cuando el deseo se apoderó de él.

—Dwarikanath, dame la caja de tabaco.

—¡Qué! Tú prometiste que no ibas a inhalar rapé esta semana. Sabes que Baba está observando.

—Dámela, Dwarikanath. Ya ha sido suficiente.

De mala gana, Dwarikanath le entregó la tabaquera. En el instante en que Nityananda tomó una pizca, Dwarikanath empezó a reprenderlo, con un tono de voz y unos gestos inesperadamente idénticos a los de Baba.

—¿Nityananda, qué crees que estás haciendo? ¿Crees que puedes esconder tus acciones de mí? Te dije que iba a estar observando. Si es necesario aparezco en forma física también. Nadie puede actuar secretamente sin mi conocimiento. ¿Entiendes?

Goba abrió los ojos sorprendido.

—¡Dwarikanath se convirtió en Baba! —exclamó. Corrió hacia el ashram gritando una y otra vez—: Dwarikanath se convirtió en Baba, Dwarikanath se convirtió en Baba, vengan a ver.

Luego corrió hacia donde Nityananda y Dwarikanath estaban e hizo sastaunga pranam frente a Dwarikanath. Varios marguis lo siguieron, ansiosos de ver lo que estaba pasando. Al mismo tiempo, Nityananda se aterrorizó. Rápidamente puso la caja de tabaco en el bolsillo de Dwarikanath, mientras Dwarikanath se mantuvo de pie frente a él con las manos en la cadera y con una expresión severa en el rostro, reprendiéndolo por no mantener la disciplina adecuada. Después de unos minutos, Dwarikanath volvió a ser él mismo.

—¿Qué te pasó? —le preguntó Nityananda—. ¿Por qué estás actuando así?

—No sé —contestó Dwarikanath con cara de confusión—. No sé qué pasó. Es como si no hubiera estado aquí para nada.

Los marguis, curiosos, pasaron algunos minutos discutiendo entre ellos; finalmente llegaron a la conclusión de que de alguna manera, Baba había tomado prestado el cuerpo de Dwarikanath por esos minutos para poder reprender a Nityananda. Sin embargo, Nityananda tenía sus dudas. Probablemente, como estábamos hablando de Baba, pensó, la idea de Baba entró en su mente subconsciente e influenció su mente consciente. Después de que todos se fueron, invitó a Dwarikanath a que lo acompañara a su habitación, con la intención de probarlo sin nadie alrededor. Cuando llegaron, Nityananda le preguntó por la tabaquera otra vez. Tan pronto como Dwarikanath se la entregó, su voz y sus gestos cambiaron.

—Nityananda —le dijo—, ¿estás tratando de probarme? ¿No sabes que siempre estoy contigo, observando cada una de tus acciones, cada momento del día? Si es necesario, hasta me voy a aparecer en forma física frente a ti. No me puedes esconder nada, ni tus acciones ni tus pensamientos.

Asustado, Nityananda tiró la caja de tabaco por la ventana. Más adelante, Dwarikanath volvió en sí. Cuando Nityananda lo cuestionó, él no era consciente de lo que había pasado. Fue como si esos pocos minutos no hubieran sido registrados para nada en su consciencia.

El domingo, los marguis se reunieron en el ashram para el darshan. Instalaron un pizarra y Baba empezó a escribir los nombres de varios discípulos. Al lado de cada nombre escribió los castigos respectivos. Después de escribir el nombre de Nityananda y su castigo, lo tachó. Luego se dirigió a los discípulos y les dijo:

—Nityananda estuvo a punto de cometer un error. De hecho, él ya había cometido el error mentalmente; pero como en realidad no lo cometió, se borra el castigo. —Cuando un margui le pidió aclaración, Baba dijo—: Él estaba a punto de inhalar rapé, una ofensa que merece castigo, cuando una fuerza invisible lo previno de cometer este error. Debido a la advertencia de esta fuerza invisible, él pudo contenerse. Por esta razón lo perdoné.

Ram Naresh Pandey, un oficial de la PMB, fue asignado a Jamalpur de 1955 a 1957. Durante ese tiempo aprovechó todas las oportunidades posibles de acompañar al maestro en sus caminatas nocturnas. Ram Naresh era un cantante excelente. Cuando él estaba en la tumba del tigre, Baba le pedía que cantara una o dos canciones devocionales, generalmente en bhojpuri, la lengua materna de la madre de Ram Naresh y la lengua favorita de Baba en su niñez.

Una noche, Ram Naresh se demoró debido a sus deberes oficiales. Ya eran casi las diez cuando llegó al campo. Se fue derecho para la tumba del tigre, esperando fervientemente que Baba todavía estuviera allí. Como encontró la tumba vacía, empezó a buscar en otros lugares en donde el maestro se detenía ocasionalmente, pero fue en vano. Triste por haberse perdido el darshan de Baba esa noche, regresó hacia la tumba y se sentó. Cuando estaba allí sentado, nubes de lluvia aparecieron con la rapidez sorprendente tan común en la temporada de lluvia del norte de India. Se puso oscuro tan rápido, que no podía ver ni unos pocos metros adelante. El cielo se desató y cayó un aguacero tan fuerte que lo dejó temblando, empapado hasta los huesos; pero se rehusó a aceptar la derrota. Se levantó y empezó a caminar de regreso al ashram, cantando una canción en bhojpuri con sus brazos levantados y los ojos medio cerrados, impulsado por la convicción de que podía atraer a Baba con su canción. "Oh, Baba", cantó, "mi amor por ti es tan intenso, es un amor de millones de años". Cantó este verso una y otra vez con sus ojos a medio cerrar mientras recorría el largo y lodoso camino a través de los campos hasta las afueras del pueblo. Cuando llegó al puente peatonal que cruzaba las líneas del ferrocarril al este de la estación, sintió que alguien lo agarraba del brazo. Cuando se volteó vio a Chandranath salir de la oscuridad.

—Ram Naresh —dijo Chandranath—, has hecho algo maravilloso, pero ¿por qué no viniste al ashram en este clima tan terrible? Baba nos estaba dando una charla muy importante, cuando de repente se detuvo y nos dijo que teníamos que ir a la tumba: "Ram Naresh me está esperando allá", dijo, "llorando y completamente empapado".

—¿Dónde está Baba? —preguntó Ram Naresh con lágrimas en los ojos.

—Él está aquí.

Chandranath se volteó y alumbró a Baba con la linterna, quien se encontraba a pocos metros de distancia en medio de la oscuridad.

—Mi hijo —le dijo Baba—, hoy te he causado mucho dolor. Es mi error.

Ram Naresh cayó a sus pies llorando, sin importar el lodo.

—No, Baba, cuando salí de mi casa hacía buen clima, pero después se desató la tormenta.

—Sí, lo sé. Tú seguiste mi orden, pero yo no la seguí.

—Por favor, Baba, no digas eso.

—Está bien, sigamos.

De camino a la casa de Baba, Ram Naresh tuvo dificultades para contener las lágrimas, vencido por el amor al maestro, un amor tan poderoso que había hecho que Baba saliera a buscarlo en medio de la lluvia.

Ram Naresh no era el único cantante de melodías devocionales que era capaz de demandar la presencia de Baba con su intenso amor. En otra ocasión, Mashin Bahadur estaba meditando en la habitación de Baba en el ashram cuando Ananda Kishore llegó con su hija de once años. Ananda Kishore le pidió a la hija que lo esperara en la sala y se sentó a meditar con Mashin. Mientras los hombres meditaban, la hija empezó a cantar una canción devocional, danzando y llorando mientras cantaba. Muy pronto, los dos hombres empezaron a llorar también. Perdieron consciencia del paso del tiempo, medio escuchando la canción, medio meditando. De repente, escucharon a Bindeshvari gritando:

—¿Quién está ahí?

Cuando los dos hombres abrieron los ojos, encontraron a Baba sentado junto a ellos, con los ojos a medio cerrar, escuchando en éxtasis la canción de la niña. Bindeshvari estaba con él y se veía molesto.

—¡Miren los pies de Baba! —les gritó Bindeshvari—. ¿No ven cómo están de rojos?

Los dos se sorprendieron cuando vieron las condiciones en que estaban los pies de Baba, pero aun así, no entendieron lo que estaba pasando.

—Ustedes lo atrajeron hasta acá en medio de una tarde de verano muy caliente. ¿En qué estaban pensando? ¿Se dan cuenta que ni siquiera tuvo tiempo de ponerse los zapatos?

Mashin y Ananda Kishore empezaron a llorar y a masajear los pies de Baba, mientras que el maestro continuaba en éxtasis, aparentemente ajeno a su presencia. Lentamente, Baba volvió a la normalidad y ellos lo acompañaron a su casa. Después de dejar a Baba en la puerta de la casa, Bindeshvari le contó lo que había pasado:

—Estaba acostado en una banca en la veranda, tratando de escapar del calor, cuando vi a alguien en dhoti y camisilla caminando descalzo por la calle. Me quedé aterrado de ver a alguien caminando descalzo bajo este sol caliente, pero me tomó uno o dos minutos darme cuenta de que era Baba. No podía creerlo. Así que corrí y llevé a Baba adentro de la casa. Mientras estaba sentado, le traje un par de zapatos y una camisa. Cuando le pregunté por qué estaba caminando descalzo bajo un sol como este, me dijo que una de sus devotas estaba en el ashram llamándolo y él no podía soportar mantenerse alejado.

Cada devoto tenía una historia que contar acerca de su relación con el maestro, una relación tan profunda que cuando enfrentaban un problema serio, ya fuera físico, mental o espiritual, ponían su fe en que él los rescataría de su situación. Uno de ellos era Jitendra Tyagi, un adinerado, bebedor empedernido, hombre de empresa y buen amigo de Asthana, quien había recibido la iniciación de Baba en octubre de 1954, después de que su familia, preocupada por su forma de beber, lo había urgido a adoptar un camino espiritual. Poco después de la iniciación, Baba envió a Shiva Shankar Bannerjee a Bhagalpur a decirle a Tyagi que sufría un caso avanzado de tuberculosis en ambos pulmones. Si quería vivir, tenía que dejar la bebida inmediatamente. La noticia sacudió a Tyagi; pero la idea de dejar el alcohol era impensable. Una tos crónica lo acosaba desde hacía algunos meses, pero había podido controlar este problema con dosis regulares de whisky, la misma bebida milagrosa, le fanfarroneaba a sus amigos, que le había permitido pasar las vacaciones invernales en Darjeeling sin tener que ponerse más que una ligera camisa. Pensó en ir al doctor, pero dejar el alcohol simplemente estaba fuera de discusión.

En una semana, Tyagi tenía fiebre. No mucho después se sintió tan débil, que encontraba difícil levantarse de la cama. Asthana, preocupado porque su amigo no estaba siguiendo las instrucciones de Baba, lo urgió a dejar de beber y a practicar su meditación y sus posturas de yoga lo más estrictamente posible.

—¿Cómo esperas que medite si hasta levantarme se me hace difícil? —le dijo Tyagi—. ¿Estás tratando de matarme con esta meditación? Mi problema empeoró después de la iniciación.

Pero Asthana continuó insistiendo. Unos días más tarde, Tyagi empezó a toser sangre, y tuvo que cumplir su promesa de ver a un médico. Al día siguiente salió para Calcuta, y se hospedó en la casa de uno de sus amigos más cercanos, Raghuvir Prasad, un administrador de aduanas, quien también era el jefe de Asthana. Lo examinó un especialista eminente, Dr. Bidhan Chandra Roy[3], quien confirmó las noticias de Baba. Le diagnosticó una tuberculosis avanzada en los dos pulmones y lo puso en un tratamiento a largo plazo de inyecciones diarias y reposo estricto en la cama. Pero eventualmente, como no respondió al tratamiento, el doctor le dio la triste noticia de que no podía hacer mucho más por él.

—Rézale a Dios —le aconsejó el Dr. Roy—. En este momento, él es tu única esperanza.

A la mañana siguiente, todavía recostado en la cama, Tyagi escuchó una voz dentro de él que le decía: "una vez te has entregado a mí, no te puedes entregar a los doctores y a sus medicinas". A medida que avanzó el día la voz se volvió más fuerte y para cuando llegó la noche estaba convencido. Aunque prácticamente no podía caminar, se levantó de la cama. Pese a las objeciones de su preocupado anfitrión, de alguna manera, llegó a la estación del tren, en donde abordó el tren hacia Bhagalpur. Una vez llegó a Bhagalpur llamó a Asthana y le pidió que lo llevara a Jamalpur en el carro.

—Tiré mis medicinas —le dijo—. Voy a poner mi vida en las manos de Baba. Si él no me puede salvar, entonces volveré a mi casa en Delhi a morir allá; pero no voy a tomar más medicinas o a ver más doctores.

Llegaron a Jamalpur en la noche y se dirigieron directamente al ashram en las habitaciones del ferrocarril, en donde un pequeño grupo de discípulos se había reunido a esperar a Baba. Tyagi se sentó en silencio en un rincón y Asthana le dijo a los discípulos en qué condiciones se encontraba Tyagi. Discutieron colectivamente cuál sería la mejor forma de dirigirse a Baba. Mientras conversaban, escucharon un golpe en la puerta. Todos se quedaron callados. Pranay se apresuró a abrir la puerta y ahí estaba Baba con su energía característica. Se dirigió al catre y se sentó. Los discípulos se amontonaron alrededor de él. Dio una corta charla y conversó directamente con varios de los discípulos, pero no le dijo nada a Tyagi y ninguno se atrevió a traer el tema a colación directamente. Luego, Baba los sorprendió cuando les dijo que tenía que hacer un trabajo importante y que necesitaba que lo dejaran solo. Todos salieron al patio y discutieron sobre lo que debían hacer, pero uno o dos minutos después, alguien gritó:

—Tyagi sahib, Tyagi sahib, Baba te llama.

Tyagi corrió a la habitación de Baba y se postró frente al maestro.

—¿A dónde huyes? —le preguntó Baba.

Tyagi no tenía idea a qué se refería Baba. Sin saber qué decir, se quedó callado.

—¿Estás enfermo? —le preguntó Baba.

—Sí, Baba —contestó Tyagi, agachando la cabeza. Baba cerró los ojos por unos momentos, luego estiró el pie y tocó el pecho de Tyagi con el dedo gordo.

—Ve, come y sé feliz.

Tyagi hizo pranam y salió de la habitación. Tan pronto como llegó al patio, Asthana se asombró de verlo más joven y más fuerte, como si hubiera subido de peso instantáneamente.

—¿Qué pasó? —le preguntó, pero lo único que Tyagi le pudo decir fue que estaba hambriento. Lo acompañaron a la casa de Bindeshvari en donde comió una gran cena, la primera buena comida que había tenido en varios meses. Sólo después de la comida pudo explicarles lo que había pasado cuando estuvo a solas con Baba.

—¿Qué sentiste exactamente? —le preguntaron después de que terminó de contarles la historia—. ¿Sentiste una corriente eléctrica cuando Baba te tocó?

—No, nada. Sólo me sentí muerto de hambre.

Unos días más tarde, Tyagi volvió a Calcuta y le contó a Raghuvir que su gurú lo había curado. Raghuvir lo acompañó a donde el Dr. Roy para que lo examinara nuevamente. El doctor estaba gratamente impresionado al encontrar que no había ni una sola señal de tuberculosis.

—Tus rayos x son los de un paciente que ha tenido tuberculosis en el pasado y se ha recuperado. ¿Quién te trató? ¿Cómo te curaste?

—Nadie me trató —Tyagi contestó—. Simplemente le recé a Dios tal y como usted me aconsejó.

Al día siguiente, Raghuvir Prasad telefoneó a Asthana y le insistió que hiciera los arreglos inmediatos para su iniciación. El administrador de aduanas[4] pronto se convertiría en uno de los más fervientes discípulos de Baba. Ahora que se había recuperado, Tyagi volvió a sentir la urgencia de beber, pero cuando fue a la tienda de licores a comprar una botella de whisky, descubrió que ya no la quería. Nunca más volvió a beber.

Cuando Asthana le comunicó a Baba la petición de Raghuvir, el maestro le dijo que él iba para Bhagalpur la semana siguiente y que Raghuvir lo debía encontrar al atardecer en un lugar en particular a la orilla del Ganges. Inmediatamente después de la iniciación, Raghuvir se llenó de dudas, convencido de que iba a ser difícil para él expiar todos los pecados en una sola vida, pero Baba le dijo:

—Dios te ha dado ojos en la parte frontal de la cabeza, no en la parte de atrás. Mira hacia adelante, no hacia atrás. Una breve mirada hacia atrás puede ser necesaria una que otra vez para recordarnos que no debemos volver ahí nunca más; eso es todo. Hoy he limpiado tu pasado. Desde ahora eres un hombre nuevo.

Tyagi no fue la única persona con tuberculosis que buscó una cura en Baba, fácil de entender, considerando la amplia prevalencia de la enfermedad en esa época. Se estima que en 1955 había catorce millones de casos de tuberculosis en India. Aún hoy, continúa siendo la causa de mortalidad número uno por enfermedades infecciosas, con medio millón de muertes por cada dos millones de casos reportados, treinta por ciento del total mundial.

Más adelante, ese mismo año, el Dr. Vishvanath descubrió que su cuñado sufría de una tuberculosis avanzada. Él lo llevó a donde un renombrado especialista, Dr. Matsu, quien había tenido un gran éxito en el tratamiento de la tuberculosis; pero después de examinar al paciente, el doctor le dijo que la enfermedad estaba en un estado tan avanzado que él no podía hacer nada por él. Cuando la familia se enteró de que la enfermedad era incurable, se desesperaron. Habían escuchado las historias milagrosas que Vishvanath solía contarles, así que empezaron a presionarlo para que le pidiera a su gurú que intercediera. Vishvanath estaba reacio a hacerlo. Les explicó que Baba no se encontraba con personas que no se hubieran iniciado, además, lo más seguro era que el paciente tuviera que viajar a Jamalpur, un viaje que no estaba en condiciones de hacer. Sin embargo, la familia insistió. Vishvanath accedió y viajó con ellos a Jamalpur, donde hizo los arreglos necesarios para su iniciación sin revelar el propósito de su visita. Después de que los iniciaron, él fue a ver a Baba. Antes de que se levantara de sastaunga pranam, Baba empezó a regañarlo.

—¿Vishvanath, por qué me estás convirtiendo en un asilo? La única razón por la que trajiste a tus familiares fue para tratar de curar la enfermedad de tu cuñado. Ninguno de ellos estaba motivado espiritualmente para tomar la iniciación.

Vishvanath agachó la cabeza, incapaz de mirar a Baba a los ojos.

—Tú sabes la filosofía del samskara. Tu cuñado está sufriendo esta enfermedad como resultado de sus acciones anteriores. Por la ley de Prakriti, tiene que someterse a este sufrimiento para poder expiar las reacciones de sus malas acciones del pasado. ¿Quieres que viole las leyes de Prakriti?

Vishvanath se mantuvo en silencio. Juntó las manos en el pecho y mentalmente le dijo a Baba que aceptaría lo que él pensaba era lo mejor.

—Muy bien —dijo Baba—, haz una cosa. Lleva al paciente al pozo y dale un baño con cuarenta baldes de agua fría. Luego, tráelo para que yo lo vea, y no te preocupes. Sin duda no va a morir.

Vishvanath estaba avergonzado por haber molestado a su gurú con semejante petición, pero estaba seguro de que cualquier cosa que Baba le recetara iba a funcionar. Fue a donde su hermana y le dio las instrucciones de Baba. Al principio estaban asustados, especialmente el paciente, quien tenía miedo de morir a causa del baño, pero Vishvanath no iba a aceptar un no por respuesta.

—Estas son las órdenes del gurú. Si vas en su contra, es bajo tu propio riesgo.

La advertencia fue suficiente. Vishvanath le dio el baño al paciente tal y como Baba le había indicado y luego lo llevó a que viera al maestro. Baba le dio su bendición al cuñado y le dijo a Vishvanath que lo llevara a la tumba del tigre tomando la ruta que Baba siempre tomaba y luego volviera sin detenerse. A pesar de que el paciente se estaba sintiendo muy débil y los doctores le habían prescrito quedarse en la cama descansando, él estaba dispuesto a seguir las instrucciones de Baba. Cuando completaron todo el camino de más o menos dos horas, se estaba sintiendo mejor de lo que se había sentido en varios meses. La familia estaba sorprendida con el cambio. El paciente estaba tan feliz, que en vez de regresar a su casa con el resto de la familia, se quedó por otro mes en Jamalpur para asistir todos los días al darshan de Baba.

No mucho después, Vishvanath empezó a tener un fuerte dolor de garganta, tan severo que tenía dificultades para tomar agua. Fue a donde el doctor pero el tratamiento no funcionó. Aun así no quiso decirle a Baba. Prefería soportar el samskara y dejar que la enfermedad corriera su curso. La lección que Baba le dio se había implantado fuertemente en su mente. Después de tres días, una persona a la que no había visto antes tocó a su puerta y le entregó un paquete.

—Baba me envió a entregarte esto. Me dijo que era medicina para tu garganta.

Vishvanath juntó las manos en el pecho para enviar un pranam silencioso a Baba. Tomó una dosis y en unas pocas horas el dolor disminuyó. Al día siguiente, su garganta había sanado completamente, así que fue a donde Baba y le pidió la fórmula, inspirado por la idea de que podría ayudar a mucha gente si aprendía a preparar el remedio. Baba sonrió y le dijo:

—Ah, Vishvanath, ¿quieres hacer dinero con este remedio?

Baba no le dio la fórmula.

A medida que pasaba el tiempo, Baba se volvía más y más estricto con sus discípulos. No quería que lo proyectaran como un hacedor de milagros, especialmente cuando se trataba de curar a enfermos. En una entrevista, Virendra Asthana describió la actitud de Baba en esa época:

> En 1956 o 1957, la esposa de uno de los oficiales del Servicio Civil de la India, Saroj Lal, fue diagnosticada con cáncer. Creo que fue en 1957. Recibí una llamada de la oficina del ministro en jefe informándome de la situación. No tuve el coraje de pedirle más detalles porque ella no había sido iniciada, pero me pidieron que por lo menos le preguntara a Baba. Yo le dije que como ella estaba ya en las última etapa del cáncer, no era cuestión de preguntar. Ya era demasiado tarde. De todos modos, cuando fui a Jamalpur, le dije a Baba de la llamada telefónica que había recibido del ministro en jefe. Baba me preguntó qué le había contestado. Yo le dije que le había dicho que ya era muy tarde, que si hubieran preguntado antes, ella podría haber aprendido la sádhana y habría tenido la oportunidad de curarse. Baba me dijo:
>
> —Mira, yo no quiero que me vean como a un doctor. No quiero que me vean como a un Cristo. Esta costumbre de la gente de estar hablando de estas cosas debe parar. Baba no vino a esta tierra a hacer milagros. Estos no son mis milagros. Es debido a la entrega de la gente que estas cosas pasan. ¿Por qué debo ser ensalzado como un doctor o como un hacedor de milagros?
>
> Esa era su actitud en 1957. Yo dije:
>
> —¿Cómo puedo prevenirlo?
>
> Baba dijo:
>
> —¿Por qué no? Tú estás en contacto con mucha gente. La gente anda de aquí para allá hablando de estas cosas. Yo no quiero que mis discípulos hablen de estas cosas con otras personas.

De todos modos, había un administrador de aduana, Omprakash Setty, quien trabajaba en la oficina de aduanas en Allahabad. Él era de Lucknow. Como muchos de los trabajadores del departamento de aduanas, él también se inició. Más o menos unas mil o dos mil personas de ese departamento se iniciaron. Antes de la iniciación, él solía fumar muchísimo, pero después de la iniciación dejó el hábito. Un día, otra persona de la oficina de aduanas de Allahabad que también se había iniciado, me dijo:

—Señor, mi amigo Setty tiene problemas.

Le pregunté cual era el problema. Me dijo que Setty había ido a Lucknow para hacerse un examen físico y los doctores le habían dicho que tenía cáncer en los pulmones. Si hubiera sido tuberculosis, probablemente hubiera sido curable, pero como era cáncer no había cura en esa época. Él vino a Allahabad y su esposa estaba llorando. Ella vino a pedirme que hiciera algo. Yo la escuché pero me quedé callado. No dije, ni prometí nada. Luego ella fue a donde mi esposa y le dijo que Baba podía hacer algo. En aquel entonces su esposo tenía treinta y dos y ella tenía veintinueve. Mi esposa me dijo que ellos eran muy jóvenes y que yo debía hablar con Baba de esta situación, pero yo estaba reacio a hacerlo, sabiendo lo que Baba pensaba de estas cosas.

Cuando fuimos a Jamalpur, fuimos a caminar con Baba. Mi esposa fue con nosotros a la tumba del tigre. Ella le contó a Baba del cáncer de Omprakash Setty, y lo que los doctores habían dicho. Baba dijo:

—¿Qué puedo hacer? Es su samskara.

Ella le dijo a Baba que debía hacer algo porque la esposa era joven y tenían un bebé. Ella continúo insistiendo que Baba debía curarlo. Finalmente, Baba dijo:

—Está bien, pregúntale a Virendra qué se debe hacer. No te preocupes, todo va a salir bien.

Yo no sabía nada del *cikitsá* yóguico en esa época. El libro de Baba todavía no se había publicado. Yo sólo le dije que debía practicar sádhana en la forma apropiada. Después de dos semanas, el cáncer desapareció. Probablemente, Baba quería rectificar su sádhana. Más adelante, él se convirtió en acharya y la hija de su hermano mayor en *avadhutika* (discípula monástica).

XV
El año de las demostraciones

La semilla de la omnisciencia es inherente a la mente humana, pero debido a la absoluta ignorancia, la mente humana ha olvidado su capacidad y su naturaleza inherentes[1].

A PESAR DEL crecimiento de Ananda Marga, la vida privada de Baba continuó siendo tan simple como siempre. Tal y como Dilip Bose, un acharya que estaba relacionado con Baba por matrimonio, anotó:
—Baba era una persona con sus discípulos y otra persona completamente diferente con la familia. Él era tan normal en su vida de familia y otras situaciones sociales, que nadie podía creer que él fuera más que un hombre común y corriente.

En su casa, Baba vivía una vida de hijo obediente y buen vecino en una familia de clase media baja que no podía darse lujos. La habitación que compartía con su hermano Sudanshu tenía una cama de madera, una pequeña banca que servía como mesa, una biblioteca pequeña y unos pocos ganchos para colgar la ropa, nada más. Él se ponía los zapatos hasta que les aparecía un hueco en la suela, entonces se los llevaba al zapatero para que los remendara, en vez de comprar un par nuevo[2]. En vez de botar la barra de jabón cuando se estaba acabando, la pegaba a una nueva. A diferencia de otros gurús tradicionales de la India, él no aceptaba regalos de los discípulos, ni comida, ni ropa, ni siquiera flores. De hecho, él no se permitía ninguna extravagancia, siguiendo sus propias enseñanzas de que la verdadera riqueza es mental y espiritual y que el apego a las posesiones físicas normalmente son dañinas para la elevación del espíritu humano[3].

Los esfuerzos de Baba por mantener su identidad como el gurú de Ananda Marga en secreto fueron tan exitosos, que por mucho tiempo, la mayoría de sus vecinos y aun miembros de su familia no estaban seguros de cuál era su afiliación con Ananda Marga. Algunos asumieron que era miembro de la nueva organización; algunos sabían que era el presidente. Lakshmi, el vecino de al lado sospechaba la verdad, pero era muy respetuoso como para preguntarle directamente. Lo que hizo fue llenar de preguntas a su antiguo compañero de clase Rameshvar Baita, a quien había visto acompañando a Baba en las caminatas. Cuando le preguntó que si Prabhat-da era el fundador de Ananda Marga, Rameshvar cambiaba el tema o le daba una respuesta lo más evasiva posible. Un día, cuando Rameshvar estaba caminando con Baba en el campo, se detuvieron en un

manantial. Baba se agachó a tomar agua y Rameshvar le preguntó si era apropiado que un discípulo evadiera la verdad con subterfugios.
Baba lo miró.
—Claro que no. ¿Por qué me preguntas?
—Baba, la consciencia me está molestando. Casi todos los días Lakshmi me pregunta si eres el gurú de Ananda Marga, y yo siempre tengo que hacer lo que pueda para evadir una respuesta directa.
—Rameshvar, esta no es una acción egoísta de tu parte. Lo estás haciendo por mi bien. Yo tengo mucho trabajo que hacer. Tengo que ir a la oficina, al ashram, al mercado. Si todos llegan a saber que yo soy el gurú, me va a crear problemas. No sólo a mí, sino también a mis vecinos, colegas y familiares. Es una cuestión de cortesía.
Aún en 1963, un hombre de Jamalpur fue a Anandanagar a registrar a su hijo en la escuela primaria de Ananda Marga. Cuando llegó, le dijo a los discípulos que era conocido de Prabhat-da.
—Él es un gran devoto de Ananda Marga —les dijo—. Él va a todas las reuniones de Ananda Marga. También es una persona muy conocedora. Nadie lo derrota en los debates.
Los discípulos sonrieron y asintieron con la cabeza, pero no mencionaron que Prabhat-da en realidad era el gurú de Ananda Marga.

Desde que empezó su trabajo como maestro espiritual, Baba realizó demostraciones para el beneficio de sus discípulos, ilustraciones prácticas de las enseñanzas espirituales y miradas fascinantes a los aspectos de la encarnación que normalmente están fuera del alcance de la percepción humana. En 1956 estas demostraciones espirituales se volvieron muy comunes, hasta el punto de que algunos de los discípulos más antiguos especulaban que Baba las estaba utilizando para acelerar el crecimiento de la organización y profundizar el entendimiento y el compromiso de los recién llegados. Aunque la naturaleza de las demostraciones variaba mucho, muchas eran variaciones de los mismos temas. Las demostraciones del samadhi eran frecuentes, lo mismo que miradas a los síntomas asociados con el despertar de la kundalini. Numerosas demostraciones mostraban los mecanismos sutiles detrás del funcionamiento del universo, muchos de ellos varios siglos antes de ser descubiertos por la ciencia moderna. La demostración de la muerte se repetiría en varias ocasiones en los años posteriores. Pero probablemente no había demostraciones más populares que las que mostraban el proceso de la reencarnación y el efecto de nuestras acciones pasadas en la vida del presente.
Al principio, varios discípulos le sirvieron a Baba como sujetos de estas demostraciones; pero a medida que el tiempo pasaba, Dasarath gradualmente se convirtió en el médium principal, el silencioso director de escuela que todos respetaban por su honestidad, simplicidad y el aura de santidad que rápidamente desarrollaba. La primera vez que se encontró con él, Baba le dijo que interiormente iba a ser un sadhu y exteriormente un caballero. Pronto se convirtió en un practicante espiritual dedicado que se levantaba cada mañana a las tres y media para sentarse a meditar por tres horas[4], antes de empezar las

actividades diarias, una práctica que mantendría por el resto de su vida. Tal y como su maestro, cumpliría su rol de hombre de familia y educador a la perfección, manteniendo en privado su vida de yogui.

Usualmente, Baba tocaba a Dasarath en la parte de atrás de la cabeza al nivel de la médula oblongada y le pedía que mirara en la mente de un discípulo sentado cerca de él y que describiera lo que veía. A medida que la práctica de Dasarath progresaba, Baba dejó de tocarlo y simplemente le pedía que concentrara la mente y mirara. De repente, por orden de Baba, la niebla de su mente se desvanecía y él empezaba a ver imágenes aparecer, como si estuviera en un cinema viendo una película. Luego describía lo que había visto, consciente de que era sólo un médium. Con el tiempo, Dasarath empezó a desarrollar la habilidad de ver las placas mentales de los demás, aun en la ausencia de Baba, una habilidad que él no encontraba tan agradable como se pudiera pensar.

En una entrevista, Dasarath describió su experiencia:

> Algunas veces, Baba me escogía para ver vibraciones espirituales. En una de esas ocasiones, me mostró los diferentes tipos de ondas que irradiaban de las personas presentes en la habitación de Baba en el jagriti de Jamalpur. Estas ondas irradiaban de la cabeza de las personas que estaban allí. Las ondas eran de diferentes colores. Una de estas personas, un intelectual, tenía ondas verdes alrededor de la cabeza. Baba nos dijo que las ondas verdosas representan el intelecto.
>
> En otra ocasión, vi a una persona con un tipo de onda muy curiosa. No había visto nunca un fenómeno así. Ondas negras salían del lado derecho de su cabeza y de su cara y ondas blancas salían del lado izquierdo. Me quedé estupefacto y no pude hablar por un tiempo. Baba entendió mi perplejidad y dijo:
>
> —Sí, el hombre es muy bueno interiormente, pero su exterior es fuerte. Las ondas blancas muestran su naturaleza sutil interior, y las negras su estados superficiales.
>
> Otra vez, vi las ondas de un joven antes y después de su contacto personal con Baba. Antes de ver a Baba, las ondas eran bastante negras. Después del contacto personal, la negrura de las ondas se redujo y estaban mezcladas con rayas de color blanco.
>
> Luego, desarrollé el hábito de ver las ondas de otros. Me daba mucho placer y, aun sin su permiso, continué con mis curiosas visiones. Una vez, noté ondas blancas alrededor de dos personas que estaban en la veranda del jagriti en Jamalpur. Me encontré a uno de ellos antes de que abandonara la Marga y las ondas a su alrededor se habían vuelto oscuras y angustiantes.
>
> Le dije a Baba que estaba viendo las ondas de otras personas aun sin que él me lo indicara. Baba me pidió que no lo hiciera, ya que era un sendero destinado a caer. Desde entonces no he vuelto a hacer este tipo de cosas.

En otra entrevista, Dasarath explicó que era como si viera el aura de las personas y sus pensamientos con los ojos abiertos, de la misma forma que veía su ropa, sólo que estaba utilizando su ojo interior y no había forma de cerrarlo. Se dio cuenta de que la mayoría de las veces era una experiencia desagradable. Demasiada gente tenía colores oscuros arremolinados en sus auras, una reflexión de los estados negativos de la mente y carácter desagradable. Algunas veces, escuchar sus pensamientos era como escuchar hablar a un loco. Finalmente, Dasarath se le quejó a Baba, y Baba se apiadó de él y le retiró esta habilidad.

A medida que la frecuencia de las demostraciones aumentaba, Dasarath fue adquiriendo gradualmente semejante reputación entre los recién llegados, que algunas veces le tenían miedo, preocupados de que él pudiera leer sus pensamientos. Su notoriedad creció a tal punto, que una vez a principios de los años sesenta, un estudiante universitario llamado Amit[5] fue a Jamalpur a ver a Dasarath cuando le dijeron que podía ver el pasado y el futuro de la gente. Sólo después de acompañarlos en una de las caminatas, se dio cuenta que Dasarath era tan solo un médium, y que el poder verdadero residía en Baba.

Entre las demostraciones que eran repetidas con frecuencia, estaban aquellas en las que Baba mostraba que el héroe revolucionario Subhash Chandra Bose seguía con vida, a pesar de los reportes oficiales de su muerte. En una de estas demostraciones, Dasarath estaba en el ashram sentado con otros marguis, en el darshan del domingo.

—Concentra tu mente —le dijo Baba—, y empieza a moverte hacia el horizonte en el oeste. Describe lo que ves.

—Baba, veo una sucesión de colinas con árboles y planicies abiertas.

Baba continuó guiándolo como si fuera un controlador de tráfico aéreo, pidiéndole que cambiara de dirección varias veces. Siguiendo las instrucciones de Baba, Dasarath empezó en el este y luego volteó más en dirección del norte, hasta que llegó a los Himalayas, describiendo el escenario a medida que avanzaba. Baba lo guió a través de las estribaciones, hasta una gama de mesetas tibetanas más altas.

—Detente —le dijo Baba—. ¿Dónde estás?

—Baba, en una montaña remota, cerca de Limpopo en Tíbet.

—Ahora desciende y busca una cueva en la ladera de la montaña.

—Puedo ver una cueva en la ladera de la montaña, debajo de un farallón.

—Entra en la cueva y describe lo que ves.

—Está bastante oscuro adentro. Puedo ver la figura de un yogui sentado en un cuero de animal, meditando. La parte superior de su cuerpo está desnuda, tiene el pelo largo y tiene algunos utensilios de cocina cerca.

—¿Reconoces al yogui?

—No, Baba.

—Míralo más de cerca a ver si puedes reconocerlo.

Dasarath dudó por unos momentos.

—Baba, se parece a Subhash Chandra Bose.

—Sí, es correcto. Pregúntale si desea volver a India.

Dasarath se mantuvo en silencio por algunos momentos antes de contestar, completamente inmóvil, en postura de loto, con sus ojos cerrados firmemente, tal y como estaba el yogui al que estaba observando con su visión interior.

—No, Baba, él no desea volver a la India. Ahora, su único deseo es dedicar su vida a las prácticas espirituales.

—Entonces déjalo en paz. Él ya ha hecho suficiente servicio por la sociedad. Ahora ha alcanzado un estado en su vida en el que debe concentrarse en la sádhana.

En otra ocasión, Baba llamó un *dakshini*, un tipo de entidad luminosa, o *devayoni*[6], y le pidió a Dasarath que le preguntara si Subhash estaba vivo todavía y que mirara su frente de cerca. Si veía una estrella, entonces estaba vivo; si veía una cruz, entonces estaba muerto. Él vio una estrella. Baba haría numerosas demostraciones por un periodo de tiempo, en las que demostraba que Subhash estaba vivo siguiendo la vida de un yogui ermitaño.

Las demostraciones sobre los misterios de la reencarnación eran comunes. Una vez, una discípula, que solía visitar Jamalpur regularmente, perdió a su hijo debido a una enfermedad fatal durante la infancia. Un día, en el jagriti, vencida por una tristeza persistente, le pidió a Baba que le dijera cómo estaba su hijo. Baba la consoló por algunos minutos y luego se dirigió a Dasarath y le dijo que averiguara si su hijo ya había reencarnado. Dasarath se concentró y empezó a narrar que él había nacido en una familia acomodada de Gowahati en Assam. Estaba a punto de decir el nombre de la familia cuando Baba lo detuvo.

—Si ella cree que puede localizar a su hijo, se crearía demasiada tensión en su mente —le dijo Baba—. Entra la mente del bebé y mira si hay consciencia o alguna angustia debido a la separación de su primera madre.

—No, Baba —le respondió Dasarath—. El bebé está muy feliz con esta nueva familia. Está recibiendo mucho amor y mucho afecto.

—Ahora mira el futuro del bebé. ¿Qué ves?

—Baba, el futuro del bebé es muy brillante.

—Bien, ahora ve más profundo en la mente del bebé y mira si le gustaría o no volver a donde su madre anterior si fuera posible de alguna manera.

—Baba, el bebé no quiere ser molestado. Él está feliz donde está y no quiere irse.

Cuando la demostración terminó, la mujer descubrió que la angustia que la había acompañado por tanto tiempo se había disipado. De hecho, se sintió aliviada al escuchar que su hijo había tenido un nacimiento feliz en el que iba a continuar con su recorrido espiritual. Luego, Baba explicó que las razones kármicas por las que su hijo había estado con ella por tan poco tiempo eran los samskaras que debía quemar por medio de su muerte temprana. Concluyó diciendo:

—Las relaciones humanas con aquellos que nos son cercanos sólo duran cierto periodo de tiempo. La vida de familia puede ser comparada con un viaje en tren. En cada estación, nuevos pasajeros abordan el tren y los viejos se bajan. Es natural que establezcamos amistades con los que abordaron y que desarrollemos un sentimiento de cariño y calidez por ellos; pero, ¿derramamos lágrimas cuando se bajan en sus destinos respectivos? No, para nada. Lo mismo aplica a las relaciones de familia. Mientras estamos juntos, debemos amarnos y honrar nuestros deberes para con el otro. Pero una vez se rompe el lazo, no debemos dar cabida a la tristeza y al desespero. Todas estas relaciones son temporales. La única relación duradera es con Paramapurusha, el Señor Supremo.

En otra ocasión, un joven de una familia acomodada fue a Jamalpur para su primer darshan. Mientras los marguis estaban sentados con Baba en el jagriti, Baba le pidió a Dasarath que mirara en la vida pasada de este joven.

—Baba, veo un bosque denso. En medio del bosque hay un sadhu sentado meditando.
—Ahora ve unos años más adelante. ¿Qué ves?
—Veo un cuerpo sin vida cubierto con una sábana blanca.
—Sí, este joven era un asceta espiritual en su vida anterior. Era un buen sádhaka, pero albergó una atracción hacia los placeres materiales. En algunas ocasiones, esperaba poder nacer en una familia adinerada en su próxima vida. Como era un aspirante espiritual y repetía el nombre de Dios regularmente, una serpiente lo mordió para que pudiera satisfacer su deseo latente. Por esta razón nació en la familia de un mercader.

Baba tornó su atención al muchacho.
—¿Le tienes temor a las serpientes?
—Sí, Baba, le he tenido un terrible temor a las serpientes desde que era un niño. Aún ahora, no puedo ni soporto pensar en ellas.
—Haz tu sádhana con sinceridad. Gradualmente este miedo desaparecerá.

Las demostraciones en las que Baba mostró las vidas pasadas de distintos discípulos se volvieron tan comunes que muchos de ellos tenían una gran curiosidad por saber quién habían sido en el pasado, aunque muy pocos tuvieron la osadía de preguntarle a Baba directamente. Un discípulo de Calcuta que tenía una mente muy intelectual, Manohar Lal Gupta, solía visitar Jamalpur cuando tenía la oportunidad. Él tenía mucha curiosidad sobre sus vidas pasadas y estaba convencido de que debía haber sido un yogui muy avanzado en su vida anterior para merecer un gurú de semejante tamaño en esta vida. En una de estas ocasiones, Manohar asistió al darshan con un grupo de amigos a quienes había inspirado recientemente a recibir iniciación. Durante el darshan, su mente divagó mientras Baba daba su discurso, absorto una vez más en su pasado oculto, hasta que lo sacudió la voz de Baba llamándolo. Manohar fue hasta el frente del salón y se sentó al lado de Dasarath, emocionado con la idea de que Baba podía estar a punto de mostrarle su vida pasada. Efectivamente, Baba le pidió a Dasarath que mirara atentamente en su mente para ver quién había sido en su vida pasada.

—Baba, veo un lago en las afueras de una pequeña villa en lo que parece ser una zona rural de India. Un sadhu se está acercando al lago y se está preparando para bañarse. Se está quitando la camisa y el *lungi*[7]; sólo tiene el taparrabos. Ahora está vadeando en el agua y está cantando "Rama, Rama" en alabanza al Señor.

Manohar tuvo un sentimiento de anticipación, preguntándose si Dasarath o Baba iba a nombrar al santo o a decir en qué era había vivido y cuan elevado había sido.

—Baba —continuó Dasarath—, está chasqueando el agua con las manos, pero permanece absorto en la ideación.

—Sí. ¿Qué más?

—Veo un pez viejo acercándose al santo. Parece que el pez está muriendo. Casi no se puede mover. Está al lado del sadhu. —Dasarath se quedó callado por unos momentos—. Ah, la mano del sadhu tocó al pez; inmediatamente después, el pez se volteó y se quedó quieto, flotando en la superficie del lago.

—Esta bien, ahora dime, quién era este muchacho en su vida anterior?

—Él era el pez, Baba.

—Sí —Baba dijo, arrastrando su voz grave, a medida que la sangre subía a la cara de Manohar—. Él había sido un pez en su vida pasada. En el momento en que el pez murió, su cuerpo entró en contacto con la mano del santo. Como el santo estaba absorto en ideación cósmica, la vibración espiritual que emanaba hizo que el pez sufriera *ulambhan*, un salto en la evolución.

Manohar[8] regresó a donde sus amigos, sin poder ocultar su vergüenza; pero después de unos pocos años, él disfrutaba contando la historia y burlándose de su arrogancia.

En una entrevista, Chandra Shekar, un ingeniero retirado, describió una demostración similar durante sus días de estudiante:

> En esa época, tenía la sensación de que yo debía haber sido ya sea una gran persona o un rey en mi vida pasada. Es por esto, que empecé a desarrollar ego en mi mente. Era probablemente la tercera vez que había visto a Baba. Yo estaba sentado cerca de él, y aunque tenía un sentimiento de entrega, también tenía algo de ego. Estaba teniendo un choque entre mi ego y mi sentimiento de entrega, y ese ego no dejaba que mi sentimiento de entrega creciera. Había una discusión. El estado de ánimo de Baba se tornó grave; de repente, dijo:
>
> —Él está lleno de ego.
>
> Todos miraron alrededor para ver de quién estaba hablando Baba. Él me estaba mirando a mí. Su buen humor había cambiado completamente. Yo sentí que había dejado que una cruda mentalidad entrara en mi mente. Baba me pidió que me pusiera de pie de frente a todos y luego le pidió a Dasarath que viera mis vidas pasadas. Dasarath empezó a mirarme y yo a él. Luego Dasarath dijo que estaba viendo la carne de mi cuerpo sin la piel. Luego dijo que la carne había desaparecido y sólo quedaba el esqueleto. Estas imágenes entraron en mi mente una por una.

A Dasarath le resultaba difícil ver, así que Baba lo ayudó. Luego Dasarath dijo que veía una extensa pradera. En la pradera había un árbol y alguien estaba sentado bajo el árbol. Una vez más tuvo dificultades para ver, así que Baba lo ayudó. Dasarath dijo que podía ver a un águila volando en el cielo. Baba le preguntó si el águila tenía algo en las garras. Dasarath le dijo que sí, que llevaba algo en las garras.

Entonces, Baba nos dijo que yo había sido un águila en mi vida pasada en una jungla en el Brasil. Nos empezó a decir que un grupo de reconocimiento había ido a este lugar y uno de los ingenieros se había separado del grupo y se había perdido. En ese momento tenía mucha hambre. Estaba sentado debajo de un árbol, contando las últimas respiraciones de su vida, pensando que iba a morir de hambre. Sucedió que esta águila tenía un pedazo de carne en sus garras. Cuando voló sobre el árbol, dejó caer el pedazo de carne frente al hombre. Cuando el hombre vio el pedazo de carne, se puso feliz. Él pensó inmediatamente que la comida había aparecido por la gracia de Dios. Cuando miró para arriba vio al águila, así que oró para que Dios hiciera algo bueno por el águila. Él era una persona piadosa, y debido a su bendición, el águila era ahora Chandra Shekar en esta vida por medio de *ulambhan*. Eso fue todo lo que Baba mencionó.

Y así toda mi vanidad y ego se redujeron a polvo ante él. Entonces Baba me dijo que siguiera adelante con mi sádhana y tratara de llegar a ser grande. Él me dijo que no pensara en mi última vida, porque tales pensamientos me harían una regresión. Debo mirar hacia adelante y seguir avanzando más y más hacia mi meta.

Frecuentemente Baba utilizaba estas demostraciones para mostrar las complejidades de la ley de acción y reacción, causa y efecto, y cómo impacta el largo viaje de los seres vivos a través de sus diferentes vidas. En su filosofía, aclaró que el destino de una persona depende de la naturaleza de sus pensamientos y de sus acciones y de los samskaras resultantes. La continua tolerancia del pensamiento crudo, indicó, puede hacer que la mente se degenere hasta tal punto, que es forzada a adoptar un cuerpo animal en la vida siguiente para que pueda satisfacer el samskara adquirido.

Una vez, Baba estaba caminando hacia el ashram con Dasarath. Cuando pasaron frente a una de las casas, vieron a un grupo de gente reunida. La atmósfera era grave y solemne. Baba le pidió a Dasarath que fuera a ver qué estaba pasando. Después de preguntar, Dasarath regresó y le explicó a Baba que la persona cabeza de familia en esa casa había fallecido hacía algunas horas. La familia y los amigos estaban reunidos para el luto mientras el cuerpo era preparado para el trayecto final a los campos de cremación.

Baba escuchó calladamente y luego continuó caminando.

—Dasarath —dijo—, mira atentamente a ver si puedes rastrear el futuro de esta alma que ha perdido el cuerpo.

Dasarath se concentró por unos momentos y dijo:
—Baba, esta mente ha sufrido una regresión. Va a tomar el cuerpo de un perro en su próxima vida.
—Sí, es correcto. Aunque este hombre era un miembro prominente de la comunidad de brahmines, no era una persona piadosa como le corresponde a un brahmín. De hecho fue un hombre inmoral y egoísta que nunca reflexionó o se arrepintió de sus malas acciones. Estaba lleno de la vanidad y la arrogancia de las castas. Durante su vida trató a las castas inferiores con desprecio. ¿Cuál va a ser la recompensa por su orgullo y vanidad? Va a reencarnar en un perro. Si entra en una de las reuniones de brahmines, ¿no lo van a tratar como a un intocable y lo van a echar, de la misma manera que él hizo a otros en su vida?

Aunque las demostraciones fueron en su mayoría llenas de humor y siempre educativas, algunas veces Baba las usaba para impartir una lección seria y estricta a un aspirante obstinado. En una de esas ocasiones, un nuevo discípulo de Hazaribagh, Kamalesh, iba por primera vez a una de las caminatas. Mientras caminaban hacia la tumba del tigre, Baba le dijo a Dasarath:
—Dime, ¿qué vida va a tener este muchacho si muere en este momento?
Kamalesh puso cara de espanto.
—No te preocupes —le dijo Baba—. No estoy diciendo que te vas a morir en este momento. Sólo le estoy pidiendo a Dasarath que vea qué tipo de cuerpo tendrías si murieras en este momento.
Dasarath miró al muchacho por un momento y dijo:
—Baba, si él muriera en este momento, tomaría el cuerpo de un escorpión.
Baba miró a Kamalesh con solemnidad.
—Dime, ¿en qué tipo de actividades estas involucrado que te harán desarrollar el impulso reactivo[9] de un escorpión?
Kamalesh se mantuvo en silencio. Como no respondió, Baba cambió de tema y empezó a conversar con los otros discípulos que lo acompañaban. Al día siguiente, antes de el Darshan General[10], Baba le pidió a unos discípulos que llamaran al muchacho que había venido de Hazaribagh y lo llevaran a su habitación. Después de unos cuantos minutos, escucharon a Kamalesh sollozando en la habitación de Baba. Cuando abrió la puerta cerca de una hora después, y Baba y Kamalesh salieron, Baba le preguntó:
—¿Entiendes por qué tu personalidad se volvió como la de un escorpión?
—Sí, Baba.
—Entonces no te preocupes más por lo que has hecho. Esos impulsos reactivos se han terminado. Olvida tu pasado y mira hacia el futuro. De ahora en adelante, vive tu vida como un verdadero ser humano.

Aunque 1956 será recordado como el año de las demostraciones, estas demostraciones fueron parte integral del estilo de enseñanza de Baba durante toda su vida. Aunque los discípulos compartían estas historias de vez en cuando con familiares y amigos que no eran marguis, eran conscientes de su carácter fantástico. Como diría un discípulo:

—Algunas veces queríamos salir corriendo a la calle a contarle a todo el mundo lo que estaba pasando en esa habitación, pero claramente no podíamos. Nadie nos iba a creer. Muchas veces hasta a nosotros nos costaba trabajo creerlas y estábamos ahí, viendo lo que sucedía.

XVI
Locura divina

Cuando la devoción (bhakti) entra en contacto con la onda espiritual de pura Consciencia, que está por encima de los tres principios, ya no se puede llamar sutil o cualificada, pero puede legítimamente llamarse kevalá. En kevalá bhakti no existe la atadura de la limitación. Aquél que alcanza el estado de kevalá bhakti olvida todo protocolo y baila, canta, llora y ríe en el placer supremo. Es sólo a esta altura de elevación espiritual que las ataduras mundanas, ripus, pashas y las restricciones sociales dejan de existir[1].

A principios de 1957, Baba llamó a varios de sus más antiguos discípulos a su habitación y les dijo que estaba pensando en formar grupos de prachar y mandarlos a diferentes áreas a realizar programas intensivos de prachar. Cuando aprobaron la idea, Baba le pidió a Pranay que enviara una carta para informar a los marguis del programa.

A Rameshvar Baita, Tarkeshvar, Mahadeva y Chandradeva, se les asignó Gaya, uno de los centros hindúes más grandes de peregrinaje. Después de acordar las fechas para el viaje y de hacer los arreglos para dejar sus trabajos, llegaron a Jamalpur para escuchar el darshan de Baba, antes de salir para Gaya. Baba llamó a los cuatro a su habitación y les dio una pequeña charla sobre la importancia del trabajo que iban a hacer. Luego, le asignó a cada uno de ellos un tema diferente para dirigirse al público.

—Baba —dijo Rameshvar—, yo no me siento seguro de hablar en público.

Instantáneamente, el comportamiento de Baba cambió.

—¿Quién tiene que hablar, tú o yo?

—Tú, Baba.

—Entonces, ¿por qué me estás diciendo que no puedes hablar de este tema? Lo único que tienes que hacer es quedarte ahí; yo soy el que va a hablar.

Rameshvar agachó la cabeza y asintió. Baba le pidió a los cuatro que se acercaran. Uno a uno, los tocó en el punto del sexto chakra en medio de las cejas. Los cuatro entraron en estado de trance. Cuando recuperaron la consciencia, Baba estaba sonriendo.

—¿Ahora están listos para dar sus charlas? —les preguntó.

—Sí, Baba —le contestaron, todavía con la sensación de la energía espiritual subiéndoles por la espina dorsal.

—Muy bien, ya se les acabó el tiempo, deben tomar el tren.

Llegaron a Gaya a la media noche y pasaron la noche en la estación. Por la mañana fueron a la casa de un familiar de Mahadeva para bañarse y prepararse para trabajar. En pocas horas pudieron conseguir una sala de conferencias y un micrófono para el día siguiente a las seis. Siguieron las instrucciones de Baba de separarse e ir a las diferentes esquinas a hablar a los transeúntes acerca de la filosofía y para entregar las invitaciones. Cuando el programa empezó, la sala de conferencias estaba llena. Cada uno de ellos habló del tema que Baba le había asignado. Después del discurso final, Mahadeva preguntó a la audiencia quiénes estaban interesados en iniciarse. Casi todos levantaron la mano y los cuatro permanecieron allí hasta el amanecer enseñando meditación.

De Gaya fueron en dirección a Jahannabad, de pueblo en pueblo, siguiendo la secuencia que Baba les dio. En cada pueblo hablaron con el líder, explicaron el propósito de su visita y le pidieron que les ayudara a encontrar un lugar para la reunión y finalmente que informara a los habitantes acerca del programa. Después de las charlas y de las iniciaciones subsecuentes, tomaban un tren o el bus hacia el siguiente pueblo. Cuando finalmente llegaron a Jahannabad, tomaron el tren a Jamalpur y fueron directamente a donde Pranay, el secretario general, para darle un reporte de sus actividades. Luego, Pranay les informó que Baba estaba enfermo y les pidió que fueran a las habitaciones de Baba a ofrecerle su pranam.

Cuando llegaron a la casa de Baba, lo encontraron recostado afuera en el catre con una fiebre de 39 grados. Baba se sentó y los saludó con una gran sonrisa y namaskar. A pesar de la fiebre, insistió en escuchar los detalles de su viaje. Cuando terminaron, se excusó y fue a tomar un baño de agua fría. Cuando volvió, Rameshvar le preguntó:

—¿Baba, por qué tomaste un baño de agua fría? ¿No se supone que uno debe evitar el agua fría cuando tiene fiebre?

—No te preocupes, no me va a pasar nada. Ustedes tuvieron que caminar bajo el sol, y es debido al sol que la fiebre azul se está extendiendo —dijo Baba—. Si ustedes se enferman, ¿quién va a hacer mi trabajo? Shiva Shankar está en Assam y todos los demás están de viaje. Ahora que ustedes regresaron voy a mejorar.

Al día siguiente, los síntomas de la fiebre de Baba habían desaparecido. Cuando Rameshvar se enteró, empezó a llorar, seguro de que Baba los había protegido de la enfermedad tomando sus samskaras[2]. En los meses siguientes, los grupos de prachar fueron a lugares distantes como Assam y a zonas del interior en Bengala Occidental. Todos fueron exitosos y el alcance de la organización se expandió.

En febrero, el Dr. Sachinandan organizó un DMC en su pueblo natal Indas, en el distrito de Birbhum en Bengala Occidental, a unos cuarenta kilómetros de Shantiniketan, el centro internacional de educación y cultura fundado por Rabindranath Tagore. Unos meses antes, siguiendo las instrucciones de Baba, Sachinandan movió su dispensario de Jamalpur a Indas, un acto de sacrificio muy apreciado por la gente de la localidad. Empezó a hacer prachar en los pueblos cercanos, una práctica que llevó a su padre a desheredarlo por ir en contra del hinduismo ortodoxo. Para la fecha del DMC, Ananda

Marga ya había establecido su presencia en el distrito. Más de cuatrocientos iniciados estaban esperando a Baba el día quince cuando llegó a Maheshpur, la estación de tren más cercana. Más de la mitad de ellos eran de la localidad. Baba recorrió los tres kilómetros desde la estación hasta el pueblo en una carreta tirada por bueyes, un medio de transporte todavía común en las áreas rurales de la época. A medida que la comitiva se acercaba al pueblo, los hombres empezaron a saltar y a cantar y a tocar las conchas marinas, mientras las mujeres emitían el sonido del *ulu-ulu*, un fuerte repique agudo y ondulante que se emite moviendo la lengua contra el interior de los labios, y que es considerado auspicioso en la cultura bengalí.

Durante el día, los marguis llevaron a Baba caminando hasta un lugar llamado Milanpur, en donde los ríos Bakreshvar y Kopai se cruzan. Allí les señaló el lugar ideal para construir un embalse y les dio instrucciones detalladas de cómo mejorar la situación económica de esa área, incluyendo el tipo de sembrados que se podían plantar y en dónde, cómo abrir pequeños molinos para las cosechas, y les dio un plan para crear cooperativas para los productores y los consumidores de los productos finales. También les dio una larga charla acerca de la historia de Birbhum. Empezó con una corta historia poco conocida del origen del nombre "Birbhum". Les contó la historia de la fundación de Indas y algunas de las aldeas vecinas y les indicó dónde podían encontrar las ruinas arqueológicas de los asentamientos originales.

En la noche, el fervor devocional era tan intenso que cuando se acabó el DMC, los devotos se revolcaban en el suelo y lloraban; muchos ni siquiera se dieron cuenta cuando Baba se bajó de la tarima. Uno de los marguis que no fue afectado por el fervor describió así esta experiencia:

> En la mañana nos dieron arroz inflado, chile negro frito y melazas para desayunar. Al mismo tiempo, Haraprasad Haldar vino y empezó a comer de nuestros platos. No comió de los platos de todos, porque dijo que no habían repetido el mantra de la segunda lección antes de comer. Más tarde, cuando les preguntamos, nos dijeron que era verdad, no habían tomado la segunda lección antes de comer. Un poco más tarde, Haldar le ordenó a un perro que pusiera las patas en la cabeza de un abogado y el perro obedeció su orden. Fue muy sorprendente, se paró en las patas traseras y puso las patas delanteras en el sahasrara chakra del abogado.
>
> Por lo menos cincuenta de las personas que estaban ahí actuaron en forma anormal. Cuando los aldeanos vieron a todas estas personas haciendo estas cosas, se convencieron de que debía haber algo muy poderoso en Ananda Marga. Muchos de ellos se iniciaron. Había un Dr. Chakraborty que también exhibió estos mismos síntomas de locura. Yo estaba durmiendo a su lado después del DMC. Él me rodeó con sus brazos esa noche mientras continuaba en una especie de trance. Yo me asusté cuando esto pasó, entonces fui a donde Baba y le dije que estas cosas estaban pasando, que la gente se había enloquecido y

que el Dr. Chakraborty de Ranchi estaba haciendo esto y aquello. Baba escuchó todo lo que dije. Luego me dijo que todo iba a estar bien en la mañana después de que él se fuera. Todo estaba en paz nuevamente esa mañana, pero todavía había algunas personas con algunos síntomas de locura.

En esos primeros días de Ananda Marga, la relación devocional entre Baba y sus discípulos a menudo parecía una especie de locura en la que los devotos bailaban y cantaban como los movía el espíritu. Un ejemplo de esto era Vijay Ray, un abogado de Krishnagar que había tomado iniciación de Haraprasad durante una de las visitas de prachar que Haraprasad hizo a su ciudad natal. Él había recibido otras lecciones de Sukhen, un acharya local que Haraprasad había iniciado y enviado a Jamalpur para entrenamiento. El mismo Sukhen a quien el padre de Haraprasad mandó a Jamalpur a socorrer a su hijo justo después de la iniciación de Haraprasad. Pronto, Vijay empezó a sentir semejante intoxicación en su meditación que muchas veces cantaba y danzaba en su habitación, especialmente en la noche, dándole rienda suelta a la felicidad que sentía. Su esposa y otros miembros de la familia se convencieron de que el abogado se había enloquecido. La situación se tornó tan difícil, que los vecinos iban a contemplar el sorprendente espectáculo de un abogado bailando y cantando como un loco, sin pensar o preocuparse por lo que la gente pudiera pensar. Naturalmente, le echaron la culpa a los pies de Ananda Marga y a las prácticas de yoga que estaba realizando.

Un día, a eso de las dos de la mañana, un fuerte golpe a la puerta sacó a Sukhen de un profundo sueño. Todavía atontado por el sueño, abrió la puerta y encontró a un margui local que le informó que Vijay estaba causando una conmoción terrible, era mejor que viniera rápido. Sukhen corrió hacia la casa de Vijay y lo encontró sentado en postura de loto con los ojos cerrados, balanceándose hacia adelante y hacia atrás, conversando con Baba como si Baba estuviera presente físicamente. Su esposa estaba a punto de la histeria. Sukhen empezó a masajearlo. Cuando Vijay abrió los ojos, Sukhen le explicó que estaba preocupando a la familia y que debía salir de su trance y actuar normalmente. Consiguió persuadir gradualmente a Vijay de volver a la normalidad. El abogado comió algo y pudo calmar los temores de la familia, pero una noche después, y la siguiente, se repitió la misma escena. La mañana siguiente, Sukhen recibió una carta de Pranay con un mensaje de Baba diciéndole que no se preocupara: Vijay no estaba loco, sólo sufriendo ciertos síntomas espirituales como resultado del movimiento de la kundalini que lo hacía bailar y cantar.

—No te preocupes por las acusaciones o los abusos de otros —le aconsejó Baba en la carta—. Continúa moviéndote hacia adelante; yo estoy siempre contigo. Al mismo tiempo, llévalo a la corte contigo. Él volverá a la normalidad gradualmente.

Sukhen hizo lo que Baba le indicó, pero después de algunos días, la familia de Vijay encerró a Vijay en una habitación y trajo a un fakir musulmán que forzó a Vijay a comer unas raíces medicinales que dijo iban a eliminar la locura de Vijay. El resultado fue completamente opuesto. Vijay tuvo una violenta reacción a la medicina y la familia terminó internándolo en una sala psiquiátrica. Aunque lo dejaron salir rápidamente, decidieron entablar una demanda contra Sukhen y contra Ananda Marga por causar la locura de Vijay. Otra carta llegó de Jamalpur diciéndole a Sukhen y a los otros marguis que no se preocuparan; nadie tenía el poder de causarles daño. Sukhen envió por Haraprasad, quien fue con él a encontrarse con la familia y con las autoridades. La familia acusó a los marguis de robar el alma de su hijo. Haraprasad contestó que la familia de Vijay debería ser encerrada por la locura de hacer semejante acusación. El caso fue cerrado y después de una acalorada discusión, Sukhen los convenció de dejarlo llevar a Vijay a donde el gurú, bajo la promesa de una cura para su "enfermedad".

Se programó un DMC para marzo de 1958 en Amra, la aldea natal de Nityananda, localizada también en el distrito de Birbhum. Sukhen, Haraprasad y más o menos otra docena de marguis de Krishnagar, trajeron a Vijay al DMC. Llegaron un día antes con la intención de pedirle una cura a Baba. Tan pronto llegó Baba, Pranay llevó a Sukhen a su habitación.

—¿Qué noticias me traes de Krishnagar? —le preguntó Baba. Como Sukhen no supo qué contestarle, Baba se dirigió a Pranay y le empezó a contar que un margui de Muzaffarpur estaba bailando y cantando, cómo era un buen prachar para Ananda Marga, y cómo lo mismo estaba pasando en otro lugar con los mismos resultados. —Entonces, Sukhen —continuó Baba—, ¿qué te pasa? —Sukhen le contó los problemas que Vijay estaba causando en Krishnagar. Baba le dio el mismo consejo que le había enviado en la carta—: Lo que le está pasando a Vijay es un buen síntoma, Sukhen. Él está experimentando el impulso reactivo de su vida anterior. Dale tiempo. Él volverá a la normalidad gradualmente. Mientras tanto, ve con él a la corte y ayúdale a ajustarse a sus tareas diarias.

Cuando Sukhen salió de la habitación de Baba, Nityananda lo alcanzó y le pidió que lo ayudara a iniciar a algunos aldeanos locales que estaban esperando en una casa a más o menos un kilómetro de allí. El resto de los marguis de Krishnagar obtuvieron permiso para entrar en la habitación de Baba. Ellos le rogaron a Baba que devolviera a Vijay a la normalidad. Baba escuchó pacientemente y luego envió a Partha a que trajera a Vijay. Una vez Vijay entró, Baba dio instrucciones a todos de sentarse en posición de meditación.

—Los que tengan dhyana, practiquen dhyana —les dijo—. Aquellos que sólo tienen *ishvara pranidhana*[3], practiquen ishvara pranidhana.

En un momento, todos empezaron a experimentar varios estados de éxtasis. Algunos empezaron a balancearse y a gemir; otros se levantaron y empezaron a bailar y a cantar con los ojos cerrados. A un kilómetro de allí, Sukhen estaba dando una iniciación. De repente, sintió como si lo levantaran de la tierra y lo dejaran caer desde el cielo. Acababa de darle el mantra a su nuevo iniciado. Abrió la boca para explicar el proceso de meditación pero no salió ninguna palabra. La intoxicación era tan fuerte que sintió como si se estuviera enloqueciendo. Salió de la habitación tambaleando, y se encontró a Nityananda en el mismo estado. Sin poder entender lo que les estaba pasando, volvieron a las habitaciones de Baba para preguntarle al maestro qué estaba pasando. Afuera de las habitaciones de Baba encontraron a Haraprasad, quien acaba de salir de la habitación de Baba. Le corrían las lágrimas por la cara.

—Mi cuerpo se está quemando —les dijo—. Esta felicidad es muy intensa.

Los otros devotos de Krishnagar salieron a borbotones de la habitación de Baba detrás de él. Entre ellos, el único que se encontraba en un estado normal era Vijay, quien estaba, desafortunadamente para él, completamente "curado".

A medida que la intoxicación de los otros marguis se desvanecía, la de Haraprasad persistía sin cesar. Mientras caminaba por las calles de Amra, bailando y riendo, el mundo a su alrededor se mostraba ante él como un reluciente tapiz de luz, imágenes translúcidas en una panorámica de 360°. Le narraba a los marguis que lo acompañaban los pensamientos secretos y las emociones de los árboles y las plantas que pasaban por el camino y trataba de explicarles cómo entender los pensamientos de otros seres vivos. Algunos marguis fanáticos habían arrancado unas plantas de albahaca en la aldea, porque los hindúes las adoraban como diosas. Haraprasad los avergonzó cuando les tradujo las historias de sufrimiento que esas plantas le habían contado. Las cabras de la aldea, las ovejas y los bueyes los seguían mientras caminaban. Algunos trataron de acercarse a Haraprasad y lamerlo y frotarse en él. Un buey salvaje se les acercó en forma amenazante. Los otros marguis retrocedieron pero Haraprasad lo tomó de la cola y lo acarició; el animal se volvió completamente dócil. Haraprasad les dijo que los bueyes del pueblo eran maltratados. Ellos se le habían quejado de que después de toda una vida de trabajo, sus dueños musulmanes los sacrificaban. Llamó a los dueños y los regañó por maltratar a los animales. Varias personas a las que Haraprasad tocó, encontraron su estado de intoxicación contagioso. Ellos también empezaron a bailar y a cantar. Un nuevo discípulo, un abogado de Bankura, había permanecido insensible al estado devocional general hasta que Haraprasad lo rozó en el pasillo principal, en donde estaba recostado con un chal cubriéndole la cabeza. Se levantó instantáneamente, levantó los brazos y empezó a bailar y a cantar con los demás.

Aunque el área del DMC había sido acordonada y limitada a marguis solamente, pusieron parlantes afuera para los aldeanos; la mayoría se sentaron a escuchar los discursos de Baba. Cuando el programa terminó, los marguis hicieron una larga procesión para acompañar a Baba a cruzar el río Mayurakshi para ir a la estación del tren. Una muchedumbre fue a verlos partir, algunos más interesados en Haraprasad que en Baba, atraídos por los rumores de su intoxicación divina. Después de la partida de Baba, los marguis hicieron la fila con los demás pasajeros para comprar sus boletos. Un brahmín anciano estaba haciendo la fila. Cuando Haraprasad lo vio, le dijo a los marguis que le dijeran que no tenía que comprar el boleto.

—Díganle que debe ir a casa y descansar.

Sukhen y otros más le dieron el mensaje. Les costó mucha dificultad, pero finalmente lograron convencer al molesto brahmín de cancelar su viaje y volver a su casa. Cuando finalmente se fue, Haraprasad le dijo a los marguis que iba a morir en pocas horas.

—Es mejor si muere en su propia cama —dijo. Al día siguiente, les llegó la noticia de que en realidad el hombre había muerto, tal y como Haraprasad lo había predicho.

Antes de que Haraprasad abordara el tren, un gran grupo de aldeanos lo rodeó y le pidió que les diera alguna guía espiritual. Él le pidió a un acharya que viajaba con él que llevara a cabo una iniciación masiva. Luego abordaron el tren. Un par de estaciones después, un par de sannyasis entraron en el compartimento y empezaron a hacer *harinam* kirtan. Sukhen y otro margui les ofrecieron sus asientos a los monjes, y estos se sentaron al lado de Haraprasad. Después de unos pocos minutos, los monjes empezaron a temblar. Se levantaron de sus asientos y se sentaron en el piso delante de él. A pesar de sus protestas, le empezaron a masajear los pies y a gritar que los salvara. Haraprasad les pidió varias veces que se sentaran, pero ellos continuaron insistiendo. Finalmente, les dijo que debían aprender a meditar y le dio instrucciones a Sukhen para que los iniciara.

La embriaguez de Haraprasad continuó con la misma intensidad aun después de llegar a Krishnagar. Sukhen se preocupó tanto que viajó a Jamalpur a informarle a Baba. Baba le dijo que le diera instrucciones a Haraprasad de meditar apropiadamente y le asegurara que muy pronto estaría bien. Gradualmente, unas semanas más adelante, Haraprasad volvió a la normalidad. Tanto él como Vijay se lamentaban al ver que su locura se había desvanecido, pero el resto de los marguis se alegraron de que hubiera terminado.

XVII
Problema del día

Las distorsiones acumuladas durante varias vidas no se pueden eliminar en un abrir y cerrar de ojos. La remoción de estas distorsiones requiere la cultivación prolongada del conocimiento, la devoción desinteresada y la acción incansable. El mundo espera de ustedes un trabajo tremendo, por eso no deben sentarse sin hacer nada como una rana en un estanque bajo el encanto de la inercia. Por lo tanto, levántense y despierten[1].

En la noche fría del sábado 26 de enero de 1958, entre quinientos y seiscientos discípulos se reunieron en el amplio patio de la casa señorial de Narasingh en Trimohan, para ver la obra de teatro que estaba por empezar en un escenario improvisado en la parte trasera del recinto. Este era el primer programa de DMC que duraría dos días, y Shiva Shankar Bannerjee, el acharya más antiguo de Bhagalpur, había sugerido que se incluyera algún entretenimiento como parte de las festividades. Un par de marguis locales escribió el borrador de un libreto en el que se hablaba de los problemas de la institución del matrimonio, un tema que estaba en la mira del público en esa época, y otros miembros de la unidad local se ofrecieron para actuar frente al público del DMC. Aunque no habían tenido tiempo de ensayar, se tomaron el escenario e interpretaron una sátira acerca del matrimonio de viudas y del sistema de la dote que dejó a la audiencia revolcándose de la risa, mientras Baba miraba desde la ventana del segundo piso.

El hermano menor de Baba, Manas, estaba en la audiencia, esperando con ansiedad el primer darshan de su maestro. Pranay lo había iniciado hacía dieciocho meses y desde entonces lo habían mantenido cuidadosamente en la oscuridad con respecto a la identidad del gurú, aunque él tenía sus sospechas. La noche después de la iniciación, se acercó a su hermano mientras Baba le masajeaba los pies a su madre y le dijo que había recibido iniciación de Ananda Marga, con la esperanza de que se iba a alegrar con las noticias.

¡Qué! —respondió Baba, para su sorpresa—. ¿Quién te dijo que hicieras eso? ¿Por qué Ananda Marga?

¿Por qué está enojado Prabhat-da?, se preguntó Manas. Debí haber cometido un error. No sé si él es el gurú o no, pero sé que él puede contestar cualquier pregunta que le hagan. Aun si no es el gurú, él sabe todo, así que debe haber sido un error haberme iniciado en Ananda Marga.

Un par de días después, Baba se le acercó y le dijo en un tono de voz conciliador:
—Después de reflexionar un poco más, creo que está bien. Trata de practicar, no está mal.

Manas se sintió aliviado. Como dijo años más tarde:
—Por lo menos hice algo que no era "malo".

Después de que el drama terminó, Baba salió de su habitación y bajó las escaleras. Gritos de *Parama Pita Baba ki jai*, victoria al Padre Supremo, se oían por todo el patio. Cuando Manas vio a su hermano caminando hacia el estrado, le preguntó a un margui:
—¿Dónde está Baba? No lo veo.

El margui le señaló al hermano y dijo:
—¿Qué, no lo ves? Ese es Baba.

Manas dio un grito de euforia al descubrir que su hermano era en realidad el gurú de Ananda Marga. Una fuerte sensación de éxtasis le recorrió todo el cuerpo. Preocupados, un par de acharyas, a los que secretamente se les había encargado cuidarlo, le enviaron un mensaje a Baba diciéndole que su hermano estaba actuando de forma anormal. Baba les contestó que no se preocuparan. Manas se recuperó después de algunas horas, pero según él, estuvo anormal por algunos meses.

Después de que Baba se subió a la tarima y escuchó algunas canciones devocionales, dio un largo discurso muy distinto a los que había dado anteriormente. Lo tituló "Problema del día" y empezó con la idea de que la creación es un patrimonio común:

> Paramapurusha es mi padre y Parama Prakriti es mi madre. El universo es mi hogar y todos somos ciudadanos de este cosmos. Este universo es la imaginación de la Mente Macrocósmica, y todas las entidades han sido creadas, preservadas y destruidas en las fases extrovertida y la introvertida del flujo imaginario cósmico. En forma personal, cuando una persona imagina algo en la mente, por ese momento, esa persona, nadie más, es propietaria de esa cosa. Cuando un ser humano, nacido de un pensamiento, camina en un maizal imaginario, esta persona imaginaria no es propietaria de ese maizal, sino quien lo está imaginando. Este universo es creado en la imaginación de Brahma, la Entidad Suprema, así que el derecho de propiedad de este universo pertenece a Brahma y no al microcosmos creado por la imaginación de Brahma. Ninguna de las propiedades de esta tierra, móviles o inmóviles, pertenece a ningún individuo en particular; todo es patrimonio común de todos[2].

Después de desarrollar la idea de una sociedad humana como una familia extensa, señalando que "la naturaleza no ha asignado ninguna porción de esta propiedad a ningún individuo en particular", y haciendo un paralelismo con los derechos tradicionales de propiedad de familias extensas en la India antigua, Baba empezó a lanzar fuertes acusaciones en contra del capitalismo, sin hacer ningún esfuerzo por adornar sus palabras.

Los capitalistas de este mundo moderno son criaturas antidharma, antisociales. Para acumular su riqueza masiva, reducen a otros a los puros huesos, forzándolos a morir de hambre. Para encandilar a la gente con el glamour de sus vestimentas, los obligan a vestir harapos; para incrementar su propia fuerza vital, chupan el jugo vital de los demás hasta secarlo... Un miembro de una familia extensa no puede ser considerado un ser social si no posee el sentimiento de unidad con los otros miembros de esa familia o si no quiere aceptar los nobles ideales de los derechos compartidos y el principio de racionalidad[3].

El análisis del capitalismo que sigue, llevó a Baba a una conclusión que muy pronto lo marcaría como un revolucionario social en India:

Si toda la propiedad del universo es la herencia común de todas sus criaturas, ¿cómo se puede justificar un sistema en el que unos se revuelcan en el regazo del lujo mientras otros mueren por falta de un puñado de grano?... Si consideramos los intereses colectivos de todos los seres vivos, es esencial que el capitalismo sea erradicado[4].

El argumento de Baba era que la mentalidad capitalista, o como él lo diría, "La ambición de ser ricos a través de la explotación de los demás", es una enfermedad psíquica.

Si el deseo de la mente humana no encuentra el camino apropiado que la lleve a la satisfacción psíquica y espiritual, se dedica a la acumulación excesiva de riqueza física a costa de la privación de otros... Cuando los capitalistas declaran, "hemos amasado fortuna por medio de nuestro talento y trabajo; si otros tienen capacidad y diligencia, dejen que hagan lo mismo; nadie los está deteniendo", a ellos no les interesa saber que el volumen de los productos básicos de esta tierra es limitado, mientras que la necesidad es común a todos. La afluencia individual excesiva, en la mayoría de los casos, priva a otros de las mínimas necesidades de la vida[5].

Baba continuó discutiendo los métodos que se deben adoptar para terminar con el capitalismo. A la vez que enfatizaba que "lo mejor sería, si fuera posible, que la erradicación del capitalismo se hiciera por medio de persuasión amistosa y de peticiones humanistas", aclaró que los incontables millones que estaban sufriendo no podían esperar indefinidamente "a que los explotadores se convencieran y entraran en razón"[6]. Este argumento desafió directamente al ideal Gandhiano de la no violencia, un ideal que, como Baba explicaría más tarde, fue una distorsión del antiguo principio yóguico de ahimsa, no causar daño a otros seres vivos.

Aunque la propuesta humanista funciona en algunos casos, en la mayoría de los casos no produce ningún resultado, y aun si funcionara, tomaría demasiado tiempo. Así que donde quiera que sea necesario, el capitalismo debe ser forzado a abandonar su hambre feroz tomando medidas firmes... La creación de una tremenda presión circunstancial por medio de la aplicación de la fuerza es absolutamente necesaria. Aquellos que creen que ahimsa[7] sólo significa no aplicar fuerza están destinados al fracaso. Ningún problema en este mundo puede resolverse adoptando este tipo de ahimsa[8].

Más adelante en el discurso, Baba volvió a retomar el tema de la no violencia cuando discutió el movimiento de paz y la diferencia entre la paz sutil y la paz estática:

Si un país comete atrocidades contra sus minorías, o ataca a un país vecino que es débil, los otros vecinos se deben levantar en armas, movilizar las fuerzas necesarias para contener al tirano, y establecer una paz sutil. Por eso la gente que quiere restablecer la paz sutil tiene que hacer esfuerzos continuos para adquirir fortaleza. Las cabras no pueden establecer una paz sutil en una sociedad de tigres. Tristemente, aquellos que ven la no violencia como el no uso de la fuerza, no pueden establecer la paz sutil ni tampoco pueden defender la libertad ganada con tanto esfuerzo[9].

En un país en el que el ideal Gandhiano de la no violencia es reverenciado tanto por el público como por los políticos, este argumento no sólo ubicaría a Baba en el lado de los revolucionarios sociales más radicales, sino que también, eventualmente, le daría la reputación de figura "peligrosa" de la sociedad India entre las autoridades gubernamentales.

Después de establecer que era por el bien de los seres humanos que el capitalismo debía ser erradicado, Baba continuó con la discusión de cómo reorganizar la sociedad. Esto empieza, afirmó, con la descentralización de la economía, la creación de regiones económicas autosuficientes, y el manejo de la industria, la agricultura, el intercambio y el comercio a través de organizaciones cooperativas. Desde su punto de vista, sólo las empresas que son o muy pequeñas, o muy grandes y complejas para ser manejadas en forma de cooperativas (como los pequeños negocios, o las industrias a gran escala como el acero y la energía), deben ser administradas ya sea por individuos o por gobiernos locales o estatales.

A lo largo de la discusión, Baba se refirió a una serie de males sociales diferentes, como el sistema de castas, la discriminación de las mujeres, el provincialismo y el comunalismo, el mal uso de la ciencia y demás. Planteó soluciones en estas áreas, y esto lo llevó al tema de la política.

Los colores del sistema de castas, el provincialismo, el comunalismo y el nacionalismo continúan desvaneciéndose con el paso del tiempo. Los seres humanos de hoy tienen que entender que en el futuro próximo tendrán que aceptar el universalismo. Aquellos que buscan promover el bienestar social, tendrán que movilizar toda su vitalidad y su intelecto en el esfuerzo por establecer un gobierno mundial, y abandonar todos los planes de formar organizaciones comunales o nacionales[10].

Baba no sólo se refirió a los diferentes obstáculos para formar un gobierno mundial, sino que también sugirió que el mayor impedimento era el temor de los líderes locales a perder su poder e influencia en las comunidades respectivas. Para poder sobrepasar estos obstáculos, propuso una transición gradual hacia un gobierno mundial, empezando con su introducción como un cuerpo legislativo, a la vez que el poder administrativo continuaba temporalmente en manos de los diferentes países, y luego, paso a paso, ceder ese poder al cuerpo global. "Como (el gobierno local), no tiene ningún poder para sancionar leyes arbitrariamente, no será fácil para ningún gobierno infligir atrocidades en contra de sus minorías lingüísticas, religiosas o políticas, basado en el capricho de la mayoría gobernante"[11].

Se refirió al mal de los partidos políticos, como a "una enfermedad más peligrosa que los gérmenes". Indicó que un gobierno mundial en el futuro sería establecido por quienes trabajan por fuera del ámbito de los conflictos políticos.

El beneficio social más grande para la raza humana será alcanzado si aquellos que aspiren a establecer un gobierno mundial, o Ananda Parivara[12], se involucren sólo en actividades constructivas y de servicio desinteresado, en vez de perder su energía vital en el torbellino de la política o en los conflictos políticos... Los estados que cooperen con estos misioneros en sus actividades de servicio social, serán considerados como aquellos que desean establecer un gobierno mundial o Ananda Parivara. La gente común de los estados que no cooperen, se agitarán y esa gente agitada formará el gobierno mundial o Ananda Parivara, por medio de la revolución[13].

En su análisis político, Baba no dudó en señalar los defectos inherentes de la democracia[14]. Enfatizó que "la democracia, como sistema de gobierno, no se puede aceptar como el más alto ni el mejor. Entre los sistemas que los seres humanos han diseñado hasta ahora, la democracia se puede considerar el mejor de los peores"[15]. Después de discutir algunos de estos defectos, le dio a los discípulos una muestra de los principios de gobierno que se convertirían en el fundamento de su filosofía social. El liderazgo, indicó, sólo se puede confiar a quienes han alcanzado una alta medida de perfección ética, mental y espiritual a través de un entrenamiento riguroso. Él llamó *sadvipras* a estas personas; fue a ellos a quienes les asignó la responsabilidad de guiar a la sociedad. Después de declarar que una sociedad sin clases es una idea utópica y poco práctica, Baba ofreció un análisis del movimiento cíclico de la sociedad como un movimiento que va desde el dominio de una clase psíquica a otra, en una sociedad humana compuesta por cuatro mentalidades predominantes: La *shudra*, o mentalidad de la clase trabajadora; la *kshattriya*, o mentalidad del guerrero; la *vipra* o mentalidad intelectual; y la *vaeshya*, o mentalidad capitalista. En cada momento, sólo una de estas cuatro clases domina. El ciclo social se mueve del shudra al kshattriya, al vipra, al vaeshya, los países más avanzados están en medio de la primera era vaeshya en este momento, una transición de una era a otra causada ya sea por revolución o evolución. En el pasado, dijo, la clase gobernante siempre ha explotado a las masas. Por lo tanto, el liderazgo de la sociedad se debe confiar a los sadvipras, porque ellos representan las mejores cualidades de las cuatro clases y su firme ideal es el bienestar de todos y cada uno de los miembros de la sociedad. "Sólo ellos", dijo, "pueden representar a los seres humanos desinteresadamente"[16].

Baba terminó el discurso con un verso sánscrito antiguo tomado del Rig Veda, el más antiguo documento literario de la humanidad, y lo llamó el coro de los sadvipras:

Samgacchadvam samvadadhvam sam vo manámsi jánatám
Devábhagam yathá purve samjánáná upásate
Samanii va akutih samánáh hrdáyánivah
Samánámástu vo mano yathá vah susahásati

Movámonos juntos, cantemos juntos, juntos conozcamos nuestras mentes. Compartamos como los sabios del pasado para que todos puedan disfrutar juntos del universo. Unamos nuestras intenciones. Que nuestros corazones sean inseparables. Que nuestras mentes sean una sola, y nos conozcamos verdaderamente el uno al otro, a medida que nos volvemos uno solo[17].

La mañana siguiente, Baba anunció la formación de la primera rama subsidiaria de Ananda Marga: Renacimiento Universal. El propósito de RU, como Baba lo llamaba, era proveer una plataforma para que los intelectuales y artistas discutieran los temas importantes del día y a través de estas conferencias y discusiones, diseminar las ideas progresivas a los intelectuales, estudiantes y a los miembros del público en general que estuvieran interesados. Él reunió a los discípulos más antiguos y les pidió que empezaran a formar clubes de RU en sus respectivas ciudades y pueblos. El primer programa del club de RU sería para sostener discusiones públicas acerca de temas importantes y de actualidad e invitar personajes progresistas y prominentes para que se dirigieran a la audiencia y mediaran las discusiones subsiguientes. También anunció que a partir de ese momento, él daría un discurso de RU la noche antes de su discurso de DMC. "El problema del día", dijo, podía ser considerado como su discurso inaugural del RU.

Aunque no todos estaban prestando atención al discurso de Baba —muchos devotos estaban contentos tan solo con ver a Baba y sumergirse en el estado devocional—, el discurso causó un tremendo impacto en muchos de ellos, especialmente entre el creciente número de estudiantes que había empezado a tomar iniciación, ya que los acharyas de familia habían concentrado sus esfuerzos en prachar para las escuelas y las universidades de Bihar. Un poco más de una década había pasado desde la independencia de India, y la gran población estudiantil de entonces, que había alcanzado la adultez en una India libre e independiente, estaba cada vez más frustrada con la falta de progreso que ellos percibían en el esfuerzo que el país estaba haciendo para salir del cenagal de la extrema pobreza y unirse a la comunidad de naciones en desarrollo. Las grandes esperanzas que habían acompañado la lucha por la independencia de India se iban desvaneciendo, a medida que los estudiantes idealistas y los grandes intelectuales se iban dando cuenta, como Baba lo diría, de que habían "cambiado a los explotadores blancos por explotadores marrones". La frustración siguió creciendo cuando se hizo claro que la maquinaria capitalista y la endémica corrupción política no había desaparecido con la salida de los ingleses, sino que simplemente había cambiado de color.

Aun quienes apoyaban el gobierno podían reconocer las señales de alerta. A principios de 1958, Rajagopalachari, escritor, líder político, y primer Gobernador General de la India, escribió: "La emancipación política y la democracia, en vez de cultivar un sentimiento de humanidad y de responsabilidad, han intoxicado a la mayoría de las castas con una sed de poder, tiranía y corrupción electoral en las clases menos privilegiadas". Unas semanas después, el economista John Mathai, el primer Ministro Ferroviario, escribió: "La fuerza generada en los primeros años de la independencia ha disminuido dando cabida a un espíritu de conformismo hacia lo inevitable. Parece que estamos en el umbral de un periodo de estancamiento mental y de falta de propósito. El respeto por la ley se ha desvanecido gradualmente, y el sentimiento de unidad que nos inundó con la primera oleada de nacionalismo está desapareciendo". Para muchos indios, separados por tan solo unos pocos años de las décadas de la lucha por la libertad, cuyos grandes héroes seguían siendo las figuras revolucionarias de esos días, como Subhash Bose, Aurobindo y Gandhi, era difícil acomodarse a esta realidad. Los marguis, especialmente los más jóvenes, no estaban inmunes a estos sentimientos.

En los días y las semanas siguientes, el entusiasmo de los más jóvenes y de los discípulos con mentes más revolucionarias, se esparció rápidamente, a medida que los comentarios acerca del discurso de Baba circulaban entre los que no habían estado presentes. Baba había esbozado su punto de vista acerca del capitalismo en un breve párrafo en *Caryacarya* sobre política económica[18] en el que mencionó por primera vez la idea de una sola familia extensa, pero ninguno de ellos estaba preparado para "El problema del día". Para los que deseaban cambios, fue una revelación descubrir que Baba era un pensador más radical de lo que habían imaginado. Sus palabras le dieron forma a esos deseos, no expresados, por un mundo más justo y mejor. Aunque los marguis más antiguos se preguntaban si no sería un sueño utópico, la mayoría lo tomó como una promesa de que la sociedad ideal que añoraban era una parte inevitable del futuro de la humanidad.

Este discurso se publicó en forma de boletín, y Baba lo dedicó así: "Al gran héroe, Subhash Chandra Bose, por quien tuve y aún tengo un gran afecto". No sólo era una referencia a las múltiples demostraciones de Baba de que el héroe revolucionario estaba vivo, sino, aún más, una señal de que era el momento para que una consciencia revolucionaria naciera entre sus discípulos.

Sin que los discípulos supieran, Baba empezó a dictar un libro de filosofía social durante la hora del almuerzo, en la oficina, meses antes de su discurso "El problema del día". Estos dictados de mediodía se habían convertido en parte de la rutina de su vida de oficina. En años anteriores, los utilizaba para dictar sus discursos del DMC, los cuales fueron compilados en la serie titulada *Subhasita samgraha*. Su taquígrafo habitual era Sushil Dhar, un compañero de trabajo iniciado que trabajaba en otro departamento. Varios marguis fueron designados para tomar notas durante las charlas del DMC, pero estas notas terminaron siendo más un resumen del discurso, porque ninguno de ellos sabía taquigrafía, y Baba hablaba mucho más rápido de lo que podían escribir. Después, Sushil llevaba estas notas a la oficina. Baba le pedía que leyera los primeros renglones y después empezaba a dictar una vez más el discurso original en su lengua materna, bengalí[19], muchas veces ampliaba temas que habían quedado incompletos debido a las limitaciones de la oratoria.

El nuevo libro, un trabajo separado, no un dictado de una de sus charlas anteriores, se tituló *Sociedad humana, parte 1*. Consiste en cinco capítulos, empezando con un capítulo sobre ética, en el que Baba plantea los fundamentos de su filosofía social, la premisa de que una sociedad humana ideal sólo se puede alcanzar cuando esa sociedad está fundada en un código ético universal derivado de una mirada espiritual universal. Por extensión, los líderes de esa sociedad deben ser aquellos que se han perfeccionado en la práctica de ese código ético. Su análisis de la ética humana contiene una aguda mirada al papel divisivo que las religiones del mundo han jugado en la historia de la humanidad, y la prevalencia del pensamiento dogmático y la intolerancia de esas instituciones. El capítulo concluyó con la suma de significados de los conceptos "sociedad" y "progreso social":

> La moralidad alcanza su valor práctico, cuando guía a los seres humanos hacia la expresión completa de sus cualidades más finas. El esfuerzo coordinado para disminuir la brecha entre la expresión primordial de la moralidad y el establecimiento del humanismo universal se denomina "progreso social"; y el cuerpo colectivo de quienes se comprometen en este esfuerzo coordinado para sobrepasar esa brecha, es lo que yo llamo "sociedad"[20].

En los demás capítulos, Baba habló de educación, justicia social, el sistema judicial y el papel de varias profesiones. Analizó el impacto de esas áreas de la vida humana en la sociedad humana, los problemas que la humanidad enfrenta en esta coyuntura evolutiva, y el rol que cada área debe jugar en la formación de una sociedad ideal.

Con la publicación de *El problema del día y la sociedad humana, parte 1*, ahora los discípulos tenían una filosofía social que agregar a la ya extensa filosofía espiritual. El espíritu de esa filosofía social se resumía en el discurso del primer DMC, "La evolución gradual de la sociedad", que Baba dio en el año nuevo de 1955, pero lo que había sido una línea distante en el horizonte, se había convertido en parte de su realidad cotidiana. De ahí en adelante, Baba empezó a poner mucho más énfasis en su "misión", exhortando a sus discípulos, no sólo a esparcir los ideales de la espiritualidad y a brindar servicio social, sino también a trabajar por la formación de una sociedad humana ideal, pidiéndoles que cargaran nada más ni nada menos que con la responsabilidad completa por la transformación del planeta. Los marguis sabían que eran pocos, y que el ideal que Baba les entregó parecía fuera de su alcance, o por lo menos remoto; pero Baba no aceptaba ninguna cobardía de su parte, y ellos entendían lo que les repetía constantemente: si querían ser excelentes, tenían que adoptar un gran ideal y mantener ese ideal frente a ellos todo el tiempo. ¿Qué ideal podía ser más grande que este?, preguntaron, ¿trabajar por la creación de una sociedad ideal mientras caminaban por el camino hacia la iluminación espiritual?

XVIII
El gurú tántrico

Es imposible conquistar una idea burda y reemplazarla por una idea sutil sin luchar... Por lo tanto, tantra no es tan solo una lucha, es una lucha en todas las áreas de la vida. No es sólo una lucha interna o externa, es ambas... La práctica de elevar la kundalini es la sádhana interna del tantra, y el esfuerzo de pulverizar las ataduras del odio, la desconfianza, el miedo, la timidez, etc., por medio de la acción directa, es la sádhana externa. Cuando aquellos que conocen poco de la sádhana, ven el estilo de esta lucha externa, piensan que los tántricos que van a los campos de cremación son una clase de criatura extraña. En realidad, el público en general no entiende a estos tántricos[1].

CUANDO JATASHANKAR LLEGÓ a Amra para su primer DMC en abril de 1958, le pareció muy extraño. No entendía por qué esta gente estaba bailando y cantando todo el tiempo. Tal vez no se daba cuenta que a los marguis de su pueblo, Madhepura, él también les parecía extraño debido a la forma áspera en que les habló, su conducta indisciplinada y algunas veces extraña, y su costumbre de vestirse con hábitos naranjas, sus malas de rudraksha y su pelo largo de asceta, a pesar de no ser un monje en absoluto. Unas horas antes de dar su discurso en el DMC, Baba llamó a Jatashankar a su habitación y le dijo que se sentara en posición de meditación. Él lo miró intensamente por un rato y luego le informó que había sido un gran adorador de Kali en su vida anterior.

—¿Estás listo para aprender la sádhana tántrica otra vez en esta vida? —Baba le preguntó. Lleno de curiosidad, Jatashankar respondió que sí. Baba levantó la mano y Jatashankar vio un rayo salir de la frente del gurú—. ¿Estás seguro? —preguntó Baba—. ¿Eres capaz de meditar en un cadáver, o vas a salir corriendo del miedo? —Temblando ante el despliegue de poder sobrenatural de Baba, pero emocionado con la idea de convertirse en un tántrico real, Jatashankar le aseguró a Baba que estaba listo—. Muy bien —le dijo Baba—. Vuelve a Jamalpur el próximo mes el día de la luna nueva y ese día te iniciaré.

Unas semanas después, Jatashankar llegó a Jamalpur acompañado de su amigo Harivallab, quien también era un margui nuevo. Cuando llegaron al jagriti, Kedarnath Sharma, un policía terco y uno de los acharyas antiguos, lo reprendió por traer a Harivallab y rudamente les sugirió que regresaran a sus casas. Disgustado por la ruda recepción,

Jatashankar fue a la estación a comprar los boletos de regreso, pero al anochecer fue a la casa de Baba en la colonia de Rampur y se paró frente a la veranda en forma de protesta. Cuando Baba abrió la puerta para ir a su caminata, saludó a Jatashankar y a Harivallab muy amablemente y los invitó a que lo acompañaran. Antes de que Jatashankar tuviera la oportunidad de protestar, Baba agregó:

—Y no se preocupen por Kedarnath. Él es muy estricto, pero también es un gran devoto.

Baba los llevó al *tantra pitha* que forman las tres palmas. Mientras Harivallab esperaba en la tumba del tigre, Baba inició a Jatashankar en la primera de las cuatro lecciones de meditación *kapálika*[2]. Luego inició a Harivallab, quien más tarde sería el primer margui en recibir las cuatro lecciones. Cuando completó las iniciaciones, Baba les dio otras instrucciones para la práctica. La meditación se debía hacer o en un campo de cremación o en un cementerio entre las horas de medianoche y las tres de la mañana. Se debía practicar todas las noches hasta la luna nueva siguiente; este se conoce como el "periodo obligatorio". Después, era necesario practicarla en la noche de luna nueva, la noche más oscura del mes, pero tenían la opción de hacer esta meditación en otras noches en las horas indicadas. Les explicó que el propósito principal de esta sádhana era sobreponerse al complejo del miedo[3]. Si se practica apropiadamente, por lo menos cincuenta por ciento del miedo desaparece en un corto periodo y el resto se desvanece gradualmente con el tiempo. Un efecto secundario de la práctica, les advirtió, era que podían desarrollar poderes ocultos; sin embargo, les prohibió expresamente utilizar estos poderes en caso de que los desarrollaran. Luego, Baba les tocó la frente y los puso en estado de trance. Aunque la mayoría de los kapálikas practicaban una vez al mes durante la luna nueva después de que el periodo obligatorio terminaba, Jatashankar continuó su práctica todas las noches por muchos años.

La noticia de que Jatashankar y Harivallab habían sido iniciados en la sádhana tántrica se extendió rápidamente entre los discípulos. Varios de ellos empezaron a pedirle a Baba este tipo de iniciación a pesar de la amplia interpretación equivocada de tantra. Aunque en toda India era aceptado que Shiva, la figura espiritual más popular de India, era el padre del tantra, así como el padre del yoga, los yoguis tántricos tenían la reputación de figuras misteriosas y peligrosas. Se creía que frecuentaban los bosques y los campos de cremación, que poseían extraños poderes sobrenaturales y que practicaban ritos ocultos que incluían cadáveres y calaveras, características muy similares a lo que se conoce como magia negra en occidente. Un buen ejemplo de estos miedos públicos se encuentra en la historia de la iniciación de Aniruddha en Ananda Marga.

Aniruddha era un contratista exitoso en Bhagalpur, quien según él mismo admitía, tomaba varias botellas de vino al día y sólo comía vegetales una o dos veces al año. Cuando fue a Jamalpur a finales de 1955 a ver a Baba por primera vez, Baba le recitó una lista detallada de sus malos hábitos y le dijo que debía parar inmediatamente. Aniruddha estaba preocupado de que Baba lo fuera a hipnotizar, pero no pudo dejar de visitar a Baba y en un mes ya había dejado de comer carne, de tomar alcohol y de ir a bares, aparentemente en contra de su propia voluntad. Su esposa, quien estaba sobresaltada con este cambio radical en sus hábitos, le pidió a los amigos que lo llevaran a los lugares que solía frecuentar y que trataran de persuadirlo para que volviera a sus hábitos de antes. Ellos le hicieron caso e inclusive le ofrecieron un gran contrato de construcción si dejaba su nueva vida, pero Aniruddha se mantuvo firme. Poco después trajo a su hermano Harinder[4] a Ananda Marga, luego a su padre, Narasingh, en cuya casa Baba más adelante daría el discurso *El problema del día*. Al principio, Aniruddha estaba aterrorizado de Baba, lo consideraba un tántrico poderoso. Sin embargo, esto no interrumpió sus visitas. En una entrevista, describió el siguiente incidente durante uno de las primeras caminatas con Baba:

Baba me preguntó si quería ver algo. Yo le dije:
—Si quieres mostrarme, entonces muéstrame.
Me volvió a preguntar. Cuando acepté, me pidió que cerrara los ojos y no los abriera hasta que él me dijera. Luego encendió la linterna y me dijo que abriera los ojos.
—¿Qué ves? —me preguntó.
Había una persona de más de dos metros allí parada. Baba giró la linterna y esta persona empezó a crecer hasta llegar a unos nueve metros de alto, tan alto como un árbol de palma. Yo me agaché y, aterrorizado, agarré a Baba de los pies. Le ofrecí cien mil rupias para que se apiadara de mí.
—¿También me vas a convertir en una palma? —le pregunté.
Baba me dijo:
—No te preocupes, no te voy a matar o a convertirte en una palma. Sólo continúa agarrado de mis pies.
Luego Baba hizo que esa persona se encogiera hasta llegar a un metro ochenta y le pidió que se acercara. Este tipo se había reído como un gigante cuando me oyó ofrecerle dinero a Baba para que se apiadara de mí. Los dos sonrieron, entonces pensé que los dos eran grandes tántricos y que él debía ser un espanto al que Baba había invocado para matarme.
—No te preocupes —me dijo Baba—, él es Kalikananda. —Le dijo que se fuera y el tipo desapareció repentinamente. Luego, Baba dijo—: Es tarde; tenemos que regresar. Si no, vas a perder el tren.
—Entonces perderé el tren —le dije—. Tengo muchísima hambre. Normalmente, a esta hora ya he comido dos veces.
Baba dijo:
—Sí, yo sé. A esta hora, tú ya has comido kebab, pollo, huevos e hígado.
Yo pensé que Chandranath le tenía que haber dicho esto. Él me miró y se rió.
—No, no. Nadie me dijo.
—Entonces quieres que crea que tú eres Dios —le dije—, que nadie te ha dicho estas cosas, que sabías mi nombre y de dónde vengo sin que nadie te dijera. No, no. No pienses ni por un momento que te lo voy a creer.

Baba se rió y me dijo que tomara el tren.
—Tengo demasiada hambre como para ir a tomar el tren —le dije.
—Entonces ve a comer. El tren no saldrá de la estación hasta que tú termines.
Yo me reí y dije:
—Sí, lo que tú digas. Si dices que el tren no va a partir, entonces no va a partir.
Cuando volvimos, el margui que me recogió en la estación me estaba esperando en el puente. Baba le dijo que me llevara a un restaurante primero y que luego me llevara a la estación. Luego, Baba me dijo que volviera mañana.
—No, no voy a venir —le dije.
—Debes venir.
—¿Cuánto me va a costar que me dejes en paz? —le dije.
—Yo no quiero nada de dinero.
—¿Entonces por qué quieres que vuelva?
Baba sólo sonrió. El margui me llevó a un restaurante vegetariano. Yo le dije:
—¿Qué lugar es este? Yo no como este tipo de comida.
—Todos los marguis comen aquí —dijo él.
—Yo no soy margui. No como pasto ni estas cosas —le dije.
Él ordenó pacoras y otros platos picantes. El administrador se acercó y nos dijo:
—No se preocupen, tienen tiempo. El tren está retrasado una hora.
Le di dinero a esta persona para que me comprara un boleto en primera clase, pero él me dijo que los marguis viajaban en tercera clase. Yo le dije que los marguis se podían ir al infierno.

Mucha de la reticencia del público hacia el tantra se debía a la rama conocida como *avidya*[5]. Por varios milenios en India, los avidya tántricos han cultivado prácticas secretas, generalmente con el propósito específico de desarrollar poderes ocultos. En muchos casos, estos poderes son utilizados para el lucro personal, o inclusive para lastimar a sus enemigos. Baba había hablado con sus discípulos acerca de las prácticas avidya en varias ocasiones; ellos pensaban que él era un maestro tanto de avidya como de vidya tantra. Sin embargo, su razón principal para no enseñarles estas prácticas, era que los tántricos avidya no practicaban su arte con el fin de alcanzar a Dios. Pero les enseñó cómo lidiar con tántricos avidya, en caso de que se encontraran con uno de ellos cara a cara. Primero, debían usar el gurú mantra. Les aseguró que los poderes de los avidya tántricos no tendrían ningún efecto en ellos si lo usaban.
—Muchos avidya tántricos —les dijo—, tratan de atemorizar a la gente utilizando sus poderes mentales para tirar piedras u otros objetos en la casa, o para mover cosas en la casa, haciendo que las personas que viven en ella se asusten. En esos casos, van a encontrar al avidya tántrico escondido cerca de allí, porque estos poderes no funcionan a larga distancia. Deben buscarlo, agarrarlo y sacudirlo para interrumpir su concentración. Una vez se ha interrumpido su concentración, sus poderes dejan de funcionar;

pero no se les olvide que este también es un arte. No interfieran si no es necesario, de otra forma, este arte desaparecerá.

En varias ocasiones, avidya tántricos atacaron a marguis, y ellos se defendieron tal y como Baba les había enseñado. Inclusive, uno de esos ataques llevó a una iniciación inesperada. Un discípulo de Dumka, Vasant, fue uno de los primeros en aprender la meditación kapálika de Baba. Poco después de volver de Jamalpur, los vecinos le contaron que por las noches se oían unos ruidos extraños que provenían de los campos crematorios: bebés llorando, extrañas voces de animales, y otros sonidos inusuales y aterradores. Vasant decidió frecuentar ese campo de cremación para practicar su sádhana kapálika con la esperanza de que estos sonidos fueran acciones de un avidya tántrico. Sería un reto y una aventura. Las sospechas de Vasant resultaron ciertas. Un avidya tántrico local muy poderoso, cuyo nombre era Sudanshu, usaba el crematorio en sus prácticas nocturnas. Cuando se dio cuenta de que Vasant había empezado a meditar allí también, empezó a usar sus técnicas avidya para espantarlo. Sin embargo, Vasant continuó meditando constantemente, protegido por la barrera ritual que lo rodeaba, parte de la primera lección de kapálika. Como los ruidos aterradores y los objetos voladores no tuvieron ningún efecto, el tántrico avidya finalmente recurrió a *mantraghat*, un ataque directo con mantras especialmente designados para herir a una persona a través de la aplicación de fuerza psíquica concentrada. Vasant repelió el ataque con su gurú mantra, causando un efecto de bumerán que noqueó a Sudanshu contra el piso y lo hizo salir corriendo.

Al día siguiente, Sudanshu fue a la casa de Vasant con la intención de descubrir el nombre del gurú de este hombre que era capaz de repeler fácilmente ataques tan feroces. Después de oír sobre Baba, Sudanshu estaba ansioso por iniciarse. Vasant hizo los arreglos y lo llevó a Jamalpur. Cuando lo condujeron hacia la habitación de Baba para el contacto personal, Baba lo tomó de una oreja y lo empezó a reprender por hacer un mal uso de sus poderes avidya y por atacar a uno de sus discípulos. Después de que lo hiciera prometerle que iba a dejar de hacer su práctica avidya, Baba le informó a Sudanshu que le iba a quitar los poderes que había obtenido por medio de la sádhana avidya.

—Nunca más los vas a necesitar —le dijo—. Desde ahora vas a practicar sádhana vidya.

El misterio y el aura sobrenatural que rodeaba estas prácticas hizo que fuera natural que la gente común le temiera a los tántricos, y así de natural era para los marguis, especialmente para los más jóvenes, estar interesados en la iniciación kapálika. Después de que Harinder y Sudhir, ambos en los veintes, aprendieron kapálika, le preguntaron a Baba si les iba a otorgar poderes ocultos. Baba les contestó:

—Después de hacer algo, uno obtiene algo, ya sea bueno o malo. Ustedes también van a obtener algo cuando hagan kapálika, pero yo voy a incautar los poderes que ustedes desarrollen. Cuando llegue el momento de utilizar esos poderes para el servicio social, yo liberaré esos poderes, sólo hasta entonces. Estos poderes sólo deben ser utilizados para el servicio social.

Aunque las lecciones se mantuvieron confidenciales, Baba desmitificó las prácticas tántricas durante una serie de discursos en los que demostró que el tantra era la filosofía de los indígenas de la India y la fuente original de todas las prácticas yóguicas. En su segundo discurso RU, titulado "Tantra y la civilización indoaria", dado antes de empezar a enseñar la sádhana kapálika, Baba indicó:

> La diferencia más grande entre los arios y los que no eran arios era su apariencia. Los arios querían establecerse basados en su superioridad racial, mientras que los que no eran arios, siguiendo las enseñanzas del tantra, no reconocían distinciones entre una persona y otra. Todos eran seres humanos. Todos pertenecían a la misma familia, la familia de Shiva... Es necesario recordar que el tantra no es una religión. Es un estilo de vida, un sistema de sádhana. La meta fundamental de esta sádhana es despertar la fuerza espiritual dormida en el individuo, la *kulakundalini*, y elevarla, paso a paso, hasta fundirse en *Brahmabhava* o la Consciencia Cósmica. Tantra es la ciencia de la meditación espiritual o sádhana, que se aplica a todos, no importa cuál sea su afiliación religiosa. Tantra es por cierto más antigua que los Vedas[6].

A pesar de los esfuerzos que Baba hizo para desmitificar el tantra, el aura de misterio continuó, alimentada por las experiencias inusuales que los discípulos compartían a medida que profundizaban en la tradición tántrica.

Una noche, Pashupati, un acharya de Bhagalpur, fue al campo de cremación en Trimohan a practicar la sádhana de kapálika. Cuando estaba empezando su meditación vio una luz aproximarse. Primero pensó que era la policía, un obstáculo que los kapálikas tendrían que aprender a evitar cuando iban a los cementerios o a los campos de cremación por la noche, pero cuando la luz llegó hasta donde él estaba, lo pasó y continuó hasta desaparecer. No había nadie allí. Unos días más tarde fue a Jamalpur y le mencionó el incidente a Baba.

—Era un *devayoni*, un cuerpo luminoso —le dijo Baba—. Normalmente, no se pueden ver porque les faltan los factores sólido y líquido; pero algunos sádhakas pueden verlos si sus mentes son lo suficientemente sutiles, especialmente en noches muy oscuras. Lo que viste no es inusual. Los kapálikas los atraen cuando meditan. Su vibración espiritual los atrae. Algunas veces ayudan a los sádhakas.

Otros kapálikas también reportaron incidentes en los que extrañas luces los ayudaron. Una noche, un grupo de tres acharyas tenía que cruzar un riachuelo, que estaba crecido después de una noche de fuertes lluvias, para llegar al campo de cremación; pero no podían encontrar un lugar poco profundo para cruzar. De repente, una luz extraña apareció y revoloteó sobre el arroyo. Mientras la miraban, incapaces de explicar lo que estaban viendo, la luz empezó a moverse corriente abajo. Se detuvo en cierto punto y siguió revoloteando. Recordaron lo que Baba había dicho acerca de los *devayonis* y trataron de cruzar. Para su sorpresa, en ese punto, el arroyo sólo les llegaba hasta la rodilla.

Cuando llegaron a la otra orilla, la luz se desvaneció en la distancia. Fueron hasta el campo de cremación y terminaron su sádhana. Cuando empezaron a caminar hacia el arroyo, la luz volvió a guiarlos hacia el mismo punto.

En otra ocasión, Pashupati estaba tratando de cruzar el río Gerua pero no podía encontrar por donde cruzar. Después de tratar por media hora, se sorprendió cuando vio una gran área iluminada por una suave refulgencia, como si fuera una noche de luna, con la luna iluminando un área particular. Con la ayuda de esta luz, pudo encontrar el sendero de rocas que había estado buscando. Cuando le contó el incidente a Baba unos días después, Baba le dijo que había habido unos asesinatos en ese banco del río; por eso, algunos *siddhas*, un tipo de *devayoni*, estaban vigilando, para poder ayudar a los kapálikas que pudieran necesitar su asistencia.

Kshitij, el acharya que con Kedarnath Sharma había empezado Ananda Marga en Ranchi, recontó la siguiente experiencia:

> Yo solía viajar de Ranchi a Dhanbad todos los viernes por la noche. Me quedaba en la sala de espera de la estación y tomaba el tren a Sindri a las cuatro de la mañana y llegaba a las cinco. Luego daba iniciaciones y lecciones a los estudiantes en el hostal de Sindri hasta las siete y media. Los marguis de allá hacían todos los arreglos durante la semana. Una noche, en la sala de espera, soñé que había un tántrico de tez blanca viviendo debajo de la sala, y que ese tántrico había matado a un niño. La madre del niño había venido a pedirme ayuda, sabía que yo también era un tántrico. Yo acepté ayudarle. Me acerqué al tántrico y le dije que como él no le había dado la vida a ese niño, no tenía derecho a quitársela. Él contestó que necesitaba dos cuerpos y que mi cuerpo iba a ser el segundo.
> —Adelante, prueba —le dije—. Yo soy el hijo de Anandamurti.
> Empecé a meditar. Baba apareció en mi meditación y me enseñó un mantra de dos palabras. Me dijo que si tocaba al tántrico en el *ajina* chakra y repetía el mantra, lo mataría. Yo hice lo que me dijo y el tántrico murió. Entonces la policía se molestó con las dos muertes. Yo decidí escapar. Tomé mi equipaje, bajé las escaleras corriendo y tomé un taxi. En ese momento me desperté.
> Qué sueño tan extraño, pensé. Cuando volvía de Sindri, encontré a Baburam Singh en la estación. Él no me gustaba, así que trataba de evitarlo cuando podía. Cuando me vio, me dijo en un tono sarcástico:
> —¿Cómo estás *adrajji*?[7]
> —Bien —le dije ignorando el insulto—. Voy para la oficina. No tengo tiempo.
> —¿Cómo está tu Anandamurgi?[8] —me dijo. Me enfurecí.
> —¿Está insultando a la persona que yo tanto respeto? Usted sólo va a entender esto cuando esté postrado en una cama. Nunca vuelva a decir eso.

Él volvió a decirlo. Estaba enfurecido, fuera de mí. Recordé el mantra que había recibido en el sueño y lo usé contra él. Luego volví a mi casa, peleé con mi esposa, con mi hijo, y más tarde con mi jefe en el trabajo. Cuando regresé a mi casa esa noche, sabía que tenía que meditar para recuperar mi compostura, pero no me pude concentrar. Me recriminaba por haber perdido el temperamento. Sabía que esta era la causa de mis problemas, así que decidí salir a hacer prachar. En ese momento Baburam tocó a la puerta. Cuando la abrí, él estaba enfurecido. Me preguntó si yo honestamente pensaba que podía convertirlo en margui a la fuerza.

—He tenido cuarenta grados de fiebre desde que nos encontramos esta mañana —me dijo. Luego tomó un rickshaw y salió a toda velocidad.

En ese momento entendí mi error y decidí ir a Jamalpur. Cuando llegué, encontré a Pranay. Él me dijo que me parara al lado de la escalera cuando Baba saliera a dar su caminata. Yo esperé ahí parado hasta que Baba salió. Le di mi namaskar. Él lo aceptó y me preguntó cómo estaba. Luego Baba dijo que sólo aquellos que tenían la meditación kapálika podían ir a caminar con él. Ram Tanuk, Lalan y yo acompañamos a Baba. Cuando llegamos al campo, Baba me empezó a regañar. Nos dijo que quienes practican kapálika se vuelven muy fuertes física y mentalmente. Su poder mental se encuentra en el *ajina* chakra y su poder físico en el *anahata* chakra. Cuando esos poderes se concentran, el kapálika tiene la capacidad de matar a tres personas, física o mentalmente.

—Ustedes no deben hacer un mal uso de este poder —dijo.

Yo tomé los pies de Baba y le rogué que me perdonara.

—He cometido un grave error —le dije—. No pude tolerar lo que ese hombre dijo.

—Devuélveme el mantra que te di en el sueño —me dijo Baba. Yo se lo ofrecí esa noche en el gurupuja. Después tuve una meditación muy buena. Al día siguiente estaba tranquilo otra vez, física y mentalmente. Cuando volví a Ranchi, fui a encontrar a Baburam y a disculparme. Él también se había recuperado y me sorprendió cuando me dijo que quería iniciarse. Unos días más adelante Baba vino a donde Kedar. Le pregunté a Baburam si le gustaría ver a Baba. Primero me dijo que no, pero Kedarnath lo convenció para que fuera. Yo lo llevé y me aseguré de que se sentara cerca de Baba. Baba dio una charla. Baburam no lo estaba mirando, ni siquiera levantó la cabeza. Pensé que había cometido un error por traerlo. Baba había dicho antes que el gurú no puede tolerar el ego de nadie. Si muestra su ego, el gurú le hace caso omiso. Pero cuando Baburam levantó la cabeza, pude ver sus lágrimas fluyendo como lluvia. Luego, continuó rogándome que lo llevara a ver a Baba; estaba llorando copiosamente. Después de esto se volvió un margui fuerte y un acérrimo seguidor de yama y niyama.

En la tradición tántrica, el gurú muchas veces prueba a sus discípulos, y usa estas pruebas para ayudarles a sobreponerse a varias debilidades mentales. Aunque muchas de las pruebas de Baba estaban dentro del rango de la experiencia normal de los discípulos, algunas veces utilizaba técnicas avidya para aumentar estos retos. Dilip Bose tenía veinte años cuando fue iniciado a finales de 1954. Él recuerda algunas de las pruebas que Baba le dio cuando apenas estaba terminando su adolescencia:

> Una vez Baba me pidió que me encontrara con él en la tumba del tigre entrada la noche. Cuando llegué, no encontré rastros de Baba. Eran más o menos las once y media o doce. Baba llegó de alguna parte y me pidió que lo perdonara por haber llegado tan tarde. Me dijo que había olvidado algo y me preguntó si podía ir a traérselo. Le dije que haría todo lo posible. Me dijo que había dejado una caja de fósforos cerca de la puerta del templo de Kali en la cima de Kalipahar. Ni siquiera se me ocurrió que él no fumaba. ¿Por qué necesitaba una caja de fósforos? Se pueden imaginar, tener que subir a la cima de Kalipahar a esa hora de la noche en esa oscuridad, sin una linterna. Me tomó más o menos una hora, pero lo hice. Más adelante me enteré que estas eran sus pruebas. Esta era una prueba para el miedo.
>
> También me hizo la prueba de la vergüenza. También pasó por la noche cuando fuimos a dar la caminata. Había un puesto de té cerca de la carrilera; la tienda pertenecía a una persona llamada Hira. Él me preguntó si le podía traer una taza de té, y yo le dije que claro. Pero me puso una condición: tenía que ir totalmente desnudo. Al principio dudé. Luego pensé que no tenía razón para desobedecerlo ya que lo consideraba la estrella polar de mi vida. Pero esta era la cosa más extraña: pasé a mucha gente en el camino y nadie me miró ni por casualidad. Fui a la tienda de Hira, compré el té y se lo traje. Ni Hira ni nadie más dijo nada o me miró en forma inusual. Era como si nadie se hubiera dado cuenta que estaba desnudo.
>
> En otra ocasión, a mediados de 1955, me pidió que le diera la vuelta al campo con sus zapatos en mi boca. Lo hice sin dudarlo ni un minuto. Cuando volví me dijo que me había guardado una comida muy buena. Cuando miré hacia donde estaba señalando, vi un cuerpo en avanzado estado de descomposición frente a la tumba. Él sacó una cucharada de la carne del estómago y me pidió que comiera. Esta vez realmente sentí que no iba a ser capaz de hacerlo. Luego me dijo que tenía que dejar a un lado mis sentimientos de repulsión. Me pidió que cerrara los ojos, que repitiera su nombre y comiera. Lo hice y me supo muy dulce. Cuando abrí los ojos el cuerpo había desaparecido.
>
> Él hizo muchas pruebas. Me mostró muchas apariciones extrañas que aparecieron frente a nosotros y que tocaron sus pies. Todas estas cosas pasaron frente a mis ojos.

Una vez Baba le explicó a Kishun[9] que los gurús avidya usan estos métodos para ayudar a los discípulos a sobreponerse a ciertas propensiones como el odio y la repulsión, propensiones que son muy fuertes y muy difíciles de superar.

—Ya no le pido esto a la gente —le dijo Baba—, pero solía tener dulces, y algunas veces, con la ayuda de maya, los hacía ver como cadáveres humanos y les pedía que comieran su carne. Lo hacía para destruir las ataduras de *satripu* y *ashtapasha* en sus mentes. Después les preguntaba a qué les había sabido y me decían que era dulce.

Cuando un adolescente, Rameshananda, le pidió a Baba la iniciación kapálika por primera vez, Baba le dijo que era muy joven. Rameshananda continuó asediándolo. Una noche, mientras estaban en la tumba del tigre, Baba le dijo que le iba a conceder su deseo, pero que primero tenía que pasar una pequeña prueba.

Baba me dijo:
—Ve hasta el árbol que está allá. Debajo vas a encontrar un cadáver. Come un poco de su carne y luego vuelve acá.

El árbol estaba a unos doscientos metros de la tumba. Estaba completamente oscuro en ese momento. Como era muy joven, le tenía un poco de miedo a la oscuridad. Empecé a caminar hacia el árbol, pero mientras caminaba, sentí que me sobrecogía el miedo; lo combatí lo mejor que pude y continué caminando hasta que llegué al árbol. No pude ver ningún cadáver, pero había un fuerte olor a carne en descomposición, así que estaba seguro de que estaba allí. Me agaché hasta el suelo y empecé a tantear el suelo con mis manos hasta que lo encontré. Estaba tan descompuesto que pude tomar un poco de la carne haciendo muy poca presión. El olor era tan fuerte que tuve que hacer un esfuerzo enorme para ponerlo en mi boca, pero tan pronto como tocó mi lengua, me pareció muy dulce. Nunca había comido algo tan delicioso en mi vida. El olor también desapareció y en ese momento mi miedo se desvaneció. Cuando volví a la tumba del tigre, Baba estaba riendo a las carcajadas. Le dije que me iniciara y él me dijo que primero tenía que abrir una escuela en cierta parte de Bihar. Yo fui allá y pude abrir la escuela sin mucha dificultad. Dos meses después, el cuatro de mayo, me inició en kapálika.

Un día Haraprasad Haldar se veía muy angustiado cuando pasó por la oficina de Baba. Cuando Baba le preguntó qué pasaba, le explicó que su primo Santu había muerto y que los dos habían sido muy amigos. Había regresado a su casa para la cremación pero no había sido capaz de ver el cadáver del primo antes de que lo quemaran. Esto lo mortificaba. Se arrepentía de no haber sido capaz de verlo por última vez, aunque fuera muerto.

Baba hizo una pausa y luego le preguntó:
—¿Te gustaría verlo?
—¿Es posible?

—Sí, es posible. Ven al campo conmigo esta noche.

Cuando llegaron al campo esa noche, Baba se sentó en la tumba del inglés y le pidió a Haraprasad que se preparara. Le iba a mostrar a su primo muerto. Le pidió que se quitara la ropa. Haraprasad se desnudó pero no se quitó la lungota.

—Quítate la lungota también.

Haraprasad obedeció a regañadientes. Baba le enseñó un mantra y le pidió que lo repitiera mientras caminaban hacia la tumba del tigre, a una distancia de unos veinte metros. Le advirtió que no podía tocar a su primo cuando lo viera. No debía tocarlo bajo ninguna circunstancia, porque lo pondría en peligro. Haraprasad dio unos pasos hacia la tumba pero le dio tanto miedo que olvidó el mantra. Volvió y le informó a Baba que lo había olvidado. Baba se lo recordó y le dijo que volviera hacia la tumba del tigre. Haraprasad empezó a caminar nuevamente, pero volvió a olvidar el mantra. Esta vez, Baba empezó a regañarlo:

—Tonto, si no puedes recordar este mantra, ¿cómo vas a ser capaz de trabajar para la organización? Ponte las sandalias en tu boca y frota la nariz contra el suelo.

Haraprasad hizo lo que él le ordenó. La tercera vez, pudo continuar cantando el mantra mientras se dirigía a la tumba. Cuando le faltaban sólo unos pasos para llegar, paró de improviso y palideció, sintiéndose como si alguien le hubiera tirado un balde de agua fría en la cara. Vio a su primo Santu parado frente a la tumba. Los primos se miraron por uno o dos minutos sin hablar. Haraprasad empezó a sollozar. Luego regresó a la tumba del inglés. Baba le ordenó que hiciera sastaunga pranam y que se vistiera.

—Dime, Haraprasad, qué te enseñé hoy? —Como Haraprasad no pudo contestar, Baba le dijo—: Te enseñé a sobreponerte a la timidez, a la repulsión y al miedo. Te sobrepusiste a la timidez cuando te desvestiste, a la repulsión cuando te pusiste las sandalias en la boca, y al miedo cuando te encontraste con tu primo Santu.

Surendra recibió su iniciación en kapálika unos pocos días después de la luna nueva en enero de 1960. El periodo obligatorio duró veinticuatro noches, durante las cuales tuvo dificultades para soportar la temperatura tan fría. La última noche fue a los campos de cremación con el Harinder de Trimohan. Cuando los dos jóvenes terminaron, Surendra exclamó:

—Gracias a Dios este infierno se acabó; ahora sólo tengo que practicar esta sádhana una vez al mes. ¡Qué prueba por la que he pasado!

Harinder le advirtió a su amigo:

—Ten cuidado con lo que dices Surendra, si Baba se entera se va a enfadar contigo.

—No te preocupes, Harinder, no se lo voy a repetir a nadie. De todos modos, Baba está en Jamalpur, probablemente durmiendo en este momento.

Unos días después, Baba salió de Jamalpur para dar un DMC. En el camino, el tren se detuvo en la estación de Ekchari, cerca de Trimohan. Surendra y Harinder estaban entre el gentío que se había amontonado en la estación para recibir el darshan de Baba. Pocos minutos después de que el tren parara fueron llamados a ir a la recámara de Baba. Después de preguntarles cómo estaban, Baba dijo:

—Saben, hace algunos días, durante la noche de luna nueva, estaba durmiendo cuando una suave brisa que venía de Trimohan me trajo la conversación de dos acharyas. —Baba repitió la conversación palabra por palabra, y luego dijo—: Surendra es un sádhaka asiduo y es muy regular en su sádhana de kapálika. ¿Cómo puede haber dicho semejantes palabras tan despectivas? Yo dudé del mensaje que esa brisa me había traído. Es por eso que los llamé a los dos, para asegurarme de que Surendra nunca dijo esas palabras.

Surendra le rogó a Baba que lo perdonara, y a cambio recibió una sonrisa de su gurú.

Los discípulos sabían que Baba era un gurú tántrico mucho antes de que empezara a enseñar la sádhana de kapálika. Tal y como Asthana habría descubierto con consternación, en la mañana de la demostración sobre la muerte, Baba no sólo era un maestro amoroso, una figura devocional, y una constante fuente de inspiración, sino que también era un maestro severo y un aguerrido partidario de la disciplina, que no dudaba en castigar a sus discípulos cuando se desviaban del camino apropiado. Este lado del gurú tántrico, tradicionalmente ausente en los gurús védicos o yóguicos, ha sido una parte esencial de la tradición tántrica por milenios, probablemente el ejemplo más famoso de ellos sea la historia de Milarepa y su gurú, Marpa[10]. Más que simplemente enseñarle a sus discípulos las prácticas espirituales, y animarlos a seguir adelante en el camino, los gurús tántricos, como explicó Baba en un discurso del DMC en 1960, "toman un meticuloso cuidado para asegurarse de que sus discípulos sigan sus enseñanzas. Si ellos descubren que sus discípulos son de alguna manera negligentes, ellos los obligan a practicar de manera esmerada por medio de la aplicación de presión circunstancial... El preceptor también tiene que ser *nigraha* (capaz de infligir castigo), y *anugraha* (capaz de conceder gracia). Quien sólo castiga o sólo da gracia, no es un maestro ideal"[11].

Aunque Baba siempre estaba listo a utilizar los medios necesarios para asegurarse que sus discípulos siguieran el camino correcto, esta faceta de su personalidad se hizo más y más evidente cuando empezó a enseñar la sádhana de kapálika. En 1958, empezó a mencionar abiertamente los errores de sus discípulos durante el Darshan General, algo que se había abstenido de hacer hasta ese momento. Varios de los discípulos más antiguos habían sido prevenidos con anterioridad de estos cambios.

—Muchos de los devotos que venían a unirse a los cantos devocionales y a la meditación no están siguiendo estrictamente los principios de yama y niyama —les dijo—. De ahora en adelante, voy a volverme más estricto en este aspecto; si no, cuando el grupo se vuelva más grande va a ser difícil controlarlos. El trabajo del gurú no es sólo dar bendiciones, sino también corregir para el beneficio de los discípulos. Sin corregir, uno no puede seguir el camino espiritual en forma adecuada.

Baba empezó a implementar esta nueva política el domingo siguiente.

Durante uno de esos darshans de los domingos, Baba le pidió a un joven estudiante de Muzaffarpur que se acercara a su catre. Después de hacerle una o dos preguntas sobre sus estudios, Baba le dijo:

EL GURÚ TÁNTRICO

—Dime, por la noche, vas a la alacena y sacas una botella. Después de tomar un trago la escondes nuevamente en la alacena. Luego te adormeces y descuidas tus estudios. ¿Qué hay en esa botella de la que bebes todas las noches?

El muchacho agachó la cabeza, incapaz o sin deseo de mirar a Baba.

—Dime, dime —le dijo Baba; pero el muchacho no le contestó. Entonces Baba empezó a regañarlo abiertamente—. Este muchacho esconde vino en la alacena de su hostal y bebe cada noche pensando que nadie lo ve. ¡Muchacho, tu secreto se ha revelado! Cada vez que haces algo, mis dos ojos te están mirando. ¿Piensas que lo que estás haciendo es correcto? Estás descuidando tus estudios, despilfarrando y abusando del dinero de tus padres. ¿Qué pasa si otro muchacho te ve y empieza a imitar tu mala conducta? ¿Ésta es la forma en que sigues yama y niyama?

Baba se inclinó hacia el muchacho y lo tocó en medio de las cejas. El muchacho se desplomó sin sentido.

—Con el estímulo del *ajina* chakra —le dijo Baba a los discípulos—, ha habido una secreción hormonal de su glándula pineal y es por esto que este joven ha entrado en samadhi. Esta secreción hormonal de la glándula pineal se describe como *amrita rasa*, néctar hormonal. Es una intoxicación divina. Después de algunos minutos volverá en sí. Cuando salga del samadhi, verán que sus ojos están rojos, como si estuviera borracho, pero esto no tiene nada que ver con vino. Es una intoxicación divina.

Después de unos quince o veinte minutos, el muchacho salió del trance. Sus ojos estaban rojos e hinchados.

—¿Cómo te pareció este tipo de intoxicación? —le preguntó Baba—. ¿Cuál disfrutas más, ésta o beber vino?

—Baba —le contestó el muchacho—, esta es mil veces mejor que la del vino.

—Sí, cuando una persona bebe vino pierde el sentido, su mente se crudifica, se vuelve ciega. Pero cuando una persona entra en samadhi, se renueva, se le ilumina la consciencia. —Después de que el muchacho prometió no volver a beber, Baba le dijo—: Haz más sádhana y podrás disfrutar samadhi y la secreción hormonal de la glándula pineal. Obtendrás más concentración mental, que te ayudará en tus estudios. No gastes más el dinero de tu padre comprando vino. Recuerda que para obtener el samadhi no tienes que gastar ni un paisa.

En otro Darshan General, Baba le pidió a un oficial de la policía que se levantara. Baba empezó a explicar a todos que este discípulo había oído que Baba se acostaba a las doce y se levantaba a las cuatro, así que había empezado a beber durante esas horas pensando que Baba no se enteraría.

—¿Crees que Paramapurusha duerme durante ese tiempo? —le preguntó Baba—. ¿Crees que te puedes esconder de él? El agua, la tierra, el fuego, todo este planeta, todo es un agente de Paramapurusha. No te puedes esconder de él no importa lo que hagas, así que es mejor admitir tu falta y tomar un castigo.

El policía admitió que había estado tomando secretamente a esa hora. Baba le ordenó que frotara su nariz contra el suelo y le hizo prometer que nunca volvería a beber.

En otra ocasión, un oficial del gobierno estaba entonando una melodía devocional al empezar el Darshan General. Tenía una voz muy bella y la canción hizo llorar a muchos de los devotos. Cuando terminó de cantar, Baba dijo:
—Ven, él está cantando una canción devocional que hace llorar a todos, y en la oficina acepta sobornos. ¿Qué clase de hipocresía es esta? —Baba se dirigió hacia el oficial—. ¿No es verdad que aceptas sobornos?

Sobrecogido por el llanto, pero no de devoción, el oficial admitió que recibía sobornos a cambio de favores del gobierno.

En otro Darshan, Baba reprendió con tanta severidad a otro oficial de policía por victimizar a un inocente, que el oficial empezó a temblar en frente de todos.

—¡Si te comportas como un animal, entonces probablemente te debería dar el cuerpo de un animal!

Después de esto, algunos discípulos se asustaron pensando que Baba los podía transformar en animales.

Rápidamente corrió la voz de que Baba había empezado a exponer públicamente las faltas de los discípulos. Como resultado, la asistencia al Darshan General cayó precipitadamente. En los meses siguientes, los discípulos fueron extremadamente conscientes de su conducta porque no querían darle pretexto a Baba de exponerlos en frente a sus amigos devotos. Muchos de los que no seguían los preceptos de yama y niyama pensaron que era más prudente mantenerse alejados. Un día, el Acharya Chandradeva fue a la habitación de Baba para confesarle un error que había cometido y a pedirle castigo, pensando que era más conveniente que esperar a que Baba lo señalara en frente a todos. Sin embargo, Baba decidió no castigarlo. Cuando Chandradeva le preguntó por qué, Baba dijo:

—Todos cometen errores, Chandradeva. Errar es humano, pero muchas de estas personas son criminales que requieren medidas drásticas, de otro modo no van a cambiar. De todos modos, estoy pensando que de ahora en adelante voy a empezar a llamar a la gente en sesiones privadas y los voy a regañar y a castigar en ese momento.

Unos días después, Baba anunció el sistema de Contacto Personal. Todos los discípulos, explicó, tendrían el derecho de un contacto personal privado con el gurú. Lo que Baba no anunció, pero que todo el mundo sabía, era que nada se le podía esconder al maestro. Quienes quisieran contacto personal debían estar preparados.

Una noche, el Acharya Raghunath y otros marguis estaban sentados con Baba en la tumba del tigre cuando un hombre extraño, vestido como un asceta del bosque, se les acercó. Baba le hizo señas a los discípulos para que le abrieran espacio, pero en vez de sentarse en la tumba, se sentó directamente en frente de Baba. Por varios minutos, el hombre miró a Baba en silencio. Los marguis también permanecieron en silencio hasta que el hombre cerró los ojos y entró en estado de trance. Cuando le preguntaron a Baba acerca de él, Baba les dijo que él era uno de sus hermanos discípulos y cambió de tema. Pasaron unas dos horas antes de que el yogui saliera del trance. Cuando salió del trance, se postró frente a Baba y luego se fue.

Unas semanas más tarde, Raghunath estaba caminando en el campo con Baba y otros dos marguis. De repente, Baba se detuvo y se puso las manos en el corazón, tal y como hacía cuando respondía a un namaskar. Su estado de ánimo se tornó grave y continuó caminando lenta y silenciosamente. Después de unos cuantos minutos se dirigió a Raghunath y le dijo:

—¿Te acuerdas esa noche cuando un hombre vino a buscarme a la tumba y entró en un samadhi profundo por un largo tiempo? Ustedes tenían curiosidad de saber quién era.

—Sí, me acuerdo, Baba.

—En este momento él está libre de toda atadura mundana y supramundana. Dejó su cuerpo físico hace unos minutos Cuando él vino a verme ese día, había venido a pedirme permiso para dejar su cuerpo. —Después de detenerse por unos momentos, visiblemente conmovido, Baba dijo—: Él era un gran yogui y un tántrico que experimentó muchos tipos de samadhi.

No era raro en esos días que yoguis y tántricos desconocidos visitaran a Baba. De tanto en tanto, los marguis veían a uno de ellos esperando a Baba en el campo. En esas ocasiones, Baba le pedía a los marguis que lo esperaran y desaparecía con esa persona en el Valle de la Muerte o Kalipahar. Cuando los discípulos le preguntaron acerca de esto, Baba explicó que él tenía otros iniciados que no eran miembros de Ananda Marga.

—Ellos tienen que hacer otro trabajo fuera de la organización —les dijo; pero no les dio ninguna otra información y Baba nunca les permitió conocer a estos ascetas desconocidos.

Una noche, Nagina, Lalan, y Vindhyachal Pandey acompañaron a Baba en la caminata. Cuando atravesaron el canal que llevaba al campo, vieron a un hombre desconocido parado ahí, con el pelo blanco enredado, una larga barba blanca y en harapos. Se acercó a Baba con las manos levantadas y gritó:

—*Jai Shiva Shankar*. Mi señor, muchos días han pasado en ansiosa espera.

Baba le hizo señas al anciano de que los siguiera. Él continuó hablándole a los tres discípulos en forma calmada, continuando la conversación hasta que llegaron a la tumba del tigre. Una vez llegaron a la tumba, Baba se puso serio.

—Mírense, ustedes tienen la oportunidad de verme cuando quieren, pero este pobre hombre ha estado esperando por varios días sin tener la oportunidad de hablar conmigo. Él tiene algo muy urgente que discutir conmigo. Ustedes deben regresar ahora para que él y yo podamos hablar. No tiene sentido que se queden aquí perdiendo el tiempo.

Los tres discípulos estaban desilusionados; pero no tenían otra opción. Mientras caminaban de regreso hacia el pueblo, empezaron a hablar acerca del extraño sadhu. Antes de caminar más de unos cien metros, decidieron que esta era la oportunidad perfecta para atrapar a uno de estos extraños visitantes y descubrir cuál era su relación con el maestro. Volvieron y se escondieron en tres lugares diferentes distanciados lo suficientemente para que el extraño tuviera que pasar por uno de estos tres lugares cuando saliera del campo. Una vez terminara de hablar con Baba lo alcanzarían y satisfarían su curiosidad.

Eran ya pasadas las ocho cuando cada uno se escondió en su lugar. Baba normalmente permanecía en la tumba del tigre hasta las diez o diez y media. Pasaron las diez, luego las once, ya eran casi las doce y no había señal ni de Baba ni del misterioso extraño. Finalmente, uno de los tres espías perdió la paciencia y empezó a caminar hacia la tumba. La encontró vacía. Confundido, le informó a sus amigos discípulos y regresaron al pueblo.

Un par de días más tarde, Nagina tuvo otra oportunidad de ir en la caminata con Baba. Mientras caminaban, Baba se dirigió a Nagina y le preguntó:

—Nagina, si no me equivoco, después de que te fuiste la otra noche, ustedes tres hicieron planes para atrapar al sadhu que vino a hablar conmigo. ¿Lo pudieron encontrar? ¿Descubrieron lo que querían saber?"

—No, Baba —dijo Nagina suavemente—. Nos quedamos esperando hasta la media noche, pero de algún modo se nos escapó.

Baba sonrió.

—Había sólo tres de ustedes. Pudieron haber sido trescientos, todos a caballo, y aun así no hubieran podido atraparlo, a menos que él lo hubiera querido. Él es un alma muy elevada.

Nagina le rogó a Baba que le dijera quién era el hombre y después de uno o dos minutos Baba cedió.

—Ese anciano es un sádhaka muy avanzado que ha practicado la sádhana en forma diligente por muchos años. Es un residente de Viratnagar en Nepal. Su práctica espiritual es casi completa y ahora desea dejar su cuerpo físico. Él vino a pedirme permiso.

—¿Pero por qué necesita permiso?

—Esa es la regla. Si un sádhaka desea dejar su cuerpo físico debe pedirle permiso al *sadgurú*[12].

—¿Le diste permiso?

—No, no le di permiso. Él tiene una tarea que cumplir. Sólo cuando haya completado su tarea le permitiré dejar su cuerpo.

—¿Qué tarea es esa?

—He creado una nueva regla. Antes de que un sádhaka renuncie a su cuerpo, debe prestar servicio social, no importa cuán grande sea espiritualmente. Deben pagar la deuda que tienen a la sociedad. Él todavía no ha completado esa misión, así que le dije que tenía que hacer un servicio social riguroso por tres meses.

—¿Y él aceptó?

—Mira, Nagina, cuando alguien agota sus samskaras, le resulta muy penoso continuar en este cuerpo. Él me rogó que le redujera el tiempo, así que lo reduje a un mes; pero él no aceptó, así que lo reduje a dos semanas. Aún este tiempo era demasiado, así que lo reduje a cinco días; pero aún así continuó pidiendo clemencia, así que hice una concesión final. Le reduje el tiempo a tres días.

—¿Qué servicio tiene que hacer?

—Eso no lo puedo revelar.

Al día siguiente llegaron las noticias de que el cuerpo de un anciano sadhu había sido encontrado cerca del túnel que pasa entre Jamalpur y Bhagalpur. Unos días después Haragovind, quien había escuchado la historia de Nagina, le preguntó a Baba si el anciano sadhu que habían encontrado cerca del túnel del ferrocarril era la misma persona que había venido a verlo tres noches atrás.

—Sí, él era el sádhaka de Viratnagar. Completó todas sus tareas en esta vida y se ha fundido con la Consciencia Suprema.

Con el tiempo, algunos marguis empezaron a llamar a estos discípulos los "Avadhutas de Brahma". Todos compartían las historias de sus avistamientos pero ninguno tuvo la oportunidad de hablar con ellos cara a cara. En un DMC llevado a cabo en Monghyr en mayo de 1957, Gayatri, una de las cuatro hijas de Ram Khilavan, llegó temprano y se sentó en frente. Ella notó a un grupo de unos veinte monjes ascetas sentados frente a la tarima con las manos levantadas y de pelo enredado que vestían túnicas o pieles de animales alrededor de la cintura. Tenían sus vasijas de *kamadal*[13] en el suelo cerca de los pies. Ella los observó con curiosidad por unos cinco o diez minutos y luego tornó su atención hacia otra parte. Cuando volvió a mirar unos minutos después, se sorprendió de ver que se habían ido. Gayatri no pensó mucho en esto hasta quince años después cuando Bindeshvari fue a su casa a visitarla. Durante la conversación él mencionó los Avadhutas de Brahma. Cuando escuchó la descripción ella recordó el incidente. Bindeshvari le dijo que los monjes que Baba había iniciado antes de crear Ananda Marga hacían pranam levantando las manos. Ellos iban a los DMC ocasionalmente, pero tenían el poder de mantenerse inadvertidos. Fue una gracia de Baba que ella hubiera podido verlos, le dijo.

La visión de Gayatri de estos discípulos desconocidos fue lo más cercano que cualquier otro margui hubiera tenido de encontrarlos.

XIX
Un lugar para despertar

El aspirante espiritual está comprometido con la lucha. Es para los valientes, para las personas con coraje... El que quiera mantenerse alejado de esta lucha, sin saberlo está cometiendo un suicidio, un suicidio mental y espiritual. Todos deben prepararse para la lucha, lucha en el estrato mental, lucha en el estrato familiar, en todos y cada uno de los estratos de la vida. Esto es tantra[1].

EN 1957, LOS marguis de Bhagalpur se unieron para comprar un terreno y comenzar la construcción del *jagriti* de Bhagalpur, la palabra que Baba utilizó en *Caryacarya* para referirse a los centros de Ananda Marga en vez de la palabra "ashram", usada más comúnmente. Completaron la construcción en el verano de 1958. En agosto, Baba fue a inaugurar el edificio y a dar su DMC mensual. Durante la inauguración, Baba explicó que la palabra *jagriti* en sánscrito significa "un lugar para el despertar espiritual". Era la primera propiedad de Ananda Marga y su primer jagriti. También se inauguró una clínica, Abha Seva Sadan, que ya estaba en funcionamiento y tenía un doctor que ofrecía tratamiento médico gratuito para el público. También había una biblioteca de libros espirituales en una habitación separada que los discípulos llamaron Prabhat Granthagar.

En esa misma época, Baba y su familia se tuvieron que mudar de la casa que arrendaban porque el dueño había decidido venderla. Se tuvieron que mudar a la casa de la colonia de Rampur que hasta ese momento había servido de jagriti. Privados de su centro, los marguis no tuvieron otra alternativa que turnar sus actividades semanales de la casa de un margui a la de otro hasta que pudieron arrendar un pequeño lugar en el área del mercado. Sin embargo, con los limitados fondos que tenían a su disposición, era poco adecuado y nadie estaba contento con la situación.

Tan pronto como Baba regresó de Bhagalpur, le dijo a Pranay que Ananda Marga necesitaba un jagriti propio en Jamalpur y que debían organizarse para que esto ocurriera sin demora. Pranay no sabía cómo iban a lograrlo con los pocos fondos que tenía la organización; pero no se atrevió a decirle nada a Baba. Sabía que su pusilanimidad, o sus intentos de sacar excusas, sólo le iban a ganar una fuerte reprimenda o algo peor del gurú tántrico. Pranay pasó la voz entre los marguis de que empezaran a buscar terreno y les informó que tenía que ser lo más barato posible.

Unos días después, Baba le pidió a Pranay un reporte de su progreso. Cuando Pranay le informó que todavía no habían encontrado nada, Baba le dijo que podían encontrar un terreno en Olipur, el vecindario en donde Ram Khilavan vivía. Pranay le informó a Ram Khilavan, y después de hacer sus averiguaciones, Ram Khilavan supo de un lote para la venta. Sólo había un problema: la tierra estaba en disputa. Un trabajador del taller en Jamalpur, Bacchu Mandal, quien tenía bien ganada su reputación de matón, había hecho un préstamo para comprar el lote pero no lo había pagado, así que la corte le había devuelto la tierra al prestamista como forma de pago. Después de la decisión de la corte, Bacchu Mandal hizo público que no iba a entregar el lote. Si el dueño, o el que lo comprara, ponía un pie en la propiedad, él y sus hijos los matarían. El prestamista, un comerciante local, había tomado con seriedad las amenazas de Bacchu y estaba preparado para vender muy barato a cualquiera que quisiera tomar el riesgo.

Cuando Ram Khilavan terminó la historia, Pranay estaba seguro que ésta era la tierra a la que Baba había aludido. Era exactamente el tipo de reto que quería para sus discípulos. A pesar de los riesgos que implicaba, contactó al dueño y acordó un precio muy barato. Después de recolectar las donaciones de los marguis, firmó la escritura y empezó el proceso para registrar la propiedad. Poco después, Ram Khilavan contó que durante la partición de India una familia musulmana había abandonado el lote contiguo y seguía inhabitado. Como Pranay no estaba muy satisfecho con el tamaño del lote que habían comprado, continuó averiguando y se enteró que la tierra iba a ser subastada. Entonces fue con Dasarath, Vaedyanath Ray y Sijanath a la oficina de tierras en Patna a explicar a las autoridades que querían la tierra para construir un ashram espiritual. El oficial encargado aceptó vender por mil quinientas rupias, mucho menos de lo que habría costado si hubiera entrado en una subasta abierta.

Mientras Pranay compraba los dos lotes en Olipur, Baba conducía los DMCs de Ramnagar[2] y Krishnagar en septiembre y octubre. Uno de los organizadores del DMC de Krishnagar era Manoranjan Sen, el secretario de unidad local. Manoranjan se había iniciado el año anterior. Era amigo del Acharya Sukhen y por mucho tiempo había rechazado los esfuerzos que Sukhen había hecho para convencerlo de iniciarse. A principios de 1957, sufrió un ataque severo de ciática. Como el dolor no mejoraba después de pasar tres meses en la cama y de recibir tratamiento médico, no pudo resistir más y le pidió a Sukhen que lo curara con su "mantra y tantra". Sukhen lo inició y él y Haraprasad le enseñaron a Manoranjan ciertas ásanas que debía hacer junto con su meditación. Después de una semana se había recuperado lo suficiente para caminar sin un dolor excesivo. Lo llevaron a Jamalpur en donde fue a su primera caminata con Baba. Cuando salieron, Baba estaba caminando a su paso normal y Manoranjan se esforzaba para mantener el paso. Cuando llegaron a la tumba del tigre y se sentaron, el dolor había regresado. Cuando se levantaron de la tumba, Manoranjan no se pudo levantar. Frustrado, se le quejó a Sukhen:

—¡Por qué te molestaste en curarme si ibas a acabar conmigo así!

Al escucharlos, Baba volteó hacia ellos y les gritó que fueran a donde él estaba. Sukhen ayudó a su amigo a caminar hasta donde Baba estaba.

—Esta noche Haraprasad te va a dar un masaje —dijo Baba— y después te sentirás bien. Ahora muévanse.

Esa noche, Haraprasad le dio el masaje, tal y como Baba había sugerido, y el dolor de Manoranjan desapareció para siempre.

Chaitanya Mahaprabhu, el gran santo Vaeshnava que popularizó la práctica del kirtan[3], nació en Krishnagar. Krishnagar se convirtió en uno de los centros culturales más importantes en Bengala cuando Calcuta todavía era un pequeño pueblo de pescadores, y aún entonces tenía una gran influencia en su vida cultural.

Dos meses antes, Baba había insinuado a unos marguis en Bihar que el DMC de Krishnagar iba a ser muy especial. La voz se corrió y más de mil marguis participaron, algunos procedentes de lugares tan lejanos como Bombay. Era el primer DMC de toda la India y el primero en durar tres días. Baba debía llegar en el tren del medio día, pero debido a un cambio de planes de último minuto, llegó en carro una hora antes y fue directamente a la casa preparada para su estadía. Al mismo tiempo, los marguis estaban esperando en la estación a que llegara el tren. Mohan Kali Biswas, el comisionado municipal, fue a la estación a recibir a Baba en representación de la ciudad, pero antes de que el tren llegara, Bindeshvari lo alcanzó y lo tocó en la mitad de las cejas. Una corriente eléctrica le pasó por todo el cuerpo. Sobrecogido por la experiencia, se sentó en la plataforma y empezó a llorar. Todavía estaba llorando cuando llegó el tren.

Mientras los marguis buscaban a Baba en el tren, Manoranjan llegó a la estación a darles la noticia de que Baba había llegado en carro y que había mandado instrucciones a los marguis de empezar una procesión de kirtans y bhajans[4] desde la estación hasta la alcaldía, donde se iba a realizar el DMC, por una ruta específica de seis kilómetros. Manoranjan los agrupó en filas y unos mil marguis empezaron a marchar por las calles de Krishnagar cantando estribillos devocionales. La procesión avanzó una corta distancia y un devoto empezó a entonar *harinam* kirtan, el kirtan de Chaitanya Mahaprabhu; inmediatamente todos empezaron a llorar y a danzar, superados por la sensación de embriaguez espiritual, incluyendo a muchas personas del público que se habían aglomerado en las calles para ver la procesión y que se habían unido al final de las filas. Cuando llegaron a la alcaldía los acharyas locales abrieron las puertas y dirigieron una tattvasabha pública acerca de la filosofía de Ananda Marga frente a un público de grandes proporciones.

En la noche, más de cinco mil personas del pueblo se reunieron en el parque afuera de la alcaldía, deseosas de escuchar el discurso de ese santo cuyos devotos habían vibrado la ciudad esa tarde con su kirtan. Las calles que llevaban a la alcaldía estaban tan congestionadas que el carro de Baba no pudo pasar. Sukhen tuvo que llevarlo en un rickshaw hasta la puerta de atrás. Al mismo tiempo, se creó una conmoción cuando se le informó al público que sólo los marguis con pases firmados por su acharya podían entrar en el salón, que era apenas lo suficientemente grande para acomodar a los marguis. Una vez Baba entró cerraron las puertas y las ventanas. Un enorme clamor se oyó afuera.

Después de que Kamalesh terminó de entonar una canción devocional, Baba llamó a Shiva Shankar y le preguntó a qué se debía el bullicio. Cuando Shiva Shankar le explicó, Baba le pidió que abriera las puertas y las ventanas y que pusiera parlantes en la plaza para que todos pudieran oír. Los voluntarios lo hicieron lo más rápido posible. Algunos habitantes del pueblo pudieron colarse en el salón y el resto se quedó sentado afuera tratando de darle un vistazo a Baba a través de las puertas y las ventanas abiertas. Las canciones devocionales, la danza y el llanto continuaron por un rato, pero una vez Baba empezó su discurso, se hizo un silencio absoluto tanto adentro como afuera. Sukhen recuerda su sorpresa en ese momento:

> Yo estaba afuera dirigiendo a los voluntarios y asegurándome de que todo estuviera bajo control. Estaba asombrado de ver abogados y doctores respetables sentados en la grama escuchando el discurso de Baba. Los escuché diciendo que nunca habían visto alguien como Baba. Tampoco habían oído a alguien hablar un bengalí tan puro y refinado. Yo no pude oír partes del discurso de Baba, pero después él levantó las manos y todos en el salón empezaron a danzar y a cantar. Afuera, los marguis y el resto del público estaban bailando, cantando y gritando *Anandamurtiji ki jaï* y *Chaitanya Mahaprabhu ki jai*. Después del discurso, yo acompañé a Baba en la caminata a la orilla del río, con otros siete u ocho marguis, hasta el sitio donde ahora se encuentra el ashram de Ananda Marga. Baba estaba muy contento, exaltando a la gente de Krishnagar y contando historias acerca de la ciudad y de Chaitanya Mahaprabhu.

En la noche del DMC se repitió la misma escena. Cuando el DMC terminó y Baba salió del salón a las once, los marguis regresaron a sus habitaciones en la escuela. Después de la cena, los kirtans y los bhajans empezaron nuevamente. Gopen estaba parado en una esquina con los ojos cerrados. De repente, levantó los brazos y empezó a danzar y a cantar el kirtan *harinam*. Después de unos minutos cayó al suelo en un trance espiritual. Uno a uno, todos empezaron a danzar y a cantar. Muchos de ellos se unieron a Gopen en estado de trance. El estado de éxtasis continuó toda la noche hasta la mañana. A la mañana siguiente, Nityananda le contó a Baba lo que había pasado y comentó que parecía como si Baba estuviera haciendo danzar a los devotos al ritmo cósmico del kirtan *harinam*. Baba sonrió y dijo:

—Sabes, el gran devoto Shiromani Narada le hizo una pregunta a Dios acerca del kirtan *harinam*. "¿Dios, dónde vives?" Dios le respondió: "yo no vivo ni en el cielo ni en el corazón de los yoguis, Narada; yo vivo donde mis devotos cantan".

Algunos marguis recuerdan que el éxtasis que experimentaron durante el DMC en Krishnagar duró varios meses. Muchas de las personas del pueblo que participaron afirmaron que Krishnagar no había visto algo así desde los tiempos de Chaitanya Mahaprabhu. Para muchos marguis continuará siendo el DMC favorito de todos.

Mientras se realizaba el DMC en Krishnagar, Pranay compraba y registraba los dos lotes. El problema que enfrentaba ahora era cómo desalojar a Bacchu Mandal. Baba continuó pidiendo reportes y a medida que pasaban los días incrementaba la presión. Pranay no sabía qué hacer. Como siempre, enfrentaba una grave escasez de fondos, especialmente después de haber recolectado el dinero para comprar la tierra, y tampoco sabía cómo manejar la situación con Bacchu. Con la ayuda de Vaedyanath, un abogado practicante, inició el proceso legal de desalojo; pero este procedimiento podía tomar más de un año y Pranay sabía que Baba no iba a aceptar más demoras.

Al mismo tiempo, Baba le dijo a Dasarath que le informara a Bacchu Mandal, en nombre de los nuevos propietarios, que la construcción iba a empezar en tal día y que Baba quería que Bacchu pusiera la primera piedra. El apacible profesor de escuela hizo lo que Baba le pidió. Bacchu y sus hijos se enfurecieron de tal modo, cuando escucharon que le habían pedido a Bacchu que pusiera la primera piedra para su desalojo, que el hijo mayor, Tara Mandal, tomó un *bujali*[6] y atacó a Dasarath. Dasarath levantó la sombrilla para defenderse y cerró los ojos para tener presente a Baba, seguro de que iba a morir; pero el golpe nunca se materializó. Como no pasó nada, Dasarath abrió los ojos y vio a Tara Mandal todavía rojo de la ira con la mano todavía levantada, incapaz de moverse y sin poder entender la causa de su parálisis. Dasarath volvió al jagriti alquilado a informarle a Baba lo que había pasado.

Tan pronto como Dasarath entró en la habitación de Baba, Baba dijo en angika:

—Hoy le habrían partido la cabeza en dos al Maestro Sahib si yo no hubiera aplicado *stamban kriya*[7]. ¿Por poco no te escapas, cierto?

Llorando, Dasarath le contestó en la misma lengua:

—Oh, Baba, fue tu magia, de otra manera Tara Mandal con seguridad me habría matado, pero se paralizó. Si no hubiera sido por tu magia, habría muerto.

Unos días después, Dasarath se enteró de que Bacchu Mandal había erigido un templo improvisado en el lote, con algunos ídolos de cerámica y con pinturas de dioses y diosas y que estaba realizando un culto sencillo en las noches. Dasarath fue corriendo a donde Pranay y le dijo que todo estaba perdido. Si la corte se enteraba que la tierra tenía un templo en funcionamiento, nunca les iban a dar el veredicto para el desalojo. Cuando le dieron la noticia a Baba, él dijo:

—Entonces van a tener que pelear. Pranay ve y echa a la fuerza a Bacchu y a sus matones.

Pranay, un hombre de complexión delgada, que nunca había estado en ningún tipo de altercado físico en toda su vida, empezó a temblar cuando oyó la orden de Baba. Aun así, se llenó de valor y formó un grupo de siete u ocho marguis, incluyendo a Asthana, Tyagi, Sakaldev y Devi Chand. Fueron hasta la tierra y confrontaron a Bacchu y a su banda, quienes los atacaron con sus bastones. Pranay y uno o dos de los otros sufrieron varios golpes fuertes antes de que los marguis desarmados salieran huyendo.

Cuando volvieron al jagriti, ninguno quería decirle a Baba lo que había pasado, pero finalmente aceptaron que no tenían otra alternativa. Tal y como lo esperaban, Baba se puso furioso.

—¿Qué? ¡Ustedes son unos cobardes tan débiles que meten la cola entre las patas y salen corriendo? Debieron haber dado su vida en lugar de salir corriendo humillados. ¡No les quiero ver la cara! ¿Un golpe y salen corriendo? ¡Deberían ponerse pulseras y saris! ¿Qué trabajo van a terminar en su vida si actúan así? No quiero oír estas cosas. Si ustedes no pueden hacer nada, entonces voy a ir yo mismo.

Baba se levantó de su catre y empezó a moverse hacia la puerta. Los marguis empezaron a llorar y a rogarle:

—No, Baba, no. Te prometemos que los vamos a desalojar.

Baba se sentó nuevamente y suavizó el tono de su voz.

—En el futuro siempre deben tener bastones en estas situaciones. Es absurdo ir a la batalla sin prepararse adecuadamente. Infórmenle a Kedarnath, Chandranath y a los otros miembros de PMB. Ellos saben qué hacer. Quiero que construyan un muro en los linderos inmediatamente.

Pranay envió mensajes urgentes a Kedarnath Sharma en Ranchi, Chandranath en Bhagalpur y a muchos otros. Kedarnath respondió rápidamente diciéndole que no se preocupara, él se aseguraría de que completaran el muro como Baba había indicado. Él solo sería suficiente para tomar posesión de la tierra, le escribió; pero no iba a ir solo. Temprano a la mañana siguiente, un domingo, llegó a Jamalpur un camión lleno de marguis de las guarniciones de la PMB de Kedarnath, Chandranath, Kishun y Kuldip. Cuando llegaron a la tierra, Bacchu Mandal y su pequeña banda opusieron poca resistencia y huyeron. Él y sus hijos no se volvieron a ver en el área de Olipur.

Inmediatamente, los marguis empezaron a levantar el muro con los materiales que Kedarnath había ordenado unos días antes. Docenas de marguis seguían llegando de diferentes pueblos durante el transcurso de la mañana para ayudarles. Para la media noche, el muro estaba terminado. Cuando le informaron a Baba, le complació la noticia, pero no dejó de presionarlos.

—Quiero que el jagriti sea construido en veintiún días —dijo—. Ese día oficiaré un DMC allí. Si el edificio está terminado para esa época, entonces no tendremos más problemas con la tierra; pero si no, vamos a tener problemas severos en el futuro.

La construcción del edificio empezó a la mañana siguiente. Numerosos marguis pidieron licencias en sus trabajos y fueron a trabajar tiempo completo en la construcción, que no se detuvo ni de día ni de noche. Algunos de ellos inclusive durmieron en el lugar. Los marguis que no pudieron conseguir la licencia trabajaron durante las horas libres. Abogados, profesores y oficiales del gobierno trabajaron lado a lado con culis, estudiantes, amas de casa y niños. Marguis de diferentes pueblos enviaron materiales y comida. Otros trajeron instrumentos musicales, y muchos de los discípulos bailaron y cantaron canciones devocionales mientras trabajaban. Baba fue a visitar el lugar varias veces. Baban Tiwari describió una de estas visitas en una entrevista:

> Todos estábamos ocupados trabajando de día y de noche, pero el Señor nunca estuvo alejado de nuestras mentes. Una vez estaba lloviendo muy fuerte; por

esa razón, Baba no pudo venir a visitarnos. Debido a la ausencia de Baba, mi mente se tornó intranquila mientras trabajaba. Empecé a murmurar:

—¿Baba, por qué no viniste hoy? ¿Qué pasó? ¿Cómo puedo estar aquí sin ti?

En lo único que podía pensar era en el Señor y en cuanto lo había extrañado. Sorpresivamente vi a Baba aproximándose. Tenía una sombrilla en una mano y con la otra mano se levantaba el dhoti para mantenerlo fuera del alcance del agua y del lodo que corría por la calle debido a las lluvias torrenciales. Yo corrí hacia él y le pregunté por qué se había tomado el trabajo de venir en este clima tan lluvioso.

—Tú me llamaste, por eso vine —dijo Baba.

—Oh no, Baba —le dije—. Sólo eran pensamientos ociosos. Realmente no quería que vinieras físicamente en estas condiciones tan difíciles. Yo no me estaba quejando para que me oyeras y vinieras. ¿Cómo pudiste caminar hasta aquí en esas calles sucias, llenas de lodo, en esta lluvia tan terrible?

—¿Cómo puedes pensar que puedo estar alejado cuando mi devoto está pidiendo mi presencia? —dijo—. Simplemente no es posible.

Ramakanta, el sobrino de Chandranath, era uno de los que frecuentemente se quedaba a dormir en el lugar, trabajando tiempo completo en la construcción hasta que terminaron. Una noche, Kuldip, quien había tomado una licencia de un mes para ayudar en la construcción, fue con Baba en la caminata a la tumba del tigre y aprovechó la oportunidad para alabar al joven.

—Baba, nunca he visto a un muchacho tan buen trabajador. Él trabaja día y noche sin parar, pero es una pena que no pueda meditar mucho.

Baba sonrió y continuó caminando. Esa noche, cuando Kuldip volvió al jagriti alquilado, encontró a Ramakanta en trance acostado en la habitación de Baba. Cuando le preguntó a los otros marguis qué había pasado, le dijeron que había ido a hacer su meditación de la noche a eso de las ocho y que había entrado en samadhi, al mismo tiempo que Kuldip le estaba hablando a Baba de él. El trance duró por tres horas; en la mañana, Ramakanta estaba trabajando nuevamente.

La construcción del edificio terminó el 27 de diciembre, un día antes de lo acordado. Los marguis prepararon una gran carpa frente al nuevo jagriti, y la noche siguiente Baba inauguró el edificio y ofició el DMC. El título del discurso fue "La energía y su expresión". Mientras Baba estaba en medio de su charla, el magistrado del distrito fue a investigar las acusaciones presentadas por Bacchu Mandal en contra de los marguis por destruir un templo. Cuando vio el edificio, el muro y los cientos de devotos escuchando en completo silencio el discurso de Baba, entendió que estaba perdiendo su tiempo. Le hizo un par de preguntas a Vaedyanath y a Akhori Himachal Prasad y volvió a Monghyr con un par de libros de Baba bajo el brazo, que los dos marguis le regalaron. Al día siguiente cerró el caso. Finalmente los marguis tenían un lugar propio.

XX
Una ceremonia civil

Los maestros tienen que ser más que inteligentes, deben ser superinteligentes. También deben casarse, porque de acuerdo con el mandato tántrico, sólo una persona que es casada puede ser el gurú de personas casadas[1].

A FINALES DE marzo de 1959, se llevó a cabo un DMC en el pueblo de Arraha en Bihar, donde vivían los acharyas Dipnarayan y Natkat Kedar. Baba llegó en la mañana del veintisiete a la estación de Mithai en Saharsa. Los marguis lo recibieron al toque reverberante de conchas marinas y con un kirtan estridente acompañado de un ensamble conjunto de flautas y tambores mientras varios curiosos observaban desde la plataforma. Afuera de la estación, una procesión de elefantes esperaba. Baba y Pranay se montaron en el elefante que presidía la marcha con la ayuda de una escalera de bambú, y la enorme procesión se dirigió hacia Arraha, a unos cuatro kilómetros de distancia. Bindeshvari, Nagina, y otros en el grupo de Baba se montaron en los otros elefantes; el resto de los marguis viajaron en carretas haladas por bueyes, en jeeps o simplemente corrían y danzaban al lado de los pesados animales. La banda siguió y los marguis continuaron cantando con toda su fuerza el resto del camino. Vacas, cabras y otros animales se unieron. En un momento, Bindeshvari entró en trance y se habría caído del elefante si Nagina no lo hubiera sujetado. La ruta estaba llena de aldeanos que podían oír la procesión mucho antes de verla. Algunos de ellos, asumiendo que estaban viendo la procesión de una boda[2], comentaron lo buen mozo que se veía el novio.

Cuando la procesión llegó a Arraha, Natkat Kedar condujo el elefante de Baba hacia el jagriti recién construido, una estructura tradicional de aldea con paredes de barro y techo de paja. Baba se bajó por la escalera de bambú y cuando caminaba hacia la terraza, las mujeres arrojaron manotadas de arroz en el camino frente a él, ondearon lámparas y entonaron canciones devocionales, manteniendo la tradición local. Baba cortó la larga cinta de hojas de mango que atravesaba la entrada a la terraza y caminó hacia donde se encontraba la esposa de Dipnarayan, Jivaccha Devi, quien lo estaba esperando para representar la tradicional *arati*[3]. Ella levantó un plato de plata lleno de incienso y alcanfor encendidos, y empezó a trazar lentos, solemnes círculos frente a Baba mientras todos al unísono cantaban el verso de arati. Después, Baba entró en el jagriti, que había sido preparado como su residencia por los tres días que duraría el programa.

Esa tarde, surgió una conmoción en la gran tienda que habían erigido unos días antes cerca del jagriti. Miembros de la Sociedad Ramnath, un grupo fundamentalista hindú, empezó a gritar consignas en contra de Ananda Marga utilizando un altoparlante barato. Insultaron a Baba y a los marguis alegando que Ananda Marga violaba las escrituras hindúes porque exigía a los brahmines que removieran el cordón sagrado, porque estaba en contra de la adoración de ídolos y además permitía a las mujeres participar en los programas junto a los hombres. Los dirigía un intelectual hindú reconocido, Bhayankar Acharya Shastri, de Benares. Cuando Baba escuchó la conmoción, salió de su habitación y le preguntó a los marguis qué pasaba. Cuando le dijeron, sonrió y asintió con la cabeza.

—No se preocupen —les dijo—. Entre más griten "Ananda Marga", más publicidad para nosotros.

A la mañana siguiente, Bhayankar Acharya publicó un comunicado escrito en el que retaba a Anandamurti a un debate sobre las escrituras. Un grupo de marguis le llevó el comunicado a Baba. Muchos de ellos estaban enfurecidos por los continuos insultos procedentes de la tienda de Ramnath y estaban listos a tomar algún tipo de acción. Baba escuchó y dijo:

—Este tipo de debate es para seguidores de la misma escritura. Como nosotros no aceptamos los Vedas o el Gita[4] como prueba, no es cuestión de un debate escritural, pero como nos invitaron, debemos tener la cortesía de asistir. Indradev Gupta y Chandranath serán nuestros representantes.

—Baba —dijo Indradev—, Bhayankar insiste en que este debate sea conducido en sánscrito. Chandranath y yo somos muy débiles en sánscrito. ¿Qué vamos a hacer?

—No te preocupes —contestó Baba—. Dile que debe hacerse en francés y regáñalo en francés por dos minutos.

Entonces Baba extendió la mano y tocó a Indradev en el trikuti.

El debate se había fijado para el mediodía. Cuando llegó la hora, más de mil personas estaban sentadas en la grama frente a la tienda de Ramnath. Baba miraba a través de la ventana de su habitación en el jagriti. Los cuatro expertos locales que habían sido seleccionados como jurados estaban sentados en sillas a un lado. Bhayankar Acharya, Indradev y Chandranath estaban de pie frente a la audiencia. Tal y como se esperaba, Bhayankar empezó, insistiendo que el debate se llevara a cabo en sánscrito, el lenguaje de los eruditos. Indradev levantó la mano.

—Objeción. El debate debe ser en hindi, de otra manera nadie en la audiencia va a entender. Sólo los jueces y uno o dos más podrán seguir la discusión.

—¡Si usted no sabe sánscrito, entonces por qué sus libros tienen versos en sánscrito! —gritó Bhayankar—. O los quitan de sus libros o el debate se lleva a cabo en sánscrito.

Indradev se volteó a mirar a Baba, quien asintió desde su ventana. Luego se volteó hacia Bhayankar.

—Usted quiere que el debate se haga en sánscrito para engañar a la gente. Entonces bien podríamos hacerlo en francés.

Indradev continuó con una larga lista de epítetos en francés. Aunque nadie entendía lo que estaba diciendo, todos en la audiencia se rieron, hasta los jueces se rieron. Pero cuando terminaron de reírse, los eruditos estuvieron de acuerdo con Bhayankar que el debate debía llevarse a cabo en sánscrito.

Bhayankar empezó el debate. Hizo una pregunta a Indradev concerniente a la gramática y su papel en el establecimiento de una prueba. Indradev entendió la pregunta, a pesar de que su sánscrito era fragmentario. Afortunadamente era un tema familiar para él. Después de señalar que la pregunta no tenía nada que ver con el tema del debate, contestó en sánscrito en la mitad de los diez minutos que tenía para responder y utilizó el resto del tiempo para repetir la respuesta en hindi. No sólo respondió la pregunta correctamente, sino que también señaló varios errores gramaticales que Bhayankar había cometido cuando enunció la pregunta. El público aplaudió y las sonrisas de muchos de ellos le dieron confianza a Indradev de que podía ponerlos de su lado. Cuando los aplausos terminaron, uno de los jueces anunció que el debate debía continuar en hindi. Sólo querían asegurarse que Indradev sabía sánscrito.

A medida que el debate progresaba, Bhayankar hizo preguntas acerca del cordón sagrado, el sistema de castas y los derechos igualitarios de las mujeres para realizar prácticas espirituales. Indradev, con la ayuda de Chandranath, respondió una a una las preguntas con lógica y paciencia. Mientras él continuaba ganándose al público, su oponente empezó a perder la paciencia y a interrumpir a los marguis cuando hablaban. A las cuatro y media, Bhayankar insistió que era muy tarde para continuar. Los jueces declararon ganadores a Indradev y a Chandranath, quienes recibieron el aplauso entusiasta de la audiencia. Al terminar, muchos de los aldeanos se acercaron a felicitar a los oradores. Ellos recordarían especialmente a Indradev con mucho respeto durante muchos años. Cuando el gentío se dispersó, Indradev y Chandranath fueron a donde Baba a pedir su bendición.

Baba puso su mano en el hombro de Indradev y dijo:

—Muy bien, Indradev, muy bien. No sabía que hablabas sánscrito tan bien.

Indradev se rió.

—Yo tampoco, Baba. Sólo por tu gracia.

—¿Ves, Indradev? Ellos querían debatirme, pero mi discípulo los venció. Fue una buena lección para ellos.

Más tarde esa noche, Bhayankar Acharya buscó a Indradev y lo felicitó por su buen sánscrito y se disculpó por cualquier inconveniencia que le hubiera podido causar.

—No tengo ningún pleito con usted o los marguis —dijo—. La sociedad Ramnath me pagó quinientas rupias para venir y oponerme a Ananda Marga. Era sólo un trabajo. Como ya se ha terminado me voy en la mañana.

Después de esto, la única conmoción en el pueblo era la exuberancia devocional de los marguis. A la mañana siguiente, a petición de los marguis, Baba visitó cada una de sus casas y el resto de los devotos lo siguieron. En cada casa, él probó un poco de la comida que las mujeres le traían y cuando caminaba por el pueblo, mujeres que no eran marguis también le ofrecieron platos llenos de frutas secas y nueces. En la casa de Natkat Kedar, la esposa de Natkat estaba tan perdida en sus sentimientos devocionales, que sin darse cuenta le lavó los pies a Baba con leche en vez de usar el agua de sándalo que había preparado. La mañana después del DMC, los marguis llevaron a Baba en carro hasta la estación de Mithai. Todo el pueblo se alineó en ambos lados de la calle para despedirse de Baba. Muchos de ellos acompañaron a los marguis a la estación danzando y cantando en el camino.

Al mismo tiempo, sin el conocimiento de los marguis, la familia de Baba estaba ocupada arreglando la boda de Baba. La madre de Baba había decidido que el matrimonio de su hijo ya se había retrasado demasiado. Ahora que ella estaba envejeciendo, acercándose a los sesenta sin otra mujer en la casa, necesitaba a una nuera que le ayudara con las responsabilidades domésticas. Baba no había mostrado ningún interés en la idea, pero con el tiempo Abharani fue gradualmente incrementando la presión y eventualmente él accedió. Ella le encargó a Hiraprabha, para entonces viuda y educando a sus hijos en Chinchura, que le encontrara una novia apropiada. A principios del año, Hiraprabha empezó a hacer negociaciones con la familia de un superintendente del departamento postal de la ciudad de Bandel, cuarenta y ocho kilómetros al norte de Calcuta, quien había estado buscando un esposo para su hija de veinte años, Uma Devi Dutta.

Poco después del DMC de Arraha, las dos familias llegaron a un acuerdo típico de la sociedad tradicional de la India en la que los matrimonios arreglados todavía eran la norma. Hiraprabha les explicó que su hermano no quería una ceremonia religiosa ni la pompa que era asociada generalmente con las bodas en India. Una simple ceremonia civil tendría que ser suficiente, y la familia aceptó.

Baba no dijo nada a los marguis sobre las negociaciones que se llevaban a cabo, o prácticamente nada. Un día, Pranay estaba revisando cuestiones de la organización con Baba cuando Baba le dijo:

—Pranay, tu madre quiere verme.

Pranay estaba confundido. Su madre era una margui iniciada, que vivía con él y veía a Baba regularmente. Él se preguntó si había algún significado espiritual oculto en el comentario de Baba, pero no le preguntó nada. Un par de días después, Vaedyanath Rai le dijo a Pranay que tenía un secreto fenomenal que divulgar: ¡Baba se iba a casar! La familia de la novia había hecho discretas averiguaciones en la oficina acerca del carácter del novio, su salario, y demás, estándar para una negociación de matrimonio en India, y las averiguaciones habían llegado a su departamento. Es más, se había enterado que Baba tenía planeado tomar el tren nocturno hacia Howrah esa misma noche.

Pranay estaba perplejo, pero recordó el comentario que Baba había hecho. Lo que había sido un comentario incomprensible, de repente tenía sentido. Pranay le dijo a Vaedyanath que no sabía nada pero que tenía la intención de averiguar. Sin perder un

UNA CEREMONIA CIVIL

minuto, fue directamente a la casa de Baba y entró directamente en la habitación de Baba sin pedir permiso como solía hacer algunas veces. Encontró a Baba empacando una maleta. Baba le informó con indiferencia que iba a Chinchura por unos días. Pranay creó un pretexto para discutir algo de la organización. Cuando Baba le dio la espalda, miró rápidamente en la maleta y vio que llevaba unas camisas de seda, una botella de loción para después de la afeitada, y una tarjeta roja que parecía una tarjeta de invitación a una boda. La conducta de Baba no tenía nada fuera de lo común y Pranay no preguntó nada, pero ya tenía su confirmación. Tan pronto Baba salió de la casa, empezó a correr la voz de que Gurudeva se iba a casar.

La noticia causó conmoción en la comunidad de marguis dentro y fuera de Jamalpur, a medida que los marguis en otros lugares recibían la noticia. Muchos no creían que fuera posible. Habían asumido que Baba se mantendría soltero, un sannyasi si no en uniforme, en espíritu, lo que era común para la mayoría de los gurús espirituales de India. Para algunos significó un golpe a su fe. ¿Cómo era posible que su maestro espiritual se casara o tuviera relaciones de familia con una mujer? Algunos fueron a donde Pranay para expresar su incredulidad y confusión. Hasta Dasarath reaccionó. Él pensaba que era extraño que Gurudeva hubiera consentido semejante arreglo. Pero Pranay lo regañó a él y a los otros que vinieron a verlo.

—¿Cuál es el problema? El matrimonio es un asunto perfectamente natural. Tarde o temprano todos se casan. ¿Por qué Gurudeva no puede seguir una vida normal?

Les recordó que en la primera edición de *Caryacarya* Baba escribió: "El matrimonio no es un obstáculo para la sádhana del Dharma. El matrimonio es una ceremonia dharmika... Ningún discípulo debe abrigar complejos de inferioridad por ser casado, y con este propósito, todos los discípulos deben considerar que el gurú de la Marga está casado". Baba siempre hizo énfasis en esto a los discípulos que estaban casados, anotó Pranay, entonces ¿por qué les extraña ahora que va a transformar su enseñanza en una realidad concreta?

Más adelante, Baba señaló en un discurso sobre tantra que una de las características del gurú tántrico es que él debe estar casado para poder dar un ejemplo apropiado a los discípulos que son cabeza de familia que la iluminación es accesible a todos, sin importar si se está casado o si se es un monje.

Cuando Baba llegó a Chinchura se encontró con su primo hermano Ajit Biswas, quien lo acompañó a la casa de la novia y luego a la oficina de registro civil para la ceremonia matrimonial, junto con la familia de Hiraprabha y la familia de la novia. El cuñado de Hiraprabha fue el padrino. Era la primera vez que los novios se veían.

Después de la boda, Ajit le informó a Baba que la familia había arreglado una ceremonia tradicional para el día siguiente y que Baba tendría que vestir el traje de novio tradicional, similar al atuendo de los príncipes de la antigüedad. Baba se negó. Él le indicó que había insistido que no hubiera una ceremonia religiosa ostentosa. Ajit se rió.

—Bubu-da, estás atrapado en tus propias palabras. Esta es una ceremonia puramente social, no tiene ningún trasfondo religioso.

Baba cedió y la familia de la novia estaba feliz de darse un poco de pompa y circunstancia después de la rápida y austera ceremonia en la oficina de registro civil.

En Jamalpur, Pranay pudo averiguar en qué tren llegaba Baba, una tarea fácil para un empleado del ferrocarril. Él, Chandranath, Ramasvarath, y unos cincuenta marguis más esperaron el tren en Bhagalpur. Pranay, Chandranath y algunos de los discípulos más antiguos fueron hasta el compartimento de Baba para presentar sus respetos y saludar al grupo de la boda. En el vagón vieron a una joven mujer sentada frente a Baba, su cabeza y su cara cubiertas por el velo del sari. Cuando estaban presentando sus respetos al gurú, se dieron cuenta que a Uma Devi le parecía muy extraño y muy inesperado. Es más, ella no tenía ni idea de que se había casado con un gurú espiritual. Lo único que sabía de Baba era que era un empleado del departamento de contabilidad de la oficina de Jamalpur y de muy buen comportamiento.

Ramasvarath estaba parado justo afuera del vagón. Su supervisor en la Oficina de Desarrollo de Varishvar, Acharya Sarangi, lo había iniciado un año antes. Lo asediaban las dudas de que su gurú se hubiera casado. Mientras observaba a Baba, Ramasvarath se preguntaba si Baba iba a perder su poder espiritual. Sorpresivamente sintió una fuerte vibración correrle por la columna vertebral. Una ola de éxtasis lo superó y le tomó varios días sobreponerse. Su cuerpo tembló y Chandranath tuvo que sostenerlo para que no se cayera. Todas sus dudas se desvanecieron.

Después de que Baba y su nueva esposa llegaron a Jamalpur, Pranay pidió y recibió el permiso de Baba para organizar una recepción para los marguis. Se hizo otra recepción para los miembros de la familia. Él le preguntó a Baba cómo debían dirigirse a su esposa, y Baba le respondió que debían llamarla "Marga Mata"[5]. Pranay preparó una tarjeta de invitación en nombre de Marga Gurudeva y Marga Mata y la envió a todos los marguis. Baba fue el anfitrión de la recepción que se llevó a cabo en los patios del jagriti. Algunos de los marguis aceptaron a Uma Devi inmediatamente como una con el maestro, y siguiendo la tradición de cientos de años hicieron sastaunga pranam delante de ella al iniciar la recepción. Otros, no tan seguros de cómo tratarla, simplemente le dieron un namaskar y se sentaron. Los marguis tomaron fotos de Baba y Uma Devi, quienes se sentaron en una tarima especialmente decorada para ellos. Los dos, él y Uma Devi, dieron unas cortas charlas. Luego Baba escuchó a su esposa, una hábil instrumentista, dar un recital de cítara. Después él se aseguró de que todos estuvieran satisfechos con la comida, preguntándole uno a uno a los invitados si necesitaban alguna cosa.

Después de la recepción la vida volvió a la normalidad en la casa de los Sarkar. Ahora había cinco adultos en la pequeña casa de dos habitaciones en donde Baba vivía con su madre y sus dos hermanos menores, Sudanshu y Manas. Una vida más bien congestionada para un hombre que en ese momento tenía miles de discípulos; pero característico de Baba por su amor a la simplicidad, especialmente en el segundo país más poblado del mundo, en el que esta situación era considerada acomodada. Uma Devi se encargó de la mayor parte de las labores domésticas y los marguis no la veían mucho, por lo menos al principio. Sudanshu, con la devoción que le demostró a su hermano toda la vida, también asumió la responsabilidad de preocuparse por las necesidades materiales de Uma Devi. Él traía la paga mensual suya y la de Baba y se la entregaba a su madre. A su vez, Abharani le daba cinco rupias al mes a Baba para sus gastos personales, como siempre, y le daba dos rupias a Uma Devi. Himanshu, el hermano de Baba, quien los visitaba los fines de semana y los días de fiesta, escribió que aunque hubo un cambio notable en el resto de la familia cuando Uma Devi vino a vivir con ellos, no notó ningún cambio en Baba. Él siguió exactamente la misma rutina de antes: iba a la oficina y regresaba a la casa con tanta puntualidad que uno podía ajustar la hora del reloj a su rutina. Continuó sus caminatas, darshan y DMC, y mantuvo su tiempo para la sádhana. No mostraba ningún indicio de que algo hubiera cambiado en su vida.

Sin embargo, había un asunto relacionado con su esposa en el que Baba no dio lugar a ambigüedad. Poco después de la boda, algunos marguis fueron a donde Pranay a pedirle que le solicitara a Baba que Marga Mata compartiera la tarima con él durante el DMC. Para ellos, esta era la mejor forma de mostrar gran respeto por la esposa del gurú, manteniendo la tradición transmitida por sus antepasados. La respuesta de Baba fue breve y cortante:

—En el DMC Anandamurti es una entidad singular; no hay lugar para una segunda entidad.

Nadie volvió a mencionar el asunto. Sin embargo, Baba dio permiso para que ella se dirigiera a los marguis cuando él no estuviera en la tarima. De vez en cuando, Pranay organizaría pequeñas charlas para Uma Devi durante el programa del DMC. Su recuerdo de ella en esa época es el de una persona callada, una sencilla ama de casa bengalí, un poco agobiada por el giro de los acontecimientos, que la llevaron a casarse con un maestro espiritual cuya popularidad y controversia iba en aumento. Es más, en las primeras charlas que organizó, tenía que aconsejarle con anticipación sobre lo que debía decir. Pero llegaría el momento en que Uma Devi estaría lista para dar sus propias charlas espirituales, lo que traería consecuencias que ninguno de los marguis podía prever en ese momento.

XXI
Por el bienestar y la felicidad de todos

La espiritualidad no es un ideal utópico, sino una filosofía práctica que se puede ejercitar y entender en la vida diaria, no importa cuán mundana sea. La espiritualidad propugna la evolución y la elevación, no la superstición en la acción, o el pesimismo. Todas las tendencias divisorias, y filosofías de grupo o clan que pretenden crear las limitaciones de una mentalidad cerrada, no están conectadas a la espiritualidad de ninguna manera. Sólo se debe aceptar aquello que conduzca a la expansión de la visión[1].

A FINALES DE 1957, Baba fue con algunos marguis en su caminata. Uno de ellos era Shashi Rainjan, un distinguido miembro del parlamento con el don de la oratoria, un devoto de mente pura que no tenía ningún conflicto entre la forma como había sido educado y su fe resoluta en su gurú. Su devoción por Baba era tan fuerte que no se podía contener y le decía a cualquiera que lo escuchara, que Dios había vuelto a nacer una vez más en la gran tierra India, de la misma manera que lo había hecho en eras pasadas en la forma de Shiva, Krishna, Buda y otros grandes maestros[2]. Con frecuencia, la gente le contestaba que si Dios estuviera caminando en la tierra otra vez, entonces ¿por qué no acababa con la pobreza y con el sufrimiento de la gente? ¿De qué servía un Dios que no pensaba en el sufrimiento de sus hijos? Shashi Rainjan, en su manera simple y directa, le contó a Baba lo que la gente estaba diciendo y le preguntó qué les debía contestar. Baba le pidió que esperara por un tiempo. La respuesta llegaría, pero sólo en el momento apropiado.

A finales de 1959, Baba empezó a dar una serie de clases nocturnas para acharyas en la veranda del jagriti en Jamalpur. Normalmente, las clases de Baba incluían una gran variedad de temas. Cualquier tema, desde la historia antigua hasta ciencias aplicadas o agricultura, con la filología como tema favorito. Por ejemplo, dos días después de la inauguración del jagriti en Jamalpur, dio una clase acerca de los orígenes y el desarrollo de las diferentes lenguas, que duró por lo menos dos horas. Como siempre, se sentó en un catre de madera con una pizarra y un pedazo de tiza. Unos veinticinco marguis se sentaron frente a él, mirándolo mientras él trazaba el desarrollo del sánscrito, el chino, el ruso y otras lenguas clásicas, a través de un periodo de varios milenios, traduciendo frases de una lengua a otra en el tablero y mostrando las conexiones entre las lenguas relacionadas.

En otra ocasión dio un largo discurso acerca de los mecanismos con los que diferentes animales e insectos se protegen, emitiendo olores desagradables, la relación de estas emisiones con sus secreciones hormonales, y cómo los pensamientos y las emociones de los seres humanos afectan el olor corporal por medio de la estimulación de secreciones hormonales específicas, dependiendo de la naturaleza de esos pensamientos y emociones.

Sin embargo, estas clases eran diferentes. Baba le pidió a los marguis que tomaran notas detalladas y les dijo que esas notas deberían ser compiladas en un libro sobre la filosofía de Ananda Marga al que titularía *Idea e ideología*. Las clases duraron desde el 27 de mayo hasta el 5 de junio. Estas fueron conducidas principalmente en inglés, con explicaciones ocasionales en hindi. Ram Tanuk Singh, reconocido por ser el que escribía más rápido entre ellos, tomó notas junto con otros de ellos. Después de cada charla comparaban las notas, las editaban, y luego se las entregaban a Baba para que les adicionara y las corrigiera.

Cinco años de discursos del DMC y ocho volúmenes de *Subhasita samgraha* ya proveían una extensa base textual de la filosofía espiritual de Ananda Marga. Pero Baba todavía no había dictado un manuscrito que contuviera los principios fundamentales de esa filosofía en un texto conciso y definitivo, como ha sido la tradición durante los cinco mil años de existencia de los sistemas filosóficos de la India. *Idea e ideología* sería ese texto. Ochenta y dos páginas densas en las que Baba explica en un lenguaje filosófico refinado y preciso, todo, desde la creación del universo hasta el origen de la vida. Como en su *Filosofía elemental*, muchos de los términos y las ideas eran similares a los de las escuelas dominantes del pensamiento indio, especialmente el Sankhya de Kapil y el Yoga Darshan de Patanjali; pero como siempre, Baba reinventaba esos términos e ideas de una forma que le daba vida a un entendimiento completamente nuevo y una interpretación de la vida y del universo, tan moderna, tan racional y de un carácter tan científico, que se hizo obvio que entre sus metas estaba la creación de un texto que proyectaría la filosofía espiritual hacia el futuro y al mismo tiempo preservaría su conexión con el pasado y el nacimiento de la espiritualidad humana en el subcontinente indio. El título del libro salió del capítulo titulado "Paralelismo psicoespiritual", y su explicación de las dos palabras "idea" e "ideología" resumían el espíritu fundamental del texto:

> Al final, cuando la longitud de onda de la mente se vuelve infinita, y esas ondas también fluyen en una línea recta, la mente se transforma en el *atman* (la consciencia o el alma). Este estado se llama samadhi. Es aquí donde las ondas psíquicas alcanzan un paralelismo con las ondas espirituales del atman. Este paralelismo psicoespiritual es conocido como "idea" o *bhava*. Cuando este *bhava* o idea es concebida en el nivel psíquico, es "ideología". Por lo tanto, ideología es la concepción de la idea y nada más. Por eso es un uso incorrecto del término, cuando llamamos "ideología" a algunos principios materialistas o políticos de una persona, grupo, nación o federación. "Ideología" lleva consigo un sentido espiritual; es una inspiración que tiene un paralelismo con la Entidad Espiritual.[3]

Cuando Baba enseñaba una clase, solía dar frecuentes demostraciones para ilustrar sus puntos. En una de las sesiones de la tarde, después de explicar cómo funcionan la mente cruda, sutil y causal[4], y lo que pasa con la mente después de la muerte, le pidió a Dasarath que fuera al frente. Baba lo tocó con su bastón en la mitad de las cejas donde se encuentra el *ajina* chakra. Cuando le preguntó qué veía, Dasarath le contestó que estaba viendo muchas bolas pequeñas de diferentes colores. Titilaban y se movían alrededor, congregándose cerca de diferentes personas. Baba explicó que estas pequeñas bolas de luz eran mentes sin cuerpo.

—Después de la muerte, la mente individual se mueve alrededor buscando un ambiente compatible hasta que encuentra el cuerpo adecuado en el que pueda reencarnar. Si tu visión fuera lo suficientemente sutil, verías que en realidad hay miles de mentes individuales moviéndose alrededor. Si eres feliz, entonces esas mentes individuales cuya naturaleza fundamental o la característica de su longitud de onda reflejan felicidad gravitarán a tu alrededor. Ellas incrementarán tu sentimiento de felicidad. Si tienes un estado de ánimo triste, entonces esas mentes individuales que son tristes por naturaleza, serán atraídas hacia ti y te harán sentir más triste. Si estás en un estado mental negativo, entonces las mentes negativas se te acercarán y reforzarán tu negatividad. Si tú eres positivo, entonces mentes positivas gravitarán hacia ti y reforzarán tu positividad. Depende de tu mente, de tu propia naturaleza.

Algunos de los conceptos filosóficos presentados en *Idea e ideología* eran modernas redefiniciones de ideas presentadas por primera vez hace miles de años, como la interacción entre las tres fuerzas causales fundamentales: *sattva*, la fuerza sutil, *rajas*, la fuerza mutativa y *tamas*, la fuerza estática. Otras hicieron su primera aparición en el escenario de la filosofía india. Entre estas estaba la explicación que Baba daba al origen de la vida, una explicación que ha sido una larga búsqueda para la ciencia y la filosofía. Después de mostrar con elaborado detalle cómo la pura consciencia pasa por un proceso de involución, transformándose en mente y de mente a materia, dando lugar a la creación de cuerpos estructurales cuya integridad es mantenida por medio de un equilibrio entre las fuerzas internas y externas resultantes, mostró cómo este proceso de involución llega a su punto cenit por el cual su propio impulso, al alcanzar su ápice, pulveriza porciones del cuerpo material. En este proceso de pulverización, estas porciones se transforman nuevamente en la forma más cruda de ectoplasma[5], dando inicio al proceso de evolución en que la mente, ya inherente en la materia, empieza el viaje de retorno a su estado original, la consciencia pura.

> Aquí yace la especialidad de la filosofía de Ananda Marga con respecto a otras filosofías, la explicación lógica y analítica de la teoría de que la mente es una creación de la materia. Este punto de vista es apoyado por las escuelas de pensamiento materialista. Pero los filósofos materialistas se quedan cortos en la explicación, ya que fallan en explicar la causa rudimentaria de la materia. La filosofía de Ananda Marga penetra profundamente en la causa última de todos

los efectos manifiestos y enuncia que la materia es la forma metamorfoseada de Purushottama, la Consciencia Nuclear que existe como la causa noumenal. De este modo, como resultado del choque dentro de la estructura material, se crea una base sutil y esta a su vez da cabida a la formación de la mente cruda o citta individual, la cual no tiene ni al ego ("Yo hago" o la segunda subjetividad mental), ni a la primera subjetividad mental ("Yo soy")[6].

También se presentó, por primera vez en la filosofía india, la explicación de Baba de cómo la semilla de la creación germina debido al desequilibrio de las tres fuerzas de Prakriti que surgen de la consciencia infinita no manifiesta. Durante la discusión de este tema tan elusivo, Baba mencionó que los sádhakas alcanzan un estado en el que sienten que la creación entera emana de ellos y es absorbida dentro de ellos nuevamente. Ellos sienten "sólo yo existo". Cuando Baba terminó su explicación, Acharya Indradev Gupta se quejó de que esas ideas eran difíciles de entender.

—Nos ayudaría a entender si nos dieras una demostración práctica —dijo. De repente, la cara de Baba empezó a cambiar. Se puso más y más brillante hasta que algunos de los discípulos sintieron como si estuvieran viendo el sol. Todos empezaron a experimentar un cambio mental. Un sentimiento de inmensa felicidad se derramó sobre ellos como una marea, hasta que todos sintieron que sólo ellos existían, que el entero universo existía dentro de ellos, ondulando en un ciclo eterno de creación y disolución. Luego Baba abrió las manos en *varabhaya mudra*. Mientras los discípulos permanecían absortos en el trance, Baba se puso los zapatos y volvió a su casa. Nadie le ofreció sus zapatos como era la costumbre, ni lo acompañó a su casa. Cuando los discípulos finalmente recuperaron su consciencia normal, se sorprendieron de ver el catre vacío frente a ellos.

Las últimas clases que Baba dio fueron sobre filosofía social, las últimas dos de once capítulos. Así como los nueve capítulos en filosofía espiritual empezaron con el ciclo de la creación, el *brahma chakra*, los capítulos de filosofía social empezaron con el ciclo social, o *samaj chakra*, expandiéndose en la teoría que había introducido en su primer discurso oficial, "La evolución gradual de la sociedad". En su explicación del ciclo social, Baba hizo un recorrido por el desarrollo de la sociedad humana a través de la evolución de cuatro clases psicológicas dominantes[7]. La primera de ellas, a la que se refirió como la clase *shudra*, fue la de aquellos que sobrevivieron debido al uso del trabajo manual, característico de las primeras sociedades primitivas. Señaló que ni la idea de adquisición ni la de explotación intelectual existían en esa era. "Aunque la vida era salvaje, no era brutal"[8].

Gradualmente, el liderazgo de esas sociedades formativas pasó a las manos de aquellos que sobresalían por su fuerza física y valor personal. Se refirió a ellos como *kshattriyas*, o la clase guerrera. Con el surgimiento de los kshattriyas, la importancia de la familia se desarrolló y el liderazgo comenzó a ser hereditario.

A medida que la sociedad se desarrolló más, el papel del intelecto se volvió más prominente. "Una referencia a la mitología de cualquier cultura antigua revela innumerables instancias en las que el héroe del momento tenía que adquirir un conocimiento específico de sus maestros. Posteriormente, estas enseñanzas no se limitaban al uso de las armas, sino que se extendían a otras esferas, como arte bélico, medicina y formas de organización y administración, esenciales para gobernar cualquier sociedad. Es por esto que la dependencia en un intelecto superior se incrementó cada vez más, y con el paso del tiempo, el poder real pasó a las manos de estos intelectuales"[9]. Se refirió a estos intelectuales como *vipras*, y a los años de su dominio como la era *vipra*. En esta época, la superioridad hereditaria era difícil de mantener, así que los vipras, para poder mantener su poder, "trataron activamente de prevenir que los demás adquirieran el uso del intelecto imponiendo rituales y supersticiones, fe y creencias, e incluso introduciendo ideas irracionales (el sistema de castas de los hindúes es un ejemplo), apelando a los sentimientos de la masa. Esta es la fase en la que la sociedad humana se encontraba durante la Edad Media en la mayor parte del mundo"[10].

Esta explotación continua, y la necesidad de recolectar y de transportar artículos, en una sociedad más compleja, llevó al surgimiento de la cuarta clase psicológica, los *vaeshyas*, traducido en forma imprecisa como capitalistas, quienes controlan los medios de producción y distribución. Baba dijo que fue en esta era cuando la explotación humana alcanzó su apogeo. La psicología de la adquisición estimuló el desarrollo de la psicología de la explotación y redujo a la mayoría de la sociedad a la condición de *shudras*, sin importar cuál fuera su psicología real.

Después de discutir la rotación de este ciclo de una clase a la otra a través de los procesos de evolución y revolución, contra evolución y contrarrevolución, Baba hizo un llamado al surgimiento de una clase de sadvipras[11], personas perfeccionadas espiritual y éticamente que él predijo asumirían un día la responsabilidad de guiar el *samaj chakra* a través de ciclos sucesivos sin permitir que la explotación de la clase dominante se cristalice. Cuando sea necesario, estos sadvipras aplicarán una fuerza intelectual, política o física, dependiendo de cuál clase esté en el poder, para asegurar que la mayor parte de los seres humanos no sufran la explotación social generalizada a la que han estado sujetos a través del curso de la historia. En breve, él propuso que los mejores y los más sabios entre nosotros guiaran la sociedad, en vez de permitir que nos arrodilláramos ante la voluntad de los intereses creados.

En el capítulo final, "La hermandad cósmica", Baba reiteró que la sociedad humana es una familia y debe ser tratada como tal, y continuó con una discusión detallada de las cuatro metas objetivas que se deben alcanzar para que este sentimiento tenga raíz: una filosofía común de la vida, una sola estructura constitucional, un código penal común, y que todos tengan disponibilidad (producción, suministro y capacidad de compra), de las necesidades mínimas esenciales para la vida. Baba tuvo mucho cuidado de diferenciar este concepto de las infructuosas teorías del pasado, como el marxismo, que no tomaron en cuenta la psicología humana.

Cada ser humano tiene ciertas necesidades mínimas, que se le deben garantizar. La disponibilidad de alimentos, ropa, asistencia médica y vivienda se debe garantizar para que los seres humanos puedan utilizar su exceso de energía (energía que hasta ahora se ha utilizado en la adquisición de elementos esenciales para la vida), en actividades más sutiles. Al mismo tiempo, debe haber suficiente espacio para proveer otras comodidades de esta era de progreso. Para satisfacer estas responsabilidades, se debe crear suficiente capacidad de compra. Si se garantiza el suministro de estas necesidades sin ninguna condición basada en las destrezas personales o en el trabajo, entonces el individuo puede desarrollar la psicología de la ociosidad. Las necesidades mínimas para cada persona son las mismas pero la naturaleza de la creación es la diversidad. Por lo tanto, se deben proveer comodidades especiales para que se utilicen completamente las diferentes habilidades e inteligencia y se promueva el talento para que contribuya lo mejor para el beneficio del desarrollo humano.[12]

Esta garantía presupone la necesidad de un límite a la adquisición y la acumulación de riqueza.

Pero el suministro en la esfera física es limitado, por lo tanto, cualquier esfuerzo desproporcionado o irrestricto por la adquisición de objetos físicos crea una vasta mayoría de desposeídos, que impide el crecimiento espiritual, mental y físico de la gran mayoría. Así que mientras se lidia con el problema de la libertad individual en la esfera física, no se debe permitir cruzar ese límite que obstaculiza el desarrollo completo de la personalidad de los seres humanos, y al mismo tiempo, no debe ser tan drásticamente reducido que se entorpezca el crecimiento espiritual, mental y físico de los seres humanos.[13]

Baba resumió este capítulo con estas palabras: "Es por esto que la filosofía social de Ananda Marga aboga por el desarrollo integral de la personalidad del individuo y por el establecimiento de una fraternidad mundial, inculcando un sentimiento cósmico en la psicología humana"[14]. Luego le dio un nombre a esta nueva filosofía: Prout, la teoría de la utilización progresiva". Quienes abogan por esta teoría, dijo, serán llamados "Proutistas" (pronunciado prautistas).

Cuando Baba terminó el discurso final, le pidió a Pranay que enviara un mensaje a Shashi Rainjan, diciéndole que finalmente había llegado el momento de responderle a la pregunta que había hecho hacía dos años. Después, los marguis se fueron a trabajar en el manuscrito. Una noche, en camino hacia la tumba del tigre, unos días después de que el manuscrito completo fuera enviado a la Imprenta Unida en Bhagalpur, Baba se detuvo en el cruce de ferrocarril y le pidió a un discípulo que fuera al jagriti y le trajera papel, un lápiz, velas y fósforos. Cuando el discípulo regresó y se reunió con el grupo en la tumba del tigre, Baba les dictó los cinco principios fundamentales del Prout[15]. Les dijo a los marguis presentes que en el futuro estos principios servirían como la base de la creación de una sociedad sadvipra. Después envió a Vaedyanath a Bhagalpur en el tren de la noche con instrucciones de llevar esos papeles a la imprenta a primera hora por la mañana y adicionarlos al final de *Idea e ideología*.

En septiembre, Baba fue a Motihari y dio un seminario acerca de la filosofía del Prout a un grupo de estudiantes. Sujit Kumar y Ram Tanuk tomaron notas y se las presentaron a Baba para que las corrigiera. Durante el seminario, Sujit le preguntó a Baba si estas ideas estarían confinadas a los libros.
—¿Por qué peguntas?
—Porque me frustra la situación actual de la sociedad.
—Sólo debes esperar —le dijo Baba—. En Ananda Marga vas a encontrar todo lo que deseas.

Cuando el seminario terminó, Baba dio un DMC y luego le pidió a Indradev Gupta que formara un grupo de estudiantes, el primer órgano oficial del Prout, al que le dio el nombre de Federación Universal de Estudiantes Proutistas, o FUEP. Baba dirigió la Primera Conferencia Proutista en Jamalpur un mes después, expandiendo aún más la filosofía del Prout en otra serie de charlas y le pidió a los marguis que las prepararan para su publicación. Las notas de este seminario fueron publicadas en *Discursos sobre Prout*, con la excepción de una larga y elaborada discusión acerca de las siete etapas de la revolución. Esta discusión contenía las ideas más radicales de Baba hasta ese entonces. Era un manual conciso sobre revoluciones y cómo dirigirlas, desde el papel de los intelectuales y artistas, hasta la movilización del sentimiento de las masas. Los marguis imprimieron las notas condensadas como un libro separado titulado *Una discusión*, pero Baba vetó el libro eventualmente y ordenó que se quemaran las copias existentes. Baba le explicó la razón al Acharya Dhruvadeva Narayana, quien sostenía la sombrilla mientras caminaban hasta su casa.

—La gente mata a las culebras porque su picadura puede ser fatal, pero ¿qué pasa con los huevos de la culebra? No pueden hacerle daño a nadie, ¿entonces por qué los destruyen? Porque es del huevo de donde emerge la culebra. Por eso, quienes reconocen los huevos de culebra los destruyen cuando los ven. De la misma forma, tu organización tiene la forma de un huevo, y aquellos que la reconocen por lo que es, tratarán de aplastarla y destruirla. Deben tener mucho cuidado con esto.

Los estudiantes que fueron a este seminario volvieron a sus respectivas universidades y empezaron a organizar grupos de FUEP. Con el fervor de la juventud, empezaron a predicar la nueva filosofía en las universidades de Bihar, y luego en U.P. y en Bengala Occidental. A mediados de 1960, habían empezado la publicación de dos revistas mensuales que vendían en las universidades del norte de India: una en inglés, titulada *Educación y cultura*, y otra en hindi, titulada *El llamado de la era*. Por primera vez, tenían una plataforma social concreta para canalizar sus energías y más adelante, cuando visitaban Jamalpur, Baba los animaba a trabajar por el Prout. Los sueños que abrigaban de cambiar la sociedad ahora parecían alcanzables con el nacimiento del Prout, propagado, como Baba escribiría, "para la felicidad y el bienestar de todos".

XXII
A los patriotas

Ciertamente, un sádhaka es un soldado. Las punzadas de las espinas en el arduo camino significan progreso. El bienestar colectivo del universo es la corona de laureles de la victoria[1].

EN OCTUBRE DE 1959, durante las fiestas del Durga Puja, Baba dio un DMC en Kirnahar, un pueblo muy grande en el Distrito de Birbhum, a unos kilómetros de Indas, donde Sachinandan había organizado un DMC dos años antes. El DMC se llevó a cabo en la escuela secundaria local. Tal y como había hecho el año anterior en Amra, Baba pidió a los Marguis que presentaran un Kabigan en la primera noche. En la tarde llamó a un grupo de marguis artistas y les explicó por qué el Kabigan era un excelente vehículo para el prachar en la vida de los pueblos de Bengala. Luego les enseñó cómo presentar la ideología en el contexto de la forma artística. A las nueve, los músicos se reunieron afuera y empezaron a tocar los tambores, una señal que indicaba a los habitantes de las aldeas cercanas que el Kabigan iba a empezar. Los habitantes, que para ese entonces habían terminado de cenar, siguieron los tambores hasta el lugar elegido para la presentación. Los artistas se dividieron en dos grupos y empezaron un debate musical, lanzando preguntas y respuestas improvisadas que iban de un grupo al otro en la forma tradicional de trovas melódicas, cada grupo con su propio instrumentista apoyando a los músicos contendientes. Un grupo representaba la ideología de Ananda Marga, la otra representaba los antiguos rituales. Más de cinco mil personas de los pueblos aledaños fueron a la presentación, que duró hasta bien entrado el amanecer. Tal y como en Amra el año anterior, los habitantes del pueblo continuarían hablando del acontecimiento por varios meses, muchas veces tarareando las canciones que oyeron esa noche mientras trabajaban en el campo.

Durante el programa del DMC, los terrenos de la escuela secundaria estaban acordonados y únicamente los marguis podían entrar, pero instalaron parlantes afuera para que todos los interesados pudieran escuchar los discursos de Baba. Esto provocó una reacción en una familia *zamandari*[2] que era propietaria de vastas extensiones de tierra en esa área y que controlaba la mayoría de los negocios del pueblo, especialmente cuando insistieron en hablar con Baba pero no se les permitió. En la noche del segundo día, mientras Baba hacía su sádhana antes del discurso, bombas de humo explotaron en su habitación. Cuando los discípulos irrumpieron en la habitación, lo encontraron parado en el catre, rodeado por el humo que llenaba la habitación. Baba les aseguró que no estaba herido y les indicó que las bombas entraron por la ventana. Los organizadores convocaron a una reunión inmediatamente, y mientras Baba daba su discurso, llevaron a cabo una rápida investigación. Toda la evidencia apuntaba a varios jóvenes miembros de la familia *zamandari*. Cuando le dieron el reporte a Baba después del discurso, él le explicó a los marguis enfurecidos que esta había sido la reacción de la familia zamandari cuando se les excluyó del DMC.

—Tenemos un sistema —les dijo Baba—, y no podemos ir en contra de este sistema, pero podemos invitar a unos representantes a que se reúnan conmigo. —Cuando Kshitij y otros se opusieron, Baba les dijo—: Algunos de ellos son gente buena, y en el futuro, cuando hagamos prachar aquí, algunos de ellos vendrán.

Al día siguiente, algunos de los miembros mayores de la familia vinieron a disculparse por el incidente, y se les extendió la invitación. Un poco después, fueron conducidos a la habitación de Baba en donde habían extendido algunas cobijas en el suelo para que se sentaran. Baba les pidió cortésmente que le preguntaran lo que quisieran, pero nadie dijo nada.

—Lo que quieran saber, me complacerá responderles —continuó Baba, pero nadie pronunció una sola palabra—. Bueno, entonces si tienen alguna pregunta en el futuro, en esta área hay varios acharyas muy bien informados que estarán más que complacidos en responderles.

Luego, cuando los otros miembros de la familia les preguntaron, lo único que les dijeron fue:

—Él es un buen hombre, debemos dejarlo tranquilo, no debemos molestarlo.

A la mañana siguiente Baba anunció inesperadamente, que iba a dar su charla del DMC a las diez de la mañana en vez de por la noche, como había sido programada originalmente. Todos los marguis, sin excepción, debían salir en el tren de la tarde. Se apresuraron a hacer los preparativos para el discurso de Baba, y después del almuerzo, los marguis se fueron tal y como se les había indicado.

Después de su regreso a Jamalpur, un grupo de antiguos discípulos llevó a cabo una reunión para discutir la seguridad de Baba. El incidente en Kirnahar fue relativamente menor, pero con la creciente reputación de activista social de Baba, era evidente que no podían continuar sin hacer arreglos para protegerlo. Decidieron organizar un grupo de voluntarios que servirían de guardaespaldas durante las caminatas y los DMC. Los voluntarios también se encargarían de la seguridad de los marguis durante las funciones colectivas, ya que el número de personas que asistía a los programas continuaba creciendo así como la posibilidad de disturbios inesperados. Ellos le presentaron la propuesta a Baba, quien les respondió que la decisión de los marguis era su decisión. Llamaron al nuevo grupo el VSS, Vishva Shanti Sena, la fuerza de la paz universal; Baba pronto lo cambió a Voluntarios de Servicio Social, preservando las mismas iniciales. También dio instrucciones de que los voluntarios debían recibir entrenamiento en auxilio a desastres y otros tipos de actividades de servicio social, además del entrenamiento en seguridad.

Nityananda fue elegido comandante en jefe y se planeó un campamento para diciembre en Ranchi antes de la fecha del DMC, durante el cual se inauguraría esta nueva rama. Entre tanto, se realizó un DMC en Gorakhpur en noviembre. Después Baba fue invitado por el departamento de filosofía de la Universidad de Allahabad, para dar una charla a la facultad y a los estudiantes de posgrado. Esta fue la única vez en la vida de Baba, que daría una charla pública de este tipo. El tema fue "La mente y la energía vital". El director del departamento, R. N. Kaul, estaba tan impresionado por la charla, que después de que Baba dejó la tarima, le dijo a la audiencia que en su opinión, Anandamurti era una de las tres más grandes personalidades que habían caminado por el suelo de la India.

A principios de diciembre, los voluntarios se reunieron en Bhagalpur para una sesión de entrenamiento con marguis de la Policía Militar de Bihar, incluyendo a Chandranath, quien era el director general del centro de entrenamiento de la PMB en la ciudad cercana de Nathnagar. Baba llegó a Bhagalpur una noche durante el entrenamiento. A la mañana siguiente, Chandranath lo llevó a la plaza de armas antes del amanecer. A medida que el sol salía en el horizonte, los nuevos voluntarios marcharon frente a Baba en el aire frío. Él recibió su saludo desde la tarima, luego bajó las escaleras y los inspeccionó de un lado al otro de la fila. Cuando terminó la inspección, les dio una pequeña charla, les ofreció unas palabras de aliento y les dijo que debían utilizar sus vidas para servir a los demás. Por eso debían mantener sus cuerpos sanos, comer bien y mantenerse en buen estado físico.

Unas semanas más adelante, un campamento de siete días para los VSS empezó en Ranchi con más o menos cincuenta voluntarios que venían de varias partes de India. Se instituyó una rutina estricta en el campamento con un horario que incluía meditación colectiva a ciertas horas, clases de ideología, y sesiones de entrenamiento. Colectivamente, diseñaron un código de disciplina para los voluntarios, una lista de tareas, y trabajaron en el diseño de un uniforme y una bandera para el VSS. Baba visitó el campamento el día de apertura y dio una charla informal. Uno de los marguis participantes recuerda:

—Parecía como si un león estuviera rugiendo cuando él habló. La onda que pasó a través de nosotros nos hizo sentir que saltaríamos del árbol más alto si Baba quería. Era *vira bhava*[3]. Él nos dijo que seríamos beneficiados en la batalla por el dharma, sin importar lo que pasara. Si moríamos, entonces obtendríamos la liberación, y si sobreviviríamos, entonces disfrutaríamos de la victoria del dharma. Al día siguiente, fuimos a Ranchi y Baba recibió nuestro saludo bajo la bandera.

Después de dejar el campamento, Baba se detuvo en Barhi a almorzar y se reunió con Ram Bahadur. Ram Bahadur iba hacia el campamento y le pidió a Baba que le enviara un mensaje a los voluntarios. El mensaje que Baba escribió, para muchos discípulos, representaba el espíritu del VSS:

Como soldado, no debes buscar el placer mundano ni la comodidad. Debes estar preparado a enfrentar toda clase de sufrimientos. Deja que los sufrimientos sean tu fortaleza. El sufrimiento te ayudará a establecer sadvipra samaj. No debes discutir, no debes pensar dos veces, debes actuar o morir. No quiero ver las caras derrotadas de mis niños y niñas en carne y sangre.

Afectuosamente suyo,
Baba

Desde ese momento, por lo menos un voluntario siempre estaría con Baba durante los programas más largos, como el DMC. El libre acceso que los marguis habían tenido a Baba, especialmente en Jamalpur, lentamente quedaba en el pasado. No les gustó a todos los discípulos, pero todos entendieron que era necesario. A medida que entraban en una nueva década, también empezaba una nueva etapa en el desarrollo de Ananda Marga, mientras Baba preparaba a sus discípulos para adentrarse más en la opinión pública.

Antes del campamento de VSS, Baba visitó Ranchi por unos días y dio un Darshan general a los marguis en la pensión Birla. El programa empezó con Natkat Kedar realizando el arati y cantando una canción devocional para darle la bienvenida a Baba.

> *Baba, entra al templo de mi corazón y revélame tu rostro*
> *Si te vas de aquí se volverá un lugar desolado*
> *Nuestra relación es como la chispa y el fuego*
> *Tú eres quien arde en este cuerpo como una llama*
> *Ven, entra en mi corazón.*

Los marguis empezaron a sollozar y el fervor devocional se mantuvo constante durante los siguientes cuatro días. Al mismo tiempo, una inmensa carpa se erigió en el terreno del jagriti en Ranchi, que para ese entonces estaba casi terminado. Baba inspeccionó la construcción y dio el DMC en la carpa. Después del DMC, Akhori llevó a Baba hasta Jamalpur en su carro. Kshitij entonó una canción sobre la soledad de Braj después de la partida de Krishna, y los marguis empezaron a llorar con tanta amargura que se tendieron frente al carro de Baba y se rehusaron a dejarlo ir. Baba también empezó a sollozar y tuvo que limpiarse las lágrimas con el pañuelo. Le pidió a Kshitij que no siguiera cantando; porque si no él mismo no podría controlarse.

—No lloren —les dijo—. Volveré pronto. Mientras tanto trabajen por la misión con sinceridad.

Eventualmente, los trabajadores convencieron a los marguis para que despejaran la calle para que Baba pudiera irse, pero el llanto continuó aún después de que el carro de Baba desapareció de la vista de todos. Unos días después, Baba le informó a Pranay que los marguis en Ranchi todavía estaban en un estado anormal, llorando y sin deseos de comer. Le pidió que fuera allá por una semana para consolarlos, cosa que él hizo pero no tuvo mucho éxito. A principios de febrero, Baba volvió a Ranchi. Sólo entonces, los marguis volvieron a la normalidad.

El primero de enero, Baba dio su discurso RU bianual, esta vez, como parte de la Conferencia de Escritores Progresistas, organizada en Jamalpur con el auspicio de RU. Se tituló "A los patriotas" y fue publicada poco después en un libro separado así como *Problemas del día*. El discurso empezó con un análisis histórico de los factores que permitieron el surgimiento de la nación. Se centró principalmente en la larga historia del subcontinente indio y del surgimiento y caída de diferentes naciones dentro del subcontinente en el curso de varios milenios. Después de demostrar que la primera verdadera expresión de un nacionalismo pan-indio surgió debido a la creación de un sentimiento contra la explotación Británica, Baba analizó los errores fundamentales que los líderes indios cometieron durante las décadas del movimiento libertador y los años inmediatamente después de la independencia.

> Cuando la nación India fue formada en el siglo diecinueve, como resultado del sentimiento antibritánico, los líderes de India de ese entonces, debieron haber empezado una lucha por la independencia económica, en vez de haber lanzado un movimiento político. Todos los indios podían haber luchado unidos, sin sentimientos hinduístas, musulmanes, Punyabis o maharatis en esta lucha económica, y un sentimiento antiexplotación se hubiera creado en India. Este sentimiento habría fortalecido a los indios. Si no hubiera habido una lucha por la independencia política, el temor que los musulmanes tenían de mantenerse bajo la soberanía feudal de los hindúes después de la independencia de India, no habría surgido en sus mentes. En la ausencia de la fobia hindú, no habría surgido la exigencia de una nación para la patria musulmana, y cuando la India hubiera ganado la independencia económica, hindúes y musulmanes habrían vivido juntos como hermanos y hermanas en una India sin divisiones. La lucha por la independencia económica también habría traído consigo la independencia política. Probablemente se habría demorado, pero con seguridad, la independencia política se habría logrado[4].

Luego Baba acusó a los líderes de la época de, intencionalmente, haber evitado la lucha por la independencia económica por varias razones, siendo una de ellas que ellos mismos eran miembros de la clase burguesa y tenían interés personal en mantener vivo al capitalismo. Analizó los errores que cometieron durante la formación de la nueva nación e hizo una predicción preocupante: "El pequeño vínculo de unidad que existió en la sociedad india, será destruido por las insensatas acciones de estos líderes. Las tres grandes equivocaciones que van a destruir la unidad de la India son, el esfuerzo por demarcar límites provinciales determinados por la lingüística; la cuestión de la lengua nacional, y el uso de lenguas locales como medio de instrucción en la educación superior"[5]. Después de analizar en detalle los problemas inherentes a las políticas gubernamentales adoptadas por la nueva nación en estas tres áreas, Baba propuso su solución para la creación de una India fuerte y libre de explotación. Como siempre, el centro de atención era la libertad económica. "La mayoría de las personas en India son afectadas por la pobreza. Quieren ser liberados de la explotación. La libertad política no tiene ningún valor para ellos si no les puede dar independencia económica"[6].

Después de señalar que el sentimiento antiexplotación no puede durar para siempre, Baba terminó su charla con una nota espiritual, que refleja las bases espirituales de su filosofía social: "Una Ideología Cósmica tendrá que propagarse y esa ideología es la de una sola Entidad Suprema, la Entidad Cósmica, es la meta de todos los seres vivos. Este sentimiento espiritual mantendrá unidos a los seres humanos en el tiempo por venir. No hay otra teoría que pueda salvar a la raza humana"[7].

No mucho después de este discurso, Baba lanzó un nuevo movimiento con el fin de abordar algunos de los problemas que había señalado en su discurso y en las clases de Prout, especialmente uno por el que tenía un fuerte punto de vista, la partición de Bengala. Un día llamó a Nityananda y le pidió que empezara a crear una nueva organización que no tuviera ningún lazo con Ananda Marga. La llamó *Amra Bengali*, "Somos bengalíes", y explicó que se enfocaría en combatir los diferentes tipos de explotación que afectan a la gente bengalí. Su objetivo a largo plazo sería la reunificación del dividido Bengala (ahora Bengala Occidental y Bangladesh), y convertirlo en una región política y económicamente independiente. Le dijo a Nityananda y a Balai-da, quien accedió a ser el primer secretario, que un día Bengala Occidental y Bangladesh serían unificados, y que Amra Bengali tendría un papel determinante en ese proceso. Aunque el progreso de Amra Bengali fue lento durante los primeros años de su existencia, gradualmente tomó fuerza y se convirtió en un reconocido e influyente movimiento en los años siguientes.

La forma franca en que Baba reveló las equivocaciones de los líderes indios en el pasado reciente, muchos de ellos aún en el poder en ese tiempo, y su inclemente análisis de las políticas del gobierno del momento, sirvieron no sólo como un nuevo capítulo en sus diseminadas enseñanzas del Prout, sino también como un recordatorio a los marguis del por qué de la creación del VSS y las nuevas medidas de seguridad que rodeaban a Baba eran muestras de que había llegado el momento. Aunque el resto del discurso "A los patriotas" estaba dedicado a las propuestas de Baba para rectificar los problemas engendrados por las mal concebidas políticas de los líderes de la India, el escozor de su crítica no fue pasado por alto, tampoco pasó inadvertido para los jóvenes proutistas que buscaban en Baba la guía en el camino de la reforma social. A través de su historia, India ha aceptado abiertamente a los maestros espirituales, pero no daba una calurosa bienvenida a los revolucionarios sociales. La combinación de estos dos no se había visto antes de una manera apreciable, y algunos de los discípulos más visionarios empezaron a preocuparse por lo que el futuro brindaría.

XXIII
Una relación de familia

Cuando se actúa de acuerdo a su deseo, uno siempre debe recordar: la Entidad Suprema no es el jefe, la Entidad Suprema es el Padre amoroso. La relación no es oficial, es puramente personal[1].

A COMIENZOS DE la nueva década, la vida espiritual de la mayoría de los discípulos todavía giraba alrededor de las idas a ver a Baba en el jagriti, ir a las caminatas, y asistir a los programas del DMC cuando tenían la oportunidad. Cuando veían a otros marguis en la calle, frecuentemente se abrazaban y lloraban. Un día, cuando Baba hablaba con Kshitij, le advirtió que esa fase devocional no iba a durar mucho tiempo.
—Todos ustedes van a estar muy tristes de verla pasar —le dijo Baba.
—Pero Baba —le preguntó Kshitij, incapaz de disimular su desilusión—, ¿por qué tiene que ser así?
Baba permaneció impasible.
—Después de la fase devocional viene la fase intelectual. Sin una revolución intelectual, no se puede establecer la ideología.
Por la misma época Baba, sin anunciarlo, hizo un viaje a Calcuta y se quedó con su hermano Himanshu en Narkeldanga, cerca de donde Haraprasad vivía en ese entonces. En la noche, Baba caminó hasta la casa de Haraprasad, tocó la puerta e invitó al sorprendido discípulo a caminar. Caminaron hasta el lago Beliagata y permanecieron allí hasta las diez y media. Antes de regresar, Baba le dijo a Haraprasad:
—En este momento ustedes me tienen muy cerca, pero en algunos años van a tener que usar binoculares para poder verme.
Haraprasad se sorprendió, pero se olvidó del asunto rápidamente. Este sentimiento hizo eco en todos los marguis en ese momento. No tenían por qué preocuparse del futuro cuando el presente era suficiente para durar una vida entera.

La rutina en el jagriti de Olipur continuó de la misma manera que la de la Colonia de Rampur. De las dos habitaciones en la construcción inicial, una se había reservado para Baba. El único mueble que tenía era un catre de madera cubierto con una sábana de algodón y una almohada. Los marguis limpiaban meticulosamente la habitación todos los días, le llevaban flores frescas y las ponían en un jarrón cerca del catre. Estas rutinas diarias eran consideradas un privilegio para algunos de los afortunados discípulos. Mantenían una foto de Baba cuando él no estaba, y los marguis que estuvieran presentes se sentaban frente a ella en la mañana y en la tarde para cantar canciones devocionales y practicar su meditación. Los domingos y los días de fiesta, Baba daba el Darshan General y algunas veces a la semana, si el clima no le permitía salir a caminar. Algunas veces, le daba clases a los acharyas y a los marguis en las noches. De vez en cuando también iba por la mañana para encargarse del trabajo organizativo antes de ir a la oficina, una práctica que se hizo más y más frecuente a medida que los años sesenta pasaban y la organización continuaba creciendo.

Los días que esperaban a Baba para el Darshan General, los marguis llegaban temprano y cantaban canciones devocionales frente al catre hasta que él llegaba. Luego, Pranay o Dasarath, o quien fuera su asistente personal en ese momento, llevaba a los marguis afuera de la habitación. Baba se sentaba en el catre y terminaba el trabajo organizacional que estuviera pendiente. Si quería ver a alguien en privado, lo llamaba. Después sus asistentes abrían la puerta y los marguis llenaban la habitación. Baba charlaba con ellos de manera informal por un rato y luego daba un discurso, muchas veces acompañado de una demostración. Luego los marguis hacían pranam uno por uno, y Baba se iba a su casa acompañado por algunos discípulos seleccionados, un número que pronto sería limitado a cinco. A nadie más se le permitía salir del jagriti después de que Baba saliera. Esta regla se había instituido porque los marguis habían desarrollado el hábito de salir corriendo detrás de Baba en la calle sollozando y gritando, dando rienda suelta a unos sentimientos devocionales que los vecinos no podían entender y que creaba una escena extraña que los discípulos más antiguos preferían evitar. Considerando la reputación de Ananda Marga en Jamalpur en ese entonces, es fácil entender su preocupación. Ramachandra, quien más adelante se inició y se convirtió en un ferviente discípulo, recuerda su impresión de Ananda Marga cuando era niño en Jamalpur:

> Cuando era joven le tenía miedo al nombre de Ananda Marga. Solíamos pasar frente al ashram de Ananda Marga cuando íbamos para el colegio. Mis compañeros de colegio solían decir que Ananda Marga era un lugar mágico, protegido por una pared mágica y era peligroso hablar cerca de ella, así que pasábamos en silencio por el lugar. En Jamalpur se había corrido la voz de que Baba era un gran mago, él podía hacerme algo, así que siempre trataba de evitar verlo o dejar que me viera.

Durante los años cincuenta y comienzos de los sesenta no había un sistema de grabación ni se tomaba nota de los Darshan Generales de Baba, y Baba tampoco los dictaba después, como hacía con los discursos del DMC o del RU. En algunas ocasiones alguno de los devotos interesados tomaba notas por su propia voluntad, pero la gran mayoría de estos discursos se perdieron[2]. En marzo de 1963, un devoto tomó notas durante un

Darshan General. Los siguientes extractos muestran la naturaleza informal de las charlas de los Darshans Generales de entonces. En el prefacio, el discípulo explica que era muy difícil preservar las palabras exactas de Baba, pero el espíritu de lo que Baba dijo había sido reproducido fielmente.

Baba se sentó y dijo:
—En el periodo del Mahabharata encontramos dos personas que eran muy cercanas a Shrii Krishna, Arjuna y Sudama. Ambos eran muy devotos de él. Ahora, díganme, ¿quién era el devoto más grande de Shrii Krishna y a quién escogerían como el ideal de su vida?" Una a una, las personas que estaban presentes expresaron su punto de vista... cuando todos terminaron de expresarse, Baba dijo, "devoción significa entrega incondicional, quien tiene más, es un devoto más grande que el que tiene menos. Arjuna y Sudama fueron grandes devotos, pero si fuéramos a juzgar su devoción bajo este criterio, tenemos que decir que Sudama era más devoto... Arjuna se rehusó a pelear cuando Shrii Krishna se lo pidió. Esto demuestra que Arjuna no tenía fe completa ni entrega total a Shrii Krishna... Por otro lado notamos una entrega total por parte de Sudama. Él nunca quiso nada de Krishna, el amigo que pudo haberle dado cualquier cosa... Aun cuando su esposa lo forzó a que fuera a pedirle a Krishna que los sacara de la pobreza, él fue a donde Krishna pero no le pidió nada... Entonces, ¿a quién deben tomar como su ideal? A ninguno de los dos, a Arjuna ni a Sudama. Ninguno de los dos es perfecto, entonces ¿cómo pueden tomar a alguien imperfecto como su ideal de vida? Su ideal debe ser perfecto, por lo tanto, su ideal deber ser el Señor solamente, nadie más debe ser su ideal.
—Y si él se da cuenta de que tienes el potencial para hacer su trabajo, pero te falta la entrega y no has renunciado a tu ego, entonces, en ese caso él va a crear las circunstancias que van a forzar a tu ego a doblegarse y a entregarse. Sólo entonces el Señor te va a escoger para que seas el médium de su trabajo. Ese es el caso de Arjuna. Arjuna tenía el potencial, pero también tenía algo de ego. Shrii Krishna primero hizo que se rindiera cuando le mostró su forma cósmica y sólo entonces Arjuna fue elegido como su médium.

En uno de estos Darshan Generales, Baba le preguntó a todos si querían escuchar el sonido cósmico[3]. Todos respondieron que sí con entusiasmo. Baba pidió que cerraran las ventanas y las puertas. Pidió que las mujeres se sentaran en un lado y los hombres en el otro. Luego les pidió a todos que empezaran a meditar.
—Aquellos que no escuchen el sonido pueden levantar la mano, pero deben permanecer en silencio —dijo. Unos pocos discípulos levantaron la mano pero poco después la bajaron. Sakaldev, un abogado de Muzaffarpur, empezó a escuchar el sonido hermoso de una flauta. Cuanto más tiempo meditaba, más intenso se volvía, pero en un momento dado, sintió una gran urgencia de abrir los ojos. Cuando los abrió se sorprendió de ver a

Baba saliendo de la habitación. El resto de los marguis estaban en meditación profunda, algunos ya habían entrado en trance. Con temor de no poder volver a escuchar el sonido otra vez, salió corriendo detrás de Baba y lo alcanzó justo a la salida. Cuando se agachó a tocar los pies de Baba, Baba le dijo—: Sakaldev, ¿qué prefieres, *mukti* o *moksha*?

—Baba, yo sólo quiero estar contigo.

—*Tatastu* —dijo Baba, "que así sea".

En otra ocasión, Pashupati estaba masajeando a Baba en la habitación y los demás marguis estaban sentados alrededor del catre. Baba se tornó muy serio y les preguntó si querían presenciar la refulgencia divina. Naturalmente, todos dijeron que sí.

—Está bien —continuó Baba—, les voy a mostrar el uno por ciento, no pueden resistir más de eso. —De repente, la habitación se llenó de una dulce y brillante luz blanca; la felicidad que sintieron fue tan intensa que tuvieron que cerrar los ojos. Después de algunos momentos, la luz desapareció—. ¿Ven? —dijo Baba—, y ese fue sólo el uno por ciento.

Aunque no se preservó por escrito ni siquiera el uno por ciento de las experiencias de los devotos con Baba en esos primeros días, lo que se preservó ha sido suficiente para deslumbrar los ojos de cualquiera que trate de analizar ese periodo e imaginar cómo era estar cerca de Baba en los días previos a la "fase intelectual", antes de que la organización creciera y se convirtiera en una misión global con cientos de miles de discípulos. El jagriti de Jamalpur fue el escenario de muchas de esas experiencias, probablemente el lugar, junto con el sepulcro del tigre, que mejor evoca el aura de ese periodo. Los siguientes son algunos incidentes que sucedieron en el jagriti alrededor del principio de esa década.

En esa época, Madhan era un estudiante de secundaria en Bhagalpur. Su familia no aprobaba Ananda Marga y no le permitía ir a Jamalpur a ver a Baba, así que se escapaba cada vez que podía y hacía el viaje sin permiso. Una tarde, salió de la casa sin que se dieran cuenta y fue a la estación para abordar el tren expreso a Jamalpur, un viaje de una hora y media. Cuando llegó al jagriti, le pidió permiso a Pranay para ir a la caminata con Baba, pero la lista ya estaba completa. Muy amargado y desilusionado por su mala fortuna fue a la habitación de Baba a meditar. Sin embargo, en vez de meditar, empezó a rogarle a Baba que hiciera llover, a sabiendas de que si llovía, Baba y los discípulos tendrían que volver al ashram. En la otra habitación había un hacha en la pared. Cuando se acordó, Madhan amenazó mentalmente a Baba con matarse con el hacha si no venía a verlo. Luego empezó a pelear directamente con Prakriti, insistiéndole que hiciera llover para que Baba volviera. Después de una hora de esta supuesta meditación, empezó a llover. Poco después, Madhan escuchó una conmoción en la entrada, indicando que Baba había vuelto. En vez de correr a encontrarse con Baba, como la mayoría de los marguis hacía usualmente, él continuó "meditando", pensando, "si Baba realmente me quiere, va a venir a buscarme en vez de hacerme ir a buscarlo". Unos momentos después escuchó a Baba preguntando:

—¿Dónde está Madhan? —Madhan se estremeció y terminó la meditación. Lo primero que le dijo Baba cuando lo vio fue—: ¡Qué crees que estás haciendo! Ganas cincuenta paisas y sales a gastarte una rupia. ¿Entiendes?
—No, Baba.
—No debes gastar lo que ganes en la práctica espiritual. Si malgastas tu poder luchando con Prakriti, o pidiendo algo por lo que no debes pedir, esa será tu caída. ¿Quieres dejar a Ananda Marga? ¿Te quieres desviar del camino espiritual?
—No, Baba.
—Yo tampoco, así que de ahora en adelante no vas a utilizar tu poder espiritual en forma insensata. ¿Entiendes?
—Sí, Baba, pero tuve que enfrentar muchos problemas para poder venir a verte. Mi familia no me da permiso para venir, y luego llego acá y Pranay-da no me deja ir a la caminata.
Baba le tomó la mano.
—Está bien, está bien, pero prométeme que no vas a hacer esto nunca más.
Cortésmente, Baba preguntó por la familia de Madhan y por los marguis locales. Finalmente, le preguntó si tenía dinero para volver a casa. No tenía, así que Baba se llevó la mano al bolsillo y le dio un billete de dos rupias.

Un día, Gwarda estaba visitando a Ratu, un tío materno, y empezaron a hablar de Ananda Marga. Gwarda trató de convencer a su tío de la grandeza de su gurú, pero Ratu no era receptivo.
—Mira —le dijo Ratu—, todos los grandes gurús tienen una característica. El dedo grande del pie derecho es anormalmente grande. ¿Tu gurú tiene esta característica? —Gwarda no sabía que decir, así que permaneció en silencio—. Bueno, entonces —continuó Ratu—, a menos que tenga un dedo grande del pie anormalmente grande, no lo puedo aceptar como a un gurú espiritual.
Días más tarde, Gwarda estaba sentado en el jagriti con varios amigos marguis hablando del cinema de la India cuando Baba se presentó en forma inesperada. Después de que todos hicieron pranam, Baba preguntó a los muchachos acerca de qué estaban chismoseando. Ninguno dijo nada; no querían admitir que habían estado discutiendo sobre películas en el ambiente sacro del jagriti.
—Creo que estaban hablando de películas —les dijo Baba con una sonrisa—. ¿No? —Se dirigió directamente a Gwarda—. Está bien, entonces díganme cuál es el nombre de la película en la que cantan esta canción. —Baba cantó los primeros versos de una canción popular, pero ni Gwarda ni los otros muchachos pudieron recordar el filme—. ¿Qué? —les dijo Baba—. Ustedes son los expertos en cinema hindi. Yo no he visto un solo film. Probemos otro. —Baba cantó algunos versos de otra canción, pero una vez más, ninguno pudo adivinar de cuál película era. Luego Baba se dirigió otra vez a Gwarda—. Puedo ver que estás a punto de acordarte, pero no has podido. Toma el dedo gordo de mi pie derecho a ver si te ayuda.

Baba extendió su pie derecho y Gwarda tomó el dedo gordo. Tan pronto como lo tocó, se olvidó de la película, lo único de lo que se acordó fue del reto de su tío. Se sorprendió cuando vio que el dedo de Baba parecía anormalmente grande[4]. Los otros marguis le preguntaron si se acordaba del nombre de la película.

—Sí, sí, me acuerdo —les dijo, pero estaba tan absorto en el dedo de Baba que no dijo nada. Después de que Baba se fue, corrió a la casa de su tío Ratu para decirle que tenía razón, que el dedo grande de Baba tenía la característica que le había descrito.

Aun después de ser iniciado, Pratibha continuó practicando sus rituales hindúes en su casa, pero en vez de venerar a Krishna, reemplazó a los viejos ídolos con una foto de Baba. Cada día realizaba el arati tradicional, balanceando la bandeja con la lámpara y el incienso frente al altar con la foto de Baba. Una vez, después de regresar del jagriti, regañó a las hijas por no haber encendido las lámparas en el altar, pero esta vez las hijas se rehusaron a obedecer.

—Ahora que estás en Ananda Marga, no deberías hacer esto nunca más —le dijeron—. Esto no es lo que Baba enseña. Pareciera que tus malos samskaras no hubieran terminado todavía.

Pratibha se enfadó.

—Que ahora esté con Ananda Marga no significa que tenga que renunciar a mis viejas costumbres, si quiero puedo hacer mi arati; y pensar que tengo que oír esto de mis propias hijas. Esto es demasiado.

Pratibha encendió las lámparas y empezó su arati. Al día siguiente, volvió al ashram para el darshan del domingo. El discurso de Baba se denominó "Culto, ritual y alabanza". Durante el discurso, empezó a hablar del arati. Dirigiéndose a las mujeres, dijo:

—Imaginen que son un dios y alguien empieza a balancear la lámpara encendida frente a su cara, ¿cómo se sentirían? ¿No se sentirían incómodas y le pedirían que parara? ¿No le dirían que les arde la cara? Imaginen que alguien quema incienso frente a ustedes, ¿no las sofocaría el humo? ¿No? Imagínense cómo se siente la deidad.

En ese momento, Pratibha se dirigió a la mujer sentada junto a ella y le susurró que había estado haciendo el arati el día anterior frente a la foto de Baba. Baba interrumpió el susurro.

—Sí, Pratibha, te estoy hablando a ti, ¿por qué estás haciendo esto?

Pratibha se levantó y se llevó las manos al pecho.

—Baba no lo volveré a hacer. —Se tomó las orejas con las manos y empezó a hacer tic-tics[5] como penitencia, sin que nadie le dijera.

Ramtanuka, la esposa de Ram Khilavan, trataba a Baba como a un hijo, como una madre tradicional hindú. Se reservaba el derecho de regañar a Baba cuando él hacía algo que no le complacía, una familiaridad que heredaron sus cuatro hijas que eran ardientes devotas. Un día ella fue al darshan en la casa de Nityananda, antes de que compraran el terreno para el jagriti de Jamalpur. Baba estaba en la habitación del fondo con Dasarath y Pranay cuando ella llegó. El resto de los marguis estaban en la habitación del frente, esperando que Baba empezara el darshan. Después de un rato, Pranay anunció que Baba no iba a dar más darshans hasta que los marguis no resolvieran la situación del jagriti. Los marguis estaban tristes pero resignados, así que resolvieron hacer algo lo más pronto posible. Pero no Ramtanuka. Cuando Baba salió de la habitación y empezó a recibir los pranams de los marguis antes de dirigirse a su casa, ella lo reprimió fuertemente.

—Yo he practicado la idolatría desde que tenía diez años, pero renuncié a ella por ti cuando recibí la iniciación. Toda la sociedad se ha vuelto en mi contra, pero no me ha importado. También los dejé a ellos y te entregué toda mi mente ¿y ahora me dices que no vas a dar darshan? ¿Entonces a qué vine a Ananda Marga? ¡Mejor borra mi nombre del registro de Ananda Marga!

Dasarath trató de calmarla, pero Baba lo detuvo.

—Madre, tienes toda la razón —dijo, como un hijo al que la madre ha regañado, luego se sentó a dar el darshan.

Unos meses más tarde, ella fue al darshan en el jagriti de Jamalpur construido recientemente. Cuando entró en la habitación, Baba estaba sentado en el catre con las piernas colgando hacia un lado. Al mismo tiempo, entró un hombre de Darbanga, cincuentón y mal vestido. Llevaba una jarra de agua que había llenado en el pozo. Un par de marguis, incluyendo a Bindeshvari, le había pedido que no se sentara cerca de Baba, les molestaba que alguien que parecía más un mendigo que un devoto estuviera en el salón del darshan, pero el hombre no les prestó ninguna atención y se sentó al frente. Una vez todos se habían sentado, puso la jarra en el suelo y extendió sus manos temblorosas, en un claro intento de lavar los pies de Baba. Tan pronto como extendió sus manos, Baba levantó los pies y cruzó las piernas. Ramtanuka se indignó cuando se dio cuenta.

—¡Baba, baja los pies ahora mismo!

Bindeshvari se opuso inmediatamente.

—Este hombre es un pecador —le dijo.

—Puede ser —dijo ella—, pero si un pobre pecador no puede refugiarse a los pies del señor, ¿entonces a dónde se va a refugiar? Baba, baja los pies o de lo contrario puedes volver al séptimo cielo o a cualquiera que sea el lugar de donde viniste.

Baba bajó los pies y el devoto, con lágrimas en los ojos, vio cumplirse su deseo. Más tarde, Bindeshvari le llamó la atención por regañar a Baba.

—No tienes idea, este tipo tenía marihuana en el manto.

—Es posible que Baba te haya dado la visión divina, pero yo sólo veo una cosa, la devoción de esa persona por Baba —le respondió.

Un día, Ramtanuka le preparó a Baba unas *peras*, un dulce hecho de leche que, según la leyenda, Krishna adoraba cuando era niño. Ella las llevó al jagriti un domingo y se las ofreció después de que Baba terminó su discurso.

—Baba, hoy te preparé un plato especial; es algo que yo sé que te encanta. Te lo tienes que comer todo, no voy a dejar que te vayas sin terminarlo.

—¿Qué me trajiste, Madre?

—*Peras*, Baba.
—Oh, *peras*, tienes razón, me encantan las peras, pero no hoy, Madre. Mi madre me está esperando en la casa para la cena. Me las como en otro momento, pero no hoy". Ramtanuka no era fácil de disuadir.
—No, Baba, te las tienes que comer hoy.
Finalmente, después de tanta insistencia, Baba cedió y aceptó una *pera*.
—¡Qué sabrosa! Nunca me he comido una pera tan deliciosa —dijo entusiasmado. Baba se levantó para irse, pero Ramtanuka le insistió que terminara el resto del plato antes de irse—. No, Madre, no más por hoy —le dijo Baba, señalándose el estómago, pero Ramtanuka no lo escuchó y continuó insistiendo—. Está bien —le dijo—, pero me las tienes que dar con tu mano. —Fascinada por la oferta, Ramtanuka tomó una *pera* y Baba abrió la boca, pero la *pera* nunca llegó a su destino. Ella se paralizó con la mano todavía extendida y se desplomó en estado de trance. Calmadamente, Baba se levantó del catre y se fue a su casa.

Cuando ella salió del trance, los otros devotos le preguntaron qué había pasado.
—Cuando Baba abrió la boca, para comerse la *pera* —dijo—, vi el universo entero, el sol, la luna, las galaxias, las vi todas. Todo el cosmos danzando en su boca.

Después de esta experiencia, continuamente se perdía en varios estados de *bhava* cuando veía a Baba, algunas veces con sólo oír el nombre de Baba, una situación que continuó por varios meses.

Sarala Bihari fue a su primer darshan con Baba de la misma forma que muchas de las otras discípulas, la trajo su marido, y como la esposa hindú apropiada, no pudo negarse. Esta fue la misma razón por la que se había iniciado unos meses antes en Jaipur, en donde su esposo Mangal Bihari era el Diputado de la Secretaría Financiera del gobierno de Rajasthan. Cuando llegó el momento de tomar sus vacaciones, decidieron ir a Puri, una playa popular en la costa este de la India, y un centro importante de peregrinación hindú. Allí tendrían la oportunidad de realizar su culto y al mismo tiempo disfrutar de la playa. Planearon unas vacaciones de dos semanas. Cuando Mangal Bihari informó a su acharya, Shankarananda, cuales eran sus planes, Nityananda, quien estaba de paso en esa área, le sugirió que se detuvieran en Jamalpur para ver a su gurú por primera vez. Una oportunidad que Mangal Bihari estaba listo a aprovechar.

Cuando la pareja llegó a la estación de Jamalpur, cansados después del largo viaje desde Jaipur, tomaron un rickshaw hasta el jagriti. Ellos esperaban encontrar un ashram indio tradicional, amplio y lujoso, lleno de caminos rodeados de flores, árboles, gran césped, pisos de mármol y cómodas habitaciones para los devotos. Pero lo que encontraron fue una reja cerrada detrás de la cual había una propiedad que sólo se puede describir como en ruinas, aparentemente todavía en construcción, en un área pobre de la ciudad. No había nadie para recibirlos, ni abrir la reja. Después de tocar por algunos minutos, uno de los vecinos sacó la cabeza por una puerta y les informó que todos "ellos" se habían ido a un programa en Monghyr.

Sarala quería darse por vencida. Le sugirió a su esposo que encontraran un lugar donde bañarse y tomar el siguiente tren a Puri; pero él la convenció de que siguieran, de todas maneras ya habían llegado hasta Jamalpur y Monghyr quedaba sólo a siete kilómetros de allí. Volvieron a la estación y tomaron un bus que estaba lleno de marguis que iban para el DMC. Cuando llegaron al lugar del DMC, lo primero que hicieron fue preguntar dónde podían encontrar un baño para lavarse después del largo viaje. Les señalaron unos baños portátiles cuyo estado conmocionó la sensibilidad de Sarala al punto de rehusarse a usarlos. Su esposo aristocrático, también un poco conmocionado y preocupado por su esposa, fue a hablar con los acharyas para preguntarles si había otra alternativa. Uno de ellos le sugirió que tomaran un rickshaw y fueran hasta el Ganges a bañarse. Finalmente esta parecía ser la mejor solución.

Cuando fueron a tomar el rickshaw, Sarala se sorprendió cuando vio que el conductor, alto, de piel oscura, con el pecho desnudo, parecía idéntico a la extraña figura que había visto en un sueño perturbador que había tenido antes de salir para Puri. A pesar de su insistencia de que no era necesario, el conductor les dijo que los iba a esperar mientras se bañaban porque les iba a costar trabajo encontrar otro rickshaw para regresar, luego los llevó hasta el lugar del DMC y cuando desapareció sin cobrarles el viaje, su presentimiento se incrementó de manera exponencial.

Esa noche, Sarala se sentó en la sección de damas durante el discurso del DMC. El espectáculo de todas esas mujeres haciendo sonidos extraños, llorando, sollozando, algunas estirando lo brazos, otras desmayándose, le hicieron sentirse como si hubiera aterrizado en un asilo de lunáticos. Pero cuando Baba finalmente dio su charla, estaba tan impresionada con la filosofía, que se sobrepuso a la urgencia de salir corriendo del lugar a la primera oportunidad. Después del DMC, los acharyas dispusieron que los esposos hicieran el corto viaje hasta Jamalpur en el carro de Baba. Bindeshvari los acompañó. Cuando Bindeshvari se inclinó hacia ella y le susurró que estaba sentada frente a Shrii Krishna, se convenció que estaba rodeada de locos. Como invitados, podían quedarse en el jagriti, pero tan pronto como llegaron a Jamalpur, Sarala le dijo a su esposo que se rehusaba a quedarse allí. Temía que si se quedaba, se iba a volver loca como obviamente el resto de ellos se había vuelto. Después de hablar con algunos marguis, Mangal Bihari pudo hacer arreglos para quedarse en la casa de Bindeshvari.

Por los siguientes siete días, Sarala se rehusó a ir al jagriti a ver a Baba. Se mantuvo en la casa de Bindeshvari mientras su esposo iba a las caminatas cada noche o al jagriti cuando Baba daba el darshan. Cada noche él volvía más y más inspirado y cada mañana ella trataba de convencerlo de que fueran a Puri. Él le pidió un día más y ella cedió, tornándose más y más molesta con cada minuto que pasaba. Al final de la semana, el esposo entendió que si posponía el viaje una vez más iba a sufrir una rebelión doméstica, así que fue a la estación e hizo una reservación para la noche de ese domingo. A la mañana siguiente, Sarala accedió a acompañarlo al darshan del domingo, consolada por la idea de que finalmente iba a salir de allá. Tomaron un rickshaw para el jagriti. Mangal Bihari estaba triste porque este iba a ser el último darshan por quién sabe cuánto tiempo, pero Sarala estaba complacida de que su sufrimiento pronto terminaría.

Cuando el rickshaw llegó a la puerta del jagriti, Mangal Bihari notó que Baba caminaba solo por el camino, con la sombrilla en la mano, para protegerse del sol de la media mañana. Rápidamente le dijo a su esposa que fuera y tocara los pies de Baba mientras él le pagaba al conductor del rickshaw. Cuando terminó de regatear la tarifa, se dio cuenta de que Baba y su esposa ya habían cruzado la puerta del jagriti. Entró y de alguna manera fue capaz de meterse en la habitación donde Baba estaba sentado. Con el fin de mantener las tradiciones de la sociedad hindú, que hubiera creado un escándalo si las mujeres y los hombres se hubieran mezclado, sentados tan cerca en la misma habitación[6]; Sarala se quedó con las mujeres amontonadas afuera en la habitación conjunta, forzada a ver a Baba a través de la puerta abierta que conectaba las dos habitaciones.

Era un día caliente de verano. El discurso de Baba continuó por lo que parecía ser una eternidad para Mangal Bihari, consciente de lo incómoda que se debía sentir su esposa en ese calor, apretada en medio de un gentío de mujeres devocionalmente enloquecidas. Él sabía que entre más tiempo pasara, más acalorado iba a ser el encuentro cuando estuvieran cara a cara. Cuando el discurso de Baba finalmente terminó, y el maestro había pasado por entre el público, él fue a buscar a su esposa, armándose de valor para enfrentar su disgusto. En lugar de eso, la encontró todavía sentada, con la cabeza agachada y los ojos cerrados. Sorprendido, dijo su nombre pero no obtuvo ninguna respuesta. Luego vio lágrimas cayendo silenciosamente por sus mejillas. Gradualmente, entendió que su esposa estaba en una especie de trance. Finalmente, ella le susurró que no quería abrir los ojos, el sentimiento era muy dulce. Él se sentó allí pacientemente hasta que ella finalmente abrió los ojos. Suavemente, él le dijo que ya se podían ir a alistarse para el viaje a Puri.

—No vamos a ninguna parte —le dijo Sarala—. Nos vamos a quedar aquí con Baba.

Más tarde, Sarala le contó a su esposo y a los demás, lo que había pasado cuando ella fue a hacer pranam a Baba frente a la puerta. Después de tocar los pies de Baba y levantarse, vio un brillo resplandeciente. En ese resplandor vio la imagen de Shiva a la que ella le rendía adoración en su casa todos los domingos. Luego, la imagen tomó la forma de Baba, y sintió como si el mundo entero estuviera contenido dentro de él.

—Madre —le oyó decir—, debes tener mucho calor. Ven debajo del paraguas conmigo. —Ella se agachó debajo de la sombrilla y acompañó a Baba hasta el ashram. Mientras caminaban, Baba sonrió y le dijo—: Bindeshvari me dijo que tú tienes tu Krishna, ¿es verdad? —A la entrada, los marguis estaban esperando para ponerle la guirnalda a Baba. Uno de ellos le dio la guirnalda para que la pusiera en el cuello de Baba. Mientras ella le ponía la guirnalda, Baba le dijo—: Madre, me has transformado en el Shiva de tus deseos. —Baba entró en la habitación y se sentó en el catre. Ella se sentó entre las mujeres. Cuando miró a Baba, la habitación se llenó con el mismo brillo resplandeciente hasta el punto en que era lo único que podía ver, y se mantuvo en este estado hasta que escuchó a su esposo decir su nombre.

Después de que Sarala y Mangal Bihari regresaron a Jaipur, convencieron a Tej Karan, el tío de Sarala, para que se iniciara y fuera a Jamalpur al darshan de Baba. Muy inspirado por las historias acerca de la presencia divina de Baba y por todos los milagros, Tej Karan salió inmediatamente, después de prometerles que les iba a escribir cada día para contarles sus experiencias. Por nueve días les escribió tal y como lo había prometido, cada nueva carta mostraba más desilusión que la anterior. Apreciaba las enseñanzas espirituales. Admiraba la disposición racional y científica de la filosofía de Baba y disfrutaba de la alegre compañía de los devotos. Describía todo ampliamente en las cartas; pero no había visto ningún milagro. En la novena carta, le escribió a Mangal Bihari que le iba a dar un día más. Si no presenciaba ningún milagro, entonces no aceptaría a Baba como un gurú divino y volvería a Jaipur.

Ese día durante el darshan, Baba miró hacia donde él se encontraba y dijo:

—Algunas personas planean irse hoy; pero antes de irse quieren ver un milagro. Sin embargo, para poder ver un milagro, uno mismo debe volverse milagroso. —Baba fijó su mirada en Tej Karan—. Tej Karan, tú no has hecho nada en tu vida para merecer ver un milagro, aun así, te voy a mostrar uno. Ven acá.

Tej Karan se sentó frente a Baba. Baba lo tocó entre las cejas en el *ajina* chakra. Él gritó inmediatamente, alzó los brazos, y se desplomó en estado de trance. Baba dio instrucciones para que algunos acharyas lo masajearan y le dieran leche tibia cuando saliera del samadhi. Mientras lo masajeaban, Tej Karan se retorcía como una culebra, lo que les hizo muy difícil agarrarlo. Pero a medida que el masaje continuaba, las convulsiones disminuían gradualmente, hasta que finalmente se quedó inmóvil. Más tarde describió su experiencia:

> En el momento en que Baba me tocó, una luz inmensa me penetró y me desplomé. Sentía una alegría extrema y pude sentir la kundalini correr desde mi *muladhara* hasta mi *ajina* como una corriente eléctrica. La gente me dijo que lloraba "Baba, Baba" en voz alta y levantaba mis brazos y mis piernas y que él le había pedido a tres acharyas que me masajearan. Estuve en este estado por unas ocho horas. Esto pasó a las ocho de la mañana y me mantuve así hasta cerca de las cinco de la tarde. Continué llorando y cantando y sintiendo la corriente pasar a través de mí. Gradualmente fue disminuyendo hasta que volví a la normalidad. Después le escribí a Mangal Bihari que había entendido que Baba era la Consciencia Suprema. Le escribí una postal, esa fue mi última carta. Fue una experiencia tan inefable que no pude describirla.

A Tej Karan le tomó un mes completo volver a su estado normal.

En el invierno de 1960, Arun[7], un estudiante universitario de Muzaffarpur, llegó a Jamalpur para su primer darshan. Llegó al ashram a eso de las ocho de la noche y tuvo su contacto personal; una experiencia que no quería compartir. Sólo dijo que era el recuerdo más preciado de su vida. Después, Baba le pidió a todos que fueran a la habitación para

empezar el darshan. Estaba muy oscuro, estaban cerca de la fase de luna nueva y Baba estaba jovial. Baba le preguntó a Dasarath:
—Mira a Paramatma[8] en el cielo.
—Sí, Baba, lo veo —le respondió Dasarath.
Luego, Baba le dijo que viera a Paramatma en la habitación, en el zapato, y en las gafas de Arun. Todas las veces, Dasarath le dijo que veía la Presencia Divina.
—Paramatma está en todas partes y tú lo has visto —le dijo Baba—. Algunas personas piensan que Paramatma habita en el séptimo cielo. Ahora que lo has visto, sabes que no sólo habita en el cielo lejano, sino que está en todo y en todas partes. Ahora voy a traer el núcleo de este cosmos a esta habitación y vas a escuchar el om resonar aquí.
Después de una corta pausa, Baba le preguntó a Dasarath si escuchaba el sonido.
—Sí, Baba, es muy fuerte.
—Vas a continuar escuchándolo durante toda la noche —le dijo Baba. Luego Baba señaló la puerta abierta. —Muchos *siddhas*[9] entraron en la habitación y se están congregando allí. Mira, ¿los ves?
—Sí, Baba, hay muchos de ellos.
Baba señaló a un margui sentado al lado del catre.
—Mira en su plano mental a ver si encuentras alguna mancha en su mente.
—Baba —exclamó Dasarath—, su sádhana es tan buena que no hay ninguna mancha en su mente.
Baba se dirigió hacia el margui y dijo:
—Muy bien, muy bien, continúa con tu sádhana, con toda sinceridad y esfuerzo y vas a tener éxito.
Por unas dos horas, Baba continuó haciendo demostraciones similares. Finalmente, Arun, Dasarath y otros más fueron escogidos para acompañar a Baba hasta la casa. Después de que Baba entró, Arun fue a donde Dasarath, ardiendo de curiosidad, y le preguntó qué había visto durante la demostración. Dasarath sonrió como un niño inocente.
—A donde Baba apuntaba veía una suave luz, blanca como la leche; en el cielo, en el zapato de Baba, en la habitación, en tus gafas. Vi al mundo entero envuelto en esa hermosa refulgencia. Estaba en todas partes.

En esa época, el jagriti de Jamalpur no tenía inodoro, sólo una letrina que tenía que limpiarse frecuentemente[10]. Una vez, la persona que la limpiaba regularmente se había ido por algunos días. Llegó a tal estado que los devotos tenían que pensarlo dos veces antes de usarla. A Jaidhari Pandit, un joven discípulo de una familia de una casta superior que había venido de visita desde Motihari, le parecía deplorable que una situación como esta pasara en el lugar al que su gurú venía todos los días a encontrar a sus devotos. A pesar de las prohibiciones de su casta, se encargó de limpiar la letrina[11]. Más tarde, se bañó en el pozo y se cambió de ropa, pero tenía la idea de que no se había podido quitar el olor fétido de su cuerpo. Olió su mano derecha y luego la izquierda, obviamente incómodo, estaba seguro que no se había desecho del olor.

Al atardecer, Baba llegó al jagriti sin avisar y sin anunciarse. Nadie se dio cuenta hasta que dos marguis lo vieron parado en el patio. Empezaron a gritar, "Baba vino, Baba vino". Madhav, el director del jagriti, corrió hacia el patio. Después de hacer pranam, le dijo a Baba que iba a hacer arreglos para el Darshan General inmediatamente.

—No —le dijo Baba— hoy no voy a dar darshan, pero por favor llama a Jaidhari y dile que quiero hablar con él.

Jaidhari estaba meditando en la habitación de Baba es ese momento, pero salió corriendo tan pronto como lo llamaron. Después de aceptar su pranam, Baba le pidió que extendiera las manos. Tomó las manos de Jaidhari y empezó a olerlas.

—¡Jaidhari, que bella fragancia emana de tus manos! —Jaidhari las retiró avergonzado, pensando que Baba se estaba burlando de él por el mal olor, pero Baba le dijo—: No, no, Jaidhari es verdad. Huele tu mano derecha. —Jaidhari olió su mano derecha y se quedó perplejo cuando descubrió que una maravillosa fragancia emanaba de ella—. Ahora huele tu mano izquierda. —Él olió la mano izquierda y descubrió una fragancia diferente, una fragancia indescriptiblemente bella—. Es más —continuó Baba—, parece que esas fragancias maravillosas emanan de todas partes de tu cuerpo. —Jaidhari olió otras partes del cuerpo y en cada parte encontró una nueva deliciosa fragancia. Se llenó de una intensa sensación de éxtasis. Baba le dio unas palmaditas en la mejilla y dijo—: Buenas acciones siempre conllevan buenos resultados. —Luego Baba salió del jagriti hacia su casa para prepararse para su caminata.

Uno de los pasajes favoritos de Baba del Bhagavad Gita y que solía citar a sus discípulos, era: "este maya es insuperable, pero aquél que se refugia en mí ciertamente irá más allá de la influencia de este maya"[12]. Muchos de los discípulos tomaron sus enseñanzas seriamente y empezaron a confiar en Baba no sólo para su salvación espiritual sino también para que los rescatara de las dificultades mundanas. Ram Bahadur Singh era uno de ellos, superintendente auxiliar de la policía, encargado de la vigilancia de las autopistas de Barhi. Como se rehusaba a aceptar sobornos o a cooperar de alguna manera con el crimen del pueblo, se había ganado muchos enemigos, hecho al que hacía caso omiso diciendo "Baba se encargará".

En el verano de 1960, Ram Bahadur, quien invariablemente pasaba sus fines de semana y días de fiesta en Jamalpur, empezó a perder la visión en uno de sus ojos. Aprovechando su cercanía con Baba le pidió ayuda al maestro.

—Ram Bahadur —le dijo Baba— ¿por qué me preguntas a mí? Tienes que ir a un especialista de los ojos para recibir el tratamiento adecuado.

Ram Bahadur agarró los pies de Baba y repitió su súplica.

—Baba, sólo tú me puedes ayudar, no le tengo fe a ningún doctor.

—Ram Bahadur, deja de molestarme. Ve a ver un especialista de los ojos.

Esta escena se repitió varias veces durante el verano. Finalmente, cuando perdió por completo la vista en ese ojo, fue a ver a un especialista de los ojos que le dijo que su problema se debía a una condición degenerativa intratable. Tomó el siguiente tren a

Jamalpur. Tan pronto tuvo la oportunidad de ir a la habitación de Baba, tomó los pies de Baba y le imploró que le devolviera la visión en ese ojo.

—Baba, fui al doctor como me dijiste, pero me dijo que no podía hacer nada por mí. Sólo tú puedes salvarme.

—Está bien, Ram Bahadur. Haz lo siguiente, hay una planta que crece en tu patio. Si extraes el jugo de esa planta y lo pones en tu ojo, recuperarás la visión.

Baba explicó como reconocer la planta, y como preparar y aplicar el extracto, pero Ram Bahadur no estaba satisfecho.

—Baba tú me debes curar. Si tú lo deseas me puedes curar instantáneamente.

Un tono de exasperación surgió en la voz de Baba.

—Te dije cómo curarte el ojo.

—Baba, voy a tomar la medicina, pero sólo tú me puedes curar, no alguna medicina.

Cuando Ram Bahadur volvió a su casa, extrajo el jugo de la planta como él le indicó. Después de algunos días, empezó a notar un poco de mejoría. Un par de días más tarde, Baba pasó por Barhi cuando volvía de un DMC. Cuando Ram Bahadur se enteró que Baba había llegado, corrió a su casa desde la oficina para darle su pranam. Ya había pedido dos días libres para acompañar a Baba a Jamalpur.

—Ram Bahadur —le preguntó Baba— ¿cómo sigue tu ojo?

—Baba, está mejorando. Todavía está hinchado, pero estoy recuperando la vista un poco.

—Muy bien. Entonces quiero que me lleves a Jamalpur.

—Pero Baba ¿cómo voy a manejar con el ojo en estas condiciones?

—¡Argh! Pues te sientas en la silla del conductor y manejas. —Baba estiró la mano y la puso en el ojo de Ram Bahadur. Ram Bahadur experimentó un resplandor brillante en el ojo afectado. Cuando el brillo momentáneo desapareció, se dio cuenta de que había recuperado la visión.

Un año o dos más tarde, Baba volvió a pasar por Barhi de paso hacia Ranchi. Ram Bahadur estaba trabajando. Cuando vio el carro de Baba, se aprovechó de su autoridad como policía para detenerlo y darle pranam a Baba.

—¿Cómo estás Ram Bahadur? —le preguntó Baba—, ¿Cómo está tu salud?

—Estoy bien, Baba —le contestó. Pero al día siguiente, se enfermó gravemente y tuvo que tomar una incapacidad médica. En las tres semanas siguientes, vio a doctores en Berili, Kodarma y Chaibasa, pero su condición continuó empeorando. Entonces su hermano se ofreció a llevarlo a Patna, a donde podría recibir el mejor tratamiento posible. De mala gana aceptó el ofrecimiento de su hermano. Su esposa tenía miedo de quedarse sola con los niños. Ram Bahadur había hecho enemigos poderosos entre los mafiosos del carbón, porque les había hecho imposible transportar carbón robado en las autopistas locales, pero él le aseguró que Baba los cuidaría.

Ram Bahadur fue a donde los doctores en Patna, pero su condición se agravó aún más. Él empezó a rezarle a Baba que tuviera compasión y le permitiera abandonar ese cuerpo en vez de obligarlo a someterse a tal sufrimiento. Su hermano se aterrorizó cuando escuchó semejante petición.

—Tienes esposa e hijos pequeños —le dijo—. ¿Quién se va a encargar de ellos? ¿Cómo puedes siquiera pensar algo así?

Después de calmar a su hermano, Ram Bahadur decidió escribirle una carta a Baba para explicarle su situación y pedirle ayuda. Un par de días más tarde, cuando Baba pasó por el jagriti en la mañana, le preguntó a Pranay si había recibido una carta de Ram Bahadur.

—Sí, Baba, una carta llegó esta mañana.

—Léemela.

Después de escuchar la carta, Baba dictó una respuesta en la que le decía a Ram Bahadur que iba a estar bien. No debía preocuparse. El único remedio que necesitaba era repetir el ista mantra mientras estaba acostado, especialmente en la noche. No había necesidad de sentarse para repetir el mantra.

Ram Bahadur, se puso muy feliz cuando recibió la carta de Baba. Empezó a darle más atención al mantra y al día siguiente su condición empezó a mejorar. Cuando estaba completamente recuperado, tomó el tren de vuelta a casa. Se había ido por cuarenta días.

Cuando su esposa fue a recibirlo a la estación, tenía una curiosa historia que contarle. En la noche que él se fue, dos perros negros gigantes, con apariencia feroz, aparecieron frente a la propiedad y empezaron a rondar los alrededores de la casa como si estuvieran de guardia. Al mínimo ruido, empezaban a gruñir y a ladrar ferozmente. Esto disminuyó su preocupación de haberse quedado sola con los niños. En las mañana ella le daba leche y pan a los perros. Después de esto, los perros nunca se fueron del lugar, ni por un momento.

Ram Bahadur no dijo nada, pero continuó pensativo. Cuando llegaron a la casa, ella llamó a los perros para mostrárselos al esposo, pero lo perros ya no estaban allí. Ram Bahadur cerró los ojos y se llevó las manos al pecho en un pranam silencioso.

—Baba envió los perros —le dijo—. ¿Ves? Baba siempre se encarga. Nunca más volvieron a ver a los perros.

Una noche, Ramchandra Paswan tenía que cambiar trenes en el cruce ferroviario de Barauni, en el lado norte del río Ganges. Desafortunadamente, su conexión no llegaba hasta la mañana siguiente. Encontró una banca vacía en la plataforma en la que esperaba poder descansar mientras tanto. Era una calurosa noche de verano, entonces se puso unos pantalones cortos y una camiseta. Dobló los pantalones y la camisa y los puso encima de la maleta debajo de la banca. Quería dormir por algunas horas, así que le encargó sus pertenencias a Baba. Le dijo a Baba mentalmente que tenía mucho sueño y no se podía mantener despierto. "¿Podrías hacerte cargo de mi equipaje mientras descanso?" Cerró los ojos y se durmió. Cuando se despertó a la mañana siguiente, el equipaje y la ropa habían desaparecido, también su dinero porque había dejado la billetera en la maleta. En un arranque de frustración, se enfureció con Baba. "Baba, cuando me dormí te encargué mi equipaje, ¿Qué hiciste? ¿También te dormiste? Todo lo que tenía se perdió. ¿Cómo voy a volver a mi casa en pantalones cortos y sin dinero?" Puso la cabeza entre las manos, culpando a Baba y preguntándose qué iba a hacer. En ese momento, un anciano paró frente a la banca y se dirigió a él.

—¿Por qué estás culpando a tu gurú por tu propio descuido? Eso no está bien. De todos modos, si corres a la parada del bus, vas a encontrar al hombre que te robó tu equipaje.

El hombre se volteó y siguió caminando. Ramchandra saltó y salió corriendo hasta la parada del autobús. Cuando llegó vio a un hombre cargando su equipaje. Empezó a correr hacia él, gritando. El ladrón salió corriendo y se perdió pero tiró la maleta.

Cuando Ramchandra fue a Jamalpur para el Darshan General, Baba empezó a hablar de cuánto le gustaba a los discípulos poner el gurú a prueba.

—Llegan hasta el punto de pedirle que les cuide el equipaje para que puedan dormir en la plataforma del tren. —Sonrió mirando a Ramchandra y dijo—: Si alguna vez fuera a darle una prueba real a mis discípulos, no muchos la pasarían.

En uno de sus discursos de los domingos, Baba habló de las cinco caras de Shiva. Explicó el simbolismo de este concepto en la antigua mitología India. En el centro está el eternamente dichoso rostro de Kalyana Sundaram, más allá del pensamiento, más allá de la manifestación, mientras que las otras cuatro, dos a cada lado, muestran diferentes grados de dulzura y severidad, que provocan ya sea lágrimas de regocijo y la risa de los devotos, o lágrimas de sufrimiento, remordimiento y dolor. Las cuatro son los aspectos de Rudra, uno de los nombres de Shiva que significa "el que hace que otros viertan lágrimas". En los Darshan Generales de Baba, los discípulos experimentaban los cinco rostros de Shiva y las lágrimas que lo acompañaban, desde el placer divino del samadhi hasta la extremada incomodidad de la fuerte pulverización de su ego bajo la mirada penetrante de los ojos del gurú que todo lo ve. El rostro en la extrema izquierda se conoce como Vama Deva, la cara más feroz de Shiva, la que sin piedad fija las penas de los seres creados cuando es necesario corregirlos. Este era el rostro de Shiva que hacía temblar a los devotos cuando lo veían manifestarse en Baba, el que hacían lo posible por evitar, aunque, como Baba anotó en su discurso, "su propósito es educar a la gente, no herirla".

Un día, Taraknath Ghosh, un inspector de policía, estaba sentado durante el darshan cuando Baba le preguntó si estaba meditando dos veces al día.

—Sí, Baba —le contestó Taraknath—, pero ocasionalmente pierdo una sesión por la presión del tiempo.

—¿Sigues yama y niyama? —le preguntó Baba.

—Sí, Baba.

—¿Sí? —De repente, Baba se puso furioso y su cara se volvió amenazante, como si una nube negra hubiera cubierto el sol—. ¿Entonces por qué aceptaste un soborno en tal y tal día de tal y tal persona? ¿Esa es la forma en que sigues yama y niyama? Dime.

Taraknath empezó a temblar.

—Cometí un error Baba.

—Ya veo. —Luego Baba le pidió a un pobre margui de Jamalpur que se pusiera de pie—. ¿Haces sádhana dos veces al día? —le preguntó.

—Trato, pero es muy difícil. Durante la hora de sádhana estoy ocupado cuidando el ganado.

—¿Entonces cuándo haces sádhana?

—Baba, cuando el ganado se cansa y empieza a comer el pasto y a rumiar. Entonces me siento debajo de un árbol y medito.

—Necesitamos gente como tú en Ananda Marga, no oficiales de policía que aceptan sobornos. —Baba se volteó hacia Taraknath una vez más—. Tarak Ghosh, mientras continúes con esta sucia práctica, no vengas a visitarme. No quiero verte la cara. —Tarak empezó a llorar. Salió a la terraza y sollozó de tal manera que todos pudieron escucharlo. Al mismo tiempo, Baba continuó hablando con el resto de los marguis con su acostumbrada expresión serena en el rostro como si nada hubiera pasado.

En otra ocasión, Devi Chand se detuvo en Kiul para cambiar de tren cuando iba de camino de Ranchi a Jamalpur. Cuando estaba en Kiul, un leproso entró en el vagón de tercera clase y se sentó en el piso. Devi Chand empezó a reprocharle.

—¡Cómo se atreve, un leproso en este tren!

Devi Chand se bajó y alertó a las autoridades del ferrocarril de que había un leproso en su vagón. Los oficiales del ferrocarril fueron a sacar al leproso. Cuando Devi Chand llegó al jagriti, Baba estaba sentado con los devotos. Él fue frente a Baba e hizo sastaunga pranam. Cuando se levantó, vio que Baba lo miraba ferozmente.

—Devi Chand —le dijo Baba—, la tendencia que tienes de detestar a otros seres humanos se ha vuelto muy poderosa.

—No entiendo, Baba —le dijo con lágrimas corriéndole por las mejillas ante el rostro de desagrado de Baba.

—Cuando le pediste al leproso en Kiul que se bajara del tren, tu mente estaba llena de desdén. Le causaste un gran dolor. Tú eres un sádhaka. Nunca debes hacer esto. Estas personas merecen tu misericordia, no tu desdén.

Devi Chand empezó a llorar abiertamente. Era una lección de la que se mantendría consciente hasta el final de su vida años más tarde.

Ratneshvar era el líder de los Yadavs, la casta local dominante en su pueblo natal de Srinagar, no lejos de Arraha. Por varios años, los Yadavs habían estado en conflicto con el grupo de la otra casta principal del pueblo, algunas veces generando enfrentamientos entre los dos. Una noche lo invitaron a que participara en una mediación en una casa al otro lado del pueblo. Mientras caminaba, una serpiente cruzó el camino y levantó el cuerpo para mirarlo de frente. Él retrocedió y tomó otro camino, pero la misma serpiente se apareció otra vez bloqueando el camino. Una vez más retrocedió y tomó otra ruta, y una vez más la serpiente se apareció. Esto sucedió otras dos veces. Cuando la serpiente apareció por quinta vez, él estaba listo con una piedra grande. A medida que él se alistaba a tirar la piedra, la serpiente se deslizó hacia los arbustos y no volvió a aparecer.

Cuando Ratneshvar volvió a atender el darshan en Jamalpur, Baba empezó a regañarlo:

—¿No te he dicho que no te involucres en los conflictos políticos y de castas del pueblo? Te rehúsas a escuchar.
—Baba, no es verdad, yo dejé de hacerlo.
—¿Qué me estás diciendo? Dime, ¿de qué era esa reunión a la que te dirigías la otra noche? Aun cuando alguien viene y trata de detenerte, tú no te detienes, ¿no es cierto? ¿No trató alguien de detenerte varias veces?

Ratneshvar asintió con la cabeza.
—Sí, Baba, una serpiente trató de detenerme.
—¿Y tú pensaste matarla con una piedra, sí o no? ¿Es esa la forma en que sigues yama y niyama?
—No, Baba.
—¿Y por qué no mataste la serpiente?
—Porque desapareció, Baba.
—¿Cuántas veces trató de detenerte?
—Cinco veces, Baba.
—Y aun así no pusiste atención. ¿Estás listo para recibir castigo por tus acciones?

Baba le pidió a Ratneshvar que hiciera cuarenta tic-tics frente a los marguis.

Kuldip Narayana Dubey era un acharya y había progresado rápidamente en su sádhana, pero también había empezado a desarrollar un poco de ego. Empezó a verse como a un gran yogui con poderes espirituales germinando. Él recuerda en una entrevista cómo Baba le derrumbó el orgullo:

> Fui a ver a Baba al ashram una noche de invierno, pero no había nadie allí, ni siquiera el director del ashram. Entonces me fui a dormir. Cuando me desperté por la mañana temprano, a través de la ventana vi a Baba atravesando la entrada. Me vestí rápidamente. En ese momento, Baba estaba en la terraza leyendo el tablero de los anuncios. Hice sastaunga pranam. Cuando me estaba levantando, Baba tocó mi cuerpo y caí al suelo inconsciente. Cuando volví en mí, Baba estaba parado sobre mí sonriendo. Le pregunté qué me había hecho, si me quería matar o no. Baba me dijo que yo había desarrollado cierto orgullo por mi poder espiritual; él había venido a ponerle fin a ese orgullo. Y traté de levantarme, pero mi cuerpo estaba extremadamente inerte, ninguna de mis extremidades estaba funcionando. Estábamos los dos solos. Baba me dijo que tratara de levantarme. Traté varias veces pero no pude. Mi cuerpo estaba completamente inactivo. Baba fue a su habitación. Podía oírlo gritándome desde la habitación que me levantara. Yo le gritaba: "¿Cómo me puedo levantar en estas condiciones?" Él me siguió pidiendo que siguiera tratando. Finalmente, después de muchos intentos, me pude levantar e ir a su habitación. Baba me preguntó si mi orgullo del poder se había terminado o no. Yo le dije que sí. Me preguntó a quién pertenecía ese poder. Yo le dije que era todo su poder.

Este lado severo de Baba no estaba reservado exclusivamente a sus devotos. Ananda Prasad Thakur, quien trabajaba para Asthana en el Departamento Central de Impuestos, recuerda subirse a un tren con Baba y sentarse frente a un grupo de adolescentes, un joven y tres muchachas:

> Baba, con un tono de voz severo, le preguntó al joven quiénes eran esas jóvenes. Era un tono de voz con el que yo estaba muy familiarizado. El muchacho respondió que eran miembros de la familia. De repente, Baba empezó a reprenderlo: "Tú bastardo, mentiroso". El joven estaba pasmado. Baba le empezó a decir quiénes eran las jóvenes y de dónde eran. Cuando empezó a exponer las desagradables relaciones entre los cuatro, los adolescentes salieron corriendo del compartimiento. El resto de los pasajeros estaban sorprendidos de ver esto.

Aun la más mínima desviación de las enseñanzas de Baba caía bajo el microscopio de su escrutinio. Una vez Rameshvar Baita, quien para entonces había sido transferido a la Oficina Central de Impuestos y Aduanas de Danapur, le pidió a la secretaria que escribiera su nombre y lo pusiera en la parte de atrás de su silla de oficina, de la misma forma que sus compañeros de oficina habían hecho. El domingo siguiente, fue a Jamalpur para el darshan. Baba dio una charla acerca del universo como propiedad de todos. En medio de la charla, miró a Rameshvar y dijo:
—Rameshvar, sólo porque marcas la silla con tu nombre no significa que se convierte en tu propiedad. —Y continuó con el discurso.

Una calurosa tarde en el jagriti, Acharya Dipnarayan y Harinarayana Sahu se involucraron en una acalorada discusión acerca del sistema de castas y la importancia de las diferencias raciales. Dipnarayan defendió la posición de la filosofía, mientras que Harinarayana insistió obstinadamente en que semejantes diferencias permanecerían en la vida cotidiana, aun si aceptaba el principio de lo que el acharya estaba diciendo. De repente, en medio de la conversación, se sorprendieron de ver a Baba parado a su lado. Estaban tan envueltos en su discusión que no lo vieron cruzar la puerta del jagriti. Baba los llamó a los dos a su habitación y los empezó a regañar.
—Estaba descansando en mi casa en esta terrible tarde calurosa cuando oí a dos sádhakas de Ananda Marga discutiendo el sistema de castas. Uno de ellos trataba de justificar su existencia. Así que me puse la camisa y los zapatos y me apresuré a venir. ¿Qué tienen qué decir?
Los dos discípulos se quedaron callados. Baba empezó a explicar la perversidad del sistema de castas a Harinarayana y no se detuvo hasta que su obstinado discípulo entendiera el punto.

Un margui de Trimohan, Surendra, recuerda ir a su casa un día durante este periodo cuando una serpiente venenosa cruzó su camino. Asustado dijo el nombre de Baba y la

serpiente se dio la vuelta. Aun así, Surendra tomó una rama de bambú y la mató. Unos días después, Baba fue a Trimohan. Cuando Baba estaba saliendo, Surendra estaba entre un gran número de marguis que habían ido a la estación a despedirlo. Baba lo llamó y empezó a regañarlo.
—Surendra, ¿por qué mataste a la serpiente cuando caminabas hacia tu casa el otro día? Tú dijiste mi nombre y ella se fue. ¿Por qué tenías que ser tan cruel? Cuando la golpeabas me golpeabas a mí, mira. —Baba se levantó la camisa y le mostró varios golpes en la espalda.

A principios de 1960, un joven estudiante de Ranchi, llamado Asim Kumar, fue a Jamalpur para asistir al darshan de Baba por algunos días. Una mañana se despertó, un poco tarde para el estándar de los darshans, en el momento en que Ananta Ram y su familia estaban desayunando con *puris*, yogur, copos de arroz, *singharas*, y *jilebis* calientes, un dulce de Bihar muy popular, especialmente en las mañanas frías del invierno. Invitaron a Asim a desayunar con ellos. Cuando Asim les dijo que no había meditado todavía, Ananta Ram le dijo:
—Va a estar frío cuando termines. Toma un poco de desayuno y después ve a meditar.
Su consejo parecía razonable y la comida se veía muy atractiva, así que Asim se sentó a desayunar con ellos. Cuando terminó, fue al pozo a lavar la ropa y a bañarse antes de empezar a meditar. En ese momento Baba entró al jagriti vestido con el lungi y una camiseta, en vez de la kurta y dhoti usuales, y con la sombrilla en la mano. Todavía no eran las siete y media, mucho más temprano de la hora en la que Baba solía llegar al jagriti.
Cuando Asim vio a Baba pasar por el pozo hacia la habitación, Asim notó que estaba muy serio. Baba llamó a todos los que estaban en el jagriti a que fueran a su habitación, unas diez o quince personas. Una vez se reunieron, les preguntó cómo estaban, si habían meditado y desayunado. Algunos ya habían comido, otros no, pero todos habían meditado, excepto uno. Asim estaba sentado en una esquina. Baba lo señaló sin mirarlo y dijo:
—Pregúntale a este muchacho si ya meditó. Él no ha meditado, pero ya desayunó. —Entonces miró a Asim—. ¿Construí este ashram para cabras o para seres humanos? ¿Cómo así que sientes tanta hambre tan temprano, sin haber meditado todavía?
—Baba, lo siento, voy a ayunar todo el día.
—No, no —dijo Baba, en un tono de voz más suave—. No puedes ayunar, si tú no comes ¿cómo voy a comer yo?
—Baba, por favor castígame.
—Está bien, estrega la nariz en el suelo frente a todos.
Asim estregó la nariz tan fuerte que empezó a sangrar.
—¿Por qué estregaste la nariz tan fuerte? —le preguntó Baba. Le pidió que corriera al jardín y recogiera las hojas de cierta planta y se las pusiera en la herida. Asim las presionó contra la nariz y sintió aliviarse el dolor inmediatamente. Volvió a la habitación de Baba e insistió en el ayuno.

—No ayunes —le dijo Baba, esta vez sonriendo—; pero me tienes que prometer que nunca lo vas a hacer otra vez. Por tu culpa no pude terminar en paz mis quehaceres en la casa, tuve que correr hasta acá muy temprano.

No importaba si los errores eran grandes o pequeños, las lágrimas que lloraban los marguis sólo los acercaba más al maestro, cuyas reprimendas celebraban casi tanto como su afecto. Su relación, como Baba indicó varias veces, era puramente personal. Él no sólo era su maestro, él también era su padre y como un padre los llenaba de afecto y también les llamaba la atención por sus errores, algunas veces al mismo tiempo. Aun cuando eran señalados para recibir castigo, ya fuera solos o frente a los marguis, lo tomaban como una bendición. Significaba que tenían la atención de Baba, y su atención era el bote que los llevaría a través del océano de maya. Podían vivir con él estregándoles el ego contra el suelo, pero con lo que no podían vivir era con su indiferencia. Y aunque Baba podía ser tan severo como amoroso, él nunca era indiferente mientras el discípulo fuera sincero, sin importar lo equivocado u obstinado que fuera el discípulo. Así que venían, listos para recibir la cara que Baba escogiera mostrarles. Cualquiera que fuera el rostro de Shiva que veían, era, después de todo, el rostro de Shiva lo que veían.

XXIV
La tumba del tigre

Todas las personas tienen un potencial espiritual. Algunas personas lo han aprovechado, y pueden ayudar a despertarlo en otras personas. Algunas personas lo despertarán si están en compañía de aquellos que ya lo han despertado. Esta es la importancia de la buena compañía (satsaunga). Tu deber es despertarlo en ti mismo y ayudar a otros a despertarlo[1].

DURANTE EL SIGLO anterior al nacimiento de Baba, el área del norte de la estación del tren de Jamalpur era un denso bosque que incluía las Colinas de Kharagpur y el valle. Era un área habitada sólo por animales salvajes y ocasionalmente algún yogui tántrico atraído por la impenetrable soledad. Después del establecimiento de la oficina del ferrocarril en 1862, los británicos empezaron a cortar el bosque gradualmente a medida que expandían sus instalaciones y despejaban extensas praderas para sus actividades recreativas. Para cuando India obtuvo la independencia en 1947, las áreas abiertas entre el instituto del ferrocarril y las Colinas de Kharagpur y el Valle de la Muerte comprendían cientos de acres de praderas, extensos árboles de sombra, una larga represa curva, y numerosos caminos que dirigían a las colinas donde se podían encontrar paisajes remotos que ofrecían una vista espectacular desde el valle de Monghyr hasta el río Ganges. En medio de las praderas, a unos veinte minutos de camino del taller principal, había dos tumbas separadas unos veinte metros. En junio de 1864, un capataz del taller del ferrocarril estaba cazando cuando se cruzó con un tigre en el lindero del bosque. Pudo dispararle, pero aun así, el tigre lo atacó. Cuando sus compañeros de trabajo fueron a buscarlo la mañana siguiente, encontraron muertos a los dos. Después del servicio funerario, erigieron una pequeña tumba para el compañero en el lugar de su muerte y enterraron al tigre cerca de él en una tumba sin marcar.

Las laderas de las Colinas de Kharagpur y el Valle de la Muerte habían sido el terreno privado de Baba durante su niñez. Le brindaron la reclusión que necesitaba para sus prácticas espirituales. Cuando volvió a Jamalpur después de la universidad para aceptar una posición en la oficina ferroviaria, volvió un hábito de pasar las noches caminando a través del paisaje encantado de sus días de juventud. Cruzaba las praderas y los campos hacia las colinas, luego a lo largo de la represa y más allá del Valle de la Muerte, antes de regresar y completar el círculo. Si el clima permitía, salía de la casa a las siete o siete y media y rara vez volvía a la casa antes de las diez. Ocasionalmente, un colega de oficina o un amigo de sus primeros años lo acompañaba, lo que se volvió más frecuente después de que Pranay y otros tomaran la iniciación, pero en sus primeros años después de regresar a la casa, usualmente caminaba solo, algunas veces desaparecía en el bosque como hacía cuando era sólo un niño. Normalmente, en medio de su caminata, Baba se detenía a descansar en la tumba del tigre, se sentaba y miraba el vasto cielo nocturno. Una vez los discípulos empezaron a reunirse a su alrededor, la pausa a mitad de camino en la tumba del tigre se convirtió en un elemento permanente de sus noches. No era raro que pasara un par de horas allí sentado, charlando, contando historias, dando instrucciones espirituales y demostraciones y hasta dictando libros a la luz de una vela.

Cuando Mangal Bihari fue en su primera caminata, estaba tan abrumado por la presencia de Baba, que todo el tiempo se lo pasó repitiendo oraciones en silencio: "Baba, guíame por el camino correcto, guíame hacia la luz, ayúdame a rendirme." La noche siguiente, cuando estaban para salir, Baba se dirigió hacia él y le dijo: "Mangal Bihari, no estés rezando, sé natural". Fue como si se hubiera roto un hechizo. Desde ese momento, Mangal Bihari se sintió como los demás marguis se sintieron cuando fueron a la caminata a la tumba del tigre con Baba. Se sintió como si no hubiera ninguna distancia entre ellos, como si estuviera caminando y conversando bajo el cielo abierto con su mejor amigo y su padre, disfrutando la belleza de la naturaleza y de la compañía del más querido en su corazón. Baba hablaba de todo lo que los discípulos pudieran imaginar, y de cosas que no podían imaginar, y ellos apreciaban estos recuerdos como los más íntimos de sus vidas.

Una noche Madhan y Harinder de Trimohan estaban solos con Baba en la caminata. En esa época todavía eran adolescentes. Los dos se habían escapado de sus casas para tomar el tren e ir a ver a Baba. Mientras caminaban hacia la tumba del tigre, Baba les preguntó:

—¿Qué harían si un tigre saltara frente a nosotros en este momento y nos atacara? ¿Correrían o lucharían?

Madhan respondió en tono desafiante:

—Baba yo lucharía con el tigre y lo mataría, soy un buen luchador (años más tarde aceptaría que era joven y que no era muy sensible en ese entonces).

—Está bien —dijo Baba—, ¿Harinder?

—Baba, somos los mejores amigos, si él no corre, ¿cómo voy a correr yo? Nosotros daríamos nuestras vidas para protegerte. Sólo entonces te podría atacar el tigre.

Baba les dio unas palmadas en la espalda y les dijo:

—Ustedes son muy valientes y yo los quiero mucho. En el futuro, Ananda Marga va a necesitar su valentía. Ustedes son mis Bhimas[2].

Más tarde, cuando estaban sentados en la tumba, Baba empezó a discutir varios aspectos de la astronomía. Señaló una estrella y empezó a describir la estrella y al sistema solar al que pertenecía. Mientras hablaba, los dos miraban al cielo atónitos, viendo cómo el

cielo empezaba a descender gradualmente más y más bajo. Cuando llegó al nivel de las palmas, se asustaron y agarraron a Baba.
—Baba, Baba, agáchate, agáchate —le gritaron. Cuando Baba les preguntó qué estaba pasando, le dijeron—: Baba, ¿no ves? El cielo se está cayendo, nos va a matar.
—Baba sonrió.
—No se preocupen, no va a pasar nada. —Una vez más señaló el cielo y lentamente empezó a trazar círculos con el dedo. Lentamente el cielo volvió a su curso hasta que finalmente volvió al lugar donde pertenecía. Baba se levantó y les dijo que era hora de ir a la estación y tomar el tren, o podían ganarse una paliza de sus padres. Cuando Madhan le dijo que ya era muy tarde, que muy seguramente les iban a dar una paliza, Baba les aseguró que todo iba a salir bien. Los acompañó a la estación y los vio partir. Cuando llegaron a la casa, pudieron entrar sin que sus padres se enteraran que habían salido.

Un día, durante la caminata, Dr. Vishvanath Singh le dijo a Baba que los acharyas tenían dificultades en el prachar por dos razones: una era la regla de que la gente tenía que seguir yama y niyama; la otra era la dificultad de obtener el darshan de Baba.
—Primero las personas tienen que iniciarse, y luego tienen que practicar sádhana por un tiempo antes de permitirles verte. Durante el DMC tienen que obtener un pase para entrar. Hay tantas reglas y controles, que mucha gente está reacia a iniciarse, aunque la ideología los ha impresionado. ¿Podrías suavizar un poco estas restricciones? De esa manera más gente va a ingresar a Ananda Marga.
Baba rió suavemente y dijo:
—Es una idea interesante Vishvanath. Déjame pensarlo.
Unos días más tarde, Vishvanath estaba sentado en la tumba del tigre con otros discípulos cuando Baba empezó a hablar del tema.
—Vishvanath, el otro día dijiste que había dos razones por las cuales la gente no ingresaba a Ananda Marga: primero porque tienen que seguir yama y niyama, y segundo porque hay demasiados controles y reglas que tienen que seguir antes de que puedan verme. ¿Es así? Te voy a dar una respuesta. En cuanto a la segunda pregunta, hay varias razones por las cuales no me anuncio públicamente. Una de ellas es que si mucha gente me conoce por quien soy, entonces me va a ser muy difícil hacer mi trabajo. Otra es que cuando yo me hago presente como gurú en DMC ustedes actúan de forma anormal. Tú sabes. ¿Por qué pasa esto? Porque cuando ustedes entran en contacto conmigo, la kundalini se despierta. Para los sádhakas que meditan está bien, no tienen una reacción adversa. Pero la gente que no medita puede volverse mentalmente inestable y hasta enfermarse físicamente. ¿Podrías cuidarlos si esto pasara y volverlos a la normalidad? ¿Sería apropiado si yo permitiera que esto pasara?
—En cuanto a la primera pregunta, remover la regla de seguir yama y niyama, verás, no soy un mago. En este momento, el mago más grande en India es P. C. Sorcar. Su trabajo es hacer magia. Yo soy un ser humano normal. La única magia que puedo realizar es transformar gente mala en gente buena, llevarlos por el camino de la rectitud y

volverlos seres humanos en el sentido real. ¿Sería posible hacer esto si ellos no siguen yama y niyama? Yo quiero crear seres humanos, no una religión. ¿Sabes lo que le pasa a la gente cuando no sigue yama y niyama?

Baba tocó a Vishvanath entre las cejas y le pidió que describiera lo que veía.

—Baba veo un mercado, una calle con tiendas en ambos lados.

—Mira un poco más lejos.

—Al final de la calle veo un templo.

—Mira más atentamente, ¿reconoces esta área?

—Sí, ahora lo reconozco, es el templo a Vishvanath en Varanasi.

—¿Qué más ves?

—Afuera del templo hay un gentío haciendo fila. Parecen mendigos[3].

—¿Ves a dos leprosos sentados entre ellos?

—Sí, Baba.

—Uno de ellos era un extranjero en su vida anterior y el otro era un comisionado. ¿Sabes por qué son mendigos en esta vida? ... Porque no siguieron yama y niyama. Mira otra vez y describe lo que ves.

Una vez más, Baba presionó el trikuti de Vishvanath con el pulgar. Vishvanath empezó a describir a un hombre bien vestido con una bata negra y una peluca empolvada sentado en la corte durante un juicio.

—Sí, uno de estos leprosos era un juez en Inglaterra en su vida pasada —Baba continuó—, pero era un juez corrupto que aceptaba sobornos y ponía a personas inocentes en la cárcel. Ahora es un mendigo y un leproso como consecuencia de sus actos. Entonces, ¿todavía quieres que relaje las restricciones en cuanto a yama y niyama? Quiero crear una sociedad sadvipra, y no será posible sin yama y niyama. Yo pongo más énfasis en cualidad, no en cantidad. No te preocupes, el trabajo que hay que hacer se hará en el momento apropiado.

Unos pocos meses después, después de la introducción del Prout, Vaedyanath estaba sentado en la tumba del tigre con Baba y otros marguis discutiendo la nueva filosofía. Cuando cuestionó a Baba si en realidad era posible establecer una sociedad sadvipra algún día, Baba le aseguró que sí, mientras él y sus amigos marguis trabajaban desinteresadamente hacia esa meta. Luego expresó otra duda que tenía desde hacía algún tiempo.

—Baba, algunas personas dicen que tú ensayas con Dasarath antes de las demostraciones, que tú discutes con él lo que tiene que decir y lo que tú vas a decir. Ellos dicen que en realidad él no ve nada.

—¿Por qué dices esas tonterías?

—Baba, es fácil enfurecerse. Está bien, entonces me quedaré callado, pero eso no cambia lo que algunas personas piensan o lo que están diciendo.

—Está bien, ¿quieres ver una demostración? Te voy a dar una demostración.

Baba le dijo a Vaedyanath que se sentara frente a él y empezara a meditar. Vaedyanath hizo lo que pidió, pero mantuvo sus manos en los pies de Baba, preocupado de que

Baba lo engañara y se fuera mientras tenía los ojos cerrados. Después de cinco minutos, Baba le pidió que abriera los ojos.
—Mira la luna y dime que ves.
—Baba, es el sol —exclamó, perplejo de ver el sol brillar en el cielo nocturno.
—No, estás equivocado, mira otra vez.
Él miró nuevamente, y vio el sol aún más brillante iluminando el cielo como si fuera el medio día en vez de cerca de las diez de la noche.
—No —insistió Baba una vez más—. Estás confundiendo la luna con el sol. Aquí está el sol.
Baba levantó la mano y Vaedyanath vio el sol brillando en la palma de la mano de Baba, aún más brillante que el que había visto en el cielo. Empezó a perder consciencia de lo que le rodeaba. Mientras lo hacía, vio el sistema solar entero girando alrededor del sol, planeta por planeta, con el universo como telón de fondo. Mientras estaba perdido en su visión extática, oyó el eco de la voz de Baba a través de los cielos:
—¿Sabes lo que pasaría si desplazara al sol? Todos los planetas chocarían y se destruirían. El universo perdería el equilibrio. ¿Quieres que te lo demuestre?
—No, Baba, no —Vaedyanath clamó, lleno de miedo. En ese momento la visión empezó a desvanecerse. Cuando recuperó consciencia de lo que le rodeaba, Baba bajó la mano. Los otros marguis estaban mirando, mudos. Ese fue el fin de las dudas de Vaedyanath con respecto a su gurú. Unos años más tarde, Baba lo inició en sádhana kapálika.

Una vez, Chandrashekar, estudiante de ingeniería en ese entonces, estaba sentado en la tumba con Baba, masajeando al maestro y mirándolo a la cara. Estaba apenas poniendo atención a la conversación entre Baba y los otros tres discípulos que también estaban sentados allí. Baba cambió el tema y empezó a hablar sobre la terapia del yoga y empezó a describir un tratamiento para quienes tenían problemas para orinar o defecar. Chandrashekar empezó a prestar atención, porque había estado padeciendo este problema y no se había atrevido a preguntarle a Baba. Hizo lo posible por memorizar lo que Baba estaba diciendo. Cuando Baba terminó, miró a Chandrashekar y le dijo que su madre estaba poniendo cebolla en la comida sin que él supiera. Esto obstaculizaba su práctica espiritual. Entonces, Baba puso la mano en la cabeza de Chandrashekar. "En ese momento", contaría Chandrashekar más adelante, "toda la tensión salió de mi mente. Mi mente se volvió más y más liviana y empecé a sentirme jubiloso. La distancia de Baba que había sentido, ya fuera debido a mis samskaras o por cualquier otra razón, había desaparecido".
Luego Baba lo sorprendió cuando le dijo:
—Chandrashekar, he visitado tu casa. Pregúntale a tu madre. Estás cansado, no más masaje.
Baba tomó las manos de Chandrashekar y las empezó a masajear hasta el momento de irse, inspirando sentimientos de éxtasis en su discípulo enmudecido.

A la mañana siguiente, Chandrashekar le preguntó a su madre si había usado cebolla en sus vegetales secretamente. Al principio lo negó, pero después de enfatizar el asunto, ella admitió que desde que se había negado a comer cebolla, ella había empezado a preparar una pasta de cebolla que agregaba a los vegetales para que él no la notara.

—Pero, ¿cómo te diste cuenta? —le preguntó.

—Baba me dijo anoche durante la caminata. También me dijo que había visitado nuestra casa y que debía preguntarte.

Su madre parecía sorprendida por el comentario.

—No, tu Baba nunca vino. —Se quedó en silencio por un momento. Luego le dijo—: Algo extraño pasó anoche. Eran como las ocho o las ocho y media de la noche. Estaba en el patio cuando miré hacia arriba y vi a un hombre con gafas parado en el techo. Fue alarmante. Corrí a la casa del vecino y le pedí a gritos que miraran por la ventana del último piso a ver quién estaba en el techo. Pensé que era un ladrón, pero para ese momento el hombre había desaparecido.

Chandrashekar fue a su habitación y volvió a la cocina con una foto de Baba posando de pie.

—¿Fue este el hombre que viste en el techo?

—Sí, ese es el hombre que vi —le contestó su madre, confundida.

—Este es mi Baba, mi Gurudeva. Al mismo tiempo que estaba sentado conmigo hablando en el campo, él apareció en el techo.

Su madre llevó las manos al pecho y le hizo una reverencia a la foto de Baba. Poco después ella tomó la iniciación y dejó de comer cebolla.

Aunque las caminatas con Baba estaban entre los momentos más íntimos que los discípulos pasaron con él, no había forma de escapar del lado disciplinario del gurú tántrico. Surendra recuerda que una noche estaba sentado con Baba en la tumba del tigre. Entre los discípulos presentes estaba un profesor universitario de Bhagalpur. Durante el curso de la conversación, Baba les preguntó uno a uno cómo iba su meditación. Cuando le tocó el turno al profesor, respondió que iba bien. Baba se puso furioso.

—¡Sinvergüenza! ¿Tú crees que mis ojos se limitan sólo a Jamalpur? Estos ojos están detrás de cada átomo y cada molécula del universo. Ellos ven todo. ¿Quieres que le diga a estos marguis lo que has hecho? ¿Debo revelar el contenido de la carta en tu bolsillo? ¿Debería decirles a dónde le dijiste a tu familia que irías y a dónde fuiste realmente y lo que hiciste allí? —El profesor se estremeció, claramente asustado. Le empezó a suplicar a Baba que lo perdonara—. ¿Estás listo para recibir tu castigo? —Baba le pidió que lamiera las sandalias de cada uno de los marguis presentes y luego que restregara la nariz contra el suelo. El profesor todavía estaba conmocionado cuando Baba se fue a su casa con un grupo diferente de marguis que lo estaban esperando para acompañarlo de regreso.

En otra ocasión, un adinerado hombre de negocios de Gorakhpur, llamado Hanuman Prasad, fue a su primera caminata con Baba. Sachidananda, su acharya también iba con ellos al igual que Ramakanta y un par de marguis más. A medida que se adentraban en el campo, llegaron a un gran charco en la carretera que tenía varios centímetros de profundidad, dejado allí después de un reciente aguacero. Baba empezó a quitarse los zapatos preparándose para vadear el charco descalzo, pero Hanuman Prasad insistió que Baba no se quitara los zapatos.

—Baba, yo te puedo cargar —le dijo. Hanuman era un hombre forzudo que podía cargar a varios Babas en sus hombros anchos, pero Baba le contestó que no era necesario.

—El agua no es muy profunda —le dijo—. No tengo problema en cruzar.

Pero Hanuman continuó insistiendo hasta que finalmente Baba aceptó. Hanuman se agachó y le pidió a Baba que pusiera una pierna sobre su hombro. Trató de levantarse con Baba en la espalda, pero para su vergüenza, por más que trató no pudo levantarse ni un solo centímetro. Más tarde le dijo a otros discípulos que había sentido que se moría con el peso de la pierna de Baba, como si Baba hubiera puesto el peso de los tres mundos en su espalda.

Cuando los marguis llegaron a la tumba del tigre, Baba le preguntó a Hanuman de dónde era y qué hacía. Él le dijo a Baba que trabajaba para la prensa Gita[4] en Gorakhpur, y que esperaba utilizar sus conexiones en la imprenta para ayudar a Ananda Marga, así como para encontrar el camino del nirvikalpa samadhi.

—Es bueno que publiques libros que ayuden a la gente a aprender acerca del dharma —le dijo Baba, pero a medida que continuó la conversación, Baba empezó a hacer preguntas más y más directas, como si seguía los principios del Gita, citando uno de los famosos versos que se refiere a la promoción del bienestar social y de otros seres vivos. A medida que Hanuman se sentía más y más incómodo ante el escrutinio de Baba, Baba empezó a revelar ejemplos de su mala conducta, diciendo la fecha y el lugar de sus malas acciones para que todos oyeran.

—Eres un impostor —le dijo Baba en un tono severo—. Tú le robas dinero a la gente mientras te escondes detrás del velo del dharma. Con semejante conducta tan despreciable, el nirvikalpa samadhi está muy lejos de tu alcance. —Baba se volteó hacia Sachidananda—. Tú lo trajiste aquí. Pensabas que si este hombre donaba algo de su riqueza, la misión se beneficiaría, pero yo te digo, no debes mezclar negocio con espiritualidad. ¿Qué puede un hombre como este darle a la misión cuando los elementos le proveen todo lo que necesita? Sólo mira, mira a las colinas.

Baba señaló las colinas en el este. Los marguis se voltearon al unísono y vieron las montañas transformadas en oro, brillando bajo el cielo nocturno. Baba empezó a regañar a Hanuman estrepitosamente.

—¿Sabes de quién son esas montañas? ¡Esas montañas son de Baba! ¿Piensas que me puedes comprar con tu dinero? ¿Piensas que puedes comprar la espiritualidad?

Hanuman empezó a sollozar y a suplicar el perdón de Baba. Baba suavizó el tono.

—¿Me prometes que de ahora en adelante vas a seguir los principios de yama y niyama estrictamente?

—Sí, Baba.

—Muy bien, entonces practica tu sádhana sinceramente y sigue yama y niyama. Si puedes hacer esto, vas a obtener todo lo que deseas.

Para 1960, el número de personas que querían ir a la caminata cada día se había incrementado al punto que tuvieron que dividirla en tres grupos con un máximo de cuatro personas por grupo. Un grupo acompañaba a Baba a la tumba del tigre en donde un segundo grupo estaba esperándolo. El tercer grupo vendría más tarde para acompañar a Baba hasta la casa. Una noche, Asim estaba en el segundo grupo con su amigo Panna, Acharya Pashupati y un joven iniciado de Pashupati. Después de que el primer grupo regresó, Baba se sentó en la tumba del tigre con los cuatro devotos y volcó su atención en el iniciado de Pashupati.

—¿Te arrepientes de tus malas acciones? —le preguntó. El muchacho insistió en que no había cometido malas acciones. El estado de ánimo de Baba se tornó grave—. ¿Quién lo trajo? —Pashupati se llevó las manos al pecho y en una humilde voz le dijo que él lo había traído—. ¿Por qué lo trajiste? ¿Cuál es la razón?

Pashupati se mantuvo en silencio. Baba volvió a poner su atención en el muchacho y empezó a recontar sus faltas, incluyendo la fecha, la hora y el lugar de cada una. Después de que Baba describiera cuatro o cinco sórdidos incidentes, el muchacho cayó al suelo frente a Baba, rogándole a Baba que lo salvara. Baba se quedó en silencio por uno o dos minutos. Luego le pidió que se sentara frente a él y extendió las piernas.

—Presiona mis pies contra tu pecho.

El muchacho lo hizo. Después de un rato Baba le preguntó:

—¿Se te quitó el dolor en el pecho?

—Sí, Baba —le respondió el muchacho con lágrimas corriéndole por la cara.

Baba se dirigió a los marguis.

—Los pulmones de este muchacho estaban llenos de agua. Estaba en la tercera fase de tuberculosis y los doctores no tenían esperanza. En ese momento conoció a su acharya, quien le dijo que si aprendía meditación e iba a donde Baba, Baba lo podía curar. Ha venido con la esperanza de que le cure la tuberculosis, pero él ha estado tratando de escondérmelo. —Baba miró al muchacho—. ¿Es verdad?

—Sí, Baba —respondió el muchacho, llorando aún más fuerte.

—¿Cuántos chapatis te comiste antenoche? ¿Se te olvidó? Bueno, yo me acuerdo. Conozco cada poro de tu cuerpo. Cualquier cosa que pase en este mundo sucede frente a mis ojos, ¿y tú estás tratando de escondérmelo? —El muchacho continuó llorando. Baba suavizó el tono de voz—. No, no llores. Ven, siéntate más cerca. —El muchacho se sentó al lado de Baba y Baba empezó a darle palmaditas en la espalda—. Te has curado de la tuberculosis. Dile a tu doctor que ya no tienes más problemas. De ahora en adelante eres un hombre nuevo. Olvídate del pasado, sólo mira hacia adelante. Prométeme que desde hoy vas a ser una persona nueva e ideal y vas a servir a la sociedad. —El muchacho se lo prometió y Baba lo bendijo—. Nadie debe perder el tiempo pensando en el pasado. Mira hacia el Señor y sigue adelante. Alcanzarás la meta.

Cuando llegó el momento de regresar, Baba se unió al tercer grupo que esperaba a una corta distancia. Cuando empezaron a caminar de regreso hacia el pueblo, el grupo de Asim los siguió, lo suficientemente cerca para escuchar la conversación. Uno de los devotos en el tercer grupo era un oficial de la policía. En un punto, se dirigió a Baba y le dijo:

—Baba debemos ser firmes moralistas. Los principios morales cardinales deben propagarse por todas partes.

—Sí, estás en lo correcto —dijo Baba. El oficial continuó en la misma tónica por varios minutos. Asim estaba impresionado. Qué gran moralista, pensó. De pronto, Baba se detuvo debajo de un árbol a la orilla de la carretera y le preguntó al oficial si conocía el significado de la palabra *asteya*.

—Sí, Baba —le contestó el oficial—. Significa no robar.

—Dime, ¿aceptar sobornos es robar?

—Sí, Baba, no debemos aceptar sobornos. —Baba se plantó frente a él con las manos en la cintura.

—Saca las sesenta y dos rupias que tienes en el bolsillo trasero. ¡Sácalas! —El mortificado oficial sacó exactamente sesenta y dos rupias de su bolsillo. Baba se dirigió a los otros marguis y dijo—: Este hombre aceptó un soborno de cien rupias esta mañana. De este dinero comió y pagó el boleto del tren para venir acá. Ahora sólo le quedan sesenta y dos rupias, y ¿me está hablando de moralidad? —Baba se volteó hacia el oficial—. Escupe en el suelo y lámelo con tu lengua. ¡Escupe! —El hombre escupió y empezó a agacharse, pero Baba lo detuvo antes de que pudiera cumplir su orden—. Está bien, está bien —le dijo Baba—. Prométeme que vas a devolver el dinero a la persona que te lo dio y que nunca más vas a aceptar un soborno.

El oficial le prometió y Baba le dio su bendición.

—Nunca vas a tener problemas para proveer a tu familia de comida y ropa —le dijo—. Si alguna vez te encuentras en dificultades ven a mí y yo te ayudaré. —Baba empezó a caminar hacia su casa, pero continuó hablando con el oficial, que para entonces estaba llorando abiertamente—. No pienses en el pasado —le dijo—. Dios te ha dado dos ojos en la parte frontal de la cabeza para mirar hacia adelante. Olvídate del pasado. Ahora eres un moralista. —Baba cambió de tema y empezó a preguntarle por la salud de su familia, nombrando uno a uno a su esposa y a sus hijos.

En el invierno de 1959, Ramasvarath decidió pasar su vacación de Dipavali en Jamalpur. Mientras viajaba en el tren, pensaba en lo que los marguis decían, que Baba era un *antaryami*, que todo lo sabe, que todo lo ve. "No lo creo si no me lo prueban", pensó. "Primero tengo que probar al maestro. Sólo si pasa el test, lo aceptaré como *antaryami*". Sabía que la lista para la caminata siempre estaba llena; así que le dijo a Baba mentalmente que si realmente lo sabía todo, entonces debía invitarlo a ir solo con él a la caminata esa noche.

Cuando llegó su tren, fue derecho a la casa de Baba en la colonia de Rampur. Varios marguis estaban listos, esperando debajo del árbol de nim a una corta distancia de la casa de Baba para ir en la caminata. Un rato después, Baba salió y pasó unos minutos hablando con los marguis. Después, para sorpresa de Ramasvarath, anunció que sólo Ramasvarath lo iba a acompañar esa noche.

Empezaron a caminar hacia el campo. Ramasvarath lo seguía de cerca, emocionado de estar a solas con su gurú pero disgustado consigo mismo por haber dudado de él. Baba tuvo que pedirle varias veces que caminara a su lado antes de que Ramasvarath aceptara. Se dirigieron hacia el puente principal, cruzaron juntos la carrilera, y pronto llegaron hasta la vieja iglesia. En ese momento un perro negro apareció.

—Ramasvarath —le dijo Baba—, ponte entre el perro y yo. Bajo ninguna circunstancia dejes que toque mi cuerpo. —Ramasvarath hizo lo que le dijo, defendiéndolo del perro cuando trataba de acercársele al maestro. Cuando llegaron a la tumba del tigre, el perro saltó con ellos a la tumba—. Espántalo —le dijo Baba, haciendo señas con las manos. Ramasvarath lo sacó de la tumba, y el perro se sentó en el suelo a unos pasos de ellos.

—¿Conoces este perro? —le preguntó Baba.

—No, Baba.

—Era un ser humano en su vida pasada. Presumía de ser un hombre religioso, pero en realidad era un hombre de mal carácter. Cometió algunas faltas serias. Este cuerpo de animal es su castigo por estas acciones. La razón por la que te pedí que no lo dejaras que me tocara es porque si lo hace entonces va a morir inmediatamente y va a obtener un cuerpo humano en su próxima vida. No puedo permitírselo. Todavía está bajo castigo por otros cuatro años de acuerdo a la ley cósmica.

Un poco más tarde, Baba agregó:

—Aunque tiene el cuerpo de un perro, todavía tiene una mente humana. Por eso me reconoció. También reconoció a Dasarath porque perteneció a su familia en la vida pasada. Él viene cuando Dasarath y yo vamos a caminar.

—Pero Dasarath no vino con nosotros —señaló Ramasvarath.

—Ve hacia la carretera y verás a Dasarath caminando hacia acá. Ve y mira, el perro no se moverá.

Ramasvarath se levantó y empezó a caminar hacia la carretera. Después de uno o dos minutos vio a Dasarath acercándose. Mientras caminaban hacia la tumba del tigre, le preguntó a Dasarath por el perro. Dasarath le contó que el perro lo había estado siguiendo a él y a Baba en los últimos días. Baba le dijo que lo acariciara pero que no le permitiera que tocara el cuerpo de Baba; cuando él le preguntó por qué, Baba le dijo quien había sido el perro en la vida pasada.

Unos días más tarde, el perro se presentó nuevamente a la tumba del tigre con Baba, Dasarath y algunos más. Esta vez, los marguis le imploraron a Baba que liberara al perro de su atadura. Baba argumentó que no era apropiado, el perro tenía que sufrir las reacciones a sus acciones, pero después de un corto tiempo Baba se rindió. Cerró los ojos por unos momentos. De repente, el perro, que había estado sentado cerca de ellos, se levantó y luego cayó muerto.

Los problemas estomacales del profesor Suresh Mandal habían perturbado su paz mental por un tiempo. A principios de 1960, decidió consultar a un doctor en Hazaribagh. El doctor, quien resultó ser un margui, también llamado Suresh, le dijo que no valía la pena tomar medicina. Si quería curarse de los problemas del estómago y encontrar paz mental, lo mejor era adoptar la meditación y las prácticas espirituales de Ananda Marga. El doctor lo refirió a Shiva Shankar Bannerjee, que entonces vivía en Hazaribagh, y le aseguró que encontraría lo que estaba buscando. Suresh estaba escéptico, pero estaba listo a arriesgarse si había la posibilidad de que funcionara. Sin embargo, tomó la precaución de informarle a Shiva Shankar que era un comunista y no era creyente. —No importa —le dijo Shiva Shankar—. Lo que importa es que practiques con sinceridad. —Aliviado de que creer no era un requisito, Suresh practicó con mucha sinceridad. En pocos meses, los problemas del estómago se acabaron y empezó a encontrar la paz mental que estaba buscando. Esto lo inspiró a leer los libros de Baba. La filosofía lo impresionó gratamente, pero se sorprendió cuando se enteró que Baba sólo había pasado el ISc y estaba trabajando como contador en la oficina del ferrocarril en Jamalpur. Sin embargo, estaba listo para viajar cuando Shiva Shankar le dijo que había llegado el momento de ir a Jamalpur al darshan de Baba.

Cuando Suresh llegó a Jamalpur con la carta de introducción de Shiva Shankar, Pranay le dio permiso de ir a la caminata esa noche, pero sólo después de contestar tres preguntas acertadamente: ¿Había conservado el pelo en moño? ¿Todavía llevaba el cordón sagrado? ¿Creía en la idolatría? Suresh, quien se preciaba de comunista, respondió que no a todas las preguntas y pasó el examen de Pranay. Un acharya lo llevó a la tumba del tigre, donde Baba estaba sentado con un pequeño grupo de discípulos. Después de que Suresh se sentó, Baba le preguntó si meditaba dos veces al día regularmente.

—Sí, Baba, por lo menos cuando estoy en Hazaribagh. Se me dificulta cuando estoy fuera de la ciudad.

—¿Comes regularmente? —le preguntó Baba en un tono penetrante—. ¿Realizas otras tareas diarias regularmente? Dios te ha dado un cuerpo humano para que hagas sádhana. Este es el propósito principal de tu vida. Tú realizas tus otras actividades ¿pero no la más importante? Haz veinticinco tic tics.

Cuando Suresh terminó los tic tics, Baba le pidió que se sentara junto a él. Le dio unas palmaditas en la cabeza y le dijo algunas palabras de aliento espiritual. Luego le pidió que le explicara el significado de *asteya*. Suresh no fue capaz.

—Entonces dime el significado de *aparigraha*. —De nuevo, Suresh no fue capaz—. ¿Cuál es tu nivel educativo?

—MSc.[5]

—¡MSc.! ¿Tienes un grado educativo tan alto y no sabes lo que significa *asteya*? Yo sólo tengo un ISc.

La mañana siguiente era el día de año nuevo. Suresh todavía estaba alterado por el golpe a su ego. Cuando Baba llegó al jagriti para el Darshan General, le pidió a Dasarath que diera una charla, pero Dasarath le rogó que lo excusara. Le pidió a Baba que diera su discurso regular.

—Está bien —dijo Baba—, entonces que el tema sea *asteya*, no robar. Hay dos tipos de *asteya*. Uno es el *asteya* físico, en el que tú físicamente robas un objeto material; es visible a los ojos de los demás y si te descubren, la ley puede castigar. La otra forma de robar es el robo mental. La ley no te pude castigar por esto. —Baba puso su atención en Suresh quien se había sentado frente a él—. ¿Cierto Suresh? Supón que una persona trabaja en una universidad del gobierno y tiene bajo su supervisión una mercancía que ha estado en una bodega por varios años, aparentemente olvidada. Así que él piensa, es mejor vender esta mercancía y obtener un dinero. Nadie se va a dar cuenta. Si esa idea pasa por su mente, ¿no es robo mental?

Suresh agachó la cabeza. En realidad había estado pensando vender esa mercancía que llevaba años en la bodega. Después de que Baba se fue para su residencia, Suresh se quedó solo, sentado, pensando en lo afortunado que era de haber encontrado a ese gurú. Un padre mundano sólo lo habría regañado si hubiera vendido la mercancía, pero su padre espiritual le había señalado el error en sus pensamientos para guiarlo por el camino adecuado. Él pensó en sus creencias comunistas y se dio cuenta que sólo la espiritualidad lo podía convertir en un verdadero ser humano. "Si tan solo pudiera haber una fusión entre las ideas del comunismo y la espiritualidad de Ananda Marga", pensó. "¡Qué bueno sería! Podría llevar a la formación de una sociedad humana ideal".

Esa noche, Baba volvió al jagriti para el Darshan General. Durante el discurso, Baba señaló a Suresh y le dijo:

—El Profesor Suresh de Hazaribagh ha estado aquí sentado pensando que la feliz sincronización entre el comunismo y Ananda Marga llevaría a la formación de una sociedad humana ideal, pero yo digo que el comunismo alberga la supresión del pensamiento humano y sólo conlleva al desastre. Supongan que un conductor está conduciendo en una calle que está llena de huecos pero no está consciente de ellos. Es posible que tenga un accidente, pero si conoce la calle, entonces está consciente de los huecos y los evita. En Ananda Marga se conoce bien los huecos en la calle, y así se puede evitar tales accidentes, pero en el comunismo, la falta de entendimiento de la naturaleza espiritual del ser humano es una fórmula para el desastre.

Baba continuó analizando algunos de los problemas que los comunistas rusos enfrentaron durante el tiempo de Stalin debido a los defectos inherentes del sistema.

—Recuerda, Suresh —le dijo—, no mantengas tus pies en dos botes diferentes porque te ahogarás. Si luchas contra la injusticia y al mismo tiempo realizas tu sádhana y caminas por el sendero de la moralidad, entonces puedes estar seguro que siempre estaré contigo. Siempre tendrás mis bendiciones y la victoria será tuya.

Cuando Suresh volvió a Hazaribagh, le informó a la administración de la escuela que había una mercancía abandonada en la bodega y se dispuso de ella inmediatamente. Para entonces había sido introducido al Prout y sus días como comunista quedaron atrás.

Cuando Rajnath Pandey[6], entonces un estudiante universitario, fue a su primera caminata, estaba en el grupo elegido para acompañar a Baba de su casa a la tumba del tigre. Siguió las instrucciones de Pranay y fue a la casa de Baba en donde encontró a un grupo de oficiales del gobierno esperando al maestro; el grupo incluía a Nagina y a Ram Bahadur. Cuando Baba salió y los marguis hicieron pranam, notaron una bella fragancia que emanaba de su cuerpo. Baba empezó a caminar a su velocidad habitual y a los marguis se les hizo difícil seguirlo. Algunas veces, lo perdieron de vista en la noche. Cuando esto pasaba, Baba se detenía brevemente y les decía dónde estaba. Cuando se acercaron al puente, varios de los marguis, incluyendo Rajnath se habían quedado atrás otra vez. Empezaron a hablar sobre la fragancia que emanaba del cuerpo de Baba. Cuando lo alcanzaron, Baba les preguntó:

—¿Qué estaban conspirando allá atrás? —Ellos le hablaron de la fragancia—. Yo no uso ninguna fragancia —les dijo Baba—. Debe ser que emana de ustedes.

—No, Baba, sale de ti.

—Está bien, entonces díganme qué tipo de fragancia huelen.

Cada uno de ellos se atrevió a adivinar, pero ninguno la pudo identificar correctamente. Baba señaló a Rajnath.

—Si quieres saber qué fragancia es, entonces tienes que preguntarle al miembro más joven del grupo. —Rajnath se adelantó y Baba dijo—: Voy a poner mi dedo en el chakra de tu coronilla. Después de diez segundos vas a ver un capullo, pero no vas a reconocer la flor. Después de quince segundos va a empezar a florecer y después de cuarenta y cinco segundos vas a poder nombrarla. Tan pronto como puedas identificar la flor, voy a quitar mi dedo. Si dejo el dedo ahí por más tiempo, tu atención se va a desviar, entonces sólo te voy a dar cuarenta y cinco segundos.

Para entonces estaban parados en el puente de la carrilera. Baba puso el dedo en la cabeza de Rajnath; inmediatamente, Rajnath vio aparecer un capullo. Gradualmente, el capullo empezó a florecer hasta que se convirtió en una flor. Cuando pasó el tiempo estipulado, Baba le preguntó el nombre de la flor.

—Un loto, Baba.

—¿Qué color?

—Blanco.

—Sí, me gusta el loto blanco. La fragancia que hueles es el aroma del loto blanco cuando ha florecido completamente. Me gusta mucho. Cuando aprendas el proceso de dhyana, entonces vas a entender el significado del loto blanco.

Continuaron caminando. Baba empezó a hablar de las características botánicas y la historia del loto blanco. El aroma continuó durante la caminata, por unas dos horas y media.

Era muy común que los nuevos iniciados probaran a Baba para asegurarse de que era el gurú que estaban buscando y el alma realizada que todos proclamaban. Una noche, Kamalakanta estaba sentado en la tumba del tigre con otros dos discípulos cuando de improviso, Baba los envió a hacer una diligencia. A uno lo envió a darle un mensaje a Pranay, al otro lo envió a traer papel, pluma y una vela del jagriti. Sin esperarlo,

Kamalakanta se encontró a solas con Baba en ese lugar solitario y pensó que era el momento perfecto para probar al gurú. "Si realmente es un sadgurú", pensó, "entonces me va a mostrar la presencia de Paramatman. Y si realmente es omnisciente, como dice todo el mundo, entonces no necesito decir nada; él simplemente va a leer mi mente".

Los dos estuvieron en silencio por uno o dos minutos. Luego, Baba cerró los ojos.

—Kamalakanta, ¿qué crees que le pasaría a una persona que de repente se encuentra diez millones de rupias en la mano?

Después de pensar por un momento, Kamalakanta dijo:

—Baba, probablemente se enloquecería o hasta moriría de la emoción.

—¿Crees que si Paramatman estuviera presente, valdría aún más de diez millones de rupias?"

—Baba, él valdría más de diez mil millones de rupias.

—Ya veo. Ahora piensa en esto, si una persona sin estar preparada de repente siente la presencia de Paramatman, ¿cuál sería su condición mental? Se perturbaría, se enloquecería. Yo no quiero que nadie se enloquezca. Una persona sólo puede alcanzar la liberación cuando sus impulsos reactivos se han agotado. Es por esta razón que yo no le doy este discernimiento a los sádhakas que están en la etapa preliminar de la sádhana. Haz más y más sádhana, entonces llegarás a esa iluminación.

Estas pruebas, eran un favor que Baba frecuentemente retornaba. Una vez, Baba estaba en la caminata con Ram Naresh y otros marguis. Entre ellos estaba un nuevo iniciado que había venido de Ranchi. Baba le preguntó dónde estaba su pueblo natal (él era de Bagha, cerca a Betia), y luego señaló que parecía tener problemas con su tendencia al miedo.

—No, Baba —le respondió—. Sólo hay dos cosas a las que les tengo miedo, a las culebras y a los perros bravos.

—¿Sí? Allí hay un árbol de malwa. Ve a tocarlo y regresa.

El nuevo iniciado empezó a caminar hacia el árbol. Antes de que hubiera caminado más de diez pasos, se desató una repentina tormenta. Cayeron rayos, seguidos de truenos estrepitosos. En pocos minutos estaba tan oscuro que Ram Naresh no pudo ver a Baba, aunque estaba parado a su lado. El muchacho que había ido a tocar el árbol regresó corriendo y cayó en el piso gritando y rogándole a Baba que le salvara la vida, mientras la tormenta eléctrica bramaba a su alrededor. De repente, la tormenta terminó de la manera abrupta en que empezó.

—¿Qué te pasó? —le preguntó Baba al discípulo que todavía estaba lloriqueando en el suelo—. ¿Por qué estás llorando? ¿Qué viste que te asustó de esta manera?

—Baba, cuando iba caminando hacia el árbol, sin esperármelo el árbol desapareció y me vi rodeado por un grupo de esqueletos. Fue aterrador.

—Pero tú me dijiste que sólo le tenías miedo a dos cosas: culebras y perros bravos. No había ni culebras ni perros bravos, ¿entonces por qué te asustaste?

El discípulo se quedó callado.

—Nunca debes alardear. Cuando tu gurú te pregunte algo, responde con simpleza y con la verdad. Tú eres orgulloso. No debes permitir que el orgullo se arraigue en tu mente.

Om Prakash Goenka aprendió una lección similar sobre el orgullo cuando fue en su primera caminata con Baba. Graduado recientemente de ingeniería química, Om Prakash había oído muchas historias acerca de Baba que le contaron otros discípulos de Madrás; sin embargo, él tenía la convicción de que por lo menos en el área de la química él sabía más que Baba.

Estaban sentados en la tumba del tigre cuando Baba le preguntó por varios de los marguis en Madrás. Cuando Baba le preguntó acerca de su educación sintió una bocanada de orgullo mientras le contaba a Baba acerca de su grado.

—¿Sí? —dijo Baba—. Muy bien. ¿Entonces me puedes enseñar algo sobre los isótopos de uranio?

Om Prakash le empezó a explicar sobre el isotopo natural U-238.

—No, no, no —le dijo Baba—. Quiero saber de los isótopos fisionables U-233 y U-235.

Desafortunadamente, Om Prakash sabía muy poco acerca de estos isótopos, y lo poco que sabía sólo parecía decepcionar más y más a Baba.

—Pero puedo leer eso en los libros de Narasimham, Rakshit y Kapoor. Tú tienes un grado en ingeniería química. Quiero aprender algo que no puedo obtener de un libro fácilmente. ¿No me puedes enseñar algo que no esté en esos libros?

Om Prakash no supo qué decir. Permaneció en silencio, preguntándose qué conocimiento tenía que no viniera de los libros.

—Me decepcionas —continuó Baba—. Pensé que me podías enseñar algo.

Luego, Baba empezó a explicarle acerca del uranio como fuente de energía y su gran valor comparado con el carbón, el petróleo y el gas natural. Continuó describiendo con detalle las propiedades benéficas de estos isótopos.

—Los rayos fisionables del uranio pueden utilizarse con propósitos constructivos así como con propósitos destructivos —dijo—. Como todos ustedes son ananda marguis, sólo deben utilizarlos con propósitos constructivos.

Om Prakash asumió que Baba debía haber aprendido estos detalles de algún libro que él todavía no había leído. Sin embargo, en 1972, se sorprendió cuando leyó en un artículo de un periódico, que unos científicos canadienses habían descubierto algunas de las propiedades benéficas de los isótopos de uranio que Baba había discutido más o menos un década antes. Sólo entonces se dio cuenta que Baba no había podido obtener esta información de ningún libro porque todavía no había sido descubierto en esa época.

XXV
Contacto personal

Los secretos de Brahma, sus secretos macrofísicos y cognitivos, sólo los conoce él, y a menos que y hasta que él se exprese a través de una forma física, ¿cómo pueden otros saber estos secretos? Por esto se dice Brahmaeva gurureka na parah. Brahma mismo es el gurú. No puede haber un segundo gurú. Sólo él sabe su secreto, y se expresa a través de una estructura, de una forma. Ahora, generalmente, la gente dice que la forma es el gurú, pero la forma no es el gurú. El gurú se expresa a través de esa forma[1].

CUANDO BABA ANUNCIÓ a fines de 1958 que cada discípulo tenía derecho a un Contacto Personal, sólo parecía una oportunidad para los nuevos iniciados de estar solos con Baba, un privilegio que los discípulos antiguos habían disfrutado bastante durante los primeros días de Ananda Marga. Pero cuando las filas se empezaron a formar antes del DMC, gradualmente se hizo claro que el CP no era tan solo una oportunidad para que los nuevos discípulos se encontraran con el maestro en su habitación a solas y pudieran conversar. La formalidad que empezó a caracterizar las sesiones de CP eran un indicativo de mayor importancia: la naturaleza histórica de este contacto privado entre el maestro y el discípulo.

Unos años más tarde, Kshitij acompañó a Baba a Delhi para el DMC como su secretario personal. Una de sus funciones era organizar el horario del CP. La primera sesión era después de que Baba regresara de la caminata de la mañana, sin embargo, empezó tarde porque la caminata se había retrasado por el paso de un tren de carga. Cuando Kshitij interrumpió el CP a la una y media, el tiempo acordado para el baño del medio día y el almuerzo, todavía había cuatro o cinco discípulos en fila. Kshitij le informó a Baba que era la hora del baño, pero Baba le pidió que dejara pasar a la siguiente persona.

—Está bien, Baba —dijo Kshitij—, pero por favor no te demores más de dos minutos en el CP, si no vas a almorzar muy tarde.

Baba no le respondió, pero el discípulo no salió de la habitación sino hasta después de media hora. Cuando salió, Kshitij detuvo el CP una vez más y le dijo a las mujeres en la cocina que alistaran el almuerzo de Baba. Después fue a avisarle a Baba que el CP había terminado.

—Sabes, Kshitij, hay un muchacho sentado afuera rezando para que le dé CP. Ha esperado por mucho tiempo, entonces, si eres tan amable déjame dar uno más, sólo uno más.
—Está bien Baba, pero por favor termina en dos minutos. Se está haciendo tarde.
Baba le pidió a Kshitij que cerrara la puerta y le pidió que se sentara junto a él en el catre.
—Mira, Kshitij, cuando una persona viene por CP, primero tengo que limpiar su placa mental. Para poder hacerlo, tengo que hacer que se dé cuenta de sus errores. Puede que llore, puede que se resista, pero de una u otra forma tengo que lograr que se arrepienta de sus faltas. Luego tengo que infundir más vida en su ista mantra. Cuando hago esto, la persona desarrolla un gran interés por la sádhana, y tengo que prometer que voy a revisar todas sus actividades en los próximos seis meses. Es un proceso técnico; aun si quisiera hacerlo rápidamente no puedo. No puede hacerse en dos minutos.
—Está bien, Baba, pero por favor termina tan pronto como te sea posible, porque si no, vas a almorzar muy tarde.
Baba se tomó otra media hora para terminar el CP. Cuando finalmente se sentó a almorzar, comió en sólo dos minutos, un puñado de vegetales y un vaso de leche.

Baba se alojó en la casa del Acharya Sachidananda durante su visita a Gorakhpur en 1960. Un indigente estudiante de derecho, llamado Rajendra Pandey[2], obtuvo permiso para el CP y se quedó en la habitación de Baba por cerca de cuarenta minutos. Cuando salió de la habitación estaba llorando. Fue al pórtico de la casa y se sentó solo, perdido en sus pensamientos, las lágrimas corriendo profusamente por sus mejillas. Uno de sus profesores, Acharya Pratapaditya, quien lo había contratado como tutor para sus hijos con el fin de ayudarle, se preocupó. Fue y le preguntó qué pasaba.
—Acharyaji, por favor no me pregunte en este momento —le respondió Rajendra—. No estoy en estado de ánimo para decir nada. Le digo más tarde. Sólo le puedo decir que Baba no es un ser humano, es Dios.
Más tarde, Rajendra se fue sin informarle a nadie. Cuando Pratapaditya se enteró que se había ido, se preocupó pensando que su partida fuera la reacción a algún castigo que Baba le había impuesto. Fue a donde el secretario personal y le pidió permiso para entrar a la habitación de Baba.
—Baba, Rajendra estaba llorando mucho después del CP. ¿Qué pasó?
—El muchacho ha cometido muchos pecados en su vida, entonces lo castigué.
—Pero, Baba, ¿existe algún ser humano en este mundo que no haya cometido uno que otro pecado? Errar es humano.
—Tienes razón, es natural que los seres humanos pequen, pero hay diferentes niveles de faltas. ¿Has estado en una oficina postal alguna vez?
—Sí, Baba.
—Entonces debes haber visto que hay una persona que clasifica las cartas. Esta persona tiene varias papeleras en frente y deposita las cartas que pertenecen a la papelera

apropiada. De la misma forma, yo demarco a los seres humanos en categorías diferentes y me comporto con ellos como corresponde. A los que necesitan castigo, los castigo y a los que no necesitan castigo, no los castigo.

—Pero, Baba, ¿cómo sabes si él ha cometido tantos pecados?

—Pratapaditya, si tú vuelves tu mente consciente tan sutil como tu mente causal, entonces puedes penetrar en los más profundos recovecos de la psique y desvelar todas las experiencias que ha tenido esa mente desde su origen. Todo está almacenado en la mente causal. Si vuelves tu mente lo suficientemente sutil, puedes saberlo todo.

Al día siguiente, Rajendra volvió a la casa de Sachidananda para el darshan de Baba. Pratapaditya aprovechó la primera oportunidad que tuvo para preguntarle sobre el CP. Rajendra le narró su experiencia:

> Cuando entré en la habitación de Baba, hice sastaunga pranam y luego me senté frente a Baba. Tan pronto como me senté, Baba me dijo:
>
> —¡A tan temprana edad ya has cometido tantos pecados! ¿Por qué has hecho esto? Explícame.
>
> Yo pensé que esto era algo que los sadhus generalmente le dicen a sus discípulos. Yo asumí que Baba estaba haciendo lo mismo, así que lo negué; le dije que no había cometido ningún pecado. Él me dijo que tratara de recordar; una vez más insistí que no había hecho nada malo. Baba se puso furioso.
>
> —¿Todavía lo niegas? ¡Mira detrás de ti! —Me volteé y en la pared detrás de mí vi una de mis malas acciones proyectada en la pared como si fuera una película. Lleno de vergüenza me di la vuelta y bajé la cabeza—. ¿Ahora te acuerdas?
>
> —Sí, Baba —le dije—, sí, me acuerdo.
>
> —Esto no es todo mi niño —me dijo—. Tú has cometido pecados mucho más serios que este.
>
> Entonces pensé que Baba me debía haber hipnotizado, entonces volví a negar que había cometido otros pecados. Baba me ordenó que volviera a mirar a la pared. Vi otra escena pecaminosa de mi vida proyectada en la pared tal y como la anterior. Entonces Baba empezó a mostrarme una escena vergonzosa después de otra. Sólo yo sabía de muchos de estos incidentes. Mientras miraba, Baba se mantuvo en silencio. Entonces entendí que él tenía poderes milagrosos, pero pensé que era porque él era un poderoso tántrico. Baba me preguntó si entendía. Yo le dije que no. Me pidió que me sentara a meditar. Medité por unos minutos y luego lo oí pedirme que abriera los ojos. Cuando los abrí no pude ver a Baba ni al catre en el que estaba sentado, ni a las paredes, ni al cuarto. Lo único que pude ver fue un resplandor abrumador en todas direcciones. No podía ver nada más. Entonces perdí el sentido.
>
> Cuando volví en mí, Baba acariciaba cariñosamente mi cabeza recostada en su regazo. Él me hizo prometerle que no iba a cometer estos errores nunca más, que iba a ser una persona ideal e iba a hacer un trabajo positivo por la sociedad.

Luego me bendijo y me pidió que saliera. No me castigó ni mencionó ningún castigo. Lo único que pude sentir cuando salía de la habitación fue un amor que no puedo describir y una alegría tremenda por la caricia de su mano en mi cabeza. Pensé que si aun las personas más cercanas a mí, como mis padres, supieran aunque fuera un poco de mi pasado oscuro, me odiarían. Pero Baba, aunque sabía todo, me dio más amor del que jamás había experimentado en mi vida. Sólo un Dios puede amar a un pecador como yo de la misma manera que Baba me ama.

Cuando Baba empezó a dar el Contacto Personal, su rigurosidad en cuanto a las faltas de sus discípulos y su presteza para castigarlos por sus faltas era tema frecuente de discusión entre los marguis. Baba era consciente de esto. Un domingo por la mañana, Baba estaba trabajando en el pequeño jardín de su casa en la colonia de Rampur, una actividad que hacía parte de su rutina diaria en los años que vivió en Jamalpur. Estaba preparando la tierra para sembrar unas plantas cuando un joven que pasaba caminando por la calle se detuvo a preguntarle si sabía cómo llegar al ashram de Ananda Marga. Baba le dio direcciones y le preguntó por qué quería ir allá. El joven le explicó que iba a conocer a su gurú. Cortésmente, el joven invitó a Baba a que fuera con él y aprovechara la oportunidad de aprender sádhana espiritual.

—Oh, no —dijo Baba—, me da miedo ir. He escuchado historias de Ananda Marga y del gurú.

—¿Qué clase de historias?

—He oído que el gurú castiga a los discípulos. Los vecinos me han dicho que es muy severo con ellos. No tendría el coraje de presentarme delante de él.

—Estoy seguro que sólo castiga a quienes lo merecen —le respondió el joven, con cara de preocupación.

—Posiblemente... ¿De verdad quieres ir allá? Todavía tienes tiempo de dar la vuelta.

—Estoy seguro.

El joven le dio las gracias por las direcciones y continuó por la ruta que Baba le había señalado. Más tarde ese mismo día, el nuevo iniciado, que no había visto la foto de Baba todavía debido a las reglas de la época, fue conducido a la habitación de Baba para el CP. Se sorprendió de ver a la misma persona que le había dado direcciones esa mañana. Baba se reía.

—¿Ves? Eres más valiente que yo. Viniste aun sabiendo que te podía castigar, pero si yo estuviera en tus zapatos probablemente no hubiera venido.

A principios de 1961, Shiva Trivedi acompañaba a Baba a la oficina cuando notó que la mano de Baba estaba inflamada. Cuando expresó su preocupación, Baba le explicó que durante el CP había tenido que castigar a una persona que había cometido un asesinato. Había tenido que ser muy severo, no tenía otra opción. Shiva recordó en ese momento que en un CP unos días antes, Baba había arrastrado del pelo a un joven fuera de su habitación y le había dicho frente a todos los marguis que si él hubiera sido un juez lo habría sentenciado a la horca. Shiva le sugirió que usara un bastón contra estas personas para que no se dañara las manos. Baba aprobó la sugerencia y le llevaron un pequeño bastón para ese propósito. Desde entonces, Baba mantenía el bastón debajo de la almohada cuando daba CP. No descontinuó el uso de otros castigos, pero el bastón pronto se convirtió en su medio favorito para remover los samskaras de los discípulos más obstinados. Pronto se volvió tan famoso entre los marguis que hasta le pusieron nombre, *dukhaharan*[3]; hasta Baba lo llamaba con ese nombre de vez en cuando.

Algunas veces Baba también sacaba el bastón durante el Darshan General. Una vez, un nuevo iniciado, un caballero de Bhagalpur que era más bien obeso, estaba en la audiencia. Baba le pidió a Dasarath que le viera la placa mental. Cuando Dasarath le dijo a Baba que era negruzca, Baba le dijo que si moría iba a tomar el cuerpo de un animal pequeño en la próxima vida. El hombre se asustó y empezó a gritar, "Baba, Baba". Baba lo tomó de la oreja y le dio varios golpes en el muslo con el bastón que tenía detrás del cojín. Baba le pidió a Dasarath que volviera a ver la placa mental del hombre. Era mucho más clara esta vez. Baba lo regañó por sus faltas y lo hizo prometer que se iba a corregir. Le dijo que olvidara el pasado, que hiciera sádhana sinceramente y que empezara una nueva vida de ahí en adelante.

En julio de ese año, hubo un DMC en Betia en el que Baba mencionó los castigos que le estaba dando a los discípulos en la asamblea abierta.

—Algunas personas cometen grandes crímenes mientras que otras sólo cometen pequeños errores; de acuerdo con la ley cósmica, como consecuencia se tiene que imponer un castigo. ¿Qué opinan? ¿Debo continuar dando castigos de acuerdo con la ley cósmica?

Los cientos de marguis presentes al unísono estuvieron de acuerdo y el bastón se convirtió en una característica permanente de la forma en que Baba impartía la justicia divina.

Una vez el bastón estaba seguro debajo del cojín de Baba, los samskaras particulares del discípulo dictaban si debía aparecer o no. Ram Chandra tenía un amigo cercano en Sahebganj, Ram Lakhan, un brahmín que estaba orgulloso de su alta casta. Ram Chandra trató de convencerlo de tomar iniciación. Poco después, Ram Lakhan le dijo:

Quiero preguntarle algo a Baba. Si él contesta correctamente, entonces seguiré tu Ananda Marga.

Ram Chandra rió.

—Mi Baba es más bello de lo que te puedes imaginar. Ven, vamos a Jamalpur. Vas a recibir las respuestas a todas tus preguntas sin necesidad de preguntar.

El domingo siguiente, él y otro amigo abordaron el primer tren hacia Jamalpur. Cuando se aproximaban al cruce ferroviario de Jamalpur, las piernas de Ram Lakhan se empezaron a poner pesadas. Cuando llegaron a la estación ni siquiera se pudo levantar de la silla; se asustó.

—Creo que no me voy a poder bajar del tren —dijo—. Mis piernas no se mueven.

Ram Chandra lo tomó de los hombros y los sacudió. La extraña sensación desapareció tan rápido como había aparecido.

Cuando llegaron al jagriti, los tres compañeros eran los únicos candidatos para el CP. Ram Lakhan fue el primero en entrar a la habitación de Baba. Cuando se levantó después del sastaunga pranam, Baba le preguntó como se llamaba.

—Ah, entonces tú eres Ram Lakhan Mishra —le dijo Baba—. No eres un buen hombre. De hecho, eres un gran pecador. Así que has venido a probarme. Pregúntame lo que quieres saber.

Ram Lakhan se confundió. Ram Chandra había estado con él todo el tiempo. No sabía cómo Baba se había enterado.

—Pregunta pecador. Pregunta lo que viniste a preguntar.

Ram Lakhan permaneció en silencio, incapaz de pensar correctamente. Baba sacó el bastón de debajo de la almohada y le dio un fuerte golpe en el costado.

—Mira la pared de atrás —le ordenó. Ram Lakhan volteó y vio escenas de sus faltas proyectadas en la pared, una a una, mientras Baba le narraba—: Alcohol en este lugar, robo en este otro... ¿Qué tienes qué decir ahora? ¡Dime, dime!

Ram Lakhan se quedó mudo y empezó a llorar. Baba suavizó el tono.

—Está bien mi niño. Tú eres mi hijo, ahora estás bajo mi responsabilidad.

Baba continuó hablando con tanta compasión que Ram Lakhan pensó que debía estar soñando o que estaba en el cielo. Luego perdió el conocimiento y entró en trance. Baba tuvo que llamar a sus asistentes para que lo sacaran de la habitación.

Cuando Ram Chandra vio a los asistentes sacando a su amigo de la habitación de Baba, se asustó. Tenía miedo de que Baba hubiera golpeado a Ram Lakhan tan fuerte que lo hubiera matado. ¿Qué le iba a decir a los hijos? Cuando le preguntó balbuceando a los asistentes, estos sonrieron y le dijeron que no se preocupara, que estaba en estado de trance y pronto volvería en sí.

Su otro amigo entró en la habitación de Baba. Salió muy pronto con la cara roja y llorando. Ram Chandra se armó de valor, convencido de que su posición era grave. Aunque no se acordaba de haber cometido faltas, estaba seguro que Baba no iba a tener piedad. Entró e hizo sastaunga pranam. Cuando se levantó Baba estaba sonriendo.

—Entonces, Ram Chandra, viniste, qué bueno. Espero que hayas hecho un buen trabajo. ¿Cómo va tu sádhana? Tienes que mejorar la concentración... —etcétera.

Cuando Ram Lakhan volvió en sí, le contó lo que había pasado en el CP a sus dos compañeros.

—Realmente él es un Dios —les dijo cuando terminó de contarles la historia.

Poco después dejó su trabajo en Sahebganj para trabajar como voluntario a tiempo completo para Ananda Marga, lo que causó un gran disgusto a sus suegros, quienes culparon a Ram Chandra de lo sucedido hasta que Ram Lakhan retornó a Sahebganj donde se convirtió en uno de los pilares de la comunidad margui local.

Devi Chand era uno de los acharyas más prominentes y productivos en Ananda Marga. Era un hombre robusto y energético de quien se decía podía trabajar lo que tres acharyas trabajaban pero en la mitad del tiempo. Había luchado por la libertad en la lucha de independencia de la India e inspiraba un profundo respeto y reverencia entre el público en general a donde fuera. Sin embargo, tenía el mal hábito de falsificar los viáticos y de embolsarse el dinero extra. En esos días era una práctica común (y todavía es así), y hasta se esperaba que los empleados del gobierno lo hicieran, pero aun así, era una vergüenza para los otros marguis que trabajaban para él en el Departamento de Agricultura en Ranchi, especialmente para Kshitij, porque Devi Chand no sólo era su jefe, sino que también era su acharya. Por eso, algunos de sus compañeros de trabajo a veces lo recriminaban.

—¿Cómo puedes enseñar moralidad cuando un acharya de Ananda Marga falsifica los recibos de los viáticos?

No les podía decir nada. Algunas veces le oraba a Baba para que le quitara ese hábito a su acharya, pero ni él ni los otros marguis se atrevían a decirle nada directamente a Devi Chand debido al gran respeto que sentían por él.

Durante una de las visitas de Baba a Ranchi, Kshitij sirvió como el asistente personal. Durante CP, envió a un joven iniciado que trabajaba en su oficina. Después de unos minutos, oyó que Baba lo llamaba. Cuando abrió a puerta encontró a Baba mirando ferozmente al muchacho.

—¡Kshitij, qué clase de sinvergüenza me has enviado! ¿Sabías que este joven falsifica los recibos de los viáticos y se echa la plata al bolsillo? —Baba se dirigió al muchacho y le gritó—: ¿Quién es tu acharya? —El muchacho estaba tan asustado que no fue capaz de pronunciar una palabra—. Kshitij, ¿quién es el acharya?

—Baba, su acharya es Devi Chand.

—Llámalo inmediatamente.

Kshitij salió corriendo de la habitación y volvió en uno o dos minutos acompañado de Devi Chand.

—Devi Chand —le dijo Baba al acharya que en ese momento entraba en la pieza—, este muchacho es tu iniciado. ¿No indagaste su conducta antes de iniciarlo? ¿Sabías que está presentando recibos de viáticos falsos y echándose la plata al bolsillo? ¿Qué castigo debo imponerle?

Devi Chand se quedó en silencio.

—Está bien —continuó Baba—, entonces lo voy a golpear por su crimen hasta que lo perdones. —Baba sacó el bastón y golpeó al muchacho en el muslo—. Devi Chand, ¿lo perdonas?

La cara de Devi Chand se tornó roja, pero continuó en silencio. Baba asintió y golpeó al muchacho una vez más.

—Devi Chand, ¿lo perdonas? —La cara de Devi Chand se puso aún más roja, pero continuó sin decir nada. Baba continuó golpeando al muchacho, quien para entonces le rogaba al acharya que lo perdonara.

Finalmente, Devi Chand le respondió a Baba en un tono de voz muy débil:
—Baba, lo perdono.
Baba sonrió y le pidió al joven que le pidiera perdón a su acharya directamente. El muchacho tocó los pies de Devi Chand y le pidió perdón. En ese momento, Devi Chand estaba visiblemente conmovido, con lágrimas corriendo por sus mejillas. Balbuceó su perdón. Baba consoló al muchacho y le hizo prometer que iba a convertirse en un ser humano ideal.
Cuando el muchacho salió de la habitación, Baba miró a Devi Chand.
—Devi Chand, una persona no tiene derecho a perdonar a otros si es culpable de la misma falta. ¿Entiendes?
—Sí, Baba.
No se volvió a mencionar nada sobre los recibos de los viáticos, pero Devi Chand nunca volvió a presentar recibos falsos.

En ciertas ocasiones, el trabajo de limpiar la placa mental de una persona requería de medidas extremas. Un domingo después del Darshan General en Jamalpur, Baba le estaba dando CP al sobrino de Baleshvar, un oficial del PMB. Después de unos minutos, los marguis oyeron a Baba gritando en la habitación y después oyeron el sonido de los golpes que le daba al oficial con el bastón. Era tan fuerte que los marguis que estaban esperando por el darshan de Baba se estremecieron cuando lo escucharon. Un par de minutos después, Baba pidió otro bastón; el otro se había quebrado. Nagendra, de Muzaffarpur, quien era el asistente personal, abrió la puerta y le dio otro bastón a Baba y la golpiza continuó. Unos minutos más tarde, la puerta se abrió de un golpe y el oficial de policía, un hombre fornido, salió corriendo con Baba, con todo su metro y cincuenta y cinco de estatura, persiguiéndolo y regañándolo sin piedad. Finalmente el oficial se acurrucó en una esquina del salón del darshan, Baba lo tomó de la oreja y le gritó:
—¿Debo revelar a las autoridades lo que has hecho y hacerte ejecutar? Mejor te mato aquí mismo. —El policía, llorando, le pedía clemencia a Baba—. Pide perdón a todos los marguis que están en esta habitación —le dijo Baba—. Si, aunque sea uno sólo de los marguis no te perdona, entonces te mato aquí mismo.
Él fue de uno a uno de los marguis y finalmente fue hasta donde el portero que estaba de voluntario. Ninguno sabía qué pensar, pero todos perdonaron al policía por su crimen desconocido. Cuando Baba se suavizó, lo llevó nuevamente a su habitación para terminar el CP.
Unos días después, Nagendra tuvo la oportunidad de ir a la caminata con Baba. Cuando llegaron al árbol de nim, pudo hablar con Baba en privado. Le preguntó por qué había castigado al oficial tan severamente y si ya no tenía más faltas. Baba le dijo confidencialmente que había violado y asesinado a una joven, la hermana de un margui, a pesar de que ella le había pedido clemencia.
—Este es un crimen social —le dijo Baba—, y los crímenes sociales no se pueden perdonar sin un castigo severo[4]. Yo puedo probar el crimen, pero él admitió y aceptó

el castigo. Cincuenta por ciento de su samskara fue removido en la golpiza, veinticinco por ciento en el arrepentimiento y cuando pidió perdón, y el veinticinco por ciento restante se resolverá por medio de la sádhana.

Un año más tarde, Nagendra estaba nuevamente encargado de organizar los contactos personales durante un DMC. Un joven delgado se le acercó y le pidió permiso para tener CP con Baba. Cuando le preguntó quién era, el hombre le contestó:

—¿No me reconoces? Soy el sobrino de Baleshvar. Te pedí perdón ese día cuando tuve CP con Baba. —Nagendra se conmocionó de ver cuánto había cambiado—. He sufrido mucho desde la última vez que nos encontramos —le dijo el joven—. Perdí mi trabajo, luego estuve enfermo por mucho tiempo y perdí mucho peso. Ahora trabajo en una oficina, pero no importa lo que pase, nunca dejaré mi sádhana.

Un día Baba estaba dando CP en el jagriti de Jamalpur a la última persona de la lista, Shiva Narayana. Después de media hora, Baba abrió la puerta y llamó a Chandradeva, a Dasarath y otros dos marguis. Encontraron a Shiva Narayana sentado en postura de loto frente al catre de Baba, absorto en samadhi. Baba se sentó y les pidió que se sentaran.

—Dasarath —dijo—, mira la vida pasada de este muchacho.

—Baba, no es posible sin tu gracia.

Baba se agachó y tocó a Dasarath en la parte de atrás de la cabeza y repitió el pedido. Dasarath describió a una persona caminando en un pueblo.

—¿Cuál es el nombre del pueblo? —le preguntó Baba.

—Baba, estoy mirando en todo el pueblo pero no veo ningún aviso.

—Entonces vuelve al presente, ve a la estación de tren más cercana y lee el aviso.

Después de que Dasarath leyó el aviso en voz alta, Baba dijo:

—El pueblo que viste está a cuatro millas de la estación del tren. El nombre del muchacho en esa vida era Devanath Bannerjee. Nació hace cuatrocientos años en ese pueblo. Ahora mira nuevamente en su vida pasada y dime qué está haciendo.

—Baba, está pescando en un río cercano.

—Sí, ese era su trabajo. Era un pescador.

Cuando la demostración terminó, Chandradeva le hizo una pregunta a Baba.

—Baba, tú siempre nos muestras las vidas pasadas de los demás, pero nunca nos has contado de la tuya.

De repente, todos se tensionaron, excepto por Shiva Narayana, que todavía estaba en trance. Tenían miedo de la reacción de Baba a una pregunta que con seguridad era inapropiada. Chandradeva, quien se dio cuenta de su indiscreción en el momento exacto que salió de sus labios, sintió un nudo en la boca del estómago. Baba cerró los ojos por un momento. Cuando los abrió, estaban muy rojos. Los discípulos se pusieron aún más ansiosos, pero Baba sonrió y dijo:

—Yo he sido tu esclavo desde hace mucho, mucho tiempo. —Baba miró a Dasarath—. Dasarath, diles algo acerca de mí. ¿Quién era yo?

—¿Cómo puedo hacer eso Baba?

—Haz dhyana. —Baba se agachó y lo tocó nuevamente—. ¿Qué ves ahora?

—Baba, veo las corrientes de *saincara* y *pratisaincara*[5]. El universo entero emana de ti. Veo criaturas que nunca antes he visto; estas criaturas no se encuentran en la tierra.

—Sí, en este universo existen muchos planetas diferentes que contienen vida. Las criaturas que se encuentran en otros planetas son diferentes de las que se encuentran aquí. ¿Qué ves ahora?

—Veo que estás nutriendo a esas criaturas y luego las matas.

Baba sonrió.

—No, no, no. ¿Cómo podría matar a alguien? Utiliza otra palabra.

En ese momento, Chandradeva gritó *Bhagawan Sri Krishnachandra ki jai*, "victoria al Señor Krishna"; los otros marguis lo siguieron. Cuando se calmaron, Baba les dijo que Shrii Krishna le había mostrado la misma escena a su discípulo Arjuna.

—Por muchas vidas, ustedes han estado y trabajado conmigo. Hemos establecido el dharma en muchos planetas, pero ustedes no se acuerdan. Es el deseo de Dios que el dharma se establezca de un planeta a otro. Ustedes me han ayudado en este trabajo. Muchas veces, los inmoralistas les han hecho mucho daño, pero ustedes siempre han emergido victoriosos. También hemos venido a este planeta para hacer un trabajo especial, y cuando terminemos iremos a otra parte. Aquellos niños que necesitan salvación la obtendrán, y los que quieran venir conmigo a otros planetas vendrán.

Luego Baba salió de la habitación y se dirigió hacia su casa. Los marguis se quedaron en la habitación, mirándose unos a otros, todavía tratando de sobreponerse al significado de lo que acababan de ver y de oír.

TERCERA PARTE

XXVI
Matrimonio revolucionario

Los pueblos de Asia y de América están palpando la mente del otro y han aprendido a aceptarse los unos a los otros con simpatía como si fueran parte de su propia gente. Europa, África, Australia, Mercurio, Júpiter, las estrellas, los cometas, las constelaciones, ninguno es extranjero del otro, ninguno está distante del otro. Gradualmente, todos han empezado a entender la vibración de la Mente Integral Única. Es mi firme convicción que el futuro de la humanidad no es oscuro. Cada ser humano alcanzará esa llama inextinguible que por siempre ilumina más allá del velo de la oscuridad del presente[1].

CUANDO LA NUEVA década empezó, Baba empezó a expandir y a acelerar las actividades de Ananda Marga, preparando el terreno para la transición hacia lo que él llamó "la fase intelectual". El medio principal de su trabajo fue el rápido crecimiento del número de acharyas. Para 1960, había creado unos cien acharyas. En los años siguientes un número aún mayor pasó el examen de acharya. Baba empezó a dedicarle más tiempo al entrenamiento de estos acharyas. Muchas veces les daba clases en el jagriti. Después de una de estas clases, en la que enfatizó la importancia del trabajo que iban a realizar, les dijo: —Tienen a *mukti* y a *moksha*[2] encerradas en su puño. Cada vez que lo deseen pueden abrir la mano y tomarlas. Pero para mí ellas son como una cama de oro. Puede que descanse en ella por un rato, pero por un tiempo interminable tengo que retornar a esta tierra y servir a la creación. Ahora díganme, ¿qué quieren? ¿Quieren liberación y salvación? ¿O quieren venir conmigo, vida tras vida, a donde yo vaya y servir la creación?

Todos los acharyas presentes, muchos de ellos con lágrimas en los ojos, respondieron que querían volver con Baba a servir la creación.

A pesar de tener que pasar el curso de acharya, los métodos de entrenamiento de Baba se extendían más allá de las clases. Una vez, cuando volvía del DMC, Baba estaba viajando en tren con un pequeño grupo de acharyas. Aprovechó la oportunidad para darles una clase sobre ciertos aspectos de la filosofía espiritual. Durante la conversación, Balendu, un hombre callado e introvertido, le expresó a Baba que aunque entendía la filosofía, todavía tenía problemas para hacer prachar.

—Parece que no puedo convencer a nadie de iniciarse —se lamentó.

Baba asintió y acordó darle algunos consejos. Momentos después, el tren se detuvo en una pequeña estación y un adolescente entró en el compartimiento. Baba llamó al muchacho y le preguntó el nombre y de dónde era.

—¿Tu casa está orientada hacia el este, cierto? —dijo Baba—. Y si no me equivoco, al lado hay un campo de fútbol y detrás de la casa hay un templo pequeño.

Por supuesto, el muchacho estaba sorprendido. Movió la cabeza asintiendo y luego escuchó con aún más sorpresa cómo Baba describía su casa y su vecindario en gran detalle.

—Pero, señor, ¿cómo conoce mi casa y mi barrio tan bien? No recuerdo haberlo visto por allá. ¿Vivió allá?

Baba sonrió pero en vez de contestarle empezó a decir los nombres de los familiares del muchacho desde los bisabuelos, y a decirle historias de ellos que el muchacho no había oído nunca. Cuando terminó, Baba dijo:

—Mira, te he dicho cosas muy valiosas que debes saber acerca de tu familia. ¿Harías algo por mí? Estos amigos son acharyas de Ananda Marga. Ellos enseñan meditación y yoga. ¿Estarías dispuesto a aprender las prácticas de la meditación y el yoga de uno de ellos? Es por tu propio beneficio; también te ayudará en tus estudios.

El muchacho accedió de inmediato. Baba le pidió a Kshitij que anotara su información y que hiciera arreglos para su iniciación lo más pronto posible. Después de que el muchacho se bajara en la siguiente estación, Baba se dirigió a Balendu.

—¿Balendu, ves cómo se hace?

Todos se rieron.

—Lo siento, Baba —dijo Balendu—, pero sólo un dios puede hacer esto. Nosotros sólo somos seres humanos.

Baba también rió.

—Está bien, ¿has estado en un partido de fútbol? Si observas cuidadosamente, puedes ver quién está absorto en el partido. Cuando alguien anota un gol, o realiza una buena jugada, reaccionan inmediatamente. Puede que griten "gol" o se den una palmada en el muslo, entonces te das cuenta de que la persona realmente está concentrada en el partido. Cuando das una charla, es lo mismo. Debes observar al público para ver quién está realmente atento y respondiendo a tu charla. Ellos van a asentir con la cabeza cuando tú aclares algo o digas algo revelador. Después de la charla, ve a donde estas personas y háblales. Vas a ver que te resulta fácil convencerlas de iniciarse.

Los exámenes de Baba a los acharyas eran decididamente idiosincrásicos. Aunque los nuevos candidatos algunas veces eran enviados a su habitación para un examen oral formal, otras veces Baba tomaba los exámenes en la tumba del tigre, algunas veces sin previo aviso. Tenían que tener treinta puntos correctos para pasar, pero rara vez alguien le contestó a Baba las preguntas lo suficientemente bien como para pasar el examen por mérito de las respuestas. Si Baba estaba satisfecho con el esfuerzo les daba "puntos de gracia" para alcanzar la diferencia. Como era de esperar, el examen era más una prueba de sinceridad y entrega que de conocimiento intelectual. No era raro encontrar un acharya nuevo que hubiera pasado el examen después de recibir un punto correcto y veintinueve puntos de gracia.

Mashin Bahadur, un miembro del PMB, fue el primer acharya nepalí. Él tomó el examen en la tumba del tigre con varios más. Baba se señaló a sí mismo y le dijo a los candidatos que imaginaran que él era musulmán. La tarea era convencerlo de que aprendiera sádhana. Cada uno de ellos tomó turnos tratando de convencer a Baba, pero sólo Mashin Bahadur pasó. Unos meses más tarde, recomendó a Giridhara Upadhyaya, un amigo nepalí que también era oficial, para el entrenamiento de acharya con la esperanza de tener otro acharya en Nepal que le ayudara con el trabajo de Ananda Marga. Giridhara era un practicante entusiasta de sádhana, además de ser un brahmín y un intelectual reconocido. Cuando Mashin Bahadur propuso su nombre, Baba le dijo que lo entrenara en Nepal y que lo llevara a Jamalpur para el examen. Para entonces, Giridhara dominaba la filosofía y estaba orgulloso de su logro. Estaba seguro que cualquier pregunta que Baba le hiciera él la podía responder. Una vez más, el examen se llevó a cabo en la tumba del tigre. Baba le hizo una sola pregunta:

—Giridhara, ¿practicas meditación regularmente?

—Sí, Baba, mínimo una hora en la mañana y una hora en la noche.

—Entonces con seguridad recuerdas tu mantra.

—Sí, Baba.

—Pues, dime tu mantra.

Por más que trató, Giridhara no le pudo responder. Baba se dirigió a Mashin Bahadur y dijo:

—Parece que el entrenamiento no ha terminado. Entrénalo por unos días más.

El ego de Giridhara estaba desecho. Cuando volvió al jagriti, le explicó a Mashin Bahadur que tenía la mente en blanco cuando Baba le pidió que le dijera el mantra.

—Es tu ego —le dijo Mashin Bahadur—. Baba no permite ninguna expresión del ego en los discípulos. Tienes que aprender a entregarte, de otro modo, nunca vas a pasar. Dile mentalmente que haga lo que quiera, ayúdame o destrúyeme, lo que tú desees.

Giridhara entendió. Pasó los días siguientes entregándose a Baba mentalmente. Luego Mashin Bahadur lo incluyó en la caminata, esta vez iba solo. Cuando Baba lo vio acercarse, le gritó:

—Giridhara, ve a donde el secretario general y recoge tu certificado de acharya.

El examen de acharya de Visheshvar tuvo lugar después de asistir al primer entrenamiento de Prout en Jamalpur en 1959. Pranay le dio la prueba inicial después de que Baba le enviara una orden para que tomara el examen de acharya. Pranay le hizo una sola pregunta: ¿quieres ser acharya? Visheshvar, un profesor de Arraria, respondió que no. Pranay lo aprobó y lo envió a la caminata para que tomara el examen. Cuando llegaron a la tumba del tigre esa noche, Baba le hizo varias preguntas; ninguna de las cuales respondió satisfactoriamente. La primera pregunta que Baba le hizo fue:

—Si una chica musulmana quiere casarse con un muchacho hindú, ¿qué debes hacer?
—Les daría permiso —respondió.
—No, esa no es la respuesta correcta. Si quieren tener un matrimonio por amor[3], entonces primero debes poner a prueba la intensidad de su amor. Debes decirle a ella que le pregunte al muchacho si está dispuesto a convertirse al Islam. Si él está dispuesto, entonces esto prueba que él la ama. Dile a Pranay que reprobaste el examen, pero que te puede enviar otra vez mañana por la noche. Puedes tomar el examen otra vez.

Cuando llegaron a la tumba del tigre la noche siguiente, Visheshvar estaba molesto. Había decidido decirle a Baba que no quería tomar el examen, que era muy difícil, que nadie podía pasar semejante examen y por lo tanto había decidido no ser acharya. Sin embargo, antes de tener la oportunidad de decir algo, Baba sacó un certificado de acharya de su bolsillo, escribió el nombre de Visheshvar en él, lo firmó y se lo dio sin siquiera mencionar el examen.

El examen de Pratapaditya tuvo lugar en la tumba del tigre en el verano de 1960. En ese entonces, la sección del Prout había sido incorporada en el examen. Como Pratapaditya tenía un posgrado en ciencias políticas, estaba seguro que iba a pasar por lo menos esta parte del examen sin mucha dificultad. La única pregunta que Baba le hizo tenía que ver con un aspecto de política internacional del que él no tenía la menor idea y que no fue capaz de responder. "Continúa estudiando", le dijo Baba. Un par de días después, lo enviaron a tomar el examen nuevamente en una de las caminatas. Esta vez entendió que no era posible pasar el examen de Baba a menos que Baba quisiera, que no era cuestión de conocimiento sino de devoción. Esta vez ni siquiera mencionó el examen. Estaba contento de estar ahí sentado junto a Baba. Sin embargo, alguien más le recordó a Baba. Inmediatamente, Baba le pidió la solicitud, tomó la linterna y una pluma y escribió "aprobado" en la parte superior sin hacer una sola pregunta.

El examen de acharya de Baban, unos años atrás, tuvo aún menos que ver con la filosofía. Gopen lo llevó a la casa de Baba para el examen, pero Baba lo llevó en la caminata. Subieron las colinas y Baba se sentó en una gran roca. —Ve a la cima de ese cerro y salta —le dijo Baba—. No te preocupes, no te vas a lastimar.

Baban hizo lo que Baba le dijo y gritó el nombre de Baba cuando saltó. Cayó en un pequeño lodazal. Sólo se ensució la ropa, pero estaba bien. Mientras Baba lo ayudaba a salir del barro, le dijo:
—Tu examen de acharya terminó; aprobaste".

Cuando el profesor Indradev Gupta tomó el examen, tomó la precaución de consultar a una autoridad en la materia antes de contestar las preguntas de Baba.

Mi amado Baba estaba dando el darshan en Jamalpur. Éramos unos diez o doce. De repente, Baba dijo que iba a examinar a todos los aprendices. Para empezar me hizo una pregunta en inglés. Esta fue la pregunta:

—El cuerpo humano está dotado de células vivas. Como estas células están vivas, poseen fuerza vital y mente. Entonces, ¿es la mente humana un conglomerado de las mentes de cada célula?

Como la pregunta no sólo era difícil sino también en inglés, no la entendí. Como no la entendí me quedé callado. Continué mirando a Baba.

—¿Por qué me estás mirando? —dijo Baba, medio molesto, medio sonriendo—. ¡Es tu examen! Respóndeme. Piensa con cuidado y responde la pregunta.

La expresión facial de Baba tenía un fascinante encanto de doble filo. Podía expresar dulzura y desagrado simultáneamente. Era como si pudiera regañar con un ojo y encantar con el otro. Entonces pensé, "como no sé la respuesta, le voy a preguntar". Le pregunté mentalmente e inmediatamente recibí la respuesta en mi mente. Repetí exactamente lo que oí:

—La mente humana es independiente. Esas células vivas, a las que te referiste antes, también tienen una mente independiente que tiene la posibilidad de convertirse en una mente humana, pero están en un estado subdesarrollado. Sin embargo, la mente humana no es compuesta, sino una entidad independiente.

Cuando Baba escuchó mi respuesta, dijo, medio disgustado y medio dulce:

—Nadie debe consultar a nadie antes de responder. Las respuestas se deben dar individualmente.

Ninguno entendió lo que quiso decir, porque yo no le había preguntado a ninguno de ellos por la respuesta, pero yo entendí. Baba me estaba pidiendo que pensara por mi cuenta. Entonces hizo la segunda pregunta:

—A través de los sentidos, la mente individual ¿disfruta del objeto original, o de la sombra del objeto, o de la sombra de la sombra? Explícalo de forma lógica.

Como tampoco sabía esta respuesta, otra vez le pregunté internamente y una vez más obtuve la respuesta. Luego repetí en voz alta:

—La mente individual no disfruta los objetos en su forma física. Por medio de los órganos sensoriales, la mente disfruta de los *tanmatras*[4] emanados por el mundo físico compuesto de los cinco factores fundamentales. Entonces, la mente no disfruta del objeto original, sino su sombra, es decir los *tanmatras* del objeto. Pero este mundo físico es una sombra de la Mente Cósmica, entonces se puede decir que la mente individual no disfruta del objeto original, la Consciencia Suprema o su sombra, el mundo físico, sino la sombra de la sombra, es decir, los *tanmatras* emanados por el mundo físico.

La respuesta era correcta. Esta vez Baba estaba muy enojado.

—Dije que no deben hacer trampa. Nadie debe consultar a alguien antes de dar su respuesta.

Una vez más, todos estaban confundidos por lo que Baba dijo, pero yo no. Entonces Baba hizo una tercera pregunta:

—¿Cuál es la diferencia entre Purushottama y Nirguna Brahma desde el punto de vista de la filosofía?

No me sentí lo suficientemente seguro para responder. Como Baba me había regañado firmemente la vez anterior, esta vez permanecí en silencio. Cuando Baba insistió, me armé de valor y le dije:

—Baba, parece que la persona a la que consulté no sabe la respuesta.

Baba soltó una carcajada y luego dio la respuesta detallada a las tres preguntas. Cuando terminó de dar la respuesta a la tercera pregunta, me preguntó en voz baja:

—¿La persona a la que le consultaste sabía la respuesta correcta?

Me reí. Todos los demás se rascaban la cabeza. El secretario general no se pudo contener.

—Baba, ¿a quién le estaba consultando antes de dar la respuesta?

Baba aclaró la confusión.

—Él contestó todas las preguntas después de consultarme a mí.

Entonces todos se rieron en coro.

Asim Kumar Pathak tomó iniciación del Acharya Kedarnath Sharma en Ranchi a finales de 1959, unos días antes del primer campamento para VSS realizado en la Pensión Birla. Tenía veinte años en ese entonces, era un estudiante y ardiente devoto de Krishna, que por muchos años había practicado fanáticamente varias técnicas de yoga sacadas de libros y creía firmemente que no necesitaba ni quería a un gurú. Cuando Baba estaba en Ranchi, Kedarnath llevó a Asim al Darshan General, sin prestar atención a las objeciones de Devi Chand Sharma, quien insistía que el muchacho debía esperar por lo menos seis meses antes de ver a Baba de acuerdo con las reglas. Todo lo que Asim recuerda de ese primer darshan es que era tan filosófico que no pudo entender una sola frase. Después estaba convencido que Baba era un hábil experto que tenía la capacidad de embaucar a esa gente ingenua y quejumbrosa con sus palabras altisonantes.

Una media hora después, Kedarnath le dijo a Asim que Baba quería verlo.

—Baba dijo que habías venido tarde —le dijo Kedarnath—. Dijo que debías haber venido mucho antes.

Estas palabras hicieron que Asim desconfiara aún más. Acompañó a Kedarnath a la habitación de Baba en donde lo encontró cenando. Antes de entrar, Kedarnath le dijo que tenía que hacer sastaunga pranam cuando entrara, pero Asim no iba a hacerlo. Le dio namaskar a Baba tal y como lo hubiera hecho con cualquier otra persona que conociera por primera vez. Baba lo miró y le preguntó:

—¿Cuál es el óxido de aluminio más alto? —Asim se sorprendió tanto con la pregunta que no supo responder—. Aluminio tetra óxido —dijo Baba.

Después de un par de preguntas similares que Asim encontró igualmente irrelevantes, fue guiado fuera de la habitación, con creciente frustración. "¿Por qué vine a donde esta gente?" pensó, y se fue echando humo de camino a la casa. "¿Por qué tengo que aceptar a un gurú? No quiero un gurú". Pero cuando llegó a la casa lo sobrecogió un deseo inexplicable de ver a Baba una vez más. Era el anhelo más grande que había experimentado hasta entonces, una sensación que sólo pudo describir como haber sido separado de la persona más querida en su vida. En ese momento ya era más de media noche. Sabía que era inútil volver a esa hora. Después de un sueño inquieto, se levantó a las cinco, se bañó, se montó en la bicicleta y salió en dirección a la casa donde Baba estaba alojado. Eran las seis de la mañana cuando llegó. Devi Chand Sharma estaba parado afuera de la entrada.

—Ven, Baba te está esperando —le dijo cuando se acercaba.

—¿Qué quieres decir con que Baba me está esperando? Yo no le dije a nadie que venía para acá.

Devi Chand tomó su mano y dijo en su acostumbrada brusquedad:

—Ven, ya entenderás.

Lo llevó a la habitación donde Baba lo estaba esperando para el CP. Le había informado temprano a Devi Chand que Asim llegaría a esa hora para el Contacto Personal.

Esta vez, Asim hizo sastaunga pranam cuando entró en la habitación. Tan pronto como se sentó, Baba empezó a recontar detalles e incidentes de su vida que nadie podía saber, uno después de otro, hasta que Asim se convenció de que Baba podía leerle la mente. Baba le dijo por qué algunas de las prácticas que había aprendido de los libros eran equivocadas.

—¿Ves cuanta energía has gastado por no tener la orientación adecuada? ¿Entiendes?

—Sí, Baba.

—Sabes, si escribes algo en un pedazo de papel y lo pones debajo de tu almohada, pero no lo practicas en tu vida, no tiene valor.

No he puesto nada debajo de mi almohada, pensó. Probablemente el poder de Baba ha llegado al límite.

Baba lo miró a los ojos y le dijo:

—¿No te acuerdas?

De repente, una memoria olvidada destelló en su mente. Hace unos meses, había escrito unos consejos espirituales de Aurobindo y de Buda en un pedazo de papel y lo había puesto debajo de su almohada con la intención de leerlo cada mañana cuando se levantara. Pero se le había olvidado y nunca más lo volvió a leer.

—Baba, ¿cómo supiste?

—Tu mente me lo dijo.

Asim no estaba satisfecho con la respuesta, ya que él mismo había olvidado el incidente.

—¿Quién eres? —le preguntó Asim. Baba sonrió.

—No soy tu gurú, soy tu Baba.

Asim empezó a llorar. Baba le dijo que se acercara y le tocó el trikuti. Él se perdió en una luz refulgente y entró en un dichoso estado de trance. Cuando salió del trance, Baba le pidió que lo tocara de los pies y tomara un juramento. El juramente era en inglés, un idioma que Asim no entendía en esa época. Asim lo repitió y luego le preguntó a Baba qué significaba. Baba sonrió y lo tradujo al hindi. Luego agregó:
—Viniste muy tarde. Debiste haber venido mucho antes.

Después del CP, Asim se encontró desgarrado entre su devoción por Krishna y su amor por Baba. Cuando Baba volvió a Ranchi en abril, Asim se enteró que iba a dar DMC en Saharsa a mediados de mayo, para celebrar Ananda Purnima. Él no tenía idea qué era un DMC, mucho menos Ananda Purnima, pero lo sobrecogió un poderoso deseo de asistir. Cuando le expresó su deseo a Baba, pensando que Baba le pediría a uno de los discípulos antiguos que lo ayudara, Baba dijo: "desarrolla tu fuerza de voluntad". Cuando Baba salió hacia Jamalpur, un sentido de determinación se encendió en la mente de Asim. Empezó a vender las pocas pertenencias que tenía, algunos libros y ropa, convencido de que encontraría la manera de conseguir el dinero para el boleto del tren. Pero cuando Kshitij se enteró de lo que estaba haciendo, le pidió que parara. Él lo llevaría a Saharsa.

De este modo, el catorce de mayo, Asim se encontró viajando en el mismo vagón de primera clase con Baba. Mientras Baba hablaba con otros devotos, Asim decidió probarlo. Él había visto que Baba podía mirar dentro de su mente, pero ¿era verdad lo que los otros devotos decían de que Baba residía en la mente de todos, todo el tiempo? ¿Cómo podía ser posible? Si Baba realmente sabe todo de todos, todo el tiempo, pensó, él me va a mirar en este preciso instante. En ese momento, Baba se volteó y lo miró y luego volvió a su conversación.

Debe ser una coincidencia, pensó Asim. Probablemente estaba pensando en mí cuando hablaba con los otros marguis. Voy a dejar que pase un tiempo y voy a probar una vez más. Unos quince o veinte minutos pasaron. Una vez más se dijo a sí mismo, si él realmente está en la mente de todos todo el tiempo, entonces me va a mirar en este instante. Una vez más, Baba lo miró, sonrió y volvió a su conversación. Aun así, Asim no estaba cien por ciento convencido. Probablemente, de alguna manera todavía me está prestando atención, pensó. Pero es imposible que sepa lo que está pasando en mi mente cuando su atención está ocupada en algo más.

Poco después, el tren llegó a la siguiente estación y un grupo de devotos entraron y empezaron a hablar con Baba. Le trajeron flores y comida y le ofrecieron sus pranams. Ah, pensó Asim, esta es la oportunidad perfecta, mientras Baba está ocupado con estos marguis. Si él sabe todo en este mundo todo el tiempo, me va a mirar en este mismo instante. Baba lo miró y dijo: "mi niño, ¿por qué piensas así?". Baba dirigió su atención a los marguis nuevamente. Asim se tuvo que tragar su vergüenza.

Más tarde en el viaje, Asim tuvo la oportunidad de pasar un tiempo a solas con Baba en el vagón. Baba estaba recostado en su camarote cuando le pidió a Asim que le dijera tres cosas de las que estaba orgulloso.

—Baba, la primera cosa de la que estoy orgulloso es de mi voz cuando canto, la segunda es que soy bien parecido, y la tercera es que soy un buen devoto.

—¿Sabías que cuando era pequeño tenía un profesor de música que me enseñó algo de Rabindra Samgita? ¿Quieres oír?

—Sí, Baba, por favor canta.

Baba cantó tres canciones, comenzando con *kon alote praner pradiip jhaliye; sadha kabha premi kabha pago logo; tumi kahar sandhane*. Asim estaba cautivado; parecía como si nunca hubiera escuchado una voz tan dulce en su vida.

—Ahora canta las tres canciones —le dijo Baba—, y yo te escucharé.

Asim cantó la primera canción, pero después de escuchar a Baba, su propia voz le sonó como el rebuzno de un burro comparado con la canción de un cucú. Estaba tan avergonzado que cuando Baba le pidió que cantara la segunda canción, le pidió a Baba que la cantara él.

—No —respondió Baba— es difícil cantar acostado y quiero descansar por un rato.

Unos minutos más tarde, el tren llegó a la siguiente estación, en donde Amarnath, el hijo de Chandranath, abordó el vagón de Baba con otros marguis. Todos se sentaron en el suelo y empezaron a charlar alegremente con Baba. Amarnath tenía dieciséis años en ese entonces y era muy bien parecido. Cuando Asim miró a Amarnath sentado frente a Baba, se sintió feo comparado con él.

En la siguiente estación, Devi Chand entró en el vagón de Baba.

—Devi Chand —dijo Baba—, dime de qué estás orgulloso.

—Baba, sólo estoy orgulloso de una cosa: que soy tu hijo.

Cuando Asim escuchó esto, sintió que se hundía. ¿Qué clase de devoto soy comparado con él?, pensó. Sólo entonces entendió que Baba había estado jugando con él para desinflarle el ego.

Cuando el tren llegó a Saharsa, Asim se sorprendió de ver que por lo menos mil marguis se habían reunido para el DMC. No tenía idea que Ananda Marga era más que un gurú y un puñado de devotos. Llevaron a Baba a la casa de Bal Mukunda Rastogi, en donde le habían preparado una habitación para que estuviera durante el programa. Era la hora del desayuno, pero cuando le llevaron el desayuno, Baba se rehusó a comer. Los marguis se preocuparon pensando que habían cometido algún error. Cuidadosamente le preguntaron a Baba si habían hecho algo mal.

—No —les dijo—, ustedes no han hecho nada malo pero sí alguien más.

Baba les pidió que llamaran a cierto margui a su habitación. Fueron al recinto donde los marguis se habían reunido para asistir al darshan de Baba e hicieron el anuncio por el altavoz, pero nadie se aproximó. Sabían que Baba no iba a comer hasta que lo encontraran, así que empezaron una búsqueda y finalmente encontraron al muchacho durmiendo detrás de la tarima. Lo llevaron con su acharya a donde Baba.

Cuando se lo presentaron a Baba, Baba le preguntó cómo había venido.

—En el tren Baba.

—Yo sé, pero *¿cómo* viniste?

—En el tren.
—Eso no es lo que estoy preguntando. ¿Compraste el boleto?
—Sí, Baba.
—¿Y dónde conseguiste el dinero para comprar el boleto?

Esta vez el muchacho no respondió, pero el miedo se le veía en la cara.

—Nada que decir ¿eh? Entonces voy a contar la historia de cómo conseguiste el dinero. —Baba miró a los marguis y señaló al joven—. Este muchacho ha cometido un crimen. Él robó el dinero del bolsillo de un carpintero, sesenta y dos rupias. Era la ganancia de un mes; iba en camino a comprar provisiones para la familia. Cuando se dio cuenta de que había perdido el dinero, se perturbó tanto, que empezó a decir que no había Dios en este universo, no justicia divina, que iba a suicidarse porque era un hombre pobre y no podía sobrevivir sin ese dinero. Ahora, yo soy responsable, porque fue mi devoto el que robó el dinero.

Baba llamó al acharya del joven y empezó a regañarlo por iniciar al muchacho sin haber evaluado su conducta apropiadamente. Luego le dijo al joven que tocara los pies de los presentes y que saliera. Cuando salía, Baba lo llamó otra vez.

—Quiero que le devuelvas el dinero a la persona que le robaste.

El joven estaba llorando en ese momento.

—Pero Baba, ¿cómo? No sé quién es o dónde vive.

—No te vas a salir de esta tan fácilmente. Pídele a alguien de aquí que vaya a la oficina postal y traiga un formulario para un giro postal.

Unos minutos después, un margui regresó con el formulario. Baba sacó su pluma y escribió el nombre y la dirección del carpintero y se lo entregó al muchacho.

—Ahora ve a la oficina postal con tu acharya y envía el dinero. Escribe en la parte de atrás del giro postal que tú le robaste el dinero y que se lo estás devolviendo.

Baba le dijo al acharya del joven que se asegurara que siguiera las instrucciones. Cuando salieron, le dijo a los marguis:

—En realidad, él es un devoto sincero. Cuando le di el CP, tomé su juramento de que no iba a robar más. Él cumplió su palabra hasta hace algunos días, pero cuando supo que iba a venir decidió robar la última vez para poder venir al darshan. Ven, es mi responsabilidad.

En la noche del DMC, Asim se sentó al frente. Durante el gurupuja que siguió al discurso de Baba, vio a Baba desaparecer súbitamente de la plataforma. En vez de él vio la figura de Krishna rodeada de una refulgencia azul brillante. En un momento Asim perdió el sentido de su entorno; empezó a emitir un sonido asfixiante. Varios minutos pasaron. Cuando abrió los ojos otra vez vio a Baba parado frente a él saliendo del recinto.

—¿*Bujhecho*? —le preguntó Baba en bengalí. "¿Entendiste?" —Asim extendió las manos y tomó a Baba—. Disciplina, disciplina —ordenó Baba.

Asim lo soltó, pero tan pronto como Baba salió, empezó a llorar y continuó en ese estado por los siguientes siete u ocho días.

Para 1960, Baba se había convertido en auditor del departamento de cuentas con una alta reputación por una rigurosidad y una minuciosidad que eran inigualables en el lugar de trabajo. Aun los oficiales de alto rango se atemorizaban cuando se enteraban que P. R. Sarkar iría a inspeccionar la oficina, y se rumoreaba que si había alguna irregularidad en las cuentas, P. R. Sarkar con seguridad la encontraría[6]. Sus subordinados recuerdan que cuando lo acompañaban a la inspección, los remitía a la página exacta del libro exacto que contenía los errores de contabilidad; algo a lo que estaban acostumbrados porque en la oficina de contabilidad les solía gritar desde el otro lado del cuarto donde estaban trabajando para alertarlos de que habían hecho una entrada incorrecta. Tampoco era un secreto que Baba condenaba abiertamente a algunos de los oficiales superiores por la forma en que trataban a la gente que trabajaba para ellos.

Al principio del verano, Baba fue a inspeccionar la contabilidad de Sarvananda, uno de los oficiales de supervisión. Cuando Baba encontró evidencia de corrupción y de malversación de fondos, Sarvananda trató de convencerlo para cubrirlo. Baba no sólo hizo público el asunto, sino que lo reprendió despiadadamente frente a sus subordinados. Las cosas se tornaron tan incómodas para Sarvananda, que en cuestión de semanas renunció a su trabajo, pero no sin antes llenar un reporte que eventualmente condujo al traslado de Baba. Parte de los cargos levantados en su contra era que supuestamente estaba convirtiendo a los musulmanes al hinduismo.

Poco después de la partida de Sarvananda, llegó la noticia de que Baba había sido transferido a Asansol, a unos 220 kilómetros de Calcuta. Un intenso furor estalló entre los marguis locales que estaban consternados con la idea de perder a Baba si lo enviaban a otra ciudad y se preocupaban de cómo iban a ser capaces de administrar la organización sin la ayuda física de Baba. Pranay convocó una reunión de todos los acharyas y los marguis más antiguos. Tomaron la decisión colectiva de pedirle a Baba que renunciara a su trabajo. Recibieron compromisos para proveer a Baba del dinero necesario para mantener a su familia. Luego le hicieron la propuesta a Baba en una carta.

Baba leyó la carta y escribió "rechazada" en la parte superior.

—Es una buena propuesta —dijo—, pero todavía no es el momento para renunciar a mi trabajo, ni existe una razón para preocuparse por mi traslado. Dejen que el mañana se encargue del mañana. Por ahora voy a tomar una licencia y veremos qué pasa.

Baba pidió un mes de licencia con el propósito poner sus asuntos personales en orden. El día antes de empezar la licencia, Nilen Bose se le acercó durante el almuerzo para compadecerse.

—Ahora que te vas de Jamalpur, ¿qué vamos a hacer sin ti? —le dijo—. Todos los días escuchamos tus historias y tus consejos. ¿Cuándo vamos a tener esa oportunidad otra vez?

—No te preocupes —le dijo Baba—. No me van a transferir.

—¡Pero te llegó la carta de tu traslado!

—Te aseguro que cuando se termine mi licencia voy a estar sentado en este mismo escritorio haciendo el mismo trabajo.

Sin embargo, Baba no le mencionó esto a los marguis, ni hizo ningún arreglo ni plan ya fuera personal u organizacional. Más bien se fue de gira por un número de ciudades diferentes en las que Ananda Marga estaba activa. Cuando Pranay o los otros marguis mencionaban el traslado, él les decía que no había necesidad de preocuparse, que el tiempo se encargaría.

A finales de junio, cuando se encontraba de licencia, le salió un forúnculo en la pierna. En vez de descansar como le insistió Pranay, Baba fue a Muzaffarpur como estaba planeado y se quedó por ocho días en la casa del acharya Sakaldev. El rumor de que Baba estaba allá corrió rápidamente y la casa de Sakaldev se convirtió en un ashram, con devotos entrando y saliendo constantemente para ver a Baba y para asistir al Darshan General de la mañana y de la noche. Un día, Baba estaba sentado en su habitación con el Acharya Gangasharan y su familia. Durante la conversación, Gangasharan le preguntó a su sobrina Indu en un tono juguetón, cuándo se iba a casar. Como no le contestó, Baba contestó por ella.

—No te preocupes —dijo—, el novio aparecerá en la puerta de esta casa en unos días. —Entonces Baba explicó su concepto de matrimonio revolucionario— La forma mejor y más fácil de romper las barreras que separan a las diferentes razas y culturas es por medio del matrimonio entre castas y el matrimonio intercultural. Supongan que una muchacha y un muchacho de diferentes castas se casan. El matrimonio les ayudará a disolver su sentimiento de casta, y sus hijos no tendrán una casta. Supongan que un muchacho de esta tierra se casa con una muchacha de Inglaterra. Él no va a querer ver a Inglaterra arruinada y viceversa. Sus hijos no van a tener sentimientos en contra de Inglaterra o de India. Es la mejor forma de romper estas barreras.

Un par de días después Sujit estaba masajeando a Baba. Baba le pidió que se fuera para la casa con el pretexto de que quería hacer sádhana. Poco después de haber salido, Gangasharan llegó con la familia y varios marguis, incluyendo a Nagina y a Shashi Rainjan. Baba estaba conversando con ellos cuando les anunció que quería solemnizar un matrimonio revolucionario en las próximas veinticuatro horas. Indu, si ella estaba de acuerdo, sería la novia y Sujit sería el novio. Baba envió a alguien a que trajera a Sujit, quien se sorprendió de que Baba lo llamara nuevamente en tan poco tiempo. Cuando Sujit entró en la habitación e hizo pranam, Baba le dijo:

—Sujit, si estás de acuerdo y la chica acepta, quiero que te cases con Indu.

Baba llamó a Indu a la habitación y le repitió lo que le había dicho a Sujit. El matrimonio se fijó para la noche siguiente.

Esta decisión repentina le causó conmoción tanto al novio como a la novia, pero accedieron a los deseos del gurú, a pesar de que no solamente venían de castas diferentes, sino también porque vivían en Bihar, la región de India más castista. De hecho, tomó muchos años antes de que los padres de Sujit y otros miembros de la familia de Sujit que no eran marguis aceptaran su matrimonio abiertamente y ofrecieran cualquier tipo de ayuda a la joven pareja.

A la mañana siguiente, durante el Darshan General del 8 de julio, Gangasharan dio su namaskar e invitó a todos a la boda. Luego, lleno de emoción, invitó a las más sutiles entre las entidades sutiles del universo, así como a todos los discípulos de Baba de este y de otros planetas. La boda se celebró esa noche con la procesión tradicional. Baba acompañó al grupo del novio la mitad del camino hacia la casa de Gangasharan en donde los acompañantes de la novia los esperaban. Le pidió al conductor que lo llevara a la casa de Gangasharan para que pudiera dar la bienvenida, como parte de los acompañantes de la novia, al grupo que venía con el novio. Cuando llegó, les pidió cordialmente que no lo insultaran porque había venido a hacer parte de los acompañantes de la novia. Era la costumbre en Bihar que los acompañantes de la novia le dieran la bienvenida a los acompañantes del novio con pintorescos epítetos abusivos. La ceremonia se llevó a cabo en la azotea de la casa de Gangasharan, una superficie espaciosa y plana que acomodó a los más de trescientos marguis y vecinos que asistieron a la ceremonia. Muchos vecinos que no pudieron asistir por falta de espacio, se subieron a los árboles para poder ver. Empezaron a cantar canciones devocionales e Indu rápidamente empezó a actuar de forma anormal, llevada por el fervor devocional. Baba la reprimió y le advirtió que si no permanecía normal durante la boda él no se quedaría. Luego, bromeando, le dijo que era normal, que Indu podía volverse anormal. Más tarde, durante la recepción, fue su nuevo esposo el que empezó a actuar anormal durante las canciones devocionales.

Esa noche, mientras Gangasharan dormía en la terraza, soñó que varios santos y sabios con barbas blancas y ristras de perlas entraban al edificio, ofrecían su respeto a la nueva pareja y se iban. A la mañana siguiente, cuando Baba se preparaba para ir a Jamalpur, Gangasharan le preguntó acerca de este sueño.

—Fue debido a tu invitación —dijo Baba—. ¿Piensas que sólo seres humanos asistieron?

Después de la boda, Indu y Sujit fueron a Jamalpur para lo que equivalía a su luna de miel. Fueron a la caminata con Baba en la primera noche; al día siguiente llegó de Bolpur un telegrama de Pranay con el mensaje de que necesitaban un acharya que hablara inglés para dar una charla en la universidad de Shantiniketan. Baba le pidió a Sujit que fuera. Él seleccionó el tema y le dio algunas sugerencias de cómo organizar la charla; después llamó a Indu y a Sujit a su habitación para bendecir el matrimonio. Esa noche, Sujit viajó a Shantiniketan. La luna de miel había terminado. Ninguno de los dos se quejó. Para los dos, el trabajo de Baba era primero, y este continuaría siendo el lema de sus vidas.

Esa misma semana llegó una carta de la hermana de Baba en Chinchura, informándole que su hijo, Gautam, había nacido en Bandel en la casa de los padres de Uma Sarkar, a donde había ido a pasar la última etapa de su embarazo y para el nacimiento de su primer hijo, continuando con una tradición de muchos siglos en India. Baba anotó la fecha en su diario, pero como siempre, no hubo nada en su comportamiento que indicara que algo había cambiado, aun después de que Uma Devi regresara a Jamalpur unas semanas después con el recién nacido.

Después del matrimonio "revolucionario" de Indu y Sujit, el matrimonio intercultural o entre castas se convirtió rápidamente en una de las normas de Ananda Marga. En vez de buscar compañeros apropiados dentro de la misma casta, una rígida práctica tradicional de la sociedad hindú, o dentro de la misma religión en el caso de otras religiones, las familias marguis empezaron a expresar que cualquier casta menos la propia era aceptable. La violenta reacción de los miembros no marguis de las familias, así como de los vecinos y los colegas, fue predecible e inmediata en un país en el que en esa época era común que estas parejas intercastas fueran atacadas físicamente y aun asesinadas por romper el tabú. Era la norma más que la excepción, que estas parejas fueran rechazadas por las familias y las comunidades, especialmente en pueblos pequeños y áreas rurales en los que estos matrimonios eran considerados impensables. Cada pareja tenía historias que contar de lo que tuvieron que pasar, pero aceptaron de buen grado y las señalaban como una insignia de honor en su lucha por difundir las enseñanzas del gurú. "Su lucha es una batalla sin pausa contra la corrupción, la hipocresía y la animalidad", les dijo Baba, y en enero de 1961 les dio el mensaje que se convertiría en el credo principal de todos los marguis a medida que la organización crecía con más rapidez y empezaba a encontrar la creciente oposición de la que Baba les había advertido: "Luchen por su ideología. Sean uno con su ideología. Vivan por su ideología. Mueran por su ideología". El matrimonio revolucionario era sólo otra forma de poner la ideología en práctica, una que iba a tener grandes consecuencias, no sólo para las parejas que la aceptaron, sino también para la sociedad en la que vivían.

Con el rápido incremento del matrimonio entre castas y la estricta prohibición de aceptar la dote, establecida desde hacía mucho tiempo en la comunidad de Ananda Marga, sólo un mal social relacionado con el matrimonio quedaba por resolver: la ley que prohibía que las viudas se volvieran a casar. Durante varios miles de años, en la sociedad Hindú se había establecido una estricta prohibición al matrimonio de viudas. Cuando el esposo moría, se esperaba que ella se mantuviera casta y recluida por el resto de su vida, ya fuera como un exilio autoimpuesto en la casa de su marido, o en algunos casos recluida en ashrams para viudas. Por siglos, las mujeres que se inmolaban en la pira funeraria del marido, una práctica conocida como *sati*, eran consideradas las mujeres más virtuosas y las escrituras les prometían la liberación. Es más, la palabra *sati*, significa "mujer virtuosa". Aunque los británicos declararon al *sati* ilegal en el siglo diecinueve, los tabúes sociales en contra del matrimonio de viudas continuaron firmes en su lugar. Con la publicación de *Caryacarya*, Baba removió el tabú en la comunidad de sus discípulos. Declaró que cualquier hombre que se casara con una viuda, una indigente, arruinada o marginada, sería considerado "Dharmamitram", un amigo del dharma, y sería honrado con ese título en Ananda Marga. Unos pocos meses después del matrimonio de Sujit, Shambhunath Verma se casó con una viuda, el primer ejemplo de este tipo de matrimonio en Ananda Marga. Él recibió las alabanzas de Baba y el título de Dharmamitram. En noviembre, Baba fue a Motihari para bendecir la nueva pareja. Condujo un DMC especial para ellos y los marguis locales en el alojamiento de Nagina. Después de eso, el matrimonio de viudas se hizo común en Ananda Marga.

Después del matrimonio de Sujit, Baba extendió su licencia por un mes más y continuó visitando varias ciudades. Durante este tiempo, le dijo a los marguis que debían prepararse para propagar la ideología fuera de India. Tres acharyas, Asthana, Sarangi y Srivastava, tomaron la iniciativa de formar un comité y le propusieron a Baba el nombre de "Comité de Prachar en el Extranjero".

—Pueden usar este nombre por ahora —les dijo Baba—, pero lo tendremos que cambiar más adelante. Para nosotros nadie es extranjero[7]. Mencionó un dicho en sánscrito: *Hara me pita, gaori mata, svadesha bhuvantrayam* — "El Señor es mi padre, Prakriti es mi madre, y el universo es mi hogar". Explicó por qué Ananda Marga sería aceptada en otros países—: Primero porque ni el capitalismo ni el comunismo pueden satisfacer las necesidades de la vida humana y por eso no tienen futuro. Sólo una economía basada en la espiritualidad puede tener éxito. Segundo, porque la gente fuera de India está hambrienta de espiritualidad, y aquellos que tienen una formación científica y racional van a adoptar nuestra ideología fácilmente.

Luego, Baba dio un largo discurso acerca de las diferentes culturas del mundo, sus lenguas, religiones, costumbres sociales, historia, geografía, flora y fauna. Un margui le preguntó a Baba:

—Nosotros te vemos todo el tiempo en Jamalpur; ¿cuándo visitaste todos estos países? ¿Cómo los conoces tan bien?

Baba se rió y dijo:

—En el gobierno, hay un sistema especial de mensajeros que dan a conocer y recolectan mensajes e información. También tengo mi propio sistema de correos que me trae todo hasta Jamalpur.

Cuando la licencia estaba por terminar, Baba volvió a Jamalpur y encontró a un grupo de marguis preocupados, preguntándose qué debían hacer ahora que el traslado no se podía volver a aplazar, pero el día siguiente llegó un telegrama del departamento de contabilidad cancelando el traslado. Lleno de alegría, Pranay le llevó el telegrama a Baba. Él sonrió y continuó con lo que estaba haciendo, como si no tuviera más importancia que una brisa pasajera.

XXVII
Comienza una orden monástica

El sádhaka que observa todo con ecuanimidad, ya sea la propia casa o el cementerio, oro o grama, sus propios hijos o los de sus enemigos, fuego o agua, su propiedad o la ajena, vive en el mundo como un avadhuta, como si él o ella fueran una segunda manifestación de Shiva[1].

UN DÍA, A comienzos de la primavera de 1961, Baba le pidió a Sushil Dhar, su estenógrafo habitual durante la hora del almuerzo, que llevara una vela, un vaso, papel y un bolígrafo a la tumba del tigre esa noche. Le iba a dictar algunas cosas. Cuando llegaron a la tumba, Sushil puso el vaso sobre la vela para improvisar una linterna. Baba reunió a los marguis a su alrededor y empezó a explicar que una filosofía espiritual necesita un libro que sirva como su texto fundamental. Hasta ese momento *Idea e ideología* había servido para tal propósito, pero ahora tenía la intención de empezar a dictar el texto definitivo de la filosofía de Ananda Marga. Tendría la forma de *sutras*[2], o aforismos, que resucitarían la forma tradicional del discurso filosófico sánscrito que había estado en boga por más de cinco milenios, pero que había ido desapareciendo gradualmente. El título del nuevo trabajo, dijo, sería *Ananda sutram*.

Baba cerró los ojos y cantó el primer sutra, *Shivashaktyatmakam Brahma*, señalando al cielo y trazando círculos lentamente con el dedo. Luego, Sushil anotó el comentario en bengalí. El primer sutra era una definición de Dios, o la Consciencia Suprema, como la combinación de Shiva y Shakti, la consciencia que presencia y su principio operativo o energía. Era la apertura del primer capítulo sobre el *brahmachakra*, el ciclo de la creación. Después de explicar que la consciencia y su fuerza creativa o energía, como los dos lados de un pedazo de papel, no pueden separase, explicó que no se puede sustanciar la existencia sin la presencia de una consciencia que atestigua, por lo tanto convirtiéndose en el punto inicial de cualquier pregunta filosófica.

> El sentido físico del cuerpo es telepatizado en la placa mental. En otras palabras, el sentido físico es despertado en la placa mental, debido a la reflexión que viene después del impacto de las ondas físicas crudas en la placa mental. Similarmente, el sentido de cada objeto crudo se despierta en la placa mental tan pronto como la reflexión toma lugar, seguida del impacto de las ondas

del objeto en la placa mental. Ondas idénticas golpean el alma de la entidad, causando la reflexión de esas ondas mentales, y despierta en la unidad el sentido de indivisibilidad con el alma... Todos los objetos mundanos, crudos, sutiles o causales, consisten en ondas mentales u ondas de pensamiento, por eso, en completo acuerdo con la razón y la lógica, podemos llamar al Alma omnitelepática. Es debido a este *atman* omnitelepático que la existencia de todos los objetos mundanos, visibles o invisibles, grandes o pequeños, encuentran su justificación y reconocimiento[3].

Después de definir Shakti como la fuerza creativa de Shiva en un segundo sutra, y de explicar la relación entre los dos en sus comentarios, así como de diferenciar entre las causas eficientes, instrumentales y materiales de la creación, Baba dio un tercer sutra en el que aseguró que la prueba de la existencia de Dios se encontraba en saincara y pratisaincara, las fases introversa y extroversa de la creación. En el corto comentario que siguió, anotó:

La existencia de cualquier entidad se conoce a través del proceso de su actividad, pensamiento o atestiguamiento, cuyo atestiguamiento pertenece a Purusha y los otros dos factores sustantivos pertenecen principalmente a Prakriti. Por esto, el hecho de que Prakriti es la entidad causal de la corriente de acción y pensamiento será reconocido sólo cuando ella se identifique por completo con la objetividad. Esta apropiación de objetividad de Prakriti, depende del incremento (Saincara) o de la disminución (Pratisaincara) constante de su influencia en Purusha. La manifestación de Prakriti yace en estos procesos extroverso (Saincara) e introverso (Pratisaincara)[4].

En la siguiente conversación, Baba explicó que una causa puede conocerse por el efecto. De la misma forma que un científico puede justificar la existencia del electrón midiendo el efecto, las huellas que deja de su presencia, la mente alerta espiritualmente, es capaz de intuir la existencia de Shiva y de Shakti por los rastros que dejan en el interminable ciclo de la creación. Un margui preguntó si la breve explicación que había dictado sería suficiente.

—Será suficiente para los marguis y los acharyas —respondió—. Pero van a tener que dar una explicación más detallada al público en general en un lenguaje que ellos puedan entender. La explicación detallada está en *Subhasita samgraha*, pero para mucha gente este lenguaje es muy difícil. Sin embargo, la interpretación que di será suficiente para evitar otras interpretaciones radicalmente diferentes en el futuro, como ha pasado con el Gita de Krishna y los Yoga sutras de Patanjali. —Luego, Baba corrigió la ortografía de las palabras en sánscrito y terminó el trabajo de esa noche.

En los meses siguientes, Baba dio dos o tres sutras cada noche, varias noches a la semana, siempre en la tumba del tigre. Los primeros veinticinco sutras estaban dedicados al ciclo de la creación. Empezó con la involución de la consciencia hacia la materia y terminó con la evolución de la consciencia desde la materia; el proceso culmina cuando los seres humanos alcanzan la iluminación espiritual, completando de esta manera el ciclo de la creación. En el segundo capítulo, examinó la naturaleza espiritual del ser vivo y su relación con la Entidad Cósmica. También refutó dos creencias religiosas en extremos opuestos del globo, declaró que el cielo y el infierno no existen; también que Brahma es la verdad y el mundo es la verdad relativa, una impugnación a la aserción de Shankaracharya de que Dios es la verdad y que el mundo es falso o es una ilusión[5]. El tercer capítulo, se trata de la mente individual, samskara, muerte y transmigración, y el sendero hacia la liberación. Terminó el capítulo con un sutra citando la oración y la adoración ritual como fuentes de confusión en vez de prácticas espirituales, y definió la devoción como pensar en Dios, en vez de un tipo de culto o adoración. El cuarto capítulo trata del origen de la creación. En los dieciséis sutras del quinto capítulo elucidó los principios fundamentales de la filosofía social, Prout. Terminó el libro con un epígrafe: *pragatishiila upayogatattvamidam sarvajanahitártham sarvajanasukhártham pracáritam*, "esta es la teoría de la utilización progresiva, propagada para el bienestar y la felicidad de todos".

El 28 de junio, Baba dictó el último de los noventa y cuatro sutras. Había terminado los cinco capítulos del *Ananda Sutram*. El día anterior había empezado a dar una serie de clases de Prout de una semana como parte de la segunda conferencia Proutista anual, que más adelante fueron compiladas en el "Diario del observador". En estas clases, utilizó los sutras del quinto capítulo como punto de partida antes de empezar una discusión detallada de una variedad de temas, desde la reforma agrícola hasta cultivar un lenguaje mundial. Desde entonces, el *Ananda sutram* se convirtió en el texto principal para el entrenamiento de los acharyas y de los voluntarios. Tal y como en tiempos antiguos, los candidatos tenían que memorizar los sutras y ser capaces de dar una completa exposición de ellos. Aunque Baba fue el autor de unos doscientos libros, el *Ananda sutram* es el mayor logro de su trabajo filosófico y literario, la primera piedra de sus enseñanzas.

A principios del año anterior, Baba llamó a Nityananda y le dijo que quería darle una responsabilidad independiente de prachar.

—Mira —le dijo—, el secretario general no puede concentrarse mucho en prachar; tiene severas restricciones de tiempo. Si las cosas continúan como van, va a tomar cientos de años para que la ideología se propague por todo el mundo. Quiero que empieces a construir una estructura independiente. Concéntrate en la gente joven y en los estudiantes. Empieza tu trabajo hoy mismo y tendrás mis bendiciones. —Ese mismo día por la noche, Nityananda acompañó a Baba a la tumba del tigre, en donde un grupo de marguis lo esperaba. Cuando pasaron por la iglesia, Baba se detuvo y dijo—: Si muero hoy, ¿cuánta gente sabrá de nuestra ideología? —Reconociendo la importancia de las palabras de Baba, Nityananda reafirmó su promesa de tomar la responsabilidad de propagar la ideología tan pronto y tan extensamente como fuera posible.

COMIENZA UNA ORDEN MONÁSTICA 259

Empezó su trabajo organizando los campos de VSS en intervalos regulares. Designó un curso sobre la filosofía espiritual y social de Ananda Marga basado en *Idea e ideología* y lo usó para enseñar la filosofía a los participantes, fortalecer las prácticas espirituales y para infundir en ellos entusiasmo por el prachar y el servicio social. Tal y como Baba le indicó, se concentró en los jóvenes y en los estudiantes. En cada campamento se propuso encontrar jóvenes prometedores que lo pudieran ayudar en su trabajo. Muy pronto, el número de iniciados empezó a crecer rápidamente, la mayoría de ellos en edad universitaria. La adición del entrenamiento en Prout en los campamentos ayudó a encender el idealismo ferviente que los jóvenes iniciados traían dentro de sí. La estructura independiente que Baba había solicitado empezó a tomar forma gradualmente. De hecho, el trabajo progresó tan rápido que después de unos pocos meses, Nityananda le pidió a Baba que le permitiera renunciar a su trabajo en el ferrocarril y dedicarse tiempo completo a la organización.

—No es el momento de que dejes tu trabajo —le dijo Baba—. Yo te aviso cuando sea el momento.

Entonces empezó a tomar licencias de varios días y viajó a diferentes partes de India para dirigir campamentos.

A medida que el número de iniciados empezó a crecer, también crecieron las demostraciones de oposición. Después de que Visheshvar completó su entrenamiento de acharya, Pranay le advirtió que iba a encontrar severa oposición en su área cuando empezara a propagar Ananda Marga. La predicción fue acertada. Los líderes capitalistas, alarmados por las ideas del Prout, contrataron a un grupo de matones para que sacaran a Ananda Marga del pueblo y un joven margui murió en el ataque. Los marguis presentaron el caso y se negaron a irse. En el DMC de mayo en Monghyr, Baba convocó a una reunión con los kapálikas y les habló de los tipos de oposición que iban a enfrentar en el futuro. Les advirtió que no iba a pasar mucho tiempo antes de que el gobierno se convirtiera en el principal oponente. —Si llega el momento en el que se encuentren en prisión —les dijo—, deben saber cómo realizar su kapálika sádhana en esas condiciones. —Luego les enseñó el proceso para hacer la sádhana en la cárcel. Más tarde, algunos de los acharyas antiguos se reunieron para discutir la naturaleza inusual de esas instrucciones. Estuvieron de acuerdo en que cuando Baba dijo "si", en realidad quiso decir "cuando". Después del DMC, se realizó en Hazipur un campamento de VSS para toda la India. Participaron miles de voluntarios, una clara indicación de la rapidez con la que la organización estaba creciendo.

Al mismo tiempo, Nityananda había comprado una motocicleta y dos jeeps para su nueva organización. Uno de los jóvenes que fue a Jamalpur para el entrenamiento fue Ram Tanuk, un abogado de Beghuserai que se había casado recientemente con una hija de Ram Khilavan, Ahalya Devi. Él y otro voluntario, Lalan, se fueron a practicar cómo manejar los jeeps en una carretera circular en las afueras del pueblo. En ese momento, Baba estaba sentado en su catre hablando con Haragovind Mandal y con Vivekananda Singh. De repente, en medio de la conversación, Baba gimió y dijo algunas palabras que sonaron como "tengan cuidado". Cuando le preguntaron qué había pasado, él les dijo que acababa de ocurrir un accidente. En cuestión de media hora, llegaron las noticias de que Ram Tanuk había chocado el jeep contra un árbol y estaba en el hospital en estado de coma. Una anciana había empezado a cruzar la calle sin mirar y cuando él trató de esquivarla perdió el control del vehículo. Lalan, quien lo estaba siguiendo en el otro jeep, lo llevó a un hospital cercano en donde los doctores le informaron que la situación era precaria y era incierto si Ram Tanuk iba a sobrevivir.

Baba iba a dar una clase de acharya cuando recibió la noticia. Llamó aparte a Ramakanta y le dio instrucciones de ir al hospital y de permanecer en la habitación de Ram Tanuk todo el tiempo y que le mandara reportes de su condición regularmente. Nityananda lo acompañó e hizo lo posible por consolar a Ram Khilavan y a su familia, que insistía en que llevaran a Baba. Nityananda le transmitió el pedido a Baba y Baba le envió un mensaje diciéndole que si Ram Tanuk no recuperaba el conocimiento en setenta y dos horas iría personalmente.

En la tercera tarde, Ramakanta estaba solo con Ram Tanuk cuando el doctor hizo la ronda y examinó al paciente. Cuando completó el examen, le informó a Ramakanta que una acumulación de sangre en el cerebro del paciente había formado un gran hematoma. Si no era drenado en las próximas horas, era muy posible que el paciente muriera. Desafortunadamente, ellos no tenían las facilidades requeridas para este tipo de procedimiento en ese pequeño hospital de Jamalpur. Tenían que llevarlo a Patna rápidamente. El doctor le pidió que le informara a la familia para que pudieran hacer los arreglos y trasladar al paciente inmediatamente.

Ramakanta se asustó. No estaba seguro de lo que debía hacer, entonces corrió tan rápido como le fue posible hasta la oficina de Baba, a unos diez minutos del hospital. Baba escuchó las noticias tranquilamente y le dijo que retornara a su vigilia.

—Hagas lo que hagas —dijo—, no dejes que muevan el paciente. En breve estaré allí.

Baba mandó llamar a Nityananda y caminaron juntos hasta el hospital. En ese momento, Ram Khilavan y el resto de la familia de Ram Tanuk habían llegado al hospital. Cuando vieron a Baba se le lanzaron a los pies, llorando y rogándole que salvara a Ram Tanuk. Baba caminó hasta la cama del paciente, lo tocó en la frente y en un delicado tono de voz, le dijo:

—Ram Tanuk, aquí estoy.

Los párpados de Ram Tanuk se agitaron, se abrieron y un suspiro escapó de sus labios. Miró a Baba, levantó las manos y dijo:

—¿Baba, qué me pasó?

Baba apretó las manos del paciente y sonrió.

—Descansa. Todo va a estar bien.

Cuando volvió a cerrar los ojos, Baba les dijo a los padres que no había de qué preocuparse, pero que no le debían permitir a los doctores que lo movieran, ni tampoco debían hablarle hasta que se hubiera recuperado completamente. Baba abrazó a Ram Tanuk, se levantó y se fue.

Un poco más tarde, el doctor volvió. Cuando vio que el paciente seguía allí, empezó a gritar con rabia, quería saber por qué no lo habían trasladado. Siguiendo las instrucciones de Baba, Ramakanta le explicó que el único lugar a donde lo podían llevar era Patna, a unas cinco horas de viaje. Habría muerto antes de llegar allá.
—Es mejor que muera aquí —le dijo al doctor—, rodeado de su familia.
El doctor pensó por un momento y se calmó. Empezó a examinar al paciente. Después de unos minutos llamó a una enfermera y le pidió que removiera las vendas, se sorprendió al no encontrar evidencia del hematoma y al ver cómo habían mejorado los signos vitales. Mientras removían las vendas, Ram Tanuk abrió los ojos y empezó a mover los pies y las manos. El doctor le dijo a la familia que era un milagro. Si querían le podían dar un poco de sopa esa noche. Al día siguiente le permitió comer sólidos y un día después lo dio de alta. Poco después, Ram Tanuk asumió el papel de secretario legal de la organización, un oficio que mantendría por el resto de su vida profesional.

Durante las fiestas de Durga Puja a mediados de octubre, Baba planeó una gira de DMC en varias ciudades en Bihar y Uttar Pradesh. Nityananda había estado planeando tomarse unas vacaciones, lejos de sus tareas organizativas. Por mucho tiempo había sentido una enorme urgencia de pasar un tiempo en el Himalaya, meditando en la soledad de las montañas y viviendo la vida de un sannyasi solitario, así fuera por unos pocos días. No le había dicho a Baba, pensando que no lo iba a aprobar. Su temor fue confirmado. Un día antes de que comenzaran las vacaciones, fue a la oficina de Baba durante el almuerzo y encontró a Baba muy serio.
—¿Cómo planeas pasar las fiestas? —le preguntó Baba.
Nityananda se retorció en la silla.
—Baba, estaba pensando ir a Rishikesh a meditar.
—Ya veo —dijo Baba suavemente—. Estás pensando en tu liberación, sin tener en consideración a los pobres y oprimidos. ¡Qué egoísta!
Lágrimas empezaron a correr por la esquina de los ojos de Nityananda. Tomó un pedazo de papel y lo puso frente a Baba.
—Baba, si eres tan amable, escribe mi programa de viaje.
Baba tomó su bolígrafo y escribió un programa que empezaba con el DMC en Lucknow e incluía prachar en Allahabad, Raipur, Tata y Calcuta, antes de regresar a Jamalpur. Nityananda siguió el programa que Baba había escrito. Hizo prachar en todas las ciudades, pero todavía esperaba poder visitar Rishikesh por uno o dos días antes de ir de Lucknow a Allahabad. Sin embargo, ese día le empezó una fiebre y su deseo de probar la vida de sannyasi no se cumplió.
El 30 de octubre, unos días después de regresar de las vacaciones, Nityananda visitó a Baba durante la hora del almuerzo. Estaban discutiendo temas espirituales cuando Baba dijo:
—Estoy pensando en crear avadhutas. Si sabes de alguien apropiado me avisas.
—Baba, ¿qué es un avadhuta?

—Un avadhuta tendrá que seguir ciertas reglas y controles. En el futuro, ellos van a liderar la organización.
—¿Qué clase de reglas?
Baba tomó un pedazo de papel de su escritorio y se lo dio a Nityananda.
—Anota.
Le dictó más de cuarenta reglas de conducta. Mientras anotaba las reglas cayó en la cuenta que Baba estaba hablando de crear una orden de monjes. Esto provocó una reacción inmediata.
—Pero, Baba, yo siempre pensé que estabas en contra de la idea de las órdenes monásticas. Tú nos contaste los problemas que el budismo ha tenido debido a la creación de su orden monástica, y ahora ¿tú quieres crear tu propia orden? ¿Nos estabas engañando cuando dijiste todo eso? ¿Todo este tiempo has estado planeando crear una orden de discípulos renunciantes?
—No es así —le dijo Baba—. En este momento, la organización está creciendo rápidamente. No va a ser posible para las personas de familia hacer el trabajo necesario que se va a requerir. Necesito algunas personas que puedan dedicarse a tiempo completo, eso es todo. Ahora, si encuentras a la persona apropiada, que esté lista para tomar la iniciación de avadhuta, me debes enviar el nombre. Esa persona debe ser soltera, porque esta va a ser una orden de monjes célibes, pero si esta persona está casada, todavía es posible. En ese caso, él tendrá que pedir permiso a la esposa y hacer los arreglos necesarios para la seguridad financiera de la esposa.
Al día siguiente, Nityananda llevó la lista de reglas de Baba a la hora del almuerzo.
—Baba, algunas de estas reglas sólo son apropiadas para monjes que viven en el bosque o en retraimiento. No es para monjes que servirán a la sociedad o que tomarán parte activa en la construcción de la sociedad que tú propones.
—¿Cuáles son esas reglas?
Nityananda argumentó varias de las reglas que Baba incluyó. Baba asintió con la cabeza y dijo:
—Está bien, entonces sácalas de la lista.
Nityananda se armó de valor.
—Baba, si continúas con tu plan, entonces yo quiero ser el primer avadhuta.
Baba sonrió.
—Está bien, si así lo deseas. Pero primero tienes que pedirle permiso a tu esposa.
Durante todo el mes de noviembre, Nityananda se debatió con sus emociones. Había soñado por mucho tiempo en renunciar al mundo y seguir la vida de un asceta, pero la orden de sannyasis que Baba visualizaba no era una vida dedicada exclusivamente a las prácticas espirituales que él asociaba con el monje tradicional de la India. Aunque los monjes de Ananda Marga, por regla general, debían realizar sus prácticas espirituales cuatro veces al día, el resto del tiempo lo debían dedicar al trabajo misionero de la organización. Había visto la lista de reglas y sabía que no iba a ser fácil.

COMIENZA UNA ORDEN MONÁSTICA

La última semana de noviembre, sacó una licencia de la oficina y fue a su pueblo natal en Amra para hablar con su esposa acerca de su deseo de convertirse en sannyasi. Para su sorpresa, ella le dio permiso sin dudarlo. Si él quería dedicarse a la gran causa del trabajo de Baba, le dijo ella, tenía todo su apoyo. Sus padres y otros familiares fueron menos complacientes, pero después de algunos días también accedieron. Él hizo todos los arreglos para que su esposa continuara en la casa de su padre y criara a su hijo y la nombró heredera legal de su herencia familiar. La mañana de su partida hacia Jamalpur, todo el pueblo vino a despedirlo. Los ancianos del pueblo le dieron guirnaldas y le dieron sus bendiciones, y por último su padre.

El 10 de diciembre, le informó a Baba que había empezado a seguir las reglas de avadhuta. Así empezó la prueba de un año. Si era capaz de seguir las reglas satisfactoriamente, sería elegible para la iniciación de avadhuta. La noticia de que Baba tenía planeado empezar una orden monástica, con Nityananda como primer candidato, provocó reacciones encontradas. Especialmente en Pranay, a quien no le gustó la idea. Trató de disuadir a Nityananda, pero la decisión estaba tomada.

Ese invierno, un astrólogo renombrado de Muzaffarpur empezó a alarmar a toda la India, publicando en las noticias, que se iba a presentar una conjunción planetaria de ocho planetas del 3 al 5 de febrero de 1962, y preveía que iba a generar un desastre de proporciones bíblicas, llamada por la prensa india como "el fin del mundo". La noticia empezó a dominar los encabezados. Historias de pánico se volvieron comunes. En Deoghar se preparó una pira de sacrificio, a una escala nunca antes vista, para evitar los efectos maléficos de la conjunción planetaria. Rituales similares se realizaron en toda India, incitando a Baba a decir que en vez de gastar tanto ghee en los fuegos de sacrificio, deberían dárselo a los pobres.

Al mismo tiempo empezó una sesión de entrenamiento de un mes en Jamalpur. Dasarath y Nityananda dictaban la mayoría de las clases, muchas veces en presencia de Baba. Un día, uno de los aprendices estaba tomando un baño en el pozo cuando le robaron el reloj que tenía en el bolsillo de los pantalones que había dejado colgados en la pared. Era la primera vez que algo así pasaba en el jagriti. Él lo reportó al administrador del ashram, quien a su vez le reportó a Baba.

—¿Qué puedo hacer? —dijo Baba—. Debes informar a la policía.

Sin embargo, la idea de notificar a la policía, les repugnaba. Viendo la indiferencia de Baba hacia este hecho, no había mucho que pudieran hacer.

Esa noche, Dasarath dio una clase en el patio del jagriti. Baba se sentó a su lado y lo interrumpió de vez en cuando para explicar algunos puntos. De repente, Baba le pidió a un joven corpulento que se pusiera de pie.

—¿Qué tienes en tu bolsillo izquierdo? —le preguntó.

El joven se quedó callado. Baba le pidió que se acercara, metió la mano en el bolsillo y sacó un reloj. Lo levantó para que todos lo vieran.

—¿Este es el reloj robado? —Baba se lo entregó al dueño y volvió a mirar al ladrón—. ¿Este es el primer reloj que robas? —Una vez más el joven no respondió—. No, de hecho, es el noveno reloj que robas. Hasta ahora te has podido escapar a las consecuencias, pero no más. Si robas una vez más, te prometo que la policía te va a capturar.

Después de que el aterrorizado muchacho se sentó, Asthana le hizo una pregunta a Baba acerca del alineamiento planetario. Baba se levantó y fue al tablero donde empezó a dibujar el zodiaco, seguido de una serie de complicadas fórmulas matemáticas. Con la ayuda de los diagramas y las ecuaciones, les explicó que no era posible que estos ocho planetas se alinearan completamente.

—Si lo hicieran —dijo—, tendría un efecto adverso en la tierra, pero esto no va a suceder.

Luego le pidió a los marguis que imprimieran un panfleto sobre este tema y que lo distribuyeran en todo Bihar. El texto del panfleto fue publicado en varios periódicos regionales. Cuando el alineamiento pasó sin ningún contratiempo, la oficina de Ananda Marga recibió agradecimientos de diferentes sectores por ayudar a calmar los temores del público.

Las elecciones nacionales en India se llevaron a cabo en febrero de ese año. Durante el invierno, los proutistas habían estado ocupados preparándose para disputar unos puestos en Jamalpur y las áreas aledañas. Lalan, un joven intelectual y futuro profesor que había sido el secretario principal de la Federación de Estudiantes Proutistas Universales, proclamó a los jóvenes marguis en sus seminarios, que estas elecciones serían un hito histórico en la historia del Prout. Predijo que en el curso de diez años el gobierno de la India estaría en manos del partido Proutista. Nityananda se ofendió con estas palabras, que consideraba no sólo poco realistas sino también propaganda irresponsable, pero no pudo hacer nada para disuadir a Lalan de enardecer las esperanzas de los jóvenes voluntarios.

Los candidatos proutistas fueron derrotados en las elecciones; algunos sólo recibieron los votos de sus compañeros discípulos y sus familias. Desalentados por este altibajo, muchos de los voluntarios del Prout se fueron de Jamalpur a sus casas al final de un invierno de trabajo duro y de esperanzas frustradas.

Una mañana, días después de las elecciones, Baba llegó al jagriti después de las ocho. Nityananda se estaba quedando solo en el jagriti, recuperándose de un accidente que había sufrido en un jeep en el campamento de VSS a finales de diciembre. Baba le preguntó sobre la condición en que estaba la organización que estaba creando, y Nityananda aprovechó la oportunidad para expresar su frustración. Muchos de los voluntarios que lo estaban ayudando regresaron a sus hogares después de las elecciones, pero más que nada estaba insatisfecho con la cooperación que estaba recibiendo del secretario general.

—Entonces, ¿qué propones? —le preguntó Baba.

La respuesta de Nityananda era crear un grupo de trabajadores de tiempo completo, patrocinado por los fondos de la organización. Él podía enviar a estos trabajadores a diferentes áreas del país para que hicieran prachar tiempo completo. Estos serían preferiblemente jóvenes solteros, marguis que no tenían que sostener una familia. Pidió permiso para ir a Bihar y a Uttar Pradesh con el propósito de reclutar trabajadores.

COMIENZA UNA ORDEN MONÁSTICA

—Haz lo que creas necesario para el bienestar de la misión —le dijo Baba—. No necesitas consultarme. Trabaja sin miedo y el poder invisible del Señor estará contigo. La semana siguiente, Nityananda emprendió una extensa gira por el norte de la India. Pronto, decenas de marguis jóvenes se ofrecieron como voluntarios para trabajar a tiempo completo por la organización. Una vez completaron el entrenamiento y se convirtieron en acharyas, fueron enviados a diferentes partes de la India, con la ayuda de las donaciones de los discípulos cabeza de familia, más que todo a lugares a los que Ananda Marga todavía no había llegado. A los nuevos "wholetimers", como se les llamó, se les dieron instrucciones de alojarse en las habitaciones baratas de retiro del ferrocarril durante la noche y pasar el día haciendo prachar en las ciudades a donde fueran enviados. A principios de cada mes, Nityananda les enviaría un subsidio a la oficina postal local.

Este subsidio no siempre era suficiente. Ramasvarath y Ramesh Kumar fueron enviados al sur de India. Cuando llegaron a hacer prachar al estado de Kerala se les acabó el dinero. Decidieron comprar limones con las últimas dos rupias y ayunar con limonada hasta que les llegara el subsidio del mes siguiente. Mientras tanto, en Jamalpur, Baba dejó de comer repentinamente. No le reveló el motivo a Pranay ni a ninguno de los discípulos cabeza de familia. Sin embargo, cuando Nityananda le preguntó sobre el asunto, él le dijo:

—Ramasvarath y Ramesh Kumar están ayunando porque se les acabó el dinero. ¿Cómo puedo comer cuando mis hijos están sufriendo? ¿Les puedes enviar un giro telegráfico? —Baba no rompió su ayuno sino hasta que se enteró de que los dos jóvenes habían recibido el dinero y habían comido.

El área de Bihar y sus aledaños le fue asignada a Asim. Ananta Ram, un margui importante de Ranchi, se hizo responsable del pago de los pasajes de bus. En una entrevista, Asim describió lo que significaba para él ser un joven trabajador de tiempo completo:

De la meditación hablabas con tu acharya. Del trabajo tenías que hablar con Nityananda. Baba sólo hablaba contigo acerca de tus asuntos personales, como padre e hijo. Si tenías alguna queja de tu trabajo se lo decías a él. Él le pedía al encargado que lo resolviera. Así que tenías a un padre que te apoyaba, que te amaba, te favorecía, te inspiraba y te cuidaba. El acharya te mostraba tus defectos en la meditación, Nityananda te mostraba los defectos en el trabajo, pero Baba te llevaba en su regazo. Estábamos locos por verlo... era lo mismo que ir a Braj a ver a Krishna, siempre encantador, amoroso, feliz, lleno de dinamismo. Estás en trance, no piensas, no hay problemas, sólo esperas a que Baba venga para ir corriendo a su habitación. Él tenía un *choki*, una cama dura con una cobija. No había cojines en el *choki*. Algunas veces tenía una almohada, otras veces nada. No había tapete en el piso en el que nos sentábamos. La puerta del ashram permanecía abierta. Las vacas entraban. Había algunas flores, un pozo pequeño en el que nos bañábamos, un inodoro en la parte de atrás. No había comodidades, no había cocina, ni teléfono. Había luz, pero no había ventilador. Ventilábamos a Baba manualmente. Baba nunca prestó atención a la decoración exterior ni a las comodidades. Sólo le importaba prepararnos, uno a uno, como cuando haces una muñeca a mano. El entorno es inmaterial. Cuando Baba venía al jagriti se ponía pantuflas. Muchas veces te dabas cuenta que las pantuflas estaban acabadas, las suelas estabas rotas y los talones descubiertos tocaban el suelo. Muchas veces, él estaba trabajando en el jardín y veías un hueco en la camiseta. Ese fue el comienzo de Ananda Marga.

A mí me mandaron a hacer prachar en las áreas aledañas. Iba por la mañana, volvía por la noche y asistía al darshan. Una vida encantadora. No te dan comida, tú tienes que arreglártelas. Tienes que dormir en tu cobija. Lo único que tienes es un lugar para dormir y agua para beber. Pero no nos importaba, lo único que nos importaba era la posibilidad de estar cerca de él. Entonces él lo cambió a tres días. Sólo podía volver a Jamalpur después de tres días en el área donde trabajaba, pero yo no podía soportar estar tres días sin verlo. Cuando Nityananda me vio me dijo:

—Sabes, cuando Baba se enoja con alguien, no le habla. Tú viniste antes de que los tres días terminaran. A Baba no le va a gustar.

No me importó, yo sólo quería verlo. Pero cuando Baba llegó al jagriti, vi que tenía razón. Baba no me habló. Entonces me fui a hacer mi trabajo. Uno o dos días después, el tren de Baba pasó por el lugar a donde estaba trabajando. Todos fueron a la plataforma para verlo. Yo también fui, pero me quedé en la parte de atrás porque Baba no estaba contento conmigo. ¿Cómo voy a ir al frente y darle un disgusto? Él empezó a preguntar por la gente: ¿Dónde está esta persona? Donde está aquella. Luego escuché: "Oh, ahí estás. Te estaba buscando". Sólo para hacerme feliz, ¿ves? Luego se fue.

Cuando volví a Jamalpur, pensé que como Baba no estaba contento conmigo, yo no debía comer; iba a ayunar. ¿Por qué vivir si él no me habla? Ese día Baba vino al jagriti desde la oficina a eso de las doce y media. Era su hora de trabajo, pero en vez de almorzar vino al jagriti. Yo estaba solo en ese momento. Cuando vi a Baba me fui a esconder en la habitación. Baba vino y me encontró. Dijo:

—¿Cómo estás? Vine a hablar contigo. Pero primero ve a comer, yo te espero.

Él esperó en su habitación mientras yo atravesaba la calle a donde un margui tenía un café. Él solía cobrar media rupia por plato de comida. Rompí el ayuno y volví corriendo. Baba empezó a hablar de lo uno y de lo otro, como si nada hubiera pasado. Había venido sólo para hacerme comer. La relación era así de profunda, así de cercana.

Una vez fui a dar una charla en Bariapur, un pueblo cerca de Jamalpur, a unos cuarenta minutos de camino. Fue a finales de 1962 y yo tenía unos veintitrés años. Había más o menos unas treinta y cinco o cuarenta personas en el salón y casi todos eran mayores. Di una charla acerca de la meditación y la fraternidad universal. Ellos empezaron a citar las escrituras que apoyaban el uso del moño y del cordón sagrado, la casta y el credo. Yo respondí en la forma más científica posible, pero en realidad me acorralaron. Sabían tantos versos en sánscrito, uno después de otro, y yo sólo hablaba de ciencia y racionalidad. Al final, un muchacho se levantó. Él los conocía, conocía su carácter. Les dijo:

—Ustedes hacen todas esas cosas vergonzosas en su vida personal, y ¡aun así hablan de esta manera! ¿No ven el rostro resplandeciente de este joven? Y las respuestas tan agradables que les da, tan científicas y racionales.

Él realmente los reprendió. Ellos se avergonzaron y se fueron. Después, cuatro o cinco personas se quedaron y aprendieron meditación. Me dieron comida, me llevaron a la estación del tren y me compraron el pasaje de regreso. Así que tuve comida, mi boleto y algunas personas aprendieron meditación. Hice mi trabajo, pero no estaba feliz cuando volví. Volví perturbado. Cuando entré en el jagriti, Baba estaba terminando su charla de la noche. Me encontré con él cuando iba de la puerta hacia la habitación. Lo primero que le dije a Baba fue:

—Hasta que no obtenga la realización, no puedo ir a hacer prachar.

¿Pero no te ayudó un joven en la charla? —dijo Baba.

Pero Baba —le dije—, yo no pude responder las preguntas. Te avergoncé en público.

—Diles todo lo que sabes —me dijo—. Cuando terminas la secundaria, puedes enseñar a los niños. Cuando terminas la universidad, puedes enseñar en la secundaria.

Entonces yo le dije:

—Pero, Baba, necesito meditar y entender antes de poder representarte.

—Para cuando termines de meditar y de entender—me dijo—, muchos habrán muerto. ¿Les vas a enseñar algo a los fantasmas?

Él es el maestro, pero ver la paciencia con que me habló, como si fuera su igual, su amigo. Entonces yo le dije:

—Baba, tengo tantas debilidades. ¿Cómo le puedo enseñar a la gente sin yo mismo haberme desarrollado?

—Tú eres mucho mejor que el común de la gente —me dijo—. Haz tu trabajo y podrás ayudar. Sabes, lo que puedes adquirir en una vida de meditación, yo te lo puedo dar en cinco minutos. He venido a establecer una misión. Necesito un medio para implementarla. Haz el trabajo como si tú fueras simplemente el medio utilizado para implementarla y vas a ver que todo sale bien. Ve y haz, y verás que es posible. Recuerda una sola cosa: las cosas costosas no se encuentran baratas. Si le das algo muy valioso a alguien por un precio barato, no lo respetará. Y si das algo muy caro a alguien que no lo merece, no va a mantenerlo. Ahora, dime lo que te dije.

Repetí lo que Baba me dijo.

—Muy bien, recuerda: tu trabajo es hacer lo que yo te pida, mi dolor de cabeza es solucionar tu problema. ¿Estás listo?

—Sí, Baba.

—Sabes que va a llegar un día en que con sólo mirar vas a conocer la naturaleza, la mente y la condición de una persona.

Pensé que sólo estaba tratando de inspirarme, de levantarme el ánimo, pero hoy en día veo que todo lo que me dijo se ha vuelto realidad[6].

De la noche a la mañana, el nuevo sistema de los "wholetimers" cambió el carácter de la organización. Muchos de los jóvenes que se ofrecieron habían estado buscando una causa a la cual dedicarse. Otros vieron el entusiasmo y el fuego de sus amigos y lo encontraron contagioso. Algunos simplemente estaban enamorados de Baba y estaban listos para hacer lo que fuera para complacerlo. Cuando Maestro Dhiren[7] vio a Baba por primera vez en Barackpur a principios de ese año, presenció con sorpresa cómo Baba regañaba a sus amigos por faltas de las que nadie más que ellos podía saber. Un muchacho había dormido hasta tarde y no había hecho su meditación la mañana del miércoles; otro no había hecho su meditación del lunes por la noche porque se había quedado conversando con los amigos, un tercero fumaba cigarrillos *bidi* en secreto y se puso rojo cuando Baba le sacó el paquete de cigarrillos del bolsillo. Maestro Dhiren había estado buscando a un gran gurú para refugiarse, y eso era todo lo que necesitaba ver. Él fue a Jamalpur unas semanas más tarde, encontró a Baba a la entrada del jagriti y le dijo que había venido a quedarse para siempre. Baba sonrió y le dijo que fuera al campamento de Prout que se llevaba a cabo en ese momento en Bhagalpur y que después volviera a Jamalpur para el entrenamiento.

Otro estudiante universitario, Vishvabandhu, tuvo su CP en el DMC de Raipur en diciembre de 1961. Durante el CP, Baba le relató tres incidentes de la infancia en que estuvo a punto de morir. El primero fue cuando se cayó de un árbol y perdió el conocimiento. Él sintió que una energía invisible lo revivía y lo devolvía al mundo de los vivos. Baba describió el incidente en detalle al deslumbrado joven y le dijo que en realidad había muerto y lo había salvado un poder divino. La segunda vez fue cuando estaba a punto de ser atropellado por un tren y él había sentido una fuerza que lo empujaba y lo sacaba del camino. La tercera vez, se había quedado atrancado en las vías del tren y nuevamente había sentido una fuerza invisible que lo liberaba. Después de recontar estos tres incidentes, Baba dijo:

—Ves, esta vida no es tuya, es mía. —Vishvabandhu empezó a llorar y abrazó a Baba—. Tienes mucho trabajo que hacer por la humanidad —le dijo Baba—. Cuando llegue el momento adecuado te llamaré.

Con la creación del sistema de "wholetimers", él también fue a Jamalpur, listo para hacerse voluntario[8].

COMIENZA UNA ORDEN MONÁSTICA

Aunque Pranay estaba intranquilo por la decisión de Baba de crear una orden de sannyasis, él sintió una profunda afinidad por la vida de renunciante e hizo lo posible por seguir ese ideal en la vida personal. De hecho, Baba le había dado el nombre de Sadhanananda varios años antes. Aunque le había indicado que no usara este nombre en público, él se sentía orgulloso y se consideraba el primer y único avadhuta de Baba. Luego, cuando su preocupación siguió incrementándose con la perspectiva de que Nityananda se convertiría en avadhuta y adoptaría el hábito naranja de un sannyasi, Baba le dio una orden que lo conmocionó y cambió el rumbo de su vida en una dirección inesperada.

El 14 de abril, una joven vivaz llamada Pratima Roy, de la provincia de Hooghly en el distrito de Bengala Occidental, llegó a Jamalpur a visitar a su hermana Nilima y a tomar parte de un recital de danza que se realizaría el dieciséis. La acompañaba su padre, un director de cine y escritor que la había entrenado en danza y música desde la infancia. Cuando llegó, fue al primer ensayo en la casa de Amar Sen[9], un amigo de su hermana y de su cuñado. Mientras estaba allí, le presentaron al anfitrión y a su amigo Prabhat Sarkar, quien había ido a visitar a Amar y a ver el ensayo. Todo lo que ella recuerda de ese primer vistazo de Baba era que él se la pasó riendo y contándole historias graciosas a su amigo.

Después del ensayo, ella volvió a la casa de su hermana. Poco después, un mensajero llegó a la puerta con un mensaje para su padre. Aunque ya era tarde en la noche, su padre salió de la casa tan pronto como leyó la nota y llevó al cuñado con él. Aunque no le comunicaron nada, el contenido del mensaje era una invitación a discutir una propuesta de matrimonio para su hija. La propuesta surgió de un tal Prabhat Sarkar por intermedio de Amar Sen, el amigo de la familia. El nombre del posible novio era Pranay Kumar Chatterjee, un buen amigo del cuñado de Pratima.

Por razones que Pratima nunca pudo descubrir o inclusive entender, su padre aceptó la propuesta después de una corta conversación con Baba; ni siquiera se tomó el tiempo de consultar con su esposa o su madre, como era de esperar (ninguna de ellas había viajado con ellos). Al día siguiente, después del ensayo de la mañana, la madre de Pranay fue a ver la chica que su gurú había elegido para casarse con su hijo. Ella habló con Pratima como si hubiera ido a hacer una simple visita, sin mencionar en ningún momento el tema del matrimonio. Estaba impresionada con lo que vio. Esa noche, mientras Pratima y su hermana estaban en cine, ella volvió para finalizar las negociaciones con el padre de Pratima. Después le informaron a Baba que las negociaciones habían concluido satisfactoriamente. A su vez, él le envió un mensaje a Pranay a través de Sukumar, avisándole que había llegado el momento de que su discípulo se casara.

Pranay se consternó cuando recibió la noticia. La incredulidad pronto se tornó en rabia, pero entendió que no podía hacer nada. Él no podía ni iría en contra de las órdenes del gurú. Por insistencia de Sukumar, fue a la casa de la hermana de Pratima y se encontró con el padre. Pranay aceptó la propuesta pero puso una sola condición: el matrimonio debía realizarse en las siguientes veinticuatro horas, de otra manera no habría boda.

—Pensé que no había una persona sensible que pudiera acceder a semejante condición —dijo Pranay más adelante—, y de esta manera, la boda no se realizaría y yo no estaría violando la orden de Gurudeva.

Sin embargo, para gran consternación de Pranay, el padre de Pratima aceptó esta condición. Cuando Pratima y su hermana llegaron a la casa, su padre le pidió que cantara un par de bhajans para los invitados. Pranay escuchó con los ojos cerrados. Cuando los volvió a abrir estaban rojos, como si estuviera borracho, un detalle que Pratima encontró extremadamente extraño. Cuando los invitados se fueron, su padre le entregó unos libros de Ananda Marga en los que había marcado unos párrafos específicamente para que los leyera. Le parecieron interesantes, pero ella todavía no sabía lo que el destino le deparaba.

A la mañana siguiente, un rickshaw pasó por las calles vecinas con un tamborilero y un muchacho repartiendo unos volantes. Los volantes anunciaban que habría una boda esa noche en el jagriti de Ananda Marga. Todo el vecindario estaba invitado, tanto marguis como no marguis. También mencionaba que el jagriti estaría abierto al público todo el día. Cuando el rickshaw llegó frente a la casa de Nilima, Pratima corrió afuera para ver qué estaba pasando. Cuando leyó el volante, le preguntó al cuñado quién se casaba y se quedó pasmada cuando se enteró que ella era la novia. Ella no lo podía creer, pero cuando el padre volvió a la casa esa tarde, contento porque acababa de ver los preparativos para la boda, ella se secó las lágrimas y aceptó su destino, resignada con la esperanza de que su padre no habría hecho algo semejante si no fuera lo mejor para ella.

Baba se hizo cargo de la supervisión de los preparativos en el jagriti. Compró un sari nuevo para Pratima y una kurta nueva para que Pranay se pusiera durante la ceremonia y la recepción. También envió telegramas para invitar a los marguis que vivían fuera de Jamalpur. Baba también les hizo saber que él iba a conducir la ceremonia. Sin embargo, cuando se aproximaba la hora había tantos no marguis reunidos en el ashram para asistir a la ceremonia, que Baba encargó a Arun Mazumdar y a Sukumar que celebraran la ceremonia en nombre de él. Él les explicó que si él presidía la boda, el público se daría cuenta de que Prabhat Sarkar era el gurú. Así que se quedó en la habitación.

Pratima llegó al jagriti poco después de las siete. Le dieron la bienvenida con guirnaldas y con el trompeteo de las caracolas. Uma Sarkar la tomó de las manos y la llevó hasta la piel de tigre en la que se sentaría durante la ceremonia y luego se sentó al lado como la esposa del gurú. Pratima todavía no sabía con quién se iba a casar. Le tuvieron que señalar al novio. Ella se sorprendió cuando vio al mismo hombre que había mantenido los ojos cerrados la noche anterior mientras ella cantaba y que después la había evitado.

Mientras se hacían los preparativos finales, Pranay miró el reloj y vio una leve luz de esperanza cuando vio que el minutero marcaba las siete y media, el tiempo exacto que había acordado con el padre de Pratima para la boda y había puesto su condición. Fue a la habitación de Baba y le dijo que habían pasado veinticuatro horas y que no se iba a casar. Baba le rugió que fuera a sentarse en su boda y ese leve rayo de esperanza se desvaneció.

Después de la ceremonia, la pareja fue a la habitación de Baba, le colgaron las guirnaldas alrededor del cuello y recibieron su bendición. Siguió una recepción, después de la cual se anunció que la pareja llevaría a cabo una ceremonia hindú acorde con la tradición de Bihar en la casa de la hermana de Pratima, seguida por una ceremonia al estilo británico. Todos estaban invitados y las festividades duraron hasta el día siguiente.

Esa noche, Pranay y Pratima fueron solos con Baba a la caminata. Cuando llegaron a la tumba del tigre, Pranay dejó salir su frustración. Peleó con Baba y con su nueva esposa. Baba defendió a Pratima, quien dijo que esa noche por primera vez había sentido el poder de Baba envolviéndola completamente. Pranay se fue y la dejó sola con Baba. No regresó a la casa en la colonia de Rampur esa noche, la noche de *phul-sajya*, en la que tradicionalmente el novio decora la cama matrimonial con flores para darle la bienvenida a su nueva esposa. En vez de esto, llevó las flores al jagriti, ahora vacío, y lleno de lágrimas adornó el catre de Baba. Sólo llegó a la casa un poco antes del amanecer. Pratima estaba dormida. Unos minutos más tarde oyó que alguien tocaba la puerta. Cuando abrió, se sorprendió de ver a Baba allí parado delante de él. Con ojos cansados y todavía llorando, tocó los pies de Baba y lo invitó a pasar.

—Pranay —le dijo Baba—, he venido a iniciar a Pratima. Dile que se bañe, que se ponga ropa limpia y que se aliste.

Cuando la iniciación terminó, Pratima le pidió a Baba que le diera un nombre nuevo.

—¿Por qué? —le preguntó.

—Toda mi vida la gente se ha burlado de mi nombre, me preguntan de qué soy la imagen[10].

—Pero Pratima es un nombre tan bello.

Baba empezó a recitar un poema de Dvijendra Lal, un poeta místico de Bengala:

¿Cómo puedo venerarte en una imagen?
Tu imagen es este vasto universo.
¿Cómo puedo construir un templo para ti?
El cielo infinito es tu templo.
Tu imagen es los planetas, las estrellas y el sol,
Los océanos, los manantiales, las montañas y los bosques....

Luego sonrió y le cambió el nombre por Pramila.

Unos días después, Baba volvió a la casa de Pramila para darle la segunda lección, el gurú mantra. Cuando le preguntó cómo iba la meditación, ella le dijo:

—Baba, no entiendo esta meditación. No estoy acostumbrada a sentarme de esta manera. Además, no tengo nada frente a mí, no tengo un ídolo, ni una imagen. No sé a quien adorar. Estoy tratando pero es muy difícil. Y también debo decirte que si no me gusta, no voy a seguir, y le voy a decir a todo el mundo que es un fraude.

Baba sonrió.

—¿No ves nada cuando meditas?

—No.
—Entonces te voy a mostrar.
Baba estiró la mano y le tocó la frente. De repente, Pramila sintió que su cuerpo se volvía liviano. Perdió el conocimiento y entró en estado de trance. Al menos unas dos horas pasaron antes de que volviera en sí y entendiera quién era y dónde estaba. Todavía estaba sentada en la postura de meditación, con la mente inundada de dicha. Baba todavía estaba sentado frente a ella.
—¿Y ahora cómo te sientes, Pramila?
Ella sonrió tímidamente.
—Muy bien Baba. Pienso que voy a continuar haciendo esta sádhana.
En los meses siguientes, Baba le dio el resto de sus lecciones personalmente, y el año siguiente le empezó a enseñar las lecciones de la sádhana de Kapálika.

El primero de mayo, la mañana de un lunes, dos semanas después de la boda de Pranay, Baba fue al jagriti acompañado por un par de acharyas locales. Nityananda lo encontró cerca de la entrada. Las primeras palabras de Baba fueron:
—¿Estás listo?
Sin entender a qué se refería Baba, se quedó en silencio. Como Baba no dijo nada, le dijo que no entendía la pregunta.
—Si decido convertirte en avadhuta en este momento, ¿estás listo?
Había tomado por sorpresa a Nityananda. Pensó que primero tenía que seguir las reglas por un año, como Baba le había indicado, apenas habían pasado cinco meses.
—Bueno, ¿qué piensas? —le preguntó Baba.
—Baba estoy teniendo algunas dificultades.
—¿Con qué?
—Es algo privado.
—Entonces vamos a mi habitación.
Una vez en la habitación de Baba, Nityananda le explicó que estaba teniendo dificultades con la regla que le imponía a los avadhutas tratar a todas las mujeres como a una madre. Necesitaba más tiempo para habituarse a esta forma de pensar.
—¿Esa es la única regla que se te dificulta?
—Sí, Baba.
—Entonces yo me hago responsable.
Alentado por la promesa de Baba, Nityananda aceptó. Baba lo inició en la orden de avadhuta y le dio el nombre monástico de Acharya Satyananda Avadhuta.
—Si alguien te llama por tu antiguo nombre sin saberlo o inconscientemente —le dijo Baba—, dile que ahora tú eres Acharya Satyananda Avadhuta.
Baba le explicó que tradicionalmente el gurú le entrega el traje azafrán al discípulo al momento de la iniciación en la orden de sannyasis, y luego el discípulo se lo pone por primera vez. Sin embargo, todavía no había decidido qué tipo de traje iba a llevar. Baba le pidió que diseñara un traje apropiado y que lo tuviera listo

para el cumpleaños de Baba el 19 de ese mes, diez días antes del DMC de Ananda Purnima en Monghyr.

Durante el par de semanas que siguieron, el nuevo bautizado Satyananda experimentó diferentes tipos de trajes de sannyasi: pantalones, dhoti, lungi, kurta, etc. Finalmente, decidió qué iban a vestir los monjes de Ananda Marga de ahí en adelante: lungi azafrán, túnica, turbante y cinturón. En la mañana del diecinueve, mientras un grupo de discípulos se reunía afuera de la habitación de Baba, le mostró el traje, junto con un collar de cuentas de rudraksha y una pasta bermellón para aplicar en la frente. Baba aprobó el traje, pero le dijo que era mejor no ponerse las cuentas de rudraksha ni la marca bermellón porque podía crear miedo y desconfianza entre los miembros del público en general[11]. Baba le entregó el traje al discípulo quien se lo puso y se paró frente a él, era su primer sannyasi.

Satyananda se llenó de emoción. Por unos minutos, tuvo ese sentimiento de la propia existencia fusionándose con la del gurú. Cuando su mente volvió a la normalidad, salió de la habitación y se presentó delante de los marguis. Algunos de ellos lloraron abiertamente. Otros le tocaron los pies y luego se tocaron la frente, simbólicamente aceptando el polvo de sus pies. La mayoría lo abrazaron. Diez días más adelante, durante el DMC, Satyananda se sentó vestido con el traje completo al lado del catre de Baba frente a varios miles de marguis mientras los devotos danzaban y cantaban, olvidándose de sí mismos, a pesar del calor abrazador del verano. Muchos entraron en samadhi y cayeron al suelo en trance. Un devoto recuerda que no había una sola persona que no estuviera danzando de devoción, ni hombre ni mujer.

Después del DMC, Baba encargó a Satyananda entrenar a los futuros avadhutas. Alquiló un apartamento pequeño cerca del jagriti con la idea de hacer más fácil para los aprendices seguir las reglas de conducta. Varios trabajadores de tiempo completo hicieron sus peticiones para ser aceptados en el entrenamiento. Muchos de ellos empezaron a enfrentar la presión de las familias para que regresaran a sus hogares; los familiares temían que los perderían en la nueva orden sannyasi. Algunos padres viajaron a donde sus hijos trabajaban para tratar de devolverlos a la casa; otros fueron directamente a donde Satyananda a rogarle que no los aceptara. Como respuesta, Satyananda envió una circular que decía que nadie menor de veintiún años podía ser sannyasi sin el permiso de los padres. Esto ayudó a calmar las preocupaciones de algunas de las familias, pero aun así seguían apareciendo candidatos. Los que eran aceptados permanecían en Jamalpur para recibir el entrenamiento y empezar el periodo de prueba.

El primero de enero de 1963, Baba inició a otros tres aprendices en la orden de avadhutas. Dos de ellos eran jóvenes wholetimers: Ramesh Kumar y Asim Kumar[12]. El otro era un discípulo casado, Ramasvarath, cuya esposa, una devota ardiente, le había dado permiso felizmente. Cuando Ramasvarath estaba en la habitación de Baba recibiendo la iniciación, Baba le preguntó cuál era su lengua materna.

—Hindi, Baba —le dijo, la respuesta normal de alguien de Bihar.

—¿Hindi es tu lengua materna? —Baba se tornó serio—. Supón que te encuentras con tu madre, ¿en qué lengua le hablas?

—Maithili.

—Tú y tu madre hablan maithili, tú hablas con los aldeanos en maithili, ¿entonces cómo puedes decir que tu lengua materna es hindi? Tú usas el hindi para hablar con gente de afuera. No hay ninguna región en la India en la que la lengua materna sea el hindi. —Baba enumeró la lengua materna de cada región de Bihar antes de continuar—. Ahora dime, ¿hay algún lugar en el que la lengua materna sea el hindi?

Ramasvarath se quedó callado. Baba continuó explicando que los británicos habían cultivado el hindi durante el periodo colonial como medio de instrucción y de administración. En vez de ser una lengua indígena, había evolucionado de ciertos dialectos prevalentes en, y a los alrededores de Delhi.

—¿A dónde quieres que te enviemos a hacer prachar? —le preguntó Baba.

—Baba, ¿quieres decir a países extranjeros? —le preguntó Ramasvarath, consciente del deseo de Baba de expandir a Ananda Marga en todo el mundo.

—¿Qué quieres decir con extranjero? Dime qué significa la palabra extranjero. —Ramasvarath se quedó en silencio—. Significa "lo que no es tuyo". Si tienes una herida llena de pus, entonces el doctor llama al pus "materia extraña", una substancia que no debe permanecer dentro del cuerpo. No hay una sola persona en este mundo que sea extranjera. Para un avadhuta, la creación entera es suya propia. No hay un país que no sea el suyo. Ahora dime, ¿cuál país no es tu país?

Una vez más, Ramasvarath se quedó callado.

—También eres un kapálika, entonces debes recordar tu juramento. Si dices "extranjero", entonces estás dividiéndote a ti mismo. De ahora en adelante vas a decir "de ultramar", aquellos que viven en el otro lado del mar o fuera de India. Ellos no son "extranjeros", sólo viven en un lugar diferente.

Baba completó la iniciación y le dio el nombre monástico de Acharya Shivananda Avadhuta. Shivananda informó a los marguis lo que Baba le dijo, y el comité encargado de propagar la misión fuera de la India, formado recientemente, eliminó la palabra "extranjero" y la reemplazó por "ultramar". Sin embargo, antes de que la organización pudiera propagarse en ultramar, necesitaba representantes experimentados y entrenados que no tuvieran que dejar a la familia. Esos representantes estaban en camino.

XXVIII
La búsqueda de la ciudad de la bienaventuranza

Anandanagar es el núcleo de este universo. No es simplemente el Anandanagar físico, es también el Anandanagar del interior de nuestro corazón. Tenemos que construirlo en todas las formas posibles, tendremos que tomar todas las medidas necesarias para obtener este rápido desarrollo de tal manera que pueda brillar en el universo entero[1].

Durante la construcción del jagriti de Jamalpur en 1958, Baba mencionó un proyecto para el futuro que había ocupado su mente por mucho tiempo. Una noche, durante una caminata con Acharya Kuldip y otros más, dijo:
—Ustedes están trabajando fuertemente en la construcción del jagriti, y va a servir para un buen propósito. Mucha gente será educada aquí, vendrán a aprender sobre espiritualidad; pero en el futuro ustedes van a tener un lugar más grande donde van a llevar a cabo un trabajo mucho más difícil del que tienen ahora. Tendrán muchas escuelas, una escuela de veterinaria, una universidad, un hospital, y otro tipo de instalaciones. La gente va a venir desde todos los rincones del mundo para ver y para estudiar.

A principios del verano de 1962, Baba convocó a varios de los marguis antiguos a Jamalpur y les dijo que quería construir una comunidad modelo en la que el mundo pudiera ver la ideología de Ananda Marga en práctica. Un área tribal sería ideal, dijo, un lugar pobre y desatendido que ofrezca la posibilidad de establecer varios proyectos de servicio social para beneficiar a la gente que no tiene acceso a una educación adecuada, tratamiento médico moderno, etc. Además, la organización estaba creciendo rápidamente y un pueblo pequeño como Jamalpur no era adecuado como sede central de esta organización global en que Ananda Marga se iba a convertir, como él les había prometido. Empezaron a esforzarse para encontrar un terreno que se acomodara a su criterio. Pranay puso avisos en varios periódicos y alertaron a marguis claves para que ayudaran en la búsqueda. Cuando Acharya Sarangi discretamente le indicó a Baba que no tenían dinero para negociar con nadie si encontraban un lugar adecuado, Baba le preguntó si sabía cómo la Universidad Hindú de Benares y la de Vishvabharati se habían construido[2].

—Ninguna gran causa sufrirá por falta de dinero —le dijo Baba—. Hay personas que están ansiosas por donar terrenos y dinero para este tipo de causas.

A mediados de mayo, Baba fue a visitar Ranchi. Cuando iba de regreso hacia Jamalpur, el tren pasó por el Distrito de Purulia. Baba señaló por la ventana a las austeras, áridas montañas y empezó a narrar su historia a los acharyas que lo acompañaban.

—El nombre aborigen de esta área era Rarh, el terreno entre los ríos Kamsavati y Damodar. Esta región cuenta con un gran patrimonio cultural y espiritual. Por muchos, muchos siglos, fue el lugar de encuentro de los tres tantras: hindú, budista y jainista. Kapil Muni[3] nació y creció allí. Su ashram estaba situado en una colina en las afueras del pueblo de Jhalda. Sin embargo, ahora Rarh y Magadha[4] son las dos áreas más abandonadas por los historiadores. Si encuentro el tiempo, voy a incluir un capítulo especial en *Indología* acerca de estos dos lugares.

Baba continuó describiendo cómo los habitantes de Rarh se habían convertido en los más pobres de la India, la mayoría analfabetos, muchos de ellos vivían una existencia precaria por medio de una agricultura de subsistencia. En los últimos años, había sufrido una intensa deforestación porque los pobres aldeanos se habían visto forzados a cortar los últimos árboles para usarlos como combustible, erosionando aún más esta tierra que ya era rocosa.

—A pesar de todo esto —dijo Baba—, por muchos siglos esta tierra ha sido el hogar de algunos de los más grandes tántricos de la India. Muchos santos alcanzaron la liberación aquí, apartados de los ojos de la llamada civilización. Este sería el lugar ideal para construir nuestra comunidad modelo y sede central.

Para los acharyas que estaban mirando por la ventana, esta área les pareció un desierto pedregoso, para nada adecuado para construir la sede central de la organización de rápido crecimiento, pero todos sabían que si Baba sugería probar, lo más probable era que su futuro estuviera ligado a esta inhóspita región que estaban atravesando. Poco después, le informaron a Pranay que el rajá anterior de Garjaipur, Raghunandan Singh Deo, sería la persona indicada para hablar de una posible donación de tierra en esa área.

Pranay, Sarangi y Kedarnath Sharma fueron a visitar al rajá. Se encontraron con un hombre pobre pero con un gran corazón que no tenía los medios suficientes para mantener su propia casa, pero que estaba deseoso de hacer algo por una buena causa, exactamente el tipo de persona con el que se sintieron más cómodos. El rey les presentó a la esposa, Prafulla Kumari Devi. Él les explicó que tenían un poco de tierra en nombre de ella y que habían estado buscando a un grupo espiritual para donársela, pero hasta entonces no habían encontrado un grupo que pareciera adecuado. Con el cambio de la ley zamandari, tenían que donar la tierra, o de otra manera el gobierno la expropiaría, pero ellos no querían dársela a cualquiera. Unos días antes, él había soñado que unos sannyasis vestidos con túnicas naranjas irían a preguntar por la tierra. Cuando los marguis les explicaron quiénes eran y lo que querían hacer con la tierra —construir hogares infantiles, escuelas, un hospital y otros proyectos de servicio social—, el rajá se convenció que esta era la gente por la que habían estado esperando. Casi disculpándose, les explicó que la tierra no tenía valor comercial. No estaba cerca de ningún pueblo, ni tampoco era una tierra apta para la agricultura, pero estaba justo en medio de la gente que más necesitaba este tipo de proyectos humanitarios. Sarangi y Kedarnath fueron a ver el terreno, y cuando regresaron a Garjaipur finalizaron el acuerdo. El 23 de agosto se finalizó el papeleo. Pranay, quien estaba en Garjaipur encargándose de los detalles finales, le envió un telegrama a Baba dándole la noticia de que Ananda Marga era la orgullosa propietaria de quinientos acres contiguos a la pequeña aldea de Baglata en Garjaipur Thana[5]. A simple vista, eran quinientos acres de colinas rocosas desérticas, pero para los acharyas que encontraron el lugar era el principio de un sueño que por el momento existía sólo en la imaginación de Baba. El 31 de agosto, Baba le dio un nombre a la nueva tierra: Anandanagar, la ciudad de la bienaventuranza.

El 22 de julio, Chamaklal y otros marguis fueron al jagriti para el darshan de Baba. Lo encontraron pensativo. Por varios minutos permanecieron en silencio, luego le preguntaron qué pasaba. Baba movió la cabeza y dijo:

—Mientras hablamos, Krishna Menon, el Ministro de Defensa de India, está estableciendo una amistad con los chinos en Ginebra, que será muy perjudicial para la India. La amistad de hoy se tornará en enemistad. A la India le esperan malos días. En tres meses, China va a atacar y la India va a perder.

En varias ocasiones, los marguis habían oído a Baba expresar su desagrado por el lema popular que proclamaba la amistad de India y China —*Cini bhai bhai*, los chinos son nuestros hermanos—, y su desacuerdo con los diálogos de Nehru con Chou En Lai. Pero sólo hasta ahora se enteraban del por qué.

Esa noche, Aniruddha Mukhya acompañó a Baba a la tumba del tigre. Cuando llegaron hasta la lámpara de la calle que estaba al final del camino, Baba se detuvo y le preguntó a Aniruddha si tenía un pedazo de papel.

—Anota. En noventa días China va a atacar a la India. Cuando llegues a tu casa anótalo en tu diario. —Aniruddha garabateó la nota pero le dijo a Baba que no lo creía—. Anandamurti dice que van a atacar —le respondió Baba—. Créelo. ¿Anotaste la fecha? Bien.

Cuando Aniruddha volvió a la casa, escribió en el diario tal como Baba le había indicado, pero no estaba convencido. Cuando le dijo a la familia lo que Baba había dicho, le dijeron que si Baba decía que era verdad, era verdad, pero Aniruddha no estuvo de acuerdo y lo consideró fe ciega.

—Somos amigos de los chinos —dijo—. No puede pasar.

Unos días después, los periódicos apoyaban su argumento. Chen Yi le aseguró privadamente a Krishna Menon en Ginebra, durante las discusiones que tuvieron acerca de las escaramuzas periódicas que tenían lugar en la disputada frontera del Himalaya entre China e India; parte de las tensiones entre los dos países habían estallado cuando India le dio asilo al Dalai Lama en 1959. "Puede que haya enfrentamientos entre las fuerzas de los dos países", le dijo Chen Yi a Menon en los reportes publicados, "pero hostilidades a gran escala son impensables".

Esta garantía fue suficiente para Nehru y para Menon, pero no para Baba, quien en varias ocasiones le recordó a los marguis que se aproximaban malos tiempos. Cuando le preguntaron a Baba por qué no le advertía al gobierno si sabía que esto iba a pasar, Baba les dijo que el presidente, Rajendra Prasad, le había enviado a Menon, a principios del año, un reporte acerca de los preparativos que China estaba haciendo para la guerra. El reporte había llegado hasta el escritorio del Primer Ministro, pero Nehru había escrito "imposible" en el archivo y se lo había devuelto.

—Ninguno de ellos quiere escuchar —dijo—, entonces lo único que se puede hacer es preparase. —Más adelante en la conversación, Baba expresó sus puntos de vista en cuanto a la posición de la India—: En primer lugar, no se debió haber perdido el Tíbet a manos de los chinos. En realidad, Nehru le entregó el Tíbet a los Chinos aunque no era su derecho entregarlo. El ejército indio debió haber tomado una acción ofensiva en la frontera entre China y Tíbet cuando todavía era posible. El plan de acción debió ser ofensivo y defensivo, sabiendo que la China tenía planes de tomarse al Tíbet. Tíbet debió haber permanecido como el estado intermediario que los británicos intentaron crear.

El 10 de octubre, un pequeño enfrentamiento tuvo lugar en la frontera entre China e India. Más adelante, Nehru pronunció su infame declaración de que los chinos debían ser expulsados de Dho La, una declaración que los chinos usarían más adelante para apoyar su argumento de que la India estaba planeando atacar a la China y que ellos estaban actuando en defensa propia. Para entonces, el público escéptico empezó a prepararse para la posibilidad de guerra. Al mismo tiempo, los marguis ya habían sido prevenidos y estaban ocupados preparándose tal como Baba les había sugerido. Muchos indios estaban contando con una rápida ayuda de los Estados Unidos si las hostilidades comenzaban, pero el 16 de ese mes, se desató la crisis de los misiles en Cuba y los ojos americanos rápidamente miraron en otra dirección.

El día 19, Aniruddha estaba nuevamente en Jamalpur para la caminata.

—¿Dónde está tu diario? —le preguntó Baba. Cuando le dijo a Baba que lo había dejado en la casa, Baba lo reprendió y le dijo que sacara una hoja de papel—. Anota. Mañana es el decimonoveno día, los chinos van a atacar. Todavía un poco escéptico, Aniruddha le preguntó a Baba si era posible.

—Espera hasta mañana y obtendrás tu respuesta.

A la mañana siguiente, cuando Aniruddha se despertó, la familia estaba escuchando las noticias del ataque en la radio. Él salió corriendo para Jamalpur esa noche para ver a Baba.

—¿Dónde está tu periódico? —le gritó Baba cuando lo vio. Aniruddha se lo mostró a Baba—. ¿Atacaron o no?

—Sí, Baba.

—¿Miraste tu diario? ¿Fue en el decimonoveno día o no?

—Sí, Baba.

—¿Ahora tienes fe en Anandamurti? Cuando digo que algo va a pasar, pasa.

Durante los días siguientes, a medida que el conflicto empeoraba y el ejército indio sufría pérdidas desmoralizantes, Baba fue al jagriti diariamente y describió lo que pasaba en el campo de batalla, noticias que sólo más adelante daban en la radio o eran publicadas en el periódico. Él dibujó un mapa y señaló las áreas que los chinos atacarían y explicó cómo conducirían sus operaciones, dónde tenían estacionados los soldados y en qué cantidad. Según Baba, el deseo secreto de la China era capturar el terreno del norte del Ganges, las fértiles planicies del Ganges, que los chinos habían codiciado por tanto tiempo debido a la sobrepoblación y a la relativa falta de tierra cultivable en China. La ruta que deseaban los conduciría hasta Calcuta.

Más tarde, en una caminata, Baba se detuvo a la sombra de un árbol cerca de la tumba del tigre porque estaba lloviznando. Le pidió a Dasarath que se sentara a meditar y le tocó el ajina chakra, luego le pidió que fuera hasta Pekín. Dasarath le contestó que estaba viendo un cartel en chino.

—Ahora ve a la casa de Chou En Lai.

—Estoy en frente de una casa muy grande que tiene guardas de seguridad.

—Esa es la casa. Entra y mira lo que Chou En Lai está haciendo.

—Baba, Chou En Lai está sentado en una silla frente a una mesa. Tiene la cabeza apoyada en la mano. Hay una botella de alcohol en la mesa y un mapa del mundo en la pared detrás de él.

—Busca a la India en el mapa y dime si ves algo especial.

—Sí, Baba, hay una línea roja que encierra en un círculo el área que va desde el Ganges hasta Calcuta.

—Ahora dime qué tiene en el bolsillo.

—Tiene unos papeles en el bolsillo.

—Léelos y dime que dicen.

—Baba están escritos en chino, no los entiendo.

—Está bien. Puedo convertirlos al lenguaje cósmico y después reconvertirlos a angika para que los puedas leer, pero no es necesario. Regresa.

En varias ocasiones, Baba exhortó a los marguis para que crearan una segunda línea de defensa en caso de que el ejército indio no se sostuviera. Los marguis organizaron dos campamentos de defensa personal en Danapur, y Pranay envió mensajes a las otras unidades para que organizaran campamentos similares. —No esperen clemencia de los soldados chinos —les dijo Baba—. Ellos son capaces de realizar acciones de gran crueldad. —Les dijo a las mujeres marguis que se prepararan para auto-inmolarse si era necesario en vez de dejar que los soldados chinos las mataran o las violaran—. Sean fuertes y guíen al público —los incitó—. Entrénenlos.

En una reunión Baba dijo:

—Si llegan a Patna, el ejército indio tendrá que derribar el puente Mokama; de lo contrario, existe el peligro de que China invada al país entero. —Pero después de una breve pausa, Baba les aseguró que eso no pasaría—. Los chinos retrocederán, no es el deseo de Paramapurusha que la tradición espiritual de la India desaparezca de este planeta.

La promesa de Baba ayudó a calmar a los marguis, pero la tensión general en el país creció aún más por el problema nuclear que estaba teniendo lugar al otro lado del globo. Una noche, después de regresar de la tumba del tigre, los marguis expresaron sus preocupaciones acerca de la posibilidad de una guerra mundial. Cuando llegaron a la casa de Baba, se detuvieron bajo el árbol al frente de la entrada. Baba le dijo a Dasarath que mirara al cielo y se concentrara hasta que pudiera ver al presidente Kennedy y al primer ministro Kruschef.

—Describe el color de sus placas mentales —le dijo. Dasarath miró al cielo y dijo que la placa mental de Kennedy era blanca con algunas manchas negras y que la de Kruschef era roja con manchas blancas y negras—. Si la placa mental de Kruschef estuviera completamente roja —le dijo Baba—, entonces estaría listo para la guerra, pero así no hay posibilidades de guerra. Kruschef quiere suprimir la guerra y Kennedy también.

A mediados de noviembre, las fuerzas chinas habían vencido a la Cuarta División de la India y no enfrentaba ninguna resistencia organizada en ningún área de la frontera. Para entonces habían avanzado hasta las afueras de Tezpur en Assam. De repente, por razones que nunca fueron reveladas públicamente, los Chinos se retiraron. El 21 de noviembre declararon un cese al fuego unilateral.

Una mañana, unas semanas después del alto al fuego, Baba fue al jagriti y dio un Darshan General a un grupo de unos siete u ocho marguis. La discusión giró en torno al tema del conflicto con China y los marguis aprovecharon la oportunidad para hacerle preguntas a Baba. Uno de ellos era un joven Punyabi con turbante, que era partidario de Nehru en la época en que Nehru era fuertemente criticado en la prensa por el supuesto mal manejo de la crisis reciente. Después de unos minutos, Baba se dirigió hacia Dasarath y le dijo que le quería mostrar lo que dos personas estaban haciendo en ese momento. Uno de los nuevos wholetimers, Master Dhiren, recuerda esta escena:

> Baba dijo que estaba llevando la mente de Dasarath a un lugar lejano al otro lado de la frontera para mostrarle a alguien que él conocía. Mientras decía esto, Baba lo tocó en la parte de atrás de la cabeza, a la altura de la médula oblongada. El cuerpo de Dasarath se tornó tenso y empezó a balancearse de un lado a otro. Baba le pidió que narrara lo que veía. Le dijo que había llegado a Delhi. De allí continuó hacia Jammu, luego cruzó al otro lado del Himalaya donde describió algunas montañas cubiertas de nieve y luego un pico cubierto de nieve que brillaba bajo el sol. Luego describió un arroyuelo que bajaba por la montaña. Baba pidió que siguiera el arroyuelo. Dasarath describió cómo el arroyuelo se volvía más y más grande, convirtiéndose lentamente en un río que continuaba extendiéndose. A ambos lados del río había templos budistas, y al lado de los templos, monasterios budistas. Baba le pidió que cruzara esa área y continuara. Lo dirigió a uno de esos monasterios y le pidió que le narrara lo que veía. Dasarath le dijo que estaba nublado y oscuro adentro, pero pudo ver a alguien que estaba meditando. La cabeza de esta persona estaba cubierta con una manta y sólo se le veía la cara. Cuando le vio la cara, Dasarath le dijo a Baba que esa persona se parecía a Subhash Chandra Bose. Baba le pidió que entrara en las células ectoplásmicas y mirara

lo que estaba haciendo. Dasarath dijo que estaba meditando. Baba le pidió a Dasarath que le preguntara si quería volver a la India. Dasarath le dijo que estaba negando con la cabeza.

Luego Baba le pidió que volviera por el mismo camino. Cuando Dasarath llegó a Delhi nuevamente, Baba le pidió que viera lo que Pandit Nehru estaba haciendo en Teenmurti Bhavan. Dasarath vio a Nehru sentado a solas en una habitación frente a un escritorio con dos cajones. Baba le pidió que entrara en uno de los cajones y viera lo que había. Dasarath vio tres botellas y un vaso. También había un cuchillo. Baba le preguntó qué había en las botellas. Dasarath dijo que era algún tipo de alcohol pero no pudo identificar cuál exactamente. Baba le preguntó de qué color eran. A medida que Dasarath describía el color de cada botella, Baba decía lo que contenía. Eran whisky, champaña y brandi. Nehru empezó a beber de una de las botellas. Baba dijo:

—Sí, su liderazgo está en peligro debido a su hábito de beber alcohol. Ves la diferencia: en la mañana, un hombre está absorto meditando en Dios, mientras el otro se ahoga en la intoxicación del alcohol. Los dos trabajaron juntos por la independencia de la India. Uno es un símbolo de renunciación extrema, el otro, de indulgencia extrema.

El muchacho de Punyabi estaba consternado.

Después de la demostración, me empecé a preguntar. Estaba convencido de que Baba tenía estos poderes clarividentes, pero ¿en realidad era la persona que nosotros creíamos que era? ¿El todo poderoso, omnisapiente, maestro perfecto? Baba se levantó como si fuera a salir. Abruptamente se sentó nuevamente y le pidió a Dasarath que mirara en su vida pasada. Baba dijo que estaba llevando la mente de Dasarath a unos siete mil años atrás. El cuerpo de Dasarath empezó a temblar. Hasta el color de su piel empezó a cambiar. Empezó a sudar profusamente y empezó a repetir, "Baba, Baba, Baba", y luego dijo que veía una refulgencia desbordante. En medio de esa refulgencia vio al Señor Shiva meditando. Baba le dijo: "¿Sí?" Luego le pidió a Dasarath que se adelantara 3500 años y le describiera lo que veía. Dasarath vio a un personaje atractivo de tez clara que llevaba puesta una corona. Luego, Baba le pidió que se moviera hacia adelante en el tiempo y les dijera lo que veía. Dasarath le contestó que veía a Baba en forma radiante. Baba sonrió y dijo:

—Ves Dasarath, era un rey en mi vida pasada, ahora soy un hombre pobre.

Justo antes del cese al fuego, el 17 y 18 de noviembre, Baba hizo un viaje de fin de semana a Gazipur y a Ara[6]. Realizó un DMC en cada lugar y volvió a Jamalpur el lunes 19 por la noche. En la tarde del domingo, mientras esperaba en la sala de espera de la estación de Buxor para tomar el tren hacia Ara, una pareja y su pequeño hijo entraron en la estación. Baba llamó al pequeño y le preguntó cómo se llamaba. El niño se quedó en silencio. Una vez más, de forma afectuosa, Baba repitió la pregunta y una vez más el

niño no le respondió. Baba le hizo varias preguntas, pero el niño no respondió ninguna pregunta. Finalmente, Baba se volteó hacia la madre, quien en ese momento tenía lágrimas en los ojos, y le dijo:
—¿Qué le pasa al niño? ¿Por qué no contesta?
—Lo siento, señor —le respondió la madre—, el niño nació mudo, no puede hablar.
Baba sacudió la cabeza lentamente.
—No, no puede ser. Semejante niño tan brillante y tan buen mozo, ¿cómo es posible? Estoy seguro de que puede hablar. —Baba extendió la mano y tocó la garganta del niño, a la altura del vishuddha chakra. En un tono de voz zalamero, le dijo—: Ahora háblame, habla. No eres mudo. Puedes hablar, yo sé. Vamos, dime algo.

Para sorpresa de todos, el niño empezó a hablar. Los padres empezaron a llorar y cayeron a los pies de Baba. Baba los bendijo y volvió a su conversación con Pranay.

Para esta época, Pramila había aprendido de Baba todas las lecciones de meditación; pero su vida de familia no era lo que había crecido esperando. Su esposo no sólo tenía un trabajo de tiempo completo en la oficina del ferrocarril, sino que, virtualmente pasaba todas las horas libres trabajando como secretario general de Ananda Marga. En muchas formas era más sannyasi que los mismos monjes de túnicas anaranjadas. A medida que pasaban los meses, Pramila empezó a perder la esperanza de que algún día disfrutaría de una vida de familia normal con hijos, una casa bonita, y un esposo con quien compartir su vida y no simplemente un nombre.

Una tarde se estaba sintiendo muy deprimida. Se le pasó por la mente la idea de que probablemente era mejor terminar con su vida a continuar sin tener hijos y sin compañía por el resto de sus días. Estaba pensando cómo iba a hacer esto cuando alguien tocó a la puerta. Fue a abrir la puerta y se sorprendió de ver a Baba, solo, allí parado. Sin saber qué hacer, invitó a Baba a pasar y se apresuró a ir a la cocina a traer agua para el maestro. Cuando le llevó el agua, encontró a Baba sentado a la mesa. Le ofreció el agua con las dos manos y luego, a petición de Baba, se sentó.
—¿Cómo estás, Pramila? —le preguntó Baba.
Pramila empezó a llorar. Le dijo a Baba lo que había estado pensando y por qué. Lo difícil que su vida se había vuelto, siempre sola, sin la esperanza de alguna vez tener hijos o un lugar para vivir.
—No, Pramila, no debes pensar así. El suicidio no es la respuesta. No puedes escapar de tus samskaras, te seguirán a tu próxima vida y el samskara que crearías con un acto semejante sería terrible. De todos modos, no hay razón para perder la esperanza. Tú vas a tener hijos, una casa y una familia maravillosa. —Baba empezó a describirle una casa encantadora de dos pisos. El frente daba a una pequeña calle residencial; la parte de atrás se abría a un bello lago con flores y árboles para la sombra—. Verás, Pramila, cuando quieras mirar al mundo puedes ir al frente de la casa y ver a tus vecinos pasar, pero si quieres estar sola, te puedes sentar en la terraza trasera, mirar a las flores y disfrutar de la soledad de la naturaleza. ¿No te gustan las flores?

Mientras Baba hablaba, Pramila empezó a ver la casa frente a ella, como si estuviera viendo una película. Sin darse cuenta, cerró los ojos y cayó en trance. Baba empezó a describir a los niños, dos niños y una niña, y ella los vio aparecer frente a ella, en su ojo interno, en la misma casa, encantándola con sus sonrisas, como si estuvieran esperando pacientemente a que ella viniera.

Ella no sabía cuánto tiempo había durado ese trance de ensueño. No recobró la consciencia sino hasta que escuchó a Pranay llamándola con un obvio tono de irritación.

—Pramila, ¿qué estás haciendo dormida en la mesa a esta hora? ¡Ni siquiera ha anochecido todavía!

Pramila buscó a Baba a su alrededor y se sobresaltó cuando se dio cuenta de que estaba a solas con Pranay en la casa. Empezó a llorar y le dijo a Pranay que Baba había ido y le había mostrado el futuro, la casa y los tres hijos. Pranay estaba más que incrédulo.

—¿Baba? ¿Aquí? ¿Haciéndote la visita, solo, a mitad de la tarde? Por favor. Te quedaste dormida y tuviste un sueño, eso es todo.

Sin embargo, Pramila, estaba segura que no había sido un sueño.

—No importa lo que digas. Gurudeva vino. Vamos a tener una casa de dos pisos con un lago en el patio y tres hijos. Recuerda mis palabras.

Pramila se levantó y empezó a preparar la comida de Pranay. La desesperanza que había crecido durante los últimos meses había desaparecido y nunca más la sentiría. Gurudeva le había revelado el futuro. Para Pramila no era una cuestión de si iba a pasar sino de cuándo.

Al año siguiente, Baba empezó a enseñarle a Pramila las lecciones de kapálika sádhana. Antes de que terminara el año, ella sería una de sólo tres personas, por lo que se sabe, a las que Baba le enseñó la cuarta y última lección, *shava* sádhana. Una noche de luna nueva, Pranay le informó a Pramila que debía comer muy poco y estar lista, pero no le ofreció ninguna otra explicación. Poco después de la medianoche, alguien tocó la puerta y Pranay dejó entrar a Baba en la casa. Pranay le preguntó si debía irse, pero Baba le dijo que se quedara. Pranay extendió una manta para que los tres se sentaran y Baba le empezó a preguntar a Pramila acerca de su experiencia con la lección previa de kapálika, si había percibido o no el shakti respectivo y otras preguntas para verificar que había realizado la sádhana exitosamente. Luego le informó que se debía preparar para recibir la lección final de esta práctica. En ese momento, Pranay se opuso y empezó a discutir con Baba. Pramila no entendía por qué estaban discutiendo, sólo después entendió que Pranay no quería que ella aprendiera la lección.

Finalmente, cuando Pranay cedió, Baba le explicó a Pramila que la última lección de kapálika era *shava* sádhana[7], una meditación que se hace sentada en un cadáver. Una práctica que normalmente era dominio exclusivo de los avidya tántricos. Después de explicarle el proceso, le explicó que iba a retirar la fuerza vital de Pranay temporalmente para que les sirviera de cadáver, un acuerdo que Pranay aceptó sin entusiasmo. Pramila no parpadeó. Ella sabía que la práctica de *shava* sádhana existía. Es más, ella tenía una fe implícita de que si Baba retiraba la fuerza vital de su esposo, también se la devolvería.

Baba cerró los ojos y empezó a cantar algunos mantras. Después de uno o dos minutos, Pranay cayó inconsciente. Baba examinó sus signos vitales. Cuando estaba satisfecho de que la fuerza vital de Pranay lo había abandonado, arregló el cuerpo en posición de cadáver y salió de la habitación para que Pramila pudiera hacer la sádhana.

Cuando terminó, Baba volvió y le dijo:

—Ahora vas a jurar que nunca le vas a revelar este proceso a nadie. —Después de que ella juró, él dijo—: No debes abusar de los poderes que vas a desarrollar por medio de esta práctica. Vivirás como una persona ordinaria, pero en secreto practicarás tu kapálika. Si alguna vez abusas de estos poderes, será tu perdición.

Baba empezó a cantar los mantras para devolver la mente al cuerpo de Pranay, pero tuvo un problema. Por alguna razón, la mente no quería volver. Baba levantó la voz y le ordenó que volviera, pero tomó un tiempo antes de que el corazón de Pranay volviera a latir. Estaba amaneciendo cuando Pranay finalmente revivió.

A finales de los años setenta, Pranay aceptó un trabajo en la oficina del ferrocarril en Lilluah, a las afueras de Calcuta. Cuando se mudaron, Pramila insistió que compraran una casa, pero Pranay se negó rotundamente. Le dijo que la situación financiera era demasiado precaria, sólo podían comprar un lugar muy pequeño. Sin embargo, Pramila continuó pidiéndole a los amigos y a los parientes que mantuvieran los ojos abiertos. Un día, el cuñado le dijo que había una casa de dos pisos para la venta en un suburbio de Calcuta llamado Bali. Los dueños vivían en el segundo piso y rentaban el primer piso. Cuando supo de la casa, sintió una premonición. Le dijo a Pranay que quería ir a verla, pero Pranay se opuso. Primero que todo, le dijo, una casa de dos pisos está muy por encima de nuestro presupuesto, y en segundo lugar, con las leyes de arrendamiento en el Bengala Occidental comunista, era un infierno negociar con los inquilinos una vez se hubieran instalado. No había razón para ir, le dijo Pranay firmemente, pero él no era rival suficiente para ella. Ella utilizó la lógica milenaria de que no cuesta nada ir a ver. Antes de que Pranay supiera lo que estaba pasando, iban en camino a ver la casa. Cuando empezaron a caminar por la calle donde estaba la casa, Pramila empezó a sentir una familiaridad inexplicable. Cruzaron la puerta y empezaron a subir las escaleras al segundo piso. Cuando llegó a la terraza del segundo piso y vio el lago en el patio, se acordó de la visión que había tenido varios años atrás. Era la escena exacta que ella había presenciado. Se volteó hacia Pranay y le dijo:

—Esta es nuestra casa Pranay. Es la casa que Gurudeva me mostró.

—Eres una enana que quiere tocar la luna —fue la respuesta lacónica de Pranay—. Yo no puedo reunir suficiente dinero para comprar esta casa.

Pramila no se rindió. Continuó visitando la casa, se hizo amiga de los dueños, los inquilinos y los vecinos, y eventualmente llegó a un acuerdo con los dueños. Ella tuvo tres hijos, tal y como Baba le había dicho, dos niños y una niña, y sus caras serían las mismas que había visto en la visión a las edades que Baba le había mostrado.

XXIX
Educación, auxilio y bienestar

Se debe tener en cuenta que mientras no se establezca una sociedad humana magnífica, saludable y universalista, toda la cultura de la humanidad y la civilización, su sacrificio, servicio y esfuerzo espiritual no tendrá ningún valor[1].

PARA ENERO DE 1963, los planes de Baba de crear un proyecto de desarrollo rural a gran escala en Anandanagar estaban en proceso. El Dr. Sachinandan Mandal movió allí su clínica desde Kirnahar. Otros voluntarios lo siguieron. Cuando llegaron, encontraron un terreno parte jungla, parte montañas rocosas, lleno de culebras, escorpiones y una soledad intacta. No había nada disponible en las aldeas vecinas, sólo berenjena y un arroz de bajo grado adulterado con piedras. Tenían que traer los materiales desde el pueblo más cercano en el único tren que paraba en Pundag, la estación local. Si el voluntario perdía el tren de regreso, tenía que esperar en la estación hasta el día siguiente o caminar por diez kilómetros a través de los matorrales con los materiales a la espalda.

Después de varios meses de trabajo, un pequeño contingente de Anandanagar, liderado por Sachinandan, fue a Jamalpur a ver a Baba. Cuando tuvieron la oportunidad, le preguntaron a Baba qué iba a pasar con Anandanagar en el futuro, incapaces de visualizar en esa área desolada el proyecto de abundante desarrollo y las oficinas centrales de Ananda Marga que Baba les había descrito.

Baba le pidió a uno de los jóvenes voluntarios que se acercara y le preguntó si prefería ver Londres o Anandanagar. Para disgusto de Sachinandan, él contestó que quería ver Londres. Baba le pidió que cerrara los ojos y se concentrara. Luego le tocó la frente y le pidió que describiera lo que estaba viendo. Empezó a describir los edificios de una cuidad gigantesca. Después de unos minutos, le preguntó a Baba:

—¿Cómo sé si este es Londres?

—Tonto —replicó Baba—, ¿no puedes leer los avisos?

—Sí, Baba —contestó el muchacho con una tímida sonrisa. Finalmente encontró un aviso que decía Londres en un edificio.

—Muy bien —dijo Baba—. Ahora vas a ver cómo va a ser Anandanagar en el futuro.

Él empezó a describir un lugar muy concurrido con numerosos proyectos, hermosos jardines y muchos buses y trenes conectándolo con el mundo exterior. Sachinandan y sus compañeros estaban satisfechos de saber que no iban a estar varados para siempre en medio de la jungla.

Ahora que el desarrollo de Anandanagar había empezado, a principios de abril, Baba le informó a los marguis que iba a crear una nueva rama encargada de supervisar los proyectos de servicio social; la llamó ERAWS (siglas en inglés), La Sección de Educación, Auxilio y Bienestar. Hizo el anuncio durante el darshan del domingo, luego convocó a los marguis principales a una reunión durante la cual describiera en forma detallada el trabajo de esta nueva rama.

—La educación de Ananda Marga —les dijo—, se debe centrar en el progreso total del individuo, su lema será *sa vidyaya vimuktaye*, la educación es aquello que libera. Debe ser tan barata como sea posible y se debe extender a las aldeas para que los niños no tengan que desplazarse. No habrá distinción entre ricos y pobres. La sección de auxilio crearía un equipo[2] que respondería en caso de desastres naturales o creados por el hombre. Este equipo se enorgullecería por la rapidez de su respuesta durante calamidades inesperadas y su capacidad de llegar a esas áreas afectadas a las que otras agencias de rescate no tenían acceso. Todos los profesionales de la medicina serían alentados a ser miembros activos de este equipo. En momentos de desastre, todos los marguis locales deben considerarse miembros de esta rama y estar listos para ofrecerse como voluntarios. La rama del bienestar será responsable por el establecimiento de proyectos permanentes de bienestar, como hogares infantiles, clínicas, etc.

Cuando Baba terminó de darles los detalles de las actividades de cada rama, pidió que nombraran secretarios para supervisar el trabajo. Pranay nombró a Asthana para la rama de educación, Kedar para la de auxilio y al Dr. Ramesh para la de bienestar.

En las semanas siguientes, Baba se reunió con cada uno de los nuevos encargados y les dio las directrices para el desarrollo de cada departamento. Cuando se reunió con el Dr. Ramesh, le dijo que quería que como primer proyecto estableciera un hogar para niños, y le dio instrucciones detalladas de cómo poner el hogar en funcionamiento.

—Nunca se referirán a los niños como huérfanos —le dijo Baba—, y nuestros hogares no se llamarán orfanatos, porque nadie en este mundo es huérfano. Otros hogares envían a los niños a mendigar. Esto no va a pasar en nuestros hogares. Nuestros trabajadores mendigarán si es necesario. Ellos y los marguis locales serán responsables de procurar lo que los niños requieran. El estilo de vida de los niños debe ser el mismo de los marguis de clase media y de sus hijos.

En un corto periodo de tiempo, abrieron el primer hogar para niños en Patna, bajo la supervisión de Akhori Himachal Prasad, que entonces era el Superintendente Adicional de la Policía de Patna; Sambuddhananda, antes llamado Asim; y el Dr. Ramesh de Ranchi. Poco después abrieron el segundo hogar en Anandanagar y le siguieron muchos más.

Baba le dio el mismo ímpetu al establecimiento del departamento de educación. Con la inauguración de ERAWS, abrir escuelas se convirtió en la prioridad de la organización. Educadores marguis bajo la supervisión de Asthana empezaron a desarrollar un sistema educativo y un currículo de Ananda Marga para las escuelas. Se reunieron con Baba, quien les dio las directivas, no sólo para el funcionamiento de las escuelas, sino también de los métodos educativos que usarían, de la misma manera que había hecho con los hogares infantiles. Como se podía esperar, Baba enfatizó el aspecto ético y espiritual en la educación de los niños.

En el sistema educativo del Prout, se debe hacer hincapié en la educación moral e inculcar el idealismo, no sólo filosofía y tradiciones. La práctica de la moralidad debe ser el tema más importante del programa en todos los niveles. También se debe despertar el sentido de universalismo en los niños. La etiqueta y la conducta refinada no son suficientes. La educación real lleva a un sentimiento generalizado de amor y compasión por toda la creación[3].

Utilizó las letras de la palabra "educación" para crear un recordatorio de los principios fundamentales de la educación de Ananda Marga: E — Engrandecimiento de la mente, D — DEAMIP (Disciplina, Etiqueta, Agilidad mental, Memoria, Inglés, Pronunciación); U — perspectiva Universal, C — Carácter, A — Actividad, C — credibilidad, I — Ideación en el Grande, O — gracia Omnisciente, N — Naturaleza agradable[4].
    Baba convirtió en un punto habitual de su programa la visita a las nuevas escuelas y hogares, cada vez que iba de gira para el DMC.

Al mismo tiempo, Baba continuó su trabajo literario y filosófico durante sus dictados de la hora del almuerzo. En mayo se imprimió el segundo volumen de *La sociedad humana*. La segunda parte de *La sociedad humana* era un tratado del tamaño de un libro acerca de la teoría de Baba sobre el ciclo social. Empezó con un análisis filosófico de las leyes de las dinámicas sociales que tenía a muchos de los discípulos rascándose la cabeza hasta que el lenguaje abstracto de Baba descendió a un plano que podían entender. Las primeras páginas empezaban así:

La existencia de los factores relativos de tiempo, lugar y persona está fundamentada en el campo cognitivo y conocedor, portando en su inercia la estancia más elevada de estos factores. El dinamismo inherente de una entidad, dependiendo de la colaboración existencial de otra entidad (o en ciertos casos, de otras entidades, en cuyo caso la inmovilidad se convierte en carácter indefinido), es llamado su movimiento o *gati*, mientras que esa de una entidad independiente de otras entidades es llamada su inmovilidad o *agati*. Cuando este movimiento relativo pierde su ajuste con el factor temporal se puede llamar un estado de pausa, en sentido limitado, estático. El movimiento de una entidad con relación a la facultad que atestigua puede llamarse su movimiento acelerado o retardado, dependiendo del grado de expresión de su acción.
    La pregunta de si el movimiento y la inercia son absolutos o no es un problema complicado tanto para la ciencia como para la filosofía. De hecho,

así como el dinamismo se caracteriza por el estigma de la relatividad, bajo la misma lógica, la inercia también se caracteriza por el estigma de la relatividad. Entonces, desde un punto de vista absolutista, si se niega la existencia de movimiento, también se debe negar la existencia de la inercia o la facultad existencial. Cuando los objetos observables parecen no cambiar de lugar juzgando por los patrones relativos, llamamos a este estado un estado de inercia. Pero en estas circunstancias, el movimiento del observador y de la entidad observada dentro del plano macrocósmico se mantiene más allá de la comprensión de nuestras mentes crudas y sutiles. Por esto, este llamado estado de inercia no se puede llamar inercia absoluta. En la vida individual la estancia suprema es ese estado en el que la mente causal o astral permanece inactiva. No podemos llamar suprema estancia a un estado incorpóreo de la mente, porque en ese caso la semilla del dinamismo todavía está activa en la Mente Cósmica y el Corpor Cósmico con la ayuda del Principio Operativo Cósmico. De aquí se deduce que la estancia suprema puede obtenerse sólo cuando la semilla del funcionamiento psíquico ha sido demolida...

La consciencia individual, cuando depende de sí misma (depende de otros también), ve la transposición de objetos, y en realidad, sólo esa parte del movimiento entra en la categoría de movimiento. Cuando el movimiento independiente (y también el dependiente), renuncia o fracasa en su esfuerzo de actuar, se rinde al estado de inmovilidad, ciertamente, esta condición se denomina cesación. Aparentemente, todos los tipos de movimiento en este universo expreso están ligados al estado de pausa. Por lo tanto, toda acción es sistólica. El movimiento sistólico es un intento por encontrar estabilidad en el estado de pausa. La pausa es sólo un estado temporal de inercia. La expresión completa solamente ocurre después de alcanzar el impulso suficiente para provocar movimiento desde el estado de inercia. Ninguna acción es posible sin un impulso alcanzado desde el estado de inercia, por lo tanto, toda acción (a grandes rasgos también es llamada movimiento), debe ser sistólica o pulsativa por naturaleza. De la misma forma, una expansión o incremento sin obstáculos y una contracción libre sin impedimentos es imposible en el área de lo mundano. La orientación manifiesta de una acción o movimiento está relacionada directamente con los factores relativos de tiempo, lugar y persona, y la orientación de la contracción es un intento de desprenderse del factor temporal. Como el estado de contracción está cimentado en la inercia, la entidad unitaria pierde su percepción del factor temporal...[5]

Después de comparar el movimiento sistólico con un camino a través de una serie de montañas en el que el ascenso trae consigo un estado de pausa manifiesta y el descenso una pausa sistólica, Baba se embarcó en una larga discusión acerca de los conceptos de movimiento, impulso y muerte, y finalmente mostró cómo este mismo movimiento gobierna el nacimiento y la muerte de las sociedades. Así presentó los fundamentos de su ulterior análisis del ciclo social de una manera que caracterizaba su amor por la filosofía pura.

Una mañana a principios de junio, Baba llegó al jagriti a eso de las nueve para dar una clase corta. Con la ayuda de un mapa del mundo que estaba pegado de la pared, empezó a hacer un repaso histórico de la situación global en ese momento, señalando a cada país con el bastón. Cuando el bastón señaló a Canadá, se detuvo y le pidió a Arun[6] que fuera a la cocina a traerle un vaso de agua. Tan pronto como Arun salió de la habitación, le preguntó a los acharyas Suresh y Lalan si Arun tenía un hermano en Canadá.

—Sí, Baba —respondió Lalan—. Su hermano enseña en una universidad de medicina en Canadá.

—No le digan nada a Arun cuando vuelva, pero su hermano acaba de tener un terrible accidente en este instante. El carro que iba manejando se chocó de frente con un camión. Todavía está vivo, pero está gravemente herido. Se destrozó el pecho y sufrió una herida severa en la cabeza.

Mientras Baba les contaba lo que pasó, las imágenes del accidente eran proyectadas en la mente de los que estaban presentes. Lalan y Suresh, quienes eran amigos cercanos de otro hermano de Arun, Sujit, dieron un grito de consternación.

—Baba, por favor haz algo para salvarlo, de otro modo la familia va a sufrir. Este hermano es el único apoyo financiero de la familia. Si él muere, van a tener serios problemas.

Baba no dijo nada por un rato. Los ojos parecían fuera de foco, como si todavía estuviera viendo la escena del accidente a más de once mil kilómetros de distancia. Finalmente dijo:

—Vayan a mi casa esta noche antes de la caminata. Allá hablamos. Mientras tanto, no le digan lo que pasó a Arun.

Esa noche, Baba les dijo que no había posibilidad de salvarlo.

—Tenía el cráneo destruido y había sufrido daño cerebral. Pude salvarle la vida, pero el cerebro no habría funcionado apropiadamente, era mejor que tomara un cuerpo nuevo, con nuevo espíritu y que trabajara por la humanidad. Pero no se preocupen por la familia, yo me encargaré de que no pasen dificultades innecesarias.

Luego Baba le dijo a Pranay que le enviara un telegrama a Sujit en el sur de India, a donde lo habían enviado a hacer prachar, informándole del accidente y pidiéndole que volviera para hacerse cargo de la familia.

A la mañana siguiente, Baba volvió al jagriti y dio una charla sobre la muerte. —Todos los que nacen en este universo tienen que morir —dijo—. Es un proceso perfectamente natural y no hay razón para tener miedo.

Le pidió a Arun que se pusiera de pie y que repitiera los puntos sobresalientes de la charla. Después llamó a Arun a su habitación y le dio la triste noticia. Más tarde, ese mismo día le llegó un telegrama a Arun con la noticia de la muerte de su hermano.

A finales del verano, Baba revisó el sistema de wholetimers que Satyananda empezó. A partir de ese momento, los candidatos serían considerados aprendices de sannyasi hasta que recibieran la iniciación de avadhuta. Para el otoño, había por lo menos un wholetimer en cada estado. Bengala y Bihar fueron divididos en zonas, cada una con su propio wholetimer. Con la ayuda de estos jóvenes monjes, la organización estaba en proceso de expandirse por toda la India.

El rápido crecimiento de la organización se convirtió en fuente de orgullo de los discípulos, pero no todos estaban felices con el papel cada vez más importante que los sannyasis desempeñaban. Baba empezó a pasar más y más tiempo con sus discípulos monásticos, animándolos, guiándolos y delegándoles la mayor parte de la responsabilidad de implementar sus nuevos planes y programas, una responsabilidad que antes tenían los discípulos cabeza de familia. Algunos de ellos, especialmente Pranay, empezaron a sentir que su autoridad y prestigio eran usurpados por esta banda de jóvenes recién llegados, a pesar de que las personas con familias eran los que habían construido la organización.

Un día, Pranay y Dasarath fueron a donde Baba a quejarse de que Satyananda estaba abusando de su autoridad porque no le informaba al secretario general de sus actividades ni de las actividades de los wholetimers, dificultando el trabajo de los acharyas de familia. A la mañana siguiente Baba llamó a Satyananda y le informó de los cargos contra él.

—Vamos a tener una reunión esta noche para hablar de esto. Ven bien preparado, te voy a reprender frente a ellos.

Esa noche en el jagriti, Baba le dio una gran reprimenda a Satyananda en frente de Pranay y de un grupo de acharyas de familia importantes; esto ayudó fuertemente a aplacar sus sentimientos heridos. Después de la reunión, Baba llamó a Satyananda a su habitación y le dijo que no se preocupara.

—No le prestes atención a lo que digan. Tú estás haciendo un buen trabajo. Continúa hacia adelante y no mires hacia atrás.

Unos días después, Baba llamó a Chandranath y a Ram Tanuk y les pidió que trabajaran directamente con Satyananda y que le ayudaran a establecer la nueva estructura de sannyasis.

Después de esto, Pranay fue más cordial con Satyananda, convencido de que Baba había entendido su punto, pero el rápido crecimiento de la estructura monástica continuó sin perder su fuerza. El nuevo grupo de wholetimers continuaría expandiendo la misión de Baba a través del mundo en los años por venir.

A mediados de agosto, Baba fue a Ranchi a dar un DMC. Acharya Kamalakanta no pudo asistir al programa porque no pudo sacar tiempo libre del trabajo. Su hija de cinco años estaba muy decepcionada cuando escuchó las noticias y empezó a fastidiar a su padre.

—Papá, si no podemos ir, entonces por favor ve a traer a Baba. Quiero ver a Baba.

La esposa de Kamalakanta trató de explicarle a la hija que el padre tenía que hacer un trabajo importante. No podía traer a Baba en ese momento, pero lo traería la próxima vez, pero no era tan fácil calmar a Sujata.

—¿Por qué no puedes traer a Baba? Yo quiero ver a Baba ahora mismo. Baba va a la casa de todos los demás. ¿Por qué no puede venir a nuestra casa? —Nada de lo que dijeran podía consolar a esta niña tan decidida.

Cuando terminó el programa, Baba volvió a Jamalpur en el carro. Durante el viaje, pidió agua varias veces, más de lo que pedía normalmente. Poco después se les acabó el agua potable, pero Baba todavía tenía sed.

—Baba, no tenemos más agua —le dijo Pranay—. Lo siento, tan pronto como encontremos un buen lugar donde detenernos voy a tratar de buscarte más agua.

Continuaron el viaje por un largo tiempo sin encontrar un lugar adecuado para detenerse. Baba empezó a impacientarse. Le insistió a Pranay que se detuvieran en la casa de algún margui para poder tomar algo. Pranay consultó a los otros marguis que iban en el carro. En ese momento estaban atravesando Pakribarama, donde vivía el Acharya Kamalakanta. Uno de ellos sabía la dirección, así que se dirigieron hacia su casa.

El acharya y su esposa se sorprendieron cuando vieron a Baba en la puerta y le pidieron que pasara y se sentara. A petición de Pranay, corrieron a la cocina a traerle un vaso de agua fría para Baba.

—No, no, todavía no —dijo Baba cuando le entregaron el vaso—. La voy a tomar más tarde, primero quiero ver a Sujata. —Poco después, Sujata vino corriendo a ver a Baba. Baba le dio unas palmaditas en la cabeza y le dijo—: Sujata, ¿ahora sí estás contenta? Tu Baba vino a verte.

El quince de septiembre, Baba dio un DMC en Gorakpur. Varias reconocidas personalidades de la clase social alta de la ciudad asistieron al programa, una muestra significativa de la creciente reputación de Ananda Marga en el norte de India. La organización que había empezado con los compañeros empleados de la oficina del ferrocarril y de miembros de la PMB, veía atravesar por sus puertas a más abogados, doctores, políticos y adinerados hombres de negocios. Sin embargo, ninguno de ellos recibía tratamiento preferencial por parte de Baba. Como siempre, Baba aprovechaba los darshans, CPs y las caminatas en Gorakhpur para señalar las faltas éticas de sus seguidores y dar los golpes apropiados a sus egos. Acharya Pratapaditya se preocupó cuando vio a Baba reprimiendo a varios miembros prestigiosos de la comunidad; algunos de ellos eran sus iniciados, así que fue a hablar en privado con Baba acerca del asunto.

—Baba, si castigas de esta manera a esta gente tan prestigiosa y con cargos tan altos, ¿quién se va a quedar en Ananda Marga?

—No puedo discriminar a la gente basado en esto —dijo Baba—. Lo que esta organización necesita para crecer exitosamente es purificación. Si la gente a la que castigo se vuelve estricta con la ideología, entonces todos se beneficiarán, pero si se sienten diferentes y se van, esto también beneficia a la organización.

Baba le dijo en secreto que la organización iba a pasar momentos difíciles en el futuro cercano. Los discípulos de los buenos tiempos, los atraídos por la personalidad de Baba o la creciente reputación de Ananda Marga, que no están dedicados firmemente a la ideología, no permanecerán en la organización.

En Jamalpur, Akhori y Dr. Ramesh informaron a Baba del progreso del hogar infantil en Patna y de ERAWS en general durante la caminata. En cierto momento, Baba se detuvo y dijo:

—El conflicto entre nosotros y las autoridades dogmáticas traerá tiempos difíciles en el futuro cercano, pero nuestros últimos y más grandes enemigos serán el gobierno y los comunistas. Ellos torturarán y golpearán a los hermanos y hermanas marguis, por el simple hecho de ser marguis. La gente tendrá temor de admitir que son marguis porque si lo hacen serán humillados, amenazados y encarcelados. ¿Van a permanecer a mi lado cuando esto suceda?

Los marguis dieron su palabra de que apoyarían a Baba sin importar lo que pasara.

—¿Están seguros? —les preguntó Baba nuevamente—. Muy pronto vendrán tiempos difíciles, y al mismo tiempo se tendrá que hacer mucho trabajo.

Una vez más confirmaron su promesa.

—La religión desarrollada por los brahmines no es el verdadero dharma —continuó—. La desarrollaron para satisfacer sus propios intereses. Está basada en egoísmo y por lo tanto no puede dar a la gente lo que necesita. En cuanto al comunismo, Marx fue una gran persona, una persona inteligente y un profeta de los pobres. —Baba se llevó las palmas unidas a su pecho mientras hablaba—. Pero su teoría es completamente impracticable, es por esto que su caída es segura. Va a colapsar en esta vida. El capitalismo convierte a la gente en mendigos, pero el comunismo los convierte en animales. Los priva de su capacidad de pensar.

Al final de la conversación, Baba les dijo que cuando llegara el momento en que el comunismo cayera, él también se iría.

Poco antes del DMC en Gorakhpur, Baba llamó a Satyananda a su habitación y le pidió que fuera a Behala, un suburbio de Calcuta, para llevarle un mensaje a Gopen.

—Satyananda, esta vez tienes que hacerle entender. Dile que esta es su última oportunidad.

En esencia, era el mismo mensaje que Baba le había enviado con Satyananda el año anterior, cuando le había advertido a Gopen que dejara de hacer un mal uso de su poderes y que más bien ayudara el trabajo misionero de la organización. Esa vez, Gopen le respondió:

—Satyananda, tú sabes muy bien que Baba no depende de nadie. Él vino con una misión y él la llevará a cabo. Si los seres humanos no le ayudan, hará que las vacas y las cabras lo ayuden. —La frente de Baba se oscureció cuando Satyananda le dio la respuesta de Gopen, pero no dijo nada más en ese momento.

El problema había empezado después de que trasladó a Gopen a Patna en 1961. Había formado un círculo de seguidores que incluía a dos acharyas de familia. Le dieron el nombre de "Madhuchakra" a su círculo, para diferenciarlo del Dharmachakra de Ananda

Marga. Con los poderes que Gopen había adquirido a través de la sádhana y de sus frecuentes samadhis, predecía el futuro de la gente, les daba soluciones a sus dificultades y les daba consejos acerca de sus prácticas espirituales y de sus asuntos familiares. Los marguis que lo rodeaban se enamoraron tanto de sus dones espirituales y del carisma que expresaba, que dejaron de ir a ver a Baba en Jamalpur y no volvieron a participar en las actividades de Ananda Marga.

En una entrevista, Acharya Kishori Devi relató algunas de sus experiencias con Gopen en Patna a principios de los sesenta:

> Gopen-da me inició quince días después de mi esposo. Cuando me estaba dando la primera lección, entró en trance y sorpresivamente vi a Baba sentado frente a mí. Medité por veinte minutos; cuando abrí mis ojos, Baba todavía estaba sentado frente a mí. Me postré ante él. Él dijo:
> —Madre, levántate.
> —Por favor, yo soy tu hija —dije.
> —Sí, eres mi hija —me dijo— pero te llamaré madre.
> Cuando Gopen-da y su esposa se mudaron a Patna, se quedaron con nosotros por un tiempo. Gopen-da solía mantenerse en trance en ese entonces. Solía danzar en una pierna y una dulce fragancia emanaba de su cuerpo. Su esposa se oponía a la meditación. Los marguis solían ir a darle una guirnalda, tocar sus pies y recibir su darshan. Su esposa se quejaba de que estaban molestando a su esposo y que se le rompería el corazón. En esa época su cara se parecía a la de Baba. Cuando vivía con nosotros, yo solía ver una luz divina en mi meditación y tuve muchas otras experiencias.
> En ese tiempo yo tenía dos hijas jóvenes, mis dos primeras hijas. Poonam tenía un año y medio y la otra tenía apenas unos meses de nacida. Un día, durante el Darshan General en Patna, Poonam corrió hacia la tarima y tocó los pies de Baba. La gente me gritó que la controlara. Yo fui por ella y también toqué los pies de Baba y lo mismo hizo la hija que llevaba en mi regazo. Luego, Gopen me dijo que como estaban tan pequeñas, iban a morir o a ser grandes meditadoras. Quince días antes de que murieran, un santo vino a mi puerta. Yo le pedí que por favor esperara; iba a ir adentro a traerle algo. Él me dijo que no quería nada.
> —He venido a decirte que tus hijas morirán pronto. Tú tienes un gran apego por ellas, así que tienen que irse.
> Unos días más tarde les dio sarampión. Un día mientras agonizaban, estaban sentadas en el regazo de la esposa de Gopen-da. De repente las ventanas se abrieron y entró un halo de luz que las rodeó y en ese momento murieron.

Satyananda salió para Behala como se le había indicado y asistió a la reunión del Madhuchakra. Cuando concluyó la meditación colectiva, él le transmitió el mensaje de

Baba. Gopen permaneció en silencio pero los demás miembros del grupo empezaron a insultar a Satyananda. Ofendido por los insultos, salió y tomó el tren de la noche hacia Jamalpur. Encontró a Baba en el jagriti antes de las horas de oficina y le describió lo que pasó.

—Baba, nunca voy a volver allá, nunca más —dijo, todavía ofendido por la forma en que lo habían tratado. Baba se dirigió a Pranay y le pidió que trajera un pedazo de papel y un bolígrafo.

—Pranay, escribe un telegrama para Gopen y envíalo inmediatamente. Infórmale en el telegrama que su afiliación como acharya está suspendida desde este momento, y que yo, Anandamurti, también le retiro todos sus poderes espirituales.

Poco después, empezaron a llegar noticias de Calcuta de que Gopen había perdido sus habilidades. Sus seguidores empezaron a abandonarlo, uno a uno. Pronto dejó de ir a la meditación en Behala (que para entonces había abandonado el nombre de Madhuchakra), así como todas las actividades de Ananda Marga y funciones en el área metropolitana.

El 12 de diciembre, Baba llegó a Calcuta para el programa del DMC, acompañado por Satyananda. Lo llevaron a la residencia de Manohar Lal Gupta, quien sería su anfitrión durante su estadía. Mientras arreglaban el carro para llevar a Baba a su caminata de la mañana, le preguntó a Satyananda si sabía la dirección de Gopen.

—No, Baba.

—Entonces encuéntrala, y mantenla estrictamente confidencial. Quiero ver a Gopen esta mañana, pero nadie debe saber que voy para allá.

Manohar Lal Gupta sabía la dirección. Él acompañó a Baba y a Satyananda y le explicó al conductor cómo llegar a Behala. Cuando llegaron a la residencia de Gopen, Baba y Manohar esperaron en el carro mientras Satyananda fue hasta el apartamento de Gopen en el segundo piso. Cuando golpeó la puerta, Gopen abrió, envuelto en una toalla, todavía mojado después del baño de la mañana. Cuando Gopen supo que Baba estaba abajo en el carro, esperando para verlo, bajó corriendo sin detenerse a ponerse algo de ropa. Cayó a los pies de Baba llorando.

—Baba, por favor perdóname, por favor perdóname —balbuceó, una y otra vez, ante la mirada atónita de los transeúntes que se detenían a observar la extraña escena.

Baba lo consoló y Gopen rápidamente entró en estado de samadhi. Todavía estaba en samadhi cuando Satyananda lo llevó en brazos hasta el apartamento como si cargara a un niño dormido. Baba no tendría más quejas del comportamiento de Gopen en el futuro.

Uno de los obstáculos que Baba tuvo que enfrentar en su rápido empuje para acelerar el crecimiento de la organización fue la tendencia de los padres de hacer lo que fuera posible para prevenir que sus hijos se volvieran sannyasis. En uno de esos casos, los padres fueron hasta el extremo de presentar una demanda en contra de Baba.

Amit era hijo de padres adinerados. Cuando se graduó del Instituto Tecnológico de Bihar en el verano de 1962, su padre Sirdhan Singh, quien en ese entonces era el

Comisionado del Impuesto de Renta en Calcuta, le había conseguido un trabajo en una firma prestigiosa de Calcuta. Sin embargo, unos meses más tarde, renunció a su trabajo y viajó a Jamalpur para convertirse en wholetimer. Sus padres, mortificados por la decisión, fueron a Jamalpur varias veces para tratar de convencerlo de que volviera con ellos. Satyananda cooperó con los padres, preocupado por los problemas que podían generarle a la organización. Inclusive mantuvo a Amit en Jamalpur para facilitar las visitas, pero Amit estaba firme en su decisión de ser monje. Cuando cumplió veintiún años, entró al centro de entrenamiento. No había nada que los padres pudieran hacer, o por lo menos eso pensó.

A principios de diciembre de 1963, Sirdhan Singh presentó cargos de secuestro en contra de Baba y de Pranay, en la corte de Monghyr. Para entonces Amit había recibido la iniciación de avadhuta y había recibido el nombre de Amitananda. Lo enviaron a trabajar al estado sureño de Kerala, pero cuando se procesaban los cargos, él estaba en Anandanagar, preparándose para el campamento de fin de año del VSS y para el DMC de año nuevo.

Después de que se procesaron los cargos, el alguacil fue a informar a Baba y a Pranay de los cargos y les pidió que se presentaran en la corte para dar la declaración de su fianza. Pranay envió un mensajero a Beghuserai para informar a Ram Tanuk y a Vaedyanath Singh, ambos abogados, de la situación. Luego llevó a Baba en el carro hasta Monghyr. Pranay le pidió a Baba que esperara afuera a la sombra de un enorme árbol de mango mientras él iba adentro a informar a la corte que Baba y él habían llegado. Lo condujeron hasta la sala de Bal Mukunda Rastogi, a cuya corte habían asignado el caso. Rastogi, un margui de muchos años y un discípulo inquebrantable, se horrorizó cuando vio a Pranay y el oficial le entregó los papeles del caso.

—¿Dónde está Baba? —le preguntó a Pranay, saltando de la silla. Cuando Pranay le informó que Baba estaba esperando en el carro debajo del árbol de mango, salió lo más rápido que pudo.

—¿Baba, a qué estás jugando conmigo? —le preguntó—. ¿Por qué vienes frente a un discípulo como acusado? No puedo soportar la idea de tenerte en el estrado de los testigos.

—No te preocupes, Bal Mukunda —le dijo Baba—. No va a pasar. Todo va a salir bien, pero tienes que tener paciencia por dos años.

Rastogi volvió a la corte y firmó los papeles de la fianza de Baba. Baba pudo regresar a Jamalpur sin tener que pisar la corte. Ram Tanuk y Vaedyanath llegaron al día siguiente. Se encontraron con Rastogi y empezaron a procesar los papeles para el caso. Después del DMC de año nuevo, Amitananda presentó una declaración en la corte de Monghyr en la que aseveró que no era menor de edad y que se había convertido en monje por su propia voluntad. Para ese entones, el caso se había convertido en noticia de primera plana en todo el país. Amitananda acompañó a Ram Tanuk a Delhi para reunirse con el Ministro del Interior. Después de la reunión, los cargos fueron descartados y Amitananda volvió a su puesto en Kerala. Tal y como Baba había previsto, Bal Mukunda Rastogi enfrentaría graves adversidades en su vida profesional en los dos años siguientes, en parte debido a que era el juez asociado con el caso. Cuando los dos años pasaron, también pasaron sus dificultades.

Poco después de que el caso fue descartado, el padre de Amitananda empezó a imprimir boletines en contra de Ananda Marga y los distribuyó entre los miembros del cuerpo legislativo en varias partes del país. Los boletines contenían alegatos que incluían mesmerismo y secuestro de menores. Un superintendente de la oficina del fiscal de distrito en Patna le mostró el boletín a Rameshvar Baita, quien lo llevó hasta Jamalpur para mostrárselo a Baba. Baba rió cuando lo vio.

—El sol es amarillo —dijo. ¿Quién puede decir que es negro? Pueden tratar, pero no lo van a volver menos amarillo.

Unos meses más tarde, Baba estaba viajando en tren con Devi Chand para asistir a un DMC. El tren se detuvo en una de las estaciones en el camino cuando, frente a la ventana en la que Baba estaba sentado, un hombre apareció en la plataforma y apuntó en la oreja a Baba con un revólver cargado. Baba miró al hombre sin agitarse; Devi Chand se quedó paralizado en su asiento, incapaz de reaccionar. De repente Baba le arrancó el revólver de la mano y le dijo:

—Esta es la tercera vez que tratas de hacerme daño, y todavía no has podido hacer nada. Esta arma pertenece a tu amigo, un superintendente auxiliar de policía. ¿Qué crees que te va a pasar si le doy esta arma al inspector general de la policía?

El sorprendido asaltante no pudo decir nada, pero Devi Chand pudo ver el miedo en su cara.

—Te voy a dejar ir —dijo Baba—, porque tu hijo Amitananda es uno de los sannyasis de mi misión, pero que esta sea la última vez.

El padre de Amitananda salió corriendo del lugar y nunca volvió a molestar a Baba.

A finales de diciembre, Baba mandó un mensaje de que quería que la Escuela Primaria de Anandanagar abriera el dos de enero. En ese momento, cientos de discípulos estaban en el campamento de VSS en Anandanagar en una carpa gigante que habían levantado como refugio temporal. Los voluntarios locales tuvieron una reunión de emergencia y decidieron empezar a dictar clases en la carpa inmediatamente después del programa. También empezaron a construir dos edificios: un hostal y una escuela.

Al mismo tiempo, en Jamalpur, Baba empezó a pedir reportes diarios. Pero el dinero era escaso, y un día Abhedananda, quien recientemente había sido nombrado asistente personal de Baba, se vio obligado a informarle a Baba que el trabajo se había aplazado por falta de fondos. Baba lo miró encolerizado y le dijo:

—El trabajo de Ananda Marga nunca se detendrá por problemas financieros. ¡Mira aquí!

Baba le señaló un estante que hasta hace unos minutos había estado vacío. Abhedananda y sus tres acompañantes se sorprendieron cuando vieron el estante lleno de joyas preciosas, oro y plata. Abhedananda cayó a los pies de Baba. Una vez más, Baba repitió —esta vez con una voz más suave—, que el trabajo de Ananda Marga nunca se detendría por problemas financieros.

Bajo esta presión constante de Baba, los edificios se construyeron y estuvieron listos en un mes. Las familias marguis de Patna y otras ciudades empezaron a enviar a sus hijos a estudiar allí junto con los niños de las aldeas que llegaban cada día desde las áreas circundantes. Para la mayoría de los niños de las aldeas era la primera oportunidad que tenían de obtener educación. Las primeras clases iban desde grado primero hasta cuarto.

A finales de marzo, Sujit presentó una solicitud ante la Junta Directiva de Educación para extender las clases hasta grado octavo.

Baba visitó Anandanagar por primera vez el 6 de marzo y se quedó hasta el 10. Mientras estaba allí, inspeccionó los edificios existentes y dio planes detallados para el desarrollo futuro del proyecto. Seleccionó un lugar para abrir un hospital, cuya construcción empezó tan pronto como Baba partió, y puso la primera piedra de la universidad tecnológica, a la que bautizó AMIT, Instituto de Tecnología de Ananda Marga. También escogió los lugares en donde quedarían la universidad de artes liberales, las clínicas naturopática y ayurvédica, el centro de investigación agrícola, varias industrias artesanales y oficinas para los diferentes departamentos de Ananda Marga. Le sugirió a los voluntarios que utilizaran un tipo de construcción de bajo costo que duraría por lo menos de ocho a diez años, un presagio de lo que estaba por venir.

Además de los planes detallados que Baba dictaba mientras caminaba, continuó el incesante comentario acerca de la historia del área, una práctica que continuó durante los darshans de la mañana bajo un árbol de loro. Habló de Rarh[7], al que consideraba la cuna de la civilización y les dijo a los marguis que iban a encontrar muchos artefactos arqueológicos preciosos en el terreno, incluyendo los restos de una civilización indígena india mucho más antigua que las civilizaciones de Mohendaro y de Harappa. También dijo que encontrarían muchos fósiles. Les explicó que Anandanagar había sido por mucho tiempo un área de aguas termales y de sales minerales; por esa razón era un ambiente ideal para la preservación de los fósiles.

—Así como los seres humanos tienen cementerios comunes —dijo—, también los antiguos dinosaurios y mamuts. —Antes de irse, los llevó a una colina que les reveló era un enorme montón de huesos fosilizados.

Pero más que nada, Baba le prestó especial atención a la rica herencia espiritual de la región. Explicó que el nombre de Chitmu, la villa cercana, derivaba del sánscrito original *caitanya mukha*, que significa "de cara a la consciencia". La llamaron así porque esta área fue el refugio de los primeros practicantes de meditación espiritual en el planeta. Como respuesta a una pregunta que Sujit no expresó, de por qué Baba había seleccionado un lugar tan solitario para la sede futura, Baba explicó que el área entera de Anandanagar tenía una alta vibración espiritual. En el pasado distante, había sido el hogar de una gran escuela de tantra, cuyo centro estaba situado a la orilla del río Kamsavati, que serpenteaba a través del centro de Anandanagar; su influencia había difundido el tantra a través de una extensa distancia en las dos orillas del río.

Muchos sádhakas alcanzaron la liberación mientras meditaban en estas tierras baldías, y los lugares que escogieron para la meditación se habían convertido en *tantra pithas*, asentamientos del tantra, deseados por los yoguis para la meditación, ya que sabían que la vibración que deja un santo realizado en el lugar de su práctica es de gran beneficio para otros yoguis que mediten allí, aún muchos siglos después. De hecho, Baba les dijo, toda el área de Anandanagar, enmarcada por las cuencas de los ríos Kamsavati y Suvarnarekha, se puede considerar un *tantra pitha*. Este había sido el refugio de más de setenta *tantra pithas* individuales en los que sádhakas de diferentes tradiciones en diferentes eras habían alcanzado la iluminación.

Los voluntarios que fueron a vivir y a trabajar en Anandanagar encontraron el lugar ideal para dedicarse a sus prácticas espirituales, pero también estaba lleno de retos mundanos, entre ellos la presencia constante de escorpiones y de serpientes, muchas de ellas venenosas. Baba le aseguró a Sujit que los escorpiones no lo molestarían, y así fue, pero las culebras eran la mayor preocupación. Había que estar constantemente atentos, especialmente en la noche cuando las posibilidades de pisar una víbora sin darse cuenta impedía que la gente saliera. Cada año, varios aldeanos de los alrededores morían debido a picaduras de serpientes venenosas. Los trabajadores encontraban culebras en las camas cuando iban a dormir y sobre los mosquiteros cuando se levantaban por la mañana. Cuando los primeros estudiantes fueron admitidos en los dormitorios recién construidos, se preocuparon porque si picaban a algún estudiante, algunos de los padres retirarían a los niños y las escuelas tendrían mala reputación.

Un día, poco después de la primera visita de Baba, el Acharya Svarupananda, que en ese entonces trabajaba en Anandanagar como profesor, fue a Jamalpur a pedirle ayuda a Baba.

—Está bien —dijo Baba—. Te voy a enseñar cierto mantra. Si se presenta algún caso de picadura de serpiente, usa el mantra y la persona no sufrirá ningún daño. Vuelve mañana por la noche a las diez u once y te lo enseñaré. Ven preparado.

Svarupananda no tenía idea de lo que Baba quería decir con "preparado". A la noche siguiente, cuando entró en la habitación de Baba, Baba le preguntó:

—¿Te bañaste?

—Me bañé al medio día, Baba.

—No, te tienes que bañar antes de venir. Báñate y medita antes de venir. Está bien, vuelve mañana.

A la noche siguiente, Svarupananda se bañó y fue a la habitación de Baba.

—¿Tomaste tu gurú mantra antes de sentarte? —le preguntó Baba.

—No, se me olvidó —le contestó Svarupananda.

—Entonces no te lo puedo enseñar esta noche.

Por varias noches, Baba aplazó el día poniéndole pruebas similares a Svarupananda. Finalmente, una noche parecía estar listo para darle el mantra.

—Antes de darte este mantra, tengo algunas condiciones.

—¿Qué condiciones, Baba?

—Son muy simples. La primera es que si sabes de algún caso de picadura de serpiente, debes ir apresuradamente al lugar y ayudar al paciente. La segunda es que si alguien muere a causa de una picadura de serpiente, será tu responsabilidad.

—Baba, ¿cómo puedo asumir una responsabilidad tan grande?

—Si te enseño este mantra debes aceptar esta responsabilidad.

Svarupananda lo pensó por un momento. Estaba a punto de aceptar cuando Baba le dijo:

—En vez de darte el mantra, ¿no sería mejor si desde hoy las culebras de Anandanagar no picaran a nadie?

—Sí, Baba, eso sería lo mejor.

—Entonces ve y di a todos que nadie morirá por picadura de culebra en Anandanagar. Pero no les hagan daño, de otro modo ellas pueden picar; pero aún así, nadie morirá.

Svarupananda hizo lo que él le indicó. Desde ese momento, no hubo ningún caso de picadura de serpiente dentro de los límites de Anandanagar, pero las serpientes continuaron siendo sus compañeras constantes por algunos años hasta que el desarrollo del proyecto y la afluencia de gente convenció gradualmente a las criaturas a emigrar hacia áreas menos pobladas.

Algunas picaduras de culebras se presentaron ocasionalmente entre los aldeanos, pero llevaban al paciente al hospital de Anandanagar y ninguno de ellos murió. Unos años más adelante, construyeron un puesto de policía cerca del edificio del jagriti, y la policía empezó a comportarse muy mal con los sannyasis y con los estudiantes. Después de dos meses, había tantos casos de picaduras de culebra en su campamento que empacaron y se fueron. Antes de irse, los aldeanos del lugar les comentaron que había muchos sannyasis y estudiantes de edades diferentes en Anandanagar y a ninguno de ellos los había picado una serpiente.

—Ustedes deben tener malas intenciones —les dijeron—. Por eso es que Dios los está castigando.

XXX
Vidas pasadas

Todo el conocimiento, toda la historia pasada y las escenas de las vidas pasadas de uno, permanecen almacenadas en orden secuencial en la mente causal, como una panorámica colorida; una capa representa una vida, seguida por un intervalo, seguido por otra capa que representa otra vida, y así sucesivamente... Los seres humanos, si así lo quieren, pueden tratar de revivir esas experiencias en su memoria. Este esfuerzo se llama sádhana o práctica espiritual. Los sádhakas o aspirantes espirituales, con la fuerza de la sádhana, suspenden su mente cruda en la mente sutil, y la mente sutil en la mente causal. Entonces pueden visualizar claramente este panorama de eventos secuenciales en la mente causal. A medida que obtienen control total sobre el factor del tiempo, pueden trascender fácilmente los intervalos intermedios y establecer un lazo entre ellos. Gradual y lentamente, una serie de vidas se despliega frente a sus ojos como un panorama en movimiento[1].

A FINALES DE febrero de 1964, Baba iba en carro hacia Darbanga para un DMC. Cuando el carro pasó por Laharia Sarai, Baba le pidió al conductor que volteara hacia el occidente en dirección a la estación. Cuando Jiteshananda, uno de los nuevos avadhutas le preguntó por qué se estaban saliendo de la ruta, Baba le dijo que tenía un propósito y no dijo nada más. Sin decir una palabra, Baba salió del carro cuando llegaron a la estación y caminó hacia la plataforma. Los marguis que lo acompañaban lo siguieron.

Dentro de la estación, estaba Haraprasad Haldar esperando el siguiente tren en la plataforma. Cuando notó que Baba se le acercaba, trató de voltear la cara con la esperanza de que Baba no lo notara.

—¿A dónde vas? —le preguntó Baba cuando llegó hasta él—. ¿Estás tratando de evitarme? Ven conmigo.

Baba lo tomó del brazo y lo dirigió hacia afuera de la estación y luego hasta el carro que lo esperaba. Cuando llegaron a Darbanga, Baba fue directamente hasta la habitación que habían preparado para él y llevó a Haraprasad con él.

Finalmente, cuando Haraprasad salió de la habitación de Baba, los curiosos marguis que habían viajado en el carro lo rodearon y le preguntaron qué pasaba.

—Desde hace algún tiempo —dijo Haraprasad—, he estado sintiendo una fuerza extraña que me atrae hacia los Himalayas. Sentí un fuerte deseo de ir allá y dedicarme a la meditación. El deseo se hizo más y más fuerte, hasta el punto que ya no pude alejarlo de mi mente. Finalmente, tomé la decisión de abandonar mi vida mundana y pasar el resto de mi vida en meditación solitaria. Una vez me hice a la idea, decidí ir a visitar a mis amigos cercanos por última vez, porque sabía que muy probablemente nunca más los volvería a ver. Pero estaba seguro de que si veía a Baba, él no me iba a dejar ir. Como sabía que él iba para Darbanga, decidí tomar el tren a Gorakhpur en Laharia Sarai para no tener que pasar por Darbanga. Pero como ustedes vieron, Baba de alguna manera se enteró de mis planes. Cuando me llevó a la habitación, me reprendió por pensar en abandonar a mi familia y el servicio a la sociedad. Luego me dio órdenes directas de desistir de cualquier deseo de escapar a los Himalayas, ahora o nunca.

Más tarde, los marguis tuvieron la oportunidad de preguntarle a Baba también y él les dio los detalles que faltaban.

—En la vida pasada, Haraprasad era un yogui que vivía en una cueva en el Himalaya. Era discípulo de un maestro del Himalaya. Un día fue al río a traer agua y se ahogó. Aunque fue hace ya muchos años, el gurú todavía vive y todavía tiene la silla de meditación y la olla del agua de Haraprasad en esa vida. Esta es la fuente de la gran atracción que él siente por esas montañas. Es más, él trató de ir a los Himalayas antes pero regresó. Ahora le he prohibido que lo intente nuevamente, no sería beneficioso para su progreso espiritual.

Otro incidente curioso ocurrió durante el DMC en Darbanga. Una mujer desconocida se acercó a los marguis frente a la casa en la que Baba se hospedaba y les dijo que quería conocer a Baba. Cortésmente le dijeron que Baba no se reunía con personas que no fueran marguis, pero que si quería, lo podía ver desde la distancia cuando él fuera a la caminata acostumbrada. Ellos no le prestaron mayor atención al asunto, hasta que Baba les envió un mensaje diciéndoles que afuera había una mujer que no era margui, coincidía con la descripción, y que debían despedirla. Ellos salieron y la encontraron sentada esperando a que Baba saliera. Trataron de convencerla de que se fuera, tal y como Baba les había pedido, pero la mujer no cedió. Finalmente se rindieron, no estaban dispuestos a ir en contra de las costumbres de la cultura de la India, que demandaba que se demostrara un alto nivel de respeto hacia las mujeres y los ancianos.

Un poco más tarde, Baba salió. Cuando se estaba montando en el carro que lo iba a llevar al área escogida para su caminata nocturna, la mujer se le acercó.

—¿Qué quieres madre? —le preguntó Baba.

—Baba, te traje esta flor.

Baba aceptó la flor y se subió al carro. Cuando la persona sentada al lado de Baba se ofreció a llevar la flor por él, Baba le advirtió que ni él ni nadie más podía tocarla. Cuando salieron del carro para la caminata, Baba todavía sostenía la flor. En la ruta llegaron hasta una quebrada, cuando cruzaban el puente, Baba se detuvo y les explicó que la mujer que le había dado la flor era una avidya tántrica.

—Ella le ha infundido cierto poder a esta flor de tal manera que cualquiera que de buen grado la acepte cae bajo su control. Este poder se llama *sammohani vidya*. Después de que me la dio, ella se dio cuenta que este poder no tiene ningún efecto sobre mí, pero si alguno de ustedes la toca los puede afectar.

Después de decir esto, Baba dejó caer la flor en la corriente desde el puente y les explicó que de esta manera se cancelaba su efecto.

El 4 de marzo, justo antes de su primera visita a Anandanagar, Baba llegó a Dhanbad para un DMC. Vishvanath[2] sirvió como su asistente local. Baba llegó en la noche desde Asansol en el carro de Kedarnath y lo llevaron a la casa de Sachidananda, en donde le habían preparado una habitación. Cuando entró en la terraza, un grupo de mujeres marguis le dio la bienvenida con lámparas encendidas y le lavaron los pies con agua perfumada al estilo de la tradición bihari. Sachidananda estaba recostado en la terraza con fiebre alta, enrollado en una cobija, pero se levantó y le dio una guirnalda a Baba; en vez de inclinar la cabeza para recibir la guirnalda y dar el namaskar como solía hacer, Baba le dio una palmada en la mejilla lo suficientemente fuerte para hacerle perder el equilibrio y caer. Cuando se levantó, la fiebre y los dolores habían desaparecido y no volverían.

El número de marguis que se reunieron al día siguiente para el DMC superó con creces las expectativas, y los organizadores se empezaron a preocupar cuando se les hizo obvio que toda esta gente no iba a caber en el salón que habían rentado para la ocasión, sin importar lo apretados que se acomodaran. Mientras discutían qué hacer, un adinerado hombre de negocios llegó en un Mercedes Benz nuevo y pidió que lo dejaran hablar con los organizadores.

—Oí que ustedes son gente religiosa —dijo—, y que están planeando una gran función aquí en Dhanbad. Yo tengo un gran edificio con todas las facilidades que necesitan y me gustaría ofrecerlo para su programa, si están dispuestos a aceptarlo. También tengo un carro nuevo que pueden utilizar.

Sorprendidos por esta oferta inesperada, los marguis fueron con él para inspeccionar el edificio y se dieron cuenta que era exactamente lo que necesitaban. Rápidamente se organizaron para trasladar el programa del DMC. Más tarde, los vecinos les informaron que supuestamente el edificio estaba embrujado y que el dueño tenía miedo de entrar. Él esperaba que los bhajans y el kirtan expulsaran a los malos espíritus.

Después de que terminó el DMC, Vishvanath y Gurugopal fueron a la habitación de Baba para darle un masaje. Cuando Vishvanath empezó a masajear la cabeza de Baba, empezó a llorar, conmocionado por la triste realidad de que Baba salía al día siguiente para Anandanagar.

—No llores —le dijo Baba—. ¿No me prometieron todos ustedes que iban a seguir a donde fuera? Me han seguido hasta este planeta y a donde quiera que vaya después, estarán conmigo.

A la mañana siguiente, antes de que Baba saliera, Vishvanath lo estaba abanicando en la habitación. Por insistencia de Vishvanath, Pranay le informó a Baba que Vishvanath tenía los exámenes la semana siguiente. Baba miró a Vishvanath, pero no le dijo nada en ese momento. Unos minutos más tarde, mientras se lavaba las manos, Baba le dijo a Vishvanath que no olvidara repetir el mantra de la segunda lección antes de empezar los exámenes. Luego, Baba se dirigió hacia el carro que lo esperaba para conducirlo a la estación. El hombre de negocios que les había ofrecido el edificio estaba esperando al lado del carro con los marguis y Baba le dio la bendición, lo que era inusual porque no había sido iniciado. Más tarde él informó a los marguis locales que a pesar de que la esposa no había podido tener hijos por muchos años, había quedado embarazada después del DMC. Este había sido su deseo tácito cuando vio salir a Baba.

Vishvanath repitió el mantra de la segunda lección antes de sentarse a tomar el examen, pero cuando recibió los resultados, se decepcionó de saber que no había aprobado. Enojado con Baba, pidió dinero prestado y fue a Jamalpur. En la noche, mientras estaban sentados en la tumba del tigre, expresó su queja.

—Baba, tú me dijiste que tomara mi segunda lección antes del examen y lo hice, pero aun así reprobé.

—Vishvanath, no aprobaste porque no eres sincero en tus estudios, y porque le rindes culto y le pides ayuda a la diosa Sarasvati[3], y sabes que no lo debes hacer.

Baba continuó hablando con los otros marguis, pero unos minutos después, se dirigió a Vishvanath y le dijo:

—Hubo un error en la tabulación de tu trabajo de gestión para talleres. Dirígete a la mesa directiva y ellos lo corregirán.

Vishvanath se dirigió a la mesa directiva. Después de revisar el trabajo, encontraron que una de las preguntas había sido calculada de forma incorrecta. La corrigieron y apenas pasó.

A finales de marzo, Baba sorprendió a los marguis con la decisión de llevar a cabo un DMC en la pequeña villa de Ambagan, en el estado noroccidental de Assam. En la tarde del DMC, Baba le pidió a su asistente personal, Acharya Sambuddhananda, que lo llevara a la reserva forestal de Lau Khowa, una reservación para elefantes y rinocerontes que estaba a unos ocho kilómetros en las afueras de la villa. Sambuddhananda consiguió un carro y salió con Baba y otros tres marguis locales: Indra Talukdar, Yogeshvar Barua y Umesh.

Cuando estaban cerca del bosque, Sambuddhananda tomó una ruta remota que los llevaría por la periferia de la reservación, pero Baba le dijo que tomara la carretera que pasaba por la mitad de la jungla. Pronto, la carretera se tornó en un camino estrecho que serpenteaba hacia la parte más densa del bosque. Los tres marguis empezaron a asustarse, incómodos porque sabían las posibles consecuencias de encontrarse a un elefante adulto o a un rinoceronte en medio de la selva. A medida que las sombras del crepúsculo se hicieron más profundas, serenamente le sugirieron a Sambuddhananda que regresara. Sambuddhananda no les prestó atención. Él sabía que no le podía sugerir semejante cosa a Baba después de haber recibido instrucciones directas de él. Un poco más adelante, se confirmó el temor de los marguis. Uno de ellos vio a un rinoceronte con su cría a unos cien metros de la carretera y dio un grito de advertencia. Sambuddhananda miró a Baba. Viendo la sonrisa de Baba, continuó a una velocidad cuidadosa, mientras los tres marguis se ponían más tensos, a sabiendas de que la rinoceronte los podía atacar para proteger a la cría.

Cuando estaban a unos diez o quince metros de la rinoceronte y su cría, Baba le pidió a Sambuddhananda que detuviera el carro. Baba se bajó y empezó a caminar hacia los animales, Sambuddhananda lo seguía de cerca. Uno a uno, los otros discípulos, luchando por dominar el miedo, se bajaron del carro cautelosamente y también lo siguieron. Baba caminó hasta la mamá rinoceronte y le empezó a acariciar el lomo calloso mientras la cría confundida se movía de un lado a otro. Después de uno o dos minutos empezó a acariciar a la cría. La madre miraba en silencio, sin hacer el menor movimiento. Finalmente, Baba le empezó a susurrar algo al oído a la madre en una lengua que ninguno de los marguis pudo entender. Alentados por el ejemplo de Baba y la mansedumbre del imponente animal, los cuatro discípulos también acariciaron a la madre y a la cría. Para entonces, había empezado a oscurecer. Baba le pidió a Sambuddhananda que volteara el carro para que pudieran salir. A medida que volteaba el carro, las luces alumbraron a la rinoceronte. Los marguis se asombraron de ver lágrimas saliendo de sus ojos.

De regreso hacia Ambagan, Yogeshvar le preguntó a Baba por qué la rinoceronte madre había actuado tan dócilmente en su presencia.

—Ustedes son niños pequeños —le dijo Baba—. Van a entender cuando crezcan.

Umesh mencionó las lágrimas de la rinoceronte y le preguntó por qué parecía estar llorando.

—Estaba llorando porque se estaba acordando de su vida pasada —dijo Baba—. En su vida pasada ella era un ser humano y era mi amiga.

Un tiempo después, Baba iba para Calcuta a un programa. En el camino, el tren pasó por Sahebganj. Como siempre, una multitud de marguis fue a la estación a recibir el darshan mientras el tren estaba en la plataforma. Entre ellos estaba una pareja recientemente iniciada, Ramchandra Gope y su esposa, Chandravati. Como muchas de las esposas en India, ella se había iniciado siguiendo a su esposo, pero después de unos pocos días tenía dudas de la prudencia de su decisión.

Por un lado, era una devota seguidora de Krishna desde la niñez. Desde hacía tiempo se había apegado al ídolo de Krishna que tenía en el altar y a la comodidad de su ritual de adoración diario. En la iniciación le dieron un mantra diseñado para cultivar el sentido de identidad con la Consciencia Suprema. Pero no le parecía correcto. ¿Cómo puede ser que Dios y yo seamos uno solo?, pensaba, mientras miraba a Krishna en el altar. Él está allá, donde sea que esté, y yo estoy acá. No sólo le parecía absurdo sino que le parecía blasfemo.

Había algo más: su acharya era el esposo de su hermana. Con la intimidad que nace de los lazos familiares cercanos, él le había asegurado a ella y a su esposo que Anandamurti era un Dios en vida. Esto tampoco le parecía correcto. ¿Cómo podía un ser humano ser un Dios vivo?

Cuando se enteró de la llegada de Baba, decidió que iba a poner el maestro a prueba para resolver sus dudas de una sola vez. Si él pasaba la prueba, entonces ella continuaría con la meditación, pero si fallaba, entonces renunciaría y volvería al culto a Krishna.

La prueba que Chandravati diseñó era simple. Ella había oído que la gente le llevaba guirnaldas y las ponían en el cuello del gurú como señal de reverencia. Debido al gran número de devotos, no era fácil ponerle la guirnalda al gurú personalmente. Normalmente, él aceptaba una o dos y el resto las entregaban al asistente personal para que él las bendijera. Ella decidió llevar una guirnalda a la estación, pero no iba a hacer ningún esfuerzo por ofrecérsela al maestro. Si él realmente era el Dios en vida que el cuñado le había dicho que era, entonces él sabría lo que pensaba y le pediría la guirnalda personalmente; si no, entonces ella comprobaría que él no era lo que todos decían que era y ella podría volver felizmente a su ritual tradicional.

Cuando el tren se detuvo, varios cientos de discípulos fueron a recibir a Baba, muchos de ellos con sus propias guirnaldas. Chandravati se quedó en la parte de atrás, esperando a ver si Baba la llamaba, hasta que finalmente sonó el silbato y el tren empezó a moverse. Este era el resultado que ella estaba esperando, ansiosa por renunciar a la meditación y volver a su ritual tradicional. Pero cuando vio que el tren se alejaba, sintió una punzada de desengaño, como si muy dentro de sí tuviera la esperanza de que él realmente fuera un Dios en vida. Unos minutos después la alcanzó el esposo lleno de entusiasmo, y le dijo que iban a tener otra oportunidad de ver al maestro en unos pocos días, cuando el tren de regreso pasara una vez más por Sahebganj.

Chandravati pensó por un momento. Si cuido la guirnalda, pensó, si la pongo en una caja y la rocío con agua puede durar algunos días. Supongo que le puedo dar otra oportunidad.

Sin decirle nada al esposo, mantuvo la guirnalda lo más fresca que pudo y volvió con él a la estación unos días más tarde. Una vez más se mantuvo detrás de la multitud mientras su esposo iba hacia adelante ansioso de acercarse a Baba lo que más pudiera. Ella mantuvo la cabeza agachada y esperó mientras los demás le llevaban las guirnaldas a Baba. Un par de mujeres le insistieron que se adelantara y le diera el namaskar y la guirnalda a Baba, pero ella respondió cortésmente que no era necesario.

Finalmente, el guardia ondeó la bandera verde y sonó el silbato, Esta vez, su decepción se tornó en rabia; se vio corriendo hacia Baba tirándole la guirnalda. Empezó a ensayar mentalmente la reprimenda que le iba a dar a su acharya a la primera oportunidad; pero por alguna razón, el tren no se movió. Varios marguis fueron a preguntar cuál era el problema y volvieron para informarle a Baba que los oficiales de la estación no sabían cuál era el problema. Todo parecía estar en orden, pero por alguna razón el tren no se movía. De repente, Chandravati fue sacada de su enojado ensueño. Voces ansiosas le informaron que Baba la estaba llamando. Ella avanzó lentamente hacia la ventana abierta en el vagón de Baba. Baba le pidió a la gente que se moviera y le abriera paso.

—Madre —dijo Baba cuando ella llegó al compartimiento—. ¿No me trajiste una guirnalda? ¿Sabes?, este tren no se va a mover hasta que no me des la guirnalda. Chandravati se limpió las lágrimas y puso la guirnalda en el cuello de Baba. Baba le dio el namaskar. En ese momento, el silbato sonó una vez más y el tren empezó a moverse.

Baba visitó Anandanagar por segunda vez en abril ese mismo año. El centro de entrenamiento de los wholetimers había sido trasladado desde Jamalpur a finales del año anterior, y uno de los aprendices había sido un representante de la gerencia de personal de la firma de Usha Martin Black en Ranchi. En esos días, Kedarnath y Kshitij solían buscar en Ranchi y las zonas aledañas por personas con mentalidad espiritual a las que pudieran convencer de iniciarse en Ananda Marga. A finales de 1963, les dijeron de un cierto Vijay Kumar Mishra, un respetado y bien educado joven de unos treinta años, a quien muchos consideraban un alma elevada; era también miembro de una reconocida familia. La gente decía que había hecho un ayuno total durante el Durga Puja. Durante el ayuno, la diosa Durga apareció delante de él en túnica blanca y le dio instrucciones que debía seguir por el resto del año.

Consiguieron la dirección de la casa y fueron a hablar con él una tarde. Vijay los recibió de una manera cordial y los escuchó atentamente mientras que los dos acharyas hablaban acerca de las prácticas y la ideología de Ananda Marga. Después de hablar por algunos minutos, un par de visitantes aparecieron en la puerta. Vijay se excusó y dijo:

—Hay algo importante que tengo que discutir con estos caballeros, no tomará mucho tiempo. —Salió a la terraza. Desde la sala, Kedarnath y Kshitij lo podían escuchar regañando a los dos hombres—. ¿Por qué persisten en molestarme con lo de casarme? Ya les dije ayer que no tengo intenciones de casarme. Ríndanse.

Cuando Vijay volvió, se disculpó por la interrupción, encendió un cigarrillo, y les explicó que los dos hombres eran familiares que lo molestaban continuamente con propuestas de matrimonio.

—¿Por qué no te quieres casar? —le preguntó Kshitij cordialmente.

—Es una larga historia. Pero en breve, mi madre no pudo tener hijos por mucho tiempo; ella pensó que nunca podría tener un hijo. Pero una noche soñó que veía a un gran yogui sentado en un santuario. Cuando ella se acercó al yogui, él la bendijo y le ofreció un coco. Él le dijo que después de que se comiera el coco concebiría un niño y que su hijo sería un gran santo. Justo después de que tuvo el sueño, mi madre quedó embarazada. Así que ella estaba convencida de que el bebé iba a ser un santo. Mi padre era un astrólogo y una especie de adivino. Cuando nací, él leyó mi horóscopo, y también predijo que yo iba a ser un santo. Algunos de sus amigos que también eran astrólogos llegaron a la misma conclusión, y desde que era un niño, me he dedicado a la vida espiritual y a las prácticas espirituales. Si me casara, la joven tendría que soportar grandes dificultades, así que es mejor que no me case.

—Pero aún después de casarse, una persona puede practicar yoga y obtener la liberación —exclamó Kedar.

—Como sea, yo pienso que es mejor si no me caso.
Los dos acharyas continuaron hablando acerca de Ananda Marga mientras Vijay fumaba un cigarrillo después de otro y escuchaba con obvio interés. Finalmente le preguntaron si estaba interesado en iniciarse.
—Yo me voy a iniciar cuando encuentre el gurú adecuado.
—Mientras tanto —dijo Kshitij—, no hace daño aprender la técnica y probar por un tiempo.
Vijay estuvo de acuerdo y tomo iniciación de Kshitij. Cuatro o cinco días más tarde, apareció en la casa de Kshitij quejándose de que se le estaba presentando un problema durante la meditación.
—Cada vez que medito tengo la misma visión. Aparece una hermosa mano, con piel color aceituna que tiene un anillo de oro con una perla insertada en el dedo del medio. La mano tiene un cigarrillo encendido que acerca a mi boca, pero cuando trato de fumar, la mano desaparece. Luego aparece una vez más, varias veces sucesivamente. Cada vez que medito, la misma visión me perturba. Desde que empecé he desarrollado aversión al cigarrillo. ¿Me pueden explicar qué pasa?
—Piensas que puedes reconocer esta mano si la ves en la vida real, especialmente si tiene el mismo anillo? —Kshitij preguntó, convencido de que la mano que Vijay había visto era la mano de Baba.
—Con seguridad, ya la he visto muchas veces.
—Si quieres ver esa mano, entonces tienes que ir a Jamalpur y visitar nuestro ashram.
—Está bien —respondió Vijay sin vacilar—. Estoy listo si puedo resolver el misterio. ¿Cuántos días de licencia debo pedir?
—Toma cuatro o cinco días de licencia si es posible. Tu trabajo se hará en un solo día, pero vas a necesitar más tiempo para poder procesar tu experiencia y entenderla. Yo sé que tienes una posición muy alta con muchas responsabilidades en tu firma. ¿Piensas que puedes sacar todo ese tiempo libre o va a crearte problemas en el negocio?
—Va a ser difícil, pero me las arreglaré de alguna manera.
Kshitij le dio la dirección. Unos días más tarde, Vijay le informó que tenía cuatro días de licencia y que había hecho una reservación para ir a Jamalpur el día siguiente. Kshitij le dio la noticia a Kedarnath, y los dos estaban ansiosos de escuchar lo que Vijay les diría cuando volviera, pero la fecha de su regreso pasó y Vijay no apareció. Dos semanas pasaron y todavía no sabían nada de él. La familia de Vijay fue a donde Kshitij, con la esperanza de saber qué había pasado con él. Kshitij les dio la dirección en Jamalpur, pero eso era todo lo que podía hacer ya que él no podía ir en ese momento. Pasó un mes antes de que Vijay volviera. Cuando volvió fue directamente a la casa de Kshitij. El elegante oficial de personal, que siempre se vestía con los más finos trajes hechos a la medida, estaba vestido con una simple kurta blanca de algodón y pantalones de pijama[4]. Su comportamiento orgulloso había sido reemplazado por una expresión humilde. Parecía estar al borde del llanto. Vijay se agachó y tocó los pies de Kshitij.

—Acharyaji, has cambiado mi vida. El día que viniste a mi casa fue el momento crucial de mi vida. Con tu ayuda he encontrado el camino correcto. He decidido dejar todo y dedicar mi vida a Baba.

Al día siguiente, Vijay llegó a la casa de Kshitij con dos camiones llenos de sus pertenencias. Ahora que iba a ser un wholetimer, quería donarle todo a Ananda Marga. Hasta se quitó el reloj y se lo entregó a Kshitij, pero Kshitij le dijo que se quedara con él.

—Lo vas a necesitar —le dijo—, porque como wholetimer tienes que utilizar adecuadamente cada minuto de tu vida.

El 9 de abril Baba llegó a Anandanagar por segunda vez. Kshitij y Kedar hicieron el corto viaje desde Ranchi junto con otros marguis para asistir al programa. Cuando fueron a buscar a Vijay, se sorprendieron de encontrarlo trabajando en la cocina, lavando las ollas y sartenes con el lungi doblado a la altura de las rodillas. Cuando Kshitij le preguntó por qué estaba trabajando en la cocina, les dijo en una humilde voz que algunos marguis tenían que tomar el tren, y por eso les habían preparado pudín de arroz y ahora estaba limpiando. Kshitij se sintió orgulloso de que su iniciado tuviera un alma tan buena, alegre de ver que este hombre que durante toda su vida había tenido sirvientes que hacían todo el trabajo por él, ahora estaba feliz de ser un humilde sirviente de sus hermanos discípulos.

Kshitij y Kedarnath fueron a la habitación de Baba. Cuando entraron, Baba les preguntó dónde estaba Vijay.

—Está lavando las ollas, Baba —le respondió Kshitij.

—Llámenlo, le voy a tomar el hilo[5].

Kshitij sonrió y volvió corriendo a la cocina. Cuando Vijay le dijo que estaba sucio y tenía que bañarse primero, Kshitij dijo:

—¿Qué estás diciendo? No tienes tiempo. Cuando Baba te llame, no lo dejes esperando. Lávate las manos y los pies rápidamente y ven conmigo.

Vijay se lavó las manos y los pies, se soltó el lungi, y siguió a su acharya a la habitación de Baba. Cuando llegaron, Kshitij empezó a masajear los pies de Baba y le pidió a Vijay que masajeara la espalda de Baba, él aceptó con un poco de vacilación. Baba estaba callado, pero encogió los hombros una o dos veces, como si se sintiera incómodo. Luego les pidió que se sentaran, les iba a contar una historia.

—Hace trescientos años —empezó Baba—, en las afueras de Rewa, había un gran yogui, un alma realizada, que vivía en un ashram con sus discípulos. Uno de ellos era un hombre joven, de una familia real adinerada, que había ido al ashram a temprana edad, dejando atrás su vida de comodidades para dedicarse al camino espiritual. Este muchacho era un alma elevada con una mente pura que prácticamente no tenía más deseos materiales que su debilidad por frutas dulces. Un día, el gurú lo llamó a su habitación para decirle que iba a salir del ashram por unos días y que lo iba dejar encargado. La única advertencia era que no violara ninguna de las reglas del ashram mientras volvía. El muchacho se lo prometió y el maestro se fue para su viaje.

—Después de que se fue, la reina de Rewa fue a visitar el ashram, tal y como acostumbraban las familias reales en esos días. Durante la visita, el aura espiritual del muchacho la atrajo. Como ella no tenía hijos, sintió el deseo de adoptarlo y hacerlo su heredero. Cuando le expresó al muchacho lo que sentía, él la decepcionó con su respuesta: "Madre, yo nací en una familia real. Dejé todo para venir a aprender a meditar a los pies de mi gurú. Como él está feliz conmigo me está enseñando. Por favor, no me pidas que vuelva a lo que dejé atrás. No puede ser".

—La reina se entristeció con la respuesta, pero aceptó su decisión. Como regalo de despedida, le ofreció unos adornos de oro y de plata para apoyar el ashram. Sin embargo, era una regla estricta que los discípulos no podían aceptar nada sin permiso del gurú. Él le explicó por qué no podía recibir su ofrenda. "Verás", dijo ella, después de escuchar la explicación, "yo soy como una madre para ti. Si tu madre te ofrece algo, debes aceptarlo. Si no puedes aceptar los adornos, entonces por lo menos acepta un coco". El muchacho no quería ofenderla más de lo que ya la había ofendido; además tenía esta debilidad por los cocos. Es sólo un coco, pensó; estoy seguro que está bien y aceptó. La reina cortó el coco en pedazos y se lo ofreció al muchacho, quien comió un poco y guardó el resto con la idea de ofrecerlo al gurú, quien debía volver en cualquier momento. Después, la reina se fue.

—Al día siguiente, el gurú regresó. Tan pronto como entró en el ashram, llamó al discípulo a la habitación. Con un tono de voz severo le dijo: "Es una regla de este ashram que los discípulos no pueden aceptar nada sin mi permiso, y ¿tú violaste esta regla por un coco? ¿Cómo puedes decir que estás listo para aprender yoga de mí si ni siquiera puedes seguir estas simples reglas?"

—El muchacho se fue perturbado y deprimido. Su error obsesionó su mente por mucho tiempo y murió poco después. Debido a su error y a la fuerza que este pensamiento ejerció en su mente, nació como una palma de coco en su vida siguiente y permaneció en ese cuerpo por cerca de trescientos años[6].

Cuando Baba terminó Vijay estaba llorando en silencio. Baba lo miró y dijo:
—Dime Vijay, ¿existe alguna conexión entre tu nacimiento y un coco?
—Sí, Baba.

Kshitij y Kedar también tenían lágrimas en los ojos, sabían que era la historia de Vijay. Kshitij notó que Baba estaba recostado en el catre en *aparchakra mudra*, una posición que significa que si el gurú le dice al discípulo que pida algo y el discípulo expresa su deseo, entonces ese deseo se cumple.

Una vez más Baba miró a Vijay y le dijo:
—Vijay, dime qué deseas.

Vijay se mantuvo en silencio. Baba le preguntó una vez más. Esta vez Vijay hizo sastaunga pranam. Llorando suavemente, dijo:
—Baba, no deseo nada, sólo dame la fuerza de servir tu misión hasta que muera. No deseo nada más.

Baba se sentó, se inclinó hacia él y lo tocó en el *ajina* chakra. Vijay cayó de espaldas en samadhi. Luego, Baba se excusó diciendo que debía usar el baño. Cuando volvió, les dijo a los dos acharyas de familia que cubrieran a Vijay con una manta y que no lo perturbaran porque estaba en un intenso estado de éxtasis. Un poco después, les pidió que movieran a Vijay, todavía inconsciente, a la habitación de Pranay.

Kshitij aprovechó la oportunidad para preguntarle a Baba acerca de la historia.

—¿Por qué el discípulo tuvo que sufrir semejante castigo tan fuerte por una ofensa tan insignificante? —preguntó.

—Para él no era una ofensa insignificante —dijo Baba—. Entre más alto se suba la escalera de la espiritualidad, más fuertes las repercusiones por cualquier falta. Si un acharya y un margui cometen el mismo error, el castigo para el acharya es mayor, porque a él se le ha dado una mayor responsabilidad. Este discípulo era un gran yogui que fue en contra de las órdenes de su gurú y como consecuencia recibió un castigo severo. Este es el *lila*[7] de Paramapurusha.

Una noche, a principios de abril en Muzaffarpur, Kartik, el hijo adolescente de Shashi Rainjan, empezó a sentir rigidez en el cuello y la espalda. Cuando Guddu, como lo llamaban los familiares y amigos, se despertó en la mañana, era mucho peor, así que fue a donde un *hakim* a que le ajustara la columna, pero salió de la oficina del *hakim* sintiéndose aún peor. A la mañana siguiente, estaba tan mal que le resultaba difícil moverse. No podía hacer nada sin la ayuda de uno de los sirvientes de la familia. Su padre, un prominente miembro del parlamento en el partido del congreso, se alarmó. Como era un hombre de recursos, pudo llevar a su hijo a varios de los mejores especialistas en Patna, la capital de Bihar, pero ninguno de ellos pudo darle un diagnóstico consistente. Los nervios del lado izquierdo del cuerpo parecían estar dañados, pero no tenían idea cuál era la causa. Recomendaron inmovilizar al paciente por un extenso periodo de tiempo y le recetaron analgésicos.

Pusieron a Guddu en un molde de yeso de cuerpo entero, pero pasaron varias semanas sin que su condición mejorara. Su padre hizo arreglos para que otros especialistas lo vieran, con la esperanza que de alguno de ellos le diera el diagnóstico correcto y sugiriera un tratamiento más adecuado, pero ninguno de ellos pudo hacer nada mejor que los doctores anteriores. A finales de abril, el itinerario de viaje de Baba pasaba por Delhi de camino a Jammu para el DMC. Durante la escala de un día, estaba programado para dar un Darshan General e ir a la caminata con los marguis locales. Los marguis que sabían de la situación de Guddu le sugirieron a Shashi Rainjan, de vuelta en Delhi, que le pidiera ayuda a Baba, pero Shashi Rainjan se resistía a hacerlo.

—Baba lo sabe todo —les dijo—. No es necesario decirle. Baba sabe qué es lo mejor para Guddu. —Pero ellos le repitieron la sugerencia y él aceptó renuentemente.

Baba llegó en avión desde Varanasi en la tarde del 24. Por la tarde, los marguis se reunieron para la caminata y el Darshan General en la casa de Shashi Rainjan en el domicilio 93 Avenida Norte, en donde Baba estaba alojado. Como siempre, los marguis se amontonaron alrededor del carro de Baba y empezaron a entonar canciones devocionales. Cuando Baba salió, saludó a todos con un namaskar y charló con los marguis por unos minutos, preguntándoles por su salud y bienestar. Quedamente, los marguis urgieron a Shashi Rainjan para que hablara con Baba acerca de Guddu, pero ahora que Shashi Rainjan estaba en presencia del maestro, se dio cuenta que no podía hacerlo. Lo único que pudo hacer fue orar en silencio para que Baba hiciera lo que pensara que era lo mejor. Cuando Baba pasó al lado de Shashi Rainjan de camino hacia el carro, se detuvo y le preguntó cómo estaba.

—Y, ¿cómo está Guddu? —dijo.

Esa simple pregunta fue suficiente. Vencido por la emoción, Shashi Rainjan le dijo a Baba con voz vacilante lo que había pasado.

Baba asintió con la cabeza lentamente.

—No te preocupes —le dijo—. Anota esta dirección. —Baba le dio el nombre y la dirección de un doctor en Burdwan—. Lleva a Guddu a verlo. Él lo puede ayudar.

Shashi Rainjan se puso eufórico. Tan pronto como Baba se fue de Delhi, regresó a Muzaffarpur e hizo los arreglos para el viaje a Burdwan. Un par de días después, él y Guddu se alojaron en un hotel de Burdwan, llevaron las medicinas y la silla de ruedas de Guddu. Shashi Rainjan contrató un rickshaw y le pidió al conductor que lo llevara a la dirección que Baba había escrito, la clínica de medicina del Dr. Shailen Mukherjee. Él asumió que el Dr. Mukherjee sería un especialista en neurología, o quizás en medicina ortopédica, pero a medida que el rickshaw se abría paso hacia la sección más pobre del pueblo, Shashi Rainjan empezó a preguntarse qué tipo de especialista tendría su oficina en semejante área tan humilde. Le preguntó al conductor del rickshaw si estaba seguro de que tenía la dirección correcta, pero el conductor simplemente asintió y continuó pedaleando.

Finalmente se detuvieron al frente de un dilapidado bungalow de un solo piso. Mientras le pagaba la tarifa al conductor del rickshaw, vio el pequeño aviso con letras desteñidas colgado a la derecha de una puerta de madera: Shailen Mukherjee, MBBS[8]. Sin duda era el lugar correcto, pero el MBBS al lado del nombre indicaba claramente que el Dr. Mukherjee no era un especialista. Empezó a sentirse intranquilo, pero trató de reprimir su preocupación. Si Baba lo había enviado allá, pensó, tenía que haber una razón. Tomó el gurú mantra, puso su fe en Baba y fue a tocar la puerta. Un hombre vestido con un lungi y una camiseta manchada abrió la puerta. Tenía la boca teñida de un rojo brillante de masticar un aderezo de nuez de betel.

—¿Sí? —preguntó el hombre.

—Estoy buscando al Dr. Mukherjee.

—¿En qué le puedo ayudar?

—¿Usted es el Dr. Mukherjee? —le preguntó Shashi, sorprendido momentáneamente.

—Sí.

Shashi Rainjan respiró profundamente.

—Mi hijo está muy enfermo. Mi gurú me dio su dirección y me dijo que lo trajera aquí para que le diera tratamiento.

El doctor parecía sorprendido.

—¿Su gurú? ¿Cómo se llama?

—Shrii Shrii Anandamurti, o Prabhat Rainjan Sarkar.
—Lo siento, pero no conozco a su gurú. Nunca oí hablar de él. ¿Cómo es que él lo envió hasta acá?
—No sé, pero si él me envió hasta acá debe haber alguna razón.

El doctor lo invitó a pasar y escuchó pacientemente mientras él describía los síntomas de Guddu y el diagnóstico y tratamiento sugerido por los especialistas en Patna.

—Honestamente —dijo el doctor—, no se qué puedo hacer por su hijo que los especialistas que ustedes consultaron no hayan hecho. Yo soy un simple MBBS. Yo doy tratamiento alopático básico y ocasionalmente algunos remedios homeopáticos a la gente de esta área. Si me pueden pagar algunas rupias, estoy feliz. Sin embargo, ustedes vinieron hasta acá y su gurú les dio la dirección. Si usted quiere, traiga a su hijo, y yo voy a hacer lo mejor que pueda. No puedo prometer nada más.

Shashi Rainjan no tenía muchas esperanzas, especialmente cuando supo, después de hacer algunas preguntas, que el doctor tenía un problema con la bebida y que se había divorciado y vuelto a casar con una de las pacientes; pero estaba determinado a seguir las instrucciones de Baba. Al día siguiente, contrató un carro para llevar a Guddu a la clínica del doctor Mukherjee. El doctor lo examinó. Después de informarle a Shashi Rainjan que no tenía nada que decirle acerca de la enfermedad que fuera distinto de lo que ya sabía, le puso una inyección de cortisona a Guddu, le dio un masaje y un remedio homeopático. Le dijo que lo trajera nuevamente al día siguiente.

A la mañana siguiente, Guddu se sentía un poco mejor. O por lo menos así parecía y esto le dio ánimos a Shashi. Continuó llevándolo a la clínica cada día, y cada día Guddu respondió con un poco de mejoría. El doctor no estaba seguro de qué era lo que estaba funcionando, o por qué, pero estaba feliz de ver la mejoría. Disfrutaba de la compañía del muchacho y continuó dándole masajes y remedios homeopáticos.

Shashi Rainjan y Guddu permanecieron allí por veinte días, al final de los cuales Guddu se había recuperado un ochenta por ciento. Podía caminar, pero cojeaba, así que tenía que utilizar un bastón. El dolor había desaparecido casi totalmente, excepto cuando permanecía sentado o parado por mucho tiempo en una sola posición, o cuando se levantaba en la mañana. Al finalizar los veinte días, Shashi Rainjan agradeció al Dr. Mukherjee y llevó a Guddu de vuelta a Muzaffarpur, con la esperanza de que con las medicinas que el doctor le había recetado, pronto estaría completamente recuperado. Sin embargo, una vez Guddu volvió a Muzaffarpur, no hubo ninguna mejoría adicional.

Poco tiempo después en Jamalpur, Sujit, que también era de Muzaffarpur y era bien conocido por la familia, le preguntó a Baba por qué el Dr. Mukherjee había podido ayudar a Guddu mientras que un gran número de especialistas de Patna había fallado. Baba sonrió.

—Las medicinas no tienen nada que ver, Sujit. Era una cuestión de samskara. Verás, la enfermedad de Guddu se debió a un viejo samskara. Hace unos novecientos años, Guddu nació como hijo de un rico terrateniente en el distrito de Jalpaiguri en Bengala del norte. A medida que crecía, el muchacho desarrollaba un carácter más desagradable.

Cuando era un adolescente, despilfarraba la fortuna del padre parrandeando con los amigos y enredándose en toda clase de comportamientos inapropiados. Su padre era un hombre piadoso, un hombre honesto. Él hizo todo lo que pudo para tratar de reformar a su hijo, pero el muchacho lo despreció aún más por esto, lo que afligió al padre aún más. Cuando el muchacho alcanzó la mayoría de edad, el padre decidió reducirle los gastos a la fuerza. Le informó al hijo que lo iba a desheredar, a menos que reformara su carácter.

—El muchacho se indignó. Un día, en estado de embriaguez, se dirigió a su padre y le reclamó la herencia. El padre trató de razonar con él. Le dijo que consideraría darle la herencia si reformaba su carácter, pero esto no era lo que el hijo quería escuchar. Finalmente, el padre se rehusó y el muchacho perdió el temple. Tomó una vara pesada que estaba cerca y empezó a golpear al padre con furia. Le dio un par de golpes en la cabeza que lo hicieron sangrar, luego cayó inconsciente al suelo y murió pocos días después debido a las heridas.

—Estos samskaras han madurado, y Guddu está pagando el precio por sus acciones en forma de enfermedad. No había nada que la medicina pudiera hacer por él. Tenía que agotar el samskara. Sin embargo, yo vi que el padre del muchacho en esa vida también había reencarnado en esta. Él vivía como doctor en Burdwan. Yo sabía que si se podía desarrollar un tipo de apego entre los dos, iba a ayudar a agotar el samskara, así que le pedí a Shashi Rainjan que llevara a Guddu a donde él. Mientras él estaba allá, el doctor desarrolló un fuerte sentimiento de afecto por Guddu, y Guddu por el doctor. El doctor se entristeció de ver a este agradable hombre joven sufriendo de semejante manera; y desarrolló un fuerte deseo de verlo mejorar. No fueron las medicinas del doctor o sus tratamientos los que ayudaron, sino el deseo y la compasión que sintió.

Por los siguientes ocho años, Guddu pudo llevar una vida normal, pero tuvo que aprender a vivir con algo de dolor y una cojera constante que lo forzó a utilizar un bastón para caminar. A finales de 1971, Baba fue hospitalizado en el Hospital Médico de Patna para unos exámenes. Un grupo de marguis lo acompañó por el corredor hasta la habitación a donde le harían los exámenes. Guddu, que estaba allí con Shashi Rainjan, le pidió calladamente al margui que empujaba la silla de ruedas de Baba que le permitiera empujar. Cuando llegaron a la puerta, Baba preguntó quien estaba empujando la silla.

—Baba, soy yo, Guddu.

—Oh, eres Guddu. ¿Estabas empujando mi silla? ¿Pero no estás enfermo? Ven, déjame verte.

Guddu se adelantó e hizo pranam.

—Dime Guddu, ¿exactamente dónde sientes el dolor? —Guddu le dijo. Baba extendió la mano y lo tocó en esas áreas—. Ahora no vas a morir por causa de esta enfermedad —le dijo.

Cuando Baba lo tocó, Guddu sintió una corriente correr a través de él como si fuera una corriente eléctrica. Sintió como si le hubieran quitado un peso de encima. No sentía ningún dolor. Por primera vez en casi ocho años, se pudo enderezar sin sentirse incómodo y pudo abandonar el bastón.

Después de pasar la mayor parte de mayo y abril viajando, Baba volvió a la oficina en el verano. El miércoles 27 de mayo, Baba fue al jagriti inesperadamente durante el día. Cuando cruzó la puerta, Dasarath lo vio y le dio el namaskar. Baba le preguntó si podía ver alguna mente sin cuerpo. Dasarath se concentró por un momento y notó la presencia de una mente sin cuerpo.

—¿De quién es esta mente sin cuerpo? —le preguntó Baba. Dasarath se concentró por unos momentos más y dijo en un tono de voz conmocionado:

—Baba, es la mente sin cuerpo de Jawarhalal Nehru.

—Sí —le respondió Baba—. Él dejó su cuerpo hace unos momentos; todavía no han anunciado la noticia.

Aunque Baba había criticado la política internacional de Nehru abiertamente, especialmente su parte en la debacle con China dos años antes, y había señalado ciertas faltas de carácter, también tenía varias cosas positivas que decir acerca del papel que Nehru había tenido en la independencia de la India y la formación de la nueva nación. Mientras los marguis lo seguían hasta la habitación, él describía cómo la mente sin cuerpo de Nehru estaba buscando por un nuevo cuerpo mientras hablaban. Habló por largo tiempo acerca de su vida e inclusive describió una de sus vidas pasadas en la que había sido un sadhu que había desarrollado un gran deseo de poder, creando el samskara que lo había llevado a obtener el gran poder político de esta vida. Finalmente les pidió, uno a uno, que cantaran bhajans en sus lenguas maternas para conmemorar su deceso.

Ese verano, Ashish Kumar Pandey, un residente del pueblo cercano de Trimohan, fue a visitar Jamalpur por primera vez. Había sido iniciado a principios del año y había visto por primera vez a Baba a finales de marzo cuando el tren en que iba Baba se detuvo en la intersección de Bhagalpur. Esa vez no se impresionó. Baba estaba sentado en la silla que daba a la ventana; cuatro sannyasis estaban parados cerca de él. Le preguntó a un margui que estaba cerca cuál era Baba y se decepcionó cuando se dio cuenta que era el caballero de la cara afeitada vestido de blanco. Pensó en las historias que había escuchado —que Baba sabía todo, que castigaba a los discípulos por errores del pasado que hasta ellos habían olvidado—, y las calificó de pura propaganda. Pero a finales de mayo, su salud empezó a empeorar y decidió ir a Jamalpur a recibir el CP con la esperanza de que lo pudiera ayudar. Obtuvo permiso de su acharya, Baldeva, y llevó consigo a su amigo Niwas Chandra Saha, un juerguista confirmado que sólo podía dejar de tomar un día a la semana: los martes, el día del Dharmachakra.

Llegaron al ashram a eso de las ocho de la mañana. Cuando llegó Baba, Ashish se sorprendió al ver lo diferente que se veía de cerca. Se dio cuenta del aura de poder que emanaba de él. Por primera vez se atemorizó de ser castigado.

Cuando se formó la fila para el CP, Ashish estaba de primero y Niwas estaba detrás de él. Ashish entró en la habitación de Baba y se postró frente a él tal y como le habían indicado. Baba le preguntó el nombre y dónde vivía, y luego empezó a describirle la casa, el barrio y la ruta que tomaba cada día para volver a la casa, así como otros detalles que no pudo haber sabido.

Ashish estaba sorprendido y curioso. Baba le pidió que admitiera sus malas acciones y que se preparara a recibir castigo por ellas. Cuando Ashish negó que hubiera hecho algo malo, Baba lo tomó de la oreja y lo empezó a regañar. Por los siguientes veinte o treinta minutos, Baba describió una larga letanía de sus malas acciones, empezando por la niñez y continuando hasta las de unos días antes. Ashish empezó a sudar más y más profusamente. Se preguntaba cómo era posible que Baba supiera estas cosas.

—Pensaste que nadie, sólo la oscuridad, te veía —dijo Baba—, pero la entidad en tu corazón presenció todo.

Cuando terminó de señalarle los errores, Baba le preguntó si todo lo que había dicho era correcto.

—Sí, Baba.

—Entonces, ¿qué tipo de castigo prefieres: natural o social? ¿O te debo castigar yo mismo?

—Es mejor que tú me castigues Baba —contestó Ashish.

Baba sacó el bastón que tenía detrás de él en el catre y empezó a golpear a Ashish en la espalda. Después de unos cuantos golpes, Ashish tomó la mano de Baba.

—Baba, esta no es la forma de golpearme. Debes golpearme en lugares diferentes, no en un solo punto.

Mientras lo decía, Ashish se sorprendió con la fuerza que tenía Baba en el brazo. Ashish era un hombre fuerte, un luchador, pero instintivamente sintió que no podía continuar sujetando la muñeca de Baba con una sola mano, así que la tomó con las dos manos. Con un rápido movimiento de la muñeca, Baba tiró a Ashish en el piso. Cuando se dio cuenta que era inútil usar fuerza física en contra de Baba, se levantó y le pidió cordialmente que lo golpeara en diferentes partes, no en un solo punto.

—Ven acá —le ordenó Baba en un tono de voz grave. Ashish se acercó al catre y Baba lo golpeó nuevamente hasta que cayó inconsciente. Luego, Baba presionó el pulgar en la frente de Ashish y este recuperó la consciencia.

Tan pronto como volvió en sí, Ashish gritó:

—Por favor, Baba, no lo puedo tolerar más. —La idea de que no iba a poder acostarse por varios meses le pasó por la mente.

—Está bien, ven acá. No te voy a golpear otra vez.

Baba empezó a acariciarle la espalda. Ashish sintió una sensación refrescante a medida que la piel morada sanaba y el dolor desaparecía.

—Baba, ¿cómo sabías todas estas cosas? —le preguntó.

—Me dijo Paramashiva.

Baba le hizo prometer que sólo realizaría buenas acciones de ahora en adelante y serviría a la humanidad que sufre.

Finalmente, cuando Ashish salió de la habitación de Baba, su amigo Niwas Chandra estaba temblando de miedo.

—Lo que te pasó con seguridad me va a pasar a mí —dijo—. Nunca he hecho nada bueno en mi vida.

Niwas cayó al suelo temblando de miedo cuando el acharya a cargo del CP dijo su nombre. Tomó el esfuerzo de Ashish y otros más para finalmente convencerlo de ir a la habitación de Baba. Salió cinco minutos después diciendo que él lo había salvado. Baba le dijo que no lo iba a golpear, pero le hizo prometer que iba a hacer buenas acciones desde ese momento y que iba a llevar una vida piadosa y sobria.

Fiel a su palabra, Niwas Chandra dejó de beber y se convirtió en un buen margui. Continuó sosteniendo que Baba le había dado una nueva vida.

Como siempre, Baba continuó haciendo demostraciones ese verano. Una tarde en el Darshan General llamó a Shyama Sundar Goenka[9] al frente y le pidió que le diera la dirección donde vivía. Shyama Sundar recitó la dirección de su casa. Era un joven empresario que venía de una familia acaudalada de Bombay, y estaba allí con su esposa. Baba le pidió a Dasarath que mirara en su placa mental y viera dónde había estado cincuenta años atrás. Dasarath se concentró por unos momentos y luego dijo que estaba trabajando en una oficina en Colombo. Describió una escena en la que él estaba dormido cuando el jefe entró y empezó a amonestarlo.

—No, él no estaba durmiendo —dijo Baba—. Estaba meditando. Él era un sádhaka en la vida pasada. Ahora ve más atrás y dime dónde estaba 125 años atrás.

Esta vez, Dasarath le dijo que estaba viviendo en una colonia portuguesa en África en ese momento.

Baba se dirigió hacia Sudarshan, que estaba sentado cerca de él, y le preguntó cuál era su dirección permanente.

—Mi dirección permanente es Paramapurusha —le contestó Sudarshan.

—Sí, me has dado la respuesta correcta. En toda la creación sólo hay una dirección permanente, un solo destino, es Paramapurusha.

En otra ocasión, Satchidananda Srivastava llevó a su hijo desde Gorakhpur para que conociera a Baba. Su hijo estaba muy enfermo en ese momento. Cuando Baba llegó al jagriti y vio la condición en que estaba el muchacho, empezó a regañar a Satchidananda por no llevar al hijo al doctor cuando la enfermedad estaba en la primera etapa.

—Ahora la enfermedad es fatal —dijo, sacudiendo la cabeza. Baba llamó a Dasarath y le pidió que viera cuánto tiempo iba a vivir el muchacho.

—No mucho —dijo Dasarath, después de cerrar los ojos y concentrarse por unos momentos.

—Está bien, entonces acérquense y les voy a hacer una demostración sobre la muerte.

Baba le pidió al joven que se sentara en posición de meditación y concentrara la mente. Tal y como había hecho diez años atrás, Baba ordenó a los vayus que salieran uno a uno del cuerpo del muchacho. El muchacho cayó inconsciente. Baba le pidió a un doctor que estaba presente que examinara los signos vitales del muchacho. No había ninguno. El joven no estaba respirando ni tenía pulso.

—Sí —dijo Baba—. De acuerdo con la ciencia médica está muerto, pero en realidad, todavía hay vida en su cuerpo. Él puede ser revivido por el poder divino mientras no permanezca en este estado por más de media hora.

Baba explicó el proceso de la muerte por algunos minutos. Luego revivió al muchacho. Él le dijo a Satchidananda que le diera agua con limón y sal en la mañana y en la noche, hasta que estuviera totalmente curado. Luego le dio otras instrucciones. En dos semanas el hijo estaba completamente recuperado.

En otro Darshan General, un margui fue a donde Baba quejándose de un dolor de estómago severo. Había ido a ver al doctor y había tomado las medicinas que le había recetado pero no había mejorado. Baba llamó a Dasarath y le pidió que se concentrara.

—Mírale el estómago y dime lo que ves.

Dasarath empezó a describir una úlcera redonda y negra que parecía un tumor.

—Sí, él tiene un problema gástrico crónico que no ha sido tratado por algunos años. Con el tiempo se convirtió en una úlcera péptica y ahora ha entrado en la primera etapa de cáncer. En esta condición no va a sobrevivir por mucho tiempo.

Baba tomó el bastón y con la punta empezó a hacer círculos en el estómago.

—Dasarath, mira nuevamente y describe su condición.

—Baba, el área ya no es negra y no puedo ver ningún tumor.

Baba le dio instrucciones al margui de abstenerse de ciertos tipos de comida y de trabajar con sinceridad para la misión.

—Haz lo que te digo y todo va a salir bien. Yo he curado el setenta y cinco por ciento, pero el resto lo tienes que hacer tú mismo.

Después, el margui le dijo a los demás que cuando Baba lo había tocado con la vara, había sentido un ardor doloroso por unos momentos y luego nada. El dolor que había sufrido había desaparecido completamente.

Ese verano, Baba le dio instrucciones a Pranay de que se preparara para mudar su oficina para Anandanagar.

—No haces nada si no te presiono —le dijo—, así que yo voy a presionarte para mover la oficina. Ve y construye un ashram.

A Pranay no le gustó la idea. No veía la lógica detrás de la idea de mudar las oficinas globales de la organización a semejante lugar desolado y aislado. Sus visitas previas a Anandanagar lo habían convencido de que era inseguro así como incómodo, pero Baba no le dio alternativa. Más tarde, ese mismo año, renunció al trabajo en la oficina del ferrocarril y él y Pramila se prepararon para mudarse a Anandanagar para establecer la oficina central y para supervisar la construcción de varios proyectos. Su esposa disfrutó la aventura y la camaradería que compartía con los jóvenes trabajadores apostados allí, pero su esposo nunca se adaptó completamente.

En noviembre, Baba llevó a cabo un DMC en Ranchi. Una mañana, el acharya Sarangi llegó a la casa de Kshitij, en donde se alojaba Baba, justo cuando Baba se estaba preparando para afeitarse. Sarangi arregló una mesa, una silla, un espejo y un tazón de agua. Mientras Baba se afeitaba, Sarangi le hizo una pregunta:

—Baba, nos hablas de Ananda Parivara frecuentemente, de establecer una hermandad entre todas las personas en el mundo. Realmente ¿será posible lograrlo? ¿En realidad?

Baba se quedó callado por unos momentos, mirando al espejo a medida que se afeitaba. Luego miró a Sarangi y le preguntó:

—¿Alguna vez has leído el Mahabharata?
—Muy poco, no lo he leído en detalle.
—¿Sabes que hubo una batalla en el campo de Kurukshetra?
—Sí.
—¿También sabes que la batalla fue entre los Pandavas y los Kaoravas?
—Sí, Baba.
—Entonces también debes saber que los Pandavas ganaron la batalla.
—Sí.
—Ya veo. ¿No sabías que había sólo cinco hermanos Pandava, mientras que había cien hermanos Kaorava?
—Sí, yo sé.
—Entonces, ¿por qué me dijiste que no sabías prácticamente nada del Mahabharata?
Sarangi sonrió pero no dijo nada.
—Entonces, ¿cuál es la lección que enseña el Mahabharata?
Una vez más, Sarangi continuó en silencio.
—La moraleja del Mahabharata es que el cinco por ciento de los moralistas pueden conquistar al ciento por ciento de los inmoralistas; es decir, si el cinco por ciento de la sociedad se convierte en moralista, entonces se puede crear una fuerte sociedad moralista. Esta es tu misión. Convertir al cinco por ciento de la sociedad en moralista.
—Baba, esta es una tarea imposible.
—Entonces sólo al tres por ciento.
—Pero, Baba —objetó Sarangi—, la misión de Ananda Marga es muy difícil. Qué decir del tres por ciento, aun tres centésimos de uno por ciento es casi imposible.
Baba hizo una pausa.
—Entonces haz una cosa —dijo—. Haz que el mundo sepa que hay una organización llamada Ananda Marga. Que sepan lo que representa. Eso es todo. Si pueden hacer esto, entonces se servirá nuestro propósito y se alcanzará la meta.

XXXI
En la oficina

Retirarse a la jungla no es la forma de obtener alivio de las pruebas y las preocupaciones del mundo. Hay una gran ventaja en vivir la vida del mundo. Nos provee la oportunidad de servir a la humanidad, un aspecto importante de la práctica intuitiva[1].

Cuando Pulak Ray llegó el primer día a trabajar en la oficina del ferrocarril en Jamalpur, el 12 de mayo de 1964, el oficial administrativo encargado de su orientación, Vinay Ghosh, lo ayudó con el papeleo y luego le dio un pequeño recorrido por las instalaciones. Antes de llevarlo a la sección de contabilidad, en donde iba a trabajar, el oficial le dio a Pulak un último consejo:

—El hombre para el que vas a trabajar es una personalidad extraordinaria; te debes considerar extremadamente afortunado de poder trabajar para semejante hombre. Sin embargo, debes cuidar tu conducta y no comprometerte en ningún tipo de actividad inmoral. Este hombre no lo tolerará.

Después de que el oficial lo llevó hasta el escritorio de Baba y lo presentó, Baba le pidió a Pulak que acercara una silla. Él estiró la mano y tomó la punta del dedo índice derecho de Pulak.

—Tienes cuatro hermanos —le dijo Baba—, Dipak Ray, Alok Ray, Kirat Ray, Kanak Ray y una hermana, Reena Ray. Tu madre se llama Srimati Gita Ray. —Baba sonrió al ver la expresión de perplejidad que se expandía por la cara de su nuevo subordinado—. Tu cuñada es Purnima Ray, ¿correcto?

—Sí, es correcto —contestó Pulak.

—Ella tiene la tez blanca y es muy bella.

—Es cierto.

—Pero déjame decirte una cosa, tú no te llevas muy bien con ella, ¿es verdad?

—¿Cómo sabes? —exclamó Pulak.

—Tú me dijiste —le contestó Baba con una sonrisa.

—Pero nunca antes hablé contigo —protestó Pulak—. Esta es la primera vez que nos vemos.

—Lo que pasa es que debes tener cuidado con ella.

—¿Por qué?

—Verás, mujeres con su belleza algunas veces pueden ser un poco arrogantes; especialmente en el caso de ella. Es mejor que tengas cuidado[2].

A medida que continuó la conversación, Baba empezó hablarle a Pulak de sus antepasados y del pueblo al este de Paquistán de donde habían emigrado. Cada vez que Pulak le preguntaba cómo sabía estas cosas, Baba le respondió de la misma forma: "Tú me dijiste". Finalmente, Pulak le preguntó por qué lo había tomado del dedo.

—Ninguna razón en especial —le dijo Baba.

Más tarde, esa misma mañana, cuando Baba no estaba en el escritorio, Shiva Shankar Mukherjee y otros compañeros de trabajo, todos bajo la supervisión de Baba, llevaron a Pulak a un lado y le dijeron:

—No te vamos a decir nada acerca de él, te vamos a dejar que lo descubras por ti mismo. Sólo te vamos a decir que él es un gran *vibhuti*, una personalidad divina; no tiene paralelo en este mundo.

La fe y la reverencia que Shiva Shankar y sus compañeros de trabajo sentían por Baba tenía muy poco o nada que ver con su creciente reputación fuera de la oficina de Jamalpur como maestro espiritual. De la misma manera que Pulak Ray, quien pronto se uniría al círculo de admiradores, ellos habían caído bajo la influencia de la personalidad de Baba y habían empezado a buscar su guía mucho antes de darse cuenta de que su colega de la sección de contabilidad también era conocido en el mundo exterior como Shrii Shrii Anandamurti, el gurú espiritual de Ananda Marga.

Baba mismo hizo todo lo posible por no permitir que esa reputación entrara en la oficina. Él guió a aquellos colegas y subordinados que lo buscaban como guía, pero lo hizo en el papel de colega, de amigo o de jefe. Los discípulos iniciados tenían instrucciones estrictas de no actuar de ninguna manera que pudiera llamar la atención en la oficina. Aun así, era inevitable que los colegas se enteraran de su fama creciente, sin importar las precauciones que Baba adoptara, y Pulak Ray no era la excepción. Aun cuando todavía era bastante nuevo en la oficina, el joven empleado notó que había correo que llegaba al escritorio de Baba dirigido a Anandamurti. Él le preguntó al supervisor:

—Prabhat-da, ¿quién es este Anandamurti? Eres tú, ¿cierto?

—No, no —dijo Baba—. Él es el gurú de Ananda Marga. Él está cerca de Purulia. Yo voy allá una que otra vez a recibir el darshan.

Pulak no era fácil de engañar.

—Si el gurú realmente está cerca de Purulia, entonces tráeme una foto de él.

—Está bien, mañana te traigo una.

Pero al día siguiente, Baba le dijo a Pulak que se le había olvidado. En los días siguientes, disuadió al subordinado con diferentes excusas, hasta que Pulak le aclaró que no lo iba a seguir embaucando. Después de esto, cada vez que le preguntaba a Baba si era el gurú, Baba simplemente sonreía y cambiaba el tema o ignoraba la pregunta.

En la oficina, el círculo de admiradores de Baba que no eran marguis, al cual Pulak pertenecía, incluía a Shiva Shankar Mukherjee, Vimal Chandra Mitra, N. C. Gangully, Nilen Bose (Gokul) y otros más. La mayoría de ellos aceptaron a Baba como su guía espiritual, aunque no eran discípulos en el sentido formal o iniciados de Ananda Marga. Cuando debían tomar una decisión importante en su vida, buscaban el consejo de Baba y seguían sus instrucciones. Como la mayoría de ellos practicaba el hinduismo, Baba los guiaba en sus prácticas hindúes. Siempre les decía que el camino espiritual que habían escogido era una cuestión personal, pero que todo el mundo debía seguir algún ideal espiritual en su vida.

Como una simple guía de cómo llevar una vida apropiada, solía decirles que recordaran la palabra *bhavisca*, "futuro".

—*Bha* —les explicó—, representa *Bhagawan*, Dios; tengan fe en el Señor Supremo y atribuyan su existencia y la de todo lo demás a él. *Vi* representa *vinay*, modestia y bondad; las acciones de uno siempre deben estar llenas de modestia y de bondad hacia todos los seres vivos. *Sa* representa a *samyam*, autocontrol; uno siempre debe ejercer autocontrol en todos los caminos de la vida. *Ca* representa *charita*, carácter; el carácter de uno debe ser inmaculado y del más alto orden. Si mantienen esto en mente, van a sobreponerse a cualquier problema que enfrenten en la vida y van a crecer espiritualmente.

Un día, Shiva Shankar, quizás el amigo más cercano de Baba en la oficina, le pidió que lo iniciara en Ananda Marga.

—Tú no lo necesitas —le dijo Baba—. Vas a recibir tu iniciación en otra parte cuando llegue el momento adecuado.

Shiva Shankar se desilusionó pero no discutió con Baba. Unos años más tarde, se inició en la misión de Ramakrishna, pero siempre consideró a Baba su gurú. En la vejez, reflexionando acerca de la respuesta que Baba le dio a su petición, dijo que creía que si se hubiera iniciado, habría cambiado el carácter de su amistad a una relación de gurú a discípulo, algo que Baba evidentemente no quería. En realidad, la relación de Baba con sus amigos y admiradores de la oficina que no eran marguis era muy diferente de su relación con los discípulos y los marguis de la oficina se esforzaron por no interferir en esa relación o discutir asuntos de la organización en el trabajo, excepto cuando Baba lo pedía específicamente, como en los dictados de la hora del almuerzo.

A mediados de los años sesenta, Baba desarrolló la costumbre de dar charlas cortas a sus colegas cuando entraban a la oficina a las diez en punto. Tan pronto como se sentaba tomaba un vaso de agua y empezaba. Normalmente, treinta o cuarenta personas se amontonaban en el espacio frente al escritorio, una especie de cubículo formado por los archivadores que había a cada lado. La mayoría de los participantes pertenecían a la sección de Baba, pero ocasionalmente también venían visitantes de otros departamentos. Escuchaban por unos cuarenta y cinco minutos o una hora mientras Baba daba discursos acerca de varios temas, desde espiritualidad hasta ciencia, la mayoría de la veces en hindi, pero algunas veces en bengalí, inglés, angika o bhojpuri. En un par de ocasiones empezó su charla en sánscrito, hasta que uno de sus colegas se quejó de que no le entendía, entonces Baba sonrió y cambió a hindi.

Una vez, uno de los contadores de la oficina se quejó a uno de los oficiales superiores de que Baba estaba haciendo algo con el personal de contabilidad cada mañana que estaba obstaculizando el trabajo de la oficina. Cuando el oficial fue a donde Baba a cuestionarlo, Baba le dijo que los instruía en moral y lecciones de filosofía. En vez de obstaculizar el trabajo, estaba inspirando a los trabajadores a trabajar con mayor dedicación y ayudándolos a incrementar su capacidad y eficiencia. El oficial se sintió satisfecho con la explicación.

Sin embargo, en otra ocasión, un oficial punyabi, R. M. Arora, estaba haciendo la ronda cuando notó las sillas vacías en un número de escritorios y vio un gentío reunido en el cubículo de Baba, así que fue y empezó a regañar a Baba por tomar tiempo de trabajo para cuestiones que no estaban relacionadas con la oficina. Si Baba quería hablar de espiritualidad u otras cosas, debía hacerlo en su propio tiempo fuera de las premisas de la oficina. Los colegas de Baba se ofendieron por el exabrupto, pero nadie dijo nada. Después de que volvieron a sus escritorios, Baba llamó a Gunadhar Patra y le pidió que le transmitiera unas instrucciones al ordenanza de Arora.

—Pero Prabhat-da —protestó Gunadhar—, ¿por qué quieres tener algo que ver con él después de recriminarte por algo tan simple?

—Verás, su hijo está enfermo; él va a necesitar de mi ayuda.

Cuando el oficial recibió el mensaje, corrió a la casa, preocupado y encontró al hijo vomitando sangre. Llamó al doctor pero el tratamiento no ayudó. Arora se convenció que era su culpa por haber regañado a Baba. Esa noche envió a un mensajero a pedirle a Baba que fuera a su barrio en la colonia oriental. Baba no fue, pero envió unas instrucciones simples con el mensajero, asegurándole que el niño iba a estar bien. Arora siguió las instrucciones y el niño se recuperó rápidamente. Al día siguiente, Arora fue a la oficina de contabilidad y se disculpó con Baba juntando las manos por la injusticia que había cometido. Le aseguró que podía darle las charlas a sus colegas cuando le conviniera.

Aunque Baba utilizaba estas charlas para enseñar y guiar a sus colegas, él nunca dudó en darles consejos personales cuando venían a él con problemas o preguntas, o en llamarlos aparte cuando sentía que se estaban desviando del camino correcto. Una noche, se presentó un disturbio en el hostal en que vivía Pulak Ray. Pulak le pidió a uno de sus compañeros de hostal que saliera de las premisas y encontrara otro lugar donde vivir debido a los problemas que estaba creando al resto de los residentes. Se desató una acalorada discusión que casi llegó a los puños. Cuando Baba llegó a la oficina a la mañana siguiente, tomó su vaso de agua y dio su charla acostumbrada. Cuando la charla terminó, llamó a Pulak y le pidió que se sentara junto a él.

—Te dije que evitaras altercados —le dijo Baba—. ¿Por qué peleaste anoche en tu residencia?

Pulak se agitó. Trató de explicar, pero ya conocía lo suficientemente a Baba como para no preguntarle cómo se había enterado de la pelea.

—Yo soy el encargado de la pensión —dijo—. Si alguien crea problemas, el asunto llega a mí. Yo expresé mis objeciones pero él no me escuchó. ¿Qué se supone que debo hacer? ¿Debí quedarme callado?

—No. Primero tratas de hacerle entender, calmada y racionalmente. Si aun así no entiende o no escucha, entonces haces los arreglos necesarios para expulsarlo de la pensión, pero nunca recurres a la violencia física. Siempre debes mantenerte en control de tu rabia.
—Entonces, ¿hice mal en protestar?
—No estoy diciendo que estuvieras equivocado. *Hati cale bazaar, kuttha boke hazaar*[3]. Cuando el elefante camina por el mercado, los perros vienen a ladrar, pero ¿a él le importa?
—Pero él nunca va a aprender así. Por favor Prabhat-da, habla con él; hazle entender.
Baba aceptó la propuesta. Esa tarde, después del trabajo, Pulak le dijo al trasgresor P. K. Ghosh, que Prabhat Sarkar quería hablar del asunto con él.
—Entonces, ¿quieres que me reprenda Prabhat-da? —contestó P. K.— Olvídate.
Cuando Pulak le informó a Baba de la reacción de P. K., Baba le pidió que le dijera al muchacho que no lo iba a regañar. Aun así, P. K. se rehusó a ir a hablar con Baba. Después de eso, cada vez que se cruzaba en el camino de Baba en la oficina, lo evitaba y volteaba para otro lado. Si necesitaba hablarle a Pulak acerca de algo, enviaba a su ordenanza para que le dijera que viniera a su sección. Después de esto, lentamente rectificó su conducta y no hubo más problemas en la pensión.

Era lo mismo cada vez que cometíamos un error. Él nos llamaba aparte a la menor oportunidad y nos hacía entender que era un error hacer semejante cosa. Una noche me fumé un cigarrillo. A la mañana siguiente, tan pronto como llegué a la oficina él me llamó. Me preguntó:
—Pulak, ¿dónde estuviste anoche? —Le dije que un equipo de fútbol había venido desde el Ferrocarril del Oriente. Habíamos jugado un partido contra ellos y después había habido una fiesta. Entonces me dijo—: Eso no es lo que te estoy preguntando. ¿Qué necesidad tenías de fumarte un cigarrillo? —Traté de disimularlo un poco, pero cuando repitió la pregunta admití mi error. Me dijo que fumar dañaba los pulmones y el hígado. Me dijo—: En el futuro, no quiero oír que has fumado o masticado nuez de areca (betel). Esta es mi orden estricta.
Después de eso nunca más volví a fumar. Cada vez que sentía el deseo de fumar o de masticar betel, recordaba lo que le había prometido.
Sabía que él siempre estaba conmigo, que veía todas mis acciones. Cada vez que sentía el deseo de hacer algo malo, me asustaba. Sabía que si cometía algún error iba a recibir un regaño a la mañana siguiente. Ese miedo solía detenerme. Su gravedad disuadía a todos y cada uno. Él nos señalaba hasta los más pequeños errores. A la mañana siguiente decía:
—Tú dijiste esto o lo otro a esta o aquella persona. No fue apropiado de tu parte.
Si yo trataba de justificar de alguna manera lo que había hecho, él me pedía que me sentara cerca de él y me hacía entender por qué estaba equivocado. Esto pasó cada vez que cometí un error, no importaba si había sido con mis

amigos, o en mi casa o en la oficina. Algunas veces decía que este o aquel estaba cometiendo un error en ese momento. Luego decía:

—Asegúrate de nunca hacer algo así.

Él solía amonestarnos de esta manera, Vimal Kumar, Gaur, Shiva Shankar, Ganesh Jha, Pakira, Vyomkesh Mitra, todos los que estaban cerca de él. Pero nunca nos regañaba en frente de otros. Siempre nos llamaba aparte y hablaba con nosotros individualmente. Hablaba en una voz muy baja para que las personas de los escritorios cercanos no pudieran escuchar. Una de las cosas más notables acerca de él era la forma en que nos reprendía. La forma como nos trataba era tan atractiva y su conducta tan conmovedora que algunas veces continuaba por una hora o más y para nosotros era una experiencia placentera. Si alguien interrumpía, él le decía que volviera un poco más tarde.

Aun aquellos a quienes él no regañaba por sus errores no se atrevían a cometer ningún error o a permitirse hablar de forma indecente cerca de él. En el pasillo en el que nuestra oficina estaba situada, la gente solía mantener un silencio respetuoso cada vez que estaban cerca de Prabhat-da. Nadie fumaba cuando él estaba allá o en cualquier lugar en el que él estuviera presente. Rara vez se levantaba de su silla, excepto para atender una llamada de la naturaleza. Aun los oficiales de alto rango rara vez lo llamaban para discutir asuntos importantes, más bien ellos iban a donde él a pedirle consejo. Nadie se comportaba de manera que pudiera causar su desaprobación. Pero él siempre trataba a los demás con una sonrisa en la cara. Cuando la atmósfera era muy seria, él aligeraba el estado de ánimo contando historias y haciéndonos reír a todos.

Uno de los aspectos de la personalidad de Baba que fascinaba a los colegas era la forma en que el conocimiento parecía verter de él en una corriente interminable, desde temas tan diversos como filosofía o historia hasta los íntimos detalles de la vida de una persona. Vimal Chandra Mitra había sido un compañero de juego de la infancia. Él se acercó de nuevo a Baba en la adultez cuando empezó a trabajar en la oficina de contabilidad del ferrocarril poco después de Baba.

De ese momento en adelante, me sentía reacio a encontrarme con él, porque sentía que me podía perder en él fácilmente. Mi cabeza se inclinaba automáticamente ante su personalidad serena y profunda. Si alguien le hacía alguna pregunta de cualquier tema, él la respondía de principio a fin, como si fuera una autoridad en el tema. Esto maravillaba a los colegas de la oficina.

Muchas veces leíamos el periódico juntos. Él terminaba de leer todo el periódico y yo todavía no había pasado de los titulares. Luego me decía cuáles eran las noticias importantes de manera que yo no tuviera que leerlas, o él me indicaba los temas que era importante leer. Luego, después de unos días, él me preguntaba sobre ellos pero a mí ya se me habían olvidado.

—Si me tocas este dedo del pie, vas a recordar todo —me decía. Yo tocaba su dedo e inmediatamente toda la información que se me había olvidado reaparecía en mi memoria en un destello. Podía repetir todo palabra por palabra. Él explicó una vez que todo este tipo de fenómenos estaban basados en una teoría determinada, pero se me olvida esa teoría en este momento. Cuando la estaba explicando, también dijo que todas las personas del mundo están conectadas entre sí.

Una vez empezamos a discutir cierto tema, cuando la discusión terminó, quedé con algunas preguntas en mi mente. Cuando estábamos a punto de despedirnos, Bubu-da sorpresivamente me preguntó si todavía tenía alguna duda o preguntas que no se habían contestado. Retomamos la discusión y él respondió todas las preguntas tácitas sin que yo le preguntara. Luego se fue. Esto sucedió una innumerable cantidad de veces. En varias ocasiones, sentí la urgencia de preguntarle algo que tenía en la mente, pero no tenía el valor de acercármele. Él venía hacia mí y me preguntaba si había algo que quisiera preguntarle. Todos mis colegas y yo tuvimos la misma experiencia: vimos que nuestras ondas de pensamiento estaban reflejadas en su mente como una imagen en una pantalla cinematográfica.

Un lunes por la mañana, Gokul le preguntó cómo era posible que supiera lo que pasaba en la mente de los demás.

—Hay una cierta técnica, una ciencia que la apoya —dijo Baba—, pero nadie conoce esta ciencia. —Baba le explicó cómo funcionaba, pero su explicación era demasiado sutil como para que Gokul la entendiera. Luego, Baba extendió la mano y tomó el dedo de Gokul—. Dime, ¿qué estabas haciendo ayer por la tarde en Monghyr, deambulando por la orilla del río? —Normalmente, Gokul pasaba los domingos por la tarde jugando fútbol, pero ese domingo por la tarde había ido al río en vez de ir a la cancha de fútbol. Cuando le preguntó a Baba cómo sabía, Baba dijo—: Es como te expliqué, tú me dijiste.

La teoría de Baba también daba cuenta de su conocimiento de los acontecimientos del futuro. N. C. Gangully, quien amaba hablar de filosofía con Baba, discutió el comunismo con él en varias ocasiones, y Baba nunca dejó de comentar lo dañina que la teoría comunista era para la sociedad humana. Un día en 1952, durante la hora del almuerzo, él le preguntó a Baba sobre el futuro del comunismo.

—Prabhat-da, ¿hasta qué punto se propagará el comunismo en el mundo?

—La filosofía comunista es irreal; va en contra del espíritu humano. Muy pronto verán que esta teoría será completamente irrelevante en la sociedad.

Niren y otros más estaban con él. Niren le preguntó a Baba si ellos iban a ver esto con sus propios ojos.

—Sí, lo van a ver en esta vida. A finales del siglo, verán a la Unión Soviética romperse en pedazos, pero yo sólo voy a ver el inicio de este proceso, no el final[4].

Una vez, a principios de los años sesenta, Baba hablaba con Gokul acerca del mismo tema. Mientras le explicaba los defectos de las teorías sociales rusas, dijo:

—Ellos van en la dirección equivocada; muy pronto, el comunismo no va a existir allí. He escrito una teoría social y un día, esa teoría será adoptada por el mundo, aun en Rusia. Verás, aquellos que no siguen el dharma nunca podrán ser verdaderamente felices en este mundo. Es posible que consigan todo lo demás, éxito económico, nombre, fama, pero sin dharma ellos nunca estarán satisfechos. Yo no he pasado un solo día de mi vida sin completar mi meditación antes de desayunar, por lo menos una hora u hora y media. La meditación es esencial. Uno siempre debe recordar a Dios y debe tratar de pensar que Dios está en todas partes.

Un día a finales de 1964, Baba llamó a su escritorio a Vyomkesh Mitra, quien trabajaba en otra sección de la oficina de contabilidad y le pidió que se acercara. Tenía algo que decirle.

—Oye, Vyomkesh, ¿tienes a un tío materno en las islas Andamán Nicobar?

—Sí, ¿por qué me preguntas?

—Quiero que lo llames a ver si está bien.

Vyomkesh se preocupó inmediatamente.

—Prabhat-da, ¿qué pasa? ¿Le ha pasado algo?

—No pierdas tiempo, ve en este momento y haz la llamada.

Vyomkesh salió apresuradamente y le informó a su supervisor que tenía una emergencia familiar que atender y salió de la oficina rápidamente. Tan pronto como salió, los miembros del personal de Baba, incluyendo a Pulak Ray, Taradas Gangully y Gokul, se reunieron alrededor de Baba para averiguar por qué le había pedido a Vyomkesh que llamara.

—Su tío es un oficial en esa área. Hoy él fue con su familia a la playa a una comida campestre. Su esposa fue a nadar, pero la atrapó una corriente de agua y empezó a ahogarse. Yo pude verlo tratando de salvarla, pero mientras trataba de salvarla, las olas lo hundieron. Yo mandé a Vyomkesh a hacer la llamada cuando las olas se lo tragaban. Después de la llamada sabremos si sobrevivió o no, pero yo tengo la sensación de que no sobrevivió.

—¿Y la esposa? —le preguntaron.

—Ella y los niños están bien.

Más tarde ese mismo día, Vyomkesh volvió a la oficina llorando y le dijo a Baba que el tío había sufrido un accidente en la playa y temían que se hubiera ahogado. Él le rogó a Baba que lo salvara.

—Es muy tarde —dijo Baba—. Ni siquiera recuperarán el cuerpo.

Él consoló a Vyomkesh por un rato y luego le pidió que fuera a la casa y estuviera con la familia. Ese día, Baba no comió el almuerzo que había traído de su casa en su lonchera. Les dijo a los colegas que después de haber visto el accidente ocurrir frente a sus ojos, no estaba de ánimos para comer. En lugar de ello, les pidió que le dieran su comida a alguien que la quisiera.

Más tarde, la noticia de la muerte del tío de Vyomkesh y los infructuosos esfuerzos por recuperar el cuerpo fueron publicados en el periódico de la oficina, junto con expresiones de condolencias. Lo que no se publicó, pero que era la noticia más comentada en la oficina, fue el papel que Baba jugó en el drama cuando le informó a Vyomkesh acerca del incidente que estaba sucediendo a más de mil kilómetros de distancia.

Un incidente similar le ocurrió a Hamsi, otro colega de la oficina de contabilidad. Durante el descanso para el té en el comedor, Baba le dijo que el tío que vivía en Karachi había tenido un accidente en el jeep y estaba muriendo. Hamsi no le creyó.

—Mi tío está en Paquistán y tú estás sentado aquí en Jamalpur. ¿Cómo puedes saber si le ha pasado algo?

Baba bajó la voz.

—Tu tío está muriendo. Prepárate y prepara a tu familia para recibir la noticia.

Tres días más tarde llegó un telegrama para Hamsi con la noticia de la muerte del tío.

Muchos de los colegas de la oficina de Baba se sorprendieron por lo que pasó y hablaron en voz baja acerca de los grandes poderes de Prabhat, pero había algunos que sufrían la reacción opuesta. Por ejemplo, cuando Rasamay llegó a la oficina de contabilidad en 1947, le advirtieron que evitara a Baba porque era un tántrico y se le "comería el cerebro". Todos los admiradores de Baba oían estos rumores de vez en cuando; pero cuando le informaban, él se reía y les decía que no les prestaran atención.

—Sean como el loto —les dijo—, al que el agua simplemente le corre por encima.

El lado estricto de la disciplina del gurú tántrico también era evidente en su relación con los colegas. En 1964, cerca de unos 230 empleados trabajaban en la oficina de contabilidad. La mayoría de ellos sabía que si tenían alguna falta de conducta Baba lo sabría y les llamaría la atención. Por esta razón, Baba rara vez tenía que disciplinar a alguien. La única vez que Pulak vio a Baba regañar severamente a alguien en la oficina fue a S. P. Pakira.

Un día, Baba le dio un trabajo oficial a Pakira, pero Pakira le dijo que no podía hacerlo porque tenía que salir a las tres ese día para poder tomar el tren hacia Calcuta. Los ojos de Baba empezaron a centellear.

—Pakira, ¿qué dijiste?

—Prabhat-da, me va a ser difícil completar este trabajo. Tengo que salir temprano de la oficina para prepararme para mi viaje.

Baba levantó la voz y la oficina se quedó en silencio.

—¡Te advierto, Pakira! ¿Sabes que dentro de un momento puedes estar muerto? Es posible que mueras en este preciso instante, puedes dejar de existir. ¿Te das cuenta de esto?

Pakira empezó a llorar, temblando de miedo. Pulak y otros más se amontonaron alrededor de Baba y le rogaron que se calmara, con el temor de que algo serio le pudiera pasar al colega.

Baba escuchó sus súplicas. En un severo tono de voz dijo:

—Él tiene que completar el trabajo asignado; sólo después de terminar se puede ir.

Ellos se dirigieron a Pakira.

—Pakira —le dijeron—, no debiste haberte negado a Prabhat-da. Tienes que completar tu trabajo antes de siquiera pensar en irte. Pero no te preocupes, nosotros te ayudaremos a terminarlo.

Pakira se agachó y tocó los pies de Baba.

—Prabhat-da por favor acepta mis disculpas. Lo dije sin pensar. No debí rehusarme a hacer el trabajo. Soy tu hermano menor. No me voy a mover de este sitio hasta que no me digas que me perdonas.

—Pakira, hasta el día de hoy, nadie se ha negado a obedecer ninguna de mis instrucciones, nunca ha habido razón para que esto pase. Nunca, ni siquiera una sola vez he dado instrucciones inapropiadas. Este era tu trabajo. Yo te pedí que lo hicieras y tú te negaste. Pudiste haberme dicho que tenías que salir a las tres y pedirme consejo de qué hacer para completar tu trabajo. Yo lo habría arreglado, pero en vez de eso te negaste.

—Lo siento, Prabhat-da. Me doy cuenta de mi error. No volverá a pasar. Por favor perdóname.

Baba lo perdonó, le dijo que se asegurara de que no iba a pasar nuevamente y le dio sus bendiciones. Fue una lección para todos. Después, todos en la oficina tenían cuidado de nunca mostrar ni el menor indicio de insubordinación o ningún tipo de conducta inapropiada en la presencia de Baba, aunque nadie se hubiera atrevido a hacerlo antes de esto.

Afortunadamente, estos incidentes rara vez eran necesarios. A pesar de lo estricto que era Baba, ellos eran conscientes de la gran estima que les tenía, una estima que brillaba a través de su preocupación constante por el bienestar de ellos, por cómo los alentaba a que fueran seres humanos ideales, y su sutil pero siempre presente sentido del humor.

Un día llamó a Pulak al escritorio y le dijo:

—Pulak, tú eres bueno para el fútbol, y también haces ejercicio regularmente. Debes ser muy fuerte. Hagamos un pulso y veamos si puedes hacer que mi mano toque la mesa.

Alegremente, Pulak se enfrentó a Baba y empezó a aplicar su fuerza juvenil, pero por más que se esforzó, no pudo mover el brazo de Baba ni un solo centímetro.

—Presiona con más fuerza —le dijo Baba—, pero era como tener un pulso con una pared de piedra. Cuando Pulak le pidió a Baba que tratara de empujarle el brazo a ver si podía detenerlo, Baba sonrió y el brazo de Pulak lentamente se dobló hasta que tocó la mesa.

—Suéltame Prabhat-da, me duele.

—¡Qué! —dijo Baba cuando lo soltó—. Eres fuerte como un luchador y ¿no puedes soportar ni siquiera este poco?

—Prabhat-da, debes hacer mucho ejercicio para ser tan fuerte —dijo Pulak, mientras se frotaba la mano y la muñeca.

—Hago pranayama y ásanas regularmente todas las mañanas y las noches. Es la práctica regular de pranayama lo que me da tanta energía.

Pulak le preguntó qué ásanas practicaba. Entre otras, Baba nombró *sarvaungasana, mayurasana y matsyendrasana*[5].

A mediados de los sesenta, la reputación de Baba en la oficina había crecido hasta el punto de que era muy común que los oficiales ferroviarios de otras ciudades inventaran excusas para ir a conocerlo, algunas veces esperaban pacientemente durante horas para tener la oportunidad de hablar con Baba. Una vez, un oficial de Bhagalpur fue a la oficina cuando Baba no estaba y le dejó una rosa en el escritorio. Cuando Vimal Chandra le preguntó a Baba por la rosa, Baba le dijo:

—Él es un hombre listo. No reveló sus intenciones, pero abriga el deseo de que un día Prabhat Babu le conceda sus peticiones.

Vimal Chandra también recuerda las visitas periódicas de los oficiales de inteligencia del gobierno central, que iban a recoger información sobre las actividades de Baba. Él describió cómo algunos de ellos se quedaban tan impresionados con la personalidad de Baba que terminaban recibiendo la iniciación de Ananda Marga.

En 1965, Baba solía obtener licencias aprobadas para salir de la oficina, algunas veces por algunos días, otras veces por más tiempo, a medida que las actividades de Ananda Marga y el número de los DMC iban en aumento. Cada vez que tomaba una licencia, informaba a sus compañeros de trabajo a dónde iba, aunque nunca les informaba la razón de su viaje, y hacía los arreglos necesarios para que el trabajo de su sección continuara sin interrupción mientras él no estaba. Cuando volvía, siempre traía pequeños detalles para sus compañeros, casi siempre frutas o dulces típicos de las regiones que había visitado, como manzanas y uvas pasas de Cachemira, o un tipo especial de pastel del sur de la India. Taradas Gangully, fascinado por esas regiones exóticas que nunca había tenido la oportunidad de ver, le preguntaba a Baba sobre esos lugares y Baba le describía la cultura y la gente. Es una de esas ocasiones, Baba le dijo que había recorrido toda la India y a donde iba, toda la gente era igual:

—Aman la vida y aman la comida.

Antes de una de esas licencias, en la que tenía programado estar fuera de la oficina por diez días, llamó a Vimal Khor y a Pulak y les dio instrucciones detalladas de lo que se debía hacer durante el tiempo que iba a estar ausente. Cuando le preguntaron a dónde iba, Baba les informó que debía tomar el tren a Calcuta y de allí un vuelo a otra parte. Baba los invitó a ir a la estación para despedirlo. Cuando fueron a la estación, se quedaron sorprendidos de ver la multitud que estaba reunida.

> Una multitud enorme, incluyendo a varios monjes había venido a despedirlo con guirnaldas y flores. Estábamos realmente sorprendidos. Cuando vimos el gentío decidimos quedarnos en la parte de atrás. Mientras estábamos ahí parados, dos avadhutas vinieron y nos preguntaron si éramos Pulak Ray y Vimal Khor. Nos dijeron que Baba los había mandado a buscarnos. Fuimos al vagón con ellos. No era fácil moverse entre la muchedumbre; la gente no abría paso, pero Prabhat-da les pidió que dejaran pasar a esos muchachos. Nos hizo sentar al lado de él. Él dijo:

—¿Qué tipo de jóvenes son ustedes que no pudieron pasar por entre la gente? En la vida tienen que luchar para llegar a cualquier parte. Si se quedan ahí parados no van a lograr nada. Es sólo por medio de la lucha que pueden alcanzar algo.

Nos dijo que trabajáramos apropiadamente por los próximos diez días en la oficina y que no cometiéramos errores. Le pedimos la bendición y él puso sus manos en nuestra cabeza y nos bendijo. Nos dijo que después de esos diez días iba a volver e iba a ver cómo habíamos utilizado el tiempo.

Desde los años cuarenta, la gente buscaba el consejo de Baba, en parte por su fama de quiromántico, y por ayuda en tiempos de emergencia cuando no había otro recurso. Esta fue una costumbre en la oficina hasta el día que renunció.

Una vez, uno de los colegas de la oficina de Baba, Shankar Bannerjee, estaba profundamente perturbado por la difícil situación de su hermano, quien sufría de eccema. N. C. Gangully le aconsejó que hablara de este problema con Baba. Cuando se presentó el momento oportuno, Shankar se dirigió a Baba, quien le pidió que trajera al hermano a la oficina cuando pudiera. Unos días más tarde, trajo al hermano a ver a Baba. Baba le preguntó por la historia de la enfermedad y qué tratamiento había recibido. Luego le pidió que se levantara la camisa, y que le mostrara las áreas afectadas. Los colegas de Baba se reunieron alrededor para mirar. Pasó la mano suavemente por las áreas afectadas y ellos vieron sorprendidos cómo el eccema desaparecía casi instantáneamente.

Los que eran más cercanos a Baba, muchas veces se encontraban inmersos en el papel de intermediarios cuando alguno de los colegas quería pedir la ayuda de Baba. Shiva Shankar Mukherjee era la persona a la que la mayoría de la gente buscaba, y él mismo alentaba a la gente a hablar con Baba si tenían algún problema. Una vez, uno de sus amigos, Tapan Chatterjee, estaba sufriendo problemas severos del estómago. Había ido a varios doctores en Jamalpur, pero los tratamientos no lo habían aliviado para nada. Finalmente, Tapan y su amigo Sushil Ghosh fueron a ver a un doctor en su pueblo natal, Burdwan. Mientras estaban en Burdwan, Shiva Shankar se dirigió a Baba, le explicó la situación y le pidió ayuda.

Baba cerró los ojos por un momento. Cuando los abrió dijo:

—Shiva Shankar, tu amigo sufre de una tuberculosis intestinal. Él no va a vivir mucho tiempo.

—Prabhat-da, por favor haz algo, ayúdalo, él tiene mujer e hijos. Si él muere ¿qué va a ser de ellos?

Baba parecía inconmovible.

—La enfermedad está muy avanzada —dijo—. No hay nada que pueda hacer por él.

Al mismo tiempo, el doctor de Burdwan dio el mismo diagnóstico. Le dijo a Tapan que la única esperanza era una operación, pero le advirtió que era muy posible que no sobreviviera. Tapan le dijo que programara la operación.

Cuando volvieron a Jamalpur, Shiva Shankar le preguntó a Sushil cómo les había ido en la cita. Sushil le dijo que Tapan había tenido una cita con un cirujano para la operación, pero se rehusó a revelar la naturaleza de la enfermedad. Shiva Shankar fue directo al punto.

—Sushil, sé que Tapan tiene tuberculosis intestinal. Prabhat-da me dijo mientras estabas ausente, y sé lo avanzada que está. Tenemos que pedirle ayuda a Prabhat-da. Es la única esperanza.

Una vez mas, Shiva Shankar fue a donde Baba a interceder por la situación de Tapan.

—Mira, Shiva Shankar —dijo Baba—, yo conozco a Tapan, es un comunista. Él no tiene fe en mí, así que no importa cómo lo ayude, no va a servir.

Shiva Shankar no se rindió. Después de repetidas súplicas, Baba finalmente accedió. Le dijo a Shiva Shankar que le trajera cierta flor roja. Cuando le trajo la flor, Baba la tocó y se la devolvió.

—Dásela a la esposa de Tapan y dile que un monje te dio la flor. Por ningún motivo permitas que se enteren que yo la envié. Si Tapan escucha mi nombre va a tener una reacción adversa y no va a funcionar.

Shiva Shankar llevó la flor a la esposa de Tapan y ella la amarró en la muñeca de Tapan. La operación fue exitosa y la enfermedad no volvió a presentarse. Tapan y su esposa nunca supieron la identidad del monje que les dio la flor.

A principios de los años sesenta, el sobrino de Shiva Shankar, Badal Chatterjee fue trasladado de la oficina del ferrocarril en Calcuta a la oficina de contabilidad de Jamalpur. Cuando Badal llegó por primera vez, la estrecha relación de su tío con Baba le molestó, pero eventualmente, su actitud sufrió un cambio drástico. Un sábado por la mañana, Badal vino corriendo a donde Shiva Shankar y le dijo que su hijo había llorado toda la noche. El niño había soñado que el padre estaba en el hospital y que había muerto. Sacudida por la historia del niño, la esposa de Badal le pidió que fuera a donde el tío para que le preguntara a Baba el significado del sueño. A Badal no le gustó la idea, todavía estaba inquieto por la reputación de Baba y la imperturbable devoción del tío, pero hizo lo que la esposa le pidió.

El lunes por la mañana, los dos hombres se dirigieron al escritorio de Baba durante la hora del almuerzo. Shiva Shankar explicó el problema brevemente. Baba le pidió a Badal que tomara el dedo pequeño de su mano derecha, y Baba le empezó a describir al niño. Luego le hizo varias preguntas a Badal:

—¿El niño se frota las piernas con frecuencia? Cuando era un bebé, ¿solías ponerlo en un catre durante el día en Krishnagar con una foto de Vivekananda cerca a su cabeza? ¿Él solía mirar esa foto? ¿"Bile" era el apodo del niño?

Después de que Badal respondió que sí a todas estas preguntas, Baba dijo:

—Cuando alguien toca el dedo meñique de mi mano derecha, veo los hechos como si estuviera viendo una película; si me toca el dedo gordo del pie derecho, veo las cosas en fotos separadas. En la vida pasada, tu hijo era el hijo de un pastor cristiano. Él estaba al lado de la cama del hospital cuando su padre murió. El muchacho murió más adelante, a los dieciocho años, y volvió a nacer en tu familia. Lo que él vio en el sueño eran las imágenes de su vida pasada cristalizados en su mente subconsciente[6]. No tienen nada de qué preocuparse. Tu esposa y tú no tendrán problemas, el niño tiene buenos samskaras.

Badal no sabía qué hacer con lo que Baba le había dicho, pero sin embargo, se sintió aliviado y con el tiempo los colegas notaron un cambio significativo en él. Su carácter mejoró considerablemente y muy pronto se convirtió en uno de los fieles admiradores de Baba. Más adelante, cuando lo trasladaron de Jamalpur, en la oficina organizaron una fiesta de despedida. Uno de sus colegas llevó una bella guirnalda para él, pero cuando estaba a punto de ponérsela, él se rehusó a aceptarla.

—Yo ya ofrecí esta guirnalda a Prabhat-da mentalmente —dijo—, no me la puedo poner frente a él. —Así que pidió que le ofrecieran la guirnalda a Baba, quien después de aceptarla se la entregó a Badal.

—Mantén esta guirnalda en tu casa —le dijo Baba—, y trátala con respeto. Cuando vayas a trabajar, mírala antes de salir.

Badal se llevó la guirnalda a la casa y la mantuvo en una caja, envuelta en una chalina de seda roja. En los años que siguieron, él siempre la miraba antes de irse para el trabajo y atribuyó la buena fortuna que tuvo en la vida a las bendiciones de Baba.

Cada uno de los colegas de la oficina de Baba tenía una historia que contar, grande o pequeña, acerca de las veces en que Baba los había rescatado de sus dificultades a ellos, a sus familias o a sus amigos. Un día, por ejemplo, Taradas Gangully llegó a la oficina perturbado porque uno de los sirvientes del vecino estaba muy enfermo y estaban esperando que muriera en cualquier momento. Cuando Baba vio la expresión de preocupación en su cara, le preguntó qué pasaba. Después de escuchar a Taradas, Baba le dio un billete de veinte rupias y le dijo que fuera a la farmacia después del trabajo y comprara cierta medicina. Baba le aseguró que el hombre se iba a curar pronto, y así sucedió.

En otra ocasión, un empleado de la oficina llamado Vinay Singh se dirigió a Vimal Chandra y le pidió que le preguntara a Baba si le podía leer la mano.

—Yo no sé nada de quiromancia —fue la breve respuesta de Baba cuando vio a Vimal aproximarse—. Dile que vaya a ver a Vishvanath. (Vishvanath era una de las personas en la oficina a las que Baba le había enseñado la ciencia de la quiromancia).

Cuando Vishvanath vio la palma de Vinay empezó a amonestarlo:

—¿No te da vergüenza mostrarme la palma de la mano? —Y lo despidió.

Vimal le informó a Baba y Baba dijo:

—Está bien, tráelo mañana.

Cuando Vinay fue llevado ante Baba, Baba le dijo que lo había llamado porque quería revelar sus crímenes en frente de toda la oficina para que pudiera sufrir las consecuencias de sus malas acciones. Vinay se sobrecogió ante las palabras de Baba. Él le suplicó a Baba que lo ayudara, y con el tiempo, Baba le ayudó a reformar su carácter.

Una de las historias más conocidas, una que todos los colegas de la oficina solían mencionar, era la historia de Lakshmikant Singh, el hermano de Kamalapati Singh, uno de los antiguos supervisores de la sección de contabilidad, y de Sanjay Singh, quien también trabajaba en la misma oficina. Lakshmikant trabajaba en un área diferente, pero sabía quién era Baba. En la casa, los hermanos solían contar historias acerca de sus experiencias con Baba en la oficina.

Un día, un rufián que tenía reputación de contrabandista y de traficar en el mercado negro, fue encontrado en una calle solitaria en un charco de sangre. Todavía estaba vivo cuando la policía llegó a la escena del crimen y antes de morir, nombró a Lakshmikant Singh como su asaltante. Con la fuerza de la acusación de un hombre moribundo, Lakshmikant fue arrestado y juzgado en la corte del distrito de Monghyr por homicidio en primer grado.

Kamalapati estaba reacio a comentarle el asunto a Baba, así que Gokul y Shiva Shankar fueron a hablar con Baba en su nombre. Ellos declararon que Lakshmikant era inocente y le pidieron ayuda. Baba les dijo que pelearan el caso y les aseguró que todo iba a salir bien. Sin embargo, el veredicto fue culpable y la corte del distrito sentenció a Lakshmikant a la horca.

Cuando los perturbados colegas le informaron del veredicto, Baba les dijo:

—Yo puedo ver que él está destinado a vivir una larga vida. Él no va a morir. Díganles que presenten una apelación a la Corte Superior.

El caso fue a la Corte Superior, pero la Corte Superior sostuvo el veredicto y la sentencia a la horca. Esta vez, Kamalapati fue personalmente a donde Baba acompañado por sus colegas y le suplicó que lo ayudara.

—Les dije que Lakshmikant está destinado a vivir una larga vida —le dijo Baba—. Yo sé su futuro. Él no va a morir. Vengan conmigo.

Baba llevó a Kamalapati y a Gokul a la escuela técnica. En el camino cortó una flor de uno de los jardines que decoraban la vía. Cuando llegaron a la escuela técnica, tomó un pequeño anillo de cobre de una de las bancas e hizo un amuleto y le puso la flor. Cuando terminó, sostuvo el amuleto en las manos, cerró los ojos y se concentró. Luego se lo entregó a Kamalapati.

—Llévaselo a tu hermano y dile que se lo ponga. Tienes que aclararle que no se lo puede quitar sino hasta que esté libre.

Al día siguiente, Gokul y Kamalapati tomaron el tren a Bhagalpur y fueron a la cárcel central en la que Lakshmikant estaba internado, llevaban el amuleto con ellos. Kamalapati le dijo al hermano que no se lo quitara bajo ninguna circunstancia, ni siquiera mientras se bañaba. Cuando el hermano le preguntó por qué, Kamalapati le dijo:

—Prabhat-da hizo este amuleto, lo que significa que ahora estás bajo su protección. Si valoras tu vida, no te lo debes quitar bajo ninguna circunstancia.

Lakshmikant no dudó.

—Si Prabhat-da me envió este amuleto —dijo—, entonces pueden estar seguros que no me lo voy a quitar.

Lakshmikant fijó el amuleto en la parte superior de su brazo izquierdo y ahí se mantuvo hasta mucho después de que el cobre se pusiera negro. Cuando Kamalapati volvió a la oficina al día siguiente, le informó a Baba que el hermano tenía puesto el amuleto. Baba le pidió que se sentara y anotara unas instrucciones en un pedazo de papel.

—Llévale esta nota a tus abogados y diles que apelen el caso en la Corte Suprema. Cuando preparen el caso, deben prepararse para argumentar el caso basados en esos cinco puntos.

Baba le explicó en detalle la estrategia legal que había diseñado para los abogados. Kamalapati les llevó el papel. Ellos fruncieron el cejo, pero accedieron a seguir la estrategia que Baba había propuesto. Después de algunos meses, el caso fue disputado ante la Corte Suprema. En un veredicto histórico, la decisión fue denegada en base al tecnicismo legal que Baba señaló.

Cuando Lakshmikant fue liberado y volvió a trabajar por primera vez después de casi un año, Kamalapati, Shiva Shankar y otros le dieron la bienvenida y le dijeron que antes de hacer nada, debía ir a la oficina de contabilidad y ofrecer sus respetos a Prabhat-da.

—Tú sabes que le debes la vida —le recordaron[7].

—Yo sé —Lakshmikant dijo—, pero yo no me atrevo a enfrentarlo. Él es como un león, no me atrevo a mirarlo a los ojos.

Fue en ese momento que Shiva Shankar se dio cuenta que Lakshmikant en realidad había cometido el crimen.

Después de pedirle varias veces, convencieron a Lakshmikant que fuera a donde Baba y le agradeciera. Cuando finalmente lo hizo, Baba fue muy amable. Él lo bendijo y le dijo que desde ese momento fuera una persona ideal. Más adelante Baba les explicó en privado, que en el corazón Lakshmikant era un buen hombre. Los dos hombres habían tenido un altercado y él había apuñalado a la víctima en defensa propia. Si él no lo hubiera matado, él habría sido asesinado.

En la oficina, la mayoría de los seguidores y admiradores de Baba que no eran marguis nunca pensaron en tomar la iniciación de Ananda Marga, o en algunos casos Baba los desalentó, como en el caso de Shiva Shankar. Sin embargo, hubo algunas excepciones. Un joven de la oficina de contabilidad solía ir a caminar a las colinas todas las tardes y a tomar agua mineral del manantial. Una vez, cuando iba de regreso a la casa, se sorprendió de ver una forma refulgente deslizarse en la distancia. Cuando se acercó, se asombró cuando vio que era Baba, que estaba haciendo su caminata nocturna. Luego en la oficina, sucedió algo aún más curioso. Algunas veces, él se sentaba en el escritorio y en voz baja, cantaba el nombre de Krishna. Un día, escuchó una voz suave que le preguntaba qué estaba haciendo. Cuando abrió los ojos, vio a Krishna sonriendo parado frente a él. Desconcertado, cerró los ojos, pero todavía veía la imagen de Krishna en su mente. Cuando los volvió a abrir, vio a Baba parado frente al escritorio. Esto sucedió más de una vez, antes de que lo transfirieran a Asansol. Después del traslado, conoció a un acharya y tomó la iniciación de Ananda Marga, sin que nunca pudiera olvidarse de las extrañas experiencias de Baba que tuvo en los días en que trabajó en la oficina de Jamalpur.

En general, los colegas de la oficina sabían muy poco acerca de Ananda Marga, aparte de las historias que circulaban en Jamalpur y, a medida que pasaba el tiempo, por lo que leían en los periódicos. Baba nunca habló con ellos acerca de la organización y cuando se encontraba con los marguis en la oficina por cuestiones de trabajo, como dictados, se cuidaban de no molestarlo. Aunque no hablaban de ello con Baba, ellos estaban, justificadamente, orgullosos de sus logros y del hecho de que gente de todas partes de India viniera a ver a su colega, y pronto también de todas partes de mundo. Quienes habían estado en la oficina con Baba desde principios de los cuarenta, como N. C. Gangully y Vimal Chandra Mitra, recuerdan que en esos días, Baba algunas veces mencionaba sus aspiraciones de abrir escuelas, hogares para niños, hospitales y otros proyectos de bienestar social para los pobres y menos privilegiados. Les dio mucha satisfacción cuando vieron que se hizo realidad durante los últimos años de Baba en la oficina y aún después.

Una vez Baba se retiró de la oficina, la mayoría de sus colegas siguieron su carrera a través de la prensa y del boca en boca. Muchos de ellos, como Pulak Ray, Shiva Shankar, Kamalapati Singh y Vimal Chandra visitaban a Baba ocasionalmente y siempre fueron recibidos amablemente como invitados especiales, sin todo el protocolo que debían seguir los discípulos marguis. Baba charlaba con ellos acerca de Jamalpur y les preguntaba cómo estaban los conocidos, renovando instantáneamente la afectuosa intimidad que había compartido con ellos en la oficina. Esta relación especial fue lo que animó a Kamalapati a decirnos con mucho orgullo, cuando fuimos a entrevistarlo en su casa en 1999:

—¡Yo conozco a su Baba mejor que ustedes!

XXXII
Los últimos años en Jamalpur

El devoto no sólo entona canciones y salmos espirituales. Esos aspirantes espirituales que se mueven rápidamente por el camino de la evolución hacia la Consciencia Suprema nunca se cegarán a los padecimientos que incontable número de personas alrededor de ellos sufre debido a la falta de un sistema social y económico sólido y a los sentimientos humanos. Si alguno de ellos no puede ver el mal manejo del sistema social, entonces no ha entendido por completo a la Consciencia Suprema... Por lo tanto, el devoto debe estar listo a servir a la humanidad. Los aspirantes espirituales que no prestan servicio social no tienen una devoción real, en su devoción yace el egoísmo. Los devotos que son egoístas no alcanzan a Dios. Los devotos son trabajadores, nunca tendrán miedo de trabajar; por el contrario, trabajarán al máximo[1].

MIL NOVECIENTOS SESENTA y cinco fue un año muy ocupado para Baba. La organización estaba creciendo rápidamente y los viajes para el DMC alimentaban el ímpetu de ese crecimiento. A donde iba, la gente se amontonaba para verlo. Cuando viajaba en tren, las plataformas en las estaciones a lo largo del viaje se llenaban de marguis deseosos de recibir darshan del gurú. En muchas partes, las filas para el CP eran tan largas que Baba no tenía tiempo de atenderlos a todos, así que se introdujo un sistema de selección. Ananda Marga rápidamente fue ganando reconocimiento como la organización espiritual de más rápido crecimiento en India. El contraste entre este crecimiento y el sencillo trabajo de director de una sección de la oficina de contabilidad en Jamalpur llevó a que un día Shiva Shankar Mukherjee le preguntara a Baba por qué continuaba allí. Baba le contestó:

—Continúo trabajando aquí porque quiero mostrarle a la gente que uno puede llevar una vida de devoción y de práctica espiritual sin renunciar a un estilo de vida normal.

Los marguis y los wholetimers constantemente le pedían a Baba que se retirara del trabajo, pero él continuaba diciéndoles que todavía no era el momento. Sin embargo, la creciente cantidad de tiempo que Baba pasaba fuera de la oficina de licencia indicaba que este momento no estaba muy lejos.

En febrero, Baba hizo los primeros dos viajes de ese año a los estados de Assam y Tripura en el norte, en donde unos años antes Rasamay había empezado los primeros esfuerzos de prachar, después de pedir dinero prestado para viajar y establecer la presencia de Ananda Marga. En la mañana del DMC en Karimganj, Baba expresó el deseo de visitar Sadarasi, el pueblo natal de Rasamay. Aunque no era parte del programa, los marguis locales rápidamente hicieron los arreglos necesarios y llevaron a Baba al pueblo remoto a hacer una visita de sorpresa. Sin embargo, no era la sorpresa que imaginaban. Cuando llegaron a las afueras del pueblo, encontraron a los marguis locales y a los habitantes del pueblo amontonados a lado y lado de la calle, listos para recibirlos. Más tarde se enteraron de que un margui del pueblo había soñado la noche anterior que Baba llegaría a eso de las ocho de la mañana. Al amanecer, había ido alrededor del pueblo propagando la noticia de que Baba llegaría a esa hora. Los marguis erigieron una *shamiana*[2] y el pueblo entero se reunió para escuchar a Baba dar una charla. Baba también fue a visitar la casa del tío materno de Rasamay, la casa en la que Rasamay había crecido, satisfaciendo el deseo secreto de su fiel discípulo. Aunque Rasamay no estaba presente físicamente, este sería uno de los más apreciados recuerdos de su vida.

Cuando el programa del DMC terminó, varios buses llenos de marguis acompañaron a Baba hasta el aeropuerto para despedirlo. Cuando Baba pasó por seguridad, lo requisó un subinspector local, en esa época no había detector de metales. Después de vaciar los bolsillos de Baba, el subinspector puso las llaves de Baba en el bolsillo derecho y el pañuelo en el izquierdo, en el orden opuesto en el que Baba normalmente los ponía. Antes de salir del área de seguridad, Baba se revisó los bolsillos. Cuando se dio cuenta que sus pertenencias estaban en el orden equivocado, empezó a reprender al subinspector. El superintendente de policía, quien estaba cerca de allí, fue a ver lo que estaba pasando.

—Mire —dijo Baba—, su oficial ha perturbado el sistema que he seguido por más de treinta años. Mis llaves van en el bolsillo izquierdo y mi pañuelo en el derecho. Él los puso en el orden contrario. El superintendente de policía se disculpó y Baba sonrió. Los monjes que iban con él hicieron lo posible por reprimir la risa.

De vuelta en Jamalpur, el número de devotos que visitaba el jagriti continuó creciendo. Muchos de ellos eran jóvenes que venían inspirados a dedicarse a la vida de wholetimers, llegando a cientos a finales de 1966. Uno de ellos era Lakshmi Prasad Nayak, quien recibió CP a principios de 1966 en el jagriti de Jamalpur. Se había iniciado recientemente y los devotos le habían contado muchas historias de Baba. Aunque las encontraba inspiradoras, también se sentía incómodo por la sincera adulación que vio. Así que cuando entró a la habitación de Baba, no hizo sastaunga pranam, no sólo porque no podía aceptar a Baba como un Dios, como a muchos devotos les gustaba decir, sino también porque llevaba puesto unos pantalones nuevos y no quería dañar el pliegue. Así que le dio el namaskar, se sentó frente al catre de Baba y preguntó:

—Baba, la gente anda diciendo que eres un Dios, pero ¿cómo puede ser? Yo pienso que tú eres un gurú.

—Tú tienes razón —dijo Baba—. Pero dime, ¿aceptas la existencia de Dios?

—Sí, Baba.

—Muy bien. Ahora quiero que admitas todos tus pecados y tus malas acciones, una a una.

—Es verdad, he cometido algunas.
—No, no, dímelas una a una.
Lakshmi Prasad pensó por un momento, tratando de decidir cuál debía decir. Entonces recordó una vez en grado décimo cuando él y otros dos amigos habían sido expulsados del colegio por robar una mesa de carambola. Para poder ser aceptados nuevamente, debían admitir frente a toda la asamblea de estudiantes que la habían robado y suplicar que los perdonaran.
—Baba, una vez robé algo de la escuela.
—Sé más específico.
A Lakshmi Prasad le resultaba incómodo revelar los detalles de lo que todavía recordaba como un incidente vergonzoso. A pesar de que había sido el líder de la banda, dijo:
—Pero realmente no fue mi culpa. Mis dos amigos me presionaron para hacerlo.
—¿Qué estás diciendo? Tú robaste la mesa de carambola. Tú aconsejaste mal a tus amigos y los incitaste a que te ayudaran. Yo no estaba presente, pero Paramatma estaba viendo todo. No trates de escondérselo. No quiero tener que pedirte una vez más. Dime tus crímenes, uno a uno. En detalle.
Las mejillas de Lakshmi Prasad empezaron a arder. Entendió, para su máximo disgusto, que no podía esconderle nada a Baba. Uno a uno, le contó los detalles de cualquier falta que pudiera recordar, excepto una, un terrible crimen que había cometido cuando tenía once años y que desde entonces había tratado de esconder, aun de sí mismo.
—Hay un crimen que no has admitido —dijo Baba, después de que la lista se había vuelto bastante larga.
Lakshmi Prasad tenía mucha vergüenza de continuar. Finalmente, después de un corto silencio, Baba empezó a narrar los detalles del incidente.
—¿Lo aceptas? —le preguntó. Lakshmi Prasad se derrumbó y empezó a llorar. Baba lo abrazó y le dijo—: Los seres humanos cometen crímenes. Tú los has aceptado; ese es tu castigo. De ahora en adelante, no vas a volver a pensar en ellos, no le vas a decir a nadie, sino que vas a pensar que no cometiste este crimen. Tu vida empieza en este momento.
Lakshmi Prasad abrazó a Baba, luego puso la cabeza en el regazo de Baba y se desahogó. Le contó a Baba de la extrema pobreza de su padre y las inmensas dificultades por las que la familia estaba pasando. Baba le aseguró que no tenía nada de qué preocuparse. Paramatman se encargará de todo.
—¿Recuerdas una vez cuando eras niño, que ibas para el mercado sentado en la parte de atrás de una camioneta con unos amigos? Tú te subiste a la cabina de la camioneta y le pediste a tus amigos, Vaekuntha y Shankar Saha, que se subieran contigo. En el momento en que te inclinaste para darle una mano a Vaekuntha, la camioneta pasó debajo de unas ramas de un árbol de mango. Una rama gruesa pasó justo sobre tu cabeza en ese preciso instante a menos de sesenta centímetros de la cabina. Cuando viste que la rama te pasó por encima, te diste cuenta de que si no te hubieras agachado, te habría matado. ¿Te acuerdas?

—Sí, Baba —respondió Lakshmi Prasad, reviviendo el trauma de ese día. Imágenes dolorosas le inundaron la mente a medida que Baba decía los nombres de sus amigos de la infancia, olvidados por tantos años.

—Estabas tan asustado, que te acordaste de Dios con mucha intensidad y le agradeciste por salvarte la vida. Luego fuiste a tu casa y lloraste en frente de tu madre y ella te prohibió que te volvieras a montar en una camioneta.

Lakshmi Prasad se aferró a Baba aún más fuerte y continuó llorando; las emociones le brotaban como un río.

—Verás, Paramatma siempre está contigo. Él te ha cuidado desde tu niñez. Debes estar seguro de que Paramatma se hará cargo de cualquier cosa que sea necesaria para promover tu bienestar. No te debes preocupar. Las personas grandiosas no se preocupan por las cosas del mundo. Ellos confían en la voluntad de Paramapurusha. Ahora dime, ¿a quién le pertenece tu cuerpo, tus manos, tus piernas, tus ojos?

—A Paramapurusha.

—Sí, y como todo le pertenece a él, no vas a dudar en ofrecérselas, ¿verdad?

—No, Baba, no dudaré. Te lo prometo.

—Bien, tú tienes un gran poder dormido dentro de ti. Utilízalo en el servicio de Paramapurusha. Paramapurusha te ha dado tu vida, úsala para servir a la creación.

El CP de Lakshmi Prasad Nayak duró cuarenta y cinco minutos. Cuando salió de la habitación de Baba, fue directamente a donde Abhedananda, el asistente personal de Baba, y le dijo que quería ser un wholetimer. Abhedananda le dijo que tenía que esperar hasta que cumpliera dieciocho, dentro de unos meses, de otro modo, los padres podían demandar a la organización. Al mismo tiempo, Baba hizo arreglos para que Acharya Pashupati costeara sus estudios en Bhagalpur. Tan pronto como cumplió los dieciocho años y se graduó del colegio, se dirigió al centro de entrenamiento en Varanasi.

Otro joven discípulo recibió CP casi al mismo tiempo y tuvo una experiencia similar. Baba le recordó algunos incidentes de la infancia en el que casi pierde la vida. En contraste con Lakshmi Prasad, él le preguntó directamente a Baba en el CP si quería que se volviera monje o no. Baba le respondió:

—Mira, durante tus últimas vidas pasadas has sido muy feliz, has disfrutado mucho. ¿No puedes soportar un poco de dificultades en una de tus vidas por una gran causa?

Al día siguiente tomó el tren de Jamalpur a Varanasi y entró en el centro de entrenamiento.

Una tarde en esa primavera, Harinder estaba caminado con Baba hacia la tumba del tigre. Para ese entonces, ya se había graduado y había empezado a trabajar para el gobierno en la oficina de energía eléctrica. Mientras caminaban, Baba se dirigió a él diciendo:

—¿Tú también has empezado a recibir sobornos?

Harinder se sobresaltó. —Pero Baba, no recuerdo haber recibido ningún soborno.

Baba sonrió. —La persona que fue capaz de resistir un soborno de doscientas rupias aceptó dos chum chums (dulce de leche de la India), que vale dos annas, y una taza de té, que vale otras dos annas, en total seis annas.

De repente, la escena se repitió en la mente de Harinder. El año anterior, un hombre de negocios que era el dueño de una fábrica de camisetas había ido a la oficina con una solicitud para la conexión de cincuenta caballos de fuerza para un molino de arroz que estaba construyendo. El empresario le había ofrecido un soborno de doscientas rupias para que agilizara el proceso y Harinder lo había despachado después de reprenderlo por tratar de sobornar a un empleado del gobierno. Dos semanas antes de la caminata, Harinder iba de camino al trabajo después del almuerzo cuando pasó al lado del mismo hombre de negocios que estaba parado frente a la puerta de su nuevo molino. El hombre lo invitó a entrar para que viera el molino. Harinder recordó el regaño que le había dado y sintió un poco de simpatía, por esa razón, accedió a entrar y darle una rápida mirada a la instalación. Cuando iba saliendo de la fábrica, la madre del hombre le ofreció un par de chum chums y una taza de té. Él se rehusó inicialmente, diciendo que acababa de almorzar, pero la mujer insistió y Harinder cedió finalmente.

Cuando le dijo a Baba que recordaba el incidente, Baba le dijo:

—Harinder, este también es un tipo de soborno. Tú deberías haber dado los dulces a algún mendigo o a un leproso pasando trabajo en la calle durante el frío invierno[3]. La madre se dirigió a ti como "hijo" y prácticamente te forzó a comerte los dulces, yo lo sé, pero ¿sabes qué estaba pensando el hombre en ese momento? Estaba pensando: este hombre no aceptó mi soborno de doscientas rupias, pero recibió los dulces que mi madre le dio; esto lo dispondrá a ayudarme en el futuro. Yo siempre necesito uno u otro trabajo en la oficina de energía eléctrica y él me va a poder ayudar cuando lo necesite.

Kiran y Kishan eran amigos cercanos, tan cercanos que la amistad entre ellos se había vuelto tema de conversación entre los wholetimers. Los dos habían sido iniciados al mismo tiempo en Jammu. Ambos habían decidido ir al entrenamiento al mismo tiempo, y cuando terminaron le pidieron a Baba que los enviara a trabajar al mismo lugar. Baba, como era de esperarse, los envió a diferentes lugares, pero cada vez que volvían a Jamalpur a las sesiones de reportes[4], pasaban todo el tiempo juntos.

Un día, durante un Darshan General, Baba tocó la parte de atrás de la cabeza de Dasarath y le pidió que viera las vidas pasadas de Kiran y Kishan. Dasarath cerró los ojos y se concentró por unos momentos.

—Baba, veo dos cuerpos en una pira ardiendo en la orilla del río Padma en Bengala del Este.

—¿De quién son esos cuerpos?

—Son los cuerpos de dos hombres jóvenes.

—¿Y quiénes son estos jóvenes?

—Baba, son hermanos, murieron juntos.

—¿Cómo murieron?

—Fueron a bañarse en el río. Uno de ellos se alejó demasiado y lo atrapó la corriente. Empezó a ahogarse y el hermano trató de salvarlo, pero también lo atrapó la corriente y los dos se ahogaron. La comunidad los quería mucho y hubo una gran conmoción cuando se enteraron de la noticia.

Sí —dijo Baba—, en esa vida ellos nacieron en una familia muy próspera de Bengala del Este. Debido a samskaras insatisfechos, los dos se encontraron una vez más y se convirtieron en amigos inseparables. Aunque se han convertido en wholetimers, todavía anhelan el afecto de otro, tal y como en su vida anterior, justo hasta el último suspiro.

Un día, el Acharya Sambuddhananda, quien en ese entonces trabajaba en los estados del norte, fue a Jamalpur para dar su reporte. Mientras le daba el reporte a Baba, Baba le preguntó por la salud de varios marguis y trabajadores de su región.

—Y ¿cómo está Paresh en Guwahati? —le preguntó Baba.

—Baba, él está bien.

—¿Bien, dices? ¿Sabías que tiene malaria? ¿Sabes qué tal es su condición? Los marguis del lugar no están cuidándolo adecuadamente y él, mentalmente, me culpa a mí. Él se queja de que ni siquiera yo lo cuido. Regresa a Guwahati inmediatamente y haz los arreglos necesarios para su tratamiento. Di a los marguis locales, que Baba está muy disgustado por la indiferencia ante la salud de su trabajador. Después, ve derecho a Karimganj. No pierdas ni un segundo. En camino hacia Karimganj, bájate en la estación de Badarpur. Cuando te bajes, vas a ver al Expreso del Valle de Barrack estacionado en la plataforma opuesta, en dirección contraria. En ese tren vas a encontrar a tu iniciado Dr. Anukul Ray. Vas a sacarlo en seguida del tren y lo vas a llevar contigo a Karimganj.

Baba le dio estas instrucciones con tanta firmeza, que Sambuddhananda no se atrevió a hacerle ninguna pregunta. Salió inmediatamente para la estación del tren y tomó el primer tren con conexión a Guwahati. Era un viaje largo, de casi dos días, y mientras viajaba pensó en el día que había escuchado el nombre del Dr. Anukul Ray por primera vez, unos tres años atrás. Ese día también había estado en Jamalpur para la sesión de reportes. Baba lo había llamado aparte y le había dicho:

—Asim, cuando vayas a Karimganj encontrarás a cierta persona que quiero que inicies. Su nombre es Dr. Anukul Ray, es un buen hombre. Él ha estado buscando a un gurú por mucho tiempo, pero no ha encontrado al maestro adecuado. Esta es la dirección. Ve a su casa. Él te va a hacer cuatro preguntas. Responde a estas cuatro preguntas a satisfacción y él aceptará la iniciación. Anota las preguntas y las respuestas...

Era cierto que el Dr. Anukul estaba ansioso por encontrar un sadgurú. Años atrás, durante su búsqueda había visitado a varios maestros. El primero había sido Ram Thakur, quien le dijo que no lo podía iniciar porque su gurú ya había sido decidido; Ram Thakur también le dijo que su gurú era un gran maestro. Más adelante visitó a Swami Svarupananda, a quien también le pidió la iniciación, pero sólo si le respondía cuatro preguntas. El swami, descontento por la falta de humildad, se rehusó a iniciarlo. Finalmente, fue al ashram de Anukul Thakur en Deoghar, otro reconocido gurú. Anukul Thakur también se rehusó a iniciarlo, pero le dijo que no necesitaba seguir buscando. Muy pronto iba a ser iniciado por un gurú del más alto orden. Anukul Thakur no quiso revelar el nombre de ese gurú, pero después de repetidas súplicas le dio una pista. Le dijo que el nombre empezaba por "Shrii Shrii A".

El Dr. Ray volvió a su casa en Karimganj decepcionado, pero con la esperanza de que el gurú por el que había esperado tanto tiempo pronto lo iba a encontrar, pero pasaron varios años y todavía no recibía una señal del gurú. Una mañana estaba en la casa sentado en actitud contemplativa cuando alguien tocó a la puerta. Él abrió y encontró a un hombre joven vestido de blanco. Sin presentarse, el joven le preguntó si era el Dr. Anukul Ray. Cuando le contestó que sí, el joven le dijo en tono autoritario:

—Por favor, tome un baño rápidamente y vuelva.

—No entiendo —dijo el doctor, tomado por sorpresa ante la temeridad del joven—. ¿Quién es usted?

—Mi nombre es Asim. Soy un profesor de yoga y meditación y he venido a iniciarlo.

El Dr. Anukul se sorprendió con la respuesta.

—Ya veo. Por favor entre y tome asiento. ¿Puedo ofrecerle algo? ¿Té o algún otro refresco?

—En realidad, tengo un trabajo importante que hacer —le dijo Asim con un aire de impaciencia—. Lo voy a iniciar, pero después me tengo que ir.

—Le puedo preguntar por qué tiene tantos deseos de iniciarme? No le he pedido la iniciación.

—Son las instrucciones de mi gurú.

—¿Su gurú? —le preguntó Anukul, esperanzado.

—Sí, mi gurú. Oh, sí, me dijo que usted tenía cuatro preguntas y que yo debía responderlas.

Asim repitió las cuatro preguntas que el Dr. Anukul le había hecho al Swami Svarupananda así como las respuestas que Baba le había dictado.

—¿Cómo se llama su gurú? —le preguntó el Dr. Anukul, asombrado. Cuando oyó el nombre "Shrii Shrii Anandamurti", se le detuvo el corazón y le agradeció mentalmente al gurú que aún no había visto.

Cuando Sambuddhananda llegó a Guwahati, se enteró que efectivamente, Paresh tenía malaria y que estaba en malas condiciones. Inmediatamente convocó una reunión con los marguis locales y les informó el disgusto de Baba. Después de un adecuado llamado de atención, los marguis se encargaron de hospitalizar a Paresh e hicieron una lista de los turnos para quedarse con él en el hospital. Tan pronto como terminó esta tarea, Sambuddhananda salió para Karimganj, sin importarle que no había dormido por dos días, ya que había viajado desde Jamalpur en el compartimiento para los que no habían hecho la reservación.

Cuando el tren llegó a la estación de Badarpur, se bajó y encontró el Expreso del Valle de Barrack estacionado en la plataforma opuesta, tal y como Baba le había dicho que pasaría. Rápidamente entró en el tren y fue de un lado a otro una y otra vez pero no encontró a su iniciado. Finalmente, la tercera vez oyó una voz familiar que lo llamaba:

—Dada⁵, ¿qué estás haciendo aquí?
—¡Anukul-da, ahí estás! Ven, bájate del tren. Tienes que venir conmigo a Karimganj en este momento.
—¿Karimganj? ¿De qué estás hablando? Tengo un trabajo importante que hacer. No puedo ir a Karimganj en este momento.
—No discutas conmigo. Después respondo a tus preguntas. En este momento tenemos que salir de este tren y tomar el tren a Karimganj. ¿Dónde está tu equipaje?

Cuando el Dr. Anukul le señaló la maleta, Sambuddhananda la tomó y sin rodeos la tiró en la plataforma. Sacó del tren al confundido doctor, quien se mantuvo en silencio a pesar de lo disgustado que estaba. Una vez iban de camino a Karimganj, Sambuddhananda compartió con él las instrucciones que Baba le había dado. No era una muy buena explicación, pero el doctor entendió que Baba le había dado una orden y era mejor no cuestionarla. A la mañana siguiente, los periódicos le dieron la razón. El tren del que el Dr. Anukul se había bajado se descarriló poco después de salir de la estación de Badarpur, cayó en un barranco y un gran número de pasajeros murió, incluyendo a la mayoría de las personas que iban en su vagón.

El 22 de mayo, Baba dio su discurso semianual de Renacimiento Universal (RU) en Patna, titulado "Ciencia, civilización y progreso espiritual". Al día siguiente, dio el discurso de DMC de Ananda Purnima y esa mañana frente a la multitud anunció la formación del WWD (Women's Welfare Department) de Ananda Marga: Departamento para el Bienestar de las Mujeres.

Los preparativos para crear la sección de mujeres ya estaban listos, pero recibieron oposición dentro de la organización. Baba había creado mujeres acharyas desde que fundó la organización, pero hasta ese momento no había dado pistas de que fuera a crear una orden de sannyasis femeninas. Sin embargo, a principios de ese año, Vimala Vishishta, en ese entonces la secretaria de Ananda Marga en el distrito de Bombay, le había expresado a Baba su deseo de dedicarse a la misión, de la misma forma que los avadhutas lo hacían. Baba le reveló sus planes para la creación del WWD y de una orden de sannyasis femeninas.

Vimala tenía cincuenta y dos años en esa época. Era una mujer bien educada, sofisticada y talentosa que pertenecía a los altos círculos de la sociedad de Bombay. Su familia la había casado cuando tenía quince años, con un hombre de negocios rico y materialista. Su madurez, inteligencia y talento la hacían la persona perfecta para convertirse en la primera sannyasi femenina y la directora del departamento de mujeres.

Vimala había llevado una vida espiritual desde la niñez. Una vez sus tres hijos se casaron y se establecieron, ella dejó su casa en Bombay y se fue a vivir en el ashram de su gurú, Swami Ramdas, en Kerala, en donde construyó una casa. Sin embargo, después de que Ramdas murió en 1963, ella sintió que necesitaba un gurú que estuviera vivo. Con esa idea fue a Rishikesh a conocer a Anandamayi Ma, quien le dijo que no necesitaba ir a ninguna parte para iniciarse. El gurú llegaría a ella muy pronto.

Confiando en las palabras de la santa, salió de Rishikesh para Udaipur a visitar a la hija y al cuñado. Cuando estaba allí, Mangal Bihari, un amigo de la familia, se enteró de su ávido interés en materia espiritual y la invitó a un encuentro espiritual en su casa. Esa noche, Vimala tuvo un sueño en el que vio a un sannyasi vestido de naranja y con un turbante. Unas voces la urgieron a tocar los pies del sannyasi. Mientras tocaba los pies, vio cómo la imagen del sannyasi se convertía en la figura del gurú fallecido, Swami Ramdas, sonriéndole alegremente. Luego, la figura de Ramdas se transformó en la de un hombre desconocido que tenía gafas y vestía un dhoti blanco y una kurta. Con sus manos todavía tocando los pies, escuchó una voz que resonaba a su alrededor: "estás tocando la luz divina". Luego se despertó con el cuerpo vibrándole de felicidad. Era temprano en la mañana, así que se bañó y se alistó para ir a la casa de Mangal Bihari. Cuando entró en la casa, vio al mismo sannyasi que había visto en el sueño, un avadhuta de Ananda Marga. Ella se inició, y más tarde, ese mismo día, Mangal Bihari le mostró las cartas que Tej Karan había escrito durante su primera visita a Jamalpur. Profundamente inspirada por las cartas, pidió ver la foto de Baba. Tal y como lo sospechaba, era la misma persona que había aparecido en el sueño.

Por instrucciones de Baba, Pranay la llamó para que fuera a Varanasi en abril al entrenamiento. Llegó a Jamalpur en la primera semana de mayo para tomar las clases finales de acharya y para presentar el examen de acharya. Con ella estaba Pramila, la hija de diecinueve años del Acharya Kailas Balla, quien había estado acosando a Baba desde hacía un par de años para que le permitiera dedicarse tiempo completo a la misión. Baba hizo públicos los planes en una reunión en su habitación con Satyananda, Pranay y otros más mientras que las dos monjas potenciales esperaban afuera. Se desató una acalorada discusión, lo suficientemente fuerte para que las dos mujeres se dieran cuenta de que los planes de Baba no eran bien recibidos. Satyananda, en particular, se oponía completamente a la idea. Trató de discutir con Baba que una de las razones principales que habían llevado al Budismo al deterioro en India había sido la controvertida decisión de Buda de crear sannyasis femeninas, pero Baba no lo escuchó.

—Como un ave, una organización necesitas dos alas para poder volar —dijo, un comentario que repetiría varias veces en el futuro. Tampoco le puso atención a ninguno de los argumentos tradicionales en contra de la inclusión de mujeres expresada por los otros hombres en la habitación. Vimala recibió su iniciación de avadhutika en octubre y le dieron el nombre monástico de Ananda Bharati. Pramila recibió su iniciación unos meses después y recibió el nombre de Ananda Gita. Juntas establecieron las oficinas del WWD en Varanasi y el centro de entrenamiento para mujeres wholetimers.

El 8 de junio, dos semanas después del DMC del Ananda Purnima, Narasingh, un anciano devoto del pueblo cercano de Trimohan, fue a Jamalpur a ver a Baba. Cuando Baba llegó al jagriti ese día por la tarde, Narasingh le informó al maestro que había llegado la hora de dejar su cuerpo. Baba se estiró y tomó la mano del discípulo.

—Narasingh, ¿por qué hablas así? No debes tener estos pensamientos.

—No me puedes engañar, Baba —le respondió Narasingh—. Yo sé que ha llegado el momento.

Baba se mantuvo en silencio por un momento, luego le dijo suavemente:
—¿Quieres que te extienda la vida?
—No, Baba. Quiero que me prometas que voy a renacer en una familia de marguis y que voy a volverme avadhuta en mi próxima vida.
—¿Cómo puedo prometerte esto? Mi deseo es que te fundas en la Consciencia Suprema cuando dejes este cuerpo y que alcances *mahamrityu*, la gran muerte.

Narasingh no se venció y continuó insistiendo. Finalmente, Baba cedió.

—*Tatastu* —le dijo, "que así sea". Unos minutos más tarde, Baba llamó a dos discípulos a su habitación, Chirainjivi y Karmeshvar Lal. Les dijo que Narasingh no estaba bien y les pidió que lo acompañaran a la casa en Trimohan esa noche. También les pidió que le dijeran a Aniruddha, el hijo mayor de Narasingh, que no debía dejar solo a su padre al día siguiente.

En la tarde, cuando Baba fue a la caminata, le preguntó a Pranay por qué Narasingh no estaba allí. Cuando Pranay le explicó que le había cedido su puesto a un margui del sur de la India porque tenía que viajar una larga distancia, Baba lo increpó:

—¡Qué! Ve a traer a Narasingh inmediatamente. Tengo un trabajo urgente para él.

Iba a ser el último darshan de Narasingh y la culminación de una historia antigua.

Narasingh había sido un devoto hindú toda su vida. Cuando su hijo mayor, Aniruddha, se inició en 1956, se alegró de ver un cambio inesperado de carácter, pero también le perturbó verlo abandonar el culto a los ídolos y otras tradiciones de la fe hindú. Esto los llevó a tener discusiones que se complicaron cuando su segundo hijo, Harinder, se inició poco después debido a la insistencia de su hermano. Un día, a mediados de 1957, mientras visitaba a Aniruddha en Bhagalpur, Narasingh tuvo otra discusión con su hijo mayor acerca de Ananda Marga. Esta vez, el hijo fue inflexible.

—Tú eres un gran devoto, yo lo sé, pero ya es tiempo de que te unas a Ananda Marga.

—No voy a asociarme con una religión de pecadores —Narasingh rugió, pero una semana más tarde, vino a donde Aniruddha en tono conciliador y le preguntó quien era su acharya.

—A menos que estés listo para iniciarte, no estoy preparado para hablar contigo.

—Entonces llévame a donde tu acharya. Estoy listo.

Sorprendido con este inesperado e inexplicable cambo de opinión, Aniruddha llevó a su padre a donde su acharya, Chandranath. Durante la iniciación, Narasingh entró en trance y permaneció en este estado por varias horas. Cuando volvió en sí, se lamentó de haberse demorado tanto para ir. Insistió para que lo llevaran a ver a Baba. Le dijeron que los nuevos iniciados debían practicar meditación por seis meses antes de que se les permitiera encontrarse con el gurú, pero Narasingh no cedió. Finalmente, después de cinco días de rogar, lo llevaron a Jamalpur. Cuando Baba lo vio por primera vez le dijo:

—Narasingh, has venido muy tarde. Te he estado esperado desde hace tres años. Ve a preguntarle a Mahadeva. Hace tres años le dije: "hay un gran devoto en Trimohan llamado Narasingh, ve y tráemelo", pero no lo hizo.

Esa noche en la caminata, Narasingh le dijo a Baba que ningún hijo jamás había pagado la deuda a su padre, pero que su hijo lo había hecho.

—No, Narasingh —le dijo Baba—, Aniruddha ha hecho un gran servicio, no hay duda, pero todavía no ha pagado la deuda. Todavía queda algo más.

Unos días más tarde, Narasingh llevó una canasta de mangos maduros de su huerta para ofrecerlos a Baba. Baba frunció el ceño y lo regañó.

—¿No sabes que Baba no acepta ofertas de nadie? ¡Llévatelas!

Esa noche, Narasingh tuvo la oportunidad de hablar a solas con Baba a la entrada de la casa de Baba, después de regresar de la caminata.

—¿Baba, por qué me regañaste hoy? —le preguntó—. La huerta de donde tomé los mangos es tuya, los mangos son tuyos.

Baba sonrió y lo invitó a sentarse en la terraza con él. Luego, entró en la casa y trajo dos tazas de té. Conversaron por un rato. Más tarde, Baba dio órdenes de que las ofrendas de Narasingh fueran aceptadas, pero de nadie más. La historia circuló entre los marguis y desde ese momento le dieron el apodo de "Pera Baba", porque nunca fue a donde Baba con las manos vacías. Siempre llevaba dulces como *pera* o algunas frutas. Desde ese día hasta el día de su muerte, Narasingh no se perdió un solo DMC, lo que llevó a Baba a comentar:

—Nadie ha estado presente en todos los DMC, excepto por Narasingh y yo.

Unos años más tarde, Narasingh le pidió a Baba que le enseñara cómo extender sus años de vida.

—¿Por qué quieres aprender esto? —le preguntó Baba.

Baba, estoy muy viejo, llegué a tu misión muy tarde. Quiero ser capaz de completar mi sádhana apropiadamente, pero sólo me quedan unos años más.

—Es posible, pero no es recomendado. Después de que una persona pasa los ochenta años, las glándulas pierden la vitalidad y la sádhana se vuelve muy difícil, inclusive las ásanas no tienen mucho efecto. Por esta razón, la Providencia ha decretado que la expectativa de vida de una persona no debe exceder mucho esta edad. Es mejor renacer y empezar de nuevo en un cuerpo nuevo. Vas a retomar tu sádhana en donde la dejaste en la vida anterior, pero con el cuerpo joven y fuerte. Así es mucho mejor.

Narasingh aceptó el consejo de Baba y no repitió su petición. En otra ocasión, Baba le dijo:

—Si una persona está muy apegada a su familia, y los miembros de la familia están presentes cuando muere, será un obstáculo para el avance espiritual de esta persona. Hasta puede hacer que renazca en la misma familia.

—Baba, entonces quiero morir ya sea en tu presencia o cuando esté solo.

—Sí, es lo mejor.

Esa noche de verano de 1965, después del que sería su último darshan, Narasingh tomó el último tren de vuelta a Bhagalpur, acompañado por los dos marguis. Esa mañana, cuando llegaron al cruce de Bhagalpur, él insistió que quería seguir solo el viaje hasta Trimohan. A pesar de las instrucciones de Baba, Chirainjivi y Karmeshvar lo dejaron continuar tal y como deseaba. Ellos regresaron a Jamalpur y no tuvieron la oportunidad de darle el mensaje de Baba a Aniruddha.

Narasingh llegó a la casa a eso de las tres de la mañana. Realizó sus prácticas espirituales de la mañana y luego colapsó en su cama en un gran estado de debilidad, las mujeres de la casa hicieron lo posible por cuidarlo. Aniruddha fue más tarde esa mañana. Para entonces Narasingh se estaba sintiendo un poco mejor. Le dijo al hijo que tenía una cita en Bhagalpur y que tenía que irse. Aniruddha no quería dejarlo ir, pero Narasingh insistió. Le dijo que había dado su palabra. Tenía que irse y quería ir solo. Aniruddha trató de convencer al padre de que lo dejara enviar a alguien con él, pero eventualmente dejó de insistir. Lo llevó hasta la estación, y luego le dio instrucciones al sirviente de la casa, Safijan, de que siguiera al anciano secretamente y que le pusiera cuidado, por si acaso. Una vez en la estación, Narasingh abordó el tren local hacia Bhagalpur, que estaba estacionado en la plataforma. Encontró una litera superior en un compartimiento vacío y se sentó a meditar. Quince minutos más tarde gritó: "Baba". Safijan, quien estaba escondido cerca de ahí, se asomó y vio a Narasingh desplomado contra la pared del compartimiento en postura de meditación. Alarmado, entró en el vagón y se dio cuenta que Narasingh estaba muerto.

El funeral de Narasingh se llevó a cabo en Trimohan siguiendo el sistema de Ananda Marga, a pesar de las objeciones virulentas de los habitantes. Fue el primer funeral conducido de acuerdo al sistema que Baba dio en *Caryacarya*. Aunque Baba no asistió, envió un mensaje especial: "Su muerte no fue *mrityu* sino *mahamrityu*[6]. Él fue la única persona de la organización que cantó el ista mantra continuamente hasta el último respiro".

El 15 de agosto, las escaramuzas cada vez más frecuentes entre India y Paquistán en la región de Cachemira se convirtieron en hostilidades a gran escala cuando el ejército de la India cruzó la frontera internacional hacia el Cachemira Paquistaní, en respuesta a lo que se calificó como una infiltración armada masiva de saboteadores paquistaníes en el Cachemira de la India. Baba iba hacia el jagriti cuando se proclamó la noticia de que el ejército indio había cruzado la frontera. Aunque Paquistán alegó que fue un ataque no provocado, Baba no estuvo de acuerdo. Él apoyó la decisión del Primer Ministro Lal Bahadur Shastri de ir a la ofensiva. Esa noche, le dio a los marguis una lección de historia sobre el conflicto y analizó los errores de Nehru, el Primer Ministro anterior, quien dejó a la India en una posición delicada con respecto a la frontera de Cachemira.

Así como durante el conflicto con la China, desde ese momento cada día Baba hizo un comentario a los marguis sobre la guerra. Al mismo tiempo, tuvieron que alterar la gira de dos semanas para dar el DMC en Srinagar, la capital de Cachemira, Agartala, Chandigarh, Jammu y Simla. Cancelaron el DMC en Srinagar y agregaron a Jaipur en el programa.

El 19 Baba llegó a Agartala, la capital de Tripura, la segunda visita de ese año al nororiente. Sambuddhananda, quien estaba encargado del prachar en los estados de Assam y Tripura, lo llevó en carro hasta la casa en la que se alojaría. Allí se encontró con

Gopiballah, el secretario de distrito de Ananda Marga y el guardián designado a Baba para el DMC. Como era tradicional, Gopiballah le puso la guirnalda a Baba y recibió su namaskar. Cuando entraron en la casa, Baba le preguntó cómo estaba.

—Estoy bien, Baba —dijo. Baba se detuvo en el corredor.

—Puedo ver que tienes gota en las rodillas y te duelen mucho por la noche, ¿cierto?

Gopiballah juntó las manos, se las llevó al pecho y con la cabeza confirmó lo que Baba dijo. Baba le recetó una dieta para ayudarle con la enfermedad. Luego se agachó y le presionó ambas rodillas con las manos.

—Ya te puedes ir —dijo—. Todo está curado.

Gopiballah se postró frente a Baba y protestó, consternado porque permitió que Baba reversara la tradición india de mostrarle respeto a los mayores tocándole los pies.

—¿Baba, por qué me tocaste las rodillas?

—Todo tu cuerpo es la expresión de Brahma —Baba contestó.

Durante la caminata en Simla, Baba habló de tantra y del significado especial que tenía en Himachal Pradesh.

—Sadashiva encendió las lámparas del tantra en todas las esquinas de esta área, pero hoy en día, muy poca gente en la India realmente entiende el tantra. La mayoría de los textos disponibles tienen una versión distorsionada y los textos originales son muy difíciles de conseguir. Una de las pocas personas que entiende algo del tantra es el erudito Gopinath Kabiraj[7], un discípulo de Anandamayi Ma. Ahora ustedes, los Ananda Marguis, tienen que revitalizar al tantra en todo Himachal Pradesh.

Al día siguiente en Jammu, Baba continuó sus discusiones sobre tantra. Urgió a los marguis locales para que recolectaran los textos tántricos antiguos, muchos de los cuales estaban en manos de los intelectuales locales, aunque los musulmanes habían quemado muchos otros. En el discurso hizo un largo relato de la historia de Cachemira, detallando los orígenes del nombre y señalando que debido a cierta confusión filosófica, la gente de la India desarrolló una apatía por la historia; como resultado, mucha información histórica valiosa se había perdido o nunca se había recopilado. También habló de la guerra que se libraba no lejos de allí y dijo a los marguis que el futuro de Cachemira era muy oscuro.

—Le esperan grandes luchas —dijo—. Mientras tanto, ustedes deben hacer todo el esfuerzo posible para preservar la cultura de Cachemira; si no, se perderán muchas cosas. —Durante la caminata, les dijo a los marguis que iba a llegar el momento en el que Paquistán no iba a existir—. Primero, el Paquistán Oriental se va a separar de Paquistán y va a convertirse en un país independiente. Eventualmente, tanto Paquistán como el nuevo país formarán parte de India una vez más. Es así que los dos Bengalas, las dos Cachemiras y los dos Punyabs serán reunificados[8] y el nombre de Paquistán será olvidado por todos menos los estudiantes de historia.

Después de que volvió a Jamalpur, Baba continuó su análisis de la guerra en las caminatas y en el jagriti. A medida que el ejército indio perdía terreno en Cachemira, Baba les decía a los marguis que si el ejército atacaba cerca del Canal de Ichhogil, desviaría la atención de Paquistán hacia la defensa de Lahore. Exactamente esto fue lo que hizo el ejército indio dos días después, el 6 de septiembre, cruzando el canal cerca de la aldea de Barki. En muy poco tiempo, estaban dentro de la zona de alcance del aeropuerto de Lahore, lo que forzó a los Estados Unidos a pedir un cese al fuego temporal para permitir la evacuación de sus ciudadanos. La batalla del sector de Lahore duró hasta que la ONU ordenó un alto al fuego el 22. Después, Baba elogió las acciones del Primer Ministro, no sólo la astucia de su estrategia sino, más importante, el hecho de que era un hombre moral que actuó con mucho coraje.

Lal Bahadur Shastri murió menos de cuatro meses después, el 11 de enero. Baba le pidió a Vijayananda que preparara un mensaje de condolencia para publicar en las revistas de la organización. El borrador que le mostró a Baba para su aprobación contenía la siguiente frase: "El Sr. Lal Bahadur Shastri, el honorable Primer Ministro de India, murió haciendo su trabajo". Después de unos minutos de pausa, Baba le dijo a Vijayananda:

—Mi filosofía es un poco diferente. Ciertamente es admirable morir mientras se trabaja. En lenguaje filosófico, esto se denomina karma sádhana. Pero es mucho mejor trabajar mientras se muere. Esto se denomina karma yoga. Yo quiero que la gente siga el camino del karma yoga, no del karma sádhana.

"Está bien morir mientras se trabaja; es mucho mejor trabajar mientras se muere", sería una frase que Baba repetiría varias veces en los años por venir. Para muchos de sus discípulos, resumía el espíritu de sus esfuerzos misioneros.

En 1966, el ritmo de Baba se volvió aún más agitado. Pasaba más tiempo fuera de la oficina, daba treinta y nueve DMCs durante el año y continuaba incrementando la presión para que los wholetimers y los marguis hicieran más prachar y crearan más proyectos de servicio social. Para este momento, esta presión se había convertido en la característica fundamental de la relación entre discípulo y gurú. El relajado comienzo de Ananda Marga, cuando la oficina cabía en una bolsa de supermercado que colgaba del manubrio de la bicicleta de Pranay, se había convertido en historia pasada, y muchas veces, los discípulos más antiguos hablaban nostálgicamente de "los primeros días". Para los monjes jóvenes, educados en un ambiente de dedicación a una misión idealista, la presión de Baba por materializar los planes y los programas era tan natural como el aire que respiraban, pero para algunos de los discípulos antiguos era difícil ajustarse. Algunos no podían mantener el ritmo, incluyendo a Pranay.

Para finales de 1964, la presión de ser el secretario general, directamente responsable ante Baba del crecimiento de la misión, había hecho mella en Pranay. Había empezado a pensar seriamente en abandonar la organización, una idea que le había entrado en la mente por primera vez el año anterior cuando vio que el liderazgo de la misión iba pasando gradualmente a los sannyasis, dejándolo a él en la incertidumbre en cuanto al lugar que ocupaba en la organización. La vida en Anandanagar era como un microcosmos del crecimiento de Ananda Marga en otras partes de la India. En un par de años, el proyecto incluía una escuela primaria, una secundaria, una universidad, un instituto tecnológico, un hospital, un hogar de niños, un hogar para estudiantes, una casa para inválidos, un asilo para leprosos, una academia para minusválidos, una prensa, las oficinas centrales de Ananda Marga y extensos proyectos agrícolas. Sin embargo, las condiciones de vida todavía eran difíciles. Parecía que casi todos los días, Baba aumentaba el número de proyectos que quería establecer y de programas que quería llevar a cabo. Quería reportes regulares sobre el progreso de todos los proyectos, y aún cuando algunos de los proyectos parecían estar por encima de la capacidad que los discípulos tenían de materializarlos, nadie se atrevía a decirle que no se podía hacer. Las dificultades financieras eran una realidad diaria, pero la falta acuciante de fondos no era una excusa que Baba estuviera dispuesto a aceptar. Adicionalmente, Pranay tenía que lidiar con las quejas constantes y con la presión de los padres cuyos hijos e hijas habían dejado sus hogares para convertirse en monjes y monjas de Ananda Marga. En algunos casos aconsejaba a los novicios y novicias que volvieran a donde los padres, o los disuadía de ir al centro de entrenamiento para wholetimers. Estas acciones lo pusieron en conflicto con Satyananda. Para Pranay, todo esto se convirtió en una fuente de ansiedad y de estrés.

Sin embargo, pasaría más de un año antes de seguir adelante con lo que era una dolorosa decisión para Pranay. A finales de enero de 1966, Baba envió un mensaje a Pranay en Anandanagar para que trasladara a Sarveshvarananda, uno de los profesores del instituto tecnológico, a Orissa para que abriera una escuela y para que Pranay hiciera los arreglos necesarios para que otro profesor tomara el puesto. Para Pranay, quien ya había estado en desacuerdo con algunas de la decisiones de Baba, esto fue suficiente; para él esta decisión parecía no tener ninguna lógica. ¿Por qué trasladar al único profesor disponible en el instituto tecnológico que hablaba bengalí, enviarlo a una parte de Orissa en la que no hay marguis que lo puedan apoyar, cuando ni siquiera hablaba la lengua local y además pedirle que abriera una escuela? Pranay se sentó a escribirle una carta larga a Baba en la que se quejaba de que les estaba dando una voluminosa cantidad de trabajo para llevar a cabo, sin fondos y creando aún más dificultades con semejantes traslados. "Tú eres el presidente y el gurú", escribió, "pero yo soy el secretario general. Como secretario general derogo esta orden".

Cuando Baba recibió la carta en Jamalpur, declaró que relevaba a Pranay de su cargo de secretario general y lo reemplazaba con Prashantananda, un joven monje de unos veinticinco años. Llamó a cuatro acharyas, incluyendo al fornido ex-policía Kedarnath Sharma y los envió a Anandanagar a relevar a Pranay de su cargo y a acompañarlo de vuelta a Jamalpur.

Cuando los cuatro acharyas llegaron a Anandanagar con la noticia de la decisión de Baba, se crearon olas de conmoción en el establecimiento. Era una reacción natural —Pranay era el primer margui y el único secretario general que habían conocido—, pero todos sabían que Baba era implacable cuando se trataba de la disciplina de la organización. Pranay, obedientemente, entregó las cuentas y los otros registros a Prashantananda y fue a la estación con los cuatro acharyas, acompañado por el resto de los marguis y de los wholetimers de Anandanagar, algunos de ellos llorando abiertamente. Pranay les pidió que no lloraran.

—No estoy dejando a Anandamurti —dijo—. Él quería que yo trabajara por este lapso de tiempo y ya ha terminado. Ahora es su turno de trabajar por Ananda Marga y de establecer la misión de Baba.

En vez de ir directamente a Jamalpur, como Baba le había ordenado, Pranay se detuvo en Kiul, en donde debía cambiar de tren. Pasó el día en la casa de un amigo, preparándose para el encuentro con Baba. Pranay llegó a Jamalpur la tarde siguiente, caminó hasta la casa de Baba y tocó a la puerta. Cuando Baba abrió la puerta, Pranay le dijo que dejaba la organización, y le entregó los diarios en que había escrito a mano las instrucciones de Baba para realizar las diferentes lecciones de *vishesh* yoga[9] y de la kapálika sádhana. Baba aceptó los diarios, le dio un namaskar a Pranay y permaneció en silencio. Sería la última vez que el discípulo y el maestro estarían cara a cara. En los meses que siguieron, Pranay se volvió medio loco y se quejaba de que veía a Baba a donde quiera que mirara. Baba le pidió a Chandranath y a otros que lo cuidaran. Poco a poco, recuperó el equilibrio mental, pero permaneció separado de la organización hasta la muerte de Baba, aunque continuó siendo devoto de Baba como gurú y realizando sus prácticas espirituales regularmente[10].

En enero de 1965, en el DMC en Ara, el Dr. Ramesh y Shashi Rainjan fueron con Baba a la caminata, cerca del aeródromo. Durante la caminata, Baba se detuvo y señaló un mosaico irregular de grietas en la tierra. Después de explicar que esas grietas eran diferentes de las grietas normales del verano, dijo:

—Este patrón de grietas presagia la inminente posibilidad de una hambruna severa; si la escasez de agua continúa por uno o dos años más, entonces con seguridad habrá una hambruna.

Un año y medio después, una terrible hambruna golpeó a Bihar del sur debido a una sequía prolongada. Cuando la noticia de la hambruna empezó a circular, el Dr. Ramesh y Shashi Rainjan, quienes trabajaban para la sección de rescate de ERAWS, fueron a Jamalpur y le pidieron a Abhedananda, el asistente personal de Baba, que les diera permiso para hacer parte de la caminata. Tan pronto como Baba salió de la casa, empezó a hablar de la sequía.

—Aquellos de ustedes que quieran servir a la humanidad tienen una oportunidad en este momento. Quiero que todos cooperen en este esfuerzo y formen un comité que les ayude a concretar sus planes.

En camino hacia la tumba del tigre, discutió con ellos cómo empezar a trabajar. Ramesh preguntó qué nombre debían darle al comité.

—En Ananda Marga —dijo Baba—, no debemos dar nombre de individuos a nada. En nuestra organización, todo debe llevar el nombre de Ananda Marga. En el futuro, ustedes no necesitarán hacer esta pregunta.

Discutieron por unos minutos y luego le dieron el nombre del Comité de Ananda Marga de Ayuda para la Sequía. Baba les instruyó que encontraran las áreas que habían sido más afectadas, especialmente las que no estuvieran recibiendo ayuda de ninguna de las agencias del gobierno u otras agencias y que empezaran a trabajar en esas áreas tan pronto como fuera posible. Cuando el Dr. Ramesh sugirió que primero debían recolectar fondos suficientes, por lo menos cien rupias, además de abastecimientos como alimentos y ropa, Baba dijo:

—Eso es precisamente lo que *no* deben hacer. Primero empiecen el trabajo de rescate. El dinero y los abastecimientos siguen después. Envíen a un equipo a las áreas más afectadas sin demora. Ustedes deben ser los primeros en llegar.

Después de recibir instrucciones de Baba, desde cómo recolectar los materiales y los fondos hasta cómo organizar y realizar el trabajo de campo, el Dr. Ramesh regresó a Ranchi y empezó a armar el equipo de ayuda. Shashi Rainjan estableció una oficina de ayuda en Patna, para administrar los esfuerzos de recolección de fondos. El Acharya Sarangi, el oficial del gobierno para la subdivisión de Aurangabad, consiguió jeeps para los voluntarios.

Los primeros voluntarios fueron seis jóvenes marguis estudiantes del Instituto de Tecnología y Ciencia de Birla, en Pilani, Rajasthan —entre ellos estaba el hijo mayor de Mangal Bihari, Ananda—, quienes llegaron sin anunciarse, con más de ocho mil rupias y bultos de ropa. Cuando supieron de la sequía, empezaron a recolectar dinero y suministros, pero en vez de entregar lo que habían recolectado a una agencia, decidieron llevarlo hasta Bihar y distribuirlo ellos mismos. El Dr. Ramesh los envió al área de Nawada en el Distrito de Gaya, un área extremadamente pobre que había sido una de las zonas más golpeadas por la hambruna. Lo que encontraron cuando llegaron era más terrible de lo que se habían imaginado. El gobierno todavía no había empezado los esfuerzos de rescate en esa área y los oficiales locales no sabían qué hacer. A todas partes que los muchachos miraban, el suelo estaba lleno de fisuras de hasta treinta centímetros de profundidad y varios centímetros de ancho. La tierra parecía como si hubiera sido abrasada por el fuego; no se veía ni un solo parche verde en ninguna dirección.

Cargaron los jeeps con maíz, el grano más barato disponible en el mercado, y empezaron a ir de aldea en aldea, puerta a puerta, cubrieron más de cincuenta aldeas remotas en varios días. La mayoría de la gente que encontraron no había comido por varios días, muchos de ellos ni siquiera habían visto comida por varios días. La gente era tan pobre que los jóvenes rara vez vieron una olla o un utensilio de metal, sólo algunos recipientes sencillos hechos de barro; tampoco tenían sal en las casas. Les causaba dolor ver cómo los aldeanos se tiraban al suelo si unos pocos granos de maíz caían del jeep.

Los marguis empezaron a enviar dinero de todas partes del país y llegaron numerosos voluntarios. El Dr. Ramesh los agrupó en equipos y los envió a los bloques cercanos. Baba envió un mensaje a todos los voluntarios: "No olviden que la cantidad de materiales que llevan no es tan importante como el alivio que la gente siente cuando los ve venir en su ayuda. Incluso la gente que de otra manera hubiera muerto puede salvarse por la felicidad y la satisfacción que siente cuando los ven a ustedes".

Cuando el Dr. Ramesh fue a Jamalpur a dar el reporte y a entregarle a Baba el saldo de la cuenta de banco que abrió para el trabajo de rescate, el estado de ánimo de Baba se tornó grave.

—No establecí un comité de ayuda para depositar fondos en una cuenta de banco. Recuerda, si una sola persona muere de hambre en tu jurisdicción y hay aunque sea una sola rupia en esa cuenta de banco, entonces tú serás responsable.

Después de esto, todos los fondos o materiales que recibían eran enviados inmediatamente a los centros de ayuda respectivos. Baba también insistió que hicieran auditorías regulares de las cuentas. Una copia de los estados de cuenta revisados se enviaba a todos los donantes y si un donante especificaba que la donación debía usarse para un cierto propósito, entonces se enviaba un informe separado a esa persona, mostrando cómo se había utilizado esa donación.

Los esfuerzos de rescate se expandieron rápidamente para cubrir todas las áreas afectadas en Bihar. Los miembros del comité empezaron a asistir a las reuniones del Comité de Ayuda del gobierno de Bihar, dirigido por Jaya Prakash Narayana, el cual se estableció para coordinar el trabajo de las diferentes agencias de rescate. Jaya Prakash estaba tan impresionado con los esfuerzos de los marguis, que empezó a tomar el reporte del comité de Ananda Marga primero. También les ayudó a conseguir fondos del gobierno. En una reunión, dijo que sus trabajadores iban a hacer el trabajo de rescate vestidos con andrajos y regresaban con ropa y relojes nuevos, pero esto nunca pasaba con los marguis. También elogió a Sarangi por sus esfuerzos por coordinar el trabajo en el área de Aurangabad y dijo que lo que los trabajadores del gobierno hacían por doce rupias, los marguis lo hacían por cuatro. Estos comentarios recibieron mucha prensa en Delhi y Patna y ayudó enormemente a estimular los esfuerzos para recaudar fondos.

Los esfuerzos de rescate continuaron hasta 1967, y Baba continuó creando programas nuevos. El siguiente fue cocinas gratis, que se crearon en todo Bihar, luego cocinas baratas. Creó un programa para construir represas, pozos, reservas y carreteras de acceso, parte del énfasis en resolver la crisis del agua, todo bajo el estandarte "comida a cambio de trabajo". Estos programas se hicieron muy populares en las aldeas; le dieron a la gente del lugar la idea de que era por el sudor de su propio trabajo que estaban superando la crisis. Estos programas fueron imitados rápidamente por otras agencias de ayuda.

Durante el DMC de Ananda Purnima en mayo de 1966, Baba anunció que por primera vez, un avadhuta, Atmananda, había sido trasladado al extranjero, a Kenia. Explicó que había escogido África porque era el continente más explotado y más abandonado, y por lo tanto, el lugar que más necesitaba a Ananda Marga.

En julio, Baba fue de gira para el DMC al oeste y al norte de India. En Kota realizó una reunión con las mujeres, durante la cual Savita preguntó:

—Baba, ¿por qué no das contacto personal individual a las mujeres[11]? También escuchamos que mantienes un bastón que usas para castigar durante el CP.

Baba sonrió.

—¿Quieren ver el bastón? —Baba lo sacó de debajo de la almohada y se los mostró—. ¿Por qué quieren tener CP como los hombres? ¿La mujeres no tienen ya suficientes problemas con los maridos y los padres? Es por esto que les doy CP, para que reciban lo que merecen.

Esa tarde, los marguis se reunieron en el techo de la casa en la que Baba se alojaba y cantaron canciones devocionales. El estado de ánimo devocional se tornó tan intenso, que Baba llamó a todos a que se acercaran y ellos empezaron a saltar sobre él, hombres, mujeres y niños, tratando de abrazarlo. Cuando los wholetimers trataron en vano de controlarlos, él les dijo:

—Déjenlos. Es la tierra de Mira[12], y yo estoy en el estado de ánimo de Mira.

Al día siguiente, Baba hizo una demostración que repetiría nuevamente por varios años con diferentes variaciones. Después de hablar del papel que las glándulas juegan en diferenciar un tipo de estructura corporal de otra, llamó a un avadhuta al frente, lo tocó con la vara y explicó que estaba convirtiendo sus glándulas en las de un mono. El avadhuta empezó a gruñir y a saltar frenéticamente de arriba a abajo. Mientras esto pasaba, Baba dijo a los sorprendidos marguis que si lo dejaba en ese estado por seis horas, empezaría a crecerle pelo de mico e iba a mostrar otros cambios estructurales. Baba lo tocó una vez más y el comportamiento extraño cesó. Luego le pidió a alguien que le diera una taza de leche tibia.

De Kota, Baba fue a Delhi en tren. A la mañana siguiente, abordó un avión hacia Patna, junto con Kshitij y Asthana. Durante la escala en Varanasi, anunciaron que el avión tenía problemas mecánicos y había sido retrasado indefinidamente. Baba le pidió a Kshitij que hiciera los arreglos para ir a Patna en carro, un viaje de cinco o seis horas. Kshitij sugirió que debía haber otro vuelo disponible. Baba aprobó con la cabeza y él fue a averiguar. Al mismo tiempo, Asthana llevó a Baba a la sala de espera en la que los marguis del área se habían reunido para recibirlo durante la escala. Mientras Baba conversaba con los marguis y disfrutaba de las canciones devocionales, Kshitij volvió y le informó que había otro vuelo, pero que la aerolínea no podía garantizar la hora de salida.

—No pierdas más tiempo —le dijo Baba—. Tengo que dar el Darshan General en Patna esta tarde. Haz los arreglos para el carro inmediatamente. —Kshitij contrató un taxi privado y empacó la comida que los marguis le llevaron a Baba. Cuando todo estaba listo le informó a Baba—. ¿Estás seguro que el conductor conoce el camino? —le preguntó Baba. Kshitij le aseguró que sí y salieron.

Cuando pasaron las afueras de Varanasi, se encontraron un desvío. A pesar de las afirmaciones de Kshitij, ni él ni el conductor estaban seguros de estar en la carretera correcta. Kshitij le pidió al conductor que parara por un momento para poder pedirle direcciones a alguien. Cuando regresó con la confirmación de que estaban en la carretera correcta, Baba le señaló que no le había dado las gracias a la persona que le dio las direcciones. Kshitij se disculpó y arrancaron. Un poco más tarde se encontraron otro desvío. Una vez más, Kshitij salió a verificar las direcciones y una vez más, Baba le llamó la atención porque había olvidado dar las gracias a la persona. Cuando llegaron al cruce de Ara-Patna, la carretera se abría en una bifurcación que no tenía señales. Kshitij iba a bajarse del carro para pedir direcciones, pero Baba lo detuvo.

—Preguntaste por direcciones dos veces y dos veces no tuviste la cortesía de darle las gracias a la persona que te ayudó. Esta vez yo iré a pedir direcciones.

Baba le pidió al conductor que parara en la curva en donde había un señor sentado. Él le preguntó en Bhojpuri si esa era la vía a Patna. El anciano tenía una guirnalda en las manos y se puso de pie inmediatamente.

—Sí, Baba, esta es la vía a Patna.

Le puso la guirnalda a Baba en el cuello. Baba le dio unas palmaditas en la mejilla cariñosamente, le preguntó cómo estaba y le dio la bendición.

—Ahora debes irte a comer algo; no has comido en todo el día.

—Sí, Baba, si no hubieras venido, me hubiera quedado aquí hasta por la noche sin comer nada. Pero sabía que vendrías. Te he esperado aquí para darte esta guirnalda.

Cuando volvió al carro, Baba le dijo a sus curiosos discípulos que el nombre del anciano era Sarju Pahadi, un margui que hablaba bhojpuri y era de una aldea del distrito de Ara.

—Es un buen devoto, pero es muy pobre. Por esta razón, le es muy difícil asistir al darshan. Él soñó que yo iba a pasar por aquí en carro desde Varanasi, así que salió de la casa temprano esta mañana y caminó varias horas para llegar a este lugar. No quiso comer nada antes de verme.

En este momento, Kshitij estaba disgustado con Baba por darle tanto problema a su cuerpo físico sólo para recibir la guirnalda del anciano. Cuando salieron de Ara, Asthana sonrió y le dijo suavemente a Baba:

—Baba, hiciste todo esto sólo para honrar al anciano.

—Está bien —contestó Baba. Aunque ya era tarde, Baba todavía no había comido. Finalmente llegaron a Patna justo a tiempo para el programa. El almuerzo que le empacaron a Baba se quedó sin abrir.

En la segunda semana de septiembre, Baba salió de Jamalpur para una gira del DMC que incluía siete ciudades en diferentes partes de la India. Antes de salir para la gira, Baba le informó a los marguis y a los trabajadores en Gujarat, que el DMC en Surat sería cancelado a menos que la escuela que les pidió que abrieran hacía tiempo estuviera funcionando cuando llegara. Con menos de un mes antes de la visita de Baba, el ultimátum proveyó el ímpetu necesario para que los marguis del lugar encontraran un edificio y abrieran la escuela. Baba llegó a Surat el 26 y lo llevaron a la casa de Kanchanlal Seth, un hombre de negocios multimillonario que se había iniciado recientemente.

La casa de Kanchanlal era una amplia mansión de tres pisos localizada en un barrio de clase alta de la ciudad. En preparación para la llegada de Baba, cambió los tapetes de todo el primer piso por tapetes de terciopelo blanco. Cuando Baba llegó, la casa estaba llena de marguis y wholetimers que se habían reunido para recibirlo. Sin embargo, Baba empezó a actuar como si se sintiera incómodo en el momento en que se sentó en la cama de la habitación.

—¿A dónde me trajeron? —preguntó—. ¿Qué tipo de lugar es este? ¡Llamen al secretario del distrito! ¡Yo no me puedo quedar en este lugar! —El Acharya Keshavananda le ofreció agua, pero él se rehusó a tomarla—. ¡No quiero tomar ni una gota de agua en este lugar! ¡Apaguen el ventilador! ¡No quiero gastar ni un centavo de la electricidad de esta casa!

Todos estaban sorprendidos. Lakshmi Chand Ananda, quien había acompañado a Baba en el tren desde Bombay, trató de aplacarlo.

—Baba, esta habitación es muy caliente si no usamos el ventilador, estamos a casi cuarenta grados. —Pero Baba no cedió. Luego, Lakshmi Chand sacó un termo de jugo de *musambi* y le ofreció un vaso—. Baba este no es de la casa; yo lo traje conmigo desde Bombay.

—No me lo puedo tomar aquí —dijo Baba—. Guárdalo para más tarde.

Keshavananda salió a hablar con los marguis y a explicarles la situación. Inmediatamente, V. J. Jani ofreció su casa para que Baba se alojara. Cuando Keshavananda lo llevó a donde Baba, Baba le preguntó:

—Hijo mío, ¿tienes una habitación pequeña en tu casa en la que tu Baba se pueda quedar?

—Baba, mi casa es muy simple —contestó—, pero es tuya. Los dadas pensaron que era mejor si te alojabas acá.

—Yo prefiero quedarme en la casa de una persona simple.

V. J. y Sambuddhananda corrieron a la casa de Jani para preparar la habitación de Baba, aunque no había mucho que pudieran hacer, además de poner una sábana limpia en la cama y poner un separador. Pero Baba estaba feliz cuando lo llevaron a la casa. Una anciana que le había ofrecido algo de tomar en la casa de Kanchanlal, le ofreció un vaso de agua. Esta vez lo aceptó y se tomó el agua de un solo trago. Shankarananda empezó a masajear la mano de Baba y Baba le dijo:

—Mira, antes de recibir comida en la casa de alguien, debes preguntar qué tipo de comida es, si es digno de comerse o no. Y si no es digno de comerse, entonces un monje espiritual debe morir antes de comer ese alimento. Pero yo eximí de esta regla a las personas de familia; si ellos están en peligro de morir de inanición, pueden comer para poder sobrevivir.

Baba se quedó en la casa de Jani por los tres días siguientes y dio el darshan en el Instituto Regional de Tecnología en el que Jani era el director. Al mismo tiempo, Kanchanlal pidió ver a Baba varias veces, pero los Dadas no se lo permitieron. Al día siguiente, cuando estaba dando CP en la escuela, Baba le preguntó al secretario de la unidad, Mahendra Bhai Joshi, cómo estaba Kanchanlal.

—Baba, él está muy perturbado porque no te quisiste quedar en su casa.

—¿Qué podía hacer? Yo estoy obligado por la ley del dharma.

Cuando salió de la habitación de Baba, Mahendra llamó a Kanchanlal y le informó que Baba había preguntado por él. Kanchanlal salió hacia la residencia de Jani pero Madhavananda lo detuvo en la puerta y se rehusó a dejarlo entrar. Kanchanlal le dijo que Baba lo había llamado. Madhavananda fue a preguntarle a Baba. Esta vez Baba suavizó su postura.

—No lo llamé, pero puedes dejarlo pasar después de que termine de dar CP.

Cuando Kanchanlal entró en la habitación se postró completamente y se arrodilló frente al catre de Baba con las palmas juntas en el pecho.

—¿Haces tu sádhana dos veces al día? —le preguntó Baba.

Kanchanlal se quedó en silencio.

—No la haces, ¿cierto? —le preguntó Baba. Kanchanlal asintió con la cabeza.

—¿Sigues los principios de Yama y Niyama?

Una vez más permaneció en silencio.

—La respuesta es no —dijo Baba y una vez más Kanchanlal aceptó.

—¿Te das cuenta que has acumulado toda esta riqueza explotando a miles de personas inocentes?

—Sí, Baba —respondió, con la cabeza agachada.

—¿No te parece que está mal?

—Sí, Baba.

—Si me quedo en tu casa, ¿no dirá la gente que yo apruebo este pecado?

—Sí, Baba

—¿Quieres que culpen a Baba de esto?

—No, Baba.

—Sea lo que sea, tú eres mi hijo. Quiero que tomes un juramento de que no vas a cometer más acciones deshonestas y que vas a hacer lo posible por seguir yama y niyama desde este momento. Si haces esto iré a tu casa.

Kanchanlal hizo la promesa y salió de la habitación de Baba con el corazón aligerado, pero después Baba le dijo a Sambuddhananda:

—Este hombre nunca va a cambiar sus hábitos, porque si lo hace va a perder toda su riqueza. Nunca podré quedarme en su casa.

Después de Surat, Baba fue a Bombay para el último DMC de la gira y desde allí a Jamalpur. Era el final de una era y el principio de otra. Ananda Marga había empezado como un círculo pequeño de devotos que se reunían alrededor de un maestro espiritual que escondía su grandeza detrás de la apariencia de un simple empleado de la oficina del ferrocarril, en un pueblo pequeño de la India. El círculo continuó expandiéndose a un ritmo vertiginoso que aun los discípulos encontraban difícil de entender. En el proceso, el carácter de sus vidas empezó a cambiar a medida que se impregnaban de las enseñanzas del gurú. Su vida sería una lucha constante en contra de la injusticia y de la explotación, un esfuerzo continuo para mejorar la situación de la sociedad y lograr su iluminación en todos los ámbitos de la actividad humana. Lo vieron construir una organización y convertirse en el capataz más severo. Dirigía la organización como un carretero que tira de las riendas de los caballos, azuzándolos a seguir un ideal que parecía fuera de su alcance, con la convicción que él les dio de que algún día sus esfuerzos serían coronados de victoria. Lo único que faltaba para terminar esta época, era su partida de Jamalpur, una eventualidad que no podía retrasarse por más tiempo.

XXXIII
La partida

No hay poder en la tierra o en el cielo que pueda separarme de mis hijos. Aun si este universo llega a su fin, yo estaré con ellos en el Cosmos inexpresado. Mis niños, ya sean amables, ya sean traviesos, son todos míos[1].

A FINALES DE septiembre, Baba le informó a los marguis que había llegado el momento de retirarse de su trabajo en la oficina del ferrocarril para dedicar todo su tiempo al trabajo de la misión. Era algo que habían estado esperando oír por varios años. Al día siguiente, Baba solicitó una licencia prolongada para prepararse para su partida. Le dieron tres meses de licencia, hasta finales de diciembre. A mediados de octubre, declaró sus intenciones de mudarse para Anandanagar. Luego salió de Jamalpur para dar una gira y estuvo de gira hasta finales del año.

La gira de diez semanas cubría toda la India y fue la más larga y la más extensa de las giras durante la vida de Baba, una muestra de lo que serían los años por venir. En la gira se presentaron los dos primeros filmes que se tomaron de Baba, ambos mudos, uno del DMC en Madrás y el otro de una caminata a las Cuevas de Elefanta, cerca de Bombay. La gente se amontonaba para verlo a donde iba y el aumento de sus apariciones en público y la prensa que se le dio lo lanzó más prominentemente a la luz pública. Miles estaban curiosos de ver al gurú de Ananda Marga, así fuera desde la distancia, y un número de dignatarios e intelectuales sociales que pidieron conocerlo, fueron rechazados debido a la política de Baba de reunirse sólo con discípulos iniciados.

En más de una ocasión, grupos fundamentalistas hindúes se aprovecharon del incremento de la exposición de Baba para públicamente expresar su descontento con sus enseñanzas. Cuando Baba salió de Gorakhpur el 12 de diciembre, el mahant (sacerdote mayor) del templo famoso de Gorakhnath llegó a la estación con un extenso grupo de seguidores que llevaba pancartas y gritaba consignas en contra de Ananda Marga. Baba estaba sentado con un grupo de devotos en el vagón privado del Acharya Shyama Narayana Srivastava[2], esperando que saliera para Muzaffarpur, porque había sido retrasado un par de horas. Baba miró por la ventana a los manifestantes y preguntó el nombre del mahant.

—Baba, se llama Mahant Digvijayanath —alguien dijo.

—Ah, sí, Digvijayanath. Es un gran pecador. Es un borracho y malgasta el dinero de la gente común. Tiene diferentes tipos de alcohol en su habitación. Lo que me gustaría preguntarle a él y a la gente como él en estos templos adinerados es: ¿cómo están utilizando su gran riqueza para ayudar a la gente común? La gente se pelea para convertirse en el mahant de estos templos, pero ¿de qué le sirve esa riqueza a la gente que sufre en este país? Tienen una bodega llena de barrotes de oro en el templo de Gorakhnath. Déjenlo que me explique qué beneficio, para la gente afuera de esas puertas que tiene dificultades para alimentar a sus niños, tiene el oro acaparado.

Después de varios minutos de hablar de esta manera, Baba mencionó que había un buen hombre en el templo de Gorakhnath, Akshaya Kumar Bandopadhyaya, quien era un verdadero erudito, un aspirante espiritual y un hombre de naturaleza filosófica a quien las autoridades del templo emplearon para responder la correspondencia. Luego cambió el tema y no le prestó más atención a la manifestación que se llevaba acabo afuera de la ventana.

Aunque el DMC de fin de año se realizó en Gazipur el 26, un DMC especial se programó para el 30 en Jamalpur. Los devotos llegaron de todas partes del país para asistir al evento para conmemorar la partida de Baba desde el lugar en que él y la misión nacieron. Un par de días antes del DMC, Baba llevó a unos monjes y a algunos marguis a visitar los lugares de su infancia. Uno de los marguis llevó una cámara de vídeo y filmó partes de la caminata. Baba les mostró dónde había estudiado, el templo en el que había recitado el dhyana mantra de Shiva y la mezquita de Jamal Mina, el santo musulmán de donde salió el nombre de Jamalpur. Luego los llevó a las colinas y les mostró los diferentes lugares cerca de Kalipahar en donde solía sentarse a meditar. Les señaló la colina al occidente del Valle de la Muerte en donde solía tocar la flauta y caminó hacia el muelle con vista al embalse a donde a veces meditaba cuando terminaba de tocar la flauta.

Mientras caminaba les contaba historias de la niñez, algunas que nadie había oído antes, como cuando estaba en grado séptimo y un sadhu saltó de un árbol cuando estaba meditando, lo tomó de la mano y lo llevó a otro lugar apartado para meditar juntos. Después de ascender Kalipahar, les señaló una montaña en la distancia y le dijo a los marguis que Shiva solía meditar allí. Les dijo que era una colina muy antigua, en la que muchos artefactos antiguos invaluables estaban enterrados, esperando que los desenterraran. Inclusive le permitió a los marguis que tomaran fotos de él meditando en posición de loto en uno de sus viejos sitios frente al bosque del valle de las Colinas de Kharagpur, todavía una naturaleza indómita. Finalmente, Baba los llevó al campo y a las tres palmas en donde les contó la historia del *tantra pitha* después de insistir que se quitaran los zapatos antes de entrar. Como siempre, la caminata terminó en la tumba del tigre.

Al mismo tiempo, levantaron una carpa gigante en el patio del jagriti que se llenó rápidamente hasta rebosar. A pesar de la intensa tristeza y la angustia de la separación que sintieron los marguis de Jamalpur, el ambiente estaba animado por el fervor devocional de los discípulos, una escena tan intensa como cualquier otra que se había vivido en los nueve años de existencia del jagriti. En cada esquina del patio la gente bailaba y cantaba, caía al suelo en trance o lloraba lágrimas de felicidad. Otra gente les salpicaba la cara con agua o los masajeaba o les daba algo de tomar. Luego se levantaban y empezaban a cantar y a danzar una vez más. Otros lloraban y le rogaban a Baba que no se fuera. Muchos de los marguis locales, como la esposa y las hijas de Ram Khilavan, se rehusaron a volver a la casa esa noche. Cada día, Baba pasaba varias horas en la veranda del jagriti, sentado en un catre de madera; pero no dijo mucho hasta la noche del DMC. Sólo cerraba los ojos mientras los devotos bailaban y cantaban a su alrededor.

En la tarde del 30, Baba visitó la oficina de contabilidad por última vez. Él y los compañeros de trabajo se despidieron, muchos de ellos con lágrimas en los ojos. Él le pidió a todos que lo disculparan si alguna de sus expresiones alguna vez había herido a alguien, luego repartió las pertenencias que tenía allí. A Shiva Shankar Mukherjee le dio el vaso que usó por varios años. Luego lo abrazó y le dijo:

—Shiva Shankar, aunque me voy físicamente, nunca nos vamos a separar. Cuando me necesites, donde quiera que estés, no dudes en venir a mí.

Esa noche, Baba dio el discurso del DMC acerca del *bhagavad dharma*, la naturaleza espiritual del ser humano. Una vez más enfatizó el principio guía con el que había empezado sus enseñanzas formales doce años atrás. "Servicio interior, *atmamokshártham*, lleva a la realización y a la inmortalidad; servicio exterior, *jagaddhitáya*, lleva al bienestar universal.... Cuando los aspirantes espirituales se establecen en *bhágavata dharma*, por virtud de *vistara*, *rasa* y *seva*, su viaje termina. Ellos se vuelven uno con el núcleo, uno con la Consciencia Suprema. En este estado, entienden el secreto del juego divino de la Consciencia Suprema. Este es el verdadero dharma de los seres humanos, *bhágavata dharma*"[3].

Después del discurso y del gurupuja colectivo, Baba le dio la bendición a todos y un largo *varabhaya mudra* que dejó a los devotos tambaleándose de dicha. Luego fue a la casa con la promesa de un último darshan a la mañana siguiente.

Baba y Uma Devi pasaron la noche empacando y pasando los últimos momentos con la familia de Baba, especialmente la madre de Baba para quien la separación de su hijo mayor era difícil de enfrentar, pero aun así, hizo lo mejor para mantener la compostura. A unos pocos cientos de kilómetros de allí, en Chinchura, en la casa de Hiraprabha, la hermana de Baba, estaban realizando los preparativos finales para la boda de Ruby, la hija menor de Hiraprabha, cumpliéndose así la promesa que Baba había hecho a su madre unos años atrás. Abharani le había dicho a su hijo:

—Mira, Bubu, yo sé que un día te vas a ir de la casa para trabajar por la Marga. Tengo dos pedidos que hacerte. Primero, tú eres el hijo mayor de la familia y Ruby es la hija menor de Hiraprabha. No te puedes ir antes de que Ruby se case. Segundo, no renuncies a tu trabajo apresuradamente.

Baba accedió a las peticiones de su madre. Él y sus hermanos habían cuidado de Hiraprabha y de su familia desde la muerte de su esposo en 1950. Él no renunció a su trabajo[4], sino que tomó una licencia extensa, y la fecha del matrimonio de Ruby también marcó la fecha de su partida de Jamalpur.

LA PARTIDA

En la mañana del 31, Baba dio sus últimos adioses a la familia y fue en carro hasta el jagriti. Una muchedumbre de marguis que lo estaba esperando afuera de la casa acompañó el carro zigzagueando lentamente por las calles estrechas de Jamalpur. Cuando llegaron al jagriti, se sentó en el catre por unos minutos mientras que Natkat Kedar entonaba una canción devocional que hizo brotar lágrimas de los ojos de los que todavía no estaban llorando. Él dio una última charla, exhortando a los marguis a que trabajaran para establecer la misión, como un comandante animando a las tropas para la batalla. Luego tomó la promesa colectiva de que todos iban a cumplir con la misión que él había venido a establecer.

Después de que los marguis expresaron la promesa, Baba se bajó del catre y se despidió de todos. Les dijo que siempre estaría con ellos, cuando y donde lo buscaran. Mientras se dirigía hacia el carro, los marguis empezaron a llorar fuertemente. Muchos de ellos le rogaron que no se fuera. Los voluntarios tuvieron dificultades para abrirle paso. Cuando Baba estaba a punto de subirse al carro, se dirigió a los marguis y les prometió que volvería. Un margui en la muchedumbre gritó:

—Krishna nunca volvió a Vrindaban después de que partió.

Baba sonrió solemnemente.

—Este es el punto de partida de mi *lila*; volveré.

Luego se volteó y entró en el carro. Los marguis rodearon el carro y se rehusaron a dejar que se moviera. Con gran dificultad los voluntarios finalmente pudieron abrirle paso. A medida que el carro empezó a moverse, cientos de marguis corrieron detrás de él. Muchos de ellos lo siguieron hasta las afueras de Jamalpur. Allí vieron cómo el carro se detenía y Baba se bajaba a dar un último prolongado namaskar al pueblo que le dio refugio por los primeros cuarenta y cuatro años de su vida.

Pasarían trece años antes de que Baba volviera a Jamalpur a dar un último DMC. En esos trece años, la ciudad que dejó atrás seguiría siendo más o menos la misma: un poco más acabada, un poco más poblada, pero aún el mismo adormecido pueblo provincial. El cambio más grande sería su ausencia, pero la misión que había fundado allí cambiaría hasta el punto de ser irreconocible.

Epílogo

Cuando uno se dispone a realizar una gran tarea, debe enfrentar innumerables dificultades. Cuanto más grande sea la tarea, más poderosos son los obstáculos. Es por esto que la persona que quiere realizar acciones nobles se debe preparar para hacer frente a la oposición[1].

EN LOS AÑOS que pasaron después de que salió de Jamalpur, Baba pasó la mayor parte del tiempo con los voluntarios y con los wholetimers, guiándolos en el trabajo, dirigiendo y revisando las actividades de la organización, concibiendo e implementando más y más programas nuevos. El camino estaba abierto para que Ananda Marga se convirtiera en una influencia poderosa en la sociedad india, pero tal y como Baba había prevenido a los marguis años antes, los ideales que él predicaba, especialmente los ideales sociales radicales del PROUT, generarían una creciente tormenta de oposición de varios grupos con intereses creados, especialmente el gobierno nacional y estatal, que percibieron el rápido crecimiento de la organización como una amenaza a su poder.

Esta oposición no demoró en materializarse. En cuestión de semanas después de la llegada de Baba a Anandanagar, los líderes comunistas locales, alarmados por la repentina aceleración de las actividades de Ananda Marga en el área, empezaron a difundir rumores de que los ananda marguis tenían planes de robar la tierra de los aldeanos. Aprovechándose de los temores de esta humilde gente tribal, organizaron una turba para atacar en la mañana del 5 de marzo de 1967. Varios miles de campesinos armados con palos, lanzas, flechas y arcos descendieron al pequeño enclave de voluntarios desarmados. Cinco monjes fueron asesinados en los primeros minutos del ataque. Cuando la turba se acercó a la casa de Baba gritando "muerte a los sadhus", Baba salió a la puerta a enfrentarlos. Por razones que nadie ha podido explicar, los atacantes empezaron a huir cuando vieron a Baba, dejando atrás los cuerpos de los cinco muertos. Los marguis presentaron cargos y eventualmente, el oficial de desarrollo del bloque, Ashok Chakravarty, y otros ocho miembros del partido comunista, fueron condenados por conspiración para cometer homicidio por su parte en la organización de la masacre. La corte también emitió una denuncia mordaz al gobierno por los esfuerzos para encubrir la complicidad de la policía que permitió que se realizara el ataque. Sin embargo, a pesar de lo trágico de este evento, no fue más que un augurio de lo que estaba por venir.

Después del ataque, Baba mudó la sede central de Ananda Marga para Ranchi. Durante los siguientes cinco años, la organización creció tan rápido que en un reporte especial comisionado por el gobierno de Indira Gandhi en 1971, se estimó que Ananda Marga tenía siete millones de miembros; el reporte también informó que había por lo menos un monje de Ananda Marga viajando en cada uno de los trenes importantes de India, mientras los wholetimers con sus hábitos naranjas recorrían el país para propagar la misión. Los números eran una grotesca exageración, pero reflejaban la preocupación creciente de la Primera Ministra por el crecimiento alarmante de una organización cuyas enseñanzas sociales estaban en conflicto directo con la filosofía capitalista y las tendencias dictatoriales de su gobierno. Para este momento, Baba había ganado la doble distinción de ser la figura espiritual más conocida y la más controvertida de la India.

En el verano de 1971, Baba cambió la sede para Patna. En diciembre, cuando salía del carro para caminar con el Acharya Vijayananda, señaló a algunos hombres en la calle que parecían estar vigilándolos. Baba le dijo que habían estado siguiendo sus movimientos por más de un mes.

—En 1967 —dijo—, los comunistas de Bengala Occidental convirtieron en blanco a nuestra sede en Anandanagar. Pensaron que si podían destruir nuestra sede y golpear a algunos de nuestros trabajadores, toda la organización iba a colapsar. Cometieron asesinatos, qué decir de la destrucción, sin embargo, la misión ha crecido mucho más. Algunos políticos del Partido del Congreso que tienen lazos cercanos con Moscú han estudiado la situación a fondo con la ayuda del CBI. Ellos descubrieron que en realidad, la sede de Ananda Marga no está situada en Anandanagar, sino en el cerebro de Anandamurti. Ahora yo soy el blanco.

Diez días más tarde, reunió al asistente personal y al secretario general y les señaló una maleta.

—¿Ven esta maleta? —les dijo—. Contiene mi ropa y otras cosas de uso diario. Yo no les había dicho todavía, pero el CBI, bajo la presión de la KGB, ha estado conspirando en nuestra contra. Van a venir a arrestarme en cualquier momento. Cuando vengan, no dejen esta maleta. Cuando me arresten no van a dejar atrás al secretario general, así que también tienes que estar preparado. —Baba sonrió ante las miradas de sorpresa en sus rostros. —No se preocupen. Esta vez la lucha entre la virtud y el vicio será un espectáculo digno de contemplar, pero con el tiempo van a ver cómo todas las intrigas y conspiraciones fracasan. Mientras ven el drama desatarse, tengan en mente que el dharma funciona en forma muy sutil. Ellos van a hacer lo mejor posible para detenernos, pero nadie puede detener el progreso de Ananda Marga.

Baba fue arrestado bajo cargos de conspiración el 28 de diciembre de 1971 a las cinco de la mañana. Cuando el CBI llegó a la casa, él estaba listo y esperando con la maleta en la mano. Al gobierno le tomó más de cuatro años empezar el juicio. Durante este tiempo lanzaron una campaña de difamación pública en contra de Anandamurti y de Ananda Marga, acusando tanto a la organización como a su líder de cargos que iban desde la homosexualidad hasta el asesinato, sin presentar ninguna prueba que apoyara sus acusaciones. Era un juicio que esperaban que nunca empezara. El 12 de febrero de 1973, bajo las órdenes secretas del CBI, el médico de la cárcel, Dr. Rahamatulla, le administró una sobredosis letal de barbitúricos con el pretexto de que era una medicina recetada por el cirujano civil de Patna[2]. Baba sufrió convulsiones y permaneció en coma. Sin embargo, en contra de todas las expectativas, no murió. Cuando recobró la consciencia, presentó una queja en contra del doctor de la prisión e informó a los discípulos y estos a su vez alertaron a la prensa. Después de esto, él se rehusó a comer cualquier alimento suministrado por la prisión. El primero de abril empezó un ayuno como protesta y no lo rompería sino hasta que saliera de la prisión: cinco años, cuatro meses y dos días después. Durante ese tiempo, su único alimento eran dos tazas de líquido al día[3], suministradas por su asistente personal.

En enero de 1975, Baba le dio instrucciones al Acharya Keshavananda de que informara a los marguis en India que debían almacenar el equivalente a un suministro de dos años de arroz, dal y sal para sus familias; también le dio instrucciones de que los wholetimers no tenían que hacer lo mismo. El 12 de junio, el alto tribunal de Allahabad declaró a Indira Gandhi culpable de dos cargos de fraude electoral durante las elecciones de 1971. La decisión, si la sostenía la Corte Suprema, exigiría su renuncia como Primera Ministra. Estallaron disturbios generalizados en todo el país, tanto el público como los líderes de la oposición exigieron su renuncia inmediata. El 26, antes de que la Corte Suprema tuviera la oportunidad de reunirse y confirmar el fallo, ella declaró el estado de emergencia. Bajo los arrolladores poderes conferidos por el estado de emergencia, ella procedió a encarcelar virtualmente a todos los líderes políticos prominentes de la oposición. También aprovechó la oportunidad para vetar a Ananda Marga y encarcelar a todos los monjes de Ananda Marga que no pudieron esconderse antes de que los arrestaran, así como a un número de prominentes marguis de familia. Afortunadamente, debido a las instrucciones de Baba, esas familias no sufrieron dificultades inmerecidas durante los veintiún meses que duró el estado de emergencia.

Fue en este contexto que Baba fue llevado finalmente a juicio en 1976. En esas circunstancias, su condena estaba concluida. Él y los otros cuatro acusados fueron sentenciados a cadena perpetua el 29 de noviembre. Aunque no tuvo testigos que hablaran a su favor, la corte estaba repleta. Representantes de Amnistía Internacional, La Comisión Internacional de Juristas, y la Liga Internacional de Derechos Humanos presenciaron el juicio. En agosto de ese año, el Sr. Claude-Armand Sheppard del Colegio de Abogados de Canadá, en un reporte comisionado por la Comisión Internacional de Juristas y por la Liga Internacional de Derechos Humanos, dijo lo siguiente acerca del proceso judicial:

> La connotaciones políticas de este juicio son ineludibles. Son también aparentes en el testimonio de algunos de los testigos, cuya evidencia parece ser designada más para desacreditar a Ananda Marga que para implicar al acusado de la comisión de una ofensa criminal. También son evidentes en la manera en que las autoridades indias utilizaron el juicio para atacar, en cada oportunidad, la motivaciones y la conducta de Ananda Marga y de P. R. Sarkar.
>
> Después de leer la prensa de la India y los comentarios oficiales acerca de Ananda Marga, así como después de escuchar a los testigos llamados por la fiscalía, no se puede evitar llegar a la conclusión de que el gobierno instituyó

una cacería de brujas en contra de quien estuviera asociado con Ananda Marga. Aparentemente no se le permite a la prensa publicar nada favorable acerca de Ananda Marga.

... en el clima autoritario de la India de hoy, es prácticamente imposible encontrar testigos dispuestos a desafiar a las autoridades y atestiguar en favor del acusado. Es más, muchos marguis están ya sea detenidos o escondidos. Aun si los pudieran encontrar, se dice que estos testigos tienen mucho temor de presentarse. Su testimonio los expondría a un arresto seguro. En otras palabras, los acusados no sólo se han ido en contra del establecimiento de la policía de la India y todo su poder, sino que aun si tuvieran todos los fondos necesarios para preparar una defensa adecuada, es altamente improbable que pudieran encontrar, o aun si pueden encontrarlos, que puedan procurar testigos que quieran atestiguar a su favor. Juicios justos enmarcados por un régimen dictatorial son difíciles de concebir y probablemente imposibles de alcanzar[4].

Aunque desde afuera la situación parecía desesperada, Baba continuó asegurándole a los discípulos y a sus compañeros prisioneros, incluyendo a los miembros de la oposición política, que el dharma iba a imperar. Un día, el asistente del carcelero, Bharat Singh, estaba acompañando a Baba en su caminata nocturna cerca a las paredes del complejo carcelario. Bharat, quien consideraba a Baba un gran gurú, tenía una pregunta en mente.

—La gente dice que eres Dios. Si en realidad eres Dios, entonces ¿por qué continúas en la cárcel? ¿Por qué no utilizas tus poderes divinos para salir de acá?

—Yo nunca he dicho que soy Dios —le dijo Baba—. Pero te digo, estoy aquí solo porque he escogido estar aquí. Si no quisiera estar aquí, entonces nadie podría retenerme en contra de mi voluntad. El día que decida salir, voy a salir como un hombre libre.

—Baba, es fácil decirlo, pero ¿cómo sé que es verdad?

—Cierra tus ojos.

El asistente del carcelero cerró los ojos. Cuando los abrió unos segundos después por orden de Baba, se sorprendió y se asustó cuando se dio cuenta que estaban parados en un campo fuera de la prisión.

—Baba, ¡qué hiciste! ¡Si escapas así, no sólo voy a perder mi trabajo, sino que me van a meter a la cárcel por haberte ayudado a escapar! Nadie me va a creer si les digo cómo lo hiciste. Por favor, ten piedad, volvamos adentro.

—Bharat, no tengo intenciones de escaparme. El día que salga de esta cárcel será por una absolución honorable. Sólo quería mostrarte que nadie me puede detener en contra de mi voluntad. Cierra los ojos.

Cuando Bharat los abrió nuevamente, estaban nuevamente en la prisión.

Bharat formaba parte de un círculo de admiradores dentro de la prisión que se sentía bendecido por estar tan cerca de Baba, a pesar de las circunstancias inusuales. Otro de ellos era el Dr. Dharma Das Kalwar, el médico de la cárcel, que había reemplazado al

Dr. Rahamatulla. Esta es una de las muchas historias que contó de su tiempo con Baba en la prisión[5]:

> En esos días, era una regla que el médico de la prisión tenía que vivir a cierta distancia de la cárcel, así, si había una emergencia podía presentarse inmediatamente. Una noche, poco después de que llegué a mi casa del trabajo, un oficial de la prisión tocó a mi puerta en estado de agitación y me dijo que había una emergencia, que tenía que volver inmediatamente. Cuando le pregunté qué había pasado, me dijo que Baba había escapado. Me quedé perplejo. Yo acababa de ver a Baba hacía poco. ¡Cómo era posible! Me apresuré a ir a la cárcel con él. Cuando llegamos a la entrada del patio en donde estaba la celda de Baba, vi al superintendente y a su asistente parados allí. Los dos le tenían miedo a Baba. Lo consideraban un gran tántrico y nunca se le acercaban si no estaba presente uno de los oficiales cercanos a Baba o yo. Cuando llegué, me dijeron que Baba no estaba en la celda. En realidad no se habían asomado a la puerta de la celda para verificar el hecho. Tenían mucho miedo. Por eso me llamaron. Querían que yo fuera a ver si Baba estaba ahí. Verás, desde la entrada puedes ver a través de la puerta abierta de la celda de Baba; puedes ver el catre, pero hay puntos ciegos. Pasé la entrada y a medida que me acercaba a la puerta vi una suave luz saliendo de la habitación. Cuando miré adentro, vi que Baba estaba flotando, meditando, cerca del techo, la luz salía de su cuerpo. Yo estaba tan deslumbrado que no supe qué pensar. Debí haber parpadeado, porque en el instante siguiente, Baba estaba sentado nuevamente en el catre, todavía en posición de meditación. Yo balbuceé algo como:
> —Baba, ¡qué fue eso!
> —¡Silencio!— me dijo.
> Yo volví a donde el superintendente y le dije:
> —¿Por qué me llamaron? Baba está sentado en el catre meditando.

En 1977, con la creciente presión internacional, Indira Gandhi accedió a realizar elecciones libres[6], lo que la forzó a liberar a los líderes de la oposición que estaban encarcelados. En su arrogancia, ella juzgó inadecuadamente el discernimiento de sus oponentes y el nivel de desconfianza del público hacia su administración. En vez de unirse nuevamente a los respectivos partidos, siempre numerosos en el sistema político indio, los líderes de la oposición se unieron y participaron en las elecciones desde una sola plataforma política a la que denominaron el partido Janta, el partido de la gente. Gandhi perdió las elecciones, el estado de emergencia fue levantado y los miles de monjes y personas de familia de Ananda Marga que habían sido detenidos por casi dos años fueron liberados, muchos de ellos habían sido torturados severamente durante su encarcelamiento. En la apelación se anuló la sentencia contra Baba, y fue declarado inocente de todos los cargos, tal y como había prometido a todos que iba a pasar.

El día de su liberación, más de cincuenta mil devotos fueron a recibirlo. La policía bloqueó el tráfico desde la estación hasta la entrada de la Cárcel Central de Bankipur, una distancia de aproximadamente trescientos metros. Algunos de los trenes que llegaron estaban tan llenos de devotos que algunos de ellos tuvieron que viajar en el techo de los trenes porque no cabían en los vagones. En algunos casos, la aldea completa hizo el viaje. Esa noche en la terraza de su casa, Baba recordó a los devotos lo que les dijo el día del arresto: al final el dharma imperará.

En los años que siguieron, la oposición a Baba y a Ananda Marga se desvaneció gradualmente, especialmente a medida que los proyectos de servicio continuaron expandiéndose y atrajeron la atención nacional y algunas veces hasta la internacional. El último incidente mayor ocurrió en abril de 1982, cuando un grupo de diecisiete jóvenes monjes y monjas, todos profesores de escuelas de Ananda Marga, que asistieron a una conferencia sobre educación en Calcuta, fueron brutalmente asesinados a plena luz del día frente a cientos de testigos. Una vez más, los culpables fueron líderes comunistas locales que azuzaron los sentimientos de la turba acusando a los sannyasis de Ananda Marga de secuestrar a los niños. La muchedumbre atacó a los monjes y monjas con palos y cuchillos y luego les prendió fuego. Los brutales asesinatos fueron condenados ampliamente por la prensa india y ocasionaron una ola de simpatía del público hacia la difamada organización.

Baba pasó los últimos años de su vida en Calcuta, aunque viajaba periódicamente a través de la India para conducir los programas del DMC. Como siempre, estaba extremadamente ocupado todo el tiempo supervisando el trabajo de la organización, que para ese momento se había expandido a prácticamente todos los países del mundo. Sus charlas y sus dictados de este tiempo fueron compilados en varios libros que llamaron la atención de círculos académicos, incluyendo *La liberación del intelecto: neohumanismo* y *Microvita*. En septiembre de 1982, Baba empezó a componer canciones devocionales. En los ocho años siguientes, compondría un total de 5018 canciones, que colectivamente se conocerían como "Prabhat Samgita".

En 1990, empezó a sufrir problemas de salud derivados de los efectos del envenenamiento, incluyendo diabetes y presión arterial alta. Su asistente personal Acharya Keshavananda describió sus últimas horas y los días que le precedieron:

Desde agosto, él estaba claramente apurado. Pasó muy poco tiempo a solas; más bien organizaba frecuentes reuniones grupales e individuales. En las últimas semanas, muchas veces en las primeras horas de la mañana, a eso de las tres o las cuatro, él me despertaba y me daba instrucciones de llamar a ciertos wholetimers. La primera vez le dije que eran las tres de la mañana y que seguramente estaban dormidos. Él se enfureció y me dijo que si esos wholetimers no estaban allí en diez minutos entonces no iba a tener la oportunidad de darles el programa que tenía en mente. Obviamente yo los llamé. Todos terminamos exhaustos a su ritmo, pero en vez de disminuir la velocidad la aceleró. Algunas veces hablábamos entre nosotros, preguntándonos cuál era la causa de su apremio. Pero nadie se imaginó que estaba ocupado dando los toques finales al trabajo de su vida.

Una semana antes de su partida, Baba le dio la iniciación de kapálika al mayor número de wholetimers que alguna vez había iniciado. Pidió a cien. Como él siempre había sido muy selectivo en la aprobación de wholetimers para este propósito, no estábamos preparados y sólo pudimos reunir sesenta y nueve. Él siempre rechazaba más candidatos de los que aprobaba, pero esta vez, sin siquiera hacer preguntas, los aprobó a todos. Todos estábamos desconcertados con este comportamiento.

Inmediatamente después de las iniciaciones, Baba se enfermó. Por lo menos esto era normal. Después de tomar los samskaras de muchas personas, usualmente se enfermaba, y este era hasta ese momento el mayor número de personas que alguna vez hubiera iniciado.

El último día, el 21 de octubre, su salud mejoró. Era mucho mejor de lo que había estado en mucho tiempo. La mañana la pasó normal. Él estaba trabajando con la misma velocidad tremenda que había mostrado durante esos últimos meses. Aunque había compuesto los dos últimos Prabhat Samgitas (número 5017 y 5018), tarde la noche anterior, se levantó a las tres de la mañana como siempre para hacer sus prácticas espirituales. Más tarde, revisó el trabajo de varios departamentos y dio instrucciones mientras se afeitaba; aun esto era normal en su agitada agenda. Él siempre nos decía: "No sólo deben estar preparados para morir mientras trabajan, también deben trabajar mientras mueren". Él claramente practicó lo que nos dijo.

Poco después de las dos de la tarde, me dijo:

—Quiero pensar.

Mientras cerraba la puerta, me cruzó por la mente que él nunca me había dicho algo así antes. Después de unos minutos me llamó. Creo que fue durante esos minutos que revisó cuidadosamente sus planes y confirmó que no quedaba nada más por hacer. Me pidió que enviara a uno de los nuevos avadhutas a verlo. Pasó una hora con este dada. Ese fue el último trabajo de la vida de Baba, la atención personal que le dio a un joven wholetimer. Después de esto me dijo:

—Ahora quiero descansar. —Él tampoco me había dicho esto nunca antes. Unos cinco minutos después, tocó la campanilla; cuando llegué se señaló el pecho y dijo—: Corazón.

Yo corrí a traer los doctores. Ellos llegaron rápidamente y empezaron a masajear a Baba, pero cuando buscaron el pulso, sus rostros palidecieron. Su fuerza vital ya no estaba.

Shrii Shrii Anandamurti dejó una lista de logros que desafía la imaginación: cientos de miles de devotos discípulos, una organización global con centros y proyectos de servicio en prácticamente cada país del mundo; una filosofía espiritual y social integral; más de doscientos libros que cubren diversos temas desde el estudio de la lingüística hasta historias para niños y filosofía; más de cinco mil canciones devocionales. Pero para mucha gente, las historias de su vida y su amor por sus devotos son la parte más dulce y más gratificante de su legado. Son historias que podemos contar una y otra vez cuando necesitamos inspiración, historias que nos pueden hacer reír o llorar, historias que pueden dar luz dentro de nosotros a la más grandiosa de las emociones humanas: la devoción a Dios. Hay historias que algunas veces hasta nos pueden salvar cuando parece que nada más puede.

A principios de 2004, diagnosticaron con cáncer de hígado, estómago y médula ósea al Acharya Akshayananda. Recibió quimioterapia, pero los doctores no tenían mucha esperanza en su recuperación. En la primera semana de junio, poco después de su tercera semana de tratamiento, el Acharya Pranavatmakananda le pidió que contara sus historias de Baba para poder grabarlas para la posteridad. Esa semana, Akshayananda había estado sufriendo terribles dolores estomacales y por varios meses había estado sintiendo ardor en el hígado. Deseando únicamente que lo dejaran solo con su dolor, Akshayananda se puso furioso y le gritó que saliera de la habitación. Todos estos años, pensó, y nunca, ni siquiera una vez, vino a grabar mis historias de Baba; y ahora que me estoy muriendo, viene como un buitre esperando para picotearme los huesos. Pero, a pesar del abuso verbal, Pranavatmakananda no desistió. Continuó presionando a Akshayananda hasta que finalmente, el monje afligido accedió a hablar por cinco minutos. Sin embargo, esos cinco minutos se convirtieron en tres horas. Cuando Pranavatmakananda le pidió que parara, preocupado por el efecto que podía tener en su salud, Akshayananda se sintió mejor de lo que se había sentido en meses. Los dolores de estómago se calmaron por primera vez en una semana, y la sensación de ardor en el hígado, que había sufrido por meses, desapareció por completo. Al día siguiente le pidió a Pranavatmakananda que volviera a grabar más historias. Cuando Akshayananda le dijo que los síntomas que había sufrido en los últimos meses habían desaparecido, Pranavatmakananda asumió que las historias de Baba le habían ayudado a olvidarse del dolor temporalmente, pero cuando los doctores lo examinaron unos días más tarde, el cáncer había desaparecido. Hasta el momento en que escribí este epílogo, más de cinco años después, el cáncer no ha regresado.

Cualquiera que sea el poder que estas historias tienen —el poder de sanar, el poder de instruir, el poder de levantar nuestro espíritu—, yo espero que todos lo podamos sentir, y cuando lo sintamos, que nos demos cuenta del amor sin límite del cual brota, el amor que incita a los devotos a cantar:

No te conozco, pero aun así estoy enamorado de ti.

Prabhat Samgita, #3207

Bibliografía seleccionada

Dhruvananda, Acharya. *Baba loves all.* 2nd ed. Calcuta: Publicaciones Ananda Marga, 1992.
Hamrahi. *Namami kalyanasundaram, part 1.* Calcuta: Publicaciones Ananda Marga.
Hamrahi. *Namami kalyanasundaram, part 2.* Calcuta: Publicaciones Ananda Marga.
Krpananda, Acharya. *My master, the supreme guide.* Nueva Delhi: Proutist Universal, 2003.
Nagina, Acharya. *Ananda Katha.*
Sarveshvarananda, Acharya. *My days with Baba.* Calcuta: Publicaciones Ananda Marga, 1995.
Traveller, *I meet my beloved.* Filipinas: N. A. Cantara, 1985.
Vijayananda, Acharya. *Anandamurti as I knew him.* Calcuta: Publicaciones Ananda Marga, 1994.
Vijayananda, Acharya. *The life and times of Shrii Shrii Anandamurti.* Calcuta: Publicaciones Ananda Marga, 1994.

Glosario

Ananda Marga: El sendero de la bienaventuranza; la organización que Baba fundó para propagar sus enseñanzas.
Acharya: Maestro espiritual; literalmente, "el que enseña con el ejemplo".
Ajina: El sexto chakra, el punto de control de la mente, localizado en el centro del cerebro, al nivel de las cejas; algunas veces se le refiere como al "tercer ojo"; se pronuncia "aguia".
AMPS: Ananda Marga Pracaraka Samgha, la sociedad para la propagación de Ananda Marga.
Anahata: El cuarto chakra; el corazón espiritual.
Ananda Purnima: La luna llena del mes de Vaishak (de mediados de abril a mediados de mayo); se celebra como el cumpleaños de Baba, así como el cumpleaños de Buda.
Anna: Un dieciseisavo de rupia. El anna se suspendió en 1957 cuando la India adoptó el sistema métrico para su moneda.
AP: El asistente personal de Baba.
Arati: Un ritual hindú para adorar la divinidad.
Ásana: Posición de yoga.
Atman: Consciencia individual o alma.
Avadhuta: Un discípulo monástico de la orden de avadhuta.
Avidya: Ignorancia.
Avidya tantra: La rama del tantra que se concentra en desarrollar poderes ocultos, por esta razón tiene muchas similaridades con la magia negra. También se le conoce con el nombre del "sendero de la mano izquierda".
Brahma: Consciencia Suprema; Dios.
Brahma chakra: El ciclo de la creación.
Bubu: El *dak nam*, o apodo de Baba, utilizado por la familia y los amigos cercanos.
Chakra: Centro de energía psíquica. Hay siete centros principales localizados a lo largo de la espina dorsal.
CP: Contacto personal con el gurú.
Dada: Literalmente, "hermano mayor". Utilizado en Bengala como una forma respetuosa de dirigirse a alguien. Es comúnmente usado en Ananda Marga para dirigirse a los monjes.
Darshan: Literalmente, "ver"; ver al gurú físicamente, o estar en su presencia; también utilizado para referirse a sus charlas.
Darshan General: Un programa semiformal en el que Baba se sentaba con los discípulos y les daba un discurso.
Devayoni: Un ser luminoso cuyo cuerpo sólo contiene tres factores fundamentales: luminoso, aéreo y etéreo.
Dharma: Propiedad característica; espiritualidad; el sendero de la rectitud en las

situaciones sociales.

Dhoti: Una pieza larga de tela blanca de varios metros de largo, que hace parte del vestido masculino tradicional indio en lugar de los pantalones.

Dhyana: Literalmente, "meditación". Usualmente utilizado en Ananda Marga para referirse a la sexta lección de la meditación de Ananda Marga.

DMC: Dharmamahachakra, un programa que duraba de uno a tres días seguidos en el que Baba daba un discurso dos veces al día.

ERAWS: Departamento de Educación, Auxilio y Bienestar de Ananda Marga.

Gurú mantra: La segunda lección de la meditación de Ananda Marga.

Ista: La concepción personal de la meta; el Dios personal.

Ista mantra: El mantra personal.

Ishvara pranidhana: La primera lección de la meditación de Ananda Marga que incluye el uso de un mantra.

Kapálika: Literalmente, "aquel que ha tomado el juramento de servir a la creación". Aquí se refiere a la técnica de la meditación tántrica que Baba le enseñó a discípulos seleccionados. También es quien practica la meditación kapálika.

Kirtan: Canto devocional de mantras.

Kshattriya: El guerrero o la mentalidad de la clase militar.

Kundalini, **Kulakundalini**: Energía espiritual latente del ser humano; se dice que yace enroscada en la base de la espina como una serpiente.

Kurta: Una camisa tradicional de manga larga.

Lila: El juego divino.

Lungi: Trozo de tela que se pone alrededor de la cintura, usado como falda escocesa por los hombres; equivalente indio del pareo.

Jagriti: Lugar de reunión espiritual o centro; ashram.

Margui: Quien sigue la ideología de Ananda Marga y practica la meditación de Ananda Marga.

MP: Miembro del Parlamento.

Omkara: El sonido de om; el sonido de la primera vibración de la creación.

Moksha: Salvación.

Mudra: Gesto.

Mukti: Liberación.

Narayana: Uno de los nombres de Dios o la Consciencia Suprema.

Paramapurusha: La Consciencia Suprema.

Paramatma: Alma Suprema.

Pasha: Grilletes. Los *ashtapasha* son los ocho grilletes mentales: odio, duda, miedo, timidez, hipocresía, vanidad de linaje, vanidad de cultura, y sentimiento de prestigio o de importancia personal.

PMB: Policía Militar de Bihar.

Prachar: Literalmente, "propagación". Aquí se refiere a los esfuerzos por diseminar las enseñanzas.

Prakriti: El Principio Operativo Cósmico. En lenguaje coloquial significa "naturaleza".
Pranam: Inclinarse, saludar respetuosamente; usualmente se hace tocando los pies de la persona a la que se está saludando o llevando las manos unidas al corazón.
Pranayama: Técnica yóguica para el control de la respiración.
Prout: Teoría de la Utilización Progresiva. La filosofía social propuesta por Shrii Shrii Anandamurti.
Impulso Reactivo: La reacción correspondiente a una acción que aún no ha sido expresada; samskara.
Ripu: Enemigo. Los *satripu* son los seis enemigos mentales: el apego ciego, la ira, avaricia, infatuación, vanidad y celos.
Rudraksha: Árbol cuyas semillas secas son utilizadas como camándula.
Sadgurú: El gurú verdadero o perfecto.
Sádhaka: El aspirante o practicante espiritual.
Sádhana: Práctica espiritual o meditación. Literalmente, "esfuerzo por completar".
Samadhi: Trance yóguico; la fusión de la mente individual o la consciencia individual con la Mente Cósmica o la Consciencia Cósmica.
Samaj Chakra: El ciclo social.
Samskara: Impulso reactivo, la reacción no expresada de una acción.
Sannyasi: La palabra *sannyasa* en sánscrito significa "renunciación". Un sannyasi es un monje renunciante. Muchos de los sannyasis en la India son mendigos errantes. Sin embargo, la mayoría pertenecen a órdenes monásticas.
Sastaunga pranam: Postración completa frente al gurú como señal de entrega.
Shudra: La mentalidad de la clase laboral.
Sutra: Aforismo.
Tantra: Filosofía indígena de la India de la que se deriva la ciencia del yoga y la meditación.
Tantra pitha: Lugar en el que un yogui ha obtenido la liberación.
Tic-tics: Flexiones profundas de las rodillas con las manos sujetando la oreja contraria.
Trikuti: El punto entre las cejas, algunas veces llamado "tercer ojo" en las ciencias ocultas. Los yoguis lo consideran el asiento del sexto chakra, el punto que controla la mente.
Vaeshya: El capitalista, o la mentalidad del acreedor.
Varabhaya mudra: Un gesto que Baba adoptaba para dar sus bendiciones y emanar poder espiritual.
Vayu: Literalmente, "aire vital". La energía vital de los seres humanos está dividida en diez vayus diferentes.
Vipra: La mentalidad de la clase intelectual.
VSS: Voluntarios de Servicio Social, una rama de Ananda Marga que se encargaba de la seguridad de Baba y de los participantes de la funciones de Ananda Marga y también proporcionaba voluntarios para las actividades de servicio y de ayuda.
Wholetimer: Un monje o monja dedicado a trabajar tiempo completo para Ananda Marga.
Yama y Niyama: Los diez principios de la ética del yoga.

Notas de referencia

A menos que se indique de otra manera, las referencias del material en cada capítulo pertenecen a los archivos de Ananda Marga en Kolkata, India, con una sede en Warren, Vermont. El material de archivo consiste principalmente de entrevistas grabadas por Acharya Pranavatmakananda Avadhuta, así como de artículos de revistas y libros publicados por AMPS, imágenes de vídeo, fotos y artefactos. Estas entrevistas o historias orales fueron grabadas en hindi, bengalí y en inglés. Varias personas tradujeron y transcribieron las entrevistas del hindi y del bengalí al inglés y las pusieron a disposición del autor. El autor también realizó sus propias entrevistas a muchas de las personas que aparecen en este libro. Cuando se encontró más de una versión acerca de un incidente dado, se hizo todo el esfuerzo posible para examinar las discrepancias y llegar a la conclusión acertada. Por ejemplo, se entrevistaron más de diez personas que estuvieron presentes en la demostración de la muerte en noviembre de 1954. Su versión oral del incidente fue comparada con las versiones escritas que se publicaron en viejos artículos de revistas presentes en los archivos. Cuando se encontró algún desacuerdo en los detalles, se pidió clarificación a los entrevistados. Finalmente, se descartaron los detalles que aparecen en los recuerdos de una sola persona, y se mantuvieron los detalles en los que un número de participantes estuvo de acuerdo.

Prefacio

1. **Baba**: En sánscrito, la palabra gurú significa, literalmente, "aquel que disipa la oscuridad". Aunque se puede usar como una palabra genérica para "maestro", tiene una implicación espiritual inherente. El significado literal de la palabra "Baba" es "la entidad más amada". Su significado coloquial es "padre". En India, así como en occidente, se usa para referirse al padre biológico, al maestro espiritual o al sacerdote, y a Dios, el Padre Divino. Como una expresión de respeto y cariño, los discípulos espirituales en India generalmente se refieren a su gurú como "Baba" si es masculino y como "Ma", "Mata" o "Amma" (palabras para referirse a la madre) si es femenina.

I: Un alma vieja

1. Anandamurti, *Algunos problemas resueltos, parte 1* (Calcuta: Publicaciones Ananda Marga, 1987), 54.
2. **Fecha de nacimiento**: La fecha de nacimiento de Anandamurti, tal y como lo confirmaron sus hermanos, fue en 1922 durante la luna llena del mes de Vaishak, el primer mes del calendario lunar Bengalí. En las primeras publicaciones de Ananda Marga, fue anotado 1921 erróneamente. Finalmente, años más tarde, cuando se le mencionó este error a Anandamurti, bromeando dijo que deberían dejarlo así: le haría verse mayor. Para aumentar la confusión, la fecha de nacimiento anotada en el formulario de inscripción escolar, el único documento que todavía existe, es 1923. La explicación de sus hermanos es que cuando su padre fue a inscribirlo, no se pudo acordar de la

fecha correcta. El certificado de nacimiento de Sudanshu, el hermano de Anandamurti, un año y medio menor que él, todavía existe. Sudanshu nació en diciembre 22 de 1923.
3. **Vaishak**: El primer mes del calendario bengalí y el segundo mes del calendario civil indio (entre la mitad de abril y la mitad de mayo). Como estos calendarios son solares y lunares, los cumpleaños y la mayoría de los días de fiesta se celebran en el día lunar, el cual cambia de año en año. La luna llena del Vaishak en 1922 cayó el 11 de mayo.
4. **Prabhat Rainjan**: La palabra *prabhat* significa "alba". La palabra *Rainjan* significa "teñir" o "colorear".
5. **Bubu**: En la mayoría de las familias bengalíes, se da el nombre legal a los niños, o *bhalo nam*, al momento de nacer (el nombre utilizado en documentos legales y en situaciones formales), y un *dak nam*, o apodo, que usan la familia y amigos. Bubu era el *dak nam* de Prabhat.
6. **Shiva Lingam**: (o también *linga*). Un símbolo tántrico antiguo, de forma fálica, que se dice representa la consciencia divina amorfa.
7. Anandamurti, *Namah Shiva shantaya*, 2da edición (Calcuta: Publicaciones Ananda Marga, 1985), 238.
8. **Dhyana mantra**: Mantras utilizados ya sea para invocar una deidad particular o para meditar en ese aspecto conceptual particular de la Divinidad. En el libro de Anandamurti sobre Shiva, *Namah Shivaya shantaya*, le dedica un capítulo al sutil simbolismo místico de este mantra.

II: Los días de colegio

1. Sarkar, P. R. *Los pensamientos de P. R. Sarkar* (Calcuta: Publicaciones de Ananda Marga, 1981), 144.
2. **Esraj**: Instrumento musical parecido a un sitar.
3. **Fondo de previsión**: Un fondo de apoyo, de contribución obligatoria, para el futuro de un empleado después de su retiro, o de sus dependientes en caso de una muerte prematura.

III: Kalikananda

1. Anandamurti, *Algunos problemas resueltos, parte 5* (Calcuta, Publicaciones de Ananda Marga 1981), 21.
2. **M. N. Roy**: El nombre real de Manavendranath Roy era Narendranath Bhattacharya. Fue forzado a cambiar su nombre por miedo a ser atrapado por los espías británicos. Roy jugó un papel de liderazgo en los movimientos revolucionarios de México, el Oriente Medio, la Unión Soviética, Indonesia y China, antes de romper con el partido comunista en 1929 y dedicarse tiempo completo a la causa de la independencia de la India. En una de sus visitas a M. N. Roy, Prabhat llevó a su hermano Himanshu; él recuerda cómo Prabhat y Roy se encerraron para tener una discusión privada mientras la atractiva esposa alemana de Roy, Ellen, lo entretenía a él.
3. **Seudónimos**: Prabhat escribió bajo muchos seudónimos, entre ellos Rangadadu y Priyadarshi. Utilizó el seudónimo de Afatab Uddin (sol naciente) en sus contribuciones para el periódico Urdu *Ittafaq*, publicado en Dacca.
4. **Shravan**: El cuarto de los meses del calendario bengalí, entre julio y agosto.
5. **Bhang**: Una bebida intoxicante suave preparada con las hojas de la planta de cannabis.
6. **ISc**: Grado de Ciencia Intermedia. Se requieren dos años de estudio a nivel universitario y en los Estados Unidos es equivalente a un Grado de Asociado en Ciencias.

IV: Departamento de Contabilidad: 1941-1947

1. Sarkar, P. R. *Los pensamientos de P. R. Sarkar*, 116.
2. **Quiromancia**: La quiromancia, originada en India hace miles de años, es una rama de la astrología india o hindú (*jyotish*). Se estima que el primer libro de quiromancia, escrito por el sabio indio Valmiki, tiene cinco mil años. El arte de la astrología incluye el análisis de los samskaras de la persona, o karma como se conoce en occidente. Es un pronóstico de cómo esos samskaras van a impactar a la persona en esta vida (en otras palabras, su destino), y ayuda o indica cómo alterar esos samskaras. A pesar de su reputación de astrólogo experto, Anandamurti enseñó a sus discípulos a no depender de las predicciones astrológicas. Él les explicó que el destino de una persona depende de sus acciones y señaló que las líneas de la mano de una persona pueden cambiar con el tiempo como resultado de sus acciones o por la gracia de Dios o del gurú. En 1982, Prabhat le dijo a Dada Chandranath que su samskara era vivir hasta los sesenta y cuatro. En ese entonces Dada tenía casi sesenta y cuatro, pero Prabhat le dijo que no se preocupara, él iba a extender su vida. Después Dada se dio cuenta que la línea de la vida de su mano, originalmente muy corta, había empezado a alargarse. Él no murió sino hasta el 2007 a la edad de ochenta y nueve años.
3. **Remedios naturales**: En sus entrevistas, Gunadhar dejó notas detalladas de los tratamientos y los remedios naturales que Prabhat le enseñó, suficientes para publicar un libro pequeño.
4. **Dada**: La palabra "Dada" en bengalí significa "hermano mayor". No se utiliza solamente para referirse a los hermanos mayores de uno, como en este caso, sino también como una forma respetuosa de dirigirse a alguien.
5. **Armada Territorial India**: La ATI está compuesta de voluntarios que reciben entrenamiento militar por algunos días al año para que, en caso de una emergencia, puedan ser movilizados para defender el país. Es equivalente a la Guardia Nacional de los Estados Unidos.
6. **Anna**: Unidad monetaria utilizada anteriormente en la India, equivalente a un dieciseisavo de rupia. Aunque el gobierno reemplazó el anna por el sistema métrico en 1957 (cien paisas por rupia), la gente todavía utiliza la palabra anna en el lenguaje coloquial. Por ejemplo, ocho annas son cincuenta paisas.
7. **Partición de India**: Años más tarde, Anandamurti le explicaría a sus discípulos con fascinante detalle, lo que pasó tras bastidores durante la partición de India; ya había mencionado algo en sus cartas a Shyamaprasad Mukherjee. Estas explicaciones incluían cómo la Liga Musulmana en Bengala había presentado mapas falsos a Sir Radcliffe para que Meherpur y Gangni thanas de la subdivisión de Meherkis, y Chuandaga, Alamdanga, Damurhuda y Jivannagar thanas de la subdivisión de Chuandaga, que debieron haber formado parte de India, fueron entregadas a Paquistán. Un engaño similar se utilizó en partes de Jessore y Khulna y también en otras áreas. Al mismo tiempo se permitieron otras injusticias para que ciertas figuras políticas pudieran salvar su imagen, incluyendo a Nehru. Shyamaprasad habló de algunos de estos puntos en el parlamento. En 1950, renunció al gabinete de Nehru debido a diferencias de opinión acerca de Cachemira y el Oriente de Paquistán.
8. **Visitas de figuras políticas**: Gauripada Mukherjee, un colega de la oficina de Prabhat en esa época, anotó que otras figuras políticas también habían visitado a Prabhat durante horas de oficina. "Nosotros obtuvimos nuestra libertad en 1947, y después se llevarían a cabo elecciones para elegir a los diferentes ministros y demás. En Bihar siempre había un caos de casta y de credo. En esa época, Jagjivan Ram quería lanzarse a las elecciones, pero los Thakur, Harijan y otras

comunidades de castas bajas tenían muchas diferencias con él. En ese entonces era costumbre y una tendencia, ir a los templos o ver a un gurú o este tipo de personas para recibir bendiciones antes de las elecciones. Prabhat-da solía quedarse en la oficina hasta las cuatro de la tarde. Después de esa hora no estaba disponible. Por eso la mayoría de la gente solía ir a la oficina durante el día. Un día me encontré a Krishnaballabh Sahay y a Jagjivan Ram entrando a la oficina al mismo tiempo para visitarlo". Jagjivan Ram había sido un luchador por la libertad y un reformista social que en 1946 se convirtió en el ministro más joven del gobierno provisional de Nehru. Después de la independencia fue elegido Ministro de Trabajo en el gabinete de Nehru. Más adelante, K. B. Sahay sería el Primer Ministro de Bihar.

9. **Indira Gandhi**: Durante sus primeros años como Primera Ministra, Indira Gandhi estaba a favor de Anandamurti y Ananda Marga. Durante las inundaciones en el norte de Bengala en 1969, ella visitó la zona de desastre a petición del gobernador del estado. Cuando se presentó en una colecta pública, la multitud se volvió incontrolable. Acharya Ramananda, quien estaba liderando las actividades de auxilio de Ananda Marga, intervino y controló la muchedumbre con la ayuda de algunos de sus compañeros discípulos. Después del incidente, Indira le preguntó a Shashi Rainjan, un devoto discípulo de Baba y amigo de la familia Nehru, quién era ese joven monje que había salido en defensa suya y del gobernador. Algunos días más tarde, Ramananda recibió valiosos cheques de Indira y del gobernador, que facilitaron mucho sus labores de auxilio. Un año más tarde, cuando Baba le pidió a Shashi Rainjan que renunciara al gobierno central y ayudara a establecer la Alianza Proutista de India con la idea de participar en las elecciones, la opinión que Indira tenía de Anandamurti empezó a cambiar.

10. Sarkar, P. R., *Prout en pocas palabras, parte 18* (Calcuta: Publicaciones de Ananda Marga, 1988), 60.

V: Los primeros discípulos

1. Anandamurti, *La gracia de Baba*. (Los Altos Hills: Publicaciones de Ananda Marga, 1973), 171.
2. **Sadhu**: La palabra sánscrita *sadhu* significa literalmente "honesto". Es utilizada comúnmente en India para referirse a los renunciantes itinerantes o a cualquier monje o swami.
3. **Trikuti**: El punto entre las cejas conocido en sánscrito como *trikuti*, algunas veces es llamado el "tercer ojo" en las ciencias ocultas. Los yoguis lo consideran la sede del sexto chakra, el punto de control de la mente. La palabra *trikuti* (tres curvaturas) se refiere a la confluencia de los tres nervios psíquicos principales del cuerpo humano, el *ida*, el *pingala* y el *shushumna*, que se encuentran en el sexto chakra.
4. **Yama y Niyama**: Los diez principios éticos del yoga. Los cinco principios de *yama* son: no causar daño, honestidad, no robar, evitar el consumo excesivo, y ver todo como una expresión de Dios. Los cinco principios de *niyama* son: limpieza física y mental, satisfacción, servicio, estudio espiritual y meditación en el Supremo. Estos principios forman las primeras dos ramas del Ashtaunga Yoga de Patanjali y son considerados el fundamento de la práctica del yoga. En *Guía para la conducta humana*, el libro de Anandamurti acerca de yama y niyama, él dice: "El aspirante espiritual empieza la práctica espiritual con los principios morales de no condescender en el robo o la falsedad. El propósito de esta moralidad es alcanzar un estado de unidad con Brahma en el que no queda ningún deseo por el robo y todas las tendencias hacia la falsedad desaparecen. En la sádhana (práctica espiritual) de Ananda Marga, la educación se imparte

con este ideal de unión con Brahma porque la sádhana no es posible sin esa ideación moral. Una sádhana desprovista de moralidad desvía a la gente otra vez hacia el disfrute material y en cualquier momento puede usar su poder mental, adquirido con tanto esfuerzo, para saciar su sed por objetos materiales sin importancia... Por lo tanto, se debe enfatizar que aun antes de empezar la sádhana, uno debe seguir los principios morales estrictamente. Aquellos que no siguen estos principios no deben seguir el camino de la sádhana; de otra manera, atraerán su propio mal y el de los demás".

5. **Gurú mantra**: La segunda lección de la meditación de Ananda Marga, es un mantra que el practicante recita antes de empezar cualquier acción o de hacer frente a algún objeto. El propósito del mantra es recordarle al practicante que esa acción o ese objeto o esa persona es una expresión de la Consciencia Divina. Por lo tanto, el practicante impone la idea de divinidad a todas las acciones y a todas las entidades.

6. **Pitha tántrico**: Un *pitha tántrico* (literalmente el asiento del tantra) es un lugar en el que un gran yogui ha obtenido la liberación después de practicar la meditación en él por varios años. En tiempos antiguos, los yoguis tántricos consagraban por medio de ciertos rituales, un lugar escogido para su meditación diaria. El ritual principal incluía plantar un círculo de cinco árboles: bela, comasuche, higuera de agua, nim, mirobálano; y debajo de ellos, cinco calaveras: tigre, gato, mono, cobra real y humano. Se supone que este ritual le daba poder al lugar y facilitaba la concentración. El yogui podía entonces meditar diariamente dentro del círculo y si alcanzaba la iluminación ahí, el lugar ganaba el estatus de *pitha tántrico*. Estos *pithas tántricos* antiguos son los lugares preferidos por los yoguis para meditar. Se dice que si uno medita en un verdadero *pitha tántrico*, facilita la concentración y acelera el progreso espiritual. Debido al respeto por la historia sagrada de ese *pitha tántrico* en particular, Prabhat siempre se quitaba los zapatos antes de entrar.

7. **Yogui Nath**: La tradición Nath es de origen tántrico y se puede rastrear hasta Gorakhnath, un maestro yóguico que se cree vivió en el siglo noveno o décimo.

8. **Cordón sagrado**: Un delgado cordón circular (con los extremos atados) que consiste en tres hilos delgados y se lleva sobre el hombro izquierdo y por debajo del brazo derecho. Los jóvenes hindúes reciben el cordón a los siete años, como un ritual de iniciación de la tradición hindú ortodoxa. En su artículo: "La Psicología detrás de la creación de los dioses y diosas védicas", Anandamurti explicó que el cordón sagrado (*upaviita* en sánscrito) originalmente estaba hecho de cuero de venado y se ponía encima del hombro durante los sacrificios rituales. La palabra *upaviita* significa "cuero", o más específicamente "cuero de venado".

9. **Pranayama**: Ejercicio respiratorio yóguico, una parte esencial en la práctica yóguica y la cuarta rama del Ashtaunga Yoga de Patanjali. Algunas técnicas de pranayama son utilizadas principalmente para facilitar la meditación y otras, como la que Prabhat le enseñó a Shiva Shankar, son utilizadas como tratamientos en la terapia del yoga.

10. **PMB**: La policía armada de Bihar. La mayoría de los estados indios tienen su propia fuerza de policía armada. La policía civil no está armada. El personal de las estaciones de policía realizan investigaciones, atienden las quejas de rutina, se hacen cargo del tráfico, y patrullan las calles. Usualmente llevan *lathis*, varas de bambú pesadas o con puntas de acero. Los militares, o la policía armada, están organizadas de la misma manera que los batallones de infantería de la armada. Son asignados a estaciones de policía, realizan labores de vigilancia y de escolta y son responsables del control de disturbios. También sirven como fuerzas de ataque de reserva en casos de emergencia.

11. **Brahma**: Una de las palabras más comunes en sánscrito para referirse a Dios o a la Consciencia Cósmica. Su derivación etimológica significa "el que es grande y hace grande a los demás".
12. **Maya**: Es traducido popularmente como "ilusión". Literalmente, *maya* significa "cubierto" o "imbuido". En la filosofía espiritual, se refiere a la fuerza cósmica causal que transforma la consciencia pura en el universo expreso, "cubriendo" a la consciencia con un manto de materia y ocultando al espíritu. En este sentido, se crea la ilusión de que la materia es diferente del espíritu, cuando en realidad la materia es simplemente un estado de consciencia transformado.
13. **Dhoti, kurta**: Un dhoti es un pedazo largo de tela blanco, de varios metros de largo, que se envuelve alrededor de la cintura. Se pasa por entre las piernas y se dobla en la espalda. Una kurta es una camisa de manga larga que generalmente cuelga muy por debajo de la cintura. El dhoti y la kurta forman el traje masculino tradicional en la mayor parte de India.
14. **Sádhana**: Literalmente, "esfuerzo para completar". Normalmente se utiliza para referirse a las prácticas espirituales en general, y más específicamente a la meditación.

VI: La muerte de Stalin

1. Sarkar, P. R., *Prout en pocas palabras, parte 15*, 2da ed. (Calcutta: Publicaciones Ananda Marga, 1992), 56.
2. **Chakra**: Literalmente, "rueda". En la filosofía y la práctica yóguica, la palabra *chakra* se refiere a los siete centros psíquicos que controlan la mente, el flujo de energía vital e indirectamente el cuerpo físico. Cada uno de estos siete centros está conectado con ciertas glándulas endocrinas y ganglios nerviosos (plexos). Los siete chakras están localizados dentro de la espina dorsal, el más bajo en la base de la espina y el más alto en la coronilla, y son utilizados en diferentes técnicas de meditación como puntos focales de concentración. Los nombres sánscritos y la localización de los siete chakras son la siguiente: *muladhara*, en la base de la espina; *svadhisthana*, dos dedos encima del *muladhara*; *manipura*, a nivel umbilical o el plexo solar; *anahata*, en el corazón; *vishuddha*, en la garganta; *ajina*, al nivel del tercer ojo; y *sahasrara*, en la coronilla.
3. **Demostración de la muerte**: Esta no fue la primera vez que Baba le preguntó a un discípulo si quería experimentar la muerte. Un año antes, estaba sentado en la tumba del tigre con Pranay cuando le hizo la misma pregunta. —¿Me devolverías a la vida? —le preguntó Pranay. — Ciertamente, no te preocupes —le respondió Baba. Pranay aceptó. Entonces Baba le ordenó a los *vayus* (aires vitales o energía vital), que dejaran su cuerpo uno a uno. A medida que lo hacía, Pranay sintió cómo su fuerza vital se desprendía. Su respiración se volvió trabajosa. Perdió consciencia y no experimentó nada más hasta que Baba lo devolvió a la vida. —No fue muy distinto —recordaría más adelante—, de cuando uno entra en un sueño profundo. Tuve una sensación de felicidad cuando recobré mi consciencia, pero no una felicidad espiritual; y no fue doloroso para nada, ni siquiera el estertor de la muerte, del cual le pregunté después.
4. **Mudra**: La palabra sánscrita *mudra* literalmente significa "gesto". En la ciencia yóguica, estos gestos se utilizan para simbolizar ciertos conceptos espirituales. También se enseña que cada *mudra* específico genera un tipo específico de energía o sensación. Se sabe que los maestros espirituales adoptan *mudras* específicos cuando emiten ciertos flujos de energía.
5. **Mente sin cuerpo**: Una mente que ha dejado su cuerpo después de la muerte; *videhi manas* en sánscrito. Es impulsada por *prakriti*, el Principio Cósmico Operativo, para buscar un nuevo cuerpo.

VII: El primer encuentro

1. Anandamurti, *Subhasita samgraha*, parte 2, 2da ed. (Calcuta: Publicaciones de Ananda Marga, 1992), 53.
2. **Bhava**: Uno de los significados es "ideación". Por medio de la ideación espiritual concentrada, un aspirante puede entrar en un tipo de trance conocido como *samadhi bhava*, un estado de felicidad intensa en la que el aspirante permanece absorto en la ideación de su amado, la idea de Dios que ha elegido. Existen varios tipos de *samadhi bhava*. Aunque permanece la dualidad entre el aspirante y su objeto de ideación en este estado (no como en los dos estados más elevados de los *samadhi savikalpa* y *nirvikalpa*, descritos en la nota número ocho de este capítulo), son estados de gran embriaguez espiritual.
3. **Colonia del ferrocarril**: El Ferrocarril de la India construyó las colonias del ferrocarril para las necesidades residenciales de sus empleados. A medida que se construían las residencias, se iba asignando a los empleados dependiendo de su posición y el tiempo de servicio. En Jamalpur, algunas fueron asignadas a familias y algunas fueron reservadas como alojamientos para empleados solteros.
4. **El sendero de los ocho pasos**: Hace cerca de 2.900 años, un gran yogui llamado Patanjali nació en Bengala. Después de pasar su vida entera estudiando las diferentes ramas y escuelas de yoga, sistematizó lo que para entonces eran miles de prácticas y diferentes técnicas en una sola disciplina unitaria que él esbozó en su libro *Patanjali Yoga Darshan* (La Filosofía del Yoga de Patanjali), más conocido como los "Yoga Sutras", porque lo escribió en forma de *sutras* o aforismos. Él llamó a este sistema *ashtaunga* yoga o el sendero de los ocho pasos (literalmente, "ocho miembros"). Los ocho pasos de *ashtaunga* yoga son: yama, niyama, ásana, pranayama, *pratyahara* (retiro sensorial), *dharana* (concentración), *dhyana* (meditación), y *samadhi*; cada uno de estos pasos lleva al aspirante progresivamente más y más arriba, hasta que alcanza la unión con el Supremo o *samadhi*.
5. **Ista chakra**: En la primera lección de la meditación de Ananda Marga, se le asigna al iniciado un chakra específico en el que se debe concentrar durante la repetición del mantra. Este chakra varía de persona a persona y se llama *ista chakra*.
6. **Kundalini o Kulakundalini**: Literalmente, "fuerza serpentina enroscada". La kundalini representa la fuerza espiritual latente del ser humano y se dice que yace en el *muladhara chakra* en la base de la espina, en un estado latente, enroscada como una serpiente. Bajo el estímulo de la práctica yóguica, la kundalini se despierta y se eleva por la espina dorsal pasando por los diferentes chakras hasta que llega al séptimo chakra, en donde el aspirante experimenta el estado de trance espiritual más elevado, la unión con el Divino.
7. **Anandamurti**: Se cree que esta fue la primera vez que los discípulos escucharon el nombre de Anandamurti, que literalmente significa "personificación de la felicidad".
8. **Ajina**: Pronunciado "águia". Es el sexto chakra. En occidente algunas veces se le conoce como el "tercer ojo"; es el punto de control de la mente.
9. **Savikalpa samadhi**: Hay dos tipos principales de samadhi, o trance espiritual: *savikalpa*, o el trance de la absorción determinada, que se alcanza cuando la kundalini llega al sexto chakra; y *nirvikalpa*, el trance de la absorción indeterminada, cuando la kundalini sube hasta el séptimo chakra. El primero es cuando la mente del aspirante se funde en la Mente Cósmica, y el segundo es cuando se funde en consciencia pura, más allá de cualquier manifestación.

VIII: Demostración de la muerte

1. Anandamurti, *Ideología y estilo de vida de Ananda Marga en pocas palabras*, parte 5 – 8 (Calcuta, Publicaciones de Ananda Marga, 1988), 404.
2. **Darshan**: Literalmente "visión". Ver al maestro espiritual se considera auspicioso para el discípulo, concediéndole una bendición inmediata. Por lo tanto esta palabra se utiliza comúnmente en la tradición yóguica para referirse a cualquier oportunidad de encontrar o ver al maestro. Cuando un gurú da una charla o imparte instrucción espiritual a sus discípulos, también se llama darshan.
3. **Prana**: Traducido generalmente ya sea como "energía" o "energía vital". Se puede referir tanto a la energía vital de un cuerpo viviente en particular o a la energía universal que anima el cosmos (siendo la fuente cósmica de la que todas las formas de energía, como la mecánica o la electromagnética, se derivan). Sin embargo, existe una pequeña diferencia en ortografía sánscrita que normalmente no aparece en la transliteración. La misma palabra se utiliza también para referirse al vayu que controla el área del pecho y la respiración.
4. **Santo indio**: Dos de los discípulos presentes recordaban que la mente sin cuerpo les dio el nombre de un santo indio del siglo diecinueve.
5. **Viudas**: En la época en que esta demostración tuvo lugar, la condición de las viudas en la sociedad hindú todavía era bastante deplorable, a pesar de la legislación del gobierno en su contra. Esta discriminación social contra las viudas estaba basada principalmente en ciertos pasajes del *Manu samhita*, el código social hindú, y llegaba al extremo de ensalzar la virtud de las esposas que se inmolaban en las piras funerarias de sus maridos. Ahora, más de cincuenta años después, ha habido un progreso significativo en la sociedad india para disminuir esta discriminación, y las segundas nupcias de las viudas se han vuelto más comunes (aunque todavía son relativamente raras); sin embargo, la vida para las viudas sigue siendo difícil en la India.

IX: Ahora vendrá mucha gente

1. Mensaje de Baba a los marguis en enero de 1975. Anandamurti, *Ananda vanii samgraha*, 2da ed. (Calcuta: Publicaciones de Ananda Marga, 1990), 24.
2. **Pranam**: Literalmente, "saludo reverencial"; la forma tradicional de saludo en la India. Existen tres tipos de pranam. Uno puede tocar el pecho con las manos entrelazadas y decir *namaskar* o *namaste* (me inclino para saludarte); esta es la forma más común. Uno puede agacharse a tocar los pies de la persona; este saludo es reservado a los mayores y a personas muy respetadas. O uno se puede postrar en el suelo frente a la persona; este se conoce como *sastaunga pranam*. Sastaunga pranam se hace sólo frente al maestro espiritual o gurú.
3. **Varabhaya**: La palabra *vara* significa "bendición" y la palabra *abhaya* significa "valentía". Este *mudra* o gesto se realiza sentado con las piernas cruzadas, la mano derecha levantada con la palma dirigida hacia el frente, un *mudra* que significa la concesión de bendiciones, y la mano izquierda en la porción izquierda del regazo con la palma hacia arriba, un *mudra* que significa valentía. Se han encontrado estatuas antiguas de Buda en la posición de este mudra y se cree que él solía adoptar esta pose en presencia de sus discípulos para conceder sus bendiciones. Baba también solía adoptar este *mudra*, por el cual emanaban sus bendiciones, al terminar ciertos encuentros con los discípulos, especialmente al finalizar el Dharmamahachakra, una función colectiva descrita en el próximo capítulo. Muchos discípulos solían experimentar varios estados

de éxtasis cuando Baba daba este *mudra*; por eso muchos gritos y sollozos se escuchaban en ese momento.

4. **Tocar los pies**: En las tradiciones espirituales de India, se considera una gran bendición y un privilegio poder tocar los pies del gurú. Algunas veces, Baba le permitía a uno que otro discípulo que masajeara sus pies, un privilegio bastante estimado entre los discípulos.

5. **Gurupuja**: Literalmente, "adoración del gurú"; un ritual en el que uno ofrece los deseos y apegos a Dios o al maestro espiritual en forma de flores mentales del color y forma que uno considere más atractivos en ese momento, y recitando simultáneamente ciertos versos tomados del Gurú Gita. Es una práctica que Baba enseñó a los discípulos para ayudarles a desarrollar desapego y entrega, dos cualidades esenciales para el avance espiritual. Los versos utilizados en el gurupuja son: *Akhanda mandalákáram Vyáptam yena carácaram Tatpadam darshitam yena Tasmae shrii gurave namah/Ajinanatimirándhasya Jinánáinjaná shalákayá Cakshurun miliitam yena Tasmae shrii gurave namah/Gurur Brahmá gurur Vishnu Gurur devo Maheshvarah Gurueva parama brahma Tasmae shrii gurave namah/Tavádravyam jagatguroh Túbhyameva samárpayet.* [Me rindo ante el Divino Gurú que revela al Ser Divino que envuelve y permea lo animado y lo inanimado/me rindo al Divino Gurú, que con la aplicación del ungüento del conocimiento abre los ojos cegados por la oscuridad de la ignorancia/El Gurú no es otro que Brahma, el Creador. El Gurú no es otro que Vishnu, el Preservador. El Gurú no es otro que Shiva, el Destructor. El Gurú es el mismo Brahma. A ese Divino Gurú yo me rindo/Toda riqueza es tuya, Gurú del Universo. Sólo a ti me entrego.]

6. **Acharya**: La palabra *acharya* significa literalmente, "aquel que enseña con su ejemplo". Se utiliza comúnmente en India como título para referirse a los maestros espirituales.

7. **Quinquelemental**: Parece ser que Baba creó esta palabra. Se deriva de las palabras latinas *quinque*, que significa "cinco", y *elementum*. Se refiere al concepto yóguico de que el universo expresado está compuesto de cinco elementos o factores: etéreo, aéreo, luminoso, líquido y sólido.

8. Anandamurti, *Subhasita samgraha, parte 1*, 3ra ed. (Calcuta: Publicaciones de Ananda Marga, 1992), 6.

X: Una nueva oportunidad en la vida de Bindeshvari

1. Anandamurti, *Subhasita samgraha, parte 2*, 2da ed. (Calcuta: Publicaciones de Ananda Marga, 1992), 93.

2. **Prakriti**: El principio creativo de la Consciencia Cósmica, compuesto por tres fuerzas atadoras: *sattvaguna*, la fuerza sutil; *rajaguna*, la fuerza mutativa; y *tamaguna*, la fuerza estática. De acuerdo al tantra, es la interacción entre estas tres fuerzas la que cualifica o condiciona la consciencia pura y por lo tanto da lugar al universo manifiesto.

3. Anandamurti, *Subhasita samgraha, parte 1*, 14.

4. **Prasad**: La ofrenda de alimentos a una deidad hindú o a un gurú que después es compartida con los devotos.

5. **Hari bol**: Un mantra sánscrito utilizado en cantos. *Hari* es un nombre sánscrito común utilizado para referirse a Dios, usualmente traducido al español como "Señor". Su significado literal es "aquel que roba los pecados". *Bol* significa "cantar"; entonces, *Hari bol* significa "canta el nombre del Señor".

6. **Ji**: Sufijo que se añade al final de un nombre para darle un tono honorífico. Denota respeto.

Es de alguna manera similar a Sr. o Sra. en español. También se utiliza para demostrar afecto.
7. **Samskaras**: La reacciones aún no expresadas a las acciones de uno y que son la causa de nuestra reencarnación. Para poder alcanzar la liberación o la iluminación, un yogui debe agotar los samskaras que ha acumulado. Al mismo tiempo, debe aprender a actuar sin ego o en un estado de entrega para no crear nuevos samskaras. La técnica espiritual para actuar sin crear nuevos samskaras se denomina *madhuvidya*, o "dulce conocimiento". Se hace imponiendo el pensamiento del autor divino en cada acción, inculcando la idea de que el sujeto, el objeto y la acción son todas expresiones de la Consciencia Cósmica. Cuando Baba hablaba en inglés, utilizaba las palabras "reactive momenta" (impulsos reactivos, NT) como el equivalente en inglés para samskara.
8. **Último aliento**: Tanto el tantra como el yoga enseñan que los pensamientos finales determinan la vida siguiente. Si un yogui es capaz de mantener la mente fija en Dios al momento de la muerte, entonces se funde en la Consciencia Suprema y alcanza la liberación, escapando así del ciclo de vida y muerte. Esto puede lograrse mediante el dominio de la práctica del mantra. El aliento final siempre es una exhalación, y la segunda sílaba del mantra, repetida mentalmente durante la exhalación representa la Consciencia Suprema infinita. Por medio de la concentración en el mantra al momento de la muerte, la mente del yogui permanece absorta en el pensamiento de Dios.

XI: Una filosofía toma forma

1. Anandamurti, *Subhasita samgraha, parte 2*, 43.
2. **Guni**: El adjetivo del sustantivo *guna* (fuerza que amarra). Ver nota 2 del capítulo 10. *Tamaguni* generalmente se traduce como "estática", rajaguni como "mutativa", y sattvaguni como "sutil".
3. **Sankhya**: Filosofía propuesta por el santo yogui Kapil hace aproximadamente cinco mil años en el Rarh occidental (hoy Jhalda en el Bengala occidental), a unos kilómetros de Anandanagar, la sede de las oficinas internacionales de Ananda Marga. Sirvió como predecesor filosófico a la filosofía yóguica de Patanjali, la cual toma muchas de sus ideas del Sankhya. Las seis escuelas clásicas o sistemas reconocidos de la filosofía india son: Sankhya, Yoga, Vedanta, Vaisheshika, Nyaya y Mimasa.
4. **Dharma**: Literalmente, "naturaleza". El dharma o naturaleza del fuego es quemar. Es utilizada coloquialmente para referirse ya sea a la espiritualidad o a la religión.
5. Anandamurti, *Filosofía elemental*, 2da ed. (Calcuta: Publicaciones de Ananda Marga, 1992), 1.
6. *Ibid.*, 4.
7. *Ibid.*, 8.
8. *Ibid.*, 99.
9. Anandamurti, *Subhasita samgraha, parte 1*, 105.
10. **Creencias religiosas**: En *Caryacarya*, Baba tomó medidas para asegurarse de que la nueva comunidad no cayera presa de los males del sectarismo: "Nunca ataquen las creencias religiosas de nadie... Si atacan las creencias religiosas de una persona, significa que están atacando a Ananda Marga". [Anandamurti, *Caryacarya, parte 1*, 5ª ed. (Calcuta: Publicaciones de Ananda Marga, 1998), 17.] En parte, hace eco de los edictos de Ashok, unos veintidós siglos antes: "Porque aquel que hace reverencia a su propia secta y al mismo tiempo desacredita las sectas de los demás

sólo por el apego a su propia secta, en realidad, con esa conducta inflige la herida más severa a su propia secta".

XII: Samkalpa

1. Anandamurti, *Subhasita samgraha, parte 19* (Calcuta: Publicaciones Ananda Marga, 1992), 18.
2. **Shanti**: Paz.
3. **Samkalpa**: "Resolución", "determinación" o "voto". Un ser humano sin samskaras no puede permanecer en su cuerpo físico. Cuando el aspirante espiritual agota sus últimos samskaras, equivalente al estado de alcanzar la iluminación o la liberación, debe crear un nuevo samskara si desea mantener su estructura física en vez de dejar el cuerpo y fundirse en la Consciencia Cósmica. Generalmente se hace a través de un voto para continuar en la tierra y servir a la creación trabajando por el bienestar y la liberación de otros seres vivientes. Se dice que los grandes maestros espirituales son seres liberados o realizados que han tomado samkalpa para reencarnar en esta tierra por un periodo de tiempo y guiar a otros por el sendero de la liberación.
4. **Ista mantra**: *Ista* significa "la concepción personal de Dios" o de la meta espiritual. El ista mantra es el mantra que se le da al discípulo para usar en su meditación en la primera lección de yoga de Ananda Marga. Se llama "ista mantra" porque crea un vínculo entre el devoto y su concepción personal de la meta espiritual. El ista mantra es un mantra personal, en el sentido de que se dan mantras diferentes de acuerdo con la estructura psicológica particular del aspirante. La palabra *mantra*, traducida algunas veces como "encantación", significa literalmente "aquello que libera la mente".
5. **Vishvanath**: Por varias décadas, Vishvanath disfrutaría la gracia única de poder ver la imagen de Baba y conversar con él cada vez que quería, sin importar dónde estaban él o Baba en ese momento.
6. **Maithili**: Lengua hablada en el norte de Bihar; la lengua del reino antiguo de Mithila.
7. **Janusparsha mudra**: Una postura en la que el gurú tiene las piernas cruzadas y sus manos en las rodillas con las palmas hacia arriba. *Janusparsha* significa "tocando las rodillas".
8. **Sádhaka**: Significa literalmente "aspirante espiritual", i.e. alguien que realiza prácticas espirituales. Es una palabra que Baba comúnmente utilizaba aun cuando hablaba en inglés.
9. **Cincuenta años**: Poco después de que Baba fuera dejado en libertad de la cárcel en 1978, tuvo una reunión con sus discípulos monásticos y les dijo que la misión de Ananda Marga estaba muy adelantada. La Acharya Ananda Bratati, quien estaba presente en esa reunión, recuerda que cuando Baba dijo esto ella inmediatamente se preocupó de que él no se quedara hasta el 2005, como ella hacía tiempo había asumido. Poco después, Baba le dijo a un grupo de discípulos que Ananda Marga estaba adelantada quince años. Aunque este comentario fue muy discutido entre los discípulos en esa época, nadie, excepto Ananda Bratati parecía entender que podía ser una clave oculta de que Baba iba a dejar su cuerpo más pronto. Yo fui uno de los que discutió este comentario en ese momento. Me sentí orgulloso del rápido progreso de Ananda Marga, pero nunca conecté lo que Baba había dicho con la posibilidad de que él podía estar planeando abandonar la tierra mucho más pronto del momento en que nosotros esperábamos que se fuera. Yo hasta tenía planes de mudarme a donde Baba estuviera viviendo en el cambio de siglo para poder estar más cerca de él durante sus últimos años. Yo no era el único; muchos otros estaban planeando lo mismo. Cuando Baba murió en 1990, fue una conmoción para

todos. Todos estábamos esperando que viviera hasta el año 2005. Así de fuerte fue la influencia que la experiencia de Nagina esa noche de abril en la tumba del tigre tuvo en la psicología colectiva de Ananda Marga. En ese momento no éramos conscientes que Baba había dado claras insinuaciones a sus colegas en la oficina de contabilidad de cuándo iba a dejar su cuerpo (ir a la conversación con Niren y N. C. Gangully en el capítulo 31 y la nota final 4 del mismo capítulo). Nagina estaba tan conmocionado como los demás por la inesperada partida de Baba. Una vez salió de su conmoción, volvió a leer sus diarios de los años 1955 a 1957 —fue a partir de estos diarios que él escribió su libro *Ananda Katha*—, y leyó una vez más las palabras de Baba tal y como él las había anotado. En ese momento entendió que éstas habían sido más ambiguas de lo que había pensado originalmente. No les tomó mucho tiempo a algunos de los discípulos entender que todo este drama pudo haber sido preparado por Baba con el propósito de sembrar en la mente de sus discípulos la idea de que él iba a partir mucho más tarde de lo que en realidad tenía planeado, para poder hacer su trabajo sin impedimento en sus últimos años, libre de multitudes de discípulos como yo, que lo habrían rodeado si hubieran sospechado que él estaba entrando la fase final de su encarnación terrenal, especialmente cuando empezó a sufrir de serios problemas de salud a principios de 1990. Cualquiera que sea la explicación, esta historia influenció de manera significativa a la generación de marguis que acompañó a Baba durante su estadía en nuestro planeta.

XIII: Prachar

1. Mensaje de Baba a los marguis en enero de 1969. Anandamurti, *Ananda vanii samgraha*, 15.
2. **Prachar**: Literalmente significa "propagación". *Samgha* significa "sociedad".
3. **Tattvasabha**: La palabra sánscrita *tattva* tiene varios significados, incluyendo "verdad fundamental", "teoría", "principio", etc. *Sabha* significa "congregación" o "reunión".
4. **Shikha**: Es un mechón de pelo que los hombres hindúes ortodoxos mantienen sin cortar en la parte superior de la cabeza. Algunos hindúes creen que éste le permite a Dios halarlos hasta el paraíso al momento de la muerte.
5. **Molino de aceite**: En el molino tradicional de los pueblos de la India, atan un buey a un poste conectado al eje del molino. A medida que el buey camina en círculos alrededor del molino, se exprime el aceite de los granos. Es una metáfora común en India para referirse a acciones repetitivas o sin sentido.
6. **Satripu y ashtapasha**: *Satripu* significa "los seis enemigos". Estos son: apego ciego, ira, avaricia, infatuación, vanidad y envidia. *Ashtapasha* significa las "siete ataduras": odio, duda, miedo, timidez, hipocresía, vanidad de linaje, vanidad de cultura y sentimiento de prestigio o de importancia personal. En *Subhasita samgraha*, Baba dice: "*Prakriti* ejerce su influencia en la mente humana de catorce formas. Algunas de estas ataduras están relacionadas con el mundo exterior y el resto están relacionadas con el mundo interior, el mundo psíquico... A medida que nos movemos hacia la meta cósmica, mientras nos movemos hacia la Facultad Cognitiva Cósmica, debemos continuar luchando contra las ataduras internas y externas. Estas ataduras externas, es decir, ataduras impuestas desde lo exterior, se conocen como *pasha*... Y también hay seis *ripu*. *Ripu* significa 'enemigos internos'... Y uno debe librar una guerra contra estas ocho ataduras externas y estos seis enemigos internos. La lucha es con la mano izquierda y con la mano derecha, ¿qué puede uno hacer? Uno debe servir al universo entero sin restricción de casta, credo o nacionalidad, y con el sentimiento, el sentido, el conocimiento del Neohumanismo:

'Este universo es mío; todos los seres vivos son míos. Yo debo servirles, debo ayudarlos. Si no los sirvo yo, entonces ¿quién los va a servir?' Así, si estás luchando contra esas ataduras interiores y exteriores con una mano y sirviendo al universo con la otra, ¿qué va a pasar? Tu existencia será feliz en todos y cada uno de tus movimientos". (Anandamurti, *Subhasita samgraha, parte 17*)

7. **Sur de India**: Esta era una estratagema utilizada comúnmente por los marguis en esos primeros años para poder mantener la identidad de Baba en secreto. Los nombres terminados en *murti* son comunes en el sur de India y muy raros en el norte de India. Es por esto que su comentario levantaba pocas sospechas.

8. **Samsara**: El mundo de la relatividad; muchas veces se compara con un océano tempestuoso que uno debe cruzar para poder alcanzar al paraíso divino en la otra orilla.

9. **Ista devata**: El dios personal de alguien en el hinduismo ortodoxo.

10. **Mahabharata**: Una gran guerra civil que envolvió la mayor parte de India hace aproximadamente 3.500 años. Esta guerra fue relatada en la épica titulada Mahabharata. *Mahabharata* significa "gran India". Se dice que el Bhagavad Gita, un texto primordial del yoga, reverenciado por los hindúes ortodoxos como una escritura sagrada, es un recuento de las conversaciones entre Krishna y su discípulo Arjuna antes de que la batalla decisiva final se librara. Este es uno de los capítulos en uno de los diecinueve libros que comprenden el *Mahabharata*.

11. Anandamurti, *Subhasita samgraha, parte 1*, 52.

12. **Dvapara Yuga**: En la cosmología hindú, la sociedad humana pasa por cuatro eras diferentes en un ciclo rotativo constante: el Satya Yuga (*yuga* significa "era"; *satya* significa "verdad eterna"), o la edad de oro, la era de la consciencia espiritual máxima; Treta Yuga (*treta* significa "tercera"), una era de decadencia espiritual parcial, algunas veces traducida como la edad de plata; Dvapara Yuga (*dvapara* significa "segunda"), una era de decadencia espiritual mayor, algunas veces traducida como la edad de hierro; y el Kali Yuga (*kala* significa "oscuro"), la era de la oscuridad espiritual y del materialismo. En general se cree que estamos en el Kali Yuga.

XIV: El círculo se expande

1. **Hari Kirtan**: (o *harinam kirtan* o simplemente *kirtan*). La práctica de cantar los nombres de Dios. Esta práctica cultiva la devoción en el aspirante y es una preparación excelente para la meditación. "Las personas inteligentes deben hacer kirtan lo más posible. Cuando la gente, debido a complicaciones psíquicas no puede encontrar la solución a sus dificultades y no sabe qué hacer, se reúne en un lugar y hace kirtan de todo corazón por un rato, sus complicaciones psíquicas serán removidas y podrá encontrar fácilmente la solución a sus problemas". Anandamurti, *Ananda vacanamrtam, parte 22* (no publicado en inglés)

2. Anandamurti, *Ananda vacanamrtam, parte 7* (Calcuta, Publicaciones de Ananda Marga 1986), 96.

3. **Dr. Bidhan Chandra Roy**: En esta época, el Dr. Roy era el Ministro en Jefe de Bengala. Él continuó atendiendo casos en sus horas libres.

4. **Raghuvir Prasad**: Había una historia larga de espiritualidad en la familia de Raghuvir Prasad. Su padre, Dwarka Prasad, era el amigo de la niñez de Paramahansa Yogananda y lo nombra en un par de capítulos del clásico espiritual de Yogananda: *Autobiografía de un yogui*. A su padre le gustaba contar historias de Yogananda a Raghuvir cuando era niño. De acuerdo con Dwarka, Yogananda había experimentado varios samadhis cuando meditaba bajo el árbol del patio de la residencia de los Prasad en Bareilly. La familia siempre trató este lugar con mucha reverencia.

5. **Cikitsa:** Literalmente, "tratamiento". En 1957, Baba empezó a dictar un libro a Sukumar Bose durante la hora del almuerzo: *Yaogika cikitsa o dravyaguna* [Tratamientos yóguicos y remedios naturales], que se publicó en mayo de 1958. El libro contenía el análisis yóguico de la etiología de varias enfermedades comunes, y un curso de tratamientos yóguicos para cada uno que incluía restricciones alimenticias, ásanas, mudras, tratamientos naturopáticos y remedios naturales. Durante el curso del dictado, Baba le mencionó a Sukumar que Kalikananda lo ayudó en esta investigación recogiendo las plantas que necesitaba y probando los remedios.

En el prefacio del libro, fechado en la luna llena de Karttiki (el 7 de noviembre), 1957, Baba escribió: "El objeto del arte de la sanación es curar al paciente tanto física como mentalmente. Así que la cuestión más importante es no subscribirse a una escuela de medicina particular; la tarea clave es el bienestar del paciente. Así como los órganos enfermos del cuerpo pueden volver a la normalidad con la administración interna o externa de medicamentos, también se pueden curar de una forma más segura y más perfecta, con la ayuda de las yaogika ásanas y los mudras. Por lo tanto, el objetivo de este libro es concientizar al público en general de los métodos yaogika para tratar diferentes enfermedades.

Mi propósito es hacer que la gente se cure a sí misma practicando las ásanas y los mudras descritos en este libro. Se le pide a la gente que no tome el riesgo de practicar ásanas y mudras por sí mismos, sino que lo hagan bajo la guía de un acharya experimentado (profesor espiritual). Los acharyas de Ananda Marga estarán siempre listos para ayudar sin pedir ninguna remuneración. Instrucciones detalladas de cómo practicar las ásanas y los mudras, bañarse, etc. se dan en la tercera parte de *Ananda Marga caryacarya*. Si es necesario, el lector deberá consultar ese libro.

Además de las ásanas y los mudras, en este libro se da una lista de remedios médicos de bajo costo y de fácil acceso, pero que han sido probados y son útiles, así como también los métodos para su aplicación. El público puede hacer uso de estas aplicaciones por sí mismo, pero si es necesario, también puede consultar a un acharya experimentado a este respecto". Anandamurti, *Tratamientos yóguicos y remedios naturales*, 3ª edición (Calcuta: Publicaciones de Ananda Marga, 1993), i.

XV: El año de las demostraciones

1. Anandamurti, *Filosofía de Ananda Marga en pocas palabras, partes 1-4* (Calcuta: Publicaciones de Ananda Marga, 1988), 248.
2. **Las sandalias de Baba:** En 1966, cuando Baba estaba en Raipur para un DMC, el Acharya Kailas Balla notó que las sandalias que Baba tenía puestas habían sido reparadas en varias ocasiones con puntillas pequeñas y algunas de las puntillas sobresalían parcialmente. Afligido por lo que vio, Kailas compró un par de sandalias nuevas para Baba. Al principio, Baba le dijo que no necesitaba un par nuevo, que escasamente sentía las puntillas, pero después de mucha persuasión, aceptó las nuevas sandalias. Kailas guardó las sandalias viejas por varios años como su tesoro más apreciado. Las sandalias están ahora en el museo en Tiljala, en donde se encuentran muchas de las pertenencias de Baba.
3. **Aparigraha:** Uno de los diez principios éticos de yama y niyama. Significa "no acumular" e implica que un aspirante espiritual debe evitar tener posesiones innecesarias. El cumplimiento apropiado de este principio fomenta la simplicidad en la vida personal, tan importante para la paz mental. También es un principio ecológico que implica el uso apropiado de los recursos naturales y de los fabricados por el hombre sin desperdiciar innecesariamente. Baba elogiaba la austeridad

y era extremadamente austero en su vida personal. Él siempre dejó claro que la austeridad sólo era un esfuerzo inteligente de no dejar que las indulgencias innecesarias se convirtieran en un obstáculo para alcanzar la satisfacción interior y la elevación espiritual.
4. **Maestro Sahib**: Dasarath recuerda cómo una vez empezó su meditación de la mañana como siempre con su sastaunga pranam frente a la foto de Baba y cómo se quedó dormido en esa posición. Despertó unos minutos más tarde cuando oyó dentro de sí el sonido de la voz de Baba llamándolo: "Maestro Sahib, Maestro Sahib, Maestro Sahib". Oyó tres veces la voz de Baba llamándolo alegremente, la siguiente vez más dulce que la anterior. La tercera vez oyó la voz tan claramente, que fue a abrir la puerta, pero no encontró a nadie. Entonces se sentó y empezó la sádhana. Cuando vio a Baba esa noche, lo primero que Baba le dijo fue "Entonces, Maestro Sahib, ¿disfrutaste la sádhana de esta mañana?"
5. **Amit**: Más adelante se convertiría en un discípulo monástico, Acharya Amitananda Avadhuta.
6. **Cuerpo luminoso**: En sánscrito *devayoni*. Los cuerpos luminosos están compuestos por sólo tres factores fundamentales: etéreo, aéreo y luminoso. Los factores sólido y líquido están ausentes. De acuerdo con la filosofía yóguica, la mente humana algunas veces puede vivir en este tipo de cuerpos por periodos cortos de tiempo debido a ciertos apegos desarrollados durante la vida. Los cuerpos luminosos no pueden actuar en el mundo físico sin la presencia del factor sólido. Tampoco pueden meditar sin la presencia del cerebro. Una vez se extingue el samskara que los hizo tomar ese cuerpo, ellos salen a tomar la forma del cuerpo humano. Algunas veces, en las condiciones apropiadas, los sádhakas avanzados pueden percibirlos. Existen siete tipos de cuerpos luminosos.
7. **Lungi**: Una sola pieza de tela que los hombres visten como un tipo de falda escocesa masculina, la versión india del pareo. Generalmente se usa en la casa informalmente y algunas veces en público por gente pobre que no tiene cómo pagar por un dhoti o pantalones. También es parte del vestido tradicional de los sannyasis.
8. **Manohar Lal Gupta**: Más adelante, él tradujo la mayoría de los primeros libros de Baba del bengalí al inglés.
9. **Reactive momenta**: Un término que Baba utilizó varias veces como la palabra equivalente a samskara en inglés.
10. **Darshan General**: Tanto Baba como los marguis discípulos, se referían a los discursos de Baba como "Darshan General", excepto por los discursos del DMC y del RU.

XVI: Locura divina

1. Anandamurti, *Ideología y forma de vida de Ananda Marga, parte 9* (Calcuta: Publicaciones de Ananda Marga, 1988), 630.
2. **Toma de Samskaras**: En la tradición yóguica, se dice que un maestro realizado puede sufrir los samskaras de un discípulo si así lo desea: como por ejemplo, padecer una enfermedad para que el discípulo no la sufra. Una vez, Dasarath le preguntó a Baba durante una caminata qué pasaba con los samskaras que absorbía de los discípulos. Baba le contestó que esos samskaras se podían neutralizar. Él podía agotarlos a través de su propio cuerpo, pero le hacían mucho daño.
3. **Ishvara Pranidhana**: Literalmente, "persiguiendo a Dios". En este caso se refiere a la primera lección de Ananda Marga Sahaj Yoga. Dhyana literalmente significa "meditación". En este caso se refiere específicamente a la sexta lección de Ananda Marga Sahaj Yoga.

XVII: Problema del día

1. Anandamurti, *Ananda vanii samgraha*, 3. Este fue el mensaje de Baba a los marguis con motivo del DMC del Shravani Purnima, en agosto de 1957. En 1956, Baba empezó a dar un mensaje a los discípulos dos veces al año, llamado Ananda Vanii, con motivo del DMC de año nuevo y el DMC de Ananda Purnima, una práctica que continuaría por el resto de su vida. En 1957 y 1958, él dio un tercer Ananda Vanii durante el DMC de Shravani Purnima.
2. Sarkar, P. R. *El problema del día*, 4ª edición. (Calcuta: Publicaciones de Ananda Marga, 1993), 1.
3. *Ibid.*, 3.
4. *Ibid.*, 4.
5. *Ibid.*, 6.
6. *Ibid.*, 4.
7. **Ahimsa**: El primero de los diez principios del código ético yóguico (yama y niyama). Significa "no causar daño a ningún ser viviente ya sea con el pensamiento o con la acción". Mohandas Gandhi utilizó la palabra *ahimsa* para nombrar su principio de no violencia, en el cual estaba basado su movimiento Satyagraha. Baba respetaba mucho a Gandhi como persona y como cruzado social, pero discrepaba fuertemente con su interpretación de este concepto yóguico antiguo y consideraba el Gandhismo una filosofía "defectuosa" que "en vez de garantizar la liberación de la explotación, favoreció los intereses de los explotadores". En *Una guía para la conducta humana*, Baba discutió esta interpretación de ahimsa: "Los campeones de la no violencia (la llamada ahimsa), por lo tanto, tienen que adoptar la hipocresía y la falsedad cuando buscan usar esta llamada ahimsa para sus propósitos. Si la gente de un país conquista a otro país por medio de la fuerza bruta, la gente de la nación derrotada debe usar la fuerza bruta para recuperar su libertad. Este uso de la fuerza puede ser crudo o sutil, y como resultado, tanto el cuerpo como la mente de los conquistadores puede resultar herida. Cuando se aplica una fuerza, no se puede llamar no violencia. ¿Si le haces daño a una persona no con tus manos sino con algún otro medio indirecto, no es violencia? ¿No es violencia el sabotaje en contra de una nación en particular? Por esto digo que aquellos que interpretan no violencia y ahimsa como sinónimos tienen que recurrir frecuentemente a la hipocresía para justificar sus acciones. El ejército o la policía son necesarios para la administración de un país. Si estas organizaciones no usan la fuerza cuando se necesita, su existencia no tiene ningún sentido. Marcar una bala con las palabras no violencia o ahimsa, no hace a la bala no violenta. Aquellos que no están equipados adecuadamente para oponerse a un malhechor deben hacer todo el esfuerzo posible para ganar el poder y entonces usar este poder adecuadamente. En la ausencia de la capacidad para resistir el mal, y en la ausencia de por lo menos un esfuerzo para adquirir esta capacidad, declararse a sí mismo como no violento para poder esconder la debilidad ante el oponente puede que sirva para un fin político, pero no protegerá la santidad de la justicia". Anandamurti, *Una guía para la conducta humana*, 7ª edición. (Calcuta: Publicaciones de Ananda Marga, 1985), 6.
8. Sarkar, P. R., *El problema del día*, 4.
9. *Ibid.*, 19.
10. *Ibid.*, 24.
11. *Ibid.*, 26.
12. **Ananda Parivara**: Literalmente, "la familia bienaventurada".
13. Sarkar, P. R., *El problema del día*, 38.

14. **Democracia**: Baba aseveró que la democracia no puede promover el bienestar de la sociedad a menos que la gente sea bien educada, moralista y social, económica y políticamente consciente. "De otro modo", él decía, "el gobierno 'del pueblo, por el pueblo y para el pueblo', sólo significaba un gobierno de tontos, por los tontos y para los tontos". Sarkar, P. R., *Abhimata, parte 1* (Calcuta: Publicaciones de Ananda Marga, 1987), 12.
15. Sarkar, P. R., *El problema del día*, 40.
16. *Ibid.*, 48.
17. *Ibid.*, 49. En un discurso después de este, Baba dijo que había creado el Prout "para representar el espíritu de *samgacchadvam*". Anandamurti, *Ananda vacanamrtam, parte 3,* 50.
18. **Política económica**: La sección 1.27 de *Caryacarya* se titula "Política económica": "Deben utilizar toda la propiedad del universo unificadamente, y considerarse miembros de una misma familia. Recuerden, ustedes son responsables directos por cada niño y por cada ser humano de la sociedad. No traten de mantenerse al margen. Quienes no hacen uso de esta riqueza, o hacen mal uso de ella, violan las órdenes del Padre del Universo, porque quieren despojar a los otros hijos de su porción, es decir a sus propios hermanos y hermanas. De hecho, estas personas sufren de una enfermedad mental. Esfuércense por traer a estos explotadores de la sociedad al sendero correcto por medio de la educación mental y espiritual. En caso de que fallen en el intento, deben crear las circunstancias adecuadas para obligarlos a seguir el camino de la virtud y deben mostrarles el camino de las prácticas espirituales para erradicar su enfermedad mental permanentemente. Pero siempre tengan en mente que esta transformación sólo se puede materializar si ustedes sienten verdadero amor por la humanidad". Anandamurti, *Caryacarya, parte 1,* 53.
19. **Bengalí**: Casi todos los primeros discursos del DMC fueron en hindi, la lengua franca del Norte de India. Cuando el DMC se realizaba en Bengala o Assam, Baba hablaba en bengalí. En el sur de la India, o en el extranjero, Baba hablaba en inglés.
20. Sarkar, P. R., *Sociedad humana, parte 1*, 4ª edición (Calcuta: Publicaciones de Ananda Marga), 9.

XVIII: El gurú tántrico

1. Anandamurti, *Discursos sobre tantra, volumen dos* (Calcuta: Publicaciones de Ananda Marga, 1994), 26.
2. **Kapálika**: Literalmente, "el que ha jurado servir a la creación". En *Discursos sobre tantra*, Baba dice: "La entidad que preserva este mundo objetivado es *ka*. Los seres humanos que han aceptado la responsabilidad moral de servir este *ka*, es decir, de servir a este mundo objetivado, se llaman *kapálika*" (Anandamurti, *Discursos sobre tantra, volumen dos,* 72). Era la palabra que Baba utilizaba para referirse a la meditación tántrica que él enseñó a sus monjes y a algunos selectos discípulos de familia, así como a los practicantes de esta meditación.
3. **Complejo de miedo**: "La primera noche que un tántrico va al cementerio está lleno de miedo, todo el cuerpo está horripilado, pero cuando regresa a la casa después de terminar la sádhana, la mente está más ligera que antes. Cuando él sale a hacer su sádhana la noche siguiente, tiene mucho menos miedo. Es así como el tántrico de manera constante y poco a poco se sobrepone al miedo" (*Ibid.*, 133).
4. **Harinder**: Este no es el mismo Harinder mencionado antes. Cuando sea necesario, este Harinder será el Harinder de Trimohan, para poder diferenciarlos a los dos.
5. **Avidya**: Vidya literalmente significa "conocimiento"; avidya significa "no conocimiento". Las

dos palabras se usan en la filosofía espiritual para denotar la fuerza que lo impulsa a uno hacia la consciencia (*vidya maya*) y la fuerza que lo aleja a uno de la consciencia hacia la materia (*avidya maya*). "En tantra el esfuerzo por establecer control sobre la materia o sobre las fuerzas externas se llama avidya sádhana. Y la práctica que lleva a la autorealización se llama vidya sádhana... Para volverse uno con Brahma, ellos [los aspirantes espirituales] deben practicar vidya tantra y no avidya tantra. Por supuesto, a través de cualquier tipo de sádhana, los sádhakas se liberan de los pashas y ripus, pero la diferencia entre las dos sádhanas es que los practicantes de vidya tantra canalizan los poderes espirituales hacia la realización de Paramátmá [Alma Suprema], mientras que los practicantes de avidya tantra utilizan los poderes adquiridos para obtener beneficios mundanos". Anandamurti, *Discursos sobre tantra, volumen dos*, 63.

6. Anandamurti, *Discursos sobre tantra, volumen uno*, 2da edición (Calcuta: Publicaciones Ananda Marga, 1997), 161.

7. **Adrajji**: Un insulto para acharyaji.

8. **Anandamurgi**: *Murgi* quiere decir "gallina"; así que, Anandamurgi es una calumnia por Anandamurti.

9. **Kishun**: Iniciado por Baba, acharya y miembro fundador de la organización. Él tenía mucha curiosidad acerca de la práctica avidya y tuvo varias discusiones extensas con Baba sobre el tema. Baba no sólo le explicó en detalle la historia de avidya, sino que también le reveló algunas de las técnicas.

10. **Marpa y Milarepa**: Ambos pertenecieron al linaje de los Kargü en el Tíbet, una rama del budismo tántrico. Cuando Milarepa era un hombre joven, aprendió ciertas prácticas de avidya tantra para vengarse de un tío y una tía malvados que usurparon la tierra de la familia después de la muerte del padre y virtualmente los convirtieron a él y a su madre en esclavos. Con el uso de mantras secretos y de rituales tántricos, él asesinó a la mayor parte de la familia del tío. Después, avergonzado por sus acciones y atemorizado por el karma tan pesado que había acumulado, resolvió buscar a un maestro espiritual y dedicarse a obtener la iluminación espiritual. Esta búsqueda lo llevó a donde Marpa. Marpa accedió a aceptar a Milarepa como discípulo, pero con una condición: debía construir una casa de piedra. Milarepa accedió y se puso a trabajar. Cuando estaba a punto de terminar, Marpa sorprendió a Milarepa cuando le dijo que derrumbara la casa y construyera una diferente al otro lado del cerro. Esta escena se repitió cinco veces más, cada vez con una excusa diferente. Finalmente, Milarepa, su cuerpo descompuesto por los años de trabajo agotador, estaba desesperado por recibir iniciación, así que decidió ir a buscar la iniciación en otro lugar. Después de un intento fallido, la esposa de Marpa intercedió por él y convenció al marido de iniciarlo. Después de la iniciación, Marpa le explicó que la prueba había sido así de severa porque debía agotar el karma pesado que había adquirido con sus malas acciones. Si hubiera completado la última casa, habría agotado el último de esos samskaras y habría obtenido la liberación rápidamente. Como no terminó, tendría que pasar muchos años meditando para poder alcanzar la meta.

11. Anandamurti, *Discursos sobre tantra, volumen dos*, 40.

12. **Sadgurú**: Literalmente, "el verdadero gurú". Mientras que la palabra gurú se puede referir a maestros espirituales de diferentes niveles de realización, *sadgurú* significa un maestro perfecto o completamente realizado.

13. **Kamadal**: Una vasija tradicional que los monjes errantes en India utilizan para recoger las limosnas, para tomar agua y para cocinar.

XIX: Un lugar para despertar

1. Anandamurti, *Ananda vacanamrtam, parte 34* (Calcuta: Publicaciones de Ananda Marga, 2000), 17.
2. **Ramnagar:** En la entrevista, Kaoshala Devi recordó un incidente interesante que sucedió durante el DMC de Ramnagar: —Baba estaba hospedado en la casa de Sakaldev y todos habíamos planeado ir al DMC. De repente, a mi padre le dio un fuerte dolor de estómago. Como estábamos en Jamalpur, pensamos que no íbamos a poder ir al DMC. Así que nos fuimos a dormir. Inesperadamente, mis niños gritaron que Baba había venido y salieron corriendo hacia la puerta. Baba entró y preguntó por mi padre. Le tocó el estómago por unos diez minutos; luego le dijo que tenía un cálculo en el estómago, pero que ya estaba curado. Así que después de todo pudimos asistir al DMC. El problema de mi padre no volvió a aparecer. Baba dijo que una serpiente roja lo había picado cuando era niño y este problema había surgido como consecuencia de esa picadura.
3. **Kirtan:** Esta práctica se originó en la región de Rarh en la India en la antigüedad, pero Chaitanya jugó un papel decisivo en darle la extensa popularidad que goza en este momento. Él también popularizó cantar el kirtan mientras se danza el *lalita marmika*. Esta danza se realiza con las manos levantadas sobre la cabeza para simbolizar la entrega al Divino y que se está abierto para recibir la energía divina. El kirtan también se puede cantar mientras se está sentado. El mantra del kirtan que Chaitanya utilizó es el popular "Hare Rama Hare Krishna".
4. **Bhajan:** Canción devocional. "Él [Mahaprabhu] dijo que la letra de la canción debía reflejar directamente a Paramapurusha. Esta categoría de canción que refleja a Paramapurusha directamente se conoce como kirtan. La otra categoría de canción que también refleja a Paramapurusha, pero que expresa muchas ideas tangenciales antes de volver a la idea central de Paramapurusha, se conoce como bhajan. Esta es la diferencia básica entre bhajan y kirtan". Anandamurti, *Algunos problemas solucionados, parte 3* (Calcuta: Publicaciones de Ananda Marga, 1988), 10.
5. **... ki jai**: Un lema popular en India que significa literalmente "victoria para...". Algunas veces se traduce como "larga vida a..." o "viva..."
6. **Bujali:** Un tipo de espada corta similar al machete.
7. **Stamban kriya:** *Stamban* significa "detener", "retener", o "estupefacción". *Kriya* significa "acción". *Stamban kriya* es un tipo de poder psíquico en el que una persona puede inducir parálisis temporal en otra persona.

XX: Una ceremonia civil

1. Anandamurti, *Discursos sobre tantra, volumen dos*, 41.
2. **Procesión de matrimonio:** En las procesiones de las bodas en India, el novio se monta en el elefante que lidera la procesión y una banda cierra la procesión.
3. **Arati:** Un ritual hindú tradicional que incluye el canto de los mantras arati y en el cual se ondean incienso y lámparas en la forma prescrita delante de la imagen de una deidad. También se ha convertido en parte de la tradición espiritual de la India que los devotos realicen el arati frente al gurú. Baba normalmente desalentaba estas prácticas, pero siempre insistió en respetar las tradiciones locales.
4. **Bhagavad Gita:** Años más tarde, Baba comentó en privado que como el lenguaje sánscrito del Bhagavad Gita es un lenguaje de hace 1.200 años, demuestra que los Vaishnavitas reescribieron

el Gita en esta época. Baba dijo que en esta época, los Vaishnavitas estaban en conflicto con los Shaivitas, así que adicionaron un número de capítulos nuevos para reforzar sus argumentos. Él mencionó que el Gita original termina cuando Krishna le muestra su forma universal a Arjuna, para darle a entender que después de entrar en trance, Arjuna no estaría en condiciones de continuar con la conversación.
5. **Marga Mata**: *Mata* significa "madre" en sánscrito, por lo tanto, "madre de la Marga".

XXI: Por el bienestar y la felicidad de todos

1. Anandamurti, *Idea e ideología*, 7ª edición. (Calcuta: Publicaciones de Ananda Marga, 1993), 75.
2. **Avatar**: El concepto de avatar o encarnación tiene una fuerte influencia en la cultura india y en las escrituras espirituales. En general se acepta que los grandes maestros del pasado eran las encarnaciones de Dios. Sin embargo, Baba no apoyaba esta teoría. "La encarnación es una hipótesis ilógica. Todo el universo, siendo creado de él y por él, es su encarnación. El término *avatara* significa una 'derivación', y la aplicación de este término a las unidades individuales que están muy avanzadas en el proceso de *pratisaincara* [evolución] es un nombre engañoso. Es ilógico considerar que el macrocosmos se metamorfoseó a sí mismo directamente en una estructura unitaria, en la mayoría de los casos un ser humano. Los seres humanos son las unidades individuales más evolucionadas como clase en su creación, y cada etapa de la elevación psíquica del Mahapurusha [alma grandiosa] es el resultado de *saincara* [involución] y luego pratisaincara. Es una elevación gradual y no un descenso u ocurrencia abruptos. Por lo tanto, hablando lógicamente, es correcto designar cualquier consciencia unitaria como una encarnación de Dios o decir que el Mensajero de Dios atraviesa el camino de pratisaincara, pasa por un proceso de evolución y a través de la dilatación psíquica en el proceso de pratisaincara alcanza diferentes grados de elevación. Sin embargo, la teoría de la encarnación, o *avatáraváda,* tiene como hipótesis que el ser encarnado es el descendiente directo del Supremo, dejando al resto de su creación y a su fuente original inexplicados" (*Ibid.,* 43).
3. *Ibid.,* 63.
4. **Crudo, sutil y causal**: Baba generalmente empleó los términos: mente "cruda", "sutil" y "causal" como los equivalentes en inglés de los términos correspondientes en sánscrito, en vez de los más populares "consciente", "subconsciente" e "inconsciente", porque consideraba los dos últimos términos muy imprecisos o engañosos.
5. **Ectoplasma**: La palabra que Baba utilizaba comúnmente para referirse a la mente como una sustancia psíquica. También utilizó la palabra "mindstuff" (sustancia mental), que es el equivalente en inglés de la palabra sánscrita *citta.*
6. Anandamurti, *Idea e ideología*, 11.
7. **Varna**: La palabra que Baba utilizó para "psicología dominante"; *varna* significa literalmente "color". Se refiere al color psíquico de la persona. Los cuatro *varnas* se simbolizan con los colores negro, rojo, blanco y amarillo. Es interesante que las palabras que Baba utilizó para referirse a los cuatro *varnas* son las mismas utilizadas por el hinduismo para referirse a las cuatro castas mayores, sugiriendo que la idea de las cuatro castas puede haber evolucionado de la India antigua debido a la percepción de los cuatro tipos psicológicos, degenerándose más adelante en las divisiones dogmáticas, hereditarias, que nos son tan familiares hoy en día, y a las que Baba se opuso de forma vehemente.

8. Anandamurti, *Idea e ideología*, 67.
9. *Ibid.*, 68.
10. *Ibid.*
11. **Sadvipra**: "Sadvipras, o revolucionarios espirituales, inspirarán y movilizarán el espíritu de la cruzada contra la barbarie, la injusticia y la rapacidad humana, y ayudarán a acelerar la velocidad del movimiento social antitético. Después, durante la etapa de síntesis, tomarán el liderazgo de la sociedad en sus propias manos. Si los ajustes apropiados se mantienen con tiempo, lugar y persona, la era sintética inspirada en los sadvipras será permanente. En la sociedad gobernada y administrada por estos sadvipras, la estructura sintética de la sociedad permanecerá intacta, aunque pasen varias eras. La era Shudra llegará, pero no habrá explotación de parte de los Shudras. La era Kshattriya vendrá, pero la explotación por parte de los Kshattriyas no será posible porque el orden sintético de la sociedad permanecerá. Sólo los sadvipras pueden mantener el ajuste apropiado y continuo de tiempo, lugar y persona. Quienes propagan filosofías materialistas, pero no son conscientes moral ni espiritualmente, son incapaces de mantener este tipo de ajustes adecuados constantemente, porque todos los cambios tienen lugar en el ámbito de la relatividad. Quienes han aceptado a la Entidad Suprema como su meta, quienes realmente creen en el humanismo universal y reflejan el universalismo en mayor medida, son los únicos capaces de mantener un apropiado ajuste constante, porque bajo la influencia de un ideal espiritual, sus temperamentos se vuelven grandiosos y benevolentes. Debido a su idealismo benevolente y al desarrollo mental, es natural para ellos considerar a los demás con amor y afecto. Ellos nunca pueden cometer una injusticia en ninguna era particular o a un individuo en particular. La sociedad sadvipra es tanto la aspiración como la exigencia de la humanidad oprimida". Anandamurti, *Algunos problemas resueltos, parte 2*, 9.
12. Anandamurti, *Idea e ideología*, 80.
13. *Ibid.*, 81.
14. *Ibid.*
15. **Los cinco principios fundamentales del Prout**: "(1) No se le debe permitir a ningún individuo acumular riqueza física sin la autorización clara del cuerpo colectivo. (2) Debe haber una utilización máxima y una distribución racional de todas las potencialidades mundanas, supramundanas y espirituales del universo. (3) Debe haber una utilización máxima de las potencialidades físicas, metafísicas y espirituales de los seres individuales y colectivos de la sociedad humana. (4) Debe haber un ajuste apropiado en esta utilización de lo físico, metafísico, mundano, supramundano y espiritual. (5) El método de utilización debe variar de acuerdo con los cambios en tiempo, lugar y persona, y esta utilización debe ser de naturaleza progresiva" (*Ibid.*, 81).

XXII: A los patriotas

1. Mensaje de Baba a los marguis en mayo de 1956. Anandamurti, *Ananda Vanii Samgraha*, 1.
2. **Zamindar**: El sistema zamindar o zamindari fue creado por los mogoles para cobrar impuestos a los campesinos. Con el tiempo se convirtió en un término genérico para referirse a los terratenientes.
3. **Vira bhava**: Literalmente, "ideación de coraje".
4. Sarkar, P. R., *A los patriotas*, 4ª edición. (Calcuta: Publicaciones de Ananda Marga, 1993), 14.
5. *Ibid.*, 18.

6. *Ibid.*, 25.
7. *Ibid.*, 31.

XXIII: Una relación de familia

1. Anandamurti, *Baba en Fiesch* (Rungsted Kyst: Proutista Universal, 1979), 41.
2. **Discursos perdidos**: La organización compró su primera grabadora a finales de 1960 o a principios de 1961, pero a principios y a mediados de los sesentas sólo se utilizaba para grabar los DMC de Baba y las charlas de RU. En general, era difícil para los marguis obtener permiso en esa época para grabar sus charlas. Es más, no podían ni siquiera tomar notas sin su permiso. Ocasionalmente, él pedía que ciertas charlas fueran anotadas, aquellas que él quería que se preservaran, pero dejó en claro que algunas de las cosas que decía estaban dirigidas a ciertos individuos solamente y por lo tanto eran personales, y ciertas discusiones trataban asuntos delicados que no eran de dominio público. A finales de los sesenta, empezó a relajar esas restricciones. Estas grabaciones están publicadas en la serie titulada *Ananda vacanamrtam*.
3. **Sonido cósmico**: A medida que la kundalini se levanta en el proceso de elevación espiritual, la persona que medita entra en un trance más y más profundo, y escucha el sonido cósmico generado por la Consciencia Suprema en el interminable proceso de la creación; este sonido se conoce como el *omkara* o simple om. Cuando la kundalini cruza el primer chakra, el *muladhara*, el sonido se parece al zumbido de los grillos. Cuando cruza el segundo chakra, el *svadhisthana,* se asemeja al sonido de las campanas de los tobillos. Cuando cruza el tercer chakra, el *manipura,* se asemeja al sonido de la flauta dulce. Al cruzar el cuarto chakra, el *anahata,* se parece a un sonido entre el ruido del mar y el sonido de un gong profundo. En el quinto chakra, el sonido del om es claramente discernible. Cuando se acerca al sexto chakra, el sonido desaparece a medida que la mente individual se funde en la Mente Cósmica en el estado de savikalpa samadhi.
4. **El dedo del pie de Baba**: Su dedo no era anormalmente grande, pero lo hizo aparecer como si lo fuera en este momento, para satisfacer el deseo de Gwarda.
5. **Tic tics**: Una de las formas de castigo favoritas de Baba. Se hacen tomando las orejas con la mano opuesta y haciendo cuclillas. Los tic tics públicos, dijo Baba una vez, son buenos para disminuir el ego. También han probado ser beneficiosos para el cerebro y han sido popularizados recientemente con el nombre de "yoga del super cerebro".
6. **El puesto de las mujeres**: Esto pasaba cuando había una multitud muy grande. Normalmente las mujeres se sentaban a un lado de la habitación o en la parte posterior.
7. **Arun**: Más tarde se convertiría en el discípulo monástico Acharya Cidghananda Avadhuta.
8. **Paramatma**: Literalmente, "Alma Suprema".
9. **Siddha**: Una clase de *devayoni* o cuerpo luminoso. En *Psicología del yoga*, Baba dice: "Cuando hay una reunión espiritual, los siddhas están ahí. Y durante una función musical, cuando la mente de un artista en particular se concentra, puede ver los cuerpos luminosos de gandharvas. Similarmente, durante la meditación, o particularmente durante el kirtan, cuando la mente del aspirante espiritual se concentra, pueden sentir la existencia de estos siddhas. En Jamalpur, en el área de la tumba del tigre, se agrupaba un gran número de siddhas. Uno de nuestros acharyas de familia más antiguos solía verlos". Anandamurti, *Psicología del yoga* (Calcuta: Publicaciones de Ananda Marga, 1987), 18.
10. **Baño**: Un baño al aire libre con un balde como inodoro, un tipo de letrina.

11. **Limpiadores de letrinas**: Este trabajo lo hacía alguien de una casta inferior; eran considerados intocables antes de la independencia y más adelante fueron incluidos entre las castas registradas. Era impensable para un brahmín como Jaidhari hacer semejante trabajo.
12. **Verso original**: *Daevii hyeshá gunamayii mama máyá duratyayá; mámeva ye prapadyante máyámetám taranti te.*

XXIV: La tumba del tigre

1. Anandamurti, *Ananda vacanamrtam, parte 31* (Calcuta: Publicaciones de Ananda Marga, 1997), 68.
2. **Bhima**: Uno de los héroes del Mahabharata, célebre por su fuerza y su bravura. Era el segundo de los cinco hermanos Pandavas y un discípulo de Krishna.
3. **Mendigos**: Durante su niñez, la abuela de Vishvanath solía llevarlo al templo de Vishvanath, donde podía ver a los mendigos mientras ella asistía al culto.
4. **Prensa Gita**: Una de las editoriales más destacadas de libros religiosos en India. Se divulga con las siguientes palabras: "El objetivo principal de la institución es promover, promulgar y vender a precios altamente subsidiados, los principios de Sanatana Dharma, la religión hindú, entre el público en general con la publicación del Gita, El Ramayana, Los Upanishads, Los Puranas, los discursos de los santos eminentes y otros libros y revistas que fortalecen el carácter. La institución se esfuerza por el mejoramiento de la vida y del bienestar de todos. Aspira a promover el arte de vivir de la forma propuesta por el Gita por la paz y la felicidad y finalmente la elevación de la raza humana". Gita significa "canción". Cuando la gente dice "el Gita", se refieren al Bhagavad Gita.
5. **MSc**: Maestría en ciencias.
6. **Rajnath**: Más tarde se convertiría en el discípulo monástico Acharya Ramananda Avadhuta.

XXV: Contacto personal

1. Anandamurti, *Ananda vacanamrtam, parte 3*, 2da edición (Calcuta: Publicaciones de Ananda Marga, 1986), 11.
2. **Rajendra Pandey**: Más adelante se convertiría en abogado destacado en Akbarpur, U. P.
3. **Dukhaharan**: Literalmente, "ladrón de dolor". Era llamado así porque al remover los samskaras de los discípulos, Baba los salvaba de un sufrimiento mayor.
4. **Castigo**: Años más adelante, cuando se enfrentó con faltas o delitos particularmente serios en los discípulos, Baba algunas veces les preguntaba si querían recibir el castigo de él o de la naturaleza (a la cual algunas veces llamaba "Yamaraja", el dios de la muerte). A veces les decía a los discípulos, que si esta gente hubiera recibido el castigo directamente de la naturaleza, habría sido aún más severo. En estas ocasiones, Baba tomó la porción más grande de los samskaras. Como se mencionó anteriormente, una vez Baba le dijo a Dasarath que al tomar esos samskaras personalmente, podía neutralizarlos inmediatamente. Algunas veces estos samskaras eran tan severos, le dijo, que si se los hubiera transferido a una roca, la roca habría sido reducida a cenizas. Era así como estos discípulos podían escapar con un castigo tan leve, considerando la magnitud de su crimen.
5. **Saincara y pratisaincara**: *Saincara* es el proceso de involución en el que la Consciencia Suprema pura, indiferenciada, pasa gradualmente por etapas sucesivas de crudificación bajo la

influencia de Prakriti. Primero se metamorfosea en las diferentes capas de la Mente Cósmica y luego en las diversas capas del universo material. *Pratisaincara* es el proceso de evolución en el que la consciencia dentro de la esfera del ser viviente, gradualmente evoluciona a partir de la materia, en donde ha permanecido inactiva. En este proceso, la consciencia desanda los pasos para volver a su estado original, que se alcanza cuando el ser humano, por ser el ser vivo más evolucionado, obtiene la iluminación espiritual. Juntos, *saincara* y *pratisaincara* forman el *brahmachakra*, el ciclo de la creación.

XXVI: Matrimonio revolucionario

1. Anandamurti, *Algunos problemas resueltos, parte 1,* 54.
2. **Mukti y moksha**: Frecuentemente mukti se traduce como "liberación" y moksha como "salvación". Técnicamente, mukti significa la fusión de la mente individual con la Mente Cósmica al momento de la muerte, equivalente al estado del savikalpa samadhi. Moksha significa fusionar la consciencia individual en la Consciencia Cósmica al momento de la muerte, equivalente al estado de nirvikalpa samadhi. Moksha es el punto culminante del peregrinaje espiritual.
3. **Matrimonio por amor**: En la sociedad india tradicional, así como en muchas sociedades tradicionales, los matrimonios son arreglados por las familias. Los padres eligen a un novio o una novia apropiados para su hija o hijo y luego empiezan las negociaciones con la otra familia. Generalmente, se aceptaba que los padres, con la sabiduría que otorgan los años, estaban más capacitados para seleccionar la pareja adecuada para su hijo o hija. Aunque esta práctica continúa, especialmente en las áreas rurales y en las familias más ortodoxas, hoy en día, debido al incremento de la influencia de otras culturas y a la ola natural de cambio social, hay una mayor incidencia de gente joven que se enamora y decide casarse. En India este tipo de matrimonio se llama "matrimonio por amor" para diferenciarlo del matrimonio arreglado.
4. **Tanmatra**: Literalmente, "la porción más diminuta". En la filosofía de Ananda Marga, *tanmatra* se refiere a las emanaciones de los cinco factores fundamentales a través de los cuales se activa el proceso de percepción. En *Idea e ideología,* Baba explica: "Cada *bhuta* [factor fundamental] desde el etéreo hasta el sólido está fluyendo eternamente. La existencia de *bhutatattva* es sólo un patrón de ondas, una fracción microscópica de ondas tomadas en forma colectiva por los órganos de los sentidos cum Citta. Estas fracciones microscópicas acarreadas por las ondas se llaman *tanmatras*. Por lo tanto, los *tanmatras* no son más que las ondas producidas por los objetos en cuestión como resultado de la reflexión del *bhuta* más sutil en los más burdos. En el sentido matemático, los *tanmatras* no son algo homogéneo, son de carácter heterogéneo y su heterogeneidad da lugar a la variedad del mundo externo perceptible. La heterogeneidad es especializada por la diferencia en la longitud de onda entre los diferentes *tanmatras* dentro o fuera del alcance de cualquier bhuta particular (Anandamurti, *Idea e ideología,* 20).
5. **Rabindra Samgita**: Las canciones compuestas por Rabindranath Tagore. *Samgita* significa "canción". En la India es una tradición referirse a un grupo de canciones compuestas por un compositor indio con el primer nombre del compositor seguido de la palabra *Samgita*.
6. **Las inspecciones de Baba**: Aunque las inspecciones de Baba eran temidas por buenas razones por quienes tenían discrepancias o déficit que esconder, él nunca descuidó el bienestar del transgresor. En una ocasión, lo enviaron a inspeccionar la contabilidad de un oficial de quien se sospechaba tenía contratos ilegales. Cuando el oficial supo de la inspección, fue a donde Baba, confesó las irregularidades y le rogó que no lo expusiera ya que tenía una familia muy grande

que alimentar y no podía darse el lujo de perder el trabajo. Baba le dijo que no podía considerar su petición porque estaba obligado a cumplir su deber apropiadamente. Realizó la inspección, entregó el reporte y el hombre perdió el trabajo. Sin embargo, después de que lo despidieron, Baba le dio dinero de su propio bolsillo, suficiente para sostener a la familia por una semana, y antes de que se terminara la semana le había conseguido un trabajo en una firma privada.
7. **Extranjero**: Más adelante el nombre se cambió a "ultramar".

XXVII: Comienza una orden monástica

1. Anandamurti, *Ideología y estilo de vida de Ananda Marga, parte 9*, 648.
2. **Sutra**: La palabra *sutra* significa "hilo" literalmente. Sin embargo, en este caso se traduce mejor como "aforismo", la expresión de una idea o constelación de ideas en la forma más sucinta posible. Por analogía, un sutra conecta un grupo de ideas alrededor de un concepto central clave, de la misma forma que un hilo se puede entrelazar con otras hebras. Históricamente, la tradición de escribir sutras se desarrolló antes de la invención de la escritura. En esos días, un texto debía ser memorizado para poder transmitirlo. Es por esto, que para facilitar la memorización de enseñanzas filosóficas complicadas, surgió la tradición de resumir un argumento o un grupo de ideas en una frase concisa que se pudiera memorizar fácilmente. La costumbre era que un profesor diera una clase o un discurso acerca de cierto sutra. Una vez el discípulo entendía el argumento y las ideas secundarias, podía recordarlas si se acordaba del sutra. Con la memorización de los sutras (los textos rara vez consistían en más de cien sutras), los discípulos tenían la filosofía completa al alcance de la mano. Muchos textos importantes fueron escritos en la forma de sutras, no sólo los textos espirituales sino también otros tratados. Sin embargo, el más famoso de estos es el *Darshan de yoga de Patanjali* (la filosofía del yoga de Patanjali), conocido más popularmente como los Sutras del yoga, el texto fundamental de la mayoría de las escuelas de yoga modernas. Este texto contiene el sutra posiblemente más famoso de todos los tiempos: *yogash cittavrittinirodha*, yoga es la cesación de ondas de pensamiento en la mente.
3. Anandamurti, *Ananda sutram*, 2da edición. (Calcuta: Publicaciones de Ananda Marga, 1996), 1.
4. *Ibid.*, 4.
5. **Dos refutaciones**: Aunque el concepto de cielo e infierno es predominante en las religiones teístas de occidente, la creencia también se encuentra en ciertas sectas teístas de oriente. El sutra de Baba sobre la verdad: *brahma samyam jagadapi satyámaekshikam*, imita deliberadamente el famoso sutra de Shankaracharya: *Brahma samyam jagat mithya* (Brahma es la verdad, el mundo es falso), un concepto que ha dominado el pensamiento espiritual de la India por siglos.
6. **Los poderes de Asim**: En años posteriores, Asim, para entonces el discípulo monástico Sambuddhananda, sería reconocido por su habilidad de diagnosticar las causas ocultas de las enfermedades de la gente con tan solo mirarlos, incluyendo los antecedentes que llevaron al desarrollo de estas enfermedades. Él se convirtió en un experto en curar a estas personas a través de la práctica de la yogaterapia, cuyos principios y tratamientos Baba le enseñó.
7. **Maestro Dhiren**: En esa época, había dos discípulos jóvenes llamados Dhiren que más adelante se convirtieron en wholetimers y más adelante en avadhutas. Para diferenciarlos, Baba llamaba a uno de ellos Maestro Dhiren, porque era profesor. Más adelante recibió el nombre de Acharya Vijayananda Avadhuta. El otro Dhiren es Acharya Nirmalananda Avadhuta.

8. **Vishvabandhu**: Más tarde se convertiría en el discípulo monástico Acharya Vandananda Avadhuta.
9. **Amar Sen**: Él era un amigo de Baba de la niñez y compañero de trabajo de la oficina del ferrocarril. Él también sirvió en el ejército con Baba y tenía varias historias interesantes sobre esos días, como la vez que él y Baba estaban patrullando la selva de Assam y se encontraron con un tigre de Bengala que bajaba de la montaña. Amar se aterrorizó pero Baba mantuvo su calma habitual, miró al tigre y el tigre lo miró a él. Ambos se quedaron paralizados por uno o dos minutos; luego el tigre agachó la cabeza y caminó lentamente hacia la maleza.
10. **Pratima**: "Imagen", literalmente.
11. **Rosario de rudraksha y pasta bermellón**: Mucha gente en India las asocia con los tántricos avidya.
12. **Ramesh y Asim**: Recibieron los nombres de Acharya Pranavananda Avadhuta y Acharya Sambuddhananda Avadhuta.

XXVIII: La búsqueda de la ciudad de la bienaventuranza

1. Anandamurti, *Algunos problemas resueltos, parte 4* (Calcuta: Publicaciones de Ananda Marga, 1988), 38.
2. **Universidad Hindú de Benares y Vishvabharati**: La Universidad Hindú de Benares es la universidad residencial más grande de Asia. Empezó como una propuesta idealista de la señora Annie Bessant, directora de la Sociedad Teosófica, y del Pandit Madan Mohan Malaviya, quien organizó la recolección de fondos que convertiría su sueño en realidad. Vishvabharati es la renombrada universidad establecida por Rabindranath Tagore, quien utilizó el dinero del Premio Nobel en 1912 para empezar el proyecto y después realizó varias giras para recolectar fondos para financiar su crecimiento.
3. **Kapil**: Vivió hace unos cinco mil años. Propuso la filosofía más antigua del mundo, Samkhya, el primero de los seis sistemas filosóficos de la India, y la base filosófica del sistema de yoga de Patanjali. Kapil fue el primer filósofo reconocido en proponer la teoría de causa y efecto y es considerado el primer verdadero filósofo del mundo.
4. **Magadha**: El reino antiguo de Magadha abarcaba la mayor parte del sur de Bihar y se extendía a partes de Uttar Pradesh y Bengala. Tanto el budismo como el jainismo se originaron en Magadha. Rarh se extiende desde la meseta occidental hasta el delta del Ganges en el Bengala occidental de hoy en día.
5. **Thana**: Una estación de policía. También se refiere al área bajo la jurisdicción de esa estación de policía, o sea, una subdivisión de una municipalidad. Anandanagar se extendería rápidamente a más de tres mil acres ya que la organización continuó comprando terrenos aledaños.
6. **DMC en Ara**: Una gran procesión de marguis recibió a Baba en la estación. La procesión incluía un elefante especial con un trono de maharaja en el lomo, que había sido alquilado para llevar a Baba por las calles de Ara. En la mitad del desfile, Baba tuvo que saltar del elefante a una malla temporal —cuatro marguis sosteniendo un dhoti doblado—, porque un cable de electricidad atravesaba la calle a una baja altura y el domador no pudo hacer que el elefante se detuviera. Más adelante Baba escribió la historia detallada del incidente en su serie sobre lingüística titulado *Sabda cayanika*: —Miré detrás de mí y vi que habían evitado el accidente. El elefante estaba sentado, pero seguía moviendo el tronco al mismo ritmo en que sus pies bailaban durante la procesión. Los miembros del desfile formaron un círculo a su alrededor,

todos danzaron al mismo ritmo. Su sonido jubiloso, su estrepitoso "jaya", y las estrofas de la canción, reverberaban en el ambiente. *Ánhár bhaila dúr ráh bancke cable ho; kekar gahab ho málik kekar gahab ho* (Se terminó la oscuridad, contempla el sendero apropiado y continúa; di, mi maestro, gloria de quien puedo cantar). ¡Cómo danzaron ese día alrededor del elefante! (traducción del autor)

7. **Shava sádhana**: En esta práctica poco común y poco entendida, el sádhaka anima el cuerpo de un muerto administrándole energía vital por medio de una técnica específica que activa los cinco chakras inferiores. El cuerpo no tiene mente, sólo la expresión física de la energía. Luego, el sádhaka, por medio de un tipo de forcejeo, remueve esa energía vital, devolviendo al cuerpo a su estado inerte original. Al igual que otras formas de sádhana de kápálika, uno de los objetivos principales es sobreponerse a la tendencia de sentir miedo.

XXIX: Educación, auxilio y bienestar

1. Mensaje de Baba a los marguis en enero de 1973. Anandamurti, *Ananda vanii samgraha*, 21.
2. **Equipo de auxilio**: Este equipo se registró formalmente como AMURT en 1970, el Equipo de Auxilio de Ananda Marga (siglas en inglés). AMURT es una ONG que ha sido elogiada por gobiernos y organizaciones privadas por su trabajo en varias partes del mundo, tanto por su ayuda en desastres como por el trabajo en proyectos de ayuda a largo plazo. Esta es la primera organización internacional de auxilio fundada en uno de los llamados países del tercer mundo.
3. Sarkar, P. R., *Prout en pocas palabras, parte 18*, 38.
4. *Ibid.*
5. Sarkar, P. R., *Sociedad humana, parte dos*, 1.
6. **Arun**: Poco después, Arun se convirtió en el discípulo monástico Acharya Svarupananda Avadhuta.
7. **Rarh**: En 1981, Baba dictó un libro acerca de la historia de Rarh titulado *Rarh: la cuna de la civilización*.

XXX: Vidas pasadas

1. Anandamurti, *Psicología del yoga*, 7.
2. **Vishvanath**: Este no es el Acharya Vishvanath Singh, que aparece en otras partes de este libro. Este Vishvanath es un ingeniero de Danapur.
3. **Sarasvati**: La diosa del conocimiento. Es una tradición en India que los estudiantes hindúes le rindan culto a Sarasvati y que le hagan ofrendas antes de un examen importante.
4. **Pijama**: Pantalones delgados, anchos, algunas veces llamados "pantalones de yogui" en los Estados Unidos. Es uno de los vestidos tradicionales de India que sirve como alternativa al dhoti, que es considerado una prenda más formal. Es por el hindi que la palabra "pijama" entró a la lengua inglesa y la española.
5. **Tomar el hilo**: Una expresión en hindi que en este caso significa mostrar el vínculo entre el pasado y el presente: *Mai usko rasi pagra deta hun*.
6. **Vida pasada**: Baba también le mostró esta vida pasada de Vijay, que para entonces era llamado Acharya Parashivananda Avadhuta, durante una demostración en Ranchi en 1969.
7. **Lila**: Literalmente, "juego" o "deporte divino"; esa acción que está fuera del alcance de la causa y el efecto. Implica que el misterio de los deseos de Dios, cuando juega con su creación,

van más allá de cualquier explicación. "Si los seres humanos tratan de seguir el rastro de la causa de su *lilá*, o deporte divino, nunca tendrán éxito, porque la Mente Cósmica es la fuente de todas las causas, la fuente de todas las mentes unitarias. Ahora, si las mentes unitarias quieren saber la causa, tendrán que volver a la Fuente Suprema; pero esto es imposible para ellos. Si ellos idean en el Supremo, entonces, un día todos sus pensamientos se suspenderán en Parama Purusha y no volverán a ser capaces de pensar, sus mentes dejarán de funcionar. En ese estado de inconsciencia, permanece solo el Alma o el Yo (Atman). Así que si ustedes realmente quieren alcanzar la fuente de su vida tienen que perder la mente, y cuando su mente no exista, ¿cómo pueden perseguir a esa Entidad Suprema? En lógica esto se llama la falacia de la regresión infinita: tu mente no puede elaborar ninguna declaración acerca de una entidad cuyo origen debe permanecer desconocido para siempre". Anandamurti, *Subhasita samgraha, parte 18* (Calcuta: Publicaciones de Ananda Marga, 1992), 27.

8. **MBBS**: Licenciatura en Medicina, Licenciatura en Cirugía. Requiere cinco años de estudio y es el mínimo grado que se requiere para practicar medicina alopática en India.

9. **Goenka**: Shyama Sundara es el hermano de S. N. Goenka, el mundialmente reconocido profesor de la meditación de Vipassana. Aunque ambos tienen diferencias filosóficas cuando se trata de espiritualidad, cada uno tiene un gran respeto por la práctica del otro.

XXXI: En la oficina

1. Anandamurti, *Filosofía Elemental*, 5ta edición, 128.
2. **Predicción**: Esta predicción resultó ser muy acertada. Pulak continuó teniendo problemas con la cuñada y siguió el consejo de Baba que le evitó una serie de situaciones vergonzosas.
3. **Hati cale...**: Un dicho en hindi que significa: "cuando el elefante camina por el mercado, miles de perros ladran".
4. **Caída de la Unión Soviética**: En otra ocasión, Baba le dijo a Gokul que los hombres de la familia generalmente vivían poco, así que no esperaba pasar de los setenta. Él murió a la edad de sesenta y ocho, dos semanas antes de la caída del muro de Berlín.
5. **Ásanas**: Estas tres posturas de yoga se conocen en español como la vela, el pavo real, y la torsión.
6. **Memorias de la vida pasada**: En el libro *Psicología del yoga*, Baba discutió en detalle el fenómeno de los niños pequeños que recuerdan incidentes de sus vidas pasadas: "La memoria de su vida pasada permanece despierta por aproximadamente los primeros cinco años de su nueva vida. Aunque el niño permanece en un nuevo ambiente físico, mentalmente continúa viviendo las alegrías y las tristezas de su vida pasada. Es por esto que algunas veces los niños se ríen o lloran cuando duermen y las madres muchas veces piensan que ellos están hablando con Dios. En el bengalí coloquial, se le denomina *deola kátá*. En realidad, esta risa y este llanto no son más que la reaparición de memorias pasadas. Para volver a experimentar eventos de la vida pasada, uno no necesita la cooperación del cerebro viejo. La mente recién nacida no ha tenido tiempo todavía de establecer una relación estrecha con el nuevo cerebro. El resurgimiento de experiencias pasadas es lo que llamamos la "memoria extracerebral" y es la tarea principal de la mente causal. Las experiencias de la mente cruda no se pueden reflejar en una mente sutil. En el caso de un niño, como las experiencias crudas son relativamente pocas, la mente sutil permanece tranquila. Por esto, las ondas de la mente causal salen a la superficie fácilmente en la mente sutil del niño. Como resultado, las experiencias acumuladas por el niño en la vida anterior se

pueden recordar fácilmente. Como la mente cruda del niño todavía no está lo suficientemente madura para trabajar externamente, las experiencias en los sueños no se expresan en el estado de vigilia. Esta memoria extracerebral empieza a desvanecerse después de los cinco años... Algunas veces los niños pueden recordar la vida pasada aún después de esta edad. En este caso la mente del nuevo cuerpo permanece libre de las influencias ambientales. Es decir, las ondas del mundo exterior no pueden influenciar la mente. Este tipo de personas son llamadas *jatismara*, o aquel que recuerda su vida pasada. Normalmente, la memoria extracerebral de estas personas permanece activa hasta los doce años. Si uno todavía recuerda la vida anterior después de esta edad, es difícil sobrevivir, porque las dos mentes tratan de funcionar en un solo cuerpo: la mente de esta vida y la de la vida pasada. Un solo cuerpo no puede tolerar los choques de dos mentes, por eso el paralelismo psicofísico se pierde, lo que eventualmente provoca la muerte. El olvido es un decreto providencial... Los problemas de una sola vida son suficientes para inquietar a las personas. Si también tienen que enfrentar los problemas de varias vidas, no podrán llevar una vida natural". Anandamurti, *Psicología del yoga*, 6.

7. **La reunión con Lakshmikant**: En 1999, Acharya Pranavatmakananda y yo nos reunimos con Kamalapati Singh, quien acababa de cumplir ochenta años, en su casa en Monghyr. Cuando nos vio por primera vez frente a la entrada nos dijo: "¡Yo conozco a su Baba mejor que ustedes!" Nos llevó a la terraza y nos contó las historias de su larga relación con Baba (él entró a la oficina de contabilidad en 1943), entre ellas estaba esta historia que ya nos habían contado Shiva Shankar, N. C. Ganguly y otros. Durante la conversación, él expresó su devoción por Baba constantemente. Él lo consideraba su gurú y su guía, aunque no era un discípulo de Ananda Marga. Hacia el final de la entrevista, descubrimos que vivía allí con sus dos hermanos, Lakshmikant y Sanjay, pero ninguno de los dos estaba en la casa en ese momento. Después, cuando íbamos saliendo hacia la calle vimos a un anciano caminando hacia nosotros con un par de adolescentes. A medida que se acercaba, noté una sonrisa beatífica en su rostro y un aura de santidad. Los dos nos preguntamos si ese era Lakshmikant. Cuando le preguntamos si era, el anciano nos dio el namaskar y asintió con la cabeza. El Acharya Pranavatmakananda prendió la cámara de vídeo y le preguntamos si podía decirnos algo acerca de su experiencia con Baba. Con una sonrisa radiante, Lakshmikant dijo: "¿Qué les puedo decir? Le debo mi vida. Mi vida le pertenece". Dada le hizo la misma pregunta varias veces, pero la única respuesta que obtuvo fue: "¿Qué decir? Él me dio la vida. Mi vida pertenece a él".

XXXII: Los últimos años en Jamalpur

1. Sarkar, P. R., *Los pensamientos de P. R. Sarkar*, 81.
2. **Shamiana**: Una carpa decorativa al estilo del circo generalmente utilizada para realizar eventos al aire libre.
3. **Deoghar**: Este pueblo tiene muchos templos y un gran número de mendigos.
4. **Sesión de reportes**: Cuando la orden monástica se estableció, Baba empezó a dirigir sesiones de reportes y de planeación con los wholetimers. Él tomaba reportes de varias actividades organizacionales en las áreas o departamentos respectivos, analizaba los problemas y proponía soluciones, además de planear cómo expandir la organización en esas áreas. Eventualmente, estas reuniones recibieron el nombre de RDS, una abreviatura de "revisión, defecto, solución".
5. **Dada**: La palabra *dada* (hermano mayor) es comúnmente utilizada en Ananda Marga como una forma respetuosa de dirigirse a los sannyasis masculinos.

XXXIII: La partida

1. Sarkar, P. R., *Los pensamientos de P. R. Sarkar*, 53.
2. **Vagón privado**: En esa época, Shyama Narayan Srivastava era el Superintendente de la División de Tráfico de la División de Gorakhpur, es por esto que tenía un vagón privado.
3. Anandamurti, *Ideología y estilo de vida de Ananda Marga, parte 10* (Calcuta: Publicaciones de Ananda Marga, 1988), 712.
4. **Renuncia**: Baba nunca renunció ni retiró su fondo de previsión.

Epílogo

1. Anandamurti, *Namami Krsnasundaram*, 2ª edición (Calcuta: Publicaciones de Ananda Marga, 1997), 9.
2. **Envenenamiento**: A finales de 1974, una comisión de investigación concluyó que el doctor de la cárcel le había administrado a sabiendas una sobredosis de barbitúricos a Baba. Adicionalmente, en los registros consta que el cirujano civil no fue consultado para la administración de esa receta médica.
3. **Líquido**: Por un tiempo, Baba tomó dos tazas de yogur mezclado con agua; luego empezó a tomar agua mezclada con Horlicks.
4. Schneider, Vimala, *Las políticas de los prejuicios* (Denver: Publicaciones de Ananda Marga, 1983), 10.
5. **El doctor de la cárcel**: El doctor me contó esta historia en 1977, poco antes de que yo entrara a la celda de Baba para verlo por primera vez.
6. **Elecciones**: Otra razón por la que ella permitió las elecciones fue un reporte de inteligencia asegurándole que ganaría fácilmente.

6. **Mahamrityu**: *Mrityu* significa "muerte", *mahamrityu* significa "la gran muerte"; es sinónimo de liberación.
7. **Gopinath Kabiraj**: Animados por los comentarios de Baba, tanto Satyananda como Nirmohananda visitarían a Gopinath más adelante y tendrían discusiones sobre el tantra con y con Baba, cuyo trabajo Gopinath conocía muy bien.
8. **Reunificación**: En una caminata anterior en Jamalpur, Baba le dijo al Harinder de Trimoh que en el futuro las dos Alemanias, los dos Vietnams, los dos Cachemiras, los dos Punyabs, todas estas sociedades divididas volverían a ser una sola. Ellas fueron divididas artificialmente es la voluntad de Dios que sean reunificadas.
9. **Vishesh yoga**: Una práctica de meditación avanzada que consiste en varias lecciones q Baba enseñó a ciertos selectos discípulos. La palabra *vishesh* significa "especial".
10. **La partida de Pranay**: Antes de que Pranay se fuera, desarrolló la teoría de que con Anandamurti, el gurú, Baba era divino e infalible, pero como P. R. Sarkar, el presidente de organización, él era humano y por lo tanto falible. En una de las visitas que le hice para recog material para este libro, él me volvió a repetir la teoría. Pramila, su esposa, también esta presente. Ella comentó que esta forma de pensar fue la causa de su caída. Pranay rió y dij —¿Sabes?, no existe separación entre Gurudeva y yo. No hay un discípulo que sea más cerca de lo que Baba y yo somos, en ese entonces o ahora. —Luego, Pramila empezó a contar historia fascinante de una canasta de mangos que Baba le envió a Pranay poco antes de que Ba abandonara el cuerpo, mientras Pranay asentía con la cabeza y agregaba algunos comentarios co orgullo y sonriendo. Pero esta historia aparecerá en otro volumen.
11. **CP para mujeres**: Si Baba hubiera dado contacto personal individual a las mujeres, hubie generado un escándalo tremendo en la India, ya que significaría estar a solas en la mism habitación con una mujer por un periodo de tiempo, algo que era absolutamente inaceptab en la sociedad india. Después del matrimonio de Baba, él empezó a recibir pequeños grupos d mujeres en la presencia de su mujer, especialmente a las wholetimers. Después de su primer visita al occidente, él empezó a dar contacto personal a pequeños grupos de devotas, pero siempr en presencia de una mujer sannyasi.
12. **Mirabai**: (Mira abreviado) Una princesa Rajput del siglo dieciséis en Rajasthan quien se hiz famosa por ser una poetisa y una santa. Fue reconocida por su ardiente devoción por Krishn y por las canciones devocionales y místicas que compuso y que aún hoy son inmensament populares en toda la India. Hay muchas historias inspiradoras en la vida de Mirabai que se har convertido en parte del saber popular. Por ejemplo, cuando Mirabai se acercó al famoso sant Ravidas para pedir la iniciación, uno de los discípulos le dijo que el maestro no se reunía n iniciaba a mujeres. Ella le pidió al discípulo que le llevara un mensaje al maestro: "Dime, ¿quién es un segundo *purush* es este mundo?", implicando que todos los seres humanos son femeninos ante el señor. (La palabra *purush* significa "Consciencia Divina" y también "hombre".) Cuando el maestro escuchó el mensaje, entendió que la persona que lo había enviado era una gran devota. Él salió a recibirla y aceptó iniciarla. Una vez Baba hizo una demostración en la que le pidió a Dasarath que se concentrara durante la sádhana y le describiera lo que escuchaba. Él describió una hermosa voz de mujer cantando una canción devocional en un lenguaje que no podía entender completamente, pero que parecía ser un dialecto de marathi. Baba dijo que era el lenguaje braj y le explicó que estaba escuchando a Mirabai cantando una de sus canciones unos cuatrocientos años atrás. Le dijo que el sonido todavía estaba viajando en el cosmos y que un día los científicos iban a ser capaces de registrar este tipo de fenómenos.

Acerca del Autor

Devashish tiene una Maestría en ficción, en Bellas Artes de la Universidad Estatal de San Diego. Divide su tiempo entre Ananda Kirtana, una comunidad espiritual en la zona rural brasileña, y su finca en Puerto Rico, en donde tiene un centro de yoga y una siembra de frutas tropicales.

www.ingramcontent.com/pod-product-compliance
Lightning Source LLC
Chambersburg PA
CBHW021050080526
44587CB00010B/203